PETER DINZELBACHER

BERNHARD VON CLAIRVAUX

PETER DINZELBACHER

BERNHARD VON CLAIRVAUX

Leben und Werk
des berühmten Zisterziensers

Die Deutsche Nationalbibliothek verzeichnet diese Publikation
in der Deutschen Nationalbibliografie;
detaillierte bibliografische Daten sind im Internet über
http://dnb.d-nb.de abrufbar.

Sonderausgabe
2., durchgesehene Auflage 2012
© 2012 by WBG (Wissenschaftliche Buchgesellschaft), Darmstadt
1. Auflage 1998
Umschlaggestaltung: Peter Lohse, Heppenheim
Umschlagabbildung: Bernhard predigt Gehorsam. Aus der Benediktinerabtei Liesborn:
Bernhard von Clairvaux, Sermones super Cantica, um 1180.
Quelle: Staatsbibliothek zu Berlin – Preußischer Kulturbesitz
Die Herausgabe des Werkes wurde durch
die Vereinsmitglieder der WBG ermöglicht.
Gedruckt auf säurefreiem und alterungsbeständigem Papier
Printed in Germany

Besuchen Sie uns im Internet: www.wbg-wissenverbindet.de

ISBN 978-3-534-24904-6

Die Buchhandels-Ausgabe erscheint beim Primus Verlag
Umschlaggestaltung: Christian Hahn, Frankfurt a. M.
Umschlagabbildung: Kopf des Heiligen Bernhard von Clairvaux.
Fresko von Fra Angelico (1387–1455)

www.primusverlag.de

ISBN 978-3-86312-310-9

Elektronisch sind folgende Ausgaben erhältlich:
eBook (PDF): 978-3-534-72668-4 (für Mitglieder der WBG)
eBook (epub): 978-3-534-72669-1 (für Mitglieder der WBG)
eBook (PDF): 978-3-86312-822-7 (Buchhandel)
eBook (epub): 978-3-86312-823-4 (Buchhandel)

Inhaltsverzeichnis

Vorwort des Reihenherausgebers

Während die bisherigen Bände dieser Reihe vornehmlich deutschen Herrschern galten, handelt der vorliegende zum ersten Male über eine der großen sowohl geistigen als auch politischen Gestalten des Mittelalters. Es geht um Bernhard von Clairvaux, die „Chimäre" seiner Generation. Die Literatur über ihn ist kaum mehr zu überblicken, die Zahl der wissenschaftlichen Synthesen über sein Leben und Werk hingegen eher gering. Bisher war das 1895 in zwei Bänden erschienene Werk des Abbé Vacandard maßgeblich und an Vollständigkeit und Detailkenntnis unübertroffen, obschon bereits bei seinem Erscheinen kritische Stimmen laut wurden, die bei aller Anerkennung der wissenschaftlichen Leistung die hagiographischen Tendenzen mißbilligten. Seitdem sind bis in neueste Zeit zumeist kürzere Gesamtdarstellungen erschienen, aber auch die epochale, von Dom Jean Leclercq geleitete Edition seiner Werke führte bislang zu keiner umfassenden neuen Monographie über Bernhard, die das Werk von Vacandard hätte ablösen können. Leclercq selbst publizierte 1989 nur eine mehr populär-erbauliche Biographie des Heiligen, keineswegs eine grundlegende Synthese, in der das in zahlreichen Einzeldarstellungen und Aufsätzen niedergelegte profunde Wissen des Autors eingegangen wäre. Großen Einfluß im Sinne einer aus dem Bereich der frommen Erbauung herausführenden Neubewertung der Persönlichkeit Bernhards haben in den letzten Jahrzehnten besonders die kritischen Quellenstudien von Adriaan H. Bredero vor allem über die „Vita prima" und die daraus gezogenen Folgerungen über das „Doppelleben" der „vita contemplativa" und der keineswegs von Schatten freien „vita activa" ausgeübt, deren Ergebnisse im vorigen Jahr auch in deutscher Übersetzung erschienen sind. Ihnen folgt Peter Dinzelbacher jedoch keineswegs überall. Er ist bereit, vor allem der „Vita prima" größeres Vertrauen entgegenzubringen als der niederländische Mediävist, auch wenn er gegenüber der Masse der Bernhard freundlich gesonnenen zisterziensischen Überlieferung die wenigen kritischen zeitgenössischen Stimmen über problematische Züge in dessen Charakterbild hinreichend berücksichtigt. Auf jeden Fall läßt der gegenwärtige Stand der Historiographie eine neue Darstellung Bernhards sehr berechtigt, ja erforderlich erscheinen. Sie kann zwar schon aus Platzgründen den Detailreichtum Vacandards nicht anstreben, ist aber dennoch ausführlich genug, um über alle wichtigen Aspekte von Bernhards Leben und Werk in ständigem Zugriff auf die Quellen und unter Auswertung der neueren Forschung umfassend Auskunft zu geben. Dafür ist der Verfasser als Redakteur des ersten Bandes der lateinisch-deutschen Gesamtausgabe der Werke Bernhards hervorragend ausgewiesen. Entsprechend der Zielsetzung der Reihe soll der Band sowohl dem Fachmediävisten als auch dem an Geschichte interessierten Leser eine fundierte, auf dem Stand der Forschung stehende, aber durch genaues Quellenstudium darüber hinausführende Darstellung bieten. Zu Recht hat der Autor dafür im wesentlichen das chronologische Schema gewählt, um die Persönlichkeit in der ganzen Vielfalt und Komplexität ihres Denkens und Handelns zu erfassen. Damit entgeht er der Gefahr, der so manche Darstellungen bis in die Gegenwart erlegen sind, in Berhard im wesentlichen den theologischen Schriftsteller zu sehen und aus den einzelnen Elementen seines Denkens systematisierend „Summen" über bestimmte theologische Fragen zu konstruieren, die er selbst nie anstrebte. In diesem Sinne wird das Buch sicher die weitere historische und theologische Forschung befruchten.

Würzburg, im September 1997   Peter Herde

Einleitung

„'Breves dies hominis sunt.' Fugiunt, nec recedunt. Ve-
stigia eorum nulla retrorsum. Labitur miser homo more
fluctuentis aquae, cum ipsis, et praecipiti cursu, ad finem,
quem nescit, excurrit.

Kurz sind die Tage des Menschen. Sie fliehen ohne wie-
derzukehren. Keine Spuren bleiben von ihnen zurück.
Mit ihnen entschwindet der arme Mensch wie verflie-
ßendes Wasser und eilt in überstürztem Lauf einem Ende
zu, um das er nicht weiß."

*Beginn eines Briefes des Abtes Petrus von Cluny vom
Herbst 1149 an seinen Freund Bernhard von Clairvaux.
(Epistola 150, ed. Constable I, 367)*

Im zweiten Viertel des 12. Jahrhunderts durchzog ein hagerer Mann in
heller Mönchskleidung halb Europa, gefolgt von Scharen von Kranken und
Besessenen, die ihn, der selbst leidend war, um Heilung anbettelten. Er
reiste nie allein, eine Gruppe von Mönchen umringte ihn, und oft genug eine
Menge anderer geistlicher Würdenträger. Meist sah der Mann nichts von
seiner Umgebung, da er, auch auf dem Rücken seines Pferdes, in tiefe Meditation über die Liebe zwischen Gott und der Seele versunken war.

Wandte der Mann aber seine Aufmerksamkeit auf die Menschen, die ihn
umgaben, dann begann er eine Faszination auszustrahlen, der sich nur wenige zu entziehen vermochten. Liebe und Haß, die Klugheit der Schlange
und die Einfalt der Taube waren in seinen Worten. Diese Worte ließen Adelige ihr Wohlleben verlassen, um eigenhändig wie die verachtetsten Bauern
Äcker umzugraben, Gelehrte auf ihre Bücher verzichten, um statt dessen
stundenlang in schmucklosen und eisigen Kirchen Psalmen zu singen, Fürsten jede politische Raison hintanstellen, um in einen katastrophal en-
denden Kreuzzug zu ziehen, höchste Prälaten zu zweifelhaften Kniffen in
geistlichen Gerichten greifen, um seine Feinde zu verurteilen. Viele nannten
ihn darob lange vor seinem Tode einen Heiligen, manche verfluchten ihn als
falschen Propheten.

Wenn dieser Mann nicht betend oder predigend durch die lateinische Christenheit zog, dann tat er das, was er wohl am meisten liebte: er diktierte oder

schrieb. Hunderte von Briefen und Ansprachen, Dutzende von Traktaten grub der Schreibgriffel auf Wachstafeln, zeichnete die Feder auf Pergament. In einer wunderbar mitreißenden, bibelgesättigten Sprache, geschmückt mit allen rhetorischen Raffinessen, umkreisen seine Werke immer das eine Thema: wie leben, um den Himmel zu gewinnen? Ihm kam kein Zweifel, daß der sicherste Weg der war, dort sein Erdendasein zu vollenden, wo er selbst in seinem dreiundzwanzigsten Jahr die drei Mönchsgelübde abgelegt hatte: im Orden der grauen Brüder von Cîteaux und namentlich in dem Konvent, dem er als Abt vorstand, in Clairvaux.

Das aktive Leben und das beschauende Leben, beides hat Bernhard in solcher Intensität erfahren und gestaltet, wie kein anderer Mensch seiner Epoche, von dem wir wissen. Mit allen großen Strömungen der Zeit war er nicht nur konfrontiert, sondern gestaltete sie selbst mit, voller Sympathie oder voller Widerstand: Armutsbewegung und Kreuzzug, Papstschisma und Adelsfehden, Scholastik und Mystik, Liebesdichtung und Kriegspropaganda ... Mit wem von den Großen seiner Zeit hätte er nicht zusammengewirkt oder ist er nicht zusammengestoßen? Päpste baten um seinen Rat, Königen drohte er, Philosophen bekämpfte er, Bischöfe verdankten ihm ihr Amt. Im Kirchenstaat Innozenz II. und Eugen III., in Frankreich Ludwig VI. und Ludwig VII., in Deutschland Lothar III. und Konrad III., in Italien Roger II. – sie alle haben mit ihm verhandelt, und die meisten von ihnen oft und oft. Ordensgründer wie Norbert von Xanten oder Gilbert von Sempringham waren seine Freunde, eine Seherin wie Hildegard von Bingen verehrte ihn tief, und der progressivste Denker seiner Generation, Peter Abaelard, lernte ihn hassen.

Es gibt viele Wege, etwas über jene Achsenzeit der europäischen Geschichte zu erfahren, die das hohe Mittelalter darstellt. Bernhard von Fontaines auf seinem Ritt durch ein Europa voller Konflikte und in die Welt seiner unweltlichen Gedanken zu folgen, ist einer der spannendsten.

I. Der junge Mann Bernhard

Kindheit (1090–1098)

Im Wohnturm der Burg von Fontaines-lès-Dijon in Burgund[1] gebar im Jahre 1090 dem Ritter Tescelin seine Gattin Aleth von Montbard[2] ihren dritten gemeinsamen Sohn und ihr Lieblingskind. Er erhielt den Namen Bernhard, der „Bärenkühne oder -harte", eine der so üblichen Nachbenennungen mit dem Namen des Großvaters,[3] denn so hieß Aleths Vater.[4]

Während der Schwangerschaft hatte Aleth einen Angsttraum gehabt: Ihr schien, sie habe einen bellenden Welpen im Leib. Beunruhigt bat sie einen vertrauten Mönch um die Erklärung dieses seltsamen Bildes; der fand eine erfreuliche Deutung, indem er an *Isaias* 56, 10 anknüpfte: „ein ausgezeichneter Prediger wird aus dir geboren werden, nicht zu vergleichen mit den vielen Hunden, die nicht bellen können".[5] So berichtet noch zu Bernhards Lebzeiten Gottfried von Auxerre, von 1140 bis 1153 „treuer Sekretär, Vertrauter und ständiger Reisebegleiter"[6] des späteren Heiligen. Man hat seine Nachricht mit Skepsis aufgenommen: da es ähnliche Träume auch in anderen Heiligenleben gibt,[7] „muß" es sich natürlich um einen Topos, einen hagiographischen Gemeinplatz, handeln; Gottfried habe einfach „seine Phantasie spielen" lassen.[8] Vielleicht hat die Mutter auch nur später in „subjektiver Täuschung" gemeint, solches geträumt zu haben.[9] Dagegen spricht wohl, daß sich Aleth keineswegs von Anfang an sicher war, ihr Traum bedeute Gutes. Davon überzeugte sie erst die Auslegung des unbekannten Religiosen. Und ist es nicht ganz häufig, daß sich eine schwangere Mutter auch im Schlaf mit ihrem Kind beschäftigt, sei es in freundlichen, sei es in ängstlichen Träumen?[10]

Von da an setzte Aleth große Erwartungen in dieses Kind. „Diesen Sohn aber liebte sie zärtlicher als alle, durch das gottgesandte Orakel motiviert"[11] – nämlich durch ihren Traum. Sie hielt das Neugeborene hoch hinauf zum Himmel, wie sie es auch bei ihren anderen Kindern zu tun pflegte, um sie Gott darzubringen. Doch den kleinen Bernhard bestimmte sie zusätzlich für eine geistliche Laufbahn, wie es scheint in einem feierlichen Gelöbnis in der Kirche.[12]

Wahrscheinlich nur wenige Tage oder Wochen nach der Geburt – um bei einem frühen Tod die Gefahr auszuschließen, daß seine Seele auf ewig in der Vorhölle schmachten müsse, wie die Kirche lehrte[13] –, wurde das Kind in

St. Martin zu Dijon[14] getauft: das damals Übliche war, es dem Taufexorzismus zu unterwerfen, um den Teufel aus dem kleinen, mit der Erbsünde belasteten Heiden zu vertreiben,[15] wobei man es dreimal nackt im Taufbecken untertauchte und mit geweihtem Salz, Öl und Chrisma in die Gemeinschaft der Christen aufnahm.[16]

Der Vater Tescelin wird als adelig, reich und fromm geschildert, war also einer der „proceres", der Burgherren, die von verschiedenen Einkommen wie Buß- und Wegegeldern, dem Mühlenbann u. ä. lebten.[17] Persönlich sei er mit einer besonderen Neigung zur Gerechtigkeit ausgezeichnet gewesen, außerdem ein Ritter ohne Furcht und Tadel, „miles fortissimus",[18] wie es sich für den Vater eines Heiligen schickte. Sein Beiname, altfranzösisch „li sors",[19] der Rotblonde, charakterisierte seine Haarfarbe, die sein Sohn offensichtlich von ihm erbte.[20] Der aus Châtillon stammende Feudalherr gehörte zu den engsten Gefolgsleuten des Herzogs von Burgund; er diente Odo I. (reg. 1078–1102) genauso treu wie dessen Sohn Hugo II. (reg. 1102–1143) und figuriert mehrfach in den Urkunden dieser Herzöge als Zeuge.[21] Daß er deshalb, wie wohl die meisten seiner Standesgenossen, immer wieder für längere Zeiten nicht mit seiner Familie zusammengelebt hat, sondern in der „maisniee" (Hausgemeinschaft) seines „seigneur" (Herrn), ist wahrscheinlich und mag eine Rolle für Bernhards weiteren Lebensweg gespielt haben.[22] Ob er ein 'miles litteratus' war, also lesen und schreiben konnte, wie etwa der Vater Abaelards,[23] aber sonst wenige dieses Standes, wissen wir nicht. Vermutlich übertreibt aber der Berichterstatter – es ist wiederum Gottfried – ein wenig hinsichtlich der sozialen Stellung der Familie, denn er bemerkt selbst, die Burg des Tescelins war eher bescheiden, eine kleine Anlage („minus castrum"[24]) am nord-westlichen Rande Dijons. Möglicherweise hatte sie Tescelin nur als Lehen inne.[25] Sonst besaß er etwas Streubesitz in der Umgegend, auch bei einem später Clairvaux genannten Tal.[26] Was die Zugehörigkeit zum Adel betrifft, so war Burgund eine der Regionen, wo das Rittertum sich im frühen 12. Jahrhundert bereits weitgehend dieser Schicht hatte assimilieren können.[27]

Die Mutter Aleth[28] (von Adelheid) kam aus dem bedeutenden Geschlecht derer von Montbard, das sogar mit einer älteren Linie der Herzöge von Burgund verwandt war. Sechs Söhne, Guido, Gerhard, Bernhard, Andreas, Bartholomäus und Nivard, sowie eine Tochter, Humbeline, brachte sie zur Welt, die sie alle am liebsten für das Kloster bestimmt hätte,[29] wie sie auch selbst ursprünglich hätte Nonne werden sollen, was ihre dementsprechende Erziehung erklärt.[30] Ihre die Familie anscheinend dominierende Frömmigkeit sollte ihre spätere Verehrung als Heilige mitbegründen, deren wichtigstes Motiv aber gewiß ihr dritter Sohn war. Daß sie eine starke Frau war, die ihre Kinder nach ihrer Religiosität zu formen vermochte, darf aufgrund mancher Hinweise in Bernhards Vita vermutet werden.

Nur wenig erfahren wir darüber, wie das Kind Bernhard aufwuchs: Als Säugling wurde er wie seine Geschwister von Aleth selbst gestillt, was sein Biograph besonders hervorhebt, da dies in seiner Zeit in den gehobenen Schichten keineswegs üblich war. Üblich war vielmehr, daß die adeligen Damen ihre Kinder einer Amme anvertrauten,[31] denn ein Kind selbst zu stillen, hätten viele als Zeichen interpretiert, man könne sich keine solche Bediente leisten. Das Positivum lag aber darin, daß nach den Vorstellungen der Zeit mit der Milch der Mutter auch ihre guten Anlagen weitergegeben wurden.[32]

Die Erziehung Bernhards und seiner Geschwister scheint eher spartanisch gewesen zu sein: „So lange sie unter der Hand Aleths waren, zog sie sie mehr für das Eremiten- als für das Hofleben auf und duldete nicht, daß sie sich an delikateres Essen gewöhnten, sondern nährte sie mit gewöhnlichem und einfachem."[33] Es ist klar, daß Aleth hier wie so viele Mütter in ihren Kindern verwirklichte, was sie selbst als verheiratete Frau mit Familie noch nicht zu tun imstande war, nämlich ein dem Klosterleben möglichst nahekommendes Leben in der Welt zu führen. Als ihre Kinder dann aber alt genug waren, verbrachte sie ihre letzten Jahre nur mehr mit Fasten, Wachen, Almosenspenden und Gebet, ohne jedoch Nonne zu werden.[34]

Welche Eindrücke Bernhard sonst in seinen Kindertagen empfangen haben mag, was und womit er gespielt hat (wohl kaum mit Ritterfiguren,[35] wie vielleicht seine nicht für ein geistliches Leben bestimmten Brüder), was er lernen mußte oder durfte, entzieht sich unserer Kenntnis. Im Lesen hatte er sich jedenfalls schon sehr früh zu üben.[36] Wahrscheinlich hat er einen Zuchtmeister (afrz. „maistre", mlat. „paedagogus") gehabt, der ihn unterrichtete; Bernhards älterer Zeitgenosse, der Benediktiner Guibert von Nogent (1053–1124), weiß in seiner Autobiographie genug darüber zu berichten, unter welchem Druck ihn der harte Erzieher mit pausenlosem Lernen hielt.[37] Daß Aleth ihrem Sohn gründlich und bleibend Inhalte ihrer Religion vermittelte, ist freilich sicher (bis zu ihrem siebten Jahr wuchsen auch die kleinen Buben üblicherweise in den Räumen der Mutter auf)[38]. Ihre Lebensführung erschien auch später dem Abt Bernhard so vorbildlich, daß er seine Schwester genau darauf verpflichtete, als er sie auf drastische Weise dem Weltleben entfremdet hatte.[39]

„pro aetate, imo supra aetatem, pietatis opera sectabatur"[40]: „er pflegte die Werke der Frömmigkeit in einer Weise, die seinem Alter angemessen war – nein, über sein Alter hinaus!" So seine Vita. Daß der kleine Bernhard zu Weihnachten einmal vor dem nächtlichen Gottesdienst einschlief und vom Christkind träumte, verwundert so nicht und kann auch nicht als legendär abgetan werden: noch als Abt sprach er davon.[41] Und auch daß er, bekam er einmal ein wenig Geld, dieses heimlich Armen weitergab,[42] muß kein hagiographischer Topos sein – pflegen Kinder nicht oft Handlungen ihrer Eltern nachzumachen?

Warum seine Eltern nicht den üblichsten und sichersten Weg beschritten, ihr Kind auf ein geistliches Leben zu verpflichten, nämlich die Mönchung durch Oblation[43] in einem Kloster, wissen wir nicht. Zahlreiche in die Kirchengeschichte eingegangene Zeitgenossen Bernhards waren so in frühester Jugend (ab vier bis fünf Jahren) einem Konvent übergeben worden, damit sie dort für ihre Verwandten beten sollten, z. B. Suger, der spätere Abt des Reichsklosters Saint-Denis (ca. 1081–1151), Petrus von Montboisier, der spätere Abt von Cluny (ca. 1093–1156), Rupert, der spätere Abt von Deutz (ca. 1070–ca. 1130), oder der mit Bernhard gleichaltrige spätere Bischof Hartmann von Brixen (ca. 1090–1164) – und so viele andere führende Männer der damaligen Kirche. Die Oblation erfolgte ganz unabhängig davon, ob dieses Kind – und später dieser Erwachsene, denn die Klostergelübde waren ja unauflöslich[44] – dies auch selber wollte oder nicht. Das Moment der rituellen, ganz äußerlichen Reinheit eines Kindes als Opfer und die zu erbringende Gebetsleistung waren hier leitend und Existenzgrundlagen dieser Einrichtung, aus der sich die Benediktiner im frühen Mittelalter zu einem sehr großen Teil rekrutierten. Weitgehend irrelevant blieb die innere Einstellung der Oblaten. Bernhard, wiewohl nicht persönlich davon betroffen, sollte noch mit diesem Problem konfrontiert werden.[45]

Jugend (1098–1111)

Seit seinem siebten oder achten Jahr besuchte Bernhard die Schule der Kanoniker von Saint-Vorles in Châtillon-sur-Seine, einer gerade eine Tageswanderung von Fontaines entfernten bischöflichen Siedlung. Seine Familie besaß dort ein Haus. Das Alter Bernhards stimmt mit dem überein, das auch sonst als üblich für den Beginn des Unterrichts angegeben wird.[46] Was hatten die Schüler, die bereits Kleider von gleichem Schnitt wie die Kanoniker selbst trugen,[47] zunächst zu lernen? Zwar ist nichts über Saint-Vorles speziell überliefert, doch kann man sich nach den allgemeinen Gepflogenheiten solcher geistlicher Schulen sicher sein, daß die Knaben Lesen, Schreiben, Auswendiglernen und Singen vor allem an Hand der lateinischen *Psalmen* zu üben hatten.[48] Gewiß wurden sie mit demjenigen antiken Bildungsgut vertraut gemacht, das man seit dem beginnenden Frühmittelalter als Trivium bezeichnete: Rhetorik, Grammatik und Dialektik. Auch heidnische Autoren wie Vergil, der freilich christlich gedeutet wurde, dürften auf dem Lehrplan gestanden haben. Die Schüler hatten die klassische Sprache so gut zu beherrschen, daß sie selbst kleine Dichtungen („dictamina") fabrizieren konnten. Mit dem zweiten Teil der 'Freien Künste', dem 'Quadrivium', das die mathematischen Wissenschaften umfaßte, wurde Bernhard dagegen offenbar nie konfrontiert.[49]

Das Bildungsangebot der Kanoniker scheint, allein nach dem Stil von Bernhards Werken zu urteilen, hervorragend gewesen zu sein, und der Junge soll, wie von seinem Biographen Gottfried glaubwürdig versichert wird, Talent zu einem sehr guten Schüler gehabt haben. Bernhard blieb dem Kloster seiner Schultage auch immer verbunden, wie mehrere Interventionen und sein Bemühen um Reform zeigen, als er ein einflußreicher Mann geworden war.[50] Damals allerdings war er ziemlich schüchtern, was, wie er noch lange später beklagte, ihm seine Erzieher mit Gewalt auszutreiben suchten.[51] „mire cogitativus", erstaunlich nachdenklich, nennt sein Freund Wilhelm von Saint-Thierry[52] den jungen Bernhard, weiters ruhig, gehorsam und ganz versessen darauf, die *Heilige Schrift* zu studieren: ein katholischer Musterknabe.[53] Oder, wie es ein französischer Historiker formulierte: „Summa summarum, ein Heiliger, wie man ihn nur im Brevierbuch findet, würdig, kanonisiert zu werden, sogar noch ehe er gelebt hat."[54]

Bernhard war wohl etwa siebzehn oder achtzehn, möglicherweise aber auch erst vierzehn Jahre alt, als seine Mutter, vielleicht vierzigjährig, an einem 31. August starb.[55] Sie wurde in der Krypta eines der bedeutendsten Klöster der Umgebung bestattet, nämlich in Saint-Bénigne zu Dijon.[56] Mit dem Tod Aleths schien sich das Leben ihres bestbehüteten Sohnes zunächst zu ändern. Sogar in Wilhelms Biographie klingt etwas wie Befreiung mit: nun begann der junge Mann „suo jam more, suo jure."[57] nach seiner Weise und auf seine Verantwortung, zu leben. Aus dem wenigen, was sein Freund Wilhelm über die Jahre vor Bernhards Konversion preisgibt, wird ganz klar, daß er in eine Gruppe Gleichaltriger eingebunden war, eine Burschen-Clique mit enger Freundschaft, wie sie auch heute noch für die Jugend gerade in den romanischen Ländern so typisch ist. Solche Cliquen aus ritterbürtigen Familien bildeten „compaignies" oder „maisnies", Trupps, um nicht zu sagen 'Gangs', die sich um einen Anführer scharten und auf „aventure" auszogen[58], zu Turnieren, Schlachten und Raubzügen (was die nach damaligem Verständnis durchaus legitimen Fehden in der Praxis für gewöhnlich waren). Nun war Bernhard, anders als seine Brüder, nicht für das Waffenhandwerk erzogen worden, was ihn aber nicht hinderte, in einer solchen Gruppe – mit welchem Ziel? – umherzuziehen. Einfach zu weltlichem Vergnügen, denn es waren gefährliche Freundschaften (für sein Seelenheil), bemerkt Wilhelm: „amicitiae procellosae"[59], eine Formulierung, die das stürmische Meer der bösen Welt, des „saeculum nequam" (Gal 1, 4), evoziert.[60] Wahrscheinlich besuchte man abwechselnd die Burgen der Eltern und Verwandten der einzelnen Kumpane; „als Bernhard einmal mit seinen Freunden bei einer Dame (matrona) übernachtete", soll ihn diese (natürlich erfolglos) zu verführen versucht haben.[61] Dazu ließ sie ihn „tanquam honoratiori omnium"[62], als den Vornehmsten von allen, getrennt unterbringen – Bernhard dürfte demnach der Anführer dieser Clique gewesen sein. Bedenkt man seine spätere Tendenz, Führungsrollen zu übernehmen, und seine Begabung, sie mit Erfolg zu auszufüllen, wirkt dies absolut wahrscheinlich.

Daß Bernhard damals den von der Mutter vorgezeichneten Weg beinahe verlassen hätte, bestätigen unabhängig voneinander wenigstens fünf Zeugnisse: Einmal die Biographen Gottfried und Wilhelm, die bemerken, Bernhard hätte fast eine Laufbahn in der Welt eingeschlagen,[63] wobei sein erster Biograph seinen Helden in einigen entsprechenden Episoden zeigt. Dann verrät Wilhelm einmal en passant, daß der junge Mann sich, ehe er „einen neuen Menschen anzog", mit seinen Freunden „über die weltlichen Wissenschaften oder die Welt selbst" zu unterhalten pflegte.[64] Weiters spielt Bernhard selbst in einem seiner Briefe auf eine Epoche seines Lebens an, da er Gott verachtet hatte, eine Stelle, die sich wohl nur auf die Zeit vor seiner Bekehrung beziehen läßt: Als er um 1128 seinen berühmten Brieftraktat über das Bischofsamt an Erzbischof Heinrich von Sens schrieb, schob er beim Gedanken an das Jüngste Gericht ein persönliches Bekenntnis ein: „Ich erzittere zur Gänze, Herr Jesus, besonders wenn ich mich bei der Betrachtung deiner Majestät (wie wenig ich sie auch anzuschauen vermag) erinnere, wie sehr ich dich *einst* verachtete. Doch auch jetzt … fürchte ich mich, der ich *einst* gegen deine Majestät widerspenstig war …"[65] Und seinen Mönchen bekennt er einmal, bezogen ausdrücklich auf die Zeit vor dem Klostereintritt: Damals hatte ich schon meinen „Glauben, aber der war tot. Wie sollte er denn nicht tot sein ohne Werke?"[66] Schließlich gibt es einen Hinweis Berengars von Poitiers,[67] eines Schülers Abaelards. Seine Angaben sind allerdings mit Vorsicht zu genießen, denn einerseits waren, wie seine Werke zeigen, Kritik und auch Verleumdung sein Lieblingsmetier. Andererseits hat er sich über Bernhards Jugend gerade in seiner Verteidigungsschrift für den 1141 von dem Abt von Clairvaux so heftig angefeindeten Philosophen Petrus Abaelard geäußert, in einer Diatribe, die als schlechten Scherz zu entschärfen („ioco legatur, non serio"[68]) er sich später, wenigstens drei Jahre vor Bernhards Tod, gezwungen sah, da sie ihn ins Exil getrieben hatte. Freilich hat auch diese Revocatio, da opportunistisch zur eigenen Verteidigung und nicht ohne Ironie geschrieben, wenig Wert. Trotzdem sollte man diese Quelle nicht ignorieren: daß Berengar übertreibt, ist gewiß, aber wenn er gerade bestimmte Verhaltensweisen Bernhards angreift, dann doch wohl solche, die tatsächlich einen Anlaß boten. Es wäre sinnlos gewesen, Bernhard vorzuwerfen, er habe von Jugend an „canticulas mimicas et urbanos modulos fictitasse" und seine Brüder mit schlauer Erfindungsgabe „rhythmico certamine" übertreffen wollen, wenn nicht faktisch weltliche Texte von ihm zirkuliert wären; hätte Berengar erfinden wollen, so hätte er Gravierenderes gefunden. Es mögen harmlose Schulgedichte Bernhards, etwa Antikenimitationen, gewesen sein, die Berengar hier zu „proteruia", Frivolitäten, hochstilisiert, durch deren Zitierung er seine Schrift nicht beschmutzen möchte, zumal sie ohnehin allgemein bekannt seien.[69] Der „Scholastiker" (so sein Beiname) verklausuliert in der zitierten Passage seine Anklage einigermaßen, drückt sich absichtlich unklar aus, etwa: Schauspieler-Liedchen mit schmissigen Melodien (Dichten und Komponieren gehörten im Mittelalter fast immer zusammen). Da „mimicus" in frommen Ohren eindeutig pejorativ an die umherziehenden Akteure notorisch schlechter Moral gemahnte,[70] sollte man wohl verstehen, Bernhard habe Lieder für solche Trupps von Vaganten geschrieben, wie sie sich mit Sicherheit auch das eine oder andere Mal in der heimatlichen Burg zu Fontaines produzierten. Ob nicht auch der erste Teil der Bemerkung eines Bernhard feindlichen Cluniazensers über eines seiner Werke sich auf die vormonastische Schriftstellerei des Abtes bezieht? „Ich würde es einen erträglicheren Schaden nennen, in weltlicher Kleidung schmutzige Satiren zusammenzuschreiben, als zwischen die süßen Gesänge des Bräutigams und der Braut mit Lappalien solcherart scheltend hineinzuplatzen!"[71]

Jedenfalls ist die Wahrscheinlichkeit groß,[72] auch Bernhard habe vor seinem Klostereintritt Gedichtchen weltlichen Inhalts produziert – zumal dies für einen literarisch Hochbegabten zu seiner Zeit nichts Ungewöhnliches war und dies später bereut. Verfaßten nicht auch gerade in Nordfrankreich Kleriker gern erotische Gedichte in Nachahmung Ovids[73]? Verwarf nicht ein bekannter Dichter wie der Bischof von Rennes, Marbod († 1123), ausdrücklich seine leichtsinnigen Jugendpoeme?[74] Kennen wir aus dem 12. Jahrhundert nicht auch mehr als einen Zisterzienser, von dem zwar nur Schriften aus seiner Ordenszeit erhalten sind, frühere weltliche Dichtung jedoch einwandfrei bezeugt ist, wie z. B. Helinand von Froidmont?[75] Hat nicht ein gefeierter Trobador wie Bertran de Born eine Bekehrung erlebt und ist Mönch geworden?[76] Hat nicht auch Abaelard Minnelieder geschrieben, die so beliebt waren, daß sie auf den Straßen gesungen wurden?[77] Und doch sind auch sie, anders als seine philosophischen und religiösen Werke, nicht erhalten. Ob sich Bernhard aus diesem Grund künftig auf dem Gebiet der Lyrik so zurückgehalten hat, daß nur einige wenige (literarisch belanglose) Liturgica seinem umfangreichen Prosawerk gegenüberstehen?

Gleichviel, „der junge Mann" Bernhard war anscheinend bereits auf dem Weg ins „böse Saeculum". Wir haben aus jener Zeit ein literarisches Porträt Bernhards, so daß wir uns sein Aussehen in etwa vorstellen können: mittelgroß, aber hochgewachsen wirkend, ziemlich zierlich gebaut, ein angenehmes Gesicht, blondes Haar, rötlicher Bartansatz.[78] Zum ritterlichen Leben gebrach es ihm offenbar an den körperlichen Voraussetzungen. Die *Chanson de Roland* sagt in für Bernhard ganz passender Weise:

Itel valor deit aveir chevaler.
Ki armes portet et en bon cheval set,
En la bataille deit estre forz et fiers
U altrement ne valt quatre deners,
Einz deit monje estre en un de cez mustiers,
Si prierat tuz jurz por noz peccez.[79]

„Solche Tugend muß ein Ritter haben, der Waffen trägt und auf einem guten Roß sitzt: in der Schlacht muß er tapfer und wild sein, sonst ist er nicht einmal vier Denare wert. Eher soll er Mönch sein in einem dieser Klöster und wohl alle Tage für unsere Sünden beten." (Dieses Bernhard sicher bekannte Lied darf in diesem Konnex durchaus zitiert werden, zumal Mönche an Abfassung, Bearbeitung oder Abschrift auch der weltlichen volkssprachlichen Literatur tatsächlich beteiligt waren[80]).

Der Wege in die anderen Stände der Welt hätte es für ihn damals viele gegeben, schrieb schon sein Freund Wilhelm.[81] Denn im hohen Mittelalter bot sich eine vordem ganz ungekannte Vielfalt an möglichen sozialen Rollen; auch Guibert von Nogent reflektierte über die Alternative Ritter- oder Priesterleben, Heloise und Abaelard über die von Ehe oder Ehelosigkeit etc.[82] Vielleicht wäre der junge Herr von Fontaines einer der neuen Verwaltungsfachleute geworden, die im 12. Jahrhundert als Kaste der „clerici" mehr und mehr an den weltlichen und geistlichen Höfen gefragt waren, vielleicht hätte er sich in die Schar der ebenfalls immer einflußreicheren Kirchenrechtler eingereiht; vielleicht wäre er Höfling beim Herzog von Burgund oder beim König von Frankreich geworden und hätte über die Welt und Gott gedichtet, vielleicht ...

Es war keine spektakuläre Conversio, die sich in Bernhard vollzog. Er war keiner der „sündigen Heiligen", wie sie viele mittelalterliche Legenden schildern,[83] Bösewichte, die unerwartet von der himmlischen Gnade überfallen und abrupt von einer völlig anderen Raison d'être erfüllt werden, wie einst der Pharisäer Saulus auf dem Weg nach Damaskus.[84] Um einen älteren Zeitgenossen und späteren Freund Bernhards als Beispiel zu nennen: Norbert von Xanten († 1134), ein adeliger, gebildeter, welterfahrener Mann, hatte als kaiserlicher Kaplan jahrelang die Freuden des höfischen Lebens genossen. In seinem dreißigsten Jahr geriet er unerwartet in Lebensgefahr: ein Blitz schlug während eines Gewitters vor ihm ein, sein Pferd scheute und warf ihn zu Boden, eine anklagende Stimme ließ sich vernehmen. Norbert kehrte nach Hause zurück, zog ein härenes Gewand an und wurde ein Heiliger, der Gründer des Prämonstratenserordens.[85] Unnötig, an das ähnliche Bekehrungserlebnis Martin Luthers zu erinnern.

Bernhards Entschluß dagegen reifte langsam und vielleicht nicht ohne innere Widerstände. „aliquando contrarius exstiti maiestati"[86], einst war ich der göttlichen Majestät entgegen, schrieb er nach etwa fünfzehn Klosterjahren – eine Anspielung auf jene Zeit? Jedenfalls wird weder eine Paulinische Damaskus-Erfahrung noch ein Augustinisches tolle-lege-Erlebnis von ihm berichtet. Er war, wie für den Entwicklungsabschnitt der Adoleszenz typisch, auf der Suche nach dem Sinn des Lebens. Seine Mutter hatte ihm intensiv die zentrale Vorgabe des Christentums vermittelt, daß das eigentliche Leben nicht dieser, sondern der jenseitigen Welt angehöre. Gottfried und Wilhelm lassen keinen Zweifel daran, daß es die Prägung von seiten Aleths war, die sich endgültig sowohl in Bernhard wie auch in ihren anderen Söhnen durchsetzte. Denn Bernhard sah sich andauernd von der Vorstellung verfolgt, die tote Mutter mache ihm Vorwürfe, weil er ihren Erwartungen nicht entsprach.[87] War das schon Grund genug für seinen Entschluß?

Eher epiphere Andeutungen Gottfrieds und Wilhelms lassen wenigstens auf ein weiteres Element schließen, das bei Bernhards Bekehrung eine wichtige Rolle spielte: seine von ihm nicht akzeptierte Sexualität. Keusch zu bleiben war für ihn das schwierigste Problem bei der Befolgung der von ihm voll akzeptierten katholischen Sittenlehre. Das gibt Wilhelm klar zu erkennen, doch natürlich in der Sprache der Hagiographie: In diesem Punkt versuchte der Teufel den Jüngling am meisten.[88] Seit seiner Jugend hatte er danach getrachtet, vom „Schmutz des Fleisches" rein zu bleiben, „voll Haß auf das befleckte Kleid, das ist das fleischliche", d. h. seinen Körper und dessen Geschlechtlichkeit. Als er, angeblich erst mit etwa neunzehn Jahren, die „Stacheln" erotischen Verlangens verspürte, entschloß er sich, sie mit aller Härte abzubrechen.[89] Als er einmal eine Frau erblickte, die ihn nicht ungerührt ließ, sprang er zur Abkühlung in einen Teich und blieb so lange in dem kalten Wasser, bis er fast in Ohnmacht fiel. Dies habe ihn von ähnlichen, „der Hitze fleischlicher Begierde" entspringenden Anfechtungen völlig befreit.[90] Weiblichen Annäherungsversuchen, ihm seine Unschuld zu rauben, entzog er sich.[91]

Auch hier kann man natürlich den Bericht von Bernhards Freund wiederum zum bloßen Versatzstück der Gattung Vita erklären, da ähnliche Methoden auch von früheren Heiligen berichtet wurden. Besonders einflußreich natürlich das Beispiel des Mönchsvaters Benedikt, der sich bei demselben Anlaß und mit demselben Ergebnis in Dorngestrüpp wälzte,[92] während andere der frühen Einsiedler sich die Zunge abschnitten oder mit glühendem Eisen verletzten. Auch das Bad im Eiswasser wurde von ihnen schon mit Erfolg angewandt.[93] Warum hätte Bernhard, energisch wie er war, das ihm aus der Hagiographie bekannte Beispiel nicht nachahmen sollen? Er hat doch seinen Körper noch zu wesentlich gefährlicheren Askesleistungen gezwungen.[94]

Es bedarf hier nicht einer Darlegung der mittelalterlichen Ansichten der Kirche und damit der frommen Gläubigen zur Sexualität; daß sie oder genauer die „fleischliche Begierde" in paulinischer und augustinischer Tradition als Überträgerin der Erbsünde und sündhaft sogar im ehelichen Verkehr in schwärzestem Schwarz gemalt wurde, ist wohlbekannt.[95]

Es gibt einige Äußerungen Bernhards, die Licht auf seine Einstellung zur Sexualität werfen. Freilich handelt es sich um Texte, die Jahre nach seiner Bekehrung entstanden sind und deshalb möglicherweise von einem theologischen Wissensstand ausgehen, den der junge Mann noch nicht gehabt haben muß. Andererseits bezieht sich Bernhard in einigen von ihnen ausdrücklich auf seine Conversio, und da nachweislich der Rekurs auf persönliche Erfahrung für ihn ein ganz zentrales Gewicht besaß,[96] gibt es Grund genug für eine entsprechende biographische Interpretation.

Bernhard war ausdrücklich derselben Meinung wie die sonstigen Theologen und Kanonisten der Zeit, einschließlich des einflußreichsten unter ihnen, Gratian: selbst die eheliche Sexualität ist sündig.[97] So schrieb Bernhard sogar über die Zeugung Mariens: „Wie hätte sie keine Sünde sein können, wo doch die Begierde nicht fehlte!"[98] Was nun seine Bekehrung betrifft, so erzählte er einmal in einer Predigt seinen Mönchen: „Ich wäre nämlich leicht in viele Sünden gefallen, wenn es dazu eine Gelegenheit gegeben hätte ... doch Gott gewährte die Kraft, ... der Begierde, die ich verspürte [concupiscientiam ist eindeutig sexuell], nicht zuzustimmen." Daß es tatsächlich die im Mittelalter durch die Katechese so eindrücklich in Predigt, Schrift und Bild hervorgerufene Höllenangst war,[99] die Bernhards Flucht ins Kloster motivierte, sagt er ebenfalls selbst: „Damals nämlich, wie ich mich gut erinnere, erschütterte er [Gott] mein Herz ... und versetzte [mich/es] in Schrecken, indem er [mich/es] hinabführte zu den Pforten der Hölle und die für die Sünder bereiteten Torturen zeigte."[100] Um dann wieder auf die Keuschheit zurückzukommen: „Ihr haltet vielleicht euere Keuschheit für eine Kleinigkeit – ich aber nicht! Ich weiß es nämlich, welche Gegner sie hat und wieviel Kraft sie braucht, um denen widerstehen zu können. Der erste Feind unserer Keuschheit ist natürlich das Fleisch ..." Die Bemerkung, „von Keuschheit spreche ich aber nicht nur hinsichtlich der Sexualität [luxuria, Unkeuschheit], sondern auch hinsichtlich anderer Laster"[101], erweist, daß der Abt und seine Zuhörer an erster Stelle eben an jene dachten.

Um der Gefahr von Sünde und Verdammnis zu entrinnen und gleichzeitig dem Wunsch der Mutter zu entsprechen, begann der etwa zwanzigjährige Bernhard also, die Möglichkeiten eines Rückzugs aus der Welt zu sondieren. Daß dieser nicht in einem Leben als Weltpriester liegen konnte, war ihm wohl von Anfang an klar, und er hat die weitgehend verweltlichte Hierarchie der Kirche künftig stets gegeißelt, wie er auch die ihm angebotenen Bischofsstühle regelmäßig ausschlug.

Nahegelegen hätte ein Leben als Einsiedler. Gerade im 12. Jahrhundert war dies eine gängige Alternative zum monastischen Leben.[102] Haben sie nicht manche andere fromme Adelige seiner Generation in Frankreich ergriffen? Stephan von Obazine († 1124)[103] etwa hatte sich in den Wald von Muret zurückgezogen, fasziniert vom kalabrischen Eremitentum. Gottfried von Nhot († 1124) wählte die Ruinen des zerstörten Klosters Chalard als Klause.[104] Auch der Priester Robert von Abrissel († 1116) war zur Buße in den Wald von Craon gegangen, ehe er sein Leben als Wanderprediger aufnahm.[105] Doch scheint Bernhard dem Eremitentum gegenüber eine eher skeptische Haltung eingenommen zu haben.[106] Hat er damals noch nichts oder nicht genug von den seit 1084 bestehenden Kartäusern gewußt, für die er später so viel Sympathie zeigen sollte?

Ihre Strenge kann ihn nicht abgeschreckt haben, und welche Lebensweise in Reformklöstern herrschte, muß er gewußt haben. Ein Scherzgedicht des 12. Jahrhunderts faßt, in diesem Punkt wirklichkeitsgetreu, den mönchischen Alltag so zusammen:

> Monachorum regula
> non est tibi cognita?
> vigilant assidue,
> ieiunant cotidie.
>
> ...
>
> Dura donant pabula,
> fabas ac legumina,
> post tale convivium
> potum aque modicum.

„Die Mönchsregel ist dir nicht bekannt? Sie wachen beständig, fasten täglich ... Hartes 'Futter' bieten sie, Bohnen und Gemüse, und nach einem solchen 'Festmahl' einen bescheidenen Trunk Wassers. "

Dasselbe Gedicht bietet aber auch präzise die Überlegungen, die so viele Menschen in die Klöster trieb,[107] eine Mischung aus Himmelshoffnung und Höllenfurcht:

> Qui pro deo vigilat, coronari postulat;
> qui pro deo esurit, saciari exigit ...
> Quid prosunt convivia vel quid dionisia,
> ubi erit dapibus caro data vermibus? ...
> Qui parentes diligit atque deum negligit,
> reus inde fuerit, tunc cum iudex venerit."[108]

„Wer für Gott wacht, begehrt, gekrönt zu werden; wer für Gott hungert, fordert, gesättigt zu werden. Was nützen die Festmähler oder was die Trinkgelage, wo doch zur Speise den Würmern unser Fleisch gegeben werden wird? ... Wer seine Verwandten liebt und Gott vernachläßigt, wird darob angeklagt, wenn dann der Richter kommt. "

Doch wird der tiefere Grund für Bernhards Wahl des Zönobitentums wohl in seiner Sozialisation liegen. Zusammen mit so vielen Jungen, seinen Brüdern, aufgewachsen, mußte er stets Menschen um sich haben, und es ist nicht bekannt, daß er sich später je freiwillig auch nur für kurze Zeit in die Einsamkeit zurückgezogen hätte,[109] – nicht in die eines Klosters, sondern in die einer Ein-Personen-Eremitage, wie es die oben genannten Heiligen taten. Bernhard war wohl einfach zu extrovertiert geartet, als daß er permanent hätte allein bleiben können.

Standesgemäß war ein Eintritt ins Kloster jedenfalls. Für einen Mann seiner gesellschaftlichen und geographischen Herkunft wäre Dijon oder Cluny, auch Molesmes naheliegend gewesen, zumal Bernhard in den beiden letztgenannten Konventen Verwandte hatte.[110] Doch ein Zug seines Charakters war es, das, was er tun wollte, möglichst kompromißlos zu tun. Diese Prädisposition zu intensivem Engagement, wohl vom Vater geerbt, bei dem sie sich auf rechtlichem Gebiet manifestierte („iusticie zelum", „servare iusticiam", Eifer für Gerechtigkeit – oder Rechtspflege – werden an ihm gerühmt),[111] reicht von Begeisterung und Beständigkeit bis zu Hartnäckigkeit und Rechthaberei. So hat Bernhard später nicht geruht, bis er z. B. von ihm als Feinde Beurteilte wie Abaelard oder Wilhelm von York wirklich vollständig ausgeschaltet hatte oder ungeachtet wiederholter Abfuhren den deutschen König Konrad III. zum Kreuzzug bewegen konnte. So verzichtete der Rittersohn auch auf benediktinisches Wohlleben in einem adeligen Traditionskloster und suchte sich unter den in der Umgebung gelegenen Mönchsgemeinschaften jene aus, die für ihre strenge Lebensführung besonders berühmt oder berüchtigt geworden war: das 1098 gegründetet „neue Kloster" Cîteaux[112].

Das Movens, das Bernhard in die „schreckliche Einöde", in den Wald von Cîteaux, trieb, war also vor allem Furcht gewesen, bei einem Leben in der Welt mit ihren Versuchungen seine Seele nicht retten zu können. Diese Furcht war es, die damals wohl die meisten der Männer ins Kloster trieb, die selbständig diese Lebensform wählten, z. B. Bernhards Freund Norbert von Xanten, um vom bekanntesten späteren Beispiel, Martin Luther, zu schweigen.[113] Um dieses Element der Religiosität bewußt zu machen, sei nur ein Mönch aus der nächsten Umgebung Bernhards zitiert, sein Sekretär Nikolaus von Clairvaux. In einem Brief schildert er, wie er in seiner Zelle bei der der Selbsterkenntnis dienenden Meditation in die Einsamkeit seines Herzens hinabsteigt und dort seinen Richter in der eigenen Vernunft findet, den Zeugen im Gewissen, den Henker in der Furcht, und wie er erbebt vor „jener schrecklichen Majestät, in deren Hände zu fallen entsetzlich ist …"[114] Auch in Clairvaux pflegte man nicht nur das Gedenken an den Minnechristus des *Hohenliedes*.

Bernhard war der Meinung, er tauge nicht für die Welt, und ist auch später dabei geblieben, als er schon Proben seines Umgangs mit ihr abgelegt hatte.[115] Er dachte an Flucht („Fugam meditari coepit"), wollte sich auch vor der aufgeregten Betriebsamkeit der Menschen verbergen.[116] Später wird Bernhard den Stand der Mönche einmal folgendermaßen preisen: „Diese wählen einen besonders vorteilhaften und sicheren Weg; vom ganzen Leib der Kirche, der weiß glänzt, erscheinen sie als besonders glänzend".[117] Diese Lebensform war ihm zur heilskräftigsten an sich geworden, zur „vita fortissima".[118]

Das „animam salvare" war ebenso für seine Brüder der Grund, ihm zu folgen.[119] Auch die oben zitierte Stelle aus Epistola 42 verweist darauf. Stets hat Bernhard – gut biblisch – darauf insistiert, daß die Furcht vor dem Herrn der Anfang eines Aufstiegs in der Frömmigkeit sei.[120] Herzenshärte und -kälte, seelische Erstarrung im Religiösen blieb ihm am Beginn seines Frömmigkeitslebens nicht unbekannt.[121] Doch hat er diese Stufe der Beziehung zu Gott im Laufe seines Lebens wohl sehr weitgehend überwunden und durch Gottesliebe ersetzt.

Seine Brüder, die zunächst keineswegs von denselben Gedanken umgetrieben erscheinen, wollten Bernhard freilich nicht verlieren. Fast wäre es ihnen gelungen, die Faszination, die die Welt des Wissens auf ihn ausübte, zum Köder zu machen und ihn damit von seinem Ziel wegzulocken. Bernhard schwankte und war schon bereit, eine Reise nach Deutschland zu unternehmen,[122] vielleicht um an der Kölner Domschule zu studieren. Es ist merkwürdig, daß ein geographisch naher Zeitgenosse Bernhards, Heimann von Laon (von Tournai[123]) berichtet, Bernhard sei vor seiner Konversion bereits „clericus" gewesen[124]. Ein Irrtum dieses Benediktiners, oder hatte er wirklich bereits mit einem Studium begonnen? Jedenfalls erwies sich die angesprochene Hartnäckigkeit Bernhards als stärker, und bald machte er seinerseits sämtliche von seinen Brüdern gefaßte Lebenspläne zunichte. Denn seine Abschweifung von dem ihm von der Mutter Aleth vorgegebenen Lebensweg war schon vorbei.

Konversion (1111–1112)

Im Jahre 1111 belagerte Herzog Hugo II. von Burgund die Burg Grancey, in der sich der aufständische Graf Rainald III. von Saulx verteidigte. Bernhards Brüder gehörten als Ritter und Vasallen zum herzoglichen Heer. Auf dem Ritt zu ihnen geschah es: die Spannung, unter der Bernhard stand – wie sollte er sein Leben planen? –, verstärkte sich, je näher er dem kriegerischen Geschehen kam. Auf halbem Weg bog er zu einer Kirche ab, betete mit erhobenen Armen und brach in Tränen aus. „Ea igitur die firmatum est propositum cordis ejus."[125] Seit diesem Tag war der Entschluß seines Herzens gefestigt: „Moines serai, si volrai Dieu servir", Mönch werde ich sein, gewiß will ich Gott dienen, hätte er mit dem Dichter sagen können.[126]

Während es für Bernhard Informationen zu den meisten der typischen Stadien eines Bekehrungsprozesses[127] gibt, wissen wir jedoch nicht, was gerade die entscheidende Krise ausgelöst hatte, der nun „in einer euphorisch erlebten Spannungslösung"[128] ein Ende gesetzt wurde. Er selbst beschreibt später in einer ausdrücklich als autobiographisch gekennzeichneten Passage der *Hoheliedpredigten*, wie er am Beginn seines neuen Lebens hart und kalt war und er den Herrn noch kaum zu lieben verstand; selbst die bescheidenen Versuche dazu endeten in Widerwillen und Lethargie[129]. Gut möglich, daß es eben diese Starre war, die Bernhard an jenem Tag in der Kapelle durchbrach, indem er den endgültigen Entschluß zum Klostereintritt faßte.

Mit Sicherheit hat aber auch Bernhard die zwei nach einer Bekehrung typischen Empfindungen[130] erlebt: das Gefühl der Gottesnähe und der Schuldvergebung. Daß er eine weitere typische Reaktion auf die Identitätsfindung und den damit verbundenen Rollenwechsel zeigte, nämlich die Überzeugung, nun selbst für seinen Glauben missionieren zu müssen, erweist seine ganze weitere Existenz. Und auch mit der nicht weniger typischen Suche nach einer neuen „Familie", einer Wir-Gruppe Gleichgesonnener, begann er sogleich.

Unter den Belagerern befand sich der Ritter Gaudri von Touillon, ein Onkel Bernhards, der ebenso daran dachte, sein Leben in der Welt aufzugeben. Mit ihm hatte der junge Mann schon länger über einen Rückzug in einen Konvent gesprochen; es ist möglich, daß in ihm eine Bezugsperson zu sehen ist, die an Bernhards Konversion viel wesentlicheren Anteil hatte, als die Quellen verraten, denn selten vollziehen sich Bekehrungen ohne den Einfluß eines „Advokaten" der neuen Lebensform[131] – Bernhard sollte noch oft selbst solcherweise missionarisch wirken. Gaudri und Bernhard ritten zusammen zu seinem Vater Tescelin und stellten ihn vor die Tatsache ihrer Entscheidung.[132] Was er dazu zu sagen hatte, verschweigen die mittelalterlichen Biographen. Während der indirekte Einfluß Aleths auf Bernhards Entscheidung evident ist, wissen wir nichts über den des Vaters. Es dürfte auch kaum möglich sein, ein Ergebnis heutiger psychologischer Bekehrungsforschung anzuwenden, demzufolge sehr häufig gerade solche Männer konvertieren, deren Vater nicht in der Familie anwesend ist,[133] wie es bei Tescelin der Fall gewesen sein muß. Denn es erscheint zweifelhaft, daß die sozialpsychologischen Situationen derart vergleichbar sind: eine heutige Kleinfamilie mit ihren Rollenerwartungen entspricht kaum einer an teilweise ganz anderen gesellschaftlichen Idealen orientierten Familie oder „familia" (Hausgemeinschaft) des 12. Jahrhunderts.

Als typisch für religiöse Konversionen gilt: „Der Geheilte wird selbst Heiler".[134] Was Bernhard in den Wochen und Monaten vollbrachte, die seiner Abkehr von der Welt folgten, war nichts weniger als die Transformation seiner eben noch in der Welt beheimateten Clique in eine geistliche Gemeinschaft. Seine Brüder, die sich eben noch bemüht hatten, ihn im 'saeculum' zu halten, konnte er einen nach dem anderen 'umdrehen'. Wer noch weiblichen Anhang hatte, wie Gaudri in Gestalt seiner Gemahlin, schickte diesen ins Kloster und etwaige Kinder dazu, bei Gaudri vier Knaben.[135] Solche Adelsbekehrungen ganzer Familien waren im 11. und 12. Jahrhundert keine besonderen Seltenheiten.[136] Ein bekanntes Beispiel ist Graf Gottfried von Cappenberg, der 1121 denselben Schritt wie Bernhard unternahm, er anscheinend aus Reue über die Zerstörung des Doms von Münster. Er brachte ähnlich wie der Burgunder seinen zunächst widerstrebenden Bruder Otto dazu, Mönch zu werden, und seine beiden Schwestern sowie seine Frau, sich zu Nonnen weihen zu lassen. Seine Güter und die Burg erhielt Bernhards Freund Norbert von Xanten.[137] Damit verschwanden die Cappenberger aus der Geschichte so wie die Herren von Fontaines. Als Beispiel aus Bernhards Heimat sei Amadeus von Clermont, Graf von Hauterive, genannt. Er trat 1119 mit sechzehn Gefährten, darunter seinem gleichnamigen Sohn, der 1125 zu Bernhard stoßen sollte, ins Kloster Bonnevaux ein.[138] Bei den meisten dieser Adeligen war es jedoch, anders als bei Bernhard, ein besonderes persönliches Erlebnis, oft in Zusammenhang mit ihren Taten und Untaten im Krieg, das den Anstoß gab. Oder war es doch kein Zufall, daß sich Bernhards Bekehrungserlebnis gerade auf dem Weg zum blutigen Kampf um eine belagerte Burg ereignete?

Betrachtet man die Bekehrung der Familie Fontaines, so bestätigt sich hier wiederum, daß es Aleth gewesen war, die ihre Kinder in der Frühphase ihrer Entwicklung entsprechend geprägt hatte: Als Andreas, damals eben zum Ritter geschlagen, nicht mitmachen wollte, produzierte auch sein Über-Ich das Bild der Mutter vor ihm, und er gab nach. Bernhard dazu: „Hieran siehst du klar, daß ihr [Aleth] unsere Umkehr recht ist!" Gottfrieds Schilderung macht diesen angesprochenen Cliquencharakter, diesen engen Zusammenhalt der Verwandten ganz deutlich, denn er läßt Andreas zu Bernhard und Gaudri sagen: „Bemüht euch, daß keiner unserer Brüder in der Welt bleibt, sonst zerreiße ich mich lieber mittendurch, denn ich kann es weder aushalten, von euch, noch von ihnen getrennt zu werden!"[139] Guido, der Älteste, der künftige Erbe der Burg Fontaines-lès-Dijon, war allerdings schon verheiratet, weswegen er Schwierigkeiten sah. Bernhard prophezeite ihm jedoch, daß er bis zum nächsten Osterfest auch zu ihm kommen werde, indem er ihm in die Hand versprach, seine Frau müsse entweder zustimmen oder rechtzeitig sterben.[140] Sie tat ersteres und wurde Äbtissin des Priorats Larrey, Bernhards Worte wohl richtig, d. h. als Drohung mit der Strafe Gottes, verstehend.

Gerhard, der Zweitgeborene, wäre wohl nicht umzustimmen gewesen, wenn nicht der Zufall – oder mittelalterlich: die Vorsehung – zu Hilfe gekommen wäre. „Dieser ob seiner Geburt äußerst hochgemute Mann kümmerte sich wenig darum, was er von Kind an gelernt hatte."[141] Er zog offenbar das Kriegshandwerk vor – solange, bis er dabei selbst verwundet wurde und in Gefangenschaft geriet. In der Todesangst dieser Situation versuchte er, verständlicherweise umsonst (wer hätte es einem Ritter in voller Rüstung auch abgenommen?), sich als Zisterzienser zu deklarieren. Irgendwie gelang es ihm jedoch, sich aus dem Kerker zu befreien (in der Tradition natürlich durch ein Wunder) und in der nächsten Kirche Asyl zu suchen. Zweifellos kaufte ihn seine Familie dann frei, wie es üblich war – speziell im 12. Jahrhundert bemühten die Ritter sich, einander möglichst nicht zu töten, sondern nur gefangenzunehmen, um Blutrache zu vermeiden und Lösegeld zu bekommen. Deshalb gab es damals immer wieder Schlachten, die ohne oder mit nur ganz wenigen Opfern endeten (das Fußvolk aus den unteren Schichten wurde natürlich nicht geschont).[142] Gerhard, dem sein Abt und Bruder einst ein ergreifendes literarisches Denkmal setzen sollte,[143] hatte nach diesem Erlebnis von der Welt genug und schloß sich seinen Brüdern an, wie er es offenbar in der Todesgefahr gelobt hatte. Bernhard soll übrigens auch ihm die Verwundung vorhergesagt haben[144] (vielleicht kein ganz so mirakulöses Vorherwissen bei einem derartig kampfbegierigen Mann). Und auch Nivard, der Jüngste, dem als einzigem in der Welt Verbliebenen die ganze Erbschaft der Familie zugefallen wäre, hielt es nicht ohne seine Verwandten aus und kam nach ein paar Jahren als Novize in Bernhards Kloster.[145]

Binnen kurzem war die Schar der Weltmüden auf etwa dreißig angewachsen. Seinem Biographen zufolge empfand man die von Bernhard ausgehende Faszination schon damals so stark, daß Mütter um ihre Söhne, Gattinnen um ihre Männer und Freunde um ihre Freunde fürchteten und sich verzweifelt bemühten, sie dem Einfluß des jungen Predigers zu entziehen.[146] Den Kern der Bekehrten bildeten die Brüder mit ihrem Onkel, dazu kamen andere Verwandte und Befreundete.[147] Unter diesen war wohl Hugo von Mâcon der wichtigste, ein Angehöriger des hohen Adels, der einige Zeit zögerte, schließlich aber dem Charme Bernhards erlag.[148] Er machte dann sehr rasch die seiner Herkunft entsprechende Karriere in der Kirche: schon ein Jahr vor Bernhard war er Abt des neugegründeten Pontigny und 1136 Bischof von Auxerre. Er sollte Bernhard immer freundlich gesonnen bleiben und wurde von ihm als Heiliger betrachtet. Seiner weniger voreingenommenen Umgebung fiel er freilich besonders dadurch auf, daß er mit dröhnenden Jagdhörnern und kläffenden Hundemeuten seine Bischofsstadt zu durchziehen pflegte.[149] Wie so viele seiner Amtsgenossen war Hugo geistlich geworden, ohne deshalb weniger als weltlicher Feudalherr zu leben.

Ein halbes Jahr wohnten die Bekehrten vorerst in Châtillon in einem eigenen Haus zusammen. Sie bildeten eine 'Kommune' nach dem Vorbild der Apostel, die vielleicht der Kern eines neuen Ordens hätte werden können.

Auch ein solches Verhalten war damals nicht singulär: Guibert von Nogent berichtet etwa von Eberhard von Breteuil, Vizegraf von Chartres, daß er mit einigen Gefährten ein offensichtlich klosterähnliches Leben zu führen beabsichtigte, ehe sie sich entschlossen, in Marmoutier dem Benediktinerorden beizutreten.[150] Noch einmal wird deutlich, daß es sich bei den Dreißig um eine Gemeinschaft mit ganz starker Gruppenbindung handelte, ein Familienunternehmen adeliger Männer, viele von ihnen litterat, die eine Clique („coetus") bildeten, „der sich kaum jemand zu nähern wagte, der nicht dazugehörte".[151] Das heißt, daß Beziehungen aufgegeben wurden, daß man sich von der Welt abkapselte, um die bisherige Vielzahl sozialer Kontakte durch eine kleine Zahl wesentlich engerer Verbindungen zu ersetzen, Intensität statt Quantität. Nur zwei der Freunde sprangen in dieser Zeit ab.[152]

II. In Cîteaux und Clairvaux

Noviziat (1113–1114)

Wir wissen nicht, ob oder wie oft Bernhard, ehe er seine Wahl traf, bereits in Cîteaux gewesen war. Wahrscheinlich ist es durchaus, liegt das Kloster doch nur etwa 25 Kilometer von Fontaines entfernt; sein Vater als Vertrauter des Herzogs von Burgund muß es gekannt haben.[1] Mehr noch – er könnte es gewesen sein, der Bernhard gerade diese Wahl nahelegte. Tescelin war offenbar – ebenso wie Bernhards Onkel Gaudri – ein Verehrer Abt Roberts von Molesmes (1028–1111), denn sein Name findet sich unter den Stiftern der Gründungsurkunde von Molesmes, und sein Schwager unterstütze dieses Kloster auch späterhin noch.[2] Und eben von dort aus hatte Robert den Reformkonvent gegründet, der Bernhards Heimat werden sollte. Im Mai 1113[3] zog die Schar der Dreißig, „gebildete und adelige Kleriker, auch in der Welt mächtige und gleicherweise adelige Laien"[4], vor die Tore des „neuen Klosters" (das erst ein paar Jahre danach Cîteaux genannt werden sollte[5]), um ihr Noviziat zu beginnen. Bernhards Ziel war es, so Wilhelm von Saint-Thierry, dort „abzusterben aus den Herzen und dem Gedächtnis der Menschen"[6]. Genau das Gegenteil sollte sich erfüllen!

Unter den Reaktionen, die die hochmittelalterliche „Krise des Mönchtums" bei manchen Benediktinern auslöste, war die des Abtes Robert von Molesmes[7] vielleicht die folgenreichste. Als er im Jahre 1098 mit 21 Gesinnungsgefährten seinen Heimatkonvent verließ, um in der Einöde von Cîteaux südlich von Dijon ein Kloster zu gründen, ähnelte dieser Auszug einer Flucht aus der 'Zivilisation'. Die Wahl des Ortes zeigte an, daß man mit der 'Welt', auch der kirchlichen, nichts mehr zu tun haben wollte. Damit auch das Fundament zu einem neuen Orden gelegt zu haben, konnte Robert nicht ahnen. Sein Ziel war es, ein Leben in Einsamkeit genau nach den Vorschriften des Mönchsvaters Benedikt von Nursia zu führen, was im reich gewordenen Molesmes schwierig war, da die meisten der Mönche sich lieber an den bequemeren 'Consuetudines' (die in einem bestimmten Kloster gültigen Gepflogenheiten) von Cluny orientierten als an der *Benediktusregel* selbst. Zwar wurde Robert nach etwa einem Jahr von Papst Urban II. dazu gezwungen, das „Neukloster" zu verlassen und seine ursprünglichen Abtspflichten wiederaufzunehmen, doch blieb eine Gemeinschaft unter dem

Prior Alberich in Cîteaux. Sie wurde 1100 in einem päpstlichen Privileg, einem Schutzbrief gegen äußere Einmischungen, gesichert,[8] womit nicht nur die Phase des charismatischen Neubeginns abgeschlossen wurde, um in die der Institutionalisierung überzugehen, sondern schon die Entwicklung zu einem benediktinischen Zweigorden begann, dem der Zisterzienser (Sacer Ordo Cisterciensis).[9] Einer ihrer zeitgenössischen Bewunderer, der Benediktiner Wilhelm von Malmesbury († um 1142), charakterisierte die ersten Zisterzienser mit den Worten, sie seien „ita regulae incubantes, ut nec iota unum nec apicem praetereundum putent,[10] so regeltreu, daß sie kein Tüpfelchen dieser Normensammlung unbeachtet lassen zu dürfen meinen". Ihre asketische Strenge der Lebensweise, die sich wohl an den Wüstenvätern orientierte, wie sie sie durch die Beschreibung Cassians kannten,[11] verhinderte allerdings zunächst eine Ausdehnung der Gründung. Ja möglicherweise scheint sogar ihre Existenz mitunter auf dem Spiel gestanden zu haben.

Seit der Abt von Molesmes dieses mit einer kleinen Schar seiner Mönche verlassen hatte, um in der Einsamkeit von Cîteaux ein Leben zu führen, wie es in seinem wohlhabenden Heimatkloster nicht durchzusetzen war, waren fünfzehn Jahre vergangen. Cîteaux war 1113 allerdings trotz aller Bescheidenheit der Lebenspraxis nicht wirklich bettelarm: Speziell der Herzog von Burgund, Odo, erkaufte sich die Gebete der Mönche, bei denen er einst bestattet sein wollte, mit Geld und Gut, aber auch mancher kleiner Landbesitzer trug zum Erhalt der Gründung bei.[12] Doch, heißt es von den Brüdern dort, „alle flohen ihre Strenge, obwohl sie an ihnen ihre heilige Lebensführung verehrten".[13]

Seit etwa 1108 stand der Gemeinschaft als dritter Abt der Engländer Stephan Harding vor.[14] Sein Leben war nicht immer beschaulich, sondern vielmehr recht bewegt gewesen: Um 1060 aus vornehmer Familie geboren, war er als Oblate zu den Benediktinern nach Sherborne in Dorset gegeben worden. Irgendwann nach dem Einfall der Normannen in Britannien 1066 war er ungeachtet seines Gelübdes nach Schottland gezogen, dann, um zu studieren, nach Paris. Ein Zeitgenosse Bernhards, der Chronist Wilhelm von Malmesbury, nennt schlichtweg Weltverlangen als Grund, und der übelwollende Walter Map, ein Jurist und Schriftsteller am englischen Hofe, spricht um 1180 von Klosterflucht vor zu strenger Zucht.[15] Harding scheint aber dann eine wirkliche Bekehrung erfahren zu haben, jedenfalls pilgerte er, täglich den gesamten *Psalter* betend, nach Rom. Auf der Rückreise machte er Halt in Molesmes und blieb. Da er jetzt vollkommen ernst machen wollte mit dem Gelübde seiner Kindertage, verließ er Molesmes zusammen mit den übrigen 'Apostaten' unter der Führung Roberts und des Priors Alberich, um im Neukloster die Regel mit aller Präzision erfüllen zu können.

Harding war ein gebildeter, wissenschaftlich interessierter Mann, wobei Wissenschaft ihm freilich nur das Mittel dafür sein sollte, seine Religion genau in ihrer ursprünglichen Form zu praktizieren. Dazu unternahm er eine für seine Zeit ungewöhnliche Arbeit, nämlich eine textphilologische Untersuchung der *Vulgata*-Handschriften. „Nicht wenig erschrocken über die Unterschiede der Versionen" in verschiedenen Manuskripten, sammelte und verglich der Abt deren mehrere, um sich für eine vollständige, von ihm für authentisch gehaltene zu entscheiden, die er zum 'exemplar', zum für die Zisterzienser verbindlichen *Bibel*-Text erklärte. Dazu hatte Harding, wie er selbst angibt, sich sogar der Hilfe gelehrter Juden bedient, mit denen er in Französisch über die problematischen alttestamentlichen Stellen diskutierte, um dann die fehlerhaften lateinischen Texte zu korrigieren.[16] Das Ergebnis, die sog. *Stephan-Harding-Bibel*, ist erhalten und eines der wichtigsten Zeugnisse nicht nur der Frühgeschichte des Ordens, sondern auch der monastischen Miniaturkunst des 12. Jahrhunderts. Auch bei den Bildern der Buchmalerei kopierte man bewußt die Vorlagen, die als besonders authentisch galten.[17] Mit ähnlichem Ziel sandte Harding Mönche nach Mailand, um Cîteaux mit den Originalversionen der *Ambrosianischen Hymnen* zu versorgen.[18] Diese „mit viel Schweiß" erstellte Grundlage des liturgischen Gesangs sollte von allen Zisterziensern als ebenso verbindlich betrachtet werden.[19]

Die Handschriften, die unter Harding in Cîteaux entstanden, zeigen, daß man hier, ungeachtet der Zurückhaltung, die die Zisterzienser sich sonst in der Ausstattung ihrer Kirche vorschrieben, an der benediktinischen Tradition der Buchmalerei englischer Stilrichtung festhielt: diese Codices des sog. I. Stiles von Cîteaux sind mit teilweise recht lebendigen Zeichnungen ausgestattet, die mit farbiger Tinte und Blattgold ausgeführt, nicht nur der Bilddidaxe dienen, sondern auch ästhetische und kuriose Bedürfnisse befriedigen. Abgesehen von zahlreichen narrativen Szenen der Bibel und Wiedergaben des Alltagslebens (Holzfäller, Weinbauern, Gaukler ...) finden sich hier die kentaurenartigen Mischwesen, kämpfenden Löwen und Drachen, aus Tieren und Pflanzen zusammengesetzen Initialen etc.,[20] die später von Bernhard indirekt, aber heftig kritisiert werden sollten.[21] Harding ließ sich sogar einen Kommentar des hl. Hieronymus eigens von einem besonders qualifizierten Mönch namens Oisbert aus dem Kloster Saint-Vaast in Arras schreiben und mit einem großen Bild der Madonna, des Abtes von Saint-Vaast, des Malers und seiner selbst ausstatten.[22] Das Verblüffende daran ist, daß beide – damals (1125) noch lebenden – Äbte mit Heiligenscheinen gegeben sind. Auch wenn es sich hierbei primär um ein Rangmerkmal handeln sollte,[23] verweist dies doch auf eine beachtliche Selbsteinschätzung des Abtes.

Bernhard muß solche Illuminationen als Ablenkung vom Text empfunden haben; nach dem Tode Hardings ändert sich unter seinem Einfluß die Ausstattung der Manuskripte: zurückhaltende pflanzliche Ornamentik tritt an die Stelle der figuralen Dekoration.[24] Nichts lenkt mehr ab von den heiligen

Worten. In den zu seiner Zeit in Clairvaux entstandenen Handschriften wird auf figuralen Schmuck großteils ganz verzichtet, die Initialen sind einfarbig und schlicht gestaltet.[25] „Jede figürliche Darstellung ist verschwunden, das ganze Talent der Kopisten konzentriert sich auf die Vollendung der Kalligraphie und das subtile Hell-Dunkel der einfarbigen Schrift in zarten Tinten. Um sich hier der Bibel zu nähern, bedarf der Mönch nicht mehr des Filters der Bilder … es ist der Text selber in seiner Reinheit und Nacktheit, der sich ihm darbietet …"[26] Daß sich nicht alle Illuminatoren an diese Strenge hielten, ist wohl auf die häufigen Abwesenheiten Bernhards von seiner Abtei zurückzuführen;[27] auch dürften einzelne Handschriften von außen in die Klosterbibliothek gekommen sein; manche konnte man nicht zurückweisen, da sie von hohen Gönnern stammten.[28] Aber jedenfalls zeigen die Werke der jeweiligen Skriptorien schon ganz deutlich, daß Harding und Bernhard nicht immer unbedingt dieselben Konzepte verfolgten.[29] (Abb. 4/5)

Diesem Mann stand nun also Bernhard mit seiner Gruppe im Kapitelsaal gegenüber, formell um Aufnahme bittend. Der Abt wird als „glühender Liebhaber des Ordenslebens, der Armut und der Regeldisziplin"[30] beschrieben, der „nichts außerhalb der Regel machte"[31] – gerade deshalb war er ja in das neue Kloster übersiedelt, wo man (nach der Charakteristik eines Zeitgenossen) „die Regel so vollkommen buchstäblich wie die Juden das mosaische Gesetz"[32] befolgte. Daher wird er sich gewiß genau an das gehalten haben, was die *Regula monasteriorum* Benedikts für den Umgang mit Postulanten vorschrieb: vier bis fünf Tage hatten sie vor dem Kloster zu warten und ungerechte Behandlung zu ertragen, ehe sie ins Gästehaus eingelassen wurden. Diese „iniurias" darf man sich freilich noch kaum als so bösartige Prüfungen vorstellen, wie aus dem Spätmittelalter und der Frühneuzeit bekannt (so wurde, nur ein Beispiel, der hl. Katharina von Bologna [1413–1463] beim Eintritt in den Konvent befohlen, sich nackt auszuziehen und so vor die Äbtissin zu treten, eine extreme Belastung der Scham, dann, sich ins Feuer zu werfen, was noch rechtzeitig abgebrochen wurde – Katharina wollte beides freudig erfüllen[33]). Aber unter strenger Prüfung stand auch das kommende Jahr des Noviziats. Dreimal wurde die Regel vorgelesen und auf die Möglichkeit hingewiesen, frei wegzugehen.

Wie lebten die Novizen und Mönche in Cîteaux? Sie selbst hätten wohl gesagt: in apostolischem Geist genau nach der *Benediktusregel*. Man blickte, wie bei jeder Reform des Mittelalters, zurück auf die idealisierten und Norm gebenden Zeiten der Urkirche und der ersten Eremiten, meinte, nur das gute Alte wieder zu beleben, und schuf doch Neues. Zwei Aufgaben vor allem bestimmten in der Praxis ihre Tage: Die Liturgie und die Arbeit. Der Gottesdienst war in Cîteaux zwar gegenüber den Benediktinerklöstern, in denen er völlig zum Zentrum geworden war, reduziert, nahm aber immer noch etwa sechs Stunden in Anspruch.[34] Bernhard selbst fand durchaus Gefallen daran: „Ekel und Langeweile vertreibt weit die Vielfalt der heiligen Bräuche", schrieb er nach vierzehn Jahren Praxis.[35] „Nichts zu betrachten beliebt es den Himmelsbürgern mehr, nichts Genehmeres wird dem höchsten König dargebracht, als wenn die Brust mit Händen geschlagen wird und die Knie auf den Fußboden, wenn mit Bitten und frommen Gebeten die Altäre überhäuft werden, die Wangen von Tränen befleckt sind, von Stöhnen und Seufzen die Räume erschallen ... und die heiligen Hallen von geistlichen Gesängen wiederhallen."[35]

Und was die Arbeit[36] betrifft, so entwarf von ihr in der zweiten Hälfte der zwanziger Jahre ein den Zisterziensern feindlich gesonnener Benediktiner, der ein wesentlich geruhsameres Leben führte, folgende Skizze, in der er die Tätigkeit der grauen Mönche ironisiert: „Ihr aber, die Ihr vom Himmel gefallen seid, Ihr zweiten Catones [Cato mj. und jr. galten auch im Mittelalter als die Beispiele von Sittenstrenge], habt einen anderen Orden, eine andere Religion [als wir Cluniazenser]: Schon wenn der Tag graut, bemüht Ihr Euch um Arbeit, bewaffnet mit Spaten, Hacke und anderen Bauernwaffen, und verteilt Euch zur Arbeit bald über die von verschiedenen Blumen hübsch bunten Wiesen, bald durch die grünenden und mit schönem Gehölz bewachsenen Wälder. Hier erfreuen lieblich blühende Pflanzen den Blick, dort das eine reizende Harmonie gestaltende Konzert der Vögel das Ohr. Der Gewässer silberner Strom schärft den Blick, und unverdorbene Luft tief einzuatmen erfreut das Innere. [Dieser Topos vom 'locus amoenus' dient hier zur Kontrastierung mit der (theoretisch) nur auf das Kloster beschränkten Lebensführung der Benediktiner]. Oh harter und unerträglicher Orden! In diesem Orden schont jeder sein Lasttier [den Körper], und damit es nicht durch zu vieles Arbeiten ermüdet werde, benimmt er sich mit vorausschauender Mäßigung. Zur Essenszeit wird freier und gieriger geschmaust, zur Schlafenszeit fester und gesünder geruht. Der Schlaf kann auch geruhigt tiefer in die Nacht hinein verlängert werden, weil nur die ganz wenigen Psalmen, die die Regel vorschreibt, und nichts sonst zur Matutin zu ruminieren ist. Psalmen für die Verbrüderten, Vigilien für die Toten, weiters die glorreichen Lieder, die die Kirche billigt, werden keineswegs gesungen, sondern Ihr verschlaft nahezu die ganze Nacht, nachdem Ihr bloß ganz wenige Psalmen durchgenommen habt!"[38] In der Tat war die Vereinfachung der Liturgie eine der ganz wesentlichen Differenzen der Zisterzienser gegenüber ihrem Mutterorden, denn die Reformmönche ersetzten lange Gottesdienste durch gemeinsame Handarbeit; um mehr Zeit für diese zu haben, feierten Priester bei ihnen keine täglichen Privatmessen.[39] Während ein Cluniazenserkonvent jährlich etwa 700 Mal gemeinsam das Officium zelebrierte, taten die Zisterzienser das nur 450 Mal und die Kartäuser sogar bloß 155 Mal.[40]

Körperliche Arbeit sollte den Reformmönchen die selbstverschuldete

Conditio humana nach dem Sündenfall ins Bewußtsein rufen.[41] Als Zisterzienser büßten die geistlichen und ritterlichen Herren für ihre Sünden durch eine Tätigkeit, zu der sie vor ihrer Bekehrung keinen Finger gerührt hätten, da körperliche Mühe damals Sache nur ihrer verachteten Knechte war. Die grauen Mönche der ersten Generation lehnten es ab, herrschaftlich von den Anstrengungen feudalabhängiger Bauern zu leben, wie es bei den Benediktinern üblich war: Saint-Denis z. B. bezog Mitte des Jahrhunderts Einkünfte und Dienstleistungen von nicht weniger als 169 im Besitz dieser Abtei befindlichen Ortschaften.[42]

Wie lebte Bernhard? Im wesentlichen nicht anders als seine Mitbrüder. Man geht ins Kloster, sagt Wace, ein im Vergleich zu Bernhard etwa 20 Jahre jüngerer Dichter, „Pur sa char jistisier e pur s'alme saluer",[43] um sein Fleisch zu kasteien und seine Seele zu retten. Allerdings trieb Bernhard die Askese weiter als wohl alle anderen. Im heutigen Katholizismus ist Askese eine recht harmlose Sache: „das Ganze der geregelten und eifrigen Lebensführung, die nach der christlichen Vollkommenheit strebt", definiert das offiziöse *Lexikon für Theologie und Kirche* und nennt als konkreteste Form: „körperliche Bußwerke" – ohne weitere Spezifizierung. Unter dem Stichwort 'Bußübungen' erfährt man, daß darunter Verzicht oder Mäßigung im Alkohol- und Nikotingenuß sowie kritischer Abstand von der Vergnügungsindustrie zu verstehen seien.[44] Einen solchen Begriff von Askese in das Mittelalter und die Frühneuzeit zurückzuprojizieren, wäre schlichtweg Geschichtsfälschung. Askese im traditionellen Sinn, wie sie auch Bernhard verstand, bestand primär aus gezielter Schmerzzufügung durch Hunger, Durst, Schlafentzug und oft auch Selbstverletzung.

Der praktische Weg zu Gott führte auch für Bernhard über diese Form der Askese. Die Zisterzienser sahen sich als moderne Märtyrer, sie, sagt Gottfried von Auxerre, „wüten (saeuiunt) großherzig gegen sich selbst und ertöten ihre Glieder. Sie selbst sind also gleichzeitig die Gefolterten und die Folterer".[45] Denn der Nutzen des Leibes besteht im Erdenleben, so Bernhard, ausdrücklich darin, daß er uns die Möglichkeit zu Bußleistungen gibt.[46] Sie ist ihm ja Nachfolge, 'imitatio Christi'.[47] Der junge Mönch konzentrierte sich also auf zwei 'Übungen' (dies ist die Grundbedeutung von Askese): Fasten und Wachen. Ziel der Kasteiungen war es von jeher, einerseits die Sünden auf diese Weise schon im irdischen Leben abzubüßen und andererseits die Seele für den Aufstieg zu Gott aus dem Gefängnis des Leibes zu befreien (das 'soma-sema' – Motiv der antiken Philosophie[48]). Der Widerstand – oder die Besorgnis – eines seiner Vettern, Willenk, eines Erzdiakons von Langres, der die asketische Begeisterung Bernhards noch während seines Noviziats „auszulöschen" suchte, wie dieser schreibt, blieb ohne Erfolg.[49]

Ganz besonders bemühte sich Bernhard darum, alles, was ihm seine Sinne zutrugen, abzublocken, um sich ganz auf die innere Meditation konzentrieren zu können, aber auch um keine äußeren Verlockungen an sich heranzulassen. Wilhelm von Saint-Thierry meint, daß es gerade die ersten mystischen Erfahrungen waren, das Kosten der göttlichen Süße vermittels des „sensus interior", dessentwegen Bernhard alles, was mit den äußeren Sinnen wahrgenommen werden konnte, verachtete.[50] Wußte er doch schon als Novize nicht, wie viele Fenster der Chor der Kirche von Cîteaux besaß, in die ihn sein Weg doch Tag für Tag führte,[51] und soll er sich die Ohren verstopft haben, wenn Besuch zu ihm kam.[52] Auch zerstörte er bald seinen Geschmackssinn so, daß er Butter nicht von rohem Tierfett zu unterscheiden vermochte.[53] Bei dieser Abstinenz blieb er auch weiterhin; anscheinend gerade weil er im weltlichen Leben einst gut gegessen hatte.[54] In einer Predigt über das *Hohelied*, in der er sein demütiges Fasten dem hochmütigen der Katharer gegenüberstellt, begründet er die Enthaltung vom Wein damit, daß dieser zu Geilheit führe, die vom Fleisch, daß es die fleischlichen Laster mäste, die vom Brot, daß ein voller Bauch nicht gern bete. „Aber nicht einmal einfaches Wasser in vollen Zügen zu schlürfen, möchte ich mir angewöhnen, damit nicht der gefüllte Bauch die Geilheit wachkitzle."[55]

Schon in jenem ersten Jahr im Kloster muß Bernhard die Grundlage für sein Magenleiden gelegt haben, das ihn den Rest seines Lebens begleiten und zum Tode führen sollte: eine chronische Gastritis und dann ein Geschwür.[56] Er aß so wenig und so schlecht, daß er unter chronischem Brechreiz zu leiden hatte, so daß es ihm unmöglich gewesen wäre, eine normale Mahlzeit zu sich zu nehmen, selbst wenn er das gewollt hätte.[57] Als Mönch eine kranke Verdauung zu haben erscheint ihm später geradezu als selbstverständlich.[58] Eine Reihe von Indizien wie Nahrungsverweigerung, Asexualität, Hyperaktivität, gesteigerte Idealbildung u. a. spricht dafür, daß beim jungen Mann Bernhard heute das Syndrom der Anorexia nervosa diagnostiziert werden würde.[59]

Diese gezielte körperliche Schwächung machte ihn freilich wenig tauglich für die Handarbeit, die damals noch einen großen Teil des zisterziensischen Lebens ausfüllte; er versuchte sich zwar am Holzfällen und Umgraben, aber nur das Mähen des Getreides, das man im Mittelalter vor allem mit gezähnten Sicheln,[60] also einem leichten Arbeitsgerät, praktizierte, scheint ihm eine Zeit lang wirklich gut von der Hand gegangen zu sein.[61] (Abb. 2) Sonst ging er in Gebet und Lesung auf, zweifellos ein exemplarischer Religiose seit seinen Anfängen. Schon bald dürfte er sich jene später von seinem Sekretär Gottfried gerühmte Fähigkeit erworben haben, auch mitten in belebter Umgebung die äußeren Reize völlig auszuschalten und sich ausschließlich auf die innere Meditation zu konzentrieren, „eine innere Einsamkeit genießend, die er selbst allenthalben mit sich umhertrug".[62] So ritt er einmal mit seinen Gefährten den Genfer See entlang, um danach verwundert zu fragen, wo dieser See denn liege, da sein Bild nicht in sein Bewußtsein eingedrungen war.[63]

Profeß (1114)

Am Ende des Noviziatsjahres legte Bernhard mit seinen Freunden und Verwandten die Profeß ab, das Versprechen von ewiger Armut, Gehorsam und Keuschheit. Es war dies ein stark ritualisierter Vorgang, wie so vieles in einer Zeit noch weitgehend mündlicher und gestischer Kommunikation.[64] Doch kannten gerade die Klöster als Horte der von der Spätantike ererbten Schriftkultur zusätzlich den Vertrag mit dem Klosterpatron in Form einer eigenhändigen Urkunde, die auf dem Hauptaltar zu hinterlegen war.[65] „Sobald er dies getan hat, beginne der Novize sogleich diesen Vers: 'Nimm mich auf, oh Herr, nach deiner Verheißung, und ich werde leben, und vereitle nicht meine Erwartung.' Diesen Vers wiederhole die ganze Gemeinschaft und füge hinzu: 'Ehre sei dem Vater'. Dann soll sich dieser neue Bruder jedem einzelnen zu Füßen werfen, damit sie für ihn beten. Und schon von diesem Tag an wird er zur Gemeinschaft gezählt."[66] Darauf folgt die Einkleidung mit dem Mönchshabit – so die *Benediktusregel*. Nicht anders kann es bei Bernhards Profeß zugegangen sein: die Brüder trugen nun und für den Rest ihres Lebens die aus ungefärbter Wolle gewobene Kutte der Zisterzienser mit ihrer Kapuze und den langen, weiten Ärmeln, graubraun und grob im Unterschied zum schwarzen, aus feinem Tuch gefertigten Habit des Mutterordens[67] (in der Landessprache unterschied man daher „blanc ordene" und „moines noirs"[68]). Diese Symbolhandlung war nach Anschauung der Zeit entscheidend; die Mönchsgewandung so heilig, daß man auf sie einen Schwur ablegen konnte.[69] Ob die Professen in Cîteaux vor dieser Einkleidung auch ein Bad zu nehmen hatten,[70] wie sonst manchmal erwähnt, wissen wir nicht. Jedenfalls ließen sie sich rasieren und die Haare schneiden, „couroner", eine Krone scheren, d. h., sie nahmen die große runde Tonsur[71] auf sich zum Zeichen der Unterwerfung. Da dieser Brauch an die Praxis bei der Versklavung erinnert, bezeichnete die Tonsur die freiwillige Selbstversklavung gegenüber der Klosterpatronin Maria, wurde aber auch als Symbol künftiger Himmelskrönung verstanden.[72]

Bernhard hatte sich damit endgültig einer Gemeinschaft angeschlossen, deren Ziel die Suche nach den Ursprüngen christlichen Lebens war, wie man es im *Evangelium*, in der *Apostelgeschichte* mit ihrem vermeintlichen Kommunismus, aber genauso in den Lebensbeschreibungen der ersten Mönche in der ägyptischen und syrischen Wüste zu finden meinte. Er hatte für sich damit die institutionalisierte Form der Armutsbewegung gewählt, jener Reformbewegung, die als Reaktion auf den Reichtum von Kirche und Welt im Hochmittelalter dem Gebot Christi von der vollkommenen Besitzlosigkeit

(Mt 19, 21) ernstlich nachkommen wollte.[73] Viele Gläubige verstanden dies so, daß sie die Funktionäre der feudalen Kirche ihrer riesigen Besitzungen entblößt sehen wollten und davon träumten, von wirklich armen Priestern und Prälaten geistlich betreut zu werden. Da es nur sehr wenigen Angehörigen dieses Standes mit den von ihnen gepredigten Idealen so ernst war, blieben solche Wünsche stets erfolglos; am bezeichnendsten ist wohl, daß der einzige nennenswerte Versuch eines Papstes jener Zeit, einen fühlbaren Schritt in diese Richtung zu machen, kläglich am Widerstand des Episkopates scheiterte: Pascal II. hatte 1111 dem deutschen Kaiser Heinrich V. angeboten, seine Kirchenfürsten sollten auf die Regalien (die ihnen vom König verliehenen Einkünfte) verzichten, wenn der Herrscher dafür Freiheit bei ihrer Wahl garantiere.[74]

Trotzdem gab es eine Reform.[75] Zunächst, schon nach der Mitte des 11. Jahrhunderts, hatte sich das Papsttum ein gutes Stück vom stadtrömischen Einfluß gelöst, der es bislang zum Spielball der lokalen Machthaber gemacht hatte. Das war freilich nur um den Preis der Stärkung der kaiserlichen Macht zu erreichen gewesen, deren Ritter den Römern gewachsen waren. Gregor VII. (reg. 1073–1085) versuchte dann, sich nicht nur aus der Vormacht auch des deutschen Herrschers zu lösen, sondern überhaupt das Papsttum dem in der Theorie bislang ebenso sakralen Kaisertum überzuordnen. Dazu sollte der Kaiser als bloßer Laie angesehen werden und die Kirche ihre „Freiheit" erhalten, d. h. Laien die bislang übliche Lenkung der Wahlen der höheren Geistlichkeit untersagt und das Institut der Eigenkirchen und -klöster beendet werden, wie es ja eigentlich Kirchenrecht war. Ausgekämpft wurde dieser Konflikt der beiden obersten Instanzen der westlichen Christenheit im sog. Investiturstreit. Wie immer man ihn auch beurteilt, das Papsttum hatte am Ende des 11. Jahrhunderts an Prestige gewonnen, wozu nicht zuletzt der auf seine Initiative unternommene erfolgreiche Erste Kreuzzug (1096/99) beitrug. Innerkirchlich sollten zugleich schon längst dem kanonischen Recht angehörige Bestimmungen, die aber kaum praktiziert wurden, verwirklicht werden, nämlich die Ehelosigkeit des Priestertums und das Verbot des Ämterkaufes.

Nach Gregors Tod verlagerten sich die Ideale eines Teils der kirchlichen Führung immer stärker in Richtung auf eine innere Reform des Klerus, und man versuchte sozusagen, „vom Gregor VII. des zweiten Stadiums zum Mönch Hildebrand [wie der Papst vorher hieß] zurückzukehren".[76] Als Kaiser und Papst 1122, nachdem viel Blut geflossen war, in Worms zu einem Übereinkommen gelangten, das freilich wenig an der tatsächlichen Einflußnahme der weltlichen Großen auf Bischofs- und Abtwahlen änderte, blieb der Reformimpuls bestehen, konzentrierte sich aber stärker auf die Lebensführung der Geistlichkeit: diese sollte sich von den Laien deutlich unterscheiden, indem sie auf feudalen Prunk und adeliges Auftreten verzichtete.

Nachdem der Versuch der Überordnung des Priesterstandes über die Laien zwar in der kanonistischen Theorie festgeschrieben worden war, nicht aber in der Praxis der Machtverhältnisse funktioniert hatte, setzte man darauf, die Laien durch eine geistliche Autorität zu führen, die an ihrer korrekten Lebensführung erkennbar sein sollte. Die erste und reinste Verkörperung dieser Richtung der innerkirchlichen Reform stellte ihr monastischer Flügel in Gestalt der neuen Orden dar, deren Äbte die Laien ursprünglich nicht beherrschen, sondern bekehren wollten.[77] Sie waren es offenbar, die Bernhard schon in seiner Jugend als Vorbild annahm und deretwegen er sich ein Kloster aussuchte, das nicht die feudalen Traditionen weiterführte, sondern jener Komponente der Reformbewegung besonders nachstrebte, die in der Erfüllung der evangelischen Armut bestand. Darin, so meinte er, müßte die beste Chance liegen, der Hölle zu entgehen und das Himmelreich zu gewinnen. Und darauf sollte er auch in seinen späteren Traktaten und Briefen immer wieder hinweisen.[78]

Nun war dies eben nur ein Teil der Geistlichkeit, und zwar deutlich ein geringer, wenn auch nicht einflußloser, der solche Ideale wirklich und nicht nur pro forma vertrat. Auch er ließ sich freilich nichts von außen sagen, da gerade der Investiturstreit im Priestertum die Überzeugung gestärkt hatte, den Laien kraft des Amtes klar übergeordnet zu sein. Die gewöhnliche Reaktion der Kirche war und blieb es, jede laikale Bewegung als häretisch zu verurteilen, die von ihr Armut nicht nur im Wort, sondern in der Lebensführung verlangte, und sie mit aller Macht zu verfolgen. Albigenser, Katharer, Patariner, Petrobrusianer, Henrizianer, Waldenser und Humiliaten ...[79] – alles Ketzer, alles Feinde der Catholica allein schon aus diesem Grunde, abgesehen von den Divergenzen in einzelnen Punkten der Glaubenslehre. Bernhard sollte selbst heftig gegen Reformer kämpfen, die sich für eine derartige Veränderung der Hierarchie engagierten, ohne durch ein entsprechendes Amt ausgewiesen zu sein.[80]

Wenn man orthodox in der Kirche bleiben und trotzdem das Armutsgebot konkret erfüllen wollte, dann war die 'vita evangelica' fast nur innerhalb einer schon bestehenden Institution dieses Organismus möglich, nämlich im Mönchtum. In dieser virtuosen Form der christlichen Religion wurde, nicht ohne Widerstände, aber auch mit Bewunderung sogar von Päpsten, die selbst aus dieser Bewegung kamen oder ihr nahestanden, eine radikale Variante des traditionellen Mönchtums akzeptiert, die die theoretisch ohnehin durch die Profeßformel vorgeschriebenen Ideale in die Wirklichkeit umsetzte. Dabei handelte es sich in der Praxis letztendlich freilich auch wiederum um einen Kompromiß: die einzelnen Mönche der frühen Reformorden[81] (Zisterzienser oder Kartäuser) lebten wirklich ausgesprochen bescheiden, man kann sagen in Armut, wogegen es ihren Klöstern als Rechtsträgern jedoch durchaus erlaubt war, Besitzungen zu haben. Dieselbe

Rechtsfiktion hatte auch den Benediktinern stets gestattet, sich trotz ihres Reichtums als arm zu bezeichnen, doch falsifizierten die Opulenz und Bequemlichkeit, deren sich bei ihnen der einzelne Mönch erfreute, diesen Anspruch auch in den Augen Bernhards.[82]

Schon gegen Ende von Bernhards Lebenszeit sollten sich aber auch die Zisterzienser deutlich auf demselben Weg befinden, den die Benediktiner genommen hatten: ihre Konvente häuften Reichtümer auf Reichtümer, da gerade ihr anfangs so asketisches Leben viele Laien dazu motivierte, bevorzugt ihnen Schenkungen und Vermächtnisse im Austausch für Gebete zuzuwenden. Die explosionsartige Ausdehnung des Zisterzienserordens implizierte (wie analog bei allen wachsenden religiösen Bewegungen) ein Abgehen von den ursprünglichen Idealen. Besonders die (von Bernhard durchaus gewollte) Inkorporation der Klöster von Savigny[83] sollte in diesem Sinne wirken, da diese ihre feudalkirchlichen Einkünfte behielten, also von der Leistung abhängiger Bauern und zehntpflichtiger Kirchen lebten statt von der Handarbeit, wie es die Satzungen der Zisterzienser vorschrieben. In Kürze unterschieden sich dann aber auch die meisten anderen Zisterzen wenig oder nicht mehr von den wohlhabenden Benediktinerabteien.

Durch seinen Entschluß, in den Reformkonvent von Cîteaux und nicht in ein anderes Kloster einzutreten, identifizierte sich Bernhard also mit der institutionellen Armutsbewegung; so nannte er sich und seine Mitbrüder „pauperes", die Armen.[84] Dagegen zeigte er künftig keinerlei Verständnis für die kirchenkritischen Elemente wie sie besonders in den Städten – dem Nährboden des Pauperismus – in den sozialen Gruppen heranwuchsen, die nicht an der Herrschaft teilhatten.[85] Die Städte, in denen auch die in seinen Augen gefährliche Scholastik entstand, erinnerten den Mönch ohnehin generell eher an die Sündenpfuhle der *Bibel* denn an Stätten der Erneuerung des Christentums, als die er nur die Reformklöster gelten ließ.[86] Bernhard, der Adelige, lehnte jede aus dem Volk kommende Bewegung ab. Seine Sicht der Kirche „ist eine Ekklesiologie der Hierarchie, wo der, der nicht zur Hierarchie gehört, vor allem zu gehorchen hat, sich führen zu lassen hat, denn nur die Hierarchie ist im Stande, den Weg zum Heil zu erkennen, auszugestalten und zu weisen."[87] Und zu dieser Hierarchie sollte er binnen kurzem selbst zählen.

Clairvaux (1115)

Clairvaux war keineswegs das erste Kloster, das seine Gründung von Cîteaux aus nahm. Der nunmehrige Andrang ließ das Neukloster zu eng werden und machte schon im Mai 1113 eine erste Filiation notwendig, La Ferté, dann ein Jahr später Pontigny. Es ist wahrscheinlich, daß eben der Zuwachs, den Bernhard dem „Neukloster" brachte, die Ursache für diese

Gründungen war,[88] obschon sich darin vielleicht nur die Beschleunigung eines schon begonnenen Projektes sehen läßt. Die dritte Gründung vertraute Stephan dem jungen Bernhard an, wiewohl dafür manch ältere und gesundheitlich robustere Mönche zur Verfügung gestanden hätten. Warum sich der Abt von Cîteaux so entschied, ist nicht überliefert. Die Kraft der Persönlichkeit Bernhards wird ihm nicht verborgen geblieben sein, vielleicht sah er auch schon mögliche Differenzen mit dem noch asketischeren Konfrater. Freilich hätte es ihm wohl nicht an Durchsetzungsfähigkeit gemangelt, falls es zu Differenzen gekommen wäre: Harding untersagte sogar dem Herzog, der das Unternehmen immerhin gutteils finanzierte, sein Kloster als Versammlungsort für dessen Hoftage zu benützen,[89] was der Adelige als weltlicher Stifter sicher im Bewußtsein seines Rechtes und jedenfalls gemäß allgemeiner Gewohnheit zu tun gepflegt hatte. Daß Bernhard und Stephan kein besonders gutes Verhältnis zueinander gehabt haben können, ist daraus zu schließen, daß ersterer seinen Abt in seinen so zahlreichen Schreiben höchstens ganz am Rande erwähnt und kein Brief an ihn überliefert, keiner seiner Traktate ihm gewidmet ist.[90] Andererseits kümmerte Stephan sich anscheinend persönlich gar nicht um die Gründung von Clairvaux, obwohl er das bei der von Morimond doch mit Engagement tat.[91]

Wenn man die Zusammensetzung der Truppe betrachtet, die sich 1115 zur Gründung eines weiteren Tochterklosters von Cîteaux aufmachte, hat man allerdings fast den Eindruck, Stephan wollte die Familie derer von Fontaines wieder aus seiner Umgebung loswerden: Unter den Zwölfen, die sich in Nachahmung der Apostel für immer von ihrem Mutterkloster verabschiedeten, befanden sich sämtliche eingetretene vier Brüder Bernhards sowie ihr Onkel und seine beiden Cousins. Die Neugründung erscheint noch mehr als Familienunternehmen, wenn man bedenkt, wer den Grund und Boden dafür zur Verfügung stellte, nämlich Gosbert der Rote (Josbert le Roux de La Ferté), der Vizegraf des Grafen der Champagne Hugo von Troyes (der sich zu dieser Zeit auf einer Pilgerfahrt ins Heilige Land befand). Dieser Josbert war ebenfalls ein Vetter Bernhards; vielleicht war die Initiative sogar von ihm ausgegangen.[92] Die Schenkung, deren genaueren Umfang man nicht kennt, aber ungefähr erschließen kann,[93] wurde, wie in jener Zeit noch oft üblich, nur mündlich vor Zeugen vereinbart[94] und später vom Grafen Hugo I. ebenso bestätigt. Ob Tescelin, der in der Nähe ein Lehen besaß,[95] unter ihnen war?

Das Ziel der „Auswanderer" war das 'Wermuttal' in der Diözese Langres, 116 Kilometer oder drei bis vier Tagesmärsche nördlich von Cîteaux. Der Name wurde vom dort üppig gedeihenden Absinth abgeleitet;[96] die Verbindung mit dem bitteren Leiden der dort in Räuberhände Gefallenen[97] mag Volksetymologie sein. Die Örtlichkeit war in jeder Hinsicht gut gewählt[98]: Einerseits war das Tal noch eine „Wüstenei", richtiger ein Urwald, d. h. noch nicht von der großen Rodungsbewegung erfaßt, die in Burgund erst etwas später einsetzen sollte.[99] In den nächsten Jahrzehnten führte diese Binnenkolonisation dann unter der Mitwirkung gerade der Zisterzienser zu den die Landschaft bis heute gestaltenden Veränderungen, deretwegen das 12. Jahrhundert eine Achsenzeit auch der europäischen Siedlungs- und Agrargeschichte darstellt. Eine „Wüstenei" suchte man bewußt, um jene Einsiedler aus der Frühzeit des Christentums nachzuahmen, die in den Einöden von Ägypten und Syrien den Beginn des christlichen Mönchtums gelegt hatten. Ihre Lebensweise kannte man aus den *Vitaspatrum* und den Schriften Cassians, die von Benedikt in seiner Regel ausdrücklich als Lesestoff vorgeschrieben worden waren.[100] Wo sie einen geeigneten Grund erhielten, zögerten die späteren Zisterzienser auch nicht, ihn künstlich zur Wüste zu machen, wenn schon ein paar Bauern oder Hirten dort lebten, indem sie diese Leute vertrieben.[101] Aber für Clairvaux ist dies wohl nicht anzunehmen.[102] Daß sich die nahegelegene städtische Siedlung von Bar-sur-Aube in Kürze durch die Förderung der Grafen zu einem Handelszentrum ersten Ranges entwickeln würde, an dem sich eine der berühmten Champagnemessen etablierte,[103] damit werden die Brüder wohl nicht gerechnet haben. Andererseits gab es im „Wermuttal" die unverzichtbaren Bäche sowie Holz in Fülle; andere Siedlungen, Dörfer sowie Benediktinerpriorate waren weit genug entfernt, um nicht zu stören, aber doch in ein paar Stunden erreichbar.

Am 25. Juni 1115 pflanzte Bernhard das Kreuz zum Zeichen der geistlichen Inbesitznahme in der Einöde auf.[104] Man darf sich die Szene gewiß nach dem Bericht von der Gründung einer Zisterze vorstellen, den etwa hundert Jahre später ein anderer Angehöriger des Ordens, Caesarius von Heisterbach, aufzeichnete: Die zwölf ausziehenden Mönche verstanden sich als Nachahmer der zwölf Apostel, der neue Abt betrachtete sich ihnen an Stelle Christi vorgesetzt. Er empfing vom Abt des Mutterklosters ein Kreuz, mit dem er aus der Kirche auszog, in feierlicher Prozession von seinen Brüdern gefolgt.[105] Er und die Seinen sahen sich aber sicher auch auf den Spuren des Mönchsvaters Benedikt, der ebenfalls in einer einsamen Gegend bei Subiaco in einer Höhle gewohnt hatte – also auch eine 'Imitatio Sancti Benedicti'.[106]

Die Zisterzienser gaben dem Ort einen neuen Namen: das helle Tal, Clara Vallis, Clervauz[107] (heute Clairvaux geschrieben). Es ist eine Eigenheit dieses Ordens, bemerkte Walter Map, ihre Niederlassungen so zu benennen, daß sie wie ein „diuinitatis oraculum", ein Orakel der Gottheit, wirken: „Haus Gottes, Tal Gottes, Hafen des Heils, Steige zum Himmel, Wundertal, Leuchte, Helles Tal".[108] Freilich mag in diesem Fall auch einfach die relativ sonnige Lage des Ortes für die Namensgebung bestimmend gewesen sein.[109] Bernhard wird später die Tallage des Klosters spirituell auf die Demut ausdeuten, pflanzliche und geistliche Fruchtbarkeit zusammen-

und den kahlen Bergen gegenüberstellen, wo die alte Schlange des Hochmuts ihren Sitz gewählt hat …[110]

Das „desertum", die „Wüste", wie sie oft als Gründungsort von Zisterzen genannt wird, ist nicht immer wörtlich als gänzlich unbesiedeltes Land zu verstehen.[111] Doch scheint Clairvaux wirklich Rodungsarbeiten erfordert zu haben.[112] Der Aufbau hölzener Unterkünfte und der Kapelle, der Zyklus landwirtschaftlicher Arbeit müssen die ersten Jahre hindurch das Leben der Mönche neben den religiösen Pflichten ganz entscheidend bestimmt haben. Wie dieses erste Kloster und sein der Mutter Gottes geweihtes Kirchlein in ihrer Holzbauweise ausgesehen haben und wo genau sie lagen, läßt sich jedoch mangels archäologischer Untersuchungen nicht sicher sagen, zumal man an der richtigen Identifikation der einzelnen Bauteile in den überkommenen barocken Beschreibungen zweifeln kann.[113] Ob man sich die Mühe gemacht hat, sogar „encloystre carpenter", einen Kreuzgang zu zimmern?[114] Gab es schon steinerne Umfassungsmauern oder nur hölzerne Palisaden? „Von festen Barrieren sind wir umgeben, damit wir nicht die Blicke und Besuche der Weltmenschen erleiden müssen",[115] schrieb Bernhard; faktisch mußte man v. a. wilde Tiere und Raubgesindel draußenhalten. Daß das „vetus monasterium", das als Steinbau die ursprüngliche Anlage dann in einigen Jahren ersetzte und das ebenfalls nur durch einen Plan von 1708 überliefert ist, die alten Strukturen übernahm, ist aufgrund der viel größeren Dimensionen unwahrscheinlich.

Natürlich mußte Bernhard nun so bald wie möglich die Zustimmung des zuständigen Bischofs für seine Gründung einholen und die Weihen empfangen. Das war Joceran, der in Langres residierte. Als die Mönche dort ankamen, befand er sich jedoch auf dem Konzil von Tournus. So wandten sie sich an einen der benachbarten Bischöfe, einen berühmten Mann, den Bischof von Châlons-sur-Marne. Wilhelm von Champeaux[116] war der gebildeten Welt als Philosoph bekannt, der an der Domschule der Pariser Kathedrale im Universalienstreit einen entschiedenen Realismus gelehrt hatte. Von seinem Schüler Petrus Abaelard in die Enge getrieben, hatte er sich um 1108 zurückgezogen und ein eigenes Augustinerchorherrnstift gegründet, Saint-Victor, das in der Geschichte der Philosophie und der Musik des 12. Jahrhunderts noch eine bedeutende Rolle spielen und mit dem Bernhard in Kontakt treten sollte. Die Auseinandersetzungen mit Abaelard hatten keineswegs aufgehört, bis Wilhelm 1113 zum Bischof von Châlons erhoben worden war; sie sollten auch Bernhard noch berühren.

Der Zisterzienser, blaß und schmächtig, war dem mächtigen Mann sogleich sympathisch, er befreundete sich mit ihm so sehr, daß Bernhards Biograph schreiben konnte, sie seien „ein Herz und eine Seele" geworden. Die Bedeutung dieser Begegnung kann kaum überschätzt werden: Bernhard hatte nun einen Fürsprecher, der ganz Frankreich lehrte, den bis dahin unbekannten Mönch „wie einen Engel Gottes zu verehren"![117] Erstaunlich, diese Protektion des hochmögenden Bischofs für den um zwanzig Jahre Jüngeren, der bei ihm wie in seinem eigenen Hause verkehren sollte.[118] Darin ist wohl ein wichtiges, wenn auch bislang kaum beachtetes Element für den Aufstieg Bernhards zu sehen. Ihm blieb Wilhelm bis zu seinem Tode zugetan, wogegen er Abaelard, den er ja anfänglich durchaus akzeptiert hatte,[119] mit Feindschaft verfolgte. Ob Bernhards spätere Ablehnung Abaelards nicht schon aus dieser Zeit datiert?

Bernhard kehrte als rechtmäßiger Abt nach Clairvaux zurück, mit dem Krummstab im Gepäck,[120] den er auch auf seinem Siegel abbilden ließ.[121] Brachte er auch die „vestis sacerdotalis", das Priestergewand, mit? Auffallenderweise gibt es keine Quelle, die eindeutig sagen würde, wann Bernhard eigentlich zum Priester ordiniert wurde.[122] Daß ein Abt seiner Zeit Priester sein mußte, geht nicht nur aus seinen praktischen Amtspflichten hervor;[123] dies hatten bereits die Römischen Synoden von 826 und 853 verfügt, um die Gewalt der Klostervorsteher gegenüber ihren Untergebenen zu stärken, d. h., es war geltendes Kirchenrecht. Finden sich trotzdem vereinzelt bis ins 16. Jahrhundert noch Äbte, die keine Priester waren,[124] so schreibt doch Rupert von Deutz eben um 1120: „Heutzutage wird so gut wie niemand zum Abt geweiht, wenn er nicht zuvor zum Priester geweiht wurde. Früher war das nicht so."[125] Bernhard selbst spielte später mehrfach eindeutig auf sein Priestertum an[126] und zelebrierte sogar an exklusiven Stätten wie dem Aachener Karlsdom;[127] selbst als er in seinen letzten Jahren schon kaum noch stehen konnte, verabsäumte er nur selten, die Messe zu lesen.[128]

Angefangen mit Wilhelm von Saint-Thierry[129] über die Bollandisten, die vielfach bis heute maßgeblichen Editoren der Heiligenleben,[130] bis zu einer modernen Mediävistin wie Dal Prà[131] übergehen jedoch fast alle Verfasser von Lebensbeschreibungen Bernhards seine Priesterweihe absichtlich oder unabsichtlich[132] oder begnügen sich mit der Feststellung, diese sei mit der Abtsweihe zusammengefallen.[133] Auffallend unpräzise ist die Ausdrucksweise Wilhelms: „Cum ... ordinandus esset in ministerium ad quod assumptus erat", als er zu dem Amt [also offenbar den Abbatiat], zu dem er bestimmt worden war, geweiht werden sollte. Kein Wort über eine Priesterweihe! Wenn Bernhard noch in Cîteaux Priester geworden wäre,[134] hätte dies der Anwesenheit eines Bischofs (welches?) bedurft; davon ist nichts überliefert. Wahrscheinlicher hat ihm Bischof Wilhelm beide Weihen hintereinander gespendet. Ein solches Vorgehen war nicht ganz ungewöhnlich: So erhielt 1095 Abt Ulrich von Zwiefalten, der erst seit 10 Wochen Professe war, zunächst alle Weihen und hernach die Abtsbenediktion.[135] Bernhards Freund Suger wurde am 11. März 1122 zum Priester geweiht und schon am darauffolgenden Tag zum Abt.[136]

Warum diese Verschwiegenheit seiner Biographen hinsichtlich eines Ereignisses, das doch im Leben jedes Geistlichen ein ganz zentrales Ereignis darstellt, das er mit der Primiz feiert und dessen er in seinem weiteren Leben wie seines Geburtstages gedenkt? Wir meinen: weil Bernhard gegen die damalige Bestimmung des kanonischen Rechts diese Weihe deutlich zu früh erhielt. Der künftige Abt von Clairvaux war 1115 vier- oder fünfundzwanzig Jahre alt. Beim Konzil von Melfi (1089) war aber in Kanon 4 festgelegt worden, daß das Weihealter nicht unter dreißig Jahren liegen durfte.[137] Und dessen war sich Bernhard auch bewußt, wie aus seiner *Vita Malachiae* erhellt: Malachias wurde bereits vor dem 25. Lebensjahr zum Diakon und vor dem 30. zum Priester ordiniert, was Bernhard beflissen entschuldigt, indem er schreibt, dies sei „gleicherweise dem Eifer des Weihenden wie den Verdiensten des Geweihten" zugute zu halten, obgleich dabei eine „Vorschrift kirchlicher Bestimmungen" unbeachtet blieb.[138] Sich selbst sah er wohl in derselben Situation wie den irischen Freund. Doch scheint bei Bernhard niemand daran Anstoß genommen zu haben.

Die Anfangszeit, darüber sind sich alle Quellen einig, muß sehr hart gewesen sein. Obwohl Cîteaux in jenen Jahren begann, wohlhabender zu werden – es ist anzunehmen, daß auch Bernhard und seine Gruppe dem Kloster bei ihrem Eintritt die üblichen Geschenke[139] gemäß *Exodus* 23, 15 gemacht hatten, vor allem Land –, wahrte man damals auch während der schwierigen Phase des Aufbaus noch den strikten Verzicht auf eine finanzielle Ausstattung durch das Mutterkloster. So verfügten die Brüder nur über Brot aus Gerste, Hirse und Spelt, Salat aus Buchenblättern (?) und Wurzelgemüse,[140] Grütze und Bohnen,[141] über ungenügende Kleidung und Behausung. Sie hielten keine Tiere, mit Ausnahme eines Esels, auf dem Bernhard auszureiten pflegte, nicht nur wegen seiner Schwäche, sondern auch um Christus nachzuahmen, was ebenso von anderen zeitgenössischen Heiligen als demonstrative Geste der Demut bezeugt ist.[142] Seine Gefährten mußten demnach zu Fuß gehen; es war kaum denkbar, daß ein Abt ohne Gefolge (bei den Benediktinern wahrscheinlich auch mit Dienern) reiste,[143] zumal man, wenn ein Mönch allein unterwegs war, schnell sündhafte Absichten vermutete.[144] Ihren Lebensunterhalt schufen die Brüder sich als wahre „pauperes Christi" durch harte Handarbeit. Vereinzelte Almosen, hier Salz,[145] dort etwas Geld,[146] dann doch auch Landschenkungen,[147] zeigen freilich, daß der Rückzug aus der Welt kein absoluter war und auch Clairvaux, genausowenig wie irgendein anderes Kloster, wirklich wirtschaftlich autark zu sein vermochte.

Dazu kam, daß Bernhard in Extremen lebte – Wilhelm von Saint-Thierry spricht treffend von „nimietas ... sancti fervoris",[148] einem exzessiven, schon abschreckend wirkenden Heilseifer.[149] Diesen erwartete der junge Abt auch von seinen Mitbrüdern. Seine Meditationen beflügelten ihn zu Predigten, auf die er sich nächtelang vorbereitete,[150] die sie aber kaum verstanden. Seine Erwartungen an sie waren so hoch, daß er meinte, kein Mönch könne in Versuchung fallen, und geschähe das doch, dann sei er eben kein Mönch.[151] Der „angelikos bios", das engelgleiche Leben, war eines der traditionellen Ideale des Mönchtums[152]: Engel essen nicht, schlafen nicht und kennen keine Sexualität; sie schauen Gott. Kein Stand auf Erden, wird Bernhard später schreiben, ist den Engelschören ähnlicher als der der Benediktinermönche.[153] Und: Heilig ist die Gemeinschaft der Mönche, beim Konvent sind ebenso viele Engel unsichtbar versammelt, offen steht darüber die Himmelspforte, von der die Engelsleiter zum Kloster hinabführt …[154] Bernhard in seiner Askese und seinen mystischen Erhebungen glaubte sich jenen hehren Wesen schon nahe, glaubte dies auch von seinen Mitbrüdern und wurde hart, wenn er sich enttäuscht sah. Wie oft wird er bei den nächtlichen Offizien von einem zum anderen geeilt sein, um die von Arbeit und Askese Übermüdeten aus dem Schlaf wachzurütteln?[155] Und doch blieben sie ungeachtet ihrer Verzweiflung demütig,[156] konnten sie auch nicht erfüllen, was ihr Abt von ihnen verlangt hatte: den Leib vor den Klostermauern zu lassen und nur der Seele Zutritt zu gewähren.[157] Irgendwann begann Bernhard an seiner Skrupulosität zu zweifeln und zog sich zur Meditation zurück. Nach einigen Tagen hatte er eine Traumerscheinung, die ihn davon überzeugte, der Geist Gottes rede in ihm.[158] Daß dies tatsächlich zu einer festen Gewißheit des Abtes wurde, die ihn sein Leben hindurch leitete, läßt sich immer wieder an seinem Verhalten und seinen Aussagen zeigen.[159]

In keiner Gemeinschaft von Menschen geht es andauernd harmonisch zu, auch nicht in der „Urgemeinde" am Beginn eines neuen Ordens, oder, um eine Lieblingsmetapher der frühen Zisterzienser zu gebrauchen, in einer „Schule des Heiligen Geistes".[160] Die hagiographischen Quellen haben natürlich kein Interesse daran, solche Dinge zu berichten, aber gelegentlich entgeht doch eine Nachricht der genusimmanenten und ordensobrigkeitlichen Zensur. So hören wir von einem nur undeutlich evozierten Konflikt zwischen Bernhard und seinen Mönchen, bei dem vom Bischof von Châlons vermittelt wurde; Bernhard machte seinen Brüdern tagtäglich Vorwürfe, anscheinend weil sie seine asketischen Exzesse nachahmten.[161] Andererseits waren diese ob der Härte des Lebens in Clairvaux, „von Hunger, Kälte und anderen Entbehrungen gezwungen",[162] nahe daran, nach Cîteaux zurückzukehren. Glücklicherweise mehrten sich die frommen Spenden so rasch, daß es nicht dazu kam – oder zeitgenössisch formuliert: „Wenig Zeit war verflossen, da blickte die Barmherzigkeit Gottes reichlich und wohlwollend auf sie hinab, so daß ihnen nichts fehlte und sie an ewigen und zeitlichen Hilfsmitteln Überfluß hatten …"[163] Und in späteren Jahren war Bernhard auch eher geneigt, die asketischen Leistungen anzuerkennen, die seine Mitbrüder erbrachten: „Ich weiß, Brüder, ich weiß, in welcher Bedrängnis ihr seid, wie ihr euch den ganzen Tag über mit vielem Fasten abtötet, mit häufiger Arbeit, in überlangem Wachen, mit Hunger und Durst, mit Kälte und Dürftigkeit ..."[164] „Geht es nicht doch über menschliches Vermögen, über die Natur, gegen das Herkömmliche, was ihr erduldet?"[165]

Der junge Abt (1116–1118)

Schon wenige Jahre nach seiner Gründung war Clairvaux durch Schenkungen hinreichend ausgestattet; zu Landbesitz kamen die Gerechtsame über Dörfer wie Perrecin.[166] Bernhard wollte sein Kloster – oder, seinem Denken entsprechender: das Paradies[167] – mit weiteren Mönchen bevölkern; er stellte sich das ganz konkret vor, wie die Gottsuchenden aus allen Himmelsrichtung in das stille Tal strömen würden.[168] Faktisch wünschte er Clairvaux als Adelskloster, das auch Intellektuelle aufnahm,[169] hierin getreu benediktinischer Tradition. Öfters brach Bernhard nach Châlons-sur-Marne auf, und von dort brachte er „eine große Menge von Novizen mit sich, vornehme und gebildete Kleriker".[170] Auch einer ihrer Lehrer, der zu seiner Zeit anscheinend berühmte Stephan von Vitry, schloß sich an, verließ das Kloster aber nach neun Monaten wieder. Leider wissen wir über diesen Intellektuellen und seine Einschätzung von Clairvaux nichts weiter; die zisterziensische Haustradition schrieb seinen Rückzug natürlich dem Wirken des bösen Feindes zu.[171]

Daß diese „Werbekampagne" für die Verachtung der Welt, den monastischen ‚contemptus mundi',[172] auch zu problematischen Konversionen führen konnte, zeigt der wahrscheinlich älteste Brief, der von Bernhard erhalten ist. In ihm empfiehlt er seinen Mönchen, einen Knappen, der seinen Herrn, den raufgierigsten Ritter der Gegend, verlassen hatte, um in Clairvaux einzutreten, über den Winter in der Nähe unterzubringen.[173] Auch soll Bernhard nach einer nicht unglaubwürdigen Tradition jedenfalls einmal einen berüchtigten Mörder vor dem Galgen gerettet haben, um ihn in seinem Kloster als Mönch aufzunehmen.[174] Jedenfalls wuchs Clairvaux rasch, und treffend nannten Wilhelm von Saint-Thierry und Petrus von Cluny Bernhard einen „Menschenfischer", der wie weiland Petrus Menschen für Gott einholte.[175] Das Movens, das Bernhard dazu trieb, unablässig Novizen in die Mauern von Clairvaux zu holen, bestand in seiner unerschütterlichen Überzeugung, sein Kloster sei der Ort, an dem ihre Rettung fast mit Sicherheit gelingen konnte. „Mit wie vielen Lastern Du auch immer beschmutzt bist", schrieb er in diesem Zusammenhang einmal, „ein wie schlechtes Gewissen Dich auch immer bedrückt – magst Du auch Deine Jugend von grauenhaften Verbrechen befleckt fühlen, auch wenn Dein Alter voller schlechter Tage ist und Du verfaulst wie ein Vieh in seinem Mist: Du wirst ohne Zweifel gereinigt und weißer als Schnee werden ...!"[176]

Nach vier oder fünf Jahren Klosterzucht schien Bernhards Körper freilich die ihm auferlegten asketischen Anstrengungen kaum mehr zu ertragen; der Abt schwebte bereits zwischen Tod und Leben.[177] Wahrscheinlich hätte er sich, wie so manche andere Heilige (z. B. Katharina von Siena[178]), auf diese Weise selbst getötet, war er doch der Meinung: „Unser Fleisch ist ein laszives Tier, nämlich ein störrischer Esel, doch es muß gezüchtigt werden, damit es seiner Herrin, d. h. der Seele, gehorcht."[179] Und: Der belanglose Körper – „corpusculum" – ist nur ein feiler Sklave, „vile istud manicipium".[180]

Es bewährte sich jedoch die mit Bischof Wilhelm von Champeaux geschlossene Freundschaft. Dieser kam tatsächlich nach Clairvaux, fand Bernhard aber nicht bereit zu einem schonenderen Leben. So griff er – da er ja nicht der zuständige Ordinarius war und Clairvaux daher nicht unter seinem Visitationsrecht stand – zu einem Umweg. Er begab sich nach Cîteaux, wo das Generalkapitel des Ordens tagte,[181] und seine Bitte genügte, daß Stephan Harding und die anderen Äbte den widerspenstigen Freund für ein Jahr seinem Gehorsam unterstellten. Er ließ nun außerhalb des Klosterbezirks ein Häuschen („domunculam") in der Art errichten, wie es sie an öffentlichen Wegen für Lepröse gab, in dem sich Bernhard ohne weitere Askeseübungen und ohne Amtspflichten kurieren sollte, wählte allerdings einen Arzt, der anscheinend ein reiner Pfuscher war.[182] Trotzdem scheint es Bernhard nach einem Jahr so gut gegangen zu sein, daß er nicht nur seine Pflichten wieder voll (wenn auch etwas unkoordiniert[183]) wahrnahm, sondern auch – sozusagen zur Rache ob der Unterbrechung – seine früheren Exzesse in Fasten und Schlafentzug noch zu übertreffen suchte: „Er betete im Stehen Tag und Nacht, bis seine vom Fasten geschwächten Knie und seine von der Mühe angeschwollenen Füße den Leib nicht mehr tragen konnten. Lange Zeit, so lange es nur zu verbergen war, trug er ein Bußhemd auf dem Fleisch, desgleichen einen Bußgürtel[184] ... Sein Essen bestand aus Milch mit Brot oder in Wasser gekochtem Gemüse und Brei, wie er für Kinder zubereitet wird. Etwas anderes nahm entweder seine Schwäche nicht an, oder er wies es selbst aus Eifer für die Kargheit zurück ... Als nun sein häufiges Erbrechen von Unverdautem und Rohem wegen des verdorbenen Magens den anderen recht unangenehm zu werden begann, am meisten, wenn sie im Chor sangen, begab er sich dennoch nicht aus der Gemeinschaft der dort versammelten Brüder, sondern ließ sich einen Behälter besorgen und bei seinem Platz in die Erde eingraben und kam dort, so gut er konnte, ziemlich lange seinem schmerzhaften Zwang nach".[185] Später hat Bernhard sich wie so manche andere Mystiker (z. B. Heinrich Seuse) von seiner zu diesem Zustand führenden überharten Askese distanziert und die Schwächung seines Körpers sogar als Sakrileg bezeichnet.[186] Doch hatte sie u. a. zur Folge, daß er kaum anders als gestützt auf seinen unvermeidlichen Stab zu sehen war.[187]

Ob einige Visionen Bernhards in jene Zeit gehören? Wilhelm schreibt, daß der Abt sich einmal ob der Heftigkeit seiner Erkrankung schon am Ende seiner irdischen Pilgerschaft glaubte, als er eine jener so häufigen Sterbevisionen erfuhr, die ihn vor das Gericht über seine Seele führte und mit den Anwürfen der Dämonen konfrontierte, die er aber unerschütterlich zurückwies.[188] Ähnliche Phänomene wurden im Mittelalter sehr oft aufgezeichnet und haben deutliche Parallelen in den heute von Medizinern erforschten Nah-Tod-Erlebnissen,[189] weswegen sie durchaus keine hagiographischen Topoi sein müssen.

Ein Traum verwandter Thematik aus dieser Krisenzeit ist in seiner Bedeutung auch ohne Kenntnis der mittelalterlichen Symbolik oder der Jungschen Tiefenpsychologie verständlich: Bernhard sah sich an einer Küste wartend und wollte in ein anlegendes Schiff einsteigen. Doch dreimal wich es zurück, um endlich ohne ihn abzufahren ... Bernhard begriff sogleich, daß seine Zeit noch nicht gekommen war. Auch zu der Erscheinung Marias, Benedikts und Laurentius', der drei Heiligen, denen die Kirche des Klosters geweiht war, die Bernhard berührten und damit heilten,[190] gibt es so viele Analogien,[191] daß sie als ein vor dem Glaubenshintergrund Bernhards fast zu erwartendes Phänomen gelten kann.

Zisterzienser und Cluniazenser

Im Jahre 1118, ca. 3 Jahre nach der Gründung, war Clairvaux groß genug geworden, um selbst eine erste Tochterabtei zu gründen: als Ort wurde mit Unterstützung des Bischofs von Châlons der Wald der drei Quellen, Trois-Fontaines, ausgesucht. Die Grundstücke für die Niederlassung, die wohl schon seit zwei Jahren im Gespräch war, als Bernhard eine Gruppe von Klerikern aus Châlons bekehrt hatte, stammten aus dem Besitz des Hugo von Vitry, der mit einem besonderen Förderer der Zisterzienser, Graf Theobald II. von der Champagne, verwandt war. Roger, einer der genannten Kleriker, wurde der erste Abt.[192] Noch viele weitere Gründungen sollten unter Bernhards Abbatiat erfolgen; bei seinem Tod 1153 gab es 68 unmittelbare und 97 mittelbare, also zusammen 165 Tochterklöster.[193] Das entsprach fast der Hälfte aller damals existierenden Zisterzen.[194] Als 1154 Bischof Arnulf von Lisieux schrieb, „die Wüsten beherbergen heute mehr Mönche, als sie früher wilde Tiere hatten",[195] war diese Kultivierung der Einöden auch Bernhards Verdienst. Mochte er in den ersten Jahren auch noch seiner Pflicht, die von ihm in die Wege geleiteten Gründungen einmal im Jahr zu visitieren,[196] nachgekommen sein,[197] so sollte ihm dies mit dem Ansteigen der Zahl der Töchter von Clairvaux, die in so fernen Gebieten wie England (Rievaulx 1131/32), Wales (Whitland 1140), Irland (Mellifont 1142), Schweden

(Alvastra 1143) und Portugal (Alcobaça 1153) zu finden waren,[198] unmöglich werden. Hier konnten nur, wenn überhaupt, Stellvertreter die langen Reisen unternehmen.

Trotzdem, und trotz aller künftig noch dazukommenden Schenkungen, muß das Leben der Mönche in Clairvaux unter Bernhard von großer Kargheit und Konzentration auf die Spiritualia geprägt gewesen sein. Noch lebte man in strenger Ordnung und tiefem Schweigen, das nur von Psalmgesängen und Arbeitsgeräusch unterbrochen wurde. Dem wenig fruchtbaren Boden mußte wohl jeder Bissen abgerungen werden.[199] „singularis quaedam et austerior conversatio", eine (von anderen Orden) abhebende und strengere Lebensweise, so wird Bernhard später selbst dazu sagen.[200] Er und seine Mitstreiter hatten darob auch ein entsprechendes Selbstwertgefühl: Jeder von ihnen, predigte Bernhard, der in der Welt auch nur ein Viertel dessen vollbrächte, was er im Kloster an Askese leistete, würde wie ein Heiliger oder Engel verehrt.[201] Denn täglich ertrügen sie Todesqualen über alle menschliche Kräfte und gegen die menschliche Natur.[202]

Die Strenge des frühen Ordens gab sogar manchen Dichtern von Vagantenlyrik Stoff. So schrieb ein Kleriker (doch wohl kaum Walter Map?) halb bewundernd und halb ironisch unter dem Pseudonym Discipulus Goliae:

> Mirae sunt continentiae, mirae parcitatis,
> hostes vanae gloriae, hostes vanitatis,
> frigore et macie se affligunt gratis,
> ut sic possent specie frui deitatis.
> Cultus his exterior rudis et abiectus,
> cibus est austerior, et stratus neglectus.
> sermo quoque parcior, et vix intellectus,
> nullus ordo sanctior, nullus tam perfectus.[203]

„Von wundersamer Enthaltsamkeit sind sie, von wundersamer Kargheit, Feinde leeren Ruhms, Feinde der Eitelkeit. Mit Kälte und Hunger kasteien sie sich freiwillig, um so die Schau der Gottheit zu genießen. Die äußere Erscheinung ist grob und verwahrlost, das Essen bescheidenst und das Lager vernachlässigt. Auch ihre Rede ist äußerst knapp und kaum verständlich. Kein Orden ist heiliger, keiner so vollkommen."

Ein um 1130 dichtender Satiriker, der auf den Namen Paganus Bolotinus hörte und Kanoniker in Chartres gewesen sein soll, läßt einen lebenden, aber falschen Heiligen, der in manchen Zügen Bernhard gleicht, in anderen wieder gar nicht, folgendermaßen für seinen Orden „werben":

> Mane refectis pocula nobis dantur aquarum;
> cepa, legumen dona ministrant deliciarum.
> Strata parantur fragmine culmi vel palearum,
> solaque nobis cognita fiunt lustra ferarum.[204]

„Morgens werden wir mit Bechern voller Wasser gespeist,
Zwiebelgemüse reicht man als köstliche Gabe.
Das Lager besteht aus gehäxeltem Spreu oder Stroh,
und nur die Verstecke wilder Tiere werden uns bekannt".

Karges Essen, hartes Lager, einsame Gegend – die aus dem Orden selbst
stammenden Quellen passen genau dazu. Ein Brief, in dem ein späterer Abt
von Clairvaux einen verfressenen Amtskollegen mit einer Schilderung der
Zustände, wie er sie selbst als Mönch unter dem Heiligen erlebt hatte, zu
mehr Askese zu ermahnen versucht, gibt die Verhältnisse mit Sicherheit
richtig wieder. Fastradus (reg. 1157–1161) bezeichnet da als die übliche Kost,
sogar zu Ostern, ohne Öl und Speck gekochtes Gemüse, Bohnen und
Erbsen sowie Brot aus Hafer (das schmeckte wie Erde, befand Wilhelm von
Saint-Thierry aus eigener Erfahrung[205]). Als Zukost gab es Buchenblät-
ter.[206] Fleisch verschmähten die frühen Zisterzienser, erinnerte doch die
vegetarische Kost an die paradiesische Zeit vor dem Sündenfall, als sich die
Geschöpfe nur von Pflanzen ernährten.[207] Daß der Gescholtene Krankheit
als Entschuldigung vorbrachte, ließ Fastradus nicht gelten, indem er ihm das
Vorbild des ebenso oder noch viel kränkeren Bernhard entgegenhielt: „Du
irrst völlig, wenn Du meinst, ein Mönch dürfe sich der Medizin der Laien bedienen. Wir sind nämlich ins Kloster gekommen, um Mühsal für den Körper
zu suchen, nicht Bequemlichkeit und Lust! ... Glaube mir, mein Vater, öfter
habe ich den heiligen Bernhard nur mit Skrupel Mehlbrei essen gesehen,
dem Öl und Honig beigemischt waren, um den Magen zu erwärmen. Und
wenn ich ihm wegen dieser Strenge Vorwürfe machte, sagte er: 'Mein Sohn,
wenn du dir die Verpflichtung des Mönches bewußt machen würdest, wäre
jeder Bissen, den du ißt, mit Tränen zu befeuchten ... Die heiligen Väter, unsere Vorgänger, haben feuchte und steile Täler ausgesucht, um Klöster zu erbauen, damit sie oft kranke Mönche und den Tod vor Augen hätten, und
nicht, damit sie in Ruhe lebten!'"[208] Fastradus blieb hier ganz auf der streng
asketischen Linie, die Bernhard selbst eingeschlagen und von den Mitbrüdern verlangt hatte.[209] Eine seiner späteren *Hohelied-Predigten* setzt sich
einläßlich und sehr kritisch mit den Mönchen auseinander, die angeblich
diese Kost nicht vertragen, „observatores ciborum, morum neglectores",[210]
„Beachter der Speisen und Verächter der Sitten".
    Von benediktinischer Seite wurde auch dies kritisiert: Der anonyme Ver-
fasser der Antwort des Cluniazenserordens auf Bernhards *Apologia* meint,
die ohnehin blutlosen Zisterzienser würden sogar ihre Erkrankten mit maß-
loser Grobheit behandeln, was Hunger und Kälte betrifft, und so mehr zerstören als erbauen.[211] Daß dies wirklich die Einstellung Bernhards war, obgleich er durchaus sogar Kleriker abweisen konnte, die für das harte Leben
in seinem Kloster nicht gesund genug waren,[212] zeigt sein Umgang mit
seinem eigenen Leib und bekräftigen eigene Aussagen von ihm aus späterer

Zeit.[213] Ob es angesichts dieser Härten nicht tatsächlich manche Ordens-
angehörige gegeben hat, die, wie Paganus spöttelte, bisweilen in die Stadt
kamen, um dort einmal richtig zu tafeln und zu trinken?[214] Aber immerhin
galten die Zisterzienser gegen Ende des Jahrhunderts noch immer als so
streng, daß sich der Fuchs im *Roman de Renard*, einem satirischen Tierepos,
weigert, in diesen Orden einzutreten, weil er morgens gerne ißt und nicht fasten kann ... Vielmehr ist der Orden so streng, daß sich seine Mitglieder zu
Tode hungern und arbeiten. „Si n'i fait pas bon demorer"[215]: „Wahrlich, dort
ist nicht gut sein."

Aber gerade diese Strenge erschien vielen als der beste Weg zum Himmelreich, und die Population von Clairvaux wuchs und wuchs. Daher hatte
Bernhard dafür zu sorgen, daß weitere Tochterklöster für seine Mönche gebaut wurden. Im Oktober 1119 zog dazu einer seiner Verwandten aus Clairvaux aus, der sechs Jahre früher mit ihm nach Cîteaux gekommen war: sein
Vetter Gottfried von La Roche-Vanneau.[216] Dieser Adelige sollte Abt der
zweiten Tochter von Clairvaux werden, Fontenay in der Diözese Autun, errichtet auf Grundstücken, die meistenteils Reinhard von Montbard gehörten, einem der Onkel Bernhards mütterlicherseits. Dieser vollzog die
Gründung u. a. für die Seelen seiner verstorbenen Eltern und „aus Liebe für
den Herrn Bernhard, Abt von Clairvaux".[217]

Auf ähnliche Weise sollte Bernhard gleichzeitig seinen Orden und seine
Familie weiter ausdehnen, auch die dritte Gründung, Foigny, stand unter
einem seiner Verwandten (1121), jenem Rainald, der 1117 nach Clairvaux gekommen war und für den wohl der zweite Teil der *Fragmenta*, der der Vita
Bernhards zugrunde liegenden biographischen Sammlung, geschrieben
wurde.[218] Bernhard verhielt sich hier nicht anders als jeder weltliche Herr,
der versucht, den Machtbereich seines Clans durch Heirat, Eroberung, Kauf
usw. auszudehnen. Nur daß es hier ein Netz von Abteien und Bistümern war,
das der Abt von Clairvaux um sich herum ausbreitete. „Es war damals wirklich die goldene Zeit Clairvaux', als tugendreiche Männer, die vordem in der
Welt reich und geehrt waren, sich nun aber der Armut Christi rühmten, die
Kirche Gottes pflanzten mit ihrem Blut, ihrer Arbeit und Mühe, in Hunger
und Durst, Kälte und Blöße, Verfolgungen, Schmach und vielfacher Bedrängnis ..."[219] So sah es Bernhards Biograph Wilhelm von Saint-Thierry
einige Jahre später, halb mythisch verklärend und doch ohne Lüge.

1119 wurde von den in Cîteaux versammelten Äbten, also auch unter
Bernhards Mitwirkung, ein Dokument für verbindlich erklärt, das die Ver-
waltungsstruktur des Zisterzienserordens festlegte. Die *Charta caritatis*,[220]
von der eine frühere Fassung wenigstens auf 1114 zurückgeht, als Pontigny
gegründet wurde, setzte vor allem fest, daß die Mönche in allen Häusern
nach denselben Konventionen leben sollten – bei den sonstigen Benediktinern hatten dagegen die meisten Klöster ihre eigenen Gewohnheiten ('con-

suetudines'). Das implizierte u. a., daß man dieselben liturgischen Bücher benutzen mußte, die sonst je nach Diözese Abweichungen aufwiesen, daß die Mutterklöster einmal pro Jahr ihre Filiationen visitierten (d. h. kontrollierten), daß alle Äbte jedes Jahr zu einem Generalkapitel zusammenkommen mußten, daß die Vorsteher nach einem bestimmten Modus gewählt werden sollten etc. Noch im Dezember desselben Jahres bestätigte Papst Kalixt II. dieses Dokument, womit es kirchenrechtliche Gültigkeit erhielt. Daß in der Praxis sogleich Ausnahmen gemacht wurden, wenn sich bereits bestehende Konvente den Zisterziensern anschlossen, und daß die Verbreitung über ganz Europa die Berücksichtigung der regionalen Gegebenheiten erforderte, sollte auf längere Sicht freilich auch bei diesen Reformmönchen zu manchen lokalen Unterschiedlichkeiten führen.[221]

Die nun explosionsartig einsetzende Ausbreitung der Zisterzienser stieß außerhalb des Ordens freilich nicht nur auf Begeisterung. Ein Zeugnis dafür ist, was ein Vagantendichter von der Schar der Grauen Mönchen singt:

> Quae exosa sentio caelo, terrae, mari,
> quibus omnis regio solet devastari,
> quibus nullo studio potest obviari;
> Pestis animalium, quae shuta vocatur,
> et Cisterciensium, quae sic dilatatur."[222]

> Die ist, glaube ich, verhaßt Himmel, Erde und Meer,
> für sie wird meist jedes Land verwüstet,
> sie kann man mit keiner Anstrengung zurückhalten;
> die Tierseuche, die Shuta heißt,
> verbreitet sich so, und die Seuche der Zisterzienser!

Wohl 1119 oder 20 kam ein Besucher an Bernhards Krankenlager,[223] der das Bild des Zisterziensers in der Nachwelt grundlegend prägen sollte. Es war ein studierter Mann aus adeliger Familie, der eben Abt[224] des bei Reims gelegenen Benediktinerklosters geworden war, das dem hl. Theoderich geweiht war und dem cluniazensischen Verband angehörte. Wilhelm von Saint-Thierry war sofort von dem etwa zehn Jahre jüngeren[225] Bernhard hingerissen: „Eine solch liebevolle Zuneigung jenem Mann gegenüber ergriff mich und ein solches Verlangen, mit ihm in jener Armut und Einfachheit zusammenzuleben, daß, hätte ich an jenem Tag die Wahl gehabt, ich nichts so sehr gewünscht hätte, als dort mit ihm immer zu bleiben, um ihm zu dienen."[226] Was Wilhelm hier als selbsterlebt beschreibt, war jene spontane Faszination, die Bernhard immer wieder Menschen zuführen sollte. Sie ergriff, wie dieses und hunderte anderer Beispiele zeigen, nicht nur einfache Gläubige, die einen lebenden Heiligen verehren wollten, sondern auch Angehörige der Intelligenzija. Diesem Charisma erlagen natürlich nicht alle, man denke an Abaelard oder Gilbert von Poitiers, aber es erlagen ihm durchaus nicht nur Leute mit einem Hang zur Mystik, wie Wilhelm oder Aelred.

Wir können uns, von solchen Reaktionen abgesehen, nur mehr durch Bernhards Briefe und Predigten ein wenig von seiner Ausstrahlung berühren lassen, nicht mehr aber nachvollziehen, wie er spontan auf Menschen zu wirken vermochte. Einige Worte der Charakteristik Bernhards durch seine Freunde seien jedoch hierzu zitiert. Der Zisterzienser hat sich ja oft und streng gegen die monastische Sünde des Lachens ausgesprochen,[227] womit er in der gut benediktinischen Tradition der Nachahmung Christi stand, denn dieses große Vorbild hatte nach Ausweis der *Bibel* in der Tat des öfteren geweint, nie aber gelacht. Das sollte jedoch nicht dazu verleiten, sich Bernhard als Finsterling zu denken – wie hätte ein solcher Mann so zahlreiche Anhänger an sich ziehen können? Sein Sekretär Gottfried hat seinen Charakter geschickt ausgedrückt: Gewiß war er ein ernster Mann,[228] doch Freundlichkeit machte seine reine Strenge liebenswert, und diese machte erstere leicht annehmbar: „quod puritatem suavitas amabilem faceret, suavitatem puritas acceptabilem".[229] Sein Freund Wilhelm beschreibt das feine Lächeln, mit dem ihm Bernhard gegenübertrat – ein solches war nicht untersagt, sondern der Abt forderte es selbst von seinen Mönchen als Zeichen willigen Gehorsams, wenn er ihnen etwas befahl[230] – fast unübersetzbar mit: „modo illo suo generoso arridens".[231] In „generosus"[232] steckt unüberhörbar etwas, was nach damaligen Vorstellungen nur dem Adel zukam, die vornehme Freundlichkeit, mit der Gleichgestellte einander grüßen. Und wen Bernhard in seinem Kloster empfing, der war, von ganz wenigen Ausnahmen abgesehen, nicht nur fromm, sondern vor allem auch ebenbürtig. Und sicher darf man Bernhards Schilderung des Verhaltens der von Gott ergriffenen Seele auf ihn selbst anwenden: „si tamen risus, mixtus gravitate et plenus honesti",[233] „wenn schon ein Lächeln, dann gemischt mit Würde und voller Ehrbarkeit".

Diese Begegnung der beiden Äbte sollte jedenfalls ihre Geschicke mitentscheiden: Wilhelm hat sie später zu den Zisterziensern geführt und Bernhard in die Auseinandersetzung mit Abaelard hineingetrieben. Sie beide bleiben einander lebenslang in Freundschaft verbunden; Wilhelm galt sogar als der Mensch, der Bernhard am vertrautesten gewesen sei.[234] (Abb. 10)

Tescelin und Humbeline

Zwischen 1118 und 20 begab sich auch Tescelin nach Clairvaux, um unter der Leitung seines Sohnes als Mönch das Ende seines Lebens zu erwarten, das tatsächlich bald eintreten sollte. So viele Adelige seiner Zeit machten dasselbe, überzeugt, beim Endgericht eher Gnade zu finden, wenn sie in einer Mönchskutte stürben.[235] Einer mündlichen Tradition zufolge, die allerdings erst im 13. Jahrhundert aufgezeichnet wurde, soll Bernhard diese Umkehr bei seinem Vater auf drastische Weise erreicht haben: vor einem entzündeten Baumstrunk predigte er ihm vom Höllenfeuer, in dem er so wie dieses Holz brennen würde, falls er sich nicht schon im Erdenleben vom göttlichen Feuer entzünden lassen wolle.[236] Es läßt sich schwer entscheiden, ob hier eine Legende vorliegt oder authentische Überlieferung; unwahrscheinlich ist letzteres jedoch nicht, da die Geschichte auf einen Großneffen des Heiligen zurückgeht, der in Fontaines residierte, also Familientradition war.[237] Auch paßt es durchaus zu Bernhards mit dem Mittel des Kontrastes arbeitenden Stil, eine Relation zwischen dem göttlichen Liebesfeuer auf Erden und dem höllischen Feuer nach dem Tode herzustellen.

Nun war nur mehr Tescelins Tochter Humbeline dem bösen 'saeculum' verfallen, eine mit einem Neffen des Herzogs von Burgund verheiratete Frau mit zwei Kindern. Als sie eines Tages ihre Familie in Clairvaux besuchten wollte, natürlich im standesgemäßen Prunk einer adeligen Dame, wurde auch sie von Bernhard bekehrt, und nicht weniger drastisch als der Vater: Bernhard weigerte sich in gut monastischer Tradition, sie auch nur zu empfangen. Den seit der christlichen Antike so beliebten misogynen Vorwurf, sie sei bloß „ein Teufelsnetz zum Seelenfang",[238] ließ ihr der Abt ausrichten, und ihr Bruder Andreas setzte noch eins drauf, indem er in Anspielung auf ihre vornehme Kleidung befand, sie sei darin eingewickelter Dreck („stercus involutum").[239] Das war unter den Mönchen schon lange ein geläufiger Ausdruck für Frauen, wie er paradigmatisch etwa vom hl. Odo von Cluny († 942) verwendet worden war.[240]

Humbeline brach verständlicherweise in Tränen aus. Nur mit dem Argument, daß Christus ja für die Sünder gestorben sei und daß Bernhard wohl ihr Fleisch, nicht aber ihre Seele verachten dürfe, konnte sie ihre Brüder bewegen, an die Pforte zu kommen (Zisterzen zu betreten war Frauen prinzipiell verboten[241]). Bernhard hätte seine Schwester natürlich auch gern als Nonne gesehen, was ihre Ehe aber verhinderte. So befahl er ihr, wenigstens nach dem Beispiel ihrer Mutter zu leben – auch hier wieder ein Zeugnis, wie sehr Aleth nach wie vor für ihn präsent war – und allem weltlichen Prunken zu entsagen. Tatsächlich war Humbeline ob dieser Konfrontation, die von ihren Brüdern als Drohung, jegliche familiäre Bande abzubrechen, gemeint war und so von ihr verstanden wurde, so erschüttert, daß sie sich dazu bereit erklärte. Wirklich konnte sie nach einiger Zeit ihren Mann dazu bringen, sie nicht mehr zu berühren. Nach zwei Jahren verzichtete er ganz auf sie; Humbeline zog sich in das Benediktinerpriorat Jully-les-Nounains (Yonne) zurück, eine Gründung Molesmes. Sie sollte dort noch zur Priorin aufsteigen und, im Licht der Heiligkeit ihrer Brüder, auch selbst als Selige verehrt werden.[242] Damit war für Bernhard eine erste Lebensaufgabe, die er sich gestellt hatte, erledigt: seine ganze Familie war auf dem Weg zum ewigen Heil. Wie Bernhard bei seinen Angehörigen vorging, das darf gewiß auch als Beispiel für die sonstigen so zahlreich von ihm bewirkten Konversionen angesehen werden. Liebevolles Werben und prophetische Drohung – beides aus der missionarischen Überzeugung heraus, so die Seelen der Angesprochenen zu retten.

Fragen des Klosterlebens

Wie sehr die Faszination von Clairvaux nun schon um sich griff und auf welche Hindernisse man stoßen konnte, wollte man ihr folgen, kann etwa ein Brief Bernhards von ca. 1120 erhellen[243]: Es ist dort die Rede von Regularkanonikern, also nach der Augustinerregel zusammenlebenden Geistlichen, die zu den Zisterziensern in Clairvaux übergetreten waren, ein Fall des in jener Zeit immer häufiger werdenden 'transitus' (des Übertritts von einem Kloster in ein anderes[244]). Obschon dieser Wechsel zu einer strengeren Lebensführung von Bischof Wilhelm von Champeaux, wie angesichts seiner Zuneigung zu Bernhard zu erwarten, befürwortet worden war, reagierte der Heimatkonvent mit der Drohung der Exkommunikation gegen die Abtrünnigen. Man hat den Eindruck, daß viele Mönche der Zeit einen solchen Wechsel von einem Kloster zu einem anderen wie eine Art geistlicher Felonie auffaßten: Felonie war das schlimmste Verbrechen, das ein weltlicher Herr begehen konnte, nämlich der Treuebruch eines Vasallen seinem Lehensherrn gegenüber.[245] Aber zugleich verriet der Abtrünnige auch seine „compagnons" oder, im Kloster, seine „confratres".[246]

Mit ähnlichen Situationen war Bernhard immer wieder konfrontiert. Er scheute sich dabei nicht vor „ausgesprochenen Spitzfindigkeiten",[247] wenn es galt, den Übertritt eines ihm geeignet scheinenden Mönches zu verteidigen. Die Zisterzienser befanden sich hier ja in einer besonders heiklen Lage, denn man konnte ihnen immer vorwerfen, daß sie durch einen solchen 'transitus' entstanden waren, hatte doch Robert von Molesmes sich nicht an die von der *Benediktusregel* vorgeschriebene 'stabilitas loci'[248] gehalten, als er in die Einöde von Cîteaux gezogen war. So schrieb Bernhard an die Benediktiner von Flay,[249] nachdem er ihr Kloster nicht kenne (was möglich ist), habe er einen der ihren ruhig aufnehmen können, ohne, wie sie ihm vorwarfen, gegen die Regel zu verstoßen, denn diese untersagt nur die Aufnahme von Mönchen aus bekannten Klöstern.[250] Außerdem habe er den Bruder ohnehin sieben Monate in einer Einsiedelei vor Clairvaux wohnen lassen, um die Echtheit seines Begehrens zu prüfen. Da dieser aber angab, von seinem Abt als Arzt dazu mißbraucht worden zu sein, sogar „Tyrannen, Räuber und Exkommunizierte"[251] behandeln zu müssen (gemeint sein dürften mächtige Feudalherren, von denen immer einige wegen Kirchenraubes im Bann waren), hätte ihm der Eintritt in Clairvaux nicht verweigert werden können. Bernhard „vergaß" dabei nur, daß es zu dem fraglichen Vorgang auch seit langem Konzilsbeschlüsse gab, die prinzipiell einen 'transitus' ohne Einwilligung des Abtes untersagten![252] Freilich ließ die Gegenpartei nicht locker, was Bernhard die Gelegenheit gab, in seiner Antwort seine exzellente Stilistik im Bereich der Ironie vorzuführen und mit souveräner Höflichkeit auf seinem Standpunkt zu beharren.[253]

Von Bernhards Tätigkeiten in jenen Jahren weiß man kaum etwas Konkretes. Vielleicht nahm er im März oder April 1121 an der Synode von Soissons teil, die Abaelards Theologie ein erstes Mal verwarf;[254] dort müßte er dann die persönliche Bekanntschaft Norberts von Xanten gemacht haben, aber auch die des Philosophen. Möglicherweise lernte er Norbert aber erst drei Jahre später in Foigny kennen und Abaelard erst 1130. Im September reiste Bernhard jedenfalls nach Soissons zum Generalkapitel der Regularkanoniker von Arrouaise im Artois, zu denen 28 Abteien zählten.[255]

Wie jeder andere Abt nahm er Schenkungen für sein Kloster an, 1121 etwa von dem Benediktinerabt Ado von Saint-Oyend (der damit die für Bernhard und die Seinen leicht zu erfüllende Bedingung eines exemplarischen Mönchslebens verband),[256] wie jeder andere Abt unterzeichnete er die eine oder andere Urkunde als Zeuge, wenn es um kirchliche Belange ging.[257] Diese fast alltäglichen Beschäftigungen Bernhards können wir hier nicht weiter verfolgen. Aber ein wichtiges Rechtsdokument ist für 1121 zu nennen: Bernhard wurde für sein Kloster die Immunität von Zehntzahlungen[258] verliehen. Er war nach Langres gekommen und hatte den Bischof Joceran um diese Exemtion ersucht. Wo auch immer in der Diözese die Mönche von Clairvaux Viehzucht oder Ackerbau betreiben wollten, sollten sie künftig über den Zehnt selbst verfügen dürfen, anstatt ihn, wie es das Kirchenrecht vorschrieb, den jeweiligen Oberen abtreten zu müssen. Das hieß damals für die Mönche, auf jeden zehnten Scheffel Getreide, jedes zehnte ihrer Schafe usw. verzichten zu müssen (später wurde das in Geld umgerechnet). Priester, die darauf etwa nicht eingehen wollten, weil sie vielleicht ältere Rechte hatten, werden in der Poenformel dieser Urkunde mit der Höllenstrafe bedroht – die im Mittelalter völlig übliche kirchliche Drohung für Rechtsbrüche. Als vornehmster Prälat unterzeichnete der für das Kloster zuständige Metropolit, Erzbischof Humbald von Lyon, das Pergament,[259] das einen ersten Schritt zur Wohlhabenheit Clairvaux' bzw. zur Absicherung des Konvents darstellt und gleichzeitig die älteste für dieses Kloster erhaltene Urkunde ist. Die bischöflichen Aufsichtsrechte wurden davon freilich nicht berührt, wie es ja auch die älteste päpstliche Bestätigung für Cîteaux verlangte[260] und wie es Bernhard selbst für richtig hielt.[261]

Im selben Jahr verlor Clairvaux einen Freund, der das Kloster entscheidend gefördert hatte: Bischof Wilhelm von Champeaux starb.[262] Dagegen sollte ein anderer Verehrer Bernhards, der genannte Abt von Saint-Thierry, bald Gelegenheit bekommen, mit ihm ganz eng zusammenzuleben. Seine Zuneigung zu diesem verstärkte sich dadurch nur. Zwischen Anfang 1122 und Anfang 1124 erkrankte Wilhelm schwer. [263] In dieser Situation – wir wissen es von ihm selber – lud ihn Bernhard nach Clairvaux ein mit dem Schwur, er werde dort sofort gesunden oder sterben. „Ich aber brach sofort dorthin auf, wenn auch unter größten Mühen und Schmerzen, bot sich doch fast von Gott her die Möglichkeit, entweder bei ihm zu sterben oder ein Zeit lang mit ihm zu leben – was ich damals lieber getan hätte, weiß ich nicht ... Guter Gott, was hat mir diese Krankheit nicht Gutes gebracht, jene Ruhetage, jene Muße! ... Da wir also beide krank waren, unterhielten wir uns den ganzen Tag über die geistliche Seelenheilkunde, über die Heilmittel der Tugenden gegen die Schwächen der Laster."[264] Genauer gesagt, bat Wilhelm Bernhard, ihm das *Hohelied* auszulegen. Er war von den Ausführungen seines Gastgebers so begeistert, daß er sie sogleich aufzeichnete und später zu einem Traktat, einem kurzen Kommentar zum *Hohenlied*, ausarbeitete.[265] Dieses Werk mit dem Titel *Brevis commentatio in Cantica Canticorum*[266] konzentriert sich vor allem auf das Verhältnis des beschaulichen zum tätigen Leben, ein Lieblingsthema der monastischen Literatur der Zeit, und durchaus ein praktisches. Denn was war nun faktisch wichtiger, um einen Weg zu Gott zu finden: der Christus still lauschenden Maria des *Evangeliums*[267] nachzufolgen, also zu meditieren, oder der tätigen Martha, also karitativ zu wirken? Die Benediktiner und Zisterzienser entschieden sich immer wieder für Maria, ohne daß wenigstens letztere Martha ganz vergessen hätten. Wie groß der Anteil Wilhelms an diesem Werk war, wie treu er Bernhard wiedergab, ob sie sich auch vom *Hohelied*-Kommentar des Origenes inspirieren ließen, das ist umstritten. Wahrscheinlich trifft es das Richtige, von einer gemeinschaftlichen Meditation über das alttestamentliche Lied zu sprechen.

Als Wilhelm nach diesen „Exerzitien" in guter Verfassung den ebenfalls wieder auf dem Weg der Besserung befindlichen Bernhard verließ, war er derartig begeistert von ihm und seinem Orden, daß er sein Amt als Abt niederlegen und einfacher Zisterziensermönch werden wollte. Bernhard, der vielleicht fürchtete, von ihm zu sehr in Anspruch genommen zu werden,[268] lehnte dies ab. Seine Begründung ist in einem so elegant-artifiziellen Spiel mit Alliterationen formuliert, daß man sich fragen kann, ob Wilhelm sich da ernst genommen fühlte: „... stude prodesse quibus praes, nec praeesse refuge, dum prodesse potes, quia vae quidem si praes et non prodes, sed vae gravius si, quia praeesse metuis, prodesse refugis![269] „Bemühe Dich, denen zu nützen, denen Du vorstehst, und laß nicht ab vorzustehen, solange Du nützen kannst, denn wehe, wenn Du vorstehst und nicht nützt, aber noch mehr wehe, wenn Du, weil Du vorzustehen fürchtest, davon abläßt zu nützen!"

„Über die Stufen der Demut und des Stolzes" (1124)[269a]

Wahrscheinlich im Jahre 1124 verfaßte Bernhard seinen ersten Traktat.[270] Thema: die Stufen der Demut und des Stolzes, *De gradibus humilitatis et superbiae*.[271] Es ist ein ganz auf Probleme des mönchischen Lebens konzentriertes Werk, das teilweise in den Handschriften sogar als Kommentar zur *Benediktusregel* eingeordnet wurde, von der es in der Tat ausgeht. Obschon Bernhard selbst am Beginn manche Unsicherheit erkennen läßt und auch die eine oder andere seiner Überlegungen später korrigieren mußte, sind typische Charakteristika seiner Weise, Theologie zu betreiben, seiner auf Erfahrung gegründeten Religiosität und seiner mitreißenden schriftstellerischen Begabung sehr deutlich ausgeprägt. Auch die für ihn typische dichte Folge von expliziten und angedeuteten Schriftzitaten, die Bernhard zum Bibeltheologen macht, durchwebt diesen Text. Seine persönliche Erfahrung formte er vermittels der biblischen Bilder, die sein Denken überfluteten.[272]

Das fiel schon Zeitgenossen auf, und Johannes von Salisbury (1115–1180), selbst einer der fruchtbarsten Autoren der Epoche, fügte eine Lobrede auf Bernhards hervorragenden Bibelstil in seine Papstgeschichte ein.[273] Es gehörte freilich einfach zum Wesen eines führenden Theologen der Zeit, „Scripturae divinae plenissimus", „ganz gefüllt mit der Heiligen Schrift," zu sein, um die Worte von Sugers Biograph zu gebrauchen.[274] Sehr zu Recht formulieren Verger und Jolivet: „Die Mystik und Spiritualität Bernhards würden sich nicht in unbiblische Formeln übertragen lassen, ohne nicht nur ihre Originalität und ihr Fluidum zu verlieren, sondern ihre raison d'être selbst".[275] Bernhard las die Schrift oft der Reihe nach durch.[276] Sein Lieblingsbuch neben dem *Hohenlied* waren die *Psalmen*, natürlich auswendig gewußt schon seit den Schultagen und durch die klösterliche Liturgie täglich ins Gedächtnis gerufen, dann die anderen Weisheitsbücher des *Alten Testaments* und danach die *Evangelien* und die *Paulusbriefe*.[277]

Das „opusculum" antwortet auf eine Bitte seines Vetters Gottfried von La Roche, der seinerzeit zugleich mit ihm die Welt verlassen hatte und den wir bereits als Gründungsabt von Fontenay kennengelernt haben. Grundlage der Schrift ist das 7. Kapitel der *Benediktusregel*, das Bernhard beim Empfänger und allen Lesern, an die er dachte, natürlich als auswendig gewußt voraussetzen konnte. Der Aufstieg zu Gott ist dort im Bild einer Leiter gezeichnet, auf der der Mönch „Tugend um Tugend" hinansteigt. Die Metapher ist *Genesis* 28, 12 entnommen, wo der Traum Jakobs von der Himmelsleiter mit ihren auf- und absteigenden Engeln beschrieben ist, und sie paßte besonders gut auf das Leben der Mönche, die ja eine engelgleiche Existenz auf Erden anstrebten.[278]

Wie alle anderen Bücher Bernhards ist auch dieses trotz des von der *Regula monasteriorum* vorgegebenen Gerüstes nicht streng systematisch, gibt es doch den einzelnen Stufen der Tugendleiter nicht gleich viel Raum, enthält es größere und kleinere Digressionen. Dabei ist Bernhard offensichtlich von einer Predigt[279] des Augustinus angeregt, die von den sieben Gnadengaben nach Isaias handelt, die als Abstieg vom Höheren zum Niederen vorgeführt werden.[280] Dieser Kirchenvater wird auch einmal als „quidam sanctus",[281] als ein gewisser Heiliger verdeckt zitiert (wie es Bernhard und seine Zeitgenossen gern machten); er zählt neben Gregor dem Großen ohnehin zur Lieblingslektüre Bernhards,[282] wenn man von der *Bibel* absieht.

In manchen Passagen ist *De gradibus* vielleicht eine seiner lebendigsten Schriften, ein engagierter Protreptikos zu Demut, Gehorsam und Selbsterkenntnis. Den Eindruck der „Lebhaftigkeit" erweckt der Text einerseits durch den teilweise dialogähnlichen Aufbau: Bernhard spielt hier die Rolle des Lehrers, der seine Interpretationen entwickelt, als ob er auf die Fragen und Einwände seines Schülers zu antworten hätte, ein Procedere, das in der didaktischen Literatur des Mittelalters ungemein beliebt war und letztlich auf die platonischen Dialoge zurückgeht. Die Wissensliteratur des Mittelalters ist voll von (allerdings strenger durchgeführten) Lehrschriften dialogischer Struktur; von Zeitgenossen Bernhards seien nur Anselm von Canterbury (*Cur Deus homo*), Wilhelm von Conches (*Dragmaticon philosophiae*), Abaelard (*Dialogus inter philosophum, iudaeum et christianum*) und Honorius Augustodunensis (*Elucidarium*) genannt.[283] Bernhard jedoch spricht außerdem mehrfach Gestalten der *Bibel* an, als ob sie vor ihm ständen: Dina, die Tochter Jakobs und Leas, die ihre Jungfräulichkeit verlor, Eva, die erste Sünderin, und Luzifer, den gefallenen Engel.[284] An Eva etwa wendet er sich angelegentlich des Bisses in den Apfel so: „Du schlürfst, dem Untergang geweiht, das Gift und wirst dem Untergang Geweihte gebären. Zugrunde geht das Heil, das Gebären geht weiter . . ." Es lohnt sich, diese Stelle mit ihrem unnachahmlichen Spiel mit Futurpartizipien im Original zu lesen: „Hauris virus peritura, et perituros paritura. Perit salus, non destitit partus. Nascimur, morimur: ideoque nascimur morituri, quia prius morimur nascituri."[285] Der letzte Satz zeigt auch, daß Bernhard sich bisweilen seiner überpointierten Sprache[286] wegen an die Grenze des theologisch exakt Verständlichen begibt, auch wenn er inhaltlich offenbar Augustinus folgt.[287] Natürlich „sterben wir, ehe wir daran sind, geboren zu werden", weil wir von Eva die Erbsünde geerbt haben, aber sind wir nicht auch durch Christus vom Tode erlöst?

In seinem Traktat läßt Bernhard seinen Vetter Gottfried de La Roche zunächst an seinem Zögern teilhaben, ob er das bisher nur mündlich Vorgetragene wirklich dem Pergament anvertrauen solle – ein passender Demuts-Topos am Beginn eines Werkes über diese Tugend, aber vielleicht mehr als das, hatte sich Bernhard doch noch nicht in größerem Maße als Schriftsteller betätigt (später sollte man von ihm dann „um die Wette"[288] Lehr- und Erbauungsschriften erbitten und ihm solche auch mit dem Ersuchen um Korrektur widmen[289]).

Bald aber ist er mitten im Thema: der Aufstieg von Tugend zu Tugend bis zum Gipfel der Demut, von dem aus man, wie vom Berge Sion, die Wahrheit erblickt.[290] Der erste Teil (1, 1–9, 27) reflektiert besonders über die Definition von Demut, über das Vorbild Christi und seine Inkarnation. Eine christologische Abschweifung zeigt den Erlöser, der „uns näher geworden ist" durch sein Leiden,[291] eines der neuen Frömmigkeitsmotive der Epoche.[292] Auch das Thema der Liebe, über das Bernhard später so eindrucksvoll und folgenreich schreiben wird, klingt schon verhalten an, im Preis des Mitleidens mit fremdem Elend.[293] Ganz wichtig ist dem Abt Selbsterkenntnis als Basis des Aufstiegs – ebenfalls ein Motiv, das in der Zisterzienserschule des 12. Jahrhunderts von vielen Autoren mit Ausführlichkeit behandelt werden sollte (wobei anscheinend die Ambrosius-Rezeption wichtig war) und das eines der Zeugnisse für die mentalitätsgeschichtlich neue Orientierung jener Epoche auf das Individuum darstellt.[294] In der Tat kann Bernhard als „Theologe der religiösen Subjektivität"[295] bezeichnet werden. Ohne *sich* zu erkennen, so Bernhard, kann niemand selig werden.[296]

Zitieren wir dazu eine kurze Stelle, die die Konsequenz der Selbsterkenntnis vorführt, nämlich den Abscheu vor der eigenen Sündhaftigkeit, woraus Demut resultiert, um an diesem beliebig herausgegriffenen Beispiel die typisch Bernhardische Formulierungskunst wenigstens andeutungsweise zu illustrieren: „Quos itaque Veritas sibi iam innotescere, ac per hoc vilescere fecit, necesse est, ut cuncta, quae amare solebant, et ipsi sibi amarescant. Statuentes nimirum se ante se, tales se videre cogunt, quales vel a se videri erubescunt".[297] „Für die also die Wahrheit bewirkt hat, daß sie sich selbst bekannt und dadurch gering werden, ist es nötig, daß ihnen alles, was sie zu lieben pflegten, und sie sich selbst bitter zu werden beginnen. Sich selbst gegenübergestellt, zwingen sie [sich], sich so zu sehen, daß sie erröten, sogar [bloß] von sich selbst gesehen zu werden." Besonders liebt Bernhard Parallelen, wie sie hier die Homoioteleuta (Worte mit gleicher Endung) „innotescere" und „vilescere" verkörpern. Und er liebt auch Spiele mit ähnlich lautenden Worten: „amare" und „amarescere", sowie mit verschiedenen Formen desselben Wortes: „videre" und „videri". Sicher hätte ein Römer aus der Zeit der klassischen Latinität den ersten Satz nicht so konstruiert, aber für das 12. Jahrhundert ist der zeugmatische Gebrauch eines Verbs als transitiv auf ein Objekt („cuncta") gerichtet und zugleich intransitiv mit dem reflexiven „sibi" verbunden kaum befremdlich.

Es ist in diesem Prozeß der Betrachtung des eigenen Innenzustandes die von Bernhard keineswegs verachtete Vernunft, die Christus dem Menschen gleichsam als seine Stellvertreterin gegeben hat, „ipsa sui accusatrix, testis et iudex",[298] als Anklägerin ihrer selbst, als Zeugin und Richterin. Das Ergebnis der Vereinigung von Vernunft und Wort (Gott) ist Demut. Die von der Vernunft empfohlenen Mühsale der Demut führen zum Affekt des Mitleids mit anderen, Zeugnis der Liebe; es folgt, von der Reinheit bewirkt, die Entrückung in der Kontemplation.[299] Damit ist eines der großen Themen der christlichen Mystik angesprochen, die ekstatische Schau. Bernhard deutet hier nur kurz an, was er später vor allem in seinen *Hohelied*-Predigten ausführlich entwickeln sollte. Aber schon jetzt wird diese alttestamentliche Liebesdichtung zur Umschreibung der Unio mystica zitiert: im Himmel „schläft die in den ersehnten Umarmungen süß ruhende Seele, während ihr Herz wacht ... Dort schaut sie Unschaubares, hört sie Unaussprechliches ...".[300]

Bernhard bringt seine eigene Situation mit ein: Was durcheile ich geschwätzig die oberen Himmel, „der ich mich, noch hier auf Händen und Füßen kriechend, unter dem Niedrigsten abmühe?"[301] Erst wenn der Herr die Gnade schenkt, mit voller Demut den Fuß auf die Leiter zu setzen, dann werde ich zur Liebe in ihrer Weite gelangen ...[302] Selbstkritisch, aber nicht ohne Koketterie, meint er am Schluß, er habe sein Werk deshalb als Abstieg, nicht als Aufstieg, konzipiert, denn er könne nur lehren, worauf er sich verstünde, und das sei nun einmal der Abstieg.[303]

Im zweiten Teil werden darauf die 12 Stufen – nicht der Demut, sondern des Stolzes erörtert. Durch das, was zu meiden ist, entsteht so quasi ein Negativbild der Benediktinischen Himmelsleiter. Die erste, mildeste Stufe, aus der sich freilich alle anderen Laster entwickeln, ist die „curiositas", die Neugierde. Bernhard spricht über sie allein etwa genauso lange, wie über alle weiteren elf Stufen zusammen, sie hat ihn also ganz außerordentlich beschäftigt. Warum? Wir können hier nur eine wahrscheinliche Erklärung verfolgen: Neugierde, mehr wissen zu wollen, als die Tradition vorgab, die Autoritäten durch eigenes „ingenium" – Genie – hinter sich lassen zu wollen, war genau das Verhalten, das Bernhard später an Abaelard so aufregen sollte.[304] Aber dieser war nicht der Einzige: Der in Chartres wirkende Magister Wilhelm von Conches († 1154), ein Altersgenosse Bernhards, bietet ebenso ein Beispiel für diese Haltung, zielte er doch tatsächlich auf eine Ergänzung der Schriften der „antiqui" durch das „naturale ingenium, quo aliquid novi perspicimus", das natürliche Denkvermögen, mit dem wir etwas Neues durchschauen.[305] In der Tat war damit ein Ansatz zum Aufbrechen des eher statischen Weltbilds des Frühmittelalters gegeben.

Für Bernhard wirkt die „curiositas" deshalb so bedenklich, weil sie sich nicht nach innen, in die Seele, sondern nach außen wendet, „um die Böcke zu weiden".[306] Diese Anspielung auf das *Hohelied* (1, 7) ist gleichzeitig ein gutes Beispiel für die von Bernhard durchgehend gebrauchte allegorische Deutung der *Schrift*. Sie war der absolut alltägliche Modus des mittelalterlichen Bibelverständnisses und konnte nicht nur den Ketzer Origenes, son-

dern vor allem den heiligen Kirchenvater Papst Gregor d. Gr. als ihren Ahn-
herrn und Garanten nennen.[307] So selbstverständlich war es im 12. Jahrhundert, die *Bibel* nicht dem Wortsinn nach zu lesen, daß Bernhard diejenigen,
die sie nur buchstäblich verstehen können oder wollen, als Narren und
Tölpel verunglimpft.[308]

Im alttestamentlichen Liebeslied rät der Bräutigam der Braut, einem
Landmädchen, ganz konkret und schlicht, sie solle ihre Herde nur bei den
Hütten der Hirten weiden, um ihn zu finden. Dieser 'sensus litteralis', buch-
stäbliche Sinn, war speziell in diesem Text für Theologen natürlich aus vielen
Gründen unbrauchbar und wurde immer symbolisch ausgelegt. Bernhard interpretiert die Böcke als Sünden bzw. als Augen und Ohren, durch die der
Tod in die Seele eintritt.[309] Diese Tiere stehen also für das zum ewigen Tod,
zur Hölle, führende Interesse an den materiellen Dingen der Welt. Sie auf
die Weide zu führen heißt, sich neugierig mit der bösen Welt zu beschäftigen
und die innere Erforschung zu vernachlässigen. – Oder: Wenn Luzifer nach
Isaias 14, 13 seinen Thron im Norden aufstellt, dann sind mit jenem Bereich
des Himmels die verworfenen Menschen gemeint, mit dem Thron seine
Herrschaft über sie,[310] etc.

In das Kapitel über die „curiositas" ist ein langer Exkurs über den Fall Luzifers eingeschoben. Das kommt etwas unerwartet, denn die Dämonologie
beschäftigte ansonsten weder Bernhard noch allgemein die Theologie seiner
Zeit besonders – in krassem Unterschied zum Spätmittelalter. Jedenfalls
dient Bernhard in leicht gezwungener Argumentation auch der Höllenfürst
dazu, ihn als Opfer der Neugierde darzustellen. Wesentlich weniger Seiten
wendet er dann für die übrigen Stufen des Stolzes auf: oberflächliche Gesinnung, grundlose Heiterkeit, die sich an grundlosem Lachen erweist, Prahl-
sucht, Eigenbrödelei, Arroganz, Anmaßung, Verteidigung der Sünden,
heuchlerische Beichte, Rebellion ... Damit sind die innerklösterlichen Verfehlungen ausgeschöpft, denn nach der Rebellion wird der Mönch, wenn er
nicht ohnehin von selbst geht, aus dem Kloster ausgestoßen. Die restlichen
zwei Stufen betreffen sein Leben in der Welt: angenommene Sündenfreiheit
und die Gewohnheit zu sündigen. Der Leser soll freilich in diesem Abstieg
die Schritte des Aufstiegs wiedererkennen. „Von denen wirst Du aber besser
im Emporsteigen in Deinem Herzen als in unserem Kodex lesen."[311]

Namentlich dieser zweite Teil enthält zahlreiche Skizzen aus dem Klosterleben, Aussagen zur monastischen Mentalität, Hinweise auf strukturelle
und alltägliche Schwierigkeiten. Dabei sollte man sich vor Augen halten,
daß das Werkchen aktuell für die Zisterzienser jener Zeit geschrieben war,
weshalb viele sonstige im gleichzeitigen Mönchtum existente Probleme
überhaupt nicht berührt sind. Das weniger, weil sie von der Grundlage des
Benediktinischen Regel-Textes weggeführt hätten – das hätte Bernhard
nicht gestört („curiositas" kommt dort z. B. gar nicht vor) –, sondern weil sie

augenscheinlich die damaligen Zisterzienser noch nicht betrafen: etwa die
Verflechtung in die Herrschafts- und Wirtschaftsstrukturen der Welt oder die
Homosexualität.

Viel problematischer war Bernhard da der fast karikierend gezeichnete
Mönch, der sich zu Gelächter hinreißen ließ, ohne sich beherrschen zu
können, so daß er noch durch die Nase prusten muß, selbst wenn er sich mit
zusammengebissenen Zähnen die Hand vor den Mund hält.[312] Impulsives
Lachen („hilaritas dissoluta" im Gegensatz zur „laeta") war ja im Kloster
streng verpönt.[313] Oder der eingebildete Gelehrte: „... es fliegen die Argumente, es schwirren hochtrabende Formulierungen. Er kommt dem Fragenden zuvor, antwortet dem, der gar nicht nachforscht. Selbst stellt er das
Problem, selbst löst er es, und die Worte des Gesprächspartners schneidet er
diesem im Munde ab."[314] Oder die Sucht nach Gesichten und Zeichen:
„Wenn es um den Ordensstand geht, werden sofort Visionen und Träume angeführt."[315] Oder der Sonderling, der fürchte, jemand könne ihn an asketischen Leistungen überflügeln, weswegen er genau die Blässe seines Antlitzes, die Magerkeit seiner Glieder kontrolliert und, demonstrativ allein in
der Kirche zurückbleibend, wenn die anderen Brüder nach der Mette ruhen,
sie durch Räuspern und Husten, Stöhnen und Seufzen stört.[316]

Lange erörtert wird am Ende ein weiteres typisch monastisches Problem:
darf man für einen, der aus dem Kloster ausgetreten ist oder ausgestoßen
wurde, noch beten? Bernhard kommt zu dem mitleidsvollen Schluß, man
dürfe es zwar nicht öffentlich tun, aber im Herzen nicht unterlassen. „Wenn
sie sich nämlich auch von den gemeinsamen Gebeten selbst ausschließen, so
können sie sich doch von [unseren] Gefühlen nicht gänzlich ausschließen."[317]

Schon bald kursierten einige Abschriften des Traktats, er wurde sogar in
nur wenige Jahre jüngeren kirchenrechtlichen Abhandlungen angeführt.[318]
Irgendwann merkte Bernhard, daß er eine Schriftstelle falsch zitiert und
darauf seine Argumentation aufgebaut hatte, weshalb er sich entschloß,
dem Text eine „retractatio" voranzustellen, eine Richtigstellung. Auch dies
hatte er von Augustinus gelernt, der unter diesem Titel einige Jahre vor
seinem Tode einen Korrekturband (*Retractationes*) zu seiner umfangreichen
schriftstellerischen Produktion herausgegeben hatte.[319] Hieran wird (wie
freilich auch aus den Texten selbst) etwas von der Praxis des Umgangs Bernhards mit der *Bibel* sichtbar: er zitierte in der Regel nach dem Gedächtnis,
nicht aus einer Handschrift. Dieses Vorgehen erlaubte manche leise Änderung der jeweiligen *Vulgata*-Stelle, die sich so unversehens der Intention des
Autors anpassen konnte. Bernhard glaubte nicht, sich darob ein besonders
schlechtes Gewissen machen zu müssen, war er doch selbst „mehr irrege-
führt, als absichtlich täuschend".[320]

Predigten, Sentenzen und Parabeln

Wir haben *De gradibus humilitatis* als den ältesten Traktat Bernhards angesprochen. Mit großer Wahrscheinlichkeit ist davon auszugehen, daß er aber bereits seit seiner Ernennung zum Abt andauernd literarisch tätig war. Dies nicht mit umfangreicheren Werken, sondern mit Predigten, die er, wenn möglich, fast täglich vor seinen Mönchen hielt – eine Freiheit, die die Regel dem Abt gewährt. Zahlreiche dieser Ansprachen sind erhalten, ihre Datierung ist jedoch wegen des Fehlens jedes zeitbezogenen Hinweises mit ganz wenigen Ausnahmen unmöglich. Es sind diese für die Klosterpredigt seiner Zeit aufschlußreichen Texte in vier Gruppen überliefert: Predigten zu den Festen des Kirchenjahres, Predigten über verschiedene Themen, Parabeln und Sentenzen. Die Palette reicht von knappsten Entwürfen bis zu ausgefeilten Vorträgen mit allen Mitteln der lateinischen Rhetorik.[321]

Die *Sentenzen*[322] zunächst sind keine ausgearbeiteten Predigten, sondern Predigtentwürfe in Sprechstil, Sammlungen von Ideen und Stoffen für Ansprachen, kurze Skizzen, die vor oder beim Vortrag erweitert wurden; möglicherweise kam der eine oder andere Abschnitt auch als Notiz eines Zuhörers dazu. Die bisweilen eher einfachen Schemata wirken oft nicht so, als ob sie von einem besonders erfahrenen Autor stammten; man kann sich leicht vorstellen, daß sie aus den ersten Jahren von Bernhards Abbatiat stammen, aber das bleibt natürlich Spekulation. Vielleicht ist ihre Struktur eher so zu erklären, daß es sich um die Predigtentwürfe handelt, die Bernhard für seine Ansprachen an die ungebildeten Laienbrüder verwendete, wobei er die Skizze in Latein niederschrieb, die Ausführung dann aber in der Muttersprache vorzutragen hatte.

Von den Sentenzen sind drei Sammlungen erhalten; zwei von ihnen bringen relativ kurze, bisweilen auf einen einzigen Satz beschränkte Entwürfe, von denen viele von einem Bibelspruch ausgehen; die größere dritte vereinigt ausführlicher formulierte Stücke. Der Terminus 'Sentenz' trifft eigentlich nur auf jene Teile zu, die prägnant die eine oder andere religiöse Lehre fassen. Zum Beispiel: „Duo sunt calcaria, quibus urget propheta asinam suam: pudor, ne temporaliter polluatur; timor, ne aeternaliter puniatur".[323] „Zwei Sporen gibt es, mit denen der Prophet seinen Esel [den Leib] antreibt: Scham, sich in der Zeit zu beschmutzen; Furcht, in der Ewigkeit bestraft zu werden." Vor allem im dritten Teil finden sich dagegen schon vielfach vollständige Predigtbeispiele.

Wie man sogleich sieht, basieren diese Werkchen weitestgehend auf einzelnen Bibelstellen und deren allegorischer Auslegung. Personifikationen und Gebäudeallegorien liebt der Autor besonders, sie sollten, sicher nicht ohne sein Beispiel, im späten Mittelalter ungeheure Verbreitung erlangen. Doch zeigen auch die Schriften seiner Zeitgenossen, etwa der Viktoriner, aber auch der sog. deutschen Symboliker, eine ähnliche Vorlicbe für diese Darstellungsart der Heilslehren.

Vielfach handelt es sich um Allegoresen, d. h. Auslegungen vorgegebener biblischer Texte als Zeichen für eine über den Wortsinn hinausgehende Wahrheit. Dies geschieht auch mit einer – nicht für Bernhard, sondern für das ganze Mittelalter typischen – Gewaltsamkeit, die aus jedem Wort der *Schrift* eine verborgene Bedeutung herauspressen will. So wird etwa in *Exodus* 23, 19 vorgeschrieben, einen Ziegenbock nicht in der Milch des Muttertieres zu kochen. „Der Ziegenbock ist der Sünder, die Mutter die ersten Eltern, von denen wir alle gezeugt wurden; die Milch die Laster, die aus der Ursünde kamen ... der Sünder soll also nicht bis zu seinem Sterbetag in Sünden verbleiben, sondern vor dem Tod zu guten Werken zurückgerufen werden, damit er nicht zugrunde gehe."[324]

Bei den Allegorien, d. h. künstlich erdachten bildlichen Vergleichen, ist freilich eine ähnliche Gewaltsamkeit nicht selten ebenso zu finden. Zum Beispiel: Unsere Hoffnung wird dreifach geprüft und gefestigt, durch Demut – entsprechend dem Kochen eines Eies im Wasser; durch Standhaftigkeit – entsprechend dem Braten eines Eies am Feuer; durch Eingebung – entsprechend einem in Fett gerösteten Ei.[325]

Gern greift Bernhard auf Gebäudeallegorien zurück. So finden sich in einer Kongregation zwei Mauern, die Chormönche und die Offizialen, d. h. die Mehrheit der Gemeinschaft und die Amtsträger (Novizenmeister, Kellermeister, Pförtner ...), welche selten untereinander Frieden halten (!). Deshalb gibt es eine dritte Mauer, die sie einigt, der Abt und der Prior und andere fromme Brüder; das Fundament ist der heilige Beschluß.[326] Da werden geistliche Festungen von Untugenden belagert[327] und Seelengebäude errichtet[328] – ein Thema, das Bernhard liebte, bediente er sich doch auch vor allem in den vermischten Predigten des Bildes vom Menschen als geistlicher Architektur in der Form der Stadt, der Burg, des Hauses und der Kirche.[329]

Nicht selten findet sich eine eher mechanisch wirkende, das Auswendiglernen erleichternde Aufzählung, bevorzugt in Triaden: Auf drei Weisen erhebt der Herr unser Haupt; drei Lebenszustände gibt es; viererlei macht unsere Hingabe wohlgefälliger; auf drei Weisen wird unsere Unwissenheit belehrt; drei Ursachen gibt es für fleischliche Erregung; vier Arten des Willens sind zu zählen; auf sieben Stufen steigt die Demut hinab;[330] mit drei Pfeilen trifft der Herr unsere Feinde, mit drei anderen verwundet er seine Freunde (Liebeswunde)[331] usf. Doch stößt man auch auf – wenn man das für das Mittelalter sagen darf und nicht doch schon eine ältere Vorlage existiert – Skizzen, die originell im positiven Sinn sind. So gibt es etwa ein Kreuz des Teufels, das detailreich dem Christi gegenübergestellt wird,[332] oder sechs Flügel der Gläubigen.[333] Von den theologiegeschichtlich interessanten Stellen sei auf eine Schilderung des Fegefeuers hingewiesen („regio expiationis"[334]), wie sie sonst in der Theologie der ersten Hälfte des 12. Jahrhunderts noch nicht üblich war.[335]

Sieben der acht Parabeln,[336] mögen sie nun im Kapitelsaal oder außerhalb des Klosters[337] vorgetragen worden sein oder der Tischlesung gedient haben, sind ausformulierte Texte; man könnte von allegorischen geistlichen Novellen sprechen, also ein narratives Genus, das Bernhard sonst nur ansatzweise innerhalb größerer Werke verwendet. So unreal die handelnden Gestalten meist sind – wiederum oft Personifikationen –, so real ist doch der Episodenstoff, der namentlich der ritterlichen Welt entnommen ist. Da wird z. B. die befestigte Stadt der Weisheit geschildert, umschlossen vom Graben der Demut, gesichert von der Mauer des Gehorsams, mit einer Burg in ihrer Mitte, die das Bett der Weisheit umschließt; sie wird von Pharao (dem Teufel) und seinen Verbündeten belagert, wogegen das Gebet auf dem Pferd des Glaubens zum Himmel geschickt wird. Der Himmelskönig sendet die Königin, die Liebe, die alles zum Guten wendet.[338] Da kämpfen Babylon und Jerusalem, die beiden „civitates" des Augustinus, unter ihren Königen Satan und Christus mit manchem allegorischen Personal gegeneinander;[339] da richten sich die Töchter des Himmelskönigs, Glaube, Hoffnung und Liebe, in der Seelenstadt ein, werden aber von verschiedenen Feinden wie Begehrlichkeit oder Zügellosigkeit verdrängt, worauf die Gnade mit dem himmlischen Heer die Ordnung wiederherstellt.[340] Dialogisch aufgebaut, ein kleines Drama, ist die Parabel über die acht Seligpreisungen (Mt 5,3–10), die von einem Mönch als Händler in Paketform mit sich geführt werden. Er trifft unterwegs auf Christus, mit dem sich ein Zwiegespräch entwickelt, wobei der Herr sich um die Beschwernisse des Mönchslebens das Himmelreich abkaufen läßt. Des weiteren werden Sündenfall, Buße, strengere und mildere Observanz thematisiert.[341] Diese Einkleidung, bei der keine Personifikationen verwendet werden (wenn der Mönch auch ein 'Jedermann' seines Standes ist), entspricht der zunehmenden Bedeutung des Handels in Bernhards Welt; in einer anderen Predigt stellt er sogar Christus als höchsten Händler dar, der Seelen freikauft.[342]

Die streckenweise ganz analogen Parabeln IV und VI erzählen kurzgefaßt die Geschichte der christlichen Kirche und spiegeln damit das Verständnis von Heilsgeschichte, von dem Bernhard ausging: Es ist das der im 12. Jahrhundert verbreiteten Auslegung der *Geheimen Offenbarung*.[343] Nach der Zeit der Verfolgung kam die Zeit der Ketzer und Kirchenlehrer, nun ist die Epoche der falschen Geistlichen, noch zu erwarten ist das Kommen des Antichristen.[344] Um seine auserwählte Braut (die Kirche) heiraten zu können, die in Ägypten gefangen ist, kommt der Königssohn auf die Erde und holt sie um den Preis seines Blutes zu sich. Pharao verfolgt sie und tötet ihre Verteidiger, die Apostel. Doch das Blut der Märtyrer führt zu vielfachem Wachstum, so daß sich der Feind ein anderes Vorgehen überlegt: er ruft Spaltungen und Irrlehren in ihrem Heer hervor, jedoch ihre Streiter wie Augustinus oder Hieronymus vertreiben die Ketzer. „Doch wehe, wehe, weder kann das Meer der Wogen noch dieses Leben der Versuchungen entbehren … Der Sünder sieht dies nämlich und erzürnt voll Neid, knirscht mit den Zähnen und grämt sich, und er wendet sich zu den Waffen der geistlichen Bosheit, neue Kriege zu bereiten. Und er ruft jene vortrefflichen Führer seines Heeres zusammen, den Geist der Hurerei, den Geist der Freßsucht und den Geist der Habgier …"[345] Und diesen gelingt es: „Sie machen nämlich für sich aus den Bezeichnungen und Diensten der Religion Bezeichnungen und Rechte der Habsucht und der Überheblichkeit und der Eitelkeit … sie entkleiden die Kirche … Sie aber schreit und weint, in Schande entblößt und mit unverhülltem Gesäß, klagend über die gänzliche Preisgabe ihrer verborgenen Scham vor dem Gelächter aller … mit allen Kräften preßt sie nur einige Fetzen der Kanoniker- und Mönchsorden vor ihr Herz und ihr Inneres … Das sind unsere, das sind die für die Kirche gefährlichen Zeiten …"[346] Denn der Antichrist steht noch bevor!

Eine Erwartung, die Bernhard in unmittelbarem Rekurs auf den Text der *Apokalypse* noch ausführlicher in der sechsten Parabel behandelt, in der die Personifikation der Kirche noch weiter getrieben wird. Dort beschreibt der Abt ausführlich ihre Kleidung, die sie von Christus erhält: Pelze sind die Prediger, Lederschuhe die beiden Testamente der *Bibel*, Handschuhe das aktive und das beschauliche Leben (jeder Finger wird noch eigens allegorisiert) usw. Auch hier wird die Kirche von denen, die sie eigentlich leiten sollten, verunstaltet, und nur einige Mönche und Regularkanoniker bleiben ihr, „von den anderen Gruppen der Menschen behält sie so gut wie keine zurück".[347] Bernhard spricht hier ganz klar aus, daß er all die anderen Stände, die hohen Prälaten und Priester, die gesamte Laienschaft, nur in äußerst beschränktem Maße für heilsfähig hält. Gerade ein paar aus dem Mönchsstand werden das Himmelreich bevölkern – ein gut augustinischer Pessimismus, und der Grund für seine eigene Wahl eines strengen Reformklosters. Wenn dies seine Überzeugung war, woran nicht zu zweifeln ist, dann sind seine späteren Aktivitäten als Kämpfer gegen die Ketzerei und Werber für den Kreuzzug, ja sein ganzes Engagement nach außen, auch Zeugnisse seiner Nächstenliebe, die ihn selbst das Unwahrscheinliche immer wieder versuchen ließ: noch ein paar Seelen zu retten, ehe der Tag des Zornes anbrechen würde.

Die liturgischen *Sermones*[348] gelten vor allem den christologischen Festen: Advent, Weihnachten, Beschneidung, Epiphanie … Besonders ausführlich sprach Bernhard auch zur Fastenzeit. Doch dienen die Festtermine oft nur als Ausgangspunkte für die Ausbreitung von theologischen und v. a. moralischen Betrachtungen, die nichts mehr mit dem Feiertag zu tun haben müssen. Bernhard leitet seine Predigten oft weniger von den Tagesheiligen ab, als von der Bibelstelle, die an diesem Tag im Gottesdienst gelesen wurde. Um nur ein Beispiel zu geben: Die Predigt über den hl. Benedikt bringt nur ein oder zwei Anspielungen auf seine Vita, bespricht aber ausführlich moralische Themen, die genauso in jeder anderen Predigt stehen könnten: geistliche Fruchtbarkeit vor allem wird mit reicher Baum-Metaphorik vorgetragen, die Sünde Luzifers und die Klugheit der guten Engel werden erörtert, auch die der Apostel usw.[349]

Die 125 *Sermones de diversis*[350] dagegen handeln von den unterschiedlichsten geistlichen Themen; gemeinsam ist ihnen nur ihr eher knapper Umfang, der im Durchschnitt zwei bis fünf Seiten umfaßt. Was Inhalt und Bildsprache betrifft, könnten sie, wären sie nicht in den Handschriften zusammen tradiert, meist genauso gut ein Teil der *Sentenzen III* sein. Allerdings ist nicht immer klar, ob es sich im einzelnen tatsächlich um ein Werk Bernhards handelt oder ob es von einem seiner Sekretäre, wie Nikolaus von Clairvaux, in seinem Namen verfaßt wurde. Manche der Motive, die in diesen unterschiedlichen Predigtgattungen vorkommen, finden sich auch in den Traktaten und anderen Werken; auch ein Bernhard mußte bisweilen auf schon Gesagtes zurückgreifen.

Der Thaumaturg

Spätestens um 1123/24 scheint Bernhards Vertrauen in sich – Vertrauen in Gott, würde er uns natürlich sogleich korrigieren – so sehr gewachsen zu sein, daß er öffentlich versuchte, Wunder zu tun. Sie galten ihm nach seiner eigenen Aussage als Beweis der Heiligkeit: „Sanctitatem miracula probant".[351] Im Lauf der Zeit sollte er fraglos zum gesuchtesten lebenden Wundertäter seiner Epoche werden, um den sich die Kranken in Schwärmen versammelten, so daß er bisweilen in die Gefahr kam, erdrückt zu werden,[352] und es deshalb vorzog, wenn irgend möglich, inkognito zu reisen.[353]

Verständlicherweise schrieben die Verfasser von Bernhards Vita in der langen Tradition der Heiligenleben[354] und machten daher die von ihm bewirkten Heilungen, Dämonenbeschwörungen, Bekehrungen u. ä. zu zentralen Punkten ihrer Darstellung.[355] Religiöse Erklärungsmodelle für alle möglichen Vorfälle, die mehr oder minder ungewöhnlich wirkten und gleichzeitig ein positives Licht auf den jeweiligen Heiligen warfen, wurden seit den *Evangelien* in einer Flut von hagiographischen Texten tradiert. So ist es etwa ein Topos, daß der örtliche Patron dem Kranken nicht helfen kann oder will, wogegen der neue Heilige dies sehr wohl vermag: Bernhard etwa läßt in Pavia eine Besessene in die Kirche des hl. Syrus bringen, dieser aber schickt die Frau ohne Hilfe zurück, so daß der „Fall" von dem zugereisten Abt „erledigt werden" muß.[356] Wesentlich ist es aber zu verstehen, daß in den Heiligenviten nicht bloße literarische Traditionen weitergesponnen wurden, son-

dern mit Hilfe dieser Texte, die ja den Festtagspredigten zugrunde lagen, bei
Gebildeten und Ungebildeten ein entsprechendes Denkmuster eingeübt
wurde, so daß nicht nur die Vitenschreiber, sondern die gesamte Bevölkerung sich darüber im klaren war, unter welchen Umständen ein außerge-
wöhnlicher Vorfall als Mirakel zu betrachten war. Besonders das 2. und 3.
Buch der *Vita prima* Bernhards lassen keinen Zweifel, daß die Heilungen,
die er bewirkte, schon von ihm selbst und den Anwesenden als Wunder verstanden wurden, und nicht erst von den Hagiographen. Daß er sich gehalten
sah, seine Erfolge nach außen mit möglichster Demut anzunehmen und
sogar mit Ironie abzuschwächen, ist kein Hinweis auf Selbstzweifel, sondern
war moralische Verpflichtung aufgrund des monastischen Demutsideals.[357]
(„Wenn *ich* dabei helfe, ist es freilich für Gott und mich, für zwei gegen
einen, nicht mehr schwer, den Teufel auszutreiben",[358] bemerkte er anläßlich der Bewunderung, die ihm ob eines gelungenen Exorzismus entgegengebracht wurde). Seine Umgebung war da weniger zimperlich; nicht nur
führte man bisweilen genau Buch über die vollbrachten Mirakel, sondern er-
höhte noch demonstrativ den Effekt: so zwang einer der mit Bernhard 1146/
47 nach Deutschland gereisten Kleriker einen gelähmten Greis, evangelien-
treu (Jo 5, 8) auch sein Bett selber wegzutragen, als es ihm gelang, sich auf
Bernhards Gebet hin auf die Beine zu stellen.[359] Damit wurde ein Wunder
des Religionsstifters regelrecht nachgespielt – die häufigste Form der
Imitatio Christi von seiten der Heiligen.

Bei Bernhards charismatischem Wirken handelt es sich ganz überwiegend
um den im Mittelalter überhaupt am häufigsten zu treffenden Wundertypus,
nämlich Krankenheilungen. So kurierte er z. B. den verkrüppelten Arm
eines Kindes, die eitrige Fistel eines jungen Mannes, das Nierenleiden eines
Ritters etc.[360] Spektakulärer, da einen bekannten Feudalherrn betreffend,
nämlich Josbert, dem zuvörderst Clairvaux seinen Grund und Boden verdankte, war ein anderes Wunder Bernhards: Der Ritter lag im Sterben,
schon hatte er die Sprache verloren und schien ohne Beichte und Kommunion ins andere Leben hinübergehen zu müssen. Seine Verwandten befürchteten gewiß nicht zu Unrecht, daß seine Seele den Weg in die Unterwelt
würde antreten müssen, hatte Josbert doch tüchtig manches Kirchengut an
sich gebracht, manche neue Abgabe erzwungen – wie es die meisten Herren
seines Standes, und nicht nur die unfrommen, unablässig versuchten. Bernhard versprach, daß der Kranke die Sakramente empfangen werde, wenn
sich die Familie verpflichte, das Geraubte zurückzugeben. Es wurde versprochen. Bernhard betete und zelebrierte die Messe, Josbert kam tatsächlich noch einmal zu sich und bestätigte die Zusagen, um dann seine Seele
„nach Christenart in guter Hoffnung auf die Barmherzigkeit Gottes" auszu-
hauchen.[361] Schon für die Anwesenden war die Sicherheit, mit der Bernhard
über Zukünftiges verfügte, ausgesprochen erstaunlich: „Obstupuere omnes

alter ad alterum conversus in silencio, admirantes tante fidutie verbum ...“
„Einer zum anderen gewandt, erstaunten sie alle schweigend und bewunderten sein Wort ob seiner Zuversicht.“ Besonders seine Brüder waren irritiert und in größter Sorge um den Ruf Bernhards (und damit den ihren), und „sie murrten heftig gegen ihn.“[362] Doch das Wunder trat ein, und man machte es sogleich in der Umgegend bekannt. Bernhard wurde binnen kurzem als Thaumaturg so berühmt, daß Frauen sogar von ihm als Helfer träumten,[363] wenn er nicht selbst eingriff und Wunder unmittelbar wirkte.

Man kann über dieses Ereignis und zahllose ähnliche aus Bernhards Leben und dem anderer Heiliger in unterschiedliche Richtungen räsonnieren, wenn man die hagiographische Erklärung nicht teilt. Erkannte der Abt bewußt oder unbewußt an körperlichen Symptomen, daß sein Verwandter bald das Bewußtsein wiedererlangen würde? Verschweigt der Bericht vielleicht, daß Bernhard zusätzlich zur spirituellen auch eine materielle Medizin verwendete? Vermochte er mittels seines konzentrierten Gebets soviel ‘geistige Energie’ zu übertragen, daß der Kranke zu sich kam?

Da Bernhard seit jenen Jahren in den zeitgenössischen Quellen andauernd als Thaumaturg gezeichnet wird, als lebender Heiliger, muß an dieser Stelle notwendigerweise etwas zum Wunderverständnis seiner Epoche gesagt werden.[364] Zunächst ist ganz klar, daß im Mittelalter eine Reihe von Vorgängen als göttliche Eingriffe interpretiert wurde, bei denen wir bloß innerweltliche Zusammenhänge zu konstatieren vermögen.

Einfach sind etwa die psychosomatischen „Mechanismen“ in Fällen von Verhexung. Hier war es wesentlich, daß das Opfer davon wußte, daß gegen es Zauber angewandt wurde. Bei ensprechend disponierten Menschen konnte (und kann) dieses Bewußtsein, magisch angegriffen zu werden, zu auf diese Weise induzierten Autosuggestionen führen, die tatsächlich lebensgefährliche Erkrankungen hervorrufen können. Daß ein solcher Zustand vermittels konträrer Suggestion aufzuheben ist, leuchtet ein: Bernhard praktizierte einen solchen „Gegenzauber“ etwa mit Hilfe der auf das Haupt des „Verhexten“ gelegten Eucharistie, dem Heiligsten für einen gläubigen Christen, worauf sich der Kranke auch prompt befreit fühlte.[365] Oder: Wenn ein Junge, der wegen eines Angsterlebnisses ertaubte, in erregter Situation wieder sein Gehör erlangt, wie es als Wunder Bernhards aufgezeichnet ist,[366] erscheint dies medizinisch nicht unverständlich.

Genauso leuchtet ein, daß der psychische Druck, das schlechte Gewissen, das etwa aus dem Bewußtsein resultieren konnte, unrechtmäßigerweise zur Kommunion zu gehen, so stark zu werden vermochte, daß es dem Betreffenden unmöglich war, die Hostie zu sich zu nehmen. Die Vita Bernhards tradiert als Wunder einen Fall, wo die Schluckfähigkeit des Sünders so lange gestört war, bis er in Tränen ausbrach und sich dem Abt zu Füßen warf. Kaum hatte er gebeichtet, konnte er das Sakrament verschlucken.[367] Um solche Reaktionen wirklich begreifen zu können, müßte man hier einen Exkurs über das Verständnis der Eucharistie im Hochmittelalter einschalten.[368] Sie wurde ja keineswegs in dem eher harmlosen Sinn betrachtet, wie es heutige Gläubige tun, sondern galt konkret als Träger intensiver magischer Kraft, vergleichbar den Reliquien oder sie noch übertreffend. Nur deshalb funktionierte etwa eine Art des (meist Klerikern vorbehaltenen) Gottesurteils, die darin bestand, vor Zeugen die Kommunion ohne Zögern und Schaden zu nehmen – nach Lampert von Hersfeld hat Papst Gregor VII. dies 1077 in Canossa getan und dasselbe von seinem Gegner Heinrich IV. verlangt, was jener aber nicht wagte![369] 1124 soll sich Abt Rupert von Limburg diesem Ordal unterzogen haben mit den Worten: „Wenn es anders ist, als ich gesagt und geschworen habe, dann soll dieser verehrungswürdige Leib unseres Herrn Jesus Christus nicht durch meine Kehle hindurchgehen, sondern mir im Hals steckenbleiben und mich erwürgen, ersticken und mich im Augenblick töten!"[370] Kein Wunder, sondern ein nachvollziehbarer psychosomatischer Konnex, wenn ein schlechtes Gewissen die entsprechende Blockade der Schlundmuskeln bewirken konnte.

Ganz ähnlich – als Zaubermittel – wurde das Getränk verstanden, das ein Mensch, der als lebender Heiliger galt, segnete: Als Bernhard eine Bande junger und adeliger Ritter, die zu ihren Turnieren umherzogen, in Clairvaux mit Bier bewirtete, über das er zuvor das Kreuz geschlagen hatte, tranken es einige nur recht ungern, weil sie eine übersinnliche Wirkung befürchteten! Tatsächlich waren sie damit Bernhard „verfallen", d. h. für das Klosterleben gewonnen.[371] Auch hier funktionierte die von außen induzierte Autosuggestion: das Bewußtsein, der Abt habe das an sich harmlose Gebräu magisch „aufgeladen", wirkte wie ein Zwang, seine Worte, sie hätten nun einen „Trank für ihre Seelen"[372] im Leibe, so ernst zu nehmen, daß sich die in jener Zeit wohl immer als Alternative im Hintergrund offenstehende Umkehr von der weltlichen zur geistlichen Lebensweise mehr und mehr in den Vordergrund ihres Denkens drängte. Daß sich unter den Bekehrten wenigstens drei entfernte Verwandte Bernhards, Walter, Andreas und Hugo von Montmirail, befanden,[373] verschweigen die Chronisten, wohl um die mirakulöse Wirkung nicht abzuschwächen.

Auch ohne körperliche Präsenz wirkte Bernhard Wunder: von ihm geweihtes Brot pflegte er geradezu habituell als Heilmittel zu verteilen, das angeblich vielen die Gesundheit wiederbrachte. Gebildete Kritiker verspotteten hier den „Volksglauben", den sie nicht teilten, so lange sie nicht selbst eine Krankheit zu einem Versuch zwang.[374] Gelegentlich verschenkte der Abt auch andere Kontaktreliquien von sich selbst, so seinen Stock[375] und seine Wollmütze.[376] Ähnlich wirkten auch Phylakterien, Amulette oder Ligaturen, also unheilabwehrende Objekte oder Texte, die man am Körper zu tragen hatte. Sie waren zwar seit langem streng verboten, da aus der Sphäre der heidnischen Zauberei stammend,[377] blieben aber faktisch auch als Produkte priesterlicher Magie ganz üblich.[378] Auch Bernhard hat sich dieser Heilmagie ohne schlechtes Gewissen bedient, so wenn er einer Besessenen befahl, ein Brieflein am Halse zu tragen, in dem er den Dämon verpflichtete, sein Opfer in Ruhe zu lassen.[379] Wahrscheinlich hat Bernhard den in den ihm wohlbekannten *Panormia* des Ivo von Chartres († 1116) zitierten Kanon, der die Anfertigung von solchen Phylakterien verbietet,[380] einfach überlesen. Doch sogar Mönche seines Ordens benützten Bernhards Briefe, um sie sich gegen ihre Krankheiten an den Hals zu hängen.[381]

Vieles würden wir gar nicht in die mirakulöse Sphäre rücken, die das Mittelalter – oder genauer: seine geistlichen Autoren – jedoch hier vorzugsweise sah. Wenn jemand, verständlich genug, von einem ihm nahestehenden Toten träumte, der im Fegefeuer leiden müsse, und der sich nach der Darbringung entsprechender Almosen und Gebete wieder befreit zeigte, so galt dies schon als Wunder oder Gnadengeschenk, wie es auch Bernhard von sich erzählte.[382] Wenn ein Kind, natürlich genug, nach der Hand des Heiligen haschte und sie in den Mund steckte, war auch dies schon Zeichen übernatürlicher Ausstrahlung.[383] Und was die Wunder an Kranken betrifft, so fehlt es nicht an Hinweisen, daß es sich in der Tat zumeist um psychosomatische und nicht rein körperliche Gebrechen handelte, bei denen die Heiligen bevorzugt Erfolge verbuchen konnten, denn die Heilungen waren nicht selten nur von kurzer Dauer, hielten etwa nur so lange an, wie die Ausstrahlung Bernhards unmittelbar wirkte, worauf dann der vorherige Krankheitszustand wieder eintrat.[384] Doch sind Beispiele für von ihm bewirkte Heilungen so zahlreich, daß man kaum wird daran zweifeln dürfen, daß der Abt zu jenen Menschen gehörte, die heute als 'Heiler' bezeichnet werden – wie immer auch die unleugbaren medizinischen Fähigkeiten der Seriösen unter ihnen naturwissenschaftlich zu verstehen sind.

Wesentlich schwerer zu erklären sind für uns andere Wundertypen, so die Beherrschung der Natur. Soll man einfach ins Reich der Legende verweisen, was Gottfried als eine Tatsache berichtet, die so bekannt war, daß sie in der ganzen Gegend schon sprichwörtlich geworden war? Bei der Weihe der Kirche von Foigny (1124)[385] störten Fliegen in ungewöhnlich großer Zahl. Bernhard erledigte sie im Handumdrehen, und zwar, indem er sie bannte. Das überlebten die Insekten nicht, und am folgenden Tag konnte man die teuflischen Tiere allsamt tot aus dem Gotteshaus schaufeln. Bernhard hatte also ein magisches, kirchenrechtlich eigentlich gegen Menschen vorgesehenes Mittel gegen sie angewandt, die Exkommunikation. Nach den Zeitzeugen erlagen die Fliegen dieser Verfluchung („maledictio"[386]). Kam Bernhard ein plötzlicher Kälteeinbruch entgegen – die Szene spielte im Winter, genauer am 11. November?[387] Gab es eine plötzliche Erkrankung der Insekten? Beschwörungen von schädlichen Tieren haben gelegentlich frühere

Heilige auch vollzogen; Bernhard scheint der erste zu sein, der das Mittel der Malediktion überschreitet und zu diesem kanonischen Procedere greift.[388] Das hätte ein Kirchenrechtler gewiß nicht gutgeheißen, denn exkommunizieren kann man nur, wer Mitglied der Catholica ist. Das Vorgehen das Abtes zeigt aber, eine wie intensiv magische Aura diese Kirchenstrafe auch im 12. Jahrhundert besaß. Daß Fliegen, die als Teufelstiere galten (Beelzebul heißt Herr der Fliegen),[389] besonders gut mit dieser Verwünschung zu treffen waren, erscheint verständlich. Bernhards Insekten-Wunder wurde geradezu sprichwörtlich.[390] Ähnliche Fälle werden freilich von einer Reihe anderer Heiliger erzählt und waren eine der Grundlagen für die spätmittelalterlichen Tierprozesse, die als historische Fakten belegt sind.[391]

Es fällt auf, daß die nächsten Verwandten Bernhards, die das Klosterleben mit ihm teilten, anfänglich nicht an seine thaumaturgischen Fähigkeiten glaubten. Speziell Gaudri machte seinem Neffen heftigste Vorwürfe, brachte ihn so sogar zum Weinen; auch sein Bruder Guido schimpfte ihn ob seiner Vermessenheit tüchtig aus.[392] Das heißt, das verwandtschaftliche Verhältnis hatte auch im Kloster mehr Gewicht als das kirchenrechtliche, denn die beiden waren Bernhard als ihrem Abt selbstredend untergeordnet. Allerdings soll der Onkel, als er selbst einmal erkrankt war, sich sehr wohl an Bernhard gewandt haben, damit er ihn durch Handauflegen davon befreie, wie es auch richtig geschah.[393]

Es gab auch Prälaten, die Bernhard durchaus schätzten, aber sein charismatisches Selbstvertrauen zu bremsen suchten, wie etwa der päpstliche Legat Gottfried von Chartres.[394] Und es war keineswegs so, daß Bernhard jedes Wunder gelang. Das verschweigen seine Hagiographen natürlich, aber ein dezidierter Gegner der Zisterzienser, Walter Map, beschrieb solche Fehlschläge mit Vergnügen: So will er folgendes von einem Abt aus Bernhards Orden gehört haben, mit dem zusammen er an der Tafel des Londoner Bischofs speiste: In Burgund versuchte Bernhard einen eben gestorbenen Knaben wieder aufzuerwecken, „indem er alle hinausschickte und sich über den Knaben legte; nach dem Gebet stand er wieder auf. Der Knabe aber erhob sich nicht, denn er lag tot da." Maps Kommentar: „So war er der Unglücklichste aller Mönche. Noch nie habe ich nämlich gehört, daß irgendein Mönch auf einem Knaben gelegen wäre, ohne daß der Bub sogleich nach ihm aufgestanden wäre."[395] Map spielt hier auf die in den Klöstern weit verbreitete Homosexualität an, ein Vorwurf, von dem die Zisterzienser genausowenig verschont blieben wie die anderen Orden, und zweifelsohne in manchen Fällen zu Recht, wenn man etwa an Bernhards späteren Freund Aelred denkt.[396] Aber das Procedere Bernhards hat weder damit noch mit Nekrophilie zu tun, vielmehr ahmte er genau das Vorbild des alttestamentlichen Propheten Elischa nach, der ein totes Kind erweckt hatte, indem er sich auf es gelegt hatte[397] (der Wundertypus der 'synanáchrosis'[398]). Einen ähn-

lichen Mißerfolg hatte Bernhard, als er 1148 den GrafenWilhelm II. von Nevers[399] von den Toten erwecken wollte, wobei er die Worte Christi am Grabe
des Lazarus gebrauchte.[400] Map bemerkt dazu sarkastisch, der Tote sei nicht
gekommen, da er ja nicht die Stimme Jesu gehört habe.[401] Der Zisterzienser
Helinand von Froidmont hat eine Anspielung auf eine von Bernhard vorher-
gesagte, ihm aber mißglückte Totenerweckung in seine Chronik aufgenommen, was den Wahrheitsgehalt dieser Episoden bestätigt, zumal Gott
Bernhard dann rächt, indem er denjenigen tötet, der diese Geschichten wei-
tererzählt.[402]

Bernhards erstes Eingreifen (1124)

„Als nun Bernhard, von Gott und den Menschen geliebt, in seinem Tal
und den benachbarten Städten und Gebieten, die bisweilen zu besuchen ihm
die Obsorge um sein Kloster zwingenden Grund gab, durch so viele Tugenden und Wunder blühte, begann er auch – entweder wegen allgemeiner
Notwendigkeiten der Kirche oder aus Zuneigung zu den Brüdern oder
Gehorsam den Oberen gegenüber – bis in entfernte Gebiete gezogen zu
werden, um in verzweifelten Situationen Frieden zwischen streitenden Kirchen und weltlichen Fürsten wiederherzustellen, Rechtsfälle, die mit
menschlichem Sinn und Rat nicht zu beendigen waren, mit Gottes Hilfe
friedlich beizulegen, und, eher durch Glaubenskraft denn durch den Geist
dieser Welt aus vielem Unmöglichem dieser Art Mögliches machend,
gleichsam Berge versetzend, mehr und mehr in den Augen aller wunderbar
und verehrungswürdig zu erscheinen.“[403] So FreundWilhelm (zugleich eine
Probe seines Stils). Damit ist der Beginn von Bernhard Wirken über seine
engste Umgebung hinaus umrissen, der Beginn eines „Doppellebens" zwischen Kloster und Welt, dessentwegen er sich selbst als die „Chimäre seiner
Generation" bezeichnen sollte.[404]

In der Tat, der Orden insgesamt wie Clairvaux im speziellen hatte alle An-
fangsschwierigkeiten überwunden, und sie florierten in einem Ausmaß, wie
es keiner der Gründerväter hatte erwarten können. Bernhard konnte sich
also beruhigt neuen Aufgaben zuwenden, die teils an ihn herangetragen
wurden oder um die er sich teils selbst bemühte. Sogar manche Benediktinerabtei bat darum, in den Orden aufgenommen zu werden, also den 'transitus' eines kompletten Konvents vollziehen zu dürfen, so wie 1124 Lucedio
in der italienischen Diözese Vercelli.[405] Im selben Jahr war auch das erste
Mal ein Zisterzienser auf einen Bischofsthron berufen worden, weit nach
Süden: der Abt Peter von La Ferté auf den von Tarentaise in der savoyischen
Stadt Moûtiers. Und ähnliche Rangerhöhungen sollten in den nächsten Jahrzehnten so oft erfolgen, daß sich die Ordensgesetzgebung damit beschäftigen mußte.[406] Bernhard predigte zwar dagegen, daß einer der Seinen

dieses Amt anstrebe,[407] trotzdem sollten sich bei seinem Tode zahlreiche Mönche aus Clairvaux eben in dieser Position finden, und nicht ohne seine Hilfe.[408]

Ende November oder Anfang Dezember[409] 1124 ereignete sich in der „heilen Welt" der Zisterzienser jedoch ein in ganz anderer Hinsicht aufsehenerregender Fall.[410] Es handelte sich um eine Regelverletzung, eine „praesumpta novitas"[411] (unübliches und anmaßendes Verhalten), das Bernhard wohl an das Wirken des bösen Feindes erinnern mochte. Gleichzeitig mit Clairvaux war – von Cîteaux aus – als vierte Tochter Morimond[412] gegründet worden, im östlichen Lothringen, nahe der deutschen Sprachgrenze gelegen. Ein Deutscher war zum Abt gewählt worden, ein studierter Rheinländer namens Arnold, der seinerseits dafür sorgte, daß sich der Orden in sein Heimatland ausbreitete, indem er 1123 die erste Zisterze Deutschlands gründete, Altenkamp bei Köln. Morimond scheint ein Kloster für den hohen Adel gewesen zu sein: ein Sohn des bayerischen Herzogs war schon dort eingetreten, desgleichen einer des Kärntner Herzogs, dann ein Sprößling der Grafen von Berg, einige Jahre später (1132) sollte ein Onkel Kaiser Friedrich Barbarossas, Otto von Freising, der berühmteste deutsche Historiker des 12. Jahrhunderts, dort Mönch werden.[413] Doch 1124 stand die Existenz des Klosters auf des Messers Schneide, wie wir aus Briefen Bernhards an den Prälaten Bruno von Berg (den späteren Kölner Erzbischof) und an Papst Kalixt erfahren[414]: Ohne Erlaubnis des Abtes von Cîteaux, ohne Rat der Mitäbte (die beiden Strukturelemente der zisterziensischen Organisation, ein monarchisches und ein genossenschaftliches) hatte es Arnold gewagt, sich in Begleitung zahlreicher seiner Mönche auf eine Reise nach Jerusalem zu begeben. Angeblich wollte er dort ein Kloster gründen. Im Orden sah man darin allerdings das Wirken des „Geistes des Leichtsinns", waren im Heiligen Land doch, so Bernhard, „kämpfende Ritter nötiger als singende oder weinende Mönche"[415] (wobei letzteres durchaus positiv gemeint ist, da darin seit Hieronymus[416] das „officium", die Aufgabe, des Mönchs gesehen wurde). Wichtiger war aber: wie sollte die Disziplin aufrecht erhalten werden, wenn jeder Abt, der meinte, zu sehr von seinen Amtspflichten bedrückt zu werden, sich auf diese Weise dem Orden entziehen könnte und seine Mönche zugleich? Und die Jerusalemfahrt, so ratsam sie für jeden Laien war, war nichts für Religiosen. So jedenfalls Bernhards feste Überzeugung, der Mönchen regelmäßig von einem solchen Unternehmen abriet, ja sogar einmal die Exkommunikation dafür androhte.[417] Denn „nicht das irdische, sondern das himmlische Jerusalem zu suchen, ist den Mönchen aufgegeben, wohin man nicht zu Fuß aufbricht, sondern mit Liebe hinschreitet!"[418]

Hier einzugreifen ermöglichte Bernhard ein Zufall, den er sofort bis zum Äußersten ausnützte, indem er sogar versuchte, den Papst zu mobilisieren.

Zuständig gewesen wäre natürlich der Vorsteher von Cîteaux, Stephan Harding. Aber Stephan Harding war auf einer Reise nach Flandern und angeblich nicht zu erreichen. Jedenfalls hat sich Bernhard nicht darum bemüht, als ein Bote in Clairvaux eintraf, der dort Harding zu treffen hoffte. Bernhard nahm vielmehr die Sache sogleich selbst in die Hand, schrieb an den Papst, schrieb an Arnold.

Mit seinem ihm eigenen typischen Selbstvertrauen wendet er sich an den Abtrünnigen: „Voll des Glaubens eigne ich auch mir jenen Satz an: 'Alles vermag ich in dem, der mich stärkt' (Phil 4, 13)".[419] Er setzt sich rückhaltlos, hundertprozentig für die Sache ein, die er einmal als richtig erkannt hat – sicher ein gewichtiger Teil seiner Wirkung auf andere Menschen. „Wie vieles, was mich gegen Dich bewegt, würde ich Dir, sei es vergeblich oder erfolgreich, ins Gesicht schleudern (iacerem tibi in faciem), nicht nur mit Worten, sondern auch mit Miene und Blick! Dann würde ich mich zu Euren Füßen werfen, die Beine festhalten, die Knie umschlingen, mich ganz an Euren Hals hängen (a collo pendens), dieses Haupt abküssen ..."[420] Du große Säule unseres Ordens, Du wirst stürzen und die Dir anvertraute Herde mit in den Untergang reißen! Gib mir die Gelegenheit, mit Dir zu sprechen, und ich werde dafür sorgen, daß Du das Begonnene mit Erlaubnis durchführen kannst![421]

Einem der Mönche Arnolds, Adam, schreibt Bernhard gleichzeitig: Wie kannst Du Dein Gelübde der Ortsbeständigkeit brechen für eine Pilgerreise, nein, ein Vagabundendasein (Anspielung auf die vom hl. Benedikt verdammten umherschweifenden Mönche, die Gyrovagen[422])! Dies ist eine teuflische Versuchung! Ich beschwöre Dich, gehe nicht fort, ohne mit mir zu einem Gespräch zusammengekommen zu sein![423] Adam erhielt von Bernhard am Beginn des Jahres 1125 noch einen zweiten Brief, eher einen Brieftraktat über mönchischen Gehorsam.[424] Bei diesem Mönch war Bernhard offensichtlich erfolgreich, denn Adam (vorausgesetzt, es handelt sich um keinen anderen Morimonder Bruder desselben Namens) wird 1127 als derjenige genannt, der die zisterziensische Neugründung Ebrach in Bayern leiten sollte. Er wurde ein bei Papst und König geschätzter Prälat; zwanzig Jahre später wirkte er als Kreuzzugsprediger in Bernhards Auftrag und wird im Orden als Seliger verehrt.[425]

Bernhards Brief an Arnold dagegen blieb erfolglos. Freilich, weit kam dieser nicht. Wieder einmal sollte Bernhard recht behalten: der Flüchtling fand in Jahresfrist, im Januar 1125, in Flandern sein „gebührendes, wenn auch erschreckliches" Ende, wie er anscheinend mitleidlos vermerkte.[426] Ein Teil der Mönche kehrte nach Morimond zurück. Wer wurde der neue Abt von Morimond? Bernhards rechte Hand, der Prior Walter von Clairvaux![427]

Es ist aufschlußreich, die verschiedenen Briefe Bernhards in dieser Sache hinsichtlich ihrer Aussagen zu Arnold zu vergleichen. Während er ihn selber seiner Freundschaft und Liebe versichert und ungeachtet seiner Hartnäckigkeit auf seine Umkehr hofft, läßt er Bruno von Berg wissen, dieser brauche sich angesichts der „Obstination" des Abtes gar nicht mehr um ihn zu bemühen.[428] Dies sollte man nicht hinweginterpretieren. In der Tat hat Bernhard seine Briefe oft nicht Satz für Satz ausformuliert, sondern das seiner Kanzlei überlassen – aber da diese sich seines Stils vollendet bediente, weiß man nicht, in welchem Grad jeweils ein bestimmtes Schreiben präzise oder nur ungefähr Bernhards Intentionen entsprach. Man weiß auch nicht, ab wann Bernhard diese Tätigkeit so deutlich delegiert hat, denn die entsprechende Nachricht[429] stammt erst von 1149 und läßt sich wohl kaum auf die ersten Dezennien von Bernhards Abbatiat zurückprojizieren. Vielmehr dürfte erst die Werbung für den Kreuzzug das Scriptorium von Clairvaux so dominant gemacht haben. Daß aber seine Schreiber das Gegenteil seines Diktates geschrieben hätten, ist in keinem Fall zu beweisen. Bernhard schrieb oder diktierte hier also – wie auch sonst gelegentlich – wirklich mit gespaltener Zunge.

Aus dem September oder Oktober 1124 sind drei weitere Briefe Bernhards erhalten, die noch deutlicher die Gelegenheit bieten, an ihm eine Seite kennenzulernen, welche die seine Verehrung als Heiliger fördern wollenden Biographien und die mit demselben Ziel getroffenen Auswahlen aus seinem Epistolar sonst bedachtsam verbergen: Bernhard war keineswegs darüber erhaben, sich der Lüge zu bedienen, obschon er sich in anderem Zusammenhang von ihr als widerchristlich und gegen sein Gelübde distanziert.[430] Die drei Schreiben[431] betreffen alle den Fall des Mönches Drogo von Saint-Nicaise zu Reims, der dieses Kloster verlassen und zu Bernhards Freund aus den Studientagen in Vorles, Hugo, dem Abt der Zisterze Pontigny, geflüchtet war.[432] Dem ob dieses ‚transitus' klagenden Reimser Benediktinerabt schrieb Bernhard nun, „hätte Bruder Drogo mich bezüglich seines Weggangs konsultiert: es sei fern, daß ich zustimmen würde!"[433] Dem dadurch beunruhigten Zisterzienserabt von Pontigny dagegen teilte er mit, er müsse Drogo „gratulieren", daß er sein Vorhaben verwirklicht habe.[434] Den vorherigen Brief an den Benediktinerabt habe er doch nur der guten Beziehungen wegen abfassen müssen (zumal auch der Erzbischof von Reims gegen diesen ‚transitus' war) – es heißt ganz eindeutig, jene Worte seien nur „dispensatorie, ut non dicam simulatorie",[435] „diplomatischer-, um nicht zu sagen trügerischerweise" geschrieben worden! Keineswegs solle Hugo Drogo wirklich zurücksenden. Und diesen selbst ließ er sogar wissen: „Es ist ein Hinweis auf Deine Vollkommenheit, was Du nun begonnen!"[436]

Norbert von Xanten

Am 11. November des Jahres 1124 fand die feierliche Einweihung der neuen Kirche der Zisterzienser von Foigny statt. Der Papst selbst hatte Bernhard die Teilnahme an den Zeremonien befohlen.[437] Spätestens zu diesem Zeitpunkt machte er dort die persönliche Bekanntschaft mit Norbert von Xanten,[438] einem um etwa fünf Jahre älteren Geistlichen vornehmer Herkunft, der wie er engagiert für die Reform der kirchlichen Hierarchie eintrat und bereits einen neuen Orden gestiftet hatte, die Prämonstratenser. Ein Zeitgenosse sah die beiden gemeinsam als die wichtigsten Vertreter der Klosterreform: „Jene zwei Cherubim spannten ihre Flügeln inmitten der Kirche auf, ... d. h. die zwei herrlichsten (praeclarissimi) Orden, ... einander in gegenseitiger Liebe nacheifernd, von denen der eine der der Zisterzienser unter der Leitung Bernhards ist ..., der den schon fast gefallenen Mönchsstand zurück zur ursprünglichen Norm des apostolischen Lebens brachte, der andere der von Gott 'vorhergezeigte' (Praemonstratus), der, unter der Führung des Erzbischofs von Magdeburg Norbert begonnen, den kirchlichen Stand ... aus dem Schmutz weltlicher Eitelkeit herausriß."[439]

Norbert, ein Sproß des adeligen Geschlechts derer von Gennep bei Xanten, hatte schon ein Erzbistum ausgeschlagen, ehe er 1115 seine Bekehrung erlebte. Als freier Prediger wanderte er umher, nachdem er die Priester weihe empfangen hatte, und fand viele, die von ihm und seinem Armutsideal fasziniert waren. Ihm ging es freilich vor allem um die Konversion des Priesterstandes zu einem bibelkonformen Leben, wozu er 1121 in Prémontré eine Gemeinschaft gegründet hatte, die nach der Regel des hl. Augustinus lebte: der Ursprung des Prämonstratenserordens. Der Grund und Boden für dieses Kloster der „Armen Christi"[440] im Wald von Coucy war ein Geschenk Bernhards, wie er selber angibt.[441] Manchen Zeitgenossen erschien Norbert sogar bedeutender als der Zisterzienserabt.[442]

Wenn ein Brief Bernhards sich auf dieses Treffen bezieht oder ein anderes im selben Jahr, wo er als Zeuge eine Schenkung an Norbert unterzeichnete[443] (weitere sind möglich, aber nicht bezeugt), dann war er teils beeindruckt und teils skeptisch hinsichtlich dessen, was ihm der Deutsche über die Zukunft des Gottesstaates erzählte. Seinen Mund vergleicht Bernhard einer Himmelsflöte, von der zu schlürfen er verdient habe. Daß freilich der Antichrist – so Norbert – noch in dieser Generation erscheinen werde, das konnte Bernhard anscheinend nicht so recht glauben.[444] Diese Meinung änderte er später, 1131 nennt er Norbert einen Mann, der eher dazu geeignet wäre, die göttlichen Mysterien zu eröffnen als er selbst[445] (oder war dies ironisch gemeint?).

Es war Bernhard gewesen, der bei Norbert Erkundigungen über jene im ganzen Mittelalter präsente Gestalt der Endzeit eingezogen hatte. Der Antichrist, der im *Neuen Testament* einen Gegner des Erlösers bezeichnet, war in der Mythologie des mittelalterlichen Christentums eine von vielfältigen Legenden umsponnene Gestalt geworden.[446] Obwohl man ihn auch in unpersönlicher, symbolischer Auslegung auf die Nöte der Endzeit hin interpretierte, dachten ihn sich die meisten eher als verkleidetes Unheuer und spekulierten über sein Aussehen, seine Mutter, seine Anhänger. Vor allem identifizierte man seit dem Investiturstreit fast schon habituell jeden Gegner mit dieser Gestalt: seht, der Antichrist ist schon auf Welt. Bernhard sollte dies später selbst mit dem Gegenpapst Anaklet (reg. 1130–1138) und mit Abaelard so halten.[447]

Der Antichrist macht die Welt zum Chaos, sein Auftreten verbürgt den Beginn der Endzeit. Gerade in jenem Jahr, als sich Bernhard und Norbert über den Antichrist unterhielten, dichtete in Melk an der Donau eine Einsiedlerin namens Ava über ihn:

> vil michel wirt sîn gewalt,
> sîniu wîze werdent manichvalt:
> er häizet si stechen,
> mit chrouwelen zerbrechen,
> der vil ungehiure,
> der brâtet si in dem viure,
> vur diu tier er si leget,
> mit den besemen er si slehet,
> mit hunger tuot er in vil nôt,
> in diu wazzer er si senchôt.
> owî, wie veste si sint!
> daz lîdent al diu gotes chint.[448]

„Groß wird seine Gewalt, seine Peine werden mannigfältig: er läßt sie [die wahren Christen] stechen, mit Klauen zerbrechen, der so Ungeheuere. Er brät sie im Feuer, wirft sie Tieren vor, schlägt sie mit Ruten, läßt sie Hunger leiden, stürzt sie ins Wasser. Weh, wie hart sind sie [die Peine]! Das erleiden alle Gotteskinder."

Die Naherwartung der Endzeit als Triebfeder von Bernhards ganzem Handeln darzustellen, wie das versucht wurde[449], ist sicher übertrieben; gerade 1124 oder 25 betont der Abt ja in gut augustinischer Tradition, Christus habe nicht einmal die Apostel den Jüngsten Tag wissen lassen.[450] Wie jeder andere Theologe seiner Epoche glaubte er sich prinzipiell in einer Endzeit lebend, war sich dessen bewußt, noch schnell durch Askeseleistung „Zeit kaufen" zu müssen, „denn die Tage sind böse".[451] Im Prinzip dachte so auch seine ganze Generation (und nicht nur sie). Petrus von Cluny z. B. verteidigte die regelwidrige Üppigkeit seiner Mönche in puncto Ernährung damit, daß ihre physische Konstitution schwächer sei, als die der früheren Mönche, denn sie lebten in der Endzeit.[452]

Aber nur in besonderen Krisensituationen wird für Bernhard diese latente
Möglichkeit richtig aktuell: während des Papstschismas von 1130, im Kampf
gegen Abaelard und nach dem Scheitern des von ihm gepredigten Kreuzzuges.[453] Erst in seinen letzten Lebensjahren dürfte er wirklich längere Zeit
ernsthaft damit gerechnet haben, der Antichrist sei tatsächlich schon unterwegs.[454]

„Marienlob"

Spätestens 1124 arbeitete Bernhard eine neue Schrift aus, die ein Mode-
thema der damaligen Theologie behandelte: die Mariologie. Denn wiewohl
die Mutter Jesu seit ihrer Dogmatisierung als „Gottesgebärerin" auf dem
Konzil von Ephesos 431 und als immerwährende Jungfrau auf dem Lateranum 649 in der Frömmigkeit der Gläubigen auch im lateinischen Westen
einen immer bedeutenderen Platz einnahm, bildete erst das hohe Mittelalter
über diese Heilige eine differenziertere theologische Reflexion aus, die sich
zu einem gewichtigen eigenen Thema neben der Christologie entwickelte.
Abgesehen von der Betrachtung der heilsgeschichtlichen Funktion der Gottesmutter wuchs das Interesse an ihr selbst als liebender und leidender Persönlichkeit, genauso wie damals das Interesse am historischen Menschen
Jesus immer stärker wurde. Die Tendenz, die sich auf der Ebene der gelehrten Religiosität in Gebeten und Feiern zeigte, nämlich Maria als Weltbe-
herrscherin und Himmelskönigin zu preisen, von ihr Allerbarmen zu erwarten, die, wie so zahlreiche Mirakel bezeugen sollten, in jeder Notlage zu
helfen wußte, wurde in seltener Schnelligkeit auch auf der theologischen
Ebene thematisiert. „Das, wovor Nestorius [Erzbischof von Konstantinopel
428–431] einst warnte, die Jungfrau nicht zur Göttin zu machen, ist Wirklichkeit geworden. Maria ist ein überirdisches Wesen geworden, das mit göttlicher Würde ausgerüstet, auf dem Thron der Trinität sitzt. Sie ist die Bevoll-
mächtigte und Stellvertreterin Christi …"[455] Diese „Marianisierung" kann
man auf allen Ebenen konstatieren: schlicht statistisch an der rasch zunehmenden Zahl von lateinischen und volkssprachlichen Texten über die Gottesgebärerin, an der Zunahme von Marien-Wallfahrten, an der Gründung
von Marien-Bruderschaften usw.[456]

Die ersten Zisterzienser unter Robert, Alberich und Stephan haben die
Marienverehrung zu ihrem besonderen Anliegen gemacht; wie schon Molesmes der Jungfrau geweiht war, übernahm auch Cîteaux das Marien-Pa-
tronat und genauso alle anderen Kirchen des Ordens. Es lag Bernhard also
nahe, sich in Gebet und Reflexion mit Maria einläßlich zu befassen. Freilich
ist heute vieles, was ihm früher an Mariologica zugeschrieben wurde, als
später entstanden erkannt, und es fällt auf, wie wenig Raum er für die Gottesmutter in seinem Hauptwerk findet, den *Hohelied*-Predigten. Doch hat

er sich immerhin in knapp einem Dreißigstel seiner Schriften mit Maria beschäftigt, war er doch als Abt gehalten, an ihren Festtagen über sie zu predigen.[457] Der Abt hat hier und in weiteren Marienpredigten bereits gewisse Themen angesprochen, die im späteren Katholizismus klassisch werden sollten, wie das Herz der Jungfrau[458] oder die erotische Brautschaft mit ihrem Sohn.[459] Zu einem die Geschichte dieses Kultus entscheidenden Marien-Verehrer wurde Bernhard jedoch erst seit der Zeit stilisiert, als man seine Kanonisation intensiv betrieb, und dann in der spätmittelalterlichen und neuzeitlichen Überlieferung.[460] Erst aus den Generationen nach Bernhard stammt die Fülle der Marienmirakel und -legenden, die geradezu ordenstypisch erscheinen. Erst Bernhards ehemaliger Sekretär Nikolaus († 1176) sollte so weit gehen, Maria als „consors regni" fast auf dieselbe Stufe wie ihren göttlichen Sohn zu erheben,[461] einen Platz, den sie bis zur Reformation behalten sollte.

Bernhards vier Homilien *In laudibus Virginis Matris (In Evangelium 'Missus est')*[462] wären wohl auch ohne äußere Evidenz als Frühwerk des Autors zu erkennen. Diese Meditationen über *Lukas* 1, 26–38 („Gesandt wurde der Engel Gabriel von Gott in eine Stadt Galiläas mit Namen Nazaret ...") oszillieren zwischen assoziativer Bibelexegese und panegyrischem Gebet, ein typisches Produkt der mittelalterlichen „Mönchstheologie", basierend vielfach auf den Schriften der Kirchenväter (namentlich Hieronymus). Entstanden ist es bald vor der österlichen Fastenzeit des Jahres 1125, d. h. vor dem 11. Februar.[463] Da Bernhard so schwach war, daß er nicht am regulären Klosterleben teilnehmen konnte, schrieb oder diktierte er in seinen schlaflosen Nächten vornehmlich zur eigenen Erbauung („propriae ... devotioni"[464]) diese Meditationen über die genannte Bibelstelle, die zu seinen verbreitetsten Werken zählen sollten. Sie sind ohne theologische Innovationen, erweisen sich aber als reich an rhetorischen Höhepunkten; Bernhards berühmtes Bild von Maria als Aquädukt jedoch, das uns die himmlische Gnade zuleitet,[465] findet sich hier noch nicht, auch nicht die Heilstreppe, die darauf basiert, daß Jesus seiner Mutter, wenn man sie um Vermittlung anfleht, wohl nichts abschlagen würde, und diesen wiederum sein Vater erhören wird.[466]

Wie später bei seinen *Hohelied*-Auslegungen wendet Bernhard jedes Wort des heiligen Textes hin und her, denn „dort ist nämlich alles und jedes voller höchster Geheimnisse und überquellend von himmlischer Süße, wenn sich nur ein aufmerksamer Betrachter findet ..."[467] Jungfräulichkeit und Demut Mariens sind die Hauptthemen der ersten Homilie, aber auch Demut des Gottessohnes. Daraus folgt: „Lerne, Mensch, zu folgen; lerne, Erde, dich zu unterwerfen; Staub, gehorche!"[468] Bernhard schärft hier sich und seinen Zuhörern eindrucksvoll *das* monastische Hauptthema ein, den Gehorsam. Wie weit dieser gehen sollte, zeigt übrigens deutlich Bernhards Meinung, ein Gedanke könne nur dann von Gott kommen, wenn er vom Urteil eines Vorgesetzten gebilligt werde,[469] zeigt ebenso die Erzählung in den *Fragmenta*, ein verstorbener Abt eines Tochterklosters sei Bernhard erschienen und habe um seine Erlaubnis nachgesucht, in die ewige Ruhe eingehen zu dürfen.[470]

In der zweiten Homilie reflektiert der Abt vor allem die Jungfräulichkeit der Gottesgebärerin, ihre heilsgeschichtliche Gegenstellung zu Eva, deren Schmach sie tilgt (das AVE des englischen Grußes entspricht daher, rückwärts gelesen, dem Namen der Urmutter[471]). Bernhard zeigt sich hier nicht einverstanden mit Adams Schuldzuweisung an seine Frau, sondern sieht die Verantwortung an der Erbsünde gleich verteilt.[472] Wie in der typologischen Exegese üblich, führt er eine ganze Reihe von Stellen aus dem *Alten Testament* auf, in denen Vorankündigungen auf die Erfüllung im Neuen Bund zu sehen sind: Maria ist die starke Frau der *Sprüche Salomos* (31, 10); das Vlies Gedons (Ri 6, 37 ff.) bezieht sich auf ihre Jungfräulichkeit; die Weissagung des Jeremias (31, 22), eine Frau werde einen Mann umschließen, deutet natürlich auf Maria und Jesus, denn dieser war auch im Mutterleib vollkommen usw. Das berühmte Thema des göttlichen Ratschlusses klingt an – warum wollte Gott die Erlösung gerade auf diese Weise? Bernhard sieht darin eine Manifestation göttlicher Ordnung und Schönheit, den Erweis der Macht und Weisheit Gottes. Auch sollte offenbar werden, daß er klüger und mächtiger wäre als der Teufel.[473] Ausführlich wird Joseph mit seinen Zweifeln behandelt und der Name Maria (Meeresstern). In allen Bedrängnissen und Versuchungen sollen wir zu diesem Gestirn hinaufschauen: „Wenn du ihr folgst, kommst du nicht vom Weg ab, wenn du sie bittest, verzweifelst du nicht, wenn du an sie denkst, irrst du nicht. Wenn sie dich hält, fällst du nicht, wenn sie dich schützt, ängstigst du dich nicht, wenn sie dich führt, ermüdest du nicht, wenn sie dir geneigt ist, erreichst du das Ziel . . ." Im Original ist das wesentlich prägnanter durch verschieden gestellte Partizipia ausgedrückt: „Ipsam sequens non devias . . ." bzw. „Ipsa tenente non corruis . . ."[474]

Die dritte Predigt beschäftigt sich zunächst mit der Natur der Engel, die, immateriell wie sie sind, auch durch geschlossene Türen eintreten können. Ein mystisches Thema klingt an: der Himmelskönig liebte die Jungfrau, verlangte nach ihrer Schönheit.[475] Lange verbreitet sich Bernhard über die Segnung Mariens, geradezu dramatisch versucht er, ihre Gedanken in jenem Moment zu erfassen, und zwar in einem fiktiven inneren Monolog.[476] Dieses Stilmittel, wie es auch in der zeitgenössischen Epik oft verwendet wurde, ist typisch für die neue Aufmerksamkeit, die das 12. Jahrhundert dem Seelenleben des Menschen widmete.[477] Auch hier verwendet Bernhard als ein Element weiterer Verlebendigung, geeignet, die Heilswelt des „illud tempus" in seine Gegenwart zu holen, zusätzlich die Anrede an die biblischen Person: „Öffne, Jungfrau, das Innere, weite den Schoß, bereite die

Gebärmutter, denn Großes wird der an dir tun, der mächtig ist ...“[478] Wie bei Bernhard gewöhnlich, bleibt er aber nicht bei der Ruminatio, dem liebevollen Umkreisen aller Einzelheiten des heiligen Textes, sondern wendet sich, die biblischen Gestalten als Vorbilder rühmend, an seine Mönche. So verpflichtet er sie auf den Gehorsam gegenüber den Stellvertretern Jesu, den geistlichen Vorgesetzten, und zwar ausdrücklich nicht nur den guten, sondern auch den unfreundlichen gegenüber.[479] Er verpflichtet sie auch auf die Demut und Sanftmut Jesu, wobei ein Anklang an passionsmystische Meditationen zu hören ist: „wir wollen an seinen Leiden teilhaben und uns in seinem Blute waschen.“[480]

Die letzte dieser mariologischen Ansprachen handelt vom Herrn als König, von der geheimnisvollen Überschattung der Jungfrau durch den Hl. Geist, von der hl. Elisabeth ... Noch dramatischer wird Bernhard hier: die Jungfrau soll endlich dem Engel Antwort geben: „Dies erwartet die ganze Welt, vor deinen Knien hingestreckt ... Gib, Jungfrau, eilig Antwort! Oh Herrin, antworte das Wort, das Erde, Hölle, ja auch Himmel erwarten!“[481] Damit ist das Geschehen jener Zeit ganz aktuell gemacht, und keinem der Zuhörer konnte es entgehen, daß die Rettung der Menschheit von der Zustimmung Mariens abhängig war und ist. „Antworte das Wort und empfange das Wort! ... Was zauderst du, was zitterst du? ... Öffne, selige Jungfrau, das Herz dem Glauben, die Lippen der Bekenntnis, das Innere dem Schöpfer! ... Steh auf, eile, öffne! Surge, curre, aperi!“[482] Das erlösende Wort Mariens ist ein Zeichen ihrer Demut, und das ruft Bernhard schmerzlich ins Gedächtnis, wie viele in der Kirche, auch und besonders im Kloster, hier noch überheblicher geworden sind als einst in der Welt. Das reißt ihn weiter, über andere mönchische Laster zu predigen,[483] so daß man hier schon einen Vorgriff auf die *Apologie* erkennt. Mit einem erneuten Bescheidenheits-Topos und der Widmung an Maria schließt das Werk.

Die Marienverehrung Bernhards und die des Mittelalters überhaupt darf freilich nicht zu dem Fehlschluß verleiten, ihm oder der Epoche ein positives Frauenbild zuzuschreiben – was er und seine Brüder von ihrer Schwester dachten, wurde bereits berichtet.[484] Der monastischen und gesamtmittelalterlichen machistischen Ideologie entsprechend, ist auch für Bernhard das Weibliche eine menschliche Conditio, die negativ besetzt ist und überwunden werden muß. So gibt es für ihn auch nichts Verwunderlicheres, als daß der menschgewordene Gott sich zum Gehorsam einer Frau gegenüber bequemte.[485] Während Maria die große Ausnahme darstellt, sind die Frauen als lebende Menschen dagegen eine vom Kloster ferngehaltene Species, bleiben vor den Mauern der Siedlung der „Heiligen“ (wie sich die Zisterzienser selbst nannten[486]). Gewiß hatte Bernhard an der „Feminisierung“ der religiösen Sprache Anteil, die sich im 12. Jahrhundert vollzog;[487] auch das in der feministischen Mediävistik als angeblich typisch weibliches Sprechen von Gott gefeierte Motiv „Christus unsere Mutter"[488] kommt bei ihm (wie bei vielen anderen Autoren) früher vor[489] als bei irgendeiner Mystikerin. Trotzdem hatte dies keinen Einfluß auf das generelle Verhalten diesem Geschlecht gegenüber. Ausgenommen war nur die eine oder andere hochadelige Dame.[490] Das Thema der Brautmystik läßt Bernhard zwar oft zu metaphorischen Formulierungen greifen, die der Sphäre des Weiblichen entstammen;[491] auch spricht er etwa von den fraulich weichen Schultern der Mönche, die keine Bürden für Männer tragen können.[492] Doch solche Metaphern blieben wie der Marienkult in einer Sphäre, die nicht auf das reale Leben übergriff.[493]

Clairvaux oder Cluny?

Es gab freilich auch Niederlagen, die Bernhard ertragen mußte. Einer seiner Vettern, der 1114 in Cîteaux eingetreten und dann Bernhard nach Clairvaux gefolgt war, Robert von Châtillon,[494] hatte dieses Kloster im Herbst 1119 während einer Abwesenheit des Abtes verlassen. Dieser Robert war nämlich von seinen Eltern als Oblate, jedoch anscheinend ohne die von der *Benediktusregel* vorgeschriebenen Zeremonien, dem hl. Petrus nach Cluny verlobt worden. Angesichts des geschilderten harten Lebens unter seinem Vetter erinnerte sich Robert wohl immer öfter daran, daß er ja eigentlich nach Cluny gehöre, wo man Gott auf wesentlich bequemere Art diente. Vielleicht auf seine Bitte hin schickte der dortige Abt seinen Großprior zu den Zisterziensern, der den jungen Mann nach Cluny brachte. Das Interesse der dortigen Ordensleitung muß in den Besitzungen des Adeligen gelegen haben, die ja bei einem 'transitus' dem Mönch zu folgen pflegten. Deswegen entwickelten sich immer wieder Zwiste zwischen den einzelnen Orden und Klöstern, seitdem ab dem späten 11. Jahrhundert anstelle der vormaligen Einheit des benediktinischen Mönchtums eine Vielfalt monastischer Formen getreten war. Nachdem 1120 Papst Kalixt II. die Angelegenheit Roberts abgesegnet hatte, wiewohl er die enge Bindung des Heiligen Stuhles an Cluny nicht weiterführte, sondern ein so großer Verehrer von Cîteaux war, daß er dort sein Herz bestatten ließ,[495] blieb ein Rechtsstreit ausgeschlossen. Außerdem besaß Cluny für solche Fälle schon seit Ende des 11. Jahrhunderts entsprechende Privilegien.[496]

Aus uns unbekannten Gründen wartete Bernhard anscheinend bis ins Frühjahr 1125, ehe er dem Abtrünnigen einen hinreißenden Brief schrieb, der manches von einem Thema anklingen ließ – die Rivalität mit dem nahe gelegenen Cluny –, das Bernhard und viele andere Mönche auf beiden Seiten weit über die nächsten Jahre hinaus beschäftigen sollte.[497] Offenbar war es nun durch die Ausbreitung der Reformer, die von Cluny zunächst begünstigt worden waren,[498] zu Spannungen gekommen. Dieses Schreiben

setzten die Zisterzienser an den Beginn der Briefsammlung Bernhards, da es
– ein Wunder, das freilich gerade in der cluniazensischen Hagiographie bereits zu lesen stand[499] – bei einem anhebenden Regenguß unversehrt geblieben war, obschon Bernhard es im Freien diktiert hatte.[500] Das Werk ist
aber auch ohnedies von Interesse, da es sowohl ein Licht auf die Menschen-
führung des jungen Abtes und den Alltag in Clairvaux wirft, als auch auf
einen der hervorstechendsten Charakterzüge des Verfassers: seine intensive
Fähigkeit zu lieben und dies auch auszudrücken.

„Me miserum, quod te careo, quod te non video, quod sine te vivo, pro
quo mori mihi vivere est, sine quo vivere mori.“[501] „Ich Unglücklicher, daß
ich Dich entbehre, daß ich Dich nicht sehe, daß ich ohne Dich lebe, für den
zu sterben mir Leben ist und ohne den zu leben Sterben.“ Ein Schrei wie aus
einem Liebesbrief – und es ist ein Liebesbrief, ohne daß unbedingt an Homosexualität zu denken wäre –, geschickt verknüpft mit einem Zitat des
Apostel Paulus’, Bernhards Lieblingsautor.[502] Bernhard bekennt sich
schuldig, den Empfindsamen allzu hart und unmenschlich behandelt zu
haben: „tenerum durus nimis inhumane tractavi.“[503] Worin bestand das konkret? Ganz offensichtlich in den Strafen, die Bernhard als Abt im Kapitelsaal verhängte und die gemäß der *Benediktusregel* in Auspeitschungen be-
standen, der ‘disciplina’.[504] Die Bibelstellen, die Bernhard hier zu seiner
Verteidigung anführt, handeln nämlich alle davon, daß man seinen Sohn
prügeln muß, wenn man ihn liebt,[505] und eben dies empfahl er ja auch anderen Äbten gegenüber problematischen Mönchen.[506] Solche im Kapitelsaal öffentlich vollzogenen Züchtigungen wurden zu Bernhards Zeit, wie
Abt Petrus von Cluny zustimmend über Matthäus von Albano erzählt, „san-
guinolentis uerberibus ... ferro, compedibus, et diuersi generis uinculis“,[507]
„mit Schlägen bis aufs Blut, Eisenbanden und verschiedenen Arten von Fesseln“ sowie unterirdischer Dunkelhaft vollzogen. Diese Form institutionali-
sierter Gewalt war im klösterlichen Alltag so üblich, daß davon normaler-
weise überhaupt kein Aufsehen gemacht wurde; nur wenn sich Äbte richtig-
gehend sadistische Strafen einfallen ließen, erwähnt sie der eine oder andere
Chronist.[508]

Aber ich habe mich geändert, schreibt Bernhard: „den Du zuvor als Meister gefürchtet hast, umarme ihn in Sicherheit als Gefährten! ... Du bist vor
einem Wilden geflohen, kehre zu einem Zahmen zurück!“ Ein anderer
würde ihm drohen, weil er „von den Kutten zu den Pelzen, von den Ge-
müsen zu den Genüssen“ übergelaufen, Bernhard lockt nur mit Liebe und
Vergebung.[509] War dies schon eine erste Anspielung auf die wesentlich bequemeren Lebensverhältnisse in Cluny, so folgen nun gehäuft weitere Hiebe
auf die Benediktiner. Dabei ist zu berücksichtigen, daß dieser Brief, wie so
viele Bernhards und des Mittelalters überhaupt,[510] keineswegs nur vom
Adressaten gelesen werden sollte, sondern zugleich als rhetorisch meister-

liche Kritik an den Konkurrenten zur Zirkulation innerhalb und außerhalb der monastischen Welt bestimmt war.

Kann das Heil mehr in gepflegten Kleidern und opulenten Mahlzeiten liegen als in der bescheidenen Lebensweise der Zisterzienser? In langen Pelzen und kostbaren Stoffen? Besonders die Kochkunst der Cluniazenser ärgerte Bernhard, dem sowohl seine Einstellung als auch seine Krankheit dies alles unzugänglich machte: Was haben Wein, Weißbrot, Met, Fett, Pfeffer, Ingwer, Kümmel, Salbei auf dem Tisch des Refektoriums zu suchen? „Mit Gebratenem wird nicht die Seele gemästet, sondern das Fleisch!"[511] Wenn man arbeitet, anstatt zu faulenzen (was damit den Cluniazensern unterstellt wird), so gelten Gemüse und Grütze als Leckerbissen.[512]

Der Großprior, so Bernhard, erschien als Wolf im Schafspelz, der ein neues *Evangelium* predigt (eigentlich ein Häresievorwurf!), sogar Trunksucht empfiehlt, jede Askese dagegen mit Argumenten gesunden Menschenverstandes („Wozu hat Gott uns denn einen Leib gegeben?") und Bibelsprüchen (z. B. Eph 5, 29) verwirft: „Wann freut sich denn Gott über unsere Quälereien? Wo schreibt die Schrift einem vor, er müsse sich umbringen?"[513] Ins Benediktinerkloster „entführt", stellte er Robert, um ihm zu schmeicheln, höher als früher eingetretene Mönche (kein direkter Verstoß gegen die Regel, aber nach dieser doch nur in sehr berechtigten Fällen zulässig[514]). „Quam multa facta sunt pro unius animulae perditione!"[515] „Was alles hat man unternommen zum Verderben einer kleinen Seele!" Bernhard ist es sehr ernst damit: eine Seele, für die Christus gestorben ist, ist im Begriff zugrunde zu gehen, weil die Cluniazenser das wollen.[516]

In dramatischer Weise appelliert der Zisterzienser an das Urteil Gottes: Beim Jüngsten Gericht werden die Cluniazenser schon sehen, schreibt er, „was eher bleiben soll, entweder das Gelübde des Vaters über den Sohn, oder das des Sohnes über sich selbst". Und der hl. Benedikt wird schon sehen, ob seiner Regel das gerechter geworden wäre, was „mit dem kleinen Kind, das von sich selbst nichts wußte, gemacht wurde, oder das, was er selbst und selbständig, bewußt und überlegt tat, als er alt genug war, für sich selbst zu sprechen".[517] Das Argument der Selbstbestimmung, der Respektierung des eigenen Willens, widerspricht hier in aller Deutlichkeit der benediktinischen Tradition und verkörpert damit einen Schritt hin zum Ideal der Freiheit des Individuums. Gerade die Zisterzienser verzichteten auf durch alleinigen Elternwillen gemönchte Kinder im Kloster, verzichteten auf die Oblaten, auf die von ihren Eltern in lebenslänglich bindender Form einem Kloster übergebene „Opfer" (sowohl im mittelalterlich-theologischen als auch im modern humanen Sinn), aus denen sich die Benediktiner großteils rekrutierten.[518] Die Reformer wünschten eine freie und mündige Entscheidung für ihre harte Lebensform, da ihnen nicht der äußerliche, halbmagische Formzwang, sondern die innere Entscheidung wesentlich war. Außerdem scheinen Mönche, die schon seit früher Jugend im Kloster lebten, dies bisweilen als Garantie eines ohnehin sündenfreien Daseins empfunden zu haben.[519] Deshalb nahmen die Zisterzienser nur Petenten auf, die das fünfzehnte Lebensjahr erreicht hatten.[520]

Bernhard stilisiert sich geradezu als Vater, der einen Sohn verloren hat, den er durch Wort und Beispiel für das Mönchsleben zeugte und aufzog – eine Metapher, die in jenen Kreisen nicht so selten war und durch den Abtstitel ('abbas' heißt ja 'Vater') nahelag. Nochmals ein Beispiel für Bernhards Affektivität: „Tu quoque de sinu mihi et utero abscisus es … Non possum oblivisci viscera mea, quorum nimirum parte detracta non modica, non potest nisi torqueri pars reliqua".[521] „Auch Du bist mir von meinem Schoß und aus meinem Leibesinneren entrissen worden … Ich kann mein Innerstes nicht vergessen, kann doch der Rest nichts anderes tun, als Folterqualen zu leiden, da ihm ein keineswegs geringer Teil entzogen wurde."

Doch dem Zuckerbrot folgt die Peitsche: Denke an das unauslöschliche Feuer, die äußerste Finsternis, das ewige Heulen und Zähneknirschen[522] – die Hölle. Ohne daß Bernhard die christliche Drohbotschaft ausbreiten würde, läßt er sie doch in ein paar Sätzen präsent werden: 'memento inferni'! Dann wieder die Erinnerung an die ritterliche Herkunft Roberts, die die alte und von den zeitgenössischen Kirchenschriftstellern geliebte Metapher des Klosterlebens als Kampf für Christus[523] evozieren soll: die Feinde (d. h. die Dämonen) sind nahe, ergreife die Waffen (d. h. die strenge Lebensführung), begib Dich in das Heer Deiner Brüder (der Zisterzienser), dann „werden die Engel an Deiner Seite stehen, wird Dir als Führer im Krieg Christus vorangehen, der die Seinen zum Sieg begeistert … "[524] Fliehst Du nicht, ist Dir der Sieg gewiß, magst Du auch fallen – welche Heilsgewißheit Bernhard hier doch ob seiner Lebensform ausstrahlt! Doch die letzten Worte des Abtes an seinen Vetter sind nochmals dumpfe Drohung: Wenn mein Brief bei Dir zu keiner Besserung führt, dann muß Gott Dir eine desto größere Verdammung („maiorem damnationem"[525]) zuteil werden lassen! Schon dieses frühe Schreiben Bernhards ist ein Meisterwerk an Schmeichelei mit leichten Untertönen der Bedrohung, ein Manifest unbändiger Liebe und Fürsorge, ein Beispiel für Kritik, die aber Tür und Tor zur Versöhnung offenläßt.

Es mag durchaus die Kränkung gewesen sein, die Bernhard diese Zeilen entwerfen ließ, daß einer aus seinem Clan so schmählich desertiert war, und das seinetwegen – aber wovon er selbst überzeugt war, war, daß er wirklich eine Seele vor den auf sie lauernden Todsünden zu bewahren hatte, denen sie im verweichlichten Cluny nicht entgehen konnte. Und noch einige Jahre später schrieb er einem anderen Abt, dem ähnlich einer seiner Mönche entlaufen war, er trauere immer noch um Robert.[526] Dieser kehrte erst viele Jahre später mit Einwilligung des Abtes Petrus[527] nach Clairvaux zurück, und Bernhard machte ihn dann zum Abt eines Klosters bei Bourges.[528]

Prädestination und Heilsweg

Die Betonung Bernhards, das Heil sei eigentlich bei den Benediktinern nicht zu erlangen, wirft die Frage auf, ob der Abt tatsächlich nur seinen eigenen Ordensangehörigen eine Möglichkeit auf Errettung nach dem Tode zubilligte. Daß er nur in einem der strengsten Orden, vorab in dem seinigen, aber auch dem der Kartäuser, eine reelle Chance sah, so viele Sünden zu vermeiden, daß das Jüngste Gericht nicht mit einem Schuldspruch enden würde, ist unbezweifelbar; ausschließlich solche Fälle eines 'transitus' konnte er billigen. Wenn jemand dagegen von einem strengeren Orden, also den Zisterziensern, zu einem milderen, also den Cluniazensern, überlaufe, dann dürfte er für das Reich Gottes nicht geeignet sein (so Bernhard 1133 in einem Brief[529]).

Nun glaubte natürlich auch Bernhard wie die sonstigen Theologen seiner Zeit[530] an das von Augustinus vorgegebene Prädestinationsdogma.[531] Dieser einflußreichste der Kirchenväter hatte gelehrt: Aufgrund der Erbsünde wurde die Menschheit insgesamt zu einer „massa damnationis" oder „massa damnata", einer der Hölle verfallenen Menge, von der die göttliche Barmherzigkeit nur wenige begnadigt[532]. Die anderen sind nach Gottes Willen – „quia voluit" – so geschaffen, daß sie schwer sündigen und deshalb den ewigen Höllenpeinen verfallen werden[533]. Dies blieb im Mittelalter die orthodoxe Vorstellung; wer dagegen ankämpfte, galt als Ketzer. Selbst einem schon zu einem humanisierteren Gottesbild geneigten Theologen wie Anselm von Canterbury (1033–1109), von dem Bernhard einiges gekannt haben dürfte, schien es ganz unmöglich, die Barmherzigkeit Gottes könne größer sein als seine Gerechtigkeit, d. h. seine Rache[534].

Bernhard schreibt: „Beiderseits steht er fest, der Spruch der Ewigkeit, sowohl über die, die gerettet werden, wie über die, die zugrunde gehen."[535] Sein unermüdliches Werben um Novizen für sein Kloster, die dauernden Neugründungen, sind sicher vor dem Hintergrund dieser Lehre zu sehen: Er geht darauf in einem längerem Brief, schon ein Traktat über Vorherbestimmung, Bekehrung und Rechtfertigung, ein, den er an den englischen Probst Thomas von Beverley sandte, der versprochen hatte, Zisterzienser zu werden, dies jedoch hinauszögerte. Nachdem Bernhard die Prädestinationslehre mit vielen Paulus-Zitaten zusammengefaßt hat,[536] insinuiert er sehr geschickt, auch Thomas dürfe sich zu den Auserwählten rechnen, denn wem die Gnade den Geist der Reue gesandt hat, der erkennt, nicht zu den Verdammten, sondern zu den Geretteten zu gehören. Damit diese den ihnen bereiteten Weg zum Heil beschreiten, gibt ihnen Gott (wie Bernhard mit Augustinus meint[537]) ein Zeichen: die Einsicht, das Leben ändern zu müssen.[538] Diese hatte Thomas offensichtlich schon erlangt – warum kommt er dann nicht nach Clairvaux? Jetzt ist es Zeit, die Tat sprechen zu lassen, und nicht den Federkiel![539]

Doch Bernhard mahnte vergeblich – Thomas „wurde durch einen plötzlichen und fürchterlichen Tod hinweggerafft ... doppelt ein Sohn der
Hölle". Ein trauriges Exempel, das Bernhard auch nicht verabsäumte, anderen Zauderern vor Augen zu halten.[540] Denn nach seinem Denken war es
unerläßlich, der Gnade, die von Gott ohne Verdienst geschenkt wurde,
durch eigene Leistung würdig zu werden, d. h., die Gnade zu rechtfertigen.
Er sollte dies bald in einem ebenfalls an Augustinus orientierten Traktat dar-
legen.[541]

Mit der Vorausbestimmung zur Errettung ermutigte er seine Mönche. Als
er in einer Festtagspredigt über die Prädestination sprach, sagte er ihnen:
„Es scheint mir, daß ich doch einige Zeichen euerer Berufung und Rechtfertigung am Verhalten euerer Demut erkenne ... Daher, Geliebteste, verbleibt unter der Disziplin, die ihr auf euch genommen habt, um durch die
Demut zur Erhöhung aufzusteigen (per humilitatem ad sublimitatem), denn
dies ist der Weg – und es gibt keinen anderen außer ihm! Wer anderswo geht,
fällt eher, als hinanzusteigen ..."[542] Nimmt man diese Aussage wörtlich,
gibt es so gut wie keine Rettung für die, die in der Welt leben.

In einer Predigt, die er einmal vor den zum Generalkapitel in Cîteaux versammelten Äbten hielt,[543] breitete er seine Sicht von der christlichen Gesellschaft und ihren Heilswegen in prägnanten Metaphern aus: das weite Meer
der Welt, das irdische Leben, durchqueren die Lenker der Kirche zu Schiff,
die Mönche vermittels einer Brücke, die Laien über eine Furt. Von letzteren
„bedauern wir, daß so viele dabei zugrunde gehen, wir so wenige sehen, die
ans Ziel gelangen, wie es nötig ist. Sehr schwierig ist es nämlich, zumal in
diesen Tagen, in denen die Bosheit allzusehr erstarkt ist, zwischen den
Wogen dieser Welt den Strudel der Laster und die Gruben der Hauptsünden
zu vermeiden."[544] Auch das Schiff der Prälaten ist von Gefahren umgeben.
Die Mönche aber benutzen den kürzeren und sichereren Übergang, die
Brücke. Freilich ist dieser Übergang schmal – Bernhard bedient sich hier
eines unbiblischen, aber im Mittelalter durch Visionen weitverbreiteten
Bildes[545] –, doch gibt es drei feste Planken: körperliche Kasteiung, Armut
an Gütern und demütigen Gehorsam.[546] Da Bernhard von seinen Worten
überzeugt war, mußte er sich also mit aller Macht um die Einbringung von
Seelen in den sicheren Hafen seines Klosters bemühen, und das tat er auch,
indem er die persönliche Faszination einsetzte, die er auf seine Mitmenschen auszuüben vermochte.

„Apologie" (1124/25)

Zwischen 1121 und 1126, nach der Communis opinio am ehesten 1124 oder 25, stellte Bernhard eine Schrift fertig, deren baldige Zirkulation seinen Namen in den Klöstern weiter bekannt machte und auch bald die eine oder andere Erwiderung fand.[547] Ehe wir auf das Werk kurz eingehen, müssen wir die Situation in der Geschichte des Mönchtums betrachten, die seinem Entstehen zugrunde liegen.

Seit der Vereinheitlichung des frühmittelalterlichen Ordenslebens durch den Generalabt Benedikt von Aniane († 821) bis ins 11. Jahrhundert war in der lateinischen Christenheit (bis auf einige Randgebiete) Mönchtum und Benediktinertum identisch. Es gab keine Alternativen. Das monastische Hochmittelalter dagegen wird gekennzeichnet von einer grundlegenden Veränderung: parallel zu einer ebenso in anderen Lebensbereichen nachweisbaren Pluralisierung kommt es auch hier zu einer vordem unbekannten Vielfalt[548]: im ausgehenden 11. und im 12. Jahrhundert entsteht eine ganze Reihe neuer Orden: die Gramontenser (1076/77), Kartäuser (1078), Zisterzienser (1098), Fontevrault (1101), Prämonstratenser (1120) u. a. Innerhalb des Benediktinerordens hatten sich zuvor schon neue Kongregationen gebildet, wie die der Camaldulenser (Anfang 11. Jh.). Sie alle wollten zurück zu den Idealen der Urkirche oder des frühen Mönchtums. Fortan sollte es eine sich vermehrende Zahl von Orden innerhalb der katholischen Kirche geben, die mit den „schwarzen Mönchen" und untereinander in Konkurrenz standen. „Wieso geschehen so viele Neuerungen in der Kirche Gottes? Wieso entstehen in ihr so viele Orden?"[549] fragten schon Zeitgenossen.

Es ist hierin wohl eine von Frankreich, der kulturell fortgeschrittensten Region Europas, ausgehende Antwort auf die Verunsicherung der Gläubigen durch den Investiturstreit zu sehen, dessen „geistliche Kriegsführung" mit dauernden Interdikten und Exkommunikationen viele Mächtige der Welt nach einem Heilsgewißheit versprechenden Refugium suchen ließ, das die Benediktiner aufgrund ihrer Verwicklung in die Auseinandersetzungen zwischen Kirche und Reich manchen nicht mehr so recht zu bieten schienen. Es handelte sich aber auch um eine Reaktion auf die „Krise des älteren Mönchtums",[550] d. h. sein faktisches Abgehen namentlich von der Armutsverpflichtung. Dies erschien besonders augenfällig bei der bedeutendsten Benediktinerkongregation der Zeit, den Cluniazensern, deren überaus reichhaltige und raffinierte Mahlzeiten oder kostbare Kleidung nicht minder Kritik hervorriefen als das prunkende Auftreten ihres Abtes mit seinem riesigem Gefolge oder die Schätze in ihren Kirchen. Die Divergenzen zwischen den (damaligen!) Zisterziensern und Cluniazensern lassen sich folgendermaßen zusammenfassen: „Cîteaux geht auf Einsamkeit aus, auf Schweigen, auf Armut, auf Handarbeit, auf intellektuelle Demut, auf die Trennung von der Welt (weswegen die Abteikirchen für das Volk nicht zugänglich waren). Cluny hält sich – im Prinzip – gewiß an alle diese Werte, denn sie stehen in der Regel, aber es mäßigt sie alle in Anpassung an die menschliche Schwäche und an die irdische Befindlichkeit des Menschen. Statt der Einsamkeit ein gewisser Handel und Wandel zwischen den Mönchen und mit der Welt. Statt der Entäußerung ein moderater Gebrauch der angenehmen Dinge des Lebens und der Einsatz von Schönheit und Reichtum im Gottesdienst. Statt der Arbeit die liturgischen Offizien und der Psalmgesang. Statt der Strenge bei der körperlichen Disziplin eine vernünftige Bequemlichkeit."[551] „In Cluny sang man den ganzen Tag lang, erzog Kinder [die Oblaten[552]], empfing Pilger, speiste Arme auf die Gefahr hin, sich zu ruinieren, verehrte Reliquien, die gut dafür waren, Wunder zu tun. Man setzte sich offenbar großen Risiken aus, aber man sang den Ruhm Gottes. In Cîteaux nahm man keine Kinder an, bot man keine [liturgischen] Schauspiele, sang man von der Armut Christi, seiner Inkarnation, seiner Güte . . ."[553] „In Cluny trat der Mensch ins Mysterium ein, in Cîteaux das Mysterium in den Menschen."[554] In Cluny, sollte hinzugefügt werden, widmete man sich so intensiv dem Totenkult, daß man das benediktinische Kloster als Zentrum einer Nekropole beschreiben kann.[555] In Cîteaux dagegen war diese Devotion damals noch so wenig bedeutend, daß es weder Jahresgedächtnisse für die Verstorbenen gab noch die Feier des Allerseelenfestes.[556] Worin sich Clairvaux freilich Cluny anglich, das war in der Auswahl seiner Chormönche, die einer Elite angehören mußten, sei es durch Herkunft oder durch Bildung, wie schon ein Zeitgenosse vermerkte.[557]

Aus Bernhards Einleitung zur *Apologie* und einem wohl etwas früheren Brief[558] geht hervor, daß Wilhelm von Saint-Thierry ihn gebeten hatte, ihm etwas Schriftliches in die Hand zu geben, das seinen diesbezüglichen Standpunkt gegenüber Cluny, dem auch Wilhelms Kloster angehörte, authentisch darlege, gleichzeitig aber auch Punkte in der Praxis benediktinischen Lebens angreifen sollte, mit denen Wilhelm als Vertreter der Reformpartei innerhalb des Ordens selbst nicht einverstanden war.[559] Bernhard spricht ausdrücklich diese schwachen Kräfte an, die sich gegen die laxere Majorität noch nicht durchsetzen können.[560] Vermutlich fühlte Wilhelm sich verunsichert, da wenigstens zwei Mönche seines Konvents ihn verlassen hatten, um unter Bernhard weiter Gott zu dienen.[561] Als er seine Vita Bernhards verfaßte, ging er auffallenderweise mit keinem Wort auf die *Apologie* ein.

Ob sich Bernhards Schilderung der Situation primär noch auf die Regierungszeit des umstrittenen und sogar zur Abdankung gezwungenen 7. Abtes von Cluny, Pontius (reg. 1109–1122)[562], oder doch schon auf die seines Nachfolgers Petrus (reg. 1122–1156) bezieht, ist zweifelhaft. Stimmt die allgemein vertretene Datierung der Schrift, erschiene ein Rückgriff auf die Situation während des früheren Abbatiats wohl als weniger zweckmäßig. Folgt man dagegen der Frühdatierung von Holdsworth[563] auf 1122, so würde ein Bezug auf Pontius wahrscheinlich. Nach der Ordensüberlieferung soll der 'transitus' des jüngeren Amadeus von Clermont (später Bischof von Lausanne[564]) aus der Zisterze Bonnevaux nach Cluny Anlaß zu dem Konflikt zwischen den beiden Orden gewesen sein, den Bernhard mit der *Apologia* zu beschwichtigen gesucht habe.[565]

Die Abhandlung, wie sie uns heute überliefert ist, besteht aus zwei Teilen und ist, wie es in einer Handschrift heißt, „excusatorius et invectorius", eine Entschuldigung und ein Angriff.[566] Nur der erste Teil ist zurecht als Apologie gekennzeichnet, wogegen der zweite richtiger 'invectio' ('Kritik') heißen müßte. Anscheinend wurden hier schon früh zwei Werke, ein apologetischer Traktat für Wilhelm und eine ältere Kritik an cluniazensischen Praktiken, von Bernhard für den Augustinerchorherrn Oger verfaßt, miteinander zu einem Text verbunden.[567] Letzterer zeigte Wilhelm dieses Werk ohne Wissen Bernhards, was dieser aber akzeptierte.[568] Nach einem Brief Bernhards, der zeitlich nicht genau anzusetzen ist, wollte Wilhelm aber gerade ein solches zweiteiliges Werk,[569] wie es Bernhard ihm dann auch schickte.

Zunächst läßt Bernhard seiner meisterlich formulierten Ironie freien Lauf: Man beklage sich, daß „wir Ärmsten der Menschen" aus unseren „Höhlen" heraus die Welt richten und sogar „Eueren glorreichsten Orden herabsetzen und die Heiligen, die löblich darin leben, schamlos herabwürdigen". „In Schafskleidern, freilich nicht als reißende Wölfe, sondern beißende Flöhe oder vielmehr zerstörerische Motten zernagen wir die Lebensweise der Guten im Geheimen, da wir es offen nicht wagen ...".[570] Wenn dies stimmte, wenn wir tatsächlich ohne Demut andere verleumdeten, antwortet Bernhard, wären wir damit auf dem Weg zur Hölle. Was wären wir doch für Dummköpfe, uns da noch mit Askese und Arbeit abzumühen und keinen bequemeren Weg dorthin zu gehen! Wehe über die, die so zwar an Christi Leiden teilhätten, aber nicht an seiner Demut!

Für sich weist Bernhard jeden Vorwurf zurück, die Benediktiner irgendwie angegriffen zu haben. Wilhelm, „von dem mir bekannt ist, daß ich ihm bekannt bin, soweit in dieser Dunkelheit [des irdischen Daseins] ein Mensch dem anderen bekannt werden kann",[571] wird dies ohnehin nicht glauben. Aber für alle anderen schreibt Bernhard expressis verbis: „Ich habe es gesagt und sage es: die Lebensweise [der Benediktiner] ist heilig, ehrbar, geziert von Keuschheit, vortrefflich durch Unterscheidungsgabe, von den Vätern eingerichtet, vom Heiligen Geist geleitet und nicht wenig dazu geeignet, Seelen zu retten."[572] Mit vielen Cluniazensern hat Bernhard schon öffentlich und privat gesprochen, er hat an ihren Kapiteln teilgenommen, sich ihren Gebeten empfohlen und jedem abgeraten, den Orden etwa zugunsten der Zisterzienser zu verlassen (das alles ist freilich nur eine Teilwahrheit, wenn man sich an die Briefe erinnert, die Bernhard Robert geschrieben hatte[573]).

Bernhard legt nun ein Bekenntnis zu einem pluralistischen Mönchtum ab, das er mit dem vielfarbigen ungenähten Rock Christi (Io 19, 23), zugleich Kleid der Kirche, vergleicht, der ungeteilt ist wie die unauflösliche Liebe. Jedem teilt der Geist seine besondere Gabe zu, aber es wirkt ein und derselbe Geist. „Ob wir Cluniazenser sind, ob Zisterzienser, ob Regularkleriker, ob sogar nur gläubige Laien, jeder Orden also, jede Sprache, jedes Geschlecht, jedes Alter, jeder Stand ..." kann Gottes Gaben empfangen[574] (was er allerdings nicht thematisiert, aber an anderer Stelle zum Ausdruck bringt, ist, daß er all diesen anderen möglichen Lebensformen eine ungleich geringere Chance auf Errettung zubilligte als dem eigenen Orden[575]). Warum er dann nicht in Cluny Mönch geworden sei, wenn die Cluniazenser ohnehin einen so untadeligen Orden darstellen, dieser Frage kommt Bernhard mit bewundernswerter Eleganz zuvor, indem er auf die bekannte Metapher von der Sünde als Krankheit rekurriert: einem größeren Sünder wie ihm war eine stärkere Medizin vonnöten als minder „Kranken".[576]

Der nicht nahtlos folgende zweite Teil des Traktats, von dem handschriftlich u. a. der treffende Titel „gegen die überflüssigen Dinge bei den Cluniazensern"[577] überliefert ist, bringt nun die oft zitierten Einblicke in das Leben weniger streng geführter Klöster. Gewiß, Bernhard schreibt in karikierender Übertreibung, aber als Augenzeuge und aufgrund verläßlicher Informationen.[578] Seine Schilderungen sind in der Tat durch andere Quellen, darunter sogar Briefen des Abts von Cluny[579] selbst, zu erhärten. Schon Petrus Damiani waren im vorigen Jahrhundert die üppigen Mahlzeiten in Cluny aufgefallen;[580] etwas später dem Eremiten Rainald;[581] die Vielzahl der gereichten Fischsorten bestätigen die ordenseigenen Consuetudines;[582] die seidene und weltliche Kleidung der Mönche der Abt von Cluny selbst[583] usw. Auch wurden die reiche Kleidung und das opulente Essen der Benediktiner jener Zeit von Laien geradezu als üblicherweise zum Klosterleben dazugehörig erwähnt.[584]

Am Ende des ersten Teils hatte Bernhard noch mit harten Worten anderen Angehörigen seines Ordens verboten, ähnliche Vorwürfe zu verbreiten, wobei er mehrfach auf das Matthäuswort (7, 5) vom Balken im eigenen Auge verwies. Ja, er brachte sogar Argumente aus der *Bibel*, die z. B. für das kritisierte Essen von Fleisch sprechen.[585] Nun setzt er aber selber zu einer Kritik an, die er am Ende des ersten Teils mit einem berühmten Dictum des heiligen Kirchenlehrers und Papstes Gregors d. Gr. absichert: „Melius est ut scandalum oriatur, quam veritas relinquatur".[586] „Besser Anstoß zu erregen als die Wahrheit zu verlassen."

Da geht e s um ganz konkrete Dinge: Zunächst um die Kochkunst der Cluniazenser, an der sich der magenleidende und magersüchtige Zisterzienser sicher auch persönlich gestoßen hat.[587] Des Fleisches enthalten sie sich zwar in der Regel (obgleich manche dies umgehen, indem sie sich krank melden[588]), aber von Fischen werden vier bis fünf Gänge serviert, die mit ihren Saucen und Würzen dazu verführen, sich an ihnen zu überessen (man vermied einen Regelverstoß ganz rabulistisch, indem man die überzähligen Gänge einfach nicht segnete, weshalb sie nicht zählten[589]). Bernhard zählt eine ganze Speisekarte von unterschiedlichen Eiergerichten auf. Alles ist nicht nur ein Gaumen-, sondern auch ein Augenschmaus.[590] Das Gleiche gilt von den verschiedenen Weinen, die sie nicht einfach trinken, sondern so genießerisch wie kenntnisreich goutieren. An Feiertagen werden Getränke sogar mit Honig und Gewürzen versetzt (was nach ihren eigenen Vorschriften verboten gewesen wäre[591]) und bis zur Trunkenheit vertilgt.[592] Und nach solchen kulinarischen Exzessen verschlafen sie die kostbare Zeit – und das auch noch, horribile dictu, nackt[593] (was seit Benedikt streng verpönt war, um unkeusche Berührungen zu erschweren[594]).

Dann der Kleiderprunk: In der Urkirche gab es nicht, wie bei den Benediktinern, Samt und Seide – Bernhard verwendet hierfür sicher intentionell zwei mittellateinische Worte, die weder in der klassischen Sprache noch im biblischen Latein vorkamen, „galabrunum aut isembrunum",[595] um die unschickliche Neuartigkeit zu unterstreichen. Es gab auch nicht Maultiere um 200 Golddenare, Decken aus Katzenfell oder buntem Brokat ... „Jeder Weltmensch, wie hochgestellt auch immer, sogar wenn er ein König, sogar wenn er der Kaiser wäre, würde trotzdem diese Kleidung nicht verschmähen ..."[596] Und nun folgt eine Schilderung der bei den Kaufleuten herumstöbernden Mönche auf der Suche nach den besten Stoffen, ja nach modischen Extravaganzen,[597] die einmal mehr zeigt, daß man sich das benediktinische Klosterleben der Zeit keineswegs als eine Existenz klausurierter Weltferne vorstellen darf. Der Cluniazenserabt Petrus versuchte später, dies abzustellen, zumal nach der Regel[598] die Kleidung ohnehin nicht von den einzelnen, sondern nur vom 'camerarius' hätte besorgt werden dürfen. Gewiß, das Wesen des Mönchtums besteht nicht in der Kleidung. Aber: „Weiche Kleider weisen auf die Verweichlichung des Denkens!"[599] Eine notwendige Analogie von Innerem und Äußerem anzunehmen war eine Grundstruktur der mittelalterlichen Mentalität, die nur selten durchbrochen wurde.[600]

Schuld an derartigen Verfehlungen sind sicher die Vorsteher, die solches zulassen. Aber sind sie nicht vielmehr Feudalherrn als Priester? Bernhard belegt hier, was tausendfach durch andere Quellen bestätigt wird: die Kirchenoberen der Zeit, in der Regel aus dem Adel kommend, lebten wie der Adel. „Ich lüge, wenn ich nicht gesehen habe, daß ein Abt sechzig und mehr Pferde in seinem Gefolge mitführt. Wenn man sie vorbeiziehen sieht, möchte man sagen, dies sind nicht die Väter von Klöstern, sondern die Herren von Burgen, nicht die Lenker der Seelen, sondern die Fürsten der

Länder."[601] Als ob sie in den Krieg zögen oder durch die Wüste, schleppen sie ihren ganzen prunkvollen Hausrat mit sich, auch wieder ein Detail des Alltagslebens, das sich genauso an weltlicher Herren Sitte nachweisen läßt.[602] Konkretes Beispiel war für Bernhard möglicherweise Abt Suger von Saint-Denis, dem er ja seinen übertriebenen „apparatus" vorgeworfen hatte.[603] Der Reichtum von Saint Denis war schließlich allgemein wohlbekannt.[604]

„veniam ad maiora",[605] ich will aber zu Wichtigerem (oder: zu den größeren Mißbräuchen[606]) kommen: die Unmengen an Geld, die die Mönche, statt sie den Armen zu geben, in die Bauwerke und Kunstwerke investieren. Maßlos hoch sind ihre Kirchen, unverschämt lang, überflüssig breit. Und die Bildwerke darin! „Mit Gold bedeckte Reliquien stechen in die Augen, und die Geldbeutel öffnen sich. Man zeigt die wunderschöne Gestalt eines Heiligen oder einer Heiligen, und der gilt um desto heiliger, je bunter er ist. Die Leute drängen sich, ihn zu küssen, werden zu Spenden aufgefordert, und mehr wird die Schönheit bewundert, als die Heiligkeit verehrt."[607] Dann die Rad- und Baumleuchter mit ihren Perlen und Edelsteinen! Alles den Armen vorenthalten! Und die Bodenmosaike, nur zum Zertreten geschaffen? Oft spuckt man da sogar einem Engel ins Gesicht, trampelt auf dem Kopf eines Heiligen umher! – Es sind ohne weiteres entsprechende Objekte zu benennen, die die Entrüstung Bernhards (der offenbar doch nicht immer blind war für seine Umgebung) hervorgerufen haben können: etwa der mit Edelsteinen geschmückte, vergoldete Bronzeleuchter von Cluny, der vergoldete Radleuchter von Saint-Remi in Reims und das dortige Fußbodenmosaik[608] oder jenes von Saint-Denis.[609]

Das alles könnte Bernhard, deutet er an, für die Kirchen des Weltklerus, der ja damit die einfachen Leute ansprechen mag, noch akzeptieren.[610] Aber in den Klöstern? Vor den Augen der lesenden Brüder? „Was macht da jene lächerliche Monstrosität, jene erstaunliche unschöne Schönheit und schöne Unschönheit (deformis formositas ac formosa deformitas)?"[611] Da sind Affen abgebildet, Löwen, Kentauren, Halbmenschen, Tiger, kämpfende Ritter, Jäger, die das Horn blasen. Ein Kopf mit vielen Leibern, ein Leib mit vielen Köpfen, zusammengesetzte Tiergestalten – das verführt doch nur, lieber in den Marmorbildern zu lesen als in den Handschriften und sich den ganzen Tag lang dabei aufzuhalten, statt über Gottes Gesetz zu meditieren. „Bei Gott, wenn man sich schon nicht der Albernheiten schämt, warum verdrießen nicht wenigstens die Kosten!"[612] (Abb. 3)

Zahlreiche Kapitelle, die in französischen Kirchen der Romanik erhalten sind, beweisen, daß jede dieser von Bernhard skizzierten Figuren tatsächlich existierte: Die Kentauren z. B. in Le Puy, Ziegenböcke und Greife in Mozat, geflügelte Vierfüsser mit Menschenkopf in Chauvigny ...[613] Bernhard könnte auch speziell an die phantastischen Tiere im Kreuzgang von Saint-

Denis gedacht haben.[614] Warum füllte man mit solchen Wesen die romanischen Kirchen und Kodizes? Belehrung war ein Grund: Viele dieser Gestalten sind Träger einer subtilen Symbolik, die gelehrte Kleriker und Mönche gut verstanden. Bannung von bösen Wesen ein anderer: In Stein gehauen, werden die Dämonen dienende Träger von Säulen, Gewölben, Archivolten. Ein dritter Abschreckung: Wenn die wirklichen Geister solche Wesen außen am Kirchenbau erblickten, so nahmen sie vielleicht vor ihnen Reißaus.[615]

Eine gewisse Menge dieser unheimlichen Gestalten, von denen man nicht wußte, ob sie nur im Traum existierten oder auch im Wachleben, ob sie Dämonen in ihren Urgestalten waren oder nur Kuriositäten am Rande der zugänglichen Welt, sperrte man, säuberlich klassifiziert, in Bücher ein: Bestiarien, Monstruarien, Tierbücher.[616] Aber das war keine Sache für die Zisterzienser, die diese Form der Wissenschaft gern ihren schwarzgewandeten Ordensbrüdern überließen (sogar in der Volkssprache gab es diese Wissensliteratur schon zur Zeit Bernhards: Philippe de Thaon,[617] *Bestiaire*, 1121/35).

Mit dieser so oft zitierten „Kunstkritik" Bernhards ist der Text auch fast an seinem Ende, denn Ogers Abreise zwingt ihn, auf vieles, was er noch zu sagen hätte, zu verzichten. Nur eine kurze Warnung vor unüberlegtem 'transitus' fügt der Abt noch an und einige verbindliche Schlußzeilen, die sich wieder an Wilhelm zu richten scheinen.

Wie reagierten die Angegriffenen darauf? Wir sind in der glücklichen Lage, wenigstens zwei Antworten benediktinischer Autoren auf Bernhards *Apologia* zu besitzen. Diese beiden anonymen Werke zeigen zunächst einmal eines: die Zeitgenossen Bernhards verstanden diesen Text nicht als camouflierte Kritik an Mißständen in seinem eigenen Orden, wie in einigen Punkten tatsächlich möglich, sondern eben so, wie es der Text eindeutig formuliert: als Angriff auf Usancen der Cluniazenser. Zum anderen lassen sie erkennen, wie verletzend manche Intellektuelle in der monastischen Welt miteinander umgingen, wenn sie unterschiedlicher Auffassung waren. Natürlich ist das Verhältnis von Bernhard und Petrus Venerabilis[618] ein Gegenbeispiel, das beweist, daß man einander auch mit Respekt zu kritisieren vermochte. Daß der Zisterzienserabt selbst auch anders konnte – wohlgemerkt immer benediktinischen Mitbrüdern gegenüber –, zeigt seine Hetzkampagne gegen Abaelard, dem er lieber die Zähne einschlagen möchte, als ihn mit Vernunftgründen zu bekehren (wie er selbst schreibt[619]).

Die eine dieser beiden Antworten muß relativ bald, nachdem die *Apologie* in Zirkulation gesetzt war, entstanden sein. Wir wollen diesen Text mit einem von dem anonymen Verfasser – möglicherweise Hugo, Abt von Reading,[620] – selbst mehrfach verwendeten Gattungsbegriff als *Disputacio*[621] bezeichnen. Aus seinem Anfang geht hervor, daß man unter den Benediktinern verständlicherweise recht begierig war, den bereits weitverbreiteten

Traktat „eines so berühmten Mannes ... eines Mönches von gefeierter Heiligkeit"[622] – das war Bernhard zu dieser Zeit schon – zu lesen. Die *Apologie* wird hier v. a. als bösartige Satire beurteilt, deren Verfasser sich viel zu viel auf seine „nova religio", seinen neuen Orden, einbilde.[623] Oft kehrt der Vorwurf wieder, die Aufgabe des Mönches Bernhard wäre es gewesen, die Fehler seiner Mitbrüder (im weiteren Sinne) zu beweinen, nicht aber sie der Lächerlichkeit preiszugeben, zumal das Lachen dem Mönch verboten ist.[624] „Wie können aus dem heiligen Mund des Mönches [Bernhards] die stinkenden Scherze eines Juvenal einhellig mit Christi Worten zusammen ertönen?"[625]

Zur Verteidigung des in puncto Askese mehr als moderaten benediktinischen Klosterlebens geht der Anonymus die einzelnen konkreten Rügen Bernhards durch, nachdem er generell auf die Berechtigung einer solchen Interpretation der Regel verwiesen hat. Was das angeblich zu reichliche Essen betrifft, so erinnert er ganz einleuchtend an die monastischen Pflichten seines Ordens, die dazu gar nicht die Zeit ließen: „Den Mönchen wird aber ungerechterweise eine so emsige Begierde zu essen und zu trinken zugeschrieben, denn wenn sie sieben Mal am Tag das Gotteslob singen, wenn sie die Zeit nach der Regel eingeteilt haben, wenn sie sich mit den Lesungen beschäftigen, wenn sie unter Arbeiten schwitzen, wenn sie die Psalmen ruminieren, dann bleibt keine Gelegenheit, so ohne 'discretio' Überflüssigem nachzujagen!"[626] Die vielen „wenn" in dieser Argumentation hätte Bernhard sicher im Sinne von „falls wirklich" verstanden. Ähnliches gilt für den Vorwurf: Willst Du denen, die vom langen Chorgesang ermüdet sind, wirklich das bißchen Schlaf verweigern?[627] – daß ihre Müdigkeit in der Tat daher kam, hätte Bernhard bezweifelt. Die Einzelargumente, zu deren Unterstützung wie üblich aus dem Zusammenhang gerissene Bibelstellen dienen, sind allerdings oft ziemlich schwach. So deduziert der Anonymus aus rhetorischen Formulierungen Bernhards wider besseres Wissen logische Ungereimtheiten,[628] mißversteht absichtlich,[629] verteidigt naiv den Alkoholgenuß, weil Wein nach Eccl 31, 32 ff. das Herz des Menschen erfreut und geradezu heilsam ist.[630]

Zweifellos überschreitet der Benediktiner noch Bernhards Angriffslust, ohne sein intellektuelles oder schriftstellerisches Niveau zu erreichen, wenn er sich auch oft in gehobener Diktion versucht und zahlreiche Zitate aus der *Heiligen Schrift*, den Kirchenvätern und antiken Klassikern einflicht. Nicht selten wird er sogar persönlich verletzend: Der Abt sei ein „vor Heiligkeit aufgeblasenes (sanctitate tumens) Männchen (homunculus)" und ein Lügner,[631] dem er seinerseits unbewiesene Verleumdungen anhängt: „Du, der Du für religiös gehalten wirst, hast allzu verbittert und respektlos geschwitzt, um unter Vernachlässigung der Psalmen, Verachtung der Gebete,[632] Verschlampung der Lesung ein Lied des Tadels hervorzubringen."[633] „Wenn mich nicht christliche Ehrerbietung zurückhielte, würde ich sagen, Deine Zunge verdient es dringend, zerquetscht zu werden, und um sie zu zerquetschen, wie mutig würde sogar ich selbst aufstehen, wiewohl ich ein Mönch bin!" Sogar Bibelzitate, die mit dem Tod drohen, schleudert er gegen Bernhard.[634] Die Zisterzienser werden ob ihres buchstabengetreuen Regelgehorsams als „Juden" bezeichnet.[635] Nicht ganz unrecht hat der Kritiker freilich damit, daß sich Bernhard in einem teilweise gesucht dunklen und mit rhetorischem Schmuck versetzten Stil auszudrücken beliebte.[636] Ob und wie der Abt seinerseits auf diese Schrift reagiert hat, wissen wir leider nicht.

Noch eine zweite, vermutlich in etwa gleichzeitige Antwort auf die *Apologie* aus der Feder eines Benediktinerabtes ist erhalten; überliefert signifikanterweise unmittelbar im Anschluß an Bernhards Text. Sie wird als *Tractatus cuiusdam abbatis* bezeichnet[789] und ist im Ton wesentlich gemäßigter als die eben besprochene Schrift. Dem Benediktinerabt geht es darum, Kritik am und Neuerungen im Mönchtum abzuwehren, aber trotzdem den Vorwurf zu entkräften, die heutigen Mönche würden ihren Namen im Vergleich zu den Eremiten der frühen Kirche nicht mehr verdienen. „Zur täglichen Schwächung nicht nur unserer Hände, sondern auch der anderen Glieder fahren wir aufmerksam und ohne Auslassungen mit den für uns genugsam schweren Vigilien und Psalmodien fort."[638] Sonst kontrastiert der Verfasser Zisterzienser und Benediktiner in ähnlicher Weise wie der Autor der *Disputacio*[639]: „Jene graben mit Pflug und Schaufel die Erde um, diese 'beackern' die Seele mit Psalmen und Gebeten; jene plagen sich mit vergänglicher Speise ab, diese arbeiten an Speise, die ewig bleibt. Die Arbeit jener unterbricht die Kontemplation, die Arbeit dieser setzt sie fort. Deren Einrichtung wird Eitelkeit genannt und Bosheit des Tages, ... die jener aber Frömmigkeit und Friedensschau ... Jene treibt die tägliche Notwendigkeit zur Arbeit, diese veranlaßt frommer Wille zur Gnade des Gebets."[640] Mögen viele jetzt auch die Neuerer bewundern, Gott wird anders urteilen, „denn die höchste Tugend ist die Betrachtung, der Kontemplativen höchster Beruf, worin wir dann die erste Stufe ersteigen, wenn wir uns von jeder eitlen Beschäftigung weltlicher Werke getrennt haben werden".[641] Dies ist eine paradigmatische Rechtfertigung der altbenediktinischen Spiritualität, die sich in jener Epoche nur mehr dem „orare" verschrieben hatte, ohne das „laborare" ernst zu nehmen. Wie hoch in Wirklichkeit freilich auch Bernhard die Kontemplation schätzte, zeigen seine Werke deutlich genug. Der Benediktinerabt qualifiziert ihn zwar als „detractor inuidus et laudator cecus", neidischen Herabsetzer des alten Ordens und blinden Lobhudler des neuen, enthält sich aber bösartigerer Angriffe. Auch hier ist keine Reaktion des Zisterziensers bekannt. Er kam überhaupt auf die Thematik nicht mehr zurück.

Auf einzelne Streitpunkte zwischen Zisterziensern und Cluniazensern ist auch der Abt dieses Verbandes, Petrus Venerabilis, selbst eingegangen, jedoch ohne direkten Bezug auf die *Apologie*.[642]

Bernhard und die Kunst

Es ist die *Apologia* von Bernhards Schriften wohl die heute (außerhalb des Spezialgebietes der Mystikforschung) am häufigsten zitierte, einerseits in Darstellungen der Geschichte des Mönchtums, andererseits in solchen zur mittelalterlichen Ästhetik. Zu ersterem Thema enthält sie in der Tat viele wertvolle Informationen. Dagegen sind den Versuchen, aus ihr Bernhards ästhetische Konzepte eruieren zu wollen, m. E. wenig Erfolg beschieden, zumal er sich zu diesem Thema auch sonst kaum einmal äußert[643] (wogegen man seine Literarästhetik leicht aus seinem großen Œuvre destillieren könnte[644]). Denn Bernhard geht es keineswegs darum, eine Ästhetik der Architektur und bildenden Kunst zu entwerfen, auch nicht ex negativo. Es geht ihm dagegen ausdrücklich um zwei andere Dinge, erstens um den Umgang der Mönche mit Geld und zweitens um den Umgang der Mönche mit Kunstwerken. Nicht weil er diese oder jene Stilrichtung fördern möchte, kritisiert er das Vorhandene, sondern weil er nicht einsieht, daß Mönche – und er schreibt ausschließlich für diese kleine Gruppe der Gesellschaft – für etwas Geld ausgeben sollten, was sie ohnehin nur von ihrem wirklichen Beruf ablenkt. Genauso argumentiert er ja auch hinsichtlich des zu üppigen Essens und Trinkens: wie soll man da noch im Chor *Psalmen* singen können oder über Gott nachdenken?[645] Mehrfach wirft Bernhard den Benediktinern vor, „ihr" Geld (gemeint ist natürlich das, was sie als fromme Spenden erhielten) für Luxus auszugeben, statt für die Armen. Nicht, daß Cluny in Wirklichkeit karitativ untätig gewesen wäre. Die Speisung der Armen nahm sogar beeindruckende Formen an, allein die etwa dreihundert Cluniazenser des Mutterklosters verpflegten im 12. Jahrhundert jährlich zehn- bis zwanzigtausend Arme.[646] Diese Lebenden traten nämlich an die Stelle der abgeschiedenen Brüder: im Gedächtnis an diese wurden sie ernährt, nicht um ihrer selbst willen. Aber einerseits gab es trotzdem mehr als genug Arme, und andererseits beschränkt sich zisterziensischer Sprachgebrauch keineswegs auf diese, vielmehr sind mit den „Armen" auch bei Bernhard seine eigenen Ordensbrüder gemeint![647] Waren nicht z. B. die Benediktiner von Saint-Oyend mit guten Beispiel vorausgegangen und hatten diese Armen beschenkt?[648]

Bei Bernhard ist allerdings ein Bruch mit dem bislang und auch weiterhin vorherrschenden benediktinischen Verständnis der Funktion weniger der Kunst als der Kostbarkeiten in der Kirche zu konstatieren. Für die schwarzen Mönche war es selbstverständlich, das Teuerste, dessen sie habhaft werden konnten, Gott in Form von liturgischen Geräten, Paramenten, Bauten ... zu weihen. Suger ließ auf ein von ihm gestiftetes Gefäß Verse anbringen, in denen es heißt, „wir *müssen* Gott mit Edelsteinen und Gold opfern"[649] – eine Glaubenseinstellung, zu der Bernhard in krassem Gegensatz trat (weswegen man den prachtvollen Neubau von Saint-Denis und die Schriften Sugers darüber auch als Antwort auf Bernhards *Apologie* betrachtet hat[650]). Und wenn die Menschen nicht genug des Goldes für Gott spenden, dann greifen, nach Suger, die Heiligen selbst vom Himmel ein, um eine Fülle von Kostbarkeiten zur Verfügung stellen zu lassen.[651] Wie immer man auch die umstrittene Pseudo-Dionysius-Rezeption von seiten Sugers einschätzt,[652] selbstredend hatte man eine theologische Rechtfertigung für den extensiven Gebrauch des Goldes: „mens hebes ad verum per materialia surgit",[653] „vermittels des Materiellen steigt der stumpfe Geist zum Wahren." Und hatte der Herr dem Moses nicht ausdrücklich anbefohlen, ihm sein Heiligtum mit Gold und Silber, mit Purpur und Pelzen zu errichten?[654]

Bernhard war mit seiner Ablehnung der figuralen Kunst nicht allein; von den bekannteren Zeitgenossen teilten sie etwa auch die Philosophen Bernhard von Chartres und Abaelard.[655] Daß der Zisterzienserabt gegenüber der religiösen Kraft von Kunstwerken nicht prinzipiell insensibel war, zeigt gerade sein Bedauern über die respektlose Behandlung der Abbilder der ewigen Urbilder, wie sie die Engels- und Heiligenfiguren der Kirchenböden zu erdulden hatten. Aber was wir heute als religiöse Kunstwerke betrachten, waren ihm und seiner Epoche ganz vorrangig Geschenke an Gott und seine Heiligen, Mittel der Kommunikation mit der Überwelt.

Doch für den „engelgleichen Menschen", der der Mönch zu sein hatte, erschienen sie als überflüssig, da er die Überwelt *in sich* zu tragen hatte – „denn [Gott] gehört nicht zu den Dingen, die außer uns sind".[656] Kirchen zählen daher bloß zu den Objekten, die den Bedürfnissen des Menschen dienen, aber „der Höchste wohnt nicht in von Menschen gemachten Stätten", sondern ihm muß man in der Seele seinen Tempel erbauen, lehrt Bernhard gerade zum Kirchweihfest.[657] Dieser Dienstcharakter der Kunst ist geradezu ein Prinzip Bernhards.[658] Aber mehr noch, diese materiellen Dinge, die die Sinne fesseln können, scheinen ihm prinzipiell gefährlich: sie erwecken die Begehrlichkeit, sind der Schmutz, der durch die „Fenster der Seele" ins Innere des Menschen dringt.[659] Was aber die Welt des Auges betrifft, so preist er die „glücklich, ... die die unsichtbare Gotteswelt nicht im Durchsuchen der sichtbaren Welt erfassen, sondern in sich selbst ... "[660] Ein Zisterzienser hat sich also nur für die innerliche Realität zu interessieren, nicht für die Außenwelt.[661] Wäre Bernhards Invektive allerdings so heftig geworden, hätte der Kosmos der schönen Dinge für ihn keine Versuchung gebildet? Man erinnert sich daran, daß er sich in ganz übertriebener Weise verbot, auch nur einen Blick auf die Räume zu werfen, in denen er in Cîteaux als Novize gelebt hatte.[662]

Da Bernhard es nicht mit den „einfältigen Laien" zu tun hatte, für die Papst Gregor der Große und andere die Bildkatechese bejaht hatten,[663] konnte er argumentieren: Gott war Wort geworden, nicht Bild, deshalb war es gut, ihn mit Worten zu vermitteln.[664] Diese konnten freilich bildhaft sein, ja mußten es sein, da Bernhard in der Tradition des Pseudo-Dionysius Gott und das Gotteserlebnis als jenseits der menschlichen Sprache wußte.[665]

Auch Bernhards Aussagen über die Musik bekräftigen diese Höherbewertung des Wortes. Ausdrücklich hält er es für berechtigt, das Metrum zu vernachlässigen, um die Klarheit des Textinhaltes nicht zu gefährden. Gesang „darf den Sinn des Buchstabens nicht entleeren, sondern muß ihn vermehren!"[666]

Andererseits nimmt Bernhard in der *Apologia* ungeachtet der dominierenden Stoßrichtung gegen Cluny vielleicht auf sehr indirekte Weise auch gegen den Gebrauch der figuralen Kunst in seinem eigenen Orden Stellung, und zwar in Cîteaux (es fallen natürlich keine Namen, und wie vornehm und klug Bernhard auch bei Differenzen mit einem Mitabt des eigenen Ordens reden konnte, um nicht nur einen Skandal innerhalb der Zisterzienser zu vermeiden, sondern auch zu verhindern, daß diese einen solchen bei Außenstehenden erregten, zeigt später etwa das Beispiel des Umgangs mit Bruno von Chiaravalle [reg. 1139–1155]).[667] Im Gegensatz zu Bernhard hatte Stephan Harding – der ehemalige Benediktiner – ganz offensichtlich keinerlei Bedenken, die in seinem Skriptorium hergestellten liturgischen Bücher mit einer Legion von Fabelwesen ausstatten zu lassen.[668] Nehmen wir als Beispiel die *Moralia* des heiligen Gregor, geschrieben und illuminiert in der zweiten Dekade des 12. Jahrhunderts.[669] Da gibt es in reichem Maße genau die Grotesken, die Bernhard so mißfielen, etwa die aus verschiedenen Teilen von Tieren komponierten Mischwesen[670]: eine Gestalt mit Tierkopf, Menschenarmen, Hundebeinen und Drachenkopfschwanz durchsticht mit einer Lanze eine ähnliche Mischung aus menschlichem Unterleib und tierischem Oberkörper, selbst durchbohrt vom Speer eines grünen Männchens mit Löwenbeinen. Das formt sich mit einem Bock, einem Drachen, einem bartgesichtigen Schwein zur Rundung der Initiale P zusammen, deren Längsstrich drei ähnliche Phantasiewesen bilden. Darunter reitet ein Zwerg auf einem aufgezäumten Mann.[671] (Abb. 4)

Oder die Briefe und Predigten des heiligen Hieronymus (um 1120) mit ihren 135 figürlichen Initialen[672]: Da verstecken sich neben den allgemein anerkannten Szenen aus der Heilsgeschichte die verschiedenartigsten Männer und Männchen im Rankenwerk der Initialen, hornblasend, kletternd, ringend ... dazu eine reiche Fauna einfacher und zusammengesetzter Kreaturen, wahrlich geeignet, das Auge mehr zu bannen als der Text.[673]

Ja nicht einmal das Buch der Bücher, die *Heilige Schrift*, die Harding 1109/
11 herstellen ließ,[674] blieb – genausowenig wie die meisten anderen illuminierten Handschriften dieses Textes – von den merkwürdigen Figurationen
verschont: Auch hier verknäulen sich die üblichen Drachen mit Pflanzen-
stengeln zu Buchstaben, schnuppern Kentauren an Blumen, bekriegen Fabelwesen einander[675] usf. Der Beginn des *Johannes-Evangeliums* in der
Bibel Stephan Hardings zeigt über einem Löwen, der einen Drachen verschlingt, einen Mönch, dem ein Adler die Klauen ins Gesicht bohrt: es ist der
solcherart vom Evangelisten „widerlegte" Irrlehrer Arius. Diese Szene wäre
nicht zu entschlüsseln, gäbe es nicht ein Spruchband, das den Namen des
Malträtierten verrät.[676] Verstanden hat diese Symbolik Bernhard sicher
auch, und gegen Darstellungen mit solchen Inhalten nimmt er auch nicht
Stellung; in Cluny waren dies etwa die Allegorien des Gregorianischen Gesangs, der Jahreszeiten, der Tugenden u. ä. an den Chorkapitellen.[677]

Übrigens wird seit dem ausgehenden 12. Jahrhundert eine *Bibel* der Bibliothek von Clairvaux als Bernhards persönliches Exemplar bezeichnet; sie
enthält figürliche, teilweise sogar groteske Initialen und Fabelwesen. Ob
dieser natürlich nicht in seinem Kloster, sondern wohl in einem Skriptorium
in Paris (oder Troyes) entstandene Kodex wirklich von ihm benutzt wurde
und vielleicht sogar handschriftliche Notizen von ihm enthält, ist jedoch
anscheinend nicht definitiv geklärt.[678]

Solche Figuren müssen aber nicht immer als Träger einer verborgenen Bedeutung konzipiert gewesen sein. Es ist durchaus damit zu rechnen, daß ein
Teil dieser Bilder unreflektierte Angst- und Wunsch-Projektionen ausdrückt: sehr häufig sind verschlingende Köpfe, bedrohliche Ungeheuer, Un-
wesen, die alle irgendwie in das Reich des Dämonischen gehören. Zwar
noch unvergleichlich seltener als dann seit dem Ausgang des 12. Jahrhunderts, wo Alpais von Cudot in ihren Visionen die Zisterzen belagert von Teu-
felsheeren schaute[679] und dann Caesarius von Heisterbach und Richalm von
Schönthal das Wirken der satanischen Hierarchie in den Klöstern im Detail
beschreiben sollten,[680] aber doch werden auch die Mönche zu Bernhards
Zeit, ja sogar in seinem eigenen Kloster, von solchen schreckenerregenden
Gestalten heimgesucht. Bernhard selbst berichtet: „Was meint ihr, Brüder,
wenn es auch nur einem von den so zahlreichen Fürsten der Finsternis erlaubt würde, in euere Schar einzubrechen und mit seiner ganzen Wildheit
und finsterer Enormität körperlich zu erscheinen, mit welchen körperlichen
oder inneren Sinnen wäre er zu ertragen? Vor wenigen Tagen gerade – ihr
wißt es selbst – war einem nächtlichen Gespenst (phantasia nocturna) erlaubt worden, einen von euch, sowohl als er zunächst schlief und dann als er
erwacht war, so heftig zu erschüttern, daß er an jenem Tage kaum bei Verstand war, kaum sich sicher fühlen konnte. Auch ihr seid alle ganz genauso
blaß geworden, als jener vor Schrecken einen riesigen Schrei ausstieß …

Dies nämlich pflegtest du, meine ich, zu fürchten, daß dich bei jenen so monströsen Bildern und einer so großen Zahl von Larvenfratzen Schrecken befalle."[681] Solche spektakulären Folgen der Bildkatechese durch Angst wollte Bernhard in seinem Kloster nicht haben.

Doch kehren wir zu einem anderen Teil der *Apologia* zurück: Was vielleicht erstaunt, ist, daß Bernhard mit nur einem Satz über die Ausmaße der Bauten hinweggeht, die er maßlos, unbescheiden und übertrieben findet.[682] Die meisten Zeitgenossen sahen im Erscheinungsbild der romanischen Abteien, die festungsartig umgeben waren von Graben, Mauern und Türmen, freilich etwas der Würde der Institution Entsprechendes, wie es etwa die Chanson de geste *Aliscans* (2. Hälfte des 12. Jh.) vom Kloster des hl. Vinzenz zu Laon ausdrückt:

> Vit Saint Vincent, le mostier et le nes,
> Et les clociers et les pumiaus dorés
> Une abeie de grant nobilités.[683]

„Er sah Kloster und Kirche St.-Vincent und die Glockentürme und ihre vergoldeten Knäufe – eine Abtei von großer Vornehmheit."

Cluny, auf das sich Bernhard ja primär bezog,[684] übertraf Laon bei weitem. Knapp vor Bernhards Geburt, 1088, hatten die dortigen Mönche damit begonnen, sich die größte Kirche der Christenheit zu erbauen, 187 m lang, fast 50 m breit, 30 m hoch: Cluny III. Das übertraf – und sollte übertreffen – St. Peter in Rom (damals noch der altchristliche Bau), weshalb man auch fünf Längsschiffe errichtete (auch, um nicht hinter Saint-Bénigne im nahen Dijon zurückzufallen). Außerdem war Cluny III die turmreichste Kirche ihrer Zeit westlich des Rheins.[685] Die Konstruktion „erforderte ausgezeichnetes Baumaterial und enorme Mengen sorgfältig zugehauener Steine, um daraus Mauern aufzuführen, die dem Schub des Gewölbes standhalten konnten. In Cluny maß die Außenmauer fast 2,40 m in der Breite."[686] Finanziert wurde der gigantische Bau durch das Gold, das der kastilische König Alfons VI. im Zuge der Reconquista den Arabern in Toledo abgenommen hatte, und trotzdem stürzte die Abtei in heftige finanzielle Schwierigkeiten. Als Bernhard die *Apologie* schrieb, näherte sich das Unternehmen seinem Ende; die Schlußweihe sollte 1130 erfolgen. Freilich war es eben 1125 zu einer Verzögerung gekommen, da das Langhausgewölbe teilweise einstürzte[687] – vielleicht ein Datierungshinweis für die Schrift Bernhards, die wohl ein wenig früher abgeschlossen war, sonst hätte der Zisterzienser wahrscheinlich auf diesen seine Kritik so gut bestätigenden Beweis von Hybris angespielt. (Abb. 6)

„Von den am Chorumgang und den beiden Querschiffen ansetzenden Kapellen an ... staffeln sich die einzelnen Bauteile empor zu größerer Strenge, um dann zu gipfeln in den Türmen ... In diesem Bau werden die Weltherrschaftsansprüche des Ordens deutlich."[688] Denn Größe und Steilheit des Schiffes machen auch kaum unbewußt dem salischen Kaiserdom in Speyer (Abb. 9) Konkurrenz – Cluny lag nahe an der damaligen Grenze zum Reich. Hätte Bernhard sich für Architektur interessiert, hätte er auch bemerkt, daß die Innengestaltung der Kirche heidnische Elemente integrierte, nämlich die Wandgliederung und die kannelierten Pilaster antiker Stadttore, wie sie in Autun an der römischen Porte d'Arroux noch gut erhalten waren und sind. Die Architekten Clunys, der Musiktheoretiker Gauzon von Baume und der Mathematiker Hézelon von Lüttich, hatten sich nicht nur verschiedener zahlensymbolischer Maßvorgaben und Proportionen bedient, sondern auch der Theorien *der* antiken Autorität, also Vitruvs. Doch Bernhard interessierte sich nicht für solche Dinge – anders als andere Äbte, allen voran Suger von Saint-Denis, überließ er beim Neubau seines eigenen Klosters Clairvaux alle diesbezüglichen Tätigkeiten seinem Bruder Gerhard.[689] Deshalb ist es auch äußerst unwahrscheinlich, daß er direkt irgend etwas mit der entstehenden Kathedralgotik zu tun haben sollte.[690]

Gewiß, es hatte ganz nüchterne Gründe gegeben, die enge und dunkle Kirche von Cluny II zu verlassen, welche Bernhard aber nicht berücksichtigte: etwa 300 Mönche wollten im Chor untergebracht sein;[691] bei den großen Versammlungen der Ordensangehörigen kamen schon mehr als 1000 Mönche zusammen, die gemeinsam den Gottesdienst zu feiern und Prozessionen abzuhalten hatten. Pilger bevölkerten die Kirche. Aber nicht umsonst verbreitete man auch hier die Legende, der Plan der Kirche sei einem Mönch von Himmel offenbart worden[692] – hatte man nicht das warnende Beispiel eines besonders bauwütigen Benediktinerabtes vor Augen? Artaud von Vézelay hatte 1106 oder 1107 einen Aufstand provoziert, bei dem er ums Leben kam, als er aus diesem Grund seinen Hörigen überhöhte Abgaben auferlegte.[693]

Der Bernhard der *Apologia* war noch nahe an seinen ursprünglichen radikalen Vorstellungen, nach denen nur der Geist hinter Klostermauern wohnen dürfe, die Körper aber draußenzubleiben hatten.[694] Denn deren Bedürfnissen nachzugeben hieße, „die Seele zu erwürgen"![695] Dementsprechend vernichtend fiel seine Zeichnung der cluniazensischen Lebensform aus. Etwa fünfzehn Jahre später wird Bernhard sich in *De praecepto* doch um einiges toleranter hinsichtlich der Auslegung der monastischen Ideale äußern.

Nach dem Tode Stephan Hardings (1134) sollten sich Bernhards Ansichten betreffs der klösterlichen Kunst im Orden voll durchsetzen, zumal 1133 ein Mönch aus Clairvaux, Bernhards Freund Rainald von Bar, Abt des Mutterklosters geworden war[696]: In den aus den dreißiger Jahren stammenden *Capitula*[697] wird vorgeschrieben, daß es in den Zisterzen keinerlei Skulpturen geben dürfe, und an Bildern nur das Kruzifix. In Cîteaux läßt sich bei der

Handschriftenproduktion allerdings anscheinend schon vor der *Apologie* eine Abkehr von den phantasievoll illuminierten Kodizes feststellen, eine Abkehr, die von Bernhard sicher wenigstens gefördert, wenn vielleicht auch nicht initiiert wurde.[698] Der am ausführlichsten von der *Bibel* Stephan Hardings repräsentierte Stil I der Buchmalerei der Zisterzienser (feinlinige Zeichnungen, auch anekdotische und groteske Sujets) wird vom II. Stil abgelöst (wann immer seine ältesten Zeugen nun auch genau zu datieren sind). Er ist „ikonisch" gestaltet, byzantinischen Einflüssen offen, zeigt Zusammenhänge mit dem Skriptorium von Saint-Bénigne in Dijon. „Gravitätisch und idealisiert, stellt dieser Stil das Gegenteil des I. Stils dar, wo sich Humor, Groteske, Wunderbares und Alltägliches, mit einem scharfen Sinn für Details gegeben, mit einer großartigen Freiheit der, Linienführung verbanden."[699] Zwar dominieren nun die traditionellen heilsgeschichtlichen Ikonographica, doch kommt es noch zu keiner konsequenten Ausschaltung des Phantastischen. Eine grundsätzliche Änderung im Sinne des Leiters von Clairvaux brachte erst ein Generalkapitel (jedenfalls vor 1152, meist auf 1134 angesetzt), das wohl unter dem Einfluß Bernhards und der „jüngeren Generation" im Orden dekretierte: „Die Buchstaben [in den Handschriften] sollen einfarbig sein und nicht ausgemalt. Die Glasfenster sollen weiß sein und ohne Kreuze und Bilder."[700] Bis ca. 1190 folgte man dann dem monochromen III. Stil. Hier sind die Initialen auf kaum geschmückte, einfarbige Großbuchstaben reduziert, an denen nur mehr spärliche Reste vegitabiler Formen an den einst auf den Pergamentseiten ausgebreiteten Kosmos erinnern.

Daß Bernhard selbst auf den Bereich der Ikonographie schöpferisch eingewirkt hätte, wie man wiederholt liest,[701] ist nicht erweisbar. Wenn er in einer seiner Predigten kurz die Wurzel Jesse behandelt, so könnte dies vielleicht einen Illuminator in Cîteaux bei der entsprechenden Miniatur in einem Hieronymus-Kommentar[702] inspiriert haben, aber das bleibt Spekulation, zumal weder die Handschrift noch die Predigt genauer zu datieren sind und erstere gut älter sein kann. Intendiert hat Bernhard solches gewiß nicht. Ein Gleiches gilt für die ihm zugeschriebene Thematik des Gnadenstuhles u. ä.[703] Auf die „Humanisierung", die die frühgotische Plastik auszeichnet, kann der Abt auch höchstens indirekt eingewirkt haben.[704]

In der Architektur war der Orden, soweit zu erkennen, ohnehin von Anfang an nicht den damals berühmten oder modernen Vorbildern der bischöflichen und benediktinischen Kirchen gefolgt. Diese Bauweisen waren wohl vielmehr als Herausforderung empfunden worden, um zu zeigen, daß Mönche auch bescheidener und zweckmäßig bauen konnten. Darum ging es, dies sei nochmals unterstrichen, keineswegs aus einer prinzipiell „kunstfeindlichen" Haltung Bernhards oder seines Ordens heraus, wie etwa die dem Üblichen entsprechenden Bauwerke zeigen, die von zu Bischöfen erhobenen Zisterziensern errichtet wurden.[705] Was der Abt dagegen wollte, war die Nüchternheit klösterlicher Architektur, nicht die Nüchternheit kirchlicher Architektur überhaupt.

Namentlich die Chöre der Kirchen wurden, nicht zuletzt, weil es billiger kam, nicht mit einer runden oder polygonalen Apsis geschlossen, sondern flach. Unter den frühen Zisterziensern gab es mehrere Architekten; nicht nur Bernhards Bruder Gerhard, sondern auch Achard, der u. a. in Himmerod die Arbeiten beaufsichtigte, auch Gottfried von Ainay, Fromond, der 1152 Mores in der Champagne errichtete, Robert, der 1142 über den Kanal geschickt wurde, um Mellifont zu konstruieren.[706] Aber all dem hat Bernhard, soweit wir wissen, keinerlei Aufmerksamkeit geschenkt.

Aktivitäten in der Kirche (seit 1125)

Bernhards Freude daran, am Schreibpult zu sitzen oder zu diktieren,[707] verhinderte natürlich nicht, daß er auch andere Aufgaben zu erfüllen hatte. Immer wieder verläßt er das Kloster. Am 29. März 1125 z. b. befindet er sich in Langres, wo eine Synode den Kanonikern der Stephanskirche von Dijon die Annahme der Augustinerregel bestätigt;[708] er hat sie auch später bei der Wahrung von Besitzansprüchen gegenüber ihrem Bischof unterstützt.[709]

Aber in der Tat wirkte er in jenen Jahren vor allem vermittels seiner Korrespondenz. Der Graf der Champagne, Hugo, brach ein drittes Mal ins Heilige Land auf, diesmal endgültig, um dort als Tempelritter zu sterben. Bernhard beglückwünschte ihn dazu mit einem Brief, der gleichzeitig sein Bedauern zum Ausdruck brachte, daß er nicht sein Kloster Clairvaux, das ja in seinem Herrschaftsbereich lag, als letztes Refugium gewählt hatte.[710] Doch zweifellos wird die Freude über Hugos Nachfolger bei Bernhard größer gewesen sein, denn es handelte sich um den Neffen des Grafen, Theobald II., der den Orden bereits seit 1122 unterstützte. Bernhard konnte mit ihm sehr gute Beziehungen aufbauen, eine wichtige Voraussetzung für das Aufblühen seines Konvents. Denn Theobald war, vielleicht erschüttert vom plötzlichen Tod mehrerer Verwandter bei einem Schiffsuntergang, durchaus bereit, den Frommen im Lande beizustehen, ja wäre 1123 fast selbst Mönch geworden, hätte ihn nicht Norbert von Xanten davon abgehalten. Bernhard ist des öfteren bei ihm in eigenen und fremden Angelegenheiten vorstellig geworden, oftmals erfolgreich, nur bisweilen vergeblich.[711] Seine Stimme fand in der Catholica ganz offensichtlich bereits so viel Gehör, daß ein hoher Kirchenfürst meinte, sie könne ihm so nützlich sein, daß er von sich aus die Bekanntschaft des Abtes suchte.[712]

Wohl 1126 unterstützte Bernhard mit zwei Briefen[713] das Ansuchen des Erzbischofs Rainald II. von Reims, der Papst möge ihm das Pallium[714] ver-

leihen, jenen weißen Stoffstreifen, den seit etwa 500 die Päpste als Auszeichnung vom Kaiser erhielten und den diese dann selbst als Ehrenzeichen an
Erzbischöfe vergaben. Diesen war eine solche formale Gleichstellung mit
dem Pontifex Maximus ungemein wichtig, obschon sie sich damit zugleich
als dem Bischof von Rom untergeordnet bekundeten (nur Mailand versuchte – eben in demselben Jahr – seine Unabhängigkeit zu wahren[715]).
Doch stand auch ein kirchenrechtliches Moment dahinter: seit Pascal II.
durfte ein Metropolit erst nach Empfang dieses Zeichens andere Bischöfe
weihen und Synoden abhalten.[716]

Wie aber kommt ein Abt dazu, sich für einen Geistlichen einzusetzen, der
in der Hierarchie der Kirche über ihm steht und mit dessen Diözese er
eigentlich nichts zu tun hat? Wie kommt Bernhard überhaupt dazu, als
Mönch, dessen höchstes Ziel die mystische Betrachtung ist, unablässig in die
Geschehnisse von Kirche und Welt einzugreifen? „Nicht weil ich mir so viel
Gewicht zuschreibe, wage ich dies, aber Ihr habt es versprochen",[717] redet
er den Kardinaldiakon Petrus von Albano an. Und an den päpstlichen
Kanzler Haimerich gewandt, diktiert er folgenden Satz, der als Programm
über seinem Wirken in Kirche und Welt stehen könnte: „Nichts allerdings,
wovon feststeht, daß es Gott betrifft, ist mir meines Erachtens fremd!"[718]
Das ist ein Manifest, das man aus dem Munde eines Abtes von Cluny, von
Saint Denis, vielleicht auch von Cîteaux als Ausdruck des Ansehens der
hinter ihm stehenden Institution verstehen würde. Bei Bernhard steht dagegen seine individuelle Disposition im Vordergrund, denn Clairvaux besaß
keine wie immer geartete Sonderstellung. Dieser sein heftiger Wille zur Ein-
mischung, verbunden mit den intellektuellen und ästhetischen Qualitäten,
eine solche auch entsprechend kommunizieren zu können, und mit der entsprechenden Hochschätzung dieser Fähigkeiten von seiten der Hierarchie
der Zeit, wie zu zeigen sein wird, dies liegt der überdurchschnittlichen
Geltung Bernhards in seiner Ära zugrunde.

Dieses Gefühl der Verpflichtung wird ihn 1126 auch erstmals zu dem Versuch bewogen haben, in eine Bischofsnachfolge einzugreifen. Es ging dabei
um das Bistum Châlons-sur-Marne in der nächsten Nachbarschaft von Clairvaux.[719] Gewählt war der Magister Alberich, ein ehemaliger Mitschüler
Abaelards, nun mit diesem verfeindet, da er dessen Kritik an ihrem gemeinsamen Lehrer Anselm von Laon nicht akzeptieren konnte. Doch aus uns unbekannten Gründen bestätigte Papst Honorius diese Wahl nicht. Bernhard
richtete daher ein demütiges Empfehlungsschreiben an ihn[720] – freilich ohne
Erfolg. Der Bischofsstuhl blieb noch ein Jahr vakant, ehe ihn ein anderer
Kandidat bestieg. Das war Bernhards erstes überliefertes Schreiben an
einen der Nachfolger Petri; viele sollten ihm folgen und oft mehr Widerhall
auslösen. Bernhard war die letzten beiden Lebensjahrzehnte fast ununterbrochen für irgendeinen Aspiranten auf einen Bischofsthron tätig: Tours

(1133), Lodi (1136), Langres (1138/39), Valence (1138?), Lyon (1139), Reims (1139/40), Poitiers (1141), Lisieux (1141), Canterbury/London (1141), Bourges (1141/43), York (1141/47), Compostela (1143), Rodez (1145), Sées (1146/47), Angoulême (1148/49), Grenoble (1150/51) und Auxerre (1151/52).[721]

Wilhelm von Saint-Thierry erklärt die für einen Mönch eher unerwartete Hyperaktivität seines Helden so: Bernhard sei eben stets mit Rat und Tat zur Stelle, bei Königen und Fürsten, Rittern und Räubern, „wenn es der Gehorsam oder die Liebe notwendig machen".[722] Eine schöne und beliebig dehnbare Formulierung. Wie Bernhard ohne weiteres eingriff, auch ohne um seinen Rat gebeten worden zu sein, erhellt z. B. aus einem Brief an Bischof Ewald von Châlons-sur-Marne, einem Verwandten Bernhards und seit 1122 Nachfolger von dessen Freund Wilhelm von Champeaux. An ihn wendet sich der Abt, um die Besetzung des Priorenamtes der Kanoniker von Toussaints-en-l'Ile zu beeinflussen, d. h., für einen Kandidaten zu plädieren, der den Reformkräften nahestand.[723] Oder: 1127 schrieb er an Artald,[724] der Abt von Preuilly geworden war, einen seiner Gefährten beim Klostereintritt 1113. Dieser hatte, wie Bernhard zu Ohren gekommen war, den Plan gefaßt, den Orden auch in Spanien zu verbreiten. Zu weit weg, ein Exil, meint Bernhard; unternimm doch lieber eine Neugründung in der Nähe. Artald gehorchte, und Bernhard gründete dann selbst Zisterzen in Spanien und Portugal, 1132 Moreruela, 1132 (?) Alafoes, 1140 S. Juan de Tarouca u. v. m.[725] Ein Hauch von Spannung klingt in diesem Brief an, und zwar von Spannung zwischen der Gründergeneration von Cîteaux und den „Jungen (iuvenes)", zu denen Bernhard sich und Artald rechnet – sie müssen immer noch besonders vorsichtig sein, nicht wegen „levitas", unüberlegter Leichtfertigkeit, getadelt zu werden.[726]

Aber auch für sich selbst war er – damals – solchen „Abenteuern" abgeneigt: der kriegerischen Heiden und des Klimas wegen, wohl auch ob der großen Entfernung, die Visitationsreisen praktisch kaum ermöglichte, lehnte er die Gründung einer Zisterze im Heiligen Land ab. Der Platz, den König Balduin von Jerusalem schon dafür ausgesucht hatte, sowie das Startkapital von 1000 Goldscudi gab er dankend an die Prämonstratenser weiter, die die Gelegenheit denn auch ergriffen.[725]

Reise zur Grande-Chartreuse

Zu einem nicht genauer datierbaren, aber wohl um 1127 anzusetzenden Zeitpunkt[728] beschloß Bernhard, den Bischof Hugo von Grenoble (um 1053–1132)[729] zu besuchen, „devotionis causa", frömmigkeitshalber, wie es in der Vita heißt.[730] Vielleicht ging es aber auch darum, den jungen Amadeus von Clermont für Clairvaux zu gewinnen, einen mit den französischen und deutschen Königsgeschlechtern verwandten Hochadeligen.[731] Der siebenunddreißigjährige Bernhard muß damals bereits als lebender Heiliger gegolten haben, ein Ruf, den er freilich aus Demut zurückwies.[732] Doch der greise Kirchenfürst, wiewohl selbst ein berühmter und energischer Vertreter der Gregorianischen Reform, der schon zwei Jahre nach seinem Tode kanonisiert werden sollte, begrüßte ihn mit einem Fußfall, was dem Jüngeren ausgesprochen peinlich war. Natürlich stattete er auch dem 1084 gegründeten Mutterkloster der Kartäuser,[733] der nahegelegenen Grande Chartreuse, einen Besuch ab, wo er, war man doch schon in Briefkontakt gestanden, freudig empfangen wurde. Nur etwas störte den Prior der Einsiedlermönche doch, nämlich daß Bernhard auf einem prächtig aufgezäumten Pferd einhergeritten kam. Das entsprach nicht den Erwartungen, die man sich von ihm gemacht hatte. Die Sache klärte sich leicht auf, denn das Pferd war nur von einem Onkel, einem Cluniazenser, geliehen. Gottfried[734] berichtet diese Episode aus zwei Gründen, einmal um betonen zu können, daß Bernhard solche Dinge schlichtweg nicht einmal bemerkte, wie er angeblich auch nicht bemerkte, was er aß usw.[735] Er fügt deshalb noch die Bemerkung hinzu, Bernhard sei auch am Ufer des Genfer Sees entlang geritten und habe dann abends gefragt, wo denn dieser See sei, so sehr war er in seine Meditationen versunken. Dann bot sich die Gelegenheit für einen kleinen Seitenhieb auf die Cluniazenser, für die eine solche Ausstattung ihrer Pferde keinen Widerspruch zum Armutsgelübde darstellte, was Bernhard ja in der *Apologie* kritisiert hatte.[736]

Jener Prior, der vor einem Tadel an Bernhard nicht zurückscheute, war der bereits berühmte Guigo I. (1083–1136), dessen aufgeweckte Intelligenz zeitgenössische Quellen hervorheben.[737] Peter von Cluny hielt ihn für die bedeutendste Blüte des Mönchtums seiner Zeit.[738] Wie Bernhard war auch er schon mit sechsundzwanzig Jahren Leiter seines Konvents geworden, und seine Theologie ähnelt in vielem der des Zisterziensers (Wert der Liebe, der eigenen Erfahrung, der Intentionalethik etc.). Wie Harding zeigte er für seine Epoche ungewöhnliche textphilologische Interessen bei der Herausgabe der Briefe des heiligen Hieronymus.[739] Von Bernhard sind zwei Schreiben an ihn erhalten.[740] Aus dem älteren,[741] das er irgendwann vor dem Besuch diktierte,[742] geht hervor, daß Guigo – für Bernhard unerwartet – die Verbindung anknüpfte, indem er ihm einen Brief schickte, vielleicht zugleich seine *Meditationes* übersandte, da ein Ungenannter ihm Bernhards Tugenden gerühmt hatte. Dieser selbst antwortete außerordentlich demütig und überschwenglich und benützte die Gelegenheit, den Brief an Guigo als Essay über die Gottesliebe zu gestalten (in der Überlieferung: *Epistola de charitate*) – offenbar der Nukleus eines Werkes, das ihn noch einläßlicher beschäftigen sollte (*De diligendo Deo*). Das Thema ist ganz typisch für die „mo-

derne" Mönchstheologie des 12. Jahrhunderts, speziell die der Zisterzienser, die damit ein neues Element im menschlichen Leben in vordem unbekannter Weise zur Raison d'être erhebt, nämlich das der emotionellen Beziehungen zwischen Gott und der Seele. Sie geht darin den vergleichbaren Lie-
bestraktaten der lateinischen und volkssprachlichen Autoren voraus, die
wenig später dasselbe Element als Raison d'être in der Beziehung der Geschlechter zueinander untersuchen sollten.[743] Es geht den geistlichen
Schriftstellern (besonders dann den Viktorinern) aber nicht nur um Braut
und Bräutigam des *Hohenliedes*, sondern auch um die innertrinitarischen
Beziehungen – Bernhard nennt die „caritas" „das Gesetz des Herren, das
die Dreifaltigkeit in einer Einheit zusammenhält".[744] Liebe erschafft und
lenkt alles. Der eigenwillige Mensch in seiner Sündhaftigkeit rebelliert freilich gegen dieses Gesetz, kann sich aber durch die Gnade stufenweise Gott
nähern. Da er Fleisch ist, kann „cupiditas vel amor noster", „unser Verlangen und unsere Liebe", nur vom Fleischlichen ausgehen. Seiner Bedürfnisse wegen beginnt der Mensch aber, über einen Mächtigeren nachzu-
denken, über Gott, und diesen zu lieben, Gott um Gottes willen, nicht um
seinetwillen, zu lieben bedeutet den Aufstieg zur dritten Stufe. Daß noch im
irdischen Leben ein Fortschritt möglich sei, bezweifelt Bernhard, denn
dieser müßte heißen: sich selbst um Gottes willen zu lieben.[745]

Suger von Saint-Denis

Ganz unerwartet wandte sich 1127 ein besonders wichtiger Mann den reformwilligen Geistlichen Frankreichs zu, Suger (1081–1151), seit sechs
Jahren Abt von Saint-Denis.[746] Er war seit 1124 durch seine Stellung am ka-
petingischen Hofe als enger Getreuer und Vertrauter König Ludwigs VI.
ohne offiziellen Titel[747] gleichzeitig zutiefst in das profane Leben involviert,
was so weit ging, daß er gelegentlich ungeachtet seines Standes königliche
Truppen ins Feld führte.[748] Er besann sich aber schließlich und übernahm
einzelne Elemente der Reformbewegung. Zunächst begann er bei sich
selbst, indem er bescheidenere Kleidung anzog, sich mit bescheidenerem
Mobiliar umgab, den Kontakt mit Laien und reformunwilligen Mönchen auf
ein Minimum beschränkte.[749] Mit Zustimmung des Kapitels – die meisten
Mönche in Saint-Denis hatten sich anscheinend bei den dauernden Regel-
verletzungen ohnehin nicht wohlgefühlt – führte er sodann eine striktere Observanz, einfacheres Essen, Beachtung der Fastenvorschriften ein. Um die
Klausur wiederherzustellen, ließ er den Haupteingang des Klosters kost-
spielig restaurieren. Daß diese Reform „ohne Skandal und Aufruhr der
Brüder" durchzusetzen war, bezeichnete der Abt später als höchste Gottes-
gnade.[750]

Diese Gelegenheit benutzte Bernhard, ihm einen langen Brief zu schreiben, in dem er ihm nicht nur gratuliert, sondern auch gleich (anscheinend das erste Mal) versucht, in die königliche Innenpolitik einzugreifen. Zunächst beglückwünscht er Suger zu dem Unternommenen: er ist ein kühner Streiter, vergleichbar Mose, Jeremia und David in seiner Verantwortung für sein „Volk". Zwar kann der Zisterzienser sich nicht enthalten, des Kontrastes wegen Sugers frühere Verfehlungen zu evozieren, speziell „das Gehabe und der Prunk, wenn Du auf Reisen warst"[751] (als Bernhard in der *Apologie* den übertriebenen Aufwand bei Reisen angeprangert hatte, war ihm wahrscheinlich eben Suger vor Augen gestanden). Auch nicht, das frühere Treiben in seinem Kloster zu schildern: da wimmelte es von Rittern, Geschäfte wurden getätigt, sogar Frauen erhielten Zugang. Bernhard scheut nicht einmal davor zurück, den Konvent von früher als apokalyptische „Synagoge Satans"[752] zu beschimpfen – ein Terminus, der sonst vorzugsweise für das Heiden- und Judentum verwendet wurde.[753] Doch jetzt „hat sich schließlich unsere Sehnsucht erfüllt".[754]

Für ein Glückwunschschreiben hätte das Bisherige ohne weiteres genügt. Nun aber folgt plötzlich eine Invektive gegen den damals wichtigsten Mann nach dem König (manche hielten ihn sogar für wichtiger[755]), den königlichen Kaplan und Reichskanzler Stephan von Garlande.[756] Den Mann anzugreifen, der natürlich wie jeder in seiner Position viele Feinde besaß, war moralisch leicht, da er schon einmal wegen Ehebruchs exkommuniziert worden war. Daß er seine Stellung am Ohr des Königs faktisch in unverschämter Weise dazu ausnützte, sich zu bereichern, geht auch aus Urkundenmaterial hervor.[757] Bernhard benützt nun Sugers Einstellung zu diesem Höfling quasi als Prüfstein, um zu sehen, ob seine 'conversio' echt sei – denn dann müsse er sich ja von einem solchen Monstrum lossagen. Die Monstrosität Stephans bestand darin, Gott und dem Mammon gleichzeitig zu dienen, d. h., „zugleich Kleriker und Ritter scheinen zu wollen",[758] einerseits in der Rüstung einem Heer voranzureiten und andererseits in den liturgischen Gewändern das *Evangelium* zu verlesen. Was Bernhard hier so aufregt, wird er etwa ein Jahr später in wenig veränderter Weise bei den Tempelrittern nicht nur billigen, sondern in den höchsten Tönen preisen und auch bei seinem Freund Suger von Saint-Denis nie kritisieren. Bei Stephan freilich handelt es sich um „nova et exosa perversitas", eine neue und hassenswerte Perversität.[759] Damit allerdings greift Bernhard gleichzeitig nolens volens seinen König an, denn Ludwig VI. hatte den Adeligen, dem er als Heerführer verpflichtet war, 1120 zu seinem Kanzler und gleichzeitig Seneschall gemacht, wiewohl er bereits u. a. die geistlichen Würden eines Archidiakons (Leiter des Domklerus) von Paris und eines Dekans (Leiter des Kapitels) von Saint-Geneviève innehatte.

Nun wird man Bernhard seine sittliche Entrüstung über diesen königlichen Ratgeber wohl glauben (sicherheitshalber hatte er zunächst wieder auf das Dictum des hl. Gregor verwiesen, die Wahrheit sei wichtiger als die Vermeidung eines Skandals[760]). Aber dahinter standen offenbar noch andere Gründe: Seit 1103 war auch der mit Stephan verfeindete Wilhelm von Champeaux im Archidiakonat der Pariser Domkirche gewesen, und er war bekanntlich derjenige, der Bernhard „entdeckt" hatte.[761] Stephan unterstützte jeden, der gegen Wilhelm war, daher auch Abaelard. Bernhard wiederum mußte von vornherein gegen die Widersacher seines Protektors eingestellt sein, also gegen Stephan und Abaelard. Während die Abrechnung mit letzterem erst später kommen sollte, sah der Abt jetzt bereits eine Chance, Suger gegen den Archidiakon aufzuhetzen.

Tatsächlich fiel der Angegriffene im selben Jahr in Ungnade. Daß das nur auf Bernhards Schreiben zurückzuführen war, wird niemand glauben. Vielleicht war die Position Stephans schon ins Schwanken gekommen, als Bernhard seinen Brief diktierte. Stephan wurde vom König entmachtet, weil er dessen Gemahlin verärgert hatte, die ungewöhnlich einflußreiche Adelaide von Maurienne, und versuchte, seine Position erblich zu machen. Suger konnte nun faktisch (nicht juristisch) seine Position einnehmen – was Bernhard keineswegs störte, obschon sein Freund ja immerhin auch Abt war und als solcher sich eigentlich anderen Dingen hätte widmen müssen als der Reichsverwaltung. Es dauerte freilich nur fünf Jahre, bis Sugers ehemaliger Freund und nunmehriger Rivale wieder an die Macht gelangte.[762]

Die Anziehungskraft des Ordens

Walter Map wird der böse Vers zugeschrieben, „die weiße Schar, der ruchlose Orden, ist die Lanze des Longinus"[763] im Leib Christi. Die in der Kirchengeschichte einmalig brisante Ausbreitung der grauen Mönche zeigt, daß dieses Urteil nur von wenigen geteilt wurde. Speziell Filiationen von Clairvaux entstanden mit zunehmender Geschwindigkeit. Am 12. März 1128 wurde Igny gegründet,[764] am 7. September Regny,[765] Zeugen der immer größer werdenden Menge von Männern, die in Clairvaux ihr Heil suchten. Um die Frauen derjenigen von ihnen, die verheiratet waren, ebenfalls den 'Königsweg zum Heil'[766] führen zu können, entstanden die ersten Klöster für Zisterzienserinnen, 1125 Tart, 10 km nördlich der Mutterabtei, 1127 Belmont, 1128 Belfays[767] usf. Doch blieben diese Abteien unter bischöflicher Kontrolle. Die Politik der Generalkapitel zu Bernhards Zeiten beschränkte sich darauf, die Ordensfrauen so weit wie möglich zu ignorieren,[768] um sich nicht von den eigenen spirituellen Zielen ablenken zu lassen. Vor allem wollte man nichts mit der 'cura monialium', der Seelsorge, die mit der Verpflichtung zur Abnahme der Beichte engere Kontakte erfordert hätte, zu tun haben. Wie sagte doch Bernhard: „Immer mit einer Frau zusammenzusein und mit ihr nicht zu schlafen, das ist doch wohl mehr als einen Toten aufzuerwecken?"[769] Zwar fallen diese Worte nicht im Zusammenhang mit Mönchen, sondern mit Ketzern bzw. einem Bischof, aber da Mönche auch Männer waren, hätte Bernhard die Gültigkeit dieses Urteils für sie sicher bestätigt. Warum sonst diese Distanzierung? Nur zum Kirchweihfest durften Frauen nach Cîteaux kommen und mit den Fratres gemeinsam das Offizium singen.[770] Doch war der Orden in seiner Präsenz so von den Männern dominiert, daß noch wenige Jahre vor der Jahrhundertmitte Hermann von Tounai (von Laon) verzeichnete, nur diesen sei im Kontrast zu den Prämonstratensern der Anschluß an den Orden erlaubt.[771]

In dieser Zeit kehrte aus Fontenay Gottfried von La Roche nach Clairvaux zurück, der eigentlich dort bis zu seinem Lebensende hätte als Abt fungieren sollen. Es ist möglich, daß Bernhard selbst dies veranlaßt hatte, um einen tatkräftigen Verwandten als Prior in seinem Kloster zu haben, war er doch nun schon öfters in den Geschäften Gottes unterwegs. Gottfried war einer jener Mönche, die ihren „in den Himmeln" weilenden Abt „bisweilen zwangen herabzusteigen und ihm sagten, was das Haus nötig hatte".[772]

Auch sonst gab es manches, das Bernhard erfreut haben muß: er erlebte die späte Genugtuung, daß sein umworbener Cousin Robert nun doch noch Cluny verließ und sein monastisches Leben in Clairvaux weiterführte.[773] Die Prämonstratenser bestätigten indirekt den Weg der Zisterzienser, indem sie auf ihrem ersten Generalkapitel deren Organisation zum Vorbild für die eigene setzten.[774]

Bernhard wurde wie auch andere Äbte zu kirchenpolitischen Fragen zugezogen, wobei er auch ein erstes Mal mit dem Monarchen selbst in Berührung kam. Am 10. Mai 1128 fand ein Provinzialkonzil in Arras statt, das sich mit der zweifelhaften Führung der Nonnen im königlichen Johannes-Kloster von Laon beschäftigte, über die allerhand „sinistere Fama" im Umlauf war.[775] Bernhard ist hier ganz explizit: die Frauen hätten den Sakralbau in ein Bordell der Venus verwandelt.[776] Daß solches wirklich vorkam, erhellt auch aus dem „Kloster", das der Herzog von Aquitanien in Niort für seine Konkubinen gründete.[777] Der zuständige Erzbischof Rainald II. von Reims verjagte die Nonnen aus Laon, „weil sie sich allzu unwürdig und exzessiv (enormiter) aufführten", wie es in der Bestätigungsurkunde Ludwigs VI. heißt.[778] Man besiedelte mit Zustimmung des päpstlichen Legaten das Kloster statt dessen mit Mönchen.[779] Bernhard scheint hier freilich nur als einer unter vielen dafür gestimmt zu haben.

„Über das Bischofsamt" (1127/28)

In die Jahre 1127/28 fallen sehr wahrscheinlich die drei Traktate des Abtes *De gratia et libero arbitrio, De moribus et officio episcoporum* (*Epistola* 42) sowie *De baptismo* (*Epistola* 77). Beginnen wir, ohne eine chronologische Reihenfolge zu implizieren, mit dem Traktat über das Bischofsamt.[780] Ihn hat Bernhard, deutlich geschmeichelt, für den Metropoliten von Sens, den Erzbischof Heinrich von Boisroques, gen. der Eber (Sanglier, Aper, reg. 1122–1142), geschrieben, da dieser von ihm ein neues Werk wünschte. Heinrich hatte sich bereits als bedeutender Förderer der Zisterzienser erwiesen und sollte dies auch bleiben.[781] Namentlich 1141 sollte er Bernhard noch sehr nützlich werden, als er den Vorsitz des Konzils gegen Abaelard innehatte.

Die Darstellung ist, wie für Bernhard typisch, nicht streng strukturiert, sondern ein Beispiel der vorscholastischen Theologie, die eine Bibelstelle nach der anderen, wie sie gerade assoziativ „in den Geist kommt",[782] zu einem erbaulichen Gewebe fügt. Formal bietet das Werk jedenfalls Lesegenuß: Schon der Bescheidenheits-Topos im Prolog ist ein kleines Meisterwerk (ein nötiges, wenn man den Charakter des nicht ohne Grund „Eber" genannten Kirchenfürsten bedenkt): „Wer sind wir denn, daß wir (etwas) für Bischöfe schreiben? Und doch wieder, wer sind wir, daß wir Bischöfen den Gehorsam verweigern dürften? Was mich die gestellte Forderung zu bejahen nötigt, nötigt mich auch, sie zu verneinen. Für einen so Hochgestellten zu schreiben, geht über mein Vermögen, und ihm nicht zu gehorchen, gegen meine Natur. Hier wie dort droht Gefahr, die größere aber offenbar, wo ich nicht gehorche. So nehme ich denn das geringere Risiko auf mich und tue, was Ihr befehlt."[783]

Bernhard beginnt äußerst geschickt mit einer Schilderung der Anfechtungen, die schon ihn, den kleinen Mönch in seiner „Höhle", bedrohen – um wie viel mehr muß da einer gefährdet sein, der „im Rampenlicht" steht: „Wenn schon ich verborgener Höhlenbewohner, ich lichtlos rauchende Flamme unter dem Scheffel die Windstöße so nicht abzuwehren vermag, sondern von dauernd anstürmenden Versuchungen jeder Art zermürbt wie ein windgepeitschtes Rohr hierhin und dorthin getrieben werde, was, wenn man auf einem Berge, wenn man auf einem Leuchter stünde?"[784] Eindringlich empfiehlt der Abt dem Kirchenfürsten zunächst, auf die beiden Ratgeber zu hören, die ihn zur Reformbewegung bekehrt hatten, die Bischöfe von Chartres und Meaux. Es folgt – hochinteressant für die Kulturgeschichte der Zeit – ein Katalog dessen, was nach reformerischem Ideal zu meiden war. Da ist einmal die „gloria vestium", der Kleiderprunk[785]: was sollen gefärbte Felle, weibischer Schmuck – „wem bemühst du dich damit zu gefallen – der Welt oder Gott? Wenn der Welt, warum bist du dann Priester? Wenn

Gott, warum bist du dann als Priester so wie die Laien?"[786] Und die Kosten!
Zu wessen Lasten gehen sie? „Es schreien aber die Nackten, es schreien die
Hungrigen, sie klagen und sagen: 'Sprecht, ihr Priester, was tut das Gold am
Zaumzeug? Wehrt etwa das Gold vom Zaume der Kälte oder dem Hunger?
Was nützen uns, die wir unter Kälte und Hunger jämmerlich leiden, euere
vielen Garderoben? … Auch wir sind doch Gottes Geschöpf, auch wir sind
mit dem Blut Christi erlöst worden! … Euer Überfluß lebt von unserem
Leben!'"[787]

Nach diesem leidenschaftlichen Plädoyer, das sowohl einen Hauch vom
Wohlleben der Hierarchie vermittelt als auch die Antwort der Armutsbewegung darauf, wendet sich Bernhard unerwartet abrupt den Tugenden zu,
führt also die zu verfolgenden Ideale vor, anstatt weiter die Mißbräuche zu
kritisieren. Der „balsamduftenden" Keuschheit, die ein Vorgriff auf das
asexuelle Himmelsleben ist, gilt die erste seiner Preisreden. Ihr folgt die Ka-
ritas als zentrale Tugend, verbunden mit Herzensreinheit. Der Priester soll
wahrlich ein „pontifex", ein Brückenbauer sein, wie es die (dem Mittelalter
aus Varro bekannte) Etymologie des Wortes (pons + facere) impliziert.[788]
Zwischen Gott und dem Nächsten soll er, der immer nur diese beiden im
Sinne habe, nie aber sich selbst, eine Brücke bauen. „Er bietet Gott als guter
Vermittler (bonus mediator) die Bitten und Versprechen des Volkes dar und
bringt ihm von Gott Segen und Gnade zurück. Er fleht seine Majestät für die
Übergriffe der Schuldigen an und straft an den Sündern das Unrecht gegen
Gott."[789] Hier ist in aller Knappheit die theologische Rechtfertigung für die
Existenz der Priesterkaste aus der Sicht des Mittelalters zusammengefaßt.
Diesen idealen Priester, den Bernhard wohl nur in einigen Heiligen verkör-
pert sehen konnte, zeichnet völliges finanzielles Desinteresse aus, also ge-
rade das Gegenteil der damaligen Praxis.

Das gute Gewissen ist die nächste Tugend[790]; sie führt Bernhard zu einem
Exkurs über den toten, den unbeständigen und den bewährten Glauben und
die Forderung, daß nicht Liebe an sich genügt, sondern nur beständige
Liebe.[791] Voraussetzung für die drei genannten Tugenden ist die Demut in
der Imitatio Christi. Diese Tugend wiederum lädt Bernhard zu einer Reflexion über die ihr entsprechende Untugend ein, den Stolz. Auch wenn Zunge
und Hand reglos bleiben – die Engel und Gott „hören" doch selbst den ge-
heimsten Gedanken, der mit Stolz erfüllt ist.[792] An dieser Stelle läßt Bernhard ein wenig davon durchblicken, daß auch ihm innere Kämpfe nicht unbekannt waren: „aus dem schmutzigen See meiner juckenden Brust" steigen
böse Gedanken wie Blasen auf („ebulliunt"), sogar Schmähungen gegen
Gott! Mag ich auch nach außenhin untadelig sein, aber in mir geschieht es,
auch wenn ich nicht zustimme: „Aguntur quidem in me, sed a me non
aguntur, si non consentio." Doch: habe ich keine Freude daran, dann wird
mir eine derartige aus dem Inneren aufsteigende Blasphemie nicht als Sünde

angerechnet werden, ja nicht einmal unvereinbar mit Heiligkeit sein.[793]
Eine bemerkenswert modern wirkende Akzeptanz des Unbewußten mit
seinem Widerstand gegen den göttlichen „Übervater", bei der Bernhard
keine Einflüsterung böser Geister benötigt, um den Menschen zu entlasten!
Ein Anklang an jene Strömung, die man als 'Humanismus des 12. Jahrhunderts' bezeichnen kann.

Erst bei dieser Erörterung der Demut erinnert sich Bernhard wieder
seines Ansprechpartners: Für ihn, den hohen Kirchenfürsten, vermögen
Herkunft, Alter, Wissen, Amt und Primat nur allzuleicht zum Anlaß für
Überheblichkeit zu werden. Das alles paßte gut auf Heinrich, dessen Vorgänger den Primat von Gallien besessen hatten.[794] Hier kommentiert Bernhard nun wieder die Misere der Amtskirche seiner Zeit: so unreife Knaben
werden wegen ihres Adels mit hohen kirchlichen Würden ausgestattet, daß
sie vor allem froh sind, damit der Rute ihres Lehrers entkommen zu sein –
doch in Kürze ist das Geld ihrer Untergebenen ihr ein und alles.[795] Da Bernhard hier nun eine Reihe von alttestamentlichen Beispielen für begnadete
Kinder einfällt (Samuel, Jeremia, Daniel), muß er freilich einräumen: für
die Gnade Gottes ist kein Alter zu jung.[796] Die Misere der Hierarchie hat
aber noch andere Aspekte: nämlich die Ämterkumulation und die Sucht
nach einer möglichst hohen Stellung – daher viele Reisen Geistlicher nach
Rom. Und dann die machtpolitischen Expansionsgelüste der Bischöfe! Bei
seiner Einsetzung zum Bischof weinte und widerstrebte der Elekt (wie es wenigstens seit Gregor d. Gr. guter Brauch zur Demonstration der Demut
war[797]) und gab an, er sei zu unwürdig für dieses Amt. Jetzt aber fällt er von
sich aus gierig in fremdes Gebiet ein und enthält sich kaum, Schwangere auf-
zuschlitzen (Anspielung auf *Amos* 1, 13), um sein Gebiet zu erweitern.[798]
Diese Passage spricht in der zweiten Person den Bischof an – hegte Heinrich
von Sens damals einen solchen Plan zur Expansion seines Territoriums?

Natürlich sind derlei Umtriebe am besten mit entsprechender päpstlicher
Rückendeckung zu vollziehen. Bernhard scheut sich deshalb auch nicht, die
Bestechlichkeit der Römer anzugreifen, die Geschenke so überaus lieben.
„Nackt spreche ich nackte Tatsachen aus und decke nicht die Schamteile auf
(Gen 9, 23), sondern widerlege Schamloses."[799] Ausführlich preist der Abt
dann kontrapostisch die Tugend der Unterordnung, wobei er auch auf diese-
nigen seiner eigenen Standesgenossen „in unserem Orden"[800] – gemeint ist
die Gesamtheit der Benediktiner – zu sprechen kommt, die sich Privilegien
erkaufen, um nicht den zuständigen Bischöfen, den Ordinarien, gehorchen
zu müssen („Anfänge des Gallikanismus", kommentiert Vacandard[801]). „vi-
deamus tam libenter praepositis obtemperare subiectum quam imperare
subiectis",[802] spricht er einen fiktiven widerspenstigen Mitabt an: „Wir
wollen sehen, daß Du als Untergebener so gern Deinen Vorgesetzten ge-
horchst wie Deinen Untergebenen befiehlst!" Dazu wendet er sogar inno-

vativ die Gehorsamslehre der *Benediktusregel* auf den allgemeinen Kirchengehorsam an,[803] ein Zeichen jener Tendenz der Reformer, möglichst alle Beziehungen in der Gesellschaft nach den monastischen Werten umzuformen.

Auch jenes Schlagwort des Investiturstreits, die „libertas ecclesiae",[804] die Freiheit der Kirche (ursprünglich von laikalem Einfluß, hier von dem des Weltklerus auf die Mönche gesagt), läßt Bernhard nicht gelten, wenn es zur Verteidigung der Exemption gebraucht wird. Im Gegensatz zu den Reformmönchen des 10. und 11. Jahrhunderts, die in der eigenkirchlich geprägten Herrschaft der Bischöfe ein Hindernis für ihre Bestrebungen sahen, weswegen sich Cluny ausschließlich dem Papst unterstellt hatte, erkannten die Reformmönche des 12. Jahrhunderts in solchen Privilegien ein Zeichen mangelnder Demut. Im Gegensatz auch zur späteren Entwicklung lehnten die Zisterzienser damals noch jede Exemtion ab,[805] da sie darin eine Störung der gottgewollten Hierarchie der Kirche sahen. Bernhard wird hier ganz massiv: „Werde ich als Mönch – und das gilt für jeden Abt von Mönchen – versuchen, das Joch meines Bischofs vom eigenen Nacken abzuschütteln, unterwerfe ich mich selbst sogleich der Tyrannei des Satans."[806] Garantiert doch (nach Sap 6, 6f.) das strengere Gottesgericht über die Oberen deren Wohlverhalten. Und natürlich folgt der Beginn des 13. Kapitels des *Römerbriefes*, das die irdische Macht mit der Ordnung Gottes ineins setzt und mit dem in der Kirchengeschichte so vieles gerechtfertigt wurde. In der Praxis versuchte Bernhard die möglichen Konsequenzen einer solchen anscheinend bedingungslosen Unterordnung für sein Kloster allerdings zu entschärfen: „Er half sich durch eine gefinkelte Personalpolitik bei der Besetzung von Bischofsstühlen, wo immer er es vermochte ... seine Schüler brachte er zu Bischofswürden, wo er konnte."[807] Ganz akut sollte dieses Problem bei der Neubesetzung des Ordinariats von Langres werden, dem Clairvaux unterstellt war.[808]

Auch lehnt Bernhard es ab, daß Äbte die bischöflichen Würdezeichen tragen, Mitra, Ring und Sandalen.[809] Das wird der Adressat dieses Traktates und seine Standesgenossen recht gern gelesen haben, und diese Haltung war sicher ein Grund dafür, daß so viele Bischöfe die Zisterzienser förderten.[810] Damit war er auch am Ende seiner Lektüre: Mit einem Hieb auf die Mönche, deren Stellungnahmen auf allen Versammlungen zu hören sind, schließt Bernhard recht abrupt. Wollte er wirklich nicht sehen, daß diese letzte Beschreibung genau auf ihn selbst paßte?

Der Abt entwirft in dieser Schrift ein Idealbild des „modernen" Bischofs der Zeit nach dem Investiturstreit, wie ihn die mönchischen Reformer gern gehabt hätten. „Bernhard anerkennt nicht mehr die ‚romanische' Einheit von Ruhm und Glanz in ‚Reich' und ‚Gottesreich'. Ehre und Würde des bischöflichen Amtes besteht für ihn nicht mehr in der Verbindung beider, sondern allein in der inneren Zier der Sitten ..."[811] Es geht ihm um die spirituelle Formung des Hierarchen, seine Tugenden, seine Frömmigkeit, nicht um die praktische Amtsführung. Doch korrespondiert nur ein Teil dieses Werks wirklich spezifisch mit der Situation des Trägers dieses Amtes und ordnet sich in die Tradition ähnlicher Mahnschriften für den Episkopat ein (Petrus Damiani, *Contra clericos aulicos*[812]); ein anderer Teil besteht vielmehr in einer allgemeinen, eher theoretischen Sittenlehre, die sich an jeden beliebigen Christen richten könnte, ein weiterer in einem Spiegel für Äbte und Mönche. Auch hier steht zu vermuten, daß Bernhard schon vorliegende, zu einem anderen Anlaß entstandene Überlegungen mit neuen Abschnitten erweitert und umgeformt hat. Manches hat er dann in sein Spätwerk, den Papstspiegel *De Consideratione*, übernommen; in der Grundhaltung, auch in Einzelheiten, weist *De moribus* bereits mehrfach auf dieses wesentlich umfangreichere Opus hin.

„Über Gnade und Willensfreiheit" (1128)

Von Bernhards Werken steht wohl die Schrift über das Zusammenwirken von göttlicher Gnade und freiem Willen des Menschen[813] der gleichzeitigen Scholastik am nächsten, wenn sie auch stilistisch wesentlich weniger trocken geartet ist. Verglichen jedoch mit Bernhards sonstigen Werken ist dieses wohl sein abstraktestes, in dem sich rein akademische Passagen finden, z.B. die philosophische Definition des Urteils[814] etc. Es ist denkbar, daß die Abhandlung Bernhard, der ja kein Schultheologe war, „auch bei den Professoren empfehlen" sollte.[815] Der Autor geht hier auf eine zu seiner Zeit von den Theologen lebhaft diskutierte Frage[816] ein: Wenn die Gnade Gottes ohnehin das Entscheidende für die Errettung nach dem Tode ist, wozu bedarf es dann des freien Willens? Dabei bilden Elemente dessen, was wir als Theologie, Philosophie und Psychologie zu unterscheiden gewohnt sind, in traditioneller Manier eine Einheit.

Leiten läßt sich Bernhard vor allem vom *Römerbrief* des Apostel Paulus, den er insgesamt 43 Mal zitiert,[817] aber natürlich hat er auch *die* klassischen Kirchenvätertexte dazu eingesehen, *De libero arbitrio*, *De correptione et gratia* und *De gratia et libero arbitrio* aus der Feder des heiligen Augustinus. Eben diese Schriften hatten dem Thema einen festen Platz in der katholischen Theologie verschafft, waren sie auch im frühen 5.Jahrhundert aus einem ganz aktuellen Anlaß geschrieben worden: es ging um die Zerschlagung des Pelagianismus,[818] einer von Augustinus heftig abgelehnten Richtung, die den freien Willen des Menschen als unabhängig von der Gnade ansah. Man könnte, überspitzt, sagen, Pelagius verkörperte noch die antike Konzeption des autonomen Individuums, Augustinus die mittelalterliche des abhängigen. Bernhard übernahm aber nicht den ganzen Augustinus; so überging er hier die dem Afrikaner so wichtige Lehre von der Prädestination. Weiters war zu jener Zeit besonders aktuell das Werk des Bischofs Anselm von Canterbury *De libertate arbitrii* (1080/86), von dem Bernhard ebenfalls einige Anregungen empfing.[819]

Die erwähnte Schrift wurde wohl 1128 verfaßt, da sie Bernhard in dem Brief von 1129 an den päpstlichen Kanzler Haimerich noch als „neulich veröffentlich" bezeichnet.[820] Bernhard schickte sie zunächst an den Freund Wilhelm nach Saint-Thierry, der den Text durchsehen und eventuell verbessern sollte. Das mußte nicht unbedingt eine leere Formel sein, auch wenn sich solche Vorschläge in der mittellateinischen Literatur zahlreich finden; es handelt sich um eine im 12. Jahrhundert häufige Methode freiwilliger Zensur.[821] In den meisten der anderen, d. h. späteren Schriften des Zisterziensers findet sich dergleichen jedoch nicht, was auf Bernhards steigendes Selbstbewußtsein deutet. Der Benediktiner hat aber nichts daran verändert, sondern Bernhard als Gegengabe seinen Traktat über das Altarsakrament (*Liber de corpore et sanguine Domini*) zugeschickt.[822] Als Gottfried von Lèves, Bischof von Chartres,[823] ein Mann, mit dem Bernhard noch eng zusammenarbeiten sollte, mit dem er aber bereits freundschaftliche Verbindung pflog, ihn ersuchte, etwas von seinen Schriften an den päpstlichen Kanzler zu schicken, kam Bernhard dem gerne nach und sandte *De gratia* an Haimerich.[824]

Das zentrale Problem lautet: Wenn dem Menschen alles Positive ohnehin von der göttlichen Gnade geschenkt wird (1 Cor 4, 7), also nicht sein Verdienst darstellt, was für eine Funktion hat dann der freie Wille noch bei der Erlangung des Heils? "'Was vollbringt aber dann der freie Wille?', fragst du. Ich antworte kurz: Er wird gerettet. Nimm den freien Willen weg, es gibt nichts mehr, was gerettet werden kann. Nimm die Gnade weg, es gibt nichts mehr, wodurch er gerettet wird."[825] Was ist dieses „liberum arbitrium", das sich in etwa mit Willens- oder Entscheidungsfreiheit übersetzen läßt? Bernhard definiert es mit „habitus animi liber sui",[826] als eine Haltung der Seele, die frei über sich verfügt. Sie ist entscheidend für Verantwortung und Verdienst. Ihre Zustimmung zu Gottes Wirken bedeutet die Rettung.

Bernhard differenziert mit der Schule von Laon[827] Freiheit dreifach, aber nur der Erlöser hatte alle Freiheiten, die er unterscheidet: von der Sünde, vom Zwang und (potentiell) vom Elend.[828] Bernhard analysiert die Willensfreiheit in verschiedenen Bezügen: wie steht sie zur Vernunft: diese berät den Willen; unvernünftigerweise kann er sich auch dem Bösen zuwenden.[829] Wie zu Zwang: von ihm kann der Wille nicht beeinflußt werden.[830] Hat der Sündenfall eine Wirkung auf die Willensfreiheit gehabt? Ja. Die Freiheit von der Sünde wurde dem Menschen genommen, die Freiheit vom Zwang („libertas a necessitate") dagegen nicht. Zwischen gut und böse zu unterscheiden und zu entscheiden ist auch nach dem Fall der Ureltern nach wie vor möglich, dagegen fehlt die Entschlußkraft, von selbst das Gute zu wählen und zu besitzen. Unsere Willensfreiheit ist zwar in der Sünde gefangen, aber nicht ganz verloren.[831] Die Freiheiten von Sünde und Elend werden im irdischen Leben nur gnadenweise von Christus gewährt; unsere Existenz steht immer unter dem Druck des Elends,[832] nur in der Ekstase der Beschauung – ein kleiner Verweis auf die Mystik – kann selten und vorübergehend ein Anklang an ein seliges Leben erlangt werden.[833]

Logischerweise erhebt sich die Frage: „Wenn Adam diese beiden Freiheiten besaß, die wir verloren haben, wie konnte er dann sündigen? Wenn er sie aber nicht besaß, was verlor er, da er doch das liberum arbitrium besaß?"[834] Bernhard versucht eine Lösung mit recht spitzfindigen Differenzierungen: „Adam war fähig, nicht zu sündigen (posse non peccare), nicht aber war er unfähig zu sündigen (non posse peccare). Nach der Sünde war Adam – und wir mit ihm – nicht mehr fähig, nicht mehr zu sündigen."[835] Analoges gelte auch für die Leidensfähigkeit. Da der freie Wille sich also als unveränderlich erwiesen hat, ist er etwas, das dem Bild der Gottheit, nach dem wir geschaffen wurden, entspricht[836] – ein wichtiger Bestandteil von Bernhards Anthropologie.[837]

Auch die Gnade differenziert Bernhard, und zwar in eine schöpferische und eine rettende („gratia creans" bzw. „salvans"), die den Menschen geschaffen hat bzw. die ihm die Fähigkeit erhält, das Gute zu wollen.[838] Ergänzend werden in diesem Traktat noch Überlegungen zu verschiedenen korrelierten Fragen der Seelenlehre und Dogmatik behandelt, etwa die dem Makrokosmos analoge Struktur der Seele als Mikrokosmos[839] oder die Fortdauer des bösen Willens auch in den Höllenqualen,[840] wird über Zwang und Verführung (Frage der Verleumdung Petri)[841] reflektiert.

Wenn aber alles von der Gnade kommt: „Was nun? Ist das also das ganze Werk des freien Willens, ist das sein einziges Verdienst, daß er zustimmt? Gewiß, das ist es ... Die Zustimmung und das Werk sind zwar nicht von uns, aber auch nicht ohne uns."[842] „Damit kehrt Bernhard zur Fragestellung des Anfangs zurück. Der Anteil des Menschen an der Erlösung besteht in der Zustimmung, die möglich ist, weil er in Freiheit ja sagen kann ... Durch die Zustimmung wird das Werk unser Verdienst, doch schreibt Bernhard zugleich auch, daß selbst diese Zustimmung letzten Endes nicht von uns stammt. Mit dieser Feststellung wird der Pelagianismus vermieden. Andererseits geschieht die Zustimmung nicht ohne uns. Durch die Zustimmung werden wir Mitarbeiter Gottes. Weil diese Mitarbeit auch Gnade ist, bedeutet Mitarbeit nicht eine Aufteilung des Wirkens, sondern das Ganze wird von Gott und Mensch in einem einzigen, unteilbaren Werk getan."[843]

Die zitierte Zusammenfassung macht gut deutlich, daß das gestellte Problem in Wirklichkeit nicht lösbar ist, da es kein Kriterium zur Unterscheidung der beiden Anteile gibt: wo hört in der Praxis eines Entschlusses der

eigene Wille auf und wo beginnt die Gnadenwirkung? Das sollte auch künftige Theologengenerationen beschäftigen, wobei Bernhards Werk bereits
von den Scholastikern der Schule von Laon rezipiert worden zu sein
scheint,[844] auch von Gerhoh von Reichersberg und Petrus Lombardus – also
Resonanz außerhalb der Mönchstheologie, bei den „magistri", fand. Daß
das Buch auch innerhalb des Ordens zirkulierte, etwa seinem jüngeren Ordensbruder Aelred von Rievaulx bei der Abfassung von dessen *De speculo
caritatis* vorlag, ist selbstverständlich. Bernhard selbst sollte zwanzig Jahre
später, in den *Hohelied-Predigten*, nochmals auf das Thema zurückkom-
men.[845]

„Über die Taufe" (1127/28)

Werfen wir auch einen kurzen Blick auf den Tauftraktat,[846] der freilich
eine wesentlich engere Thematik betrifft. Ein Altersgenosse des Abtes, der
nachmals berühmte Pariser Theologe Hugo aus dem Augustinerchorherrnstift Saint-Victor († 1141), hatte ihn von Bernhard erbeten. Dieser läßt sich
hier auf eine fachtheologische Erörterung der Tauflehre ein. Im Hintergrund steht aber auch die gerade im Zeitalter der beginnenden Scholastik
aktuelle Frage nach Spielraum und Begrenzung der eigenen Meinung als
Komponente individueller Existenz gegenüber den Vorgaben der Autoritäten.[847] Bernhards Stellungnahme lautet: „Gewiß ist ein jeder dort völlig
unangefochten in seiner Meinung, wo er sich mit dem, was er meint, weder
der Gewißheit der Vernunft entgegenstellt, noch einer Autorität, die nicht
mißachtet werden darf."[848]

Ausgelöst wurde die Anfrage Hugos durch eine Reihe von Lehrsätzen, die
ein nicht genannter Zeitgenosse aufgestellt hatte. Es ist möglich, aber uner-
weislich, daß es sich um Abaelard handelte oder einen seiner Schüler. Bernhard gibt sich bei seiner Widerlegung tolerant. Er will nur Väterzitate gegen
das Vorgelegte anführen, ohne ein Wortgefecht zu suchen. Vier Fragen sind
es, die der Chorherr dem Zisterzienser unterbreitet: Inwieweit ist die Taufe
heilsnotwendig; wie stand es mit dem Vorauswissen der Zukunft in der Zeit
vor Christus; ist Unwissenheit eine Sünde; und eine Frage zu Bernhards
Marienpredigt.

Bei der Antwort auf die erste Frage zeigt sich Bernhard sehr menschlich:
es kann nicht sein, daß Erlösung ausschließlich durch die Taufe erfolgt, so
hart ist Bernhards Gott nicht, der lieber belohnt als bestraft.[849] Es gibt andere Mittel gegen die Erbsünde, so z. B. für die alttestamentlichen Juden die
Beschneidung, bei den Heiden Glaube und Opfer. Denn die Taufe ist nur ein
„facticium", etwas, dem man sich freiwillig unterwirft,[850] keine „naturalis
lex" (Naturgesetz).[851] Erst seitdem das Wort Gottes dem ganzen Erdkreis
gepredigt worden ist, kann die Mißachtung des Taufgebots nicht mehr ent-

schuldigt werden. Auch vertritt Bernhard bereits eine Form dessen, was später in der Theologie die Begierdetaufe genannt werden sollte. Damit erweist er sich, wie auch an vielen anderen Stellen, als Vertreter der Intentionalethik, die auch Abaelard, freilich bis zum Extrem, verfocht.[852] Ob des bloßen Fehlens des Wassers kann ein Mensch nicht der Verdammung anheimfallen[853] – eine Absage an jede engstirnige Dogmatik! Die ungetauft verstorbenen und somit von der Erbsünde belasteten Kinder von jeder Bestrafung in der anderen Welt freizusprechen, dazu konnte sich freilich auch Bernhard nicht verstehen, da dies eine Kritik an Augustinus bedeutet hätte – sie werden nach seiner wie der allgemeinen Ansicht der katholischen Theologen in einer speziellen Vorhölle, dem Limbus puerorum, mäßig, aber in alle Ewigkeit gepeinigt.[854]

Zur zweiten, ziemlich akademischen Frage meint Bernhard: Wenn vor der Zeitenwende schon alle gerechten Menschen prophetische Gaben besessen hätten, wäre schon das die Zeit der Gnade gewesen.[855] Hier muß man wissen, daß eine der zahlreichen christlichen Periodisierungen der Heilsgeschichte diese in ein Stadium 'sub lege' (gleich der alttestamentlichen Epoche) und eines 'sub gratia' (gleich der neutestamentlichen und später) einteilt.[856] Zahlreiche Bibelstellen, so Bernhard, erweisen, daß die von dem Anonymus vorgelegte Spekulation unhaltbar ist. Der Glaube an das kommende Heil, nicht ein Wissen darum, hat vor der Geburt Christi viele Menschen gerettet.

Sehr knapp betont der Abt dann, daß es durchaus eine Sünde der Unwissenheit gäbe, in der z. B. die Kreuziger Christi verharrten.[857] Diese Passage wirkt wie eine vorweggenommene Antwort auf Abaelards gegenteilige Position in seiner *Ethik* von 1138/39. Wenn der Philosoph sie bereits in den zwanziger Jahren vertreten hat, dann wäre dies ein Anhaltspunkt, in ihm den Urheber dieser Bernhard von Hugo zugesandten Problemata zu sehen.

Was schließlich viertens Bernhards Meinung betrifft, daß es auch den Engeln unbekannt war, in welcher Jungfrau sich der Erlöser inkarnieren werde – man sieht den Beginn von theologischen Themen, die in der spätscholastischen Literatur als l'art pour l'art bis ins Absurde behandelt werden sollten –, so hält er, da er keine widersprüchlichen Autoritäten kennt, daran fest, wozu er allerdings eine seitenlange Diskussion dieser „wichtigen" Frage vorführt.[858] „Aus einer solch eigensinnigen Einstellung über eine diskutierbare und nebensächliche Frage kann man verstehen, mit welcher Zähigkeit er Abaelard und Gilbert in wohl wichtigeren Fragen der Theologie bekämpft hat."[859]

Bernhard schließt sich in diesem kleinen Werk ganz offensichtlich, auf Hugos Denkweise eingehend, an die auf Logik und Väterzitaten basierende diskursive Methode der Frühscholastik an[860]: in seiner Untersuchung geht er in etwa so vor, wie es auch ein Lehrer an einer der entstehenden Universitäten getan hätte. Im Gegensatz zu seinen sonstigen Arbeiten unterbleibt die Frage nach der Verwertbarkeit des Themas für die religiöse Lebenspraxis. Es ist *De baptismo* also eine quasi akademische Abhandlung, kein spiritueller Protreptikos, wie die meisten seiner anderen Traktate und Predigten. Stilistisch freilich unterscheidet es sich von Produkten der hohen Schule durch seine lebhafte rhetorische Gestaltung, z. B. die vielen eingeschobenen Fragen oder die Verwendung von Ironie[861] – Bernhard konnte nicht langweilig schreiben.

Wir kennen keine direkte Antwort Hugos auf Bernhards Brieftraktat; jedenfalls muß ihm vieles eingeleuchtet haben, denn er übernahm manche Stellen sogar wörtlich in sein späteres Werk *De sacramentis*.[862] Auch andere Theologen sollten ihn zitieren.[863] So sehen wir hier eine Nahtstelle zwischen der sog. monastischen und der scholastischen Theologie, ein wenig beachteter Faktor in der Geistesgeschichte des hohen Mittelalters.

Die Synode von Troyes (1129)

Mitten im Winter, am 13. Januar 1129, eröffneten die in Troyes versammelten Prälaten eine Regionalsynode,[864] zu der auch Bernhard ungeachtet seines problematischen Gesundheitszustandes[865] gekommen war; der milde Jahresbeginn, der freilich auch große Überschwemmungen mit sich brachte,[866] mochten ihm die kleine Reise von vielleicht drei Tagen erleichtert haben. Doch noch kurz zuvor hatte er gedacht, absagen zu müssen: „Gewiß war mein Herz bereit zu gehorchen, aber nicht gleicherweise mein Leib. Da mein krankes Fleisch ausgebrannt war von der wütenden Hitze eines akuten Fiebers und erschöpft vom Schwitzen, konnte es dem willigen Geist nicht entsprechen."[867]

War die Veranlassung für diese Versammlung auch ein Konflikt zwischen dem König von Frankreich und dem Bischof von Paris, so betraf ein zentraler Tagungspunkt das Land „jenseits des Meeres", Outremer, wie die Kreuzfahrerstaaten in Palästina in Bernhards Muttersprache genannt wurden. Neun Jahre alt war Bernhard gewesen, als Jerusalem von den „bewaffneten Pilgern" in einem unerhörten Blutbad erobert worden war; damit hatte die westliche Christenheit eine Außenfront eröffnet, die ihre Tatkraft wie ihre Phantasie für den Rest des Mittelalters beschäftigen sollte. Ein stets brennendes Problem war der militärische Schutz der Pilger im Heiligen Land. Dafür hatte sich 1120 eine kleine Gruppe von neun Kreuzrittern zu einer Bruderschaft zusammengeschlossen, die auf diese Weise für ihre Sünden büßen wollte;[868] sie legten vor dem Patriarchen von Jerusalem die drei monastischen Gelübde ab. Nach der Lage ihres Quartiers beim sogenannten Tempel Salomos in Jerusalem wurden sie bald als Templer oder

Tempelritter[869] bekannt. Ihr Führer war Hugo de Paganis, der Herr des unweit von Troyes gelegenen Payens, ein Mitglied der alten Aristokratie und Vasall des Grafen der Champagne.[870] Wie vorher schon in England und Schottland versuchte er nun in seiner Heimat, für seine Gemeinschaft die Hilfe der dort versammelten Großen aus Kirche und Welt zu bekommen: Landschenkungen, Geld und vor allem Mitstreiter. Die Ritter, die „nicht nur ihr Erbe, sondern auch ihre Seelen der Verteidigung der Christenheit" weihten (wie ein Anwesender bemerkte[871]), fanden in Troyes die Fürsprache nicht nur Bernhards, sondern auch die des vorsitzenden päpstlichen Legaten, des Kardinalbischofs Matthäus von Albano. Viele der anwesenden Prälaten waren Bernhard freundlich verbunden.[872] Die Templer wollten auch eine eigene, auf ihre besonderen Aufgaben zugeschnittene Regel, nachdem sie sich bisher an der des hl. Augustinus orientiert hatten.

Wenn der entsprechende Brief echt ist, dann hatte kein Geringerer als der König von Jerusalem, Balduin II. (reg. 1118–1131), bereits vor Oktober 1126 Bernhard um Unterstützung für diese Gruppe ersucht, die die päpstliche Anerkennung als eigener Orden anstrebte[873] – was ein weiteres gewichtiges Indiz für das Ansehen wäre, das dem sechsunddreißigjährigen Abt bereits entgegengebracht wurde. Jedenfalls war Bernhard an den Vorbereitungen zu dieser Kirchenversammlung beteiligt; er schrieb dem Grafen Theobald in fast schroffen Worten, er möge ja die in seiner Stadt Troyes zusammenkommenden Geistlichen entsprechend empfangen und sich der Ehre bewußt werden, daß man ein so bedeutendes „Konzil" in seiner Stadt abhalte.[874] Selbst mitzuwirken hat er aber nach seinen eigenen, deutlichen Worten zunächst abgelehnt: „ich habe keinen Grund dazu". Das Drängen von Freunden, die Gehorsamspflicht (dem Legaten und den Bischöfen gegenüber) lasten so schwer auf ihm, daß er ironisch ausruft: „Mein Herr und Gott, wie hat sich dein Urteil über mich getäuscht ..., daß du versuchtest, mich zum Mönch zu machen ... einen Mann, der für die Welt notwendig ist, ohne den die Bischöfe ihre Aufgaben nicht vollenden können!"[875] Es dürfte vor allem Graf Hugo von der Champagne gewesen sein, der nach seinem Eintritt bei den Templern die Verbindung zwischen dem Meister der Bruderschaft und dem Abt von Clairvaux hergestellt hatte,[876] obwohl er nicht nach Troyes gekommen war.

Freilich war Bernhard nur einer der Prälaten, die die Idee der „neuen Ritterschaft" guthießen: auch der Abt von Cîteaux Stephan Harding war anwesend, fünf weiter Äbte, zwei Erzbischöfe und zehn Bischöfe.[877] Ihnen allen gefiel gemäß ihrer eigenen Herkunft diese wirklich neue Organisation, in der „die beiden herausragenden 'Ordnungen' zusammenkommen, die klösterliche Ordnung von der Seite des Geistes und die ritterliche Ordnung von der Seite des Fleisches",[878] d. h. der vornehmen Abstammung der Mitglieder. Dabei hatte Bernhard ungeachtet höherrangiger Teilnehmer ohne

Zweifel eine führende Stellung unter den Zusammengekommenen: ihm und nicht Stephan Harding wurde die Formulierung der *Templer-Regel* auf Grundlage der ihm von Hugo von Payens vorgetragenen (und bislang noch gar nicht schriftlich festgehaltenen) Usancen der Gemeinschaft übertragen. Der Schreiber dieses Textes sagt ausdrücklich, er habe ihn aufgezeichnet „auf Befehl des Konzils und des verehrungswürdigen Abtes von Clairvaux Bernhard, dem dies anvertraut und geschuldet wurde".[879] Die Regel wurde dann von den Versammelten diskutiert und schließlich gutgeheißen; später bestätigten sie der Patriarch von Jerusalem und der Papst. Da es aber im heute vorliegenden Text nicht möglich ist, Bernhards Anteil[880] von dem anderer und besonders von späteren Einfügungen zu trennen, braucht sie in unserem Zusammenhang nicht weiter diskutiert zu werden. Der Abt steuerte sicherlich eine gewisse Orientierung an benediktinischen und zisterziensischen Idealen bei (z. B. die Ablehnung von Oblaten); einige Kapitel der Regel erinnern auch an den Traktat,[881] den er als Werbeschrift für die Templer verfassen sollte oder bereits verfaßt hatte (z. B. wird auch in der Regel festgeschrieben, daß den Feind zu töten keine Schuld bringe[882]). Im portugiesischen Templerorden legte man später das Gelübde immerhin ab „gemäß der Statuten, die uns von unserem Vater, dem hl. Bernhard, vorgeschrieben wurden".[883] Auch das Weiß des Templer-Habits könnte eine Übernahme der zisterziensischen Ordenstracht gewesen sein.

Werbung für die Tempelritter

Bernhard war keineswegs ein prinzipiell friedlicher Mensch. Als Rittersohn hatte er durchaus Verständnis, wahrscheinlich sogar Freude am Kampf[884] – was in seiner Epoche bei Rittern ein von allen Zeitgenossen gerühmtes Positivum war. Ihre Heldendichtung schwelgt geradezu in diesem Ideal.[885] Schon 1127 hatte Bernhard am Beginn seines Briefes an Abt Suger sich unerwartet ausführlich militärischer Terminologie bedient und diesen mit einem tapferen Krieger und pflichtgetreuen Heerführer verglichen, „strenuus in bello miles, immo sic pius ac fortis militum dux". Ein solcher stirbt lieber mit den Seinen, wenn sie vom Feinde getötet werden, als allein zu fliehen, auch wenn sich ihm die Möglichkeit dazu bietet. „Zwischen den blutigen Schwertern läuft er mitten durch die Schlachtreihen hierhin und dorthin, mit Geschrei und Schwert setzt er die Gegner in Erschrecken, wie er nur vermag ... um so eher bereit, für jeden einzelnen [der Seinen] zu sterben, je mehr er für alle verzweifelt."[886]

Man denkt bei dieser Beschreibung mehr an den waffengewaltigen Erzbischof Turpin der Rolandsage als an den zierlichen Abt von Saint-Denis, dem diese Ermutigung galt (allerdings hatte letzterer ungeachtet seines

geistlichen Amtes tatsächlich mehrfach königliche Truppen angeführt[887]).
Das ist nämlich genau die Ideologie, die in den Burgen die Dichter der zeitgenössischen Chansons de geste vortrugen:

> Dur sunt li colps et li caples est grefs;
> Mult grant dulor i ad de crestiens.
> Ki pius veist Rollant et Oliver
> De lur espees e ferir et capler!
> Li arcevesque i fiert de sun espiét.[888]

„Hart sind die Schläge und heftig das Gefecht; großen Kummer gibt es für
die Christen. Wer da hätte Roland und Oliver sehen können, wie sie mit
ihren Schwertern schlugen und fochten! Der Erzbischof traf da mit seinem
Speer ..."

Wie Benton knapp und treffend sagt, „warfare was a proper and hono-
rable occupation."[889] Da sie daran keineswegs zweifelten, setzten die Geistlichen dem weltlichen Rittertum ihrer Zeit, unter dem sie manches zu leiden
hatten, nicht ein pazifistisches Ideal entgegen, sondern versuchten nur, die
Kampfeslust des Wehrstandes in andere Bahnen zu lenken. Sie dämmten
einerseits in der Gottesfriedensbewegung die legalen Fehdemöglichkeiten
ein, indem diese auf bestimmte Zeiten beschränkt wurden.[890] Andererseits
schufen sie das Ideal eines dezidiert christlichen Rittertums. Bernhards
Traktat bildet eine schriftliche Werbung für diesen Prozeß der Verchristli-
chung der europäischen Kriegerkaste, der in Frankreich mit der Bewegung
für die Pax Dei eingesetzt hatte und durch das Papsttum des 11. Jahrhunderts
gefördert worden war. Dieses hatte damals von einer „militia S. Petri" gesprochen, doch sich seit der Kreuzzugsrede Urbans II. 1095 in Clermont
lieber des allgemeineren Ausdrucks „milites Christi" bedient – also derjenigen Formel in der Nachfolge des heiligen Paulus, die bislang, spirituell verstanden, den Mönchen vorbehalten gewesen war.[891] Während sich aus
diesem Stand niemand den Ritterorden anschließen durfte, waren dagegen
weltliche Krieger, die die Ordensgelübde abzulegen bereit waren, sehr er-
wünscht.

Wenn es nun Ritter gab, deren Ideal es war, zur Rettung ihrer Seelen zugleich auch Mönche zu sein – man sieht wieder, wie sehr die kirchliche Reformbewegung auch die Laien erfaßte –, dann war Bernhard der letzte, der
sie von dieser Verbindung zweier Lebensformen abhalten wollte. Im Gegenteil, er verfaßte (wohl 1128 oder etwas später) für Hugo de Paganis einen
Traktat, um dessen „neue Ritterschaft" zu stärken: *Ad milites templi de laudibus novae militiae* (An die Tempelritter über das Lob der neuen Ritterschaft). Dabei ging es ihm um mehrere Zwecke: einerseits darum, den Templern selbst Argumente für ihre ungewöhnliche Lebensform an die Hand zu
geben und damit auch ihre Kritiker zu widerlegen, d. h. die Brüder selbst

(man kann nur sagen:) moralisch aufzurüsten. Denn wenn auch die volkssprachliche Dichtung gelegentlich kämpfende Mönche erwähnte[892] und dies
auch ausnahmsweise im Leben vorkam, so gab es doch manche, die den
Mönchsrittern Vorwürfe ob ihres blutigen Handwerks machten. Dies führte
bei ihnen zu Zweifeln an ihrer Lebensform, wie der Brief eines „Hugo pec-
cator" (identisch mit Hugo von St. Viktor?) bezeugt.[893] Andererseits versuchte Bernhard mit seiner Lobschrift, weitere Krieger für diese verchrist-
lichte Form ihres Standes zu gewinnen. Denn bislang bestand die Gemeinschaft aus wohl kaum zwei Dutzend Männern. Schließlich bekam der Orden
im zweiten Abschnitt des Traktats noch ein Meditationshandbuch zu den heiligen Stätten Palästinas zu Verfügung gestellt. Sollte das Werk, das sich nicht
genauer als mit 'vor 1136', dem Todesdatum des Adressaten, datieren läßt,
nach dem Papstschisma verfaßt worden sein, dann war Bernhard sicher
daran gelegen, mit den Templern Verfechter des von ihm unterstützten Kandidaten im Heiligen Land zu gewinnen.[894]

Ich unternehme es, schreibt Bernhard mit einer Metapher, die nicht eben
einer Verleugnung seiner ritterlichen Herkunft entspricht, „gegen die feind-
liche Macht der Tyrannen meinen Griffel zu schwingen, da es mir nicht erlaubt ist, dies mit der Lanze zu tun".[895] Die „hostilis tyrannis" ist die Heidenschaft, aber mitgemeint und auch in anderen mittelalterlichen Quellen teilweise mit ihr identifiziert sind die Dämonen. Wie die Moscheen in der
Kreuzzugsliteratur als „Teufelshäuser" bezeichnet wurden („domus diabo-
licae"), so wurden die Muslime besonders in der volkssprachigen Kreuzzugsdichtung als Dämonen angesprochen.

Das Auftreten der Rittermönche, wobei das Neue (im Gegensatz zur sonstigen Wertung von Innovationen) sehr positiv betont erscheint, wird mit
dem Aufgehen der Sonne verglichen, die Christus symbolisiert. Wie dieser
„die Fürsten der Finsternis verscheuchte, will er jetzt auch ihre Anhänger,
die Söhne des Unglaubens, zersprengen und ausrotten (exterminet) in der
Hand seiner starken Streiter."[896] Die von ihm durch seine Dämonenaustrei-
bungen, die Passion und den Descensus, den Höllenabstieg (vgl. 1 Petr
3,19, bes. aber das apokryphe *Nikodemus-Evangelium*) überwundenen
Teufel sind im zweiten Satz mit den Heiden parallel gestellt: „tenebrarum
principes ... filios diffidentiae". Zweierlei ist also festzuhalten: Heiden sind
dämonengleich, und Heiden haben nichts, was als „fides", Glaube, gelten
könnte.

Das Großartige an den neuen Gottesstreitern ist es laut Bernhard, sowohl
wie die traditionellen Mönche nach innen gegen ihr eigenes Fleisch und den
Teufel zu kämpfen, gefeit von der Rüstung des Glaubens, als auch nach
außen gegen die Ungläubigen, gepanzert mit der Rüstung aus Eisen. „Rückt
also sicher vor, ihr Ritter, und vertreibt unerschrocknen Sinnes die Feinde
des Kreuzes Christi in der Gewißheit, daß weder Tod noch Leben euch von

der Liebe Gottes trennen können … Wie ehrenvoll kehren die Sieger aus der Schlacht zurück! Wie selig sterben sie als Märtyrer im Kampf!"[897] Märtyrer ist hier nicht im kirchenrechtlichen Sinn kanonischer Heiligenverehrung zu verstehen, sondern unspezifischer als Blutzeuge für den christlichen Glauben. Im Unterschied zu dem widerstandslos leidenden „martyr" oder „athleta" der Alten Kirche schufen die Kreuzzüge das Ideal des kämpfenden und tötenden Märtyrers. So heißt es in der um 1140 aufgezeichneten *Chanson de Guillaume*, die die christlichen Kämpfe gegen die Sarazenen feiert, weder Stephanus noch die anderen Märtyrer seien besser gewesen als die, die nun auf dem Schlachtfeld „serrunt pur Deu ocis",[898] „für Gott getötet werden". Und in Bernhards Traktat lasen die Templer: „Freue dich, starker Kämpfer, wenn du im Herrn lebst und siegst! Aber noch mehr frohlocke und rühme dich, wenn du stirbst und dich mit dem Herrn vereinst!"[899] Bernhard geht es darum, den Templern – und allen, die sich ihnen künftig anschließen würden – das Gefühl völliger Sicherheit zu geben: „O vere sancta et tuta militia",[900] „O wahrhaft heiliger und sicherer Kriegsdienst", denn im Unterschied zum weltlichen Rittertum ist hier nicht zu befürchten, eine Sünde zu begehen, wenn man den Gegner tötet, und genausowenig, ob eines ungerechten Kampfes in Sünde zu sterben, wenn man ihm unterliegt.

Hier folgt die berühmte Kritik Bernhards am Ritterstand, der nach einem zu seiner Zeit nicht unüblichen Wortspiel nicht „militia", sondern „malitia" (Bosheit) heißen sollte,[901] da er aus Habgier streitet: ihre Rüstungen und das Zaumzeug ihrer Pferde statten diese Krieger auf das kostbarste aus, mit Gold und Silber, Seide und Edelsteinen – überflüssig für einen Kampf! Sogar die Haare lassen sie sich nach Frauenart lang wachsen, tragen weite, wallende Ärmel, ein Luxus, der sich in den zeitgenössischen Schrift- und Bildquellen vielfach belegen läßt.[902] Es lohnt sich, diesen Abschnitt im Original zu lesen, da Bernhard hier besonders lautmalerische Rhetorik einsetzt, harte p-Laute, um den Prunk der Reiter zu verspotten („pendulos … panniculos – pompa pudendo – penetrare non poterit …"). Freilich muß man bei ihm auf ähnliche Effekte, die sich nur im lauten Vortrag erschließen, immer gefaßt sein.

Anders die Ritter Christi: sie kämpfen, ohne sich irgend moralisch Sorgen machen zu müssen, die „Schlachten ihres Gottes"[903] und zeigen in Zielsetzung, Verhalten und Ausrüstung den Gegensatz zu den weltlichen Rittern, die in die Schlachten ihres irdischen Lehnsherrn ziehen. Die neuen Streiter „fürchten niemals weder eine Sünde, weil sie Feinde erschlagen, noch die eigene Todesgefahr. Denn der Tod, den man für Christus erleidet oder verursacht, trägt keine Schuld an sich und verdient größten Ruhm. Hier nämlich wird für Christus, dort Christus (selbst) erworben. Dieser nimmt wahrlich den Tod des Feindes als Sühne gern an und bietet sich noch lieber seinem Streiter als Tröster dar. Ein Ritter Christi, sage ich, tötet in Sicherheit, und in noch größerer Sicherheit stirbt er. Wenn er stirbt, nützt er sich selber; wenn er tötet, nützt er Christus. 'Denn nicht ohne Grund trägt er das Schwert; er steht im Dienst Gottes und vollstreckt das Urteil an dem, der Böses tut, zum Ruhm aber für die Guten (Röm 13,4; 1 Petr 2,14).' Ja, wenn er einen Übeltäter umbringt, ist er nicht ein Menschenmörder, sondern sozusagen ein Mörder der Bosheit, und mit Recht wird er als Christi Rächer gegen die Missetäter und als Verteidiger der Christen angesehen. Wenn er aber selbst umgebracht wird, ist es klar, daß er nicht zugrunde gegangen, sondern ans Ziel gelangt ist (non periisse, sed pervenisse). Der Tod also, den er verursacht, ist Christi Gewinn; der, den er empfängt, sein eigener. Der Christ rühmt sich, wenn er einen Ungläubigen tötet, weil Christus zu Ehren kommt . . . "[904]

Dies ist die vielleicht leidenschaftlichste und rhetorisch fesselndste Propaganda für den heiligen Krieg, den gerechten Krieg, wie er seit Augustinus in der Catholica verteidigt wurde,[905] die das kreuzzugsbegeisterte 12. Jahrhundert hervorgebracht hat. Nur in einem blassen Anhang schiebt Bernhard das Bedenken nach, allerdings dürfte man die Heiden nicht töten, wenn man sie auf einem anderen Weg von der Unterdrückung der Gläubigen abhalten könnte. Der Hauch von Bedenken, der den Mönch am Ende dieses martialischen Abschnitts berührt, wird schnell weggewischt: „Nun aber ist es besser, daß sie beseitigt werden, als daß das Zepter des Frevels auf dem Erbland der Gerechten lasten soll . . . "[906]

Es folgt eine weitere Dispensation von einer der angeblichen Grundüberzeugungen des Christentums: „Was also? Wenn mit dem Schwert dreinzuschlagen für den Christen in keinem Fall erlaubt ist, warum hat dann der Vorläufer Christi den Soldaten auferlegt, sie sollten mit ihrem Sold zufrieden sein, anstatt ihnen den Kriegsdienst ganz und gar zu verbieten?"[907] Mit dieser Funktionalisierung einer Episode in *Lukas* 3,14 ist die Kriegführung an sich gerechtfertigt – das „bellum iustum", wie es Augustinus in die christliche Dogmatik eingeführt hatte. „. . . Sicher sollen deshalb die Völker, die am Krieg Lust haben, zerstreut und zerhauen werden (dissipentur . . . abscidantur): solche Leute, die bei uns Unruhe stiften; alle sollen aus der Stadt des Herrn ausgerottet werden (disperdantur), die Unrecht tun . . . Es sollen also beide Schwerter [das geistliche und weltliche] von den Gläubigen gegen die halsstarrigen Feinde gezückt werden, zu zerstören jeden Stolz, der sich gegen die Gotteserkenntnis erhebt, worin der christliche Glaube liegt. 'Und die Heiden sollen nicht sagen können: Wo ist ihr Gott?' (Ps 113, 2)".[908] Und hymnisch besingt Bernhard die erhoffte Erlösung Jerusalems, der irdischen Stadt, die typologisch „das Urbild jener darstellt, die in den Himmeln unsere Mutter ist."[909]

Doch zunächst erhalten die Tempelritter noch ein Idealbild vorgezeichnet, das viele Übereinstimmungen mit der von Bernhard mitgestalteten Ordensregel aufweist: Durch Zucht und Gehorsam zeichnen sie sich aus, ihre Kleidung und Nahrung ist ohne jeden Überfluß, ihr gemeinsames Leben einmütig, arm und keusch. Die Rückkehr zur Einfachheit und Vollkommenheit der Urkirche war ja ein wesentliches Element der religiösen Reformbewegungen des Hochmittelalters, aus der auch die Zisterzienser entstanden.[910] Bei den Templern soll es auch kein Ansehen der Person geben – das Thema vom Tugendadel. Die Mönchsritter verkörpern so bis ins Detail das Gegenbild der weltlichen Kriegerkaste, die Leugnung derjenigen Werte, die die höfische Gesellschaft der Zeit bestimmten: „Sie verabscheuen Schach- und Würfelspiel, lehnen die Jagd ab, sie vergnügen sich nicht mit der Vogelbeize, wie sie sonst geübt wird. Schauspieler, Magier, Märchenerzähler, spaßige Lieder und Schaustellungen von Possen verachten und verabscheuen sie als Eitelkeiten und dumme Lügen ... Niemals sind sie gekämmt, selten gewaschen, vielmehr borstig, weil sie die Haarpflege vernachlässigen, vom Staub beschmutzt und gebräunt durch das Tragen der Rüstung und durch die Hitze.“[911]

Die Templer, so Bernhards Idealbild, „stürzen sich auf die Gegner, als ob sie sagen wollten: 'Sollte ich die nicht hassen, Herr, die dich hassen, die nicht verabscheuen, die sich gegen dich erheben?' (Ps 138, 21).“ Dazu gibt der Abt sogar Anweisungen für die Praxis des Kampfes: Starke und schnelle Pferde, eine gut geplante Schlachtordnung. Er gerät darüber geradezu ins Träumen: „Die Feinde erachten sie wie Schafe, und auch wenn sie selbst sehr wenige sind, fürchten sie keineswegs wilde Barbaren oder zahlreiche Übermacht ... Das haben sie auch sehr oft erfahren, daß viele Male ein einziger Tausende verfolgte und zwei Zehntausende in die Flucht schlugen (ein Zitat, *Deuteronomium* 32, 30, das dem *Lied des Moses* entstammt, gesungen am Vorabend der Inbesitznahme des Gelobten Landes durch die Israeliten). So sieht man also, wie sie auf eine wunderbare und einzigartige Weise sanfter sind als Lämmer und wilder als Löwen, so daß ich im Zweifel wäre, was ich sie eher nennen sollte, nämlich Mönche oder Ritter, wenn ich sie nicht schon wohl recht zutreffend beides genannt hätte. Denn ihnen fehlt, wie man sieht, keines von beiden, weder die Sanftmut des Mönches noch die Tapferkeit des Kriegers.“[912] Die Prahlerei erinnert sehr an die zeitgenössischen Chansons de geste aus dem Karlszyklus.[913] Aber wichtiger für die Frage nach Bernhards Einschätzung der offenbar immens feigen Muslime ist seine Gleichsetzung mit Tieren – damit ist ihre Schlachtung auf eine andere, untermenschliche Ebene verlegt.

Der zweite Teil der *Templerschrift* ändert in einem Ausmaß Inhalt und Ton, daß zu vermuten steht, es handle sich hier größtenteils um ein Werk, das Bernhard bereits zur Verfügung hatte und nun an den militanten „exhortationis sermo“[914] anfügte. Ähnlich ist er ja auch sonst bisweilen vorgegangen.[915] Es handelt sich bei den folgenden Abschnitten von *De laude*[916] um eine Meditationsanweisung über die Gnadenstätten im Heiligen Land,

Orte, die Bernhard nie selber sehen wollte, die aber für ihn nichtsdestoweniger einen hohen spirituellen Wert besaßen, da sie sowohl an das Heilsgeschehen erinnerten, als auch die heilige Endzeit präfigurierten. Als Bindeglied zum ersten Teil dienen Betrachtungen zum Tempel von Jerusalem. Seine Pracht besteht heute nicht mehr im materiellen Schmuck der alttestamentlichen Ära, sondern im tugendsamen Leben seiner Bewohner, eben der Tempelritter, die ihrem Führer folgen – Christus erscheint (in Erinnerung an seine gewaltsame Tempelreinigung von den Geldwechslern) geradezu als mittelalterlicher, kriegerischer Gefolgsherr („dux"[917]), aber auch als endzeitlicher Richter in Anlehnung an *Offenbarung* 19, 11–16. Auch wird das Thema vom inneren Adel weitergeführt, der Gold und Marmor übertrifft, und das von der religiösen Kampfbegeisterung der Ritter. Bernhard denkt hierbei in eschatologischen Kategorien: die neue Mönchsgemeinschaften einschließlich der „nova militia" zeigen zumindest die Endzeit an, wenn sie nicht gar deren Erfüllung mit herbeiführen.

Schlagartig erhellt ein Satz an dieser Stelle auch die sozialen Implikationen des Unternehmens: „Und was man mit größerer Freude sieht, was mehr Nutzen bringt, ist, daß sich in dieser so großen Gemeinschaft vor allem jene zusammenfinden, die vorher Verbrecher, Gottlose, Räuber, Kirchenschänder, Mörder, Meineidige und Ehebrecher waren". Sie nützen, führt Bernhard weiter aus, sich, indem sie für Gott kämpfen und sterben, und sie nützen den in Europa Verbliebenen, die sie nicht mehr bedrücken können. Es entspricht den Tatsachen, daß man besonders versuchte, Rittern, die eine solche Sünde auf sich geladen hatten, eine Chance zu ihrer Wiedergutmachung durch den Ordenseintritt zu bieten: Paragraph 12 der altfranzösischen Fassung der *Templerregel* schreibt vor, speziell exkommunizierte Ritter sollten für den neuen Orden geworben werden.[918] Diese Argumentation, nach der Übeltäter zu ihrem eigenen Seelenheil, zur Verteidigung des Heiligen Landes und zur Entlastung Europas gegen den Islam in den Kampf geschickt wurden, sollte Bernhard noch in seinen Kreuzzugspredigten wiederverwenden.[919]

Mit den nun folgenden Meditationen über die anderen Stätten des Heiligen Landes wollte Bernhard den Templern nicht ein wirkliches Itinerarium an die Hand geben, keinen der seit dem 4. Jahrhundert verbreiteten Pilgerführer schreiben, sondern sie vermittels eines geistlichen Führers auf die spirituelle Bedeutung dessen hinweisen, was sie vor Augen hatten. Ob diese Ritter seinen sehr komplexen und anspielungsreichen theologischen Ausführungen folgen konnten, ist fraglich genug. Daß die Rezipienten hier nicht mehr berücksichtigt werden, spricht ebenfalls für einen anderen ursprünglichen Entstehungszusammenhang dieses Teils. Gefeiert und ausgelegt werden Jerusalem, die heilige Stadt des Allerhöchsten, dann Bethlehem (Sakramente), Nazareth (Bibelallegorese), der Ölberg (Gottesfurcht, Sündenbewußtsein), das Tal Josaphat (dass.), der Jordan (Taufe und Demut), der Kalvarienberg (Einfachheit, Martyrium), das Grab Christi (Erlösung, Auferstehung), Betfage (Zerknirschung), Betanien (Gehorsam). Bernhard schweift dabei zu manchen theologischen Themen ab, namentlich beim Grab ausführlich zur Erlösungslehre (Rechtfertigung der Inkarnation) und Vergebung der Sünden.

Es sei nur ein Passus aus diesen Ausführungen zitiert, um die assoziative Vorgehensweise der monastischen Theologie, deren wichtigster Vertreter im 12. Jahrhundert eben Bernhard war, zu illustrieren. Nazareth wird nach Hieronymus' *Liber interpretationis hebraicorum nominum*[920] mit 'Blume' etymologisiert;[921] dort „wuchs das Gotteskind so heran, daß der Duft der Blume dem Geschmack der Frucht vorausging und sich aus der Nase der Propheten der heilige Duftstrom in die Kehlen der Apostel ergoß. Während die Juden mit dem schwachen Duft zufrieden waren, sollte dieser Strom die Christen mit gediegenem Geschmack erquicken ... Wir wollen auch vom Geruchssinn des Isaak sehen, ob er nicht etwas anzeigte, was sich auf das bezieht, was wir behandeln. Die Schrift spricht von ihm so: 'Und sobald er den Duft seiner Kleider roch,' – ohne Zweifel von Jakobs Kleidern – sagte er: 'Siehe, mein Sohn duftet wie ein reiches Feld, das der Herr gesegnet hat.' (Gen 27, 27). Er roch den Duft des Kleides, erkannte aber nicht die Gegenwart des Gekleideten. Und nur nach außen vom Duft des Kleides wie von dem einer Blume ergötzt, verkostete er nicht die Süße der Frucht darin, weil er zugleich getäuscht wurde sowohl hinsichtlich des erwählten Sohnes als auch hinsichtlich der Erkenntnis des Geheimnisses. Worauf bezieht sich das? Sicher ist das Kleid des Geistes der Buchstabe, und das des Wortes das Fleisch. Aber nicht einmal jetzt erkennt der Jude im Fleisch das Wort, im Menschen die Gottheit, noch sieht er unter der Hülle des Buchstabens den geistigen Sinn. Und indem er äußerlich das Fell des Böckchens betastet, das die Ähnlichkeit des Älteren, das ist des ersten und alten Sünders, versinnbildet hatte, kommt er nicht zur bloßen Wahrheit. Nicht im Fleisch der Sünde freilich, sondern in der Ähnlichkeit des sündigen Fleisches erschien er, der kam, nicht um die Sünde zu begehen, sondern sie hinwegzunehmen ..."[922]

Diese poetischen Metaphern, die vielfach eine lange Tradition aus der Zeit der Kirchenväter besitzen, können nur aus einer entsprechenden Präsenz der biblischen Texte heraus verstanden werden. Sie umspielen zunächst das Thema der Zusammengehörigkeit der beiden Testamente, aus denen die *Bibel* besteht. Dem *Alten Testament* entsprechen die Blume und die Propheten, dem *Neuen* die Frucht und die Apostel. Die Juden begnügten sich mit ersterem, begnügten und begnügen sich nur mit dem Duft der Wahrheit. Diese – die Frucht – wird erst von den Christen genossen. Jakob präfiguriert in der Typologie Jesus – Jakob ist unter dem Fell versteckt und für Isaak unkenntlich, wie der Gott unter dem Fleisch Jesu unkenntlich für die Juden blieb.

Unvermittelt wird sodann der Patriarch Isaak assoziiert. Es ist die bekannte Szene, wo sein jüngerer Sohn Jakob sich den Segen des Vaters erschleicht, der eigentlich dem älteren Esau gegolten hätte. Dazu hatte er sich Felle umgehängt, um nicht durch seine glatte Haut verraten zu werden. Die Auslegung Bernhards geht nun darauf hinaus, daß die Christen im Gegesatz zu den Juden, die nur das Äußerliche begreifen, den verborgenen Sinn der Schrift verstehen. Die Juden, die von Isaak verkörpert werden, sind blind geblieben, da sie die Voraussagen des *Alten Testaments* nicht auf den wahren Messias, Jesus, beziehen.[923]

In ähnlich dichten, aber zugleich für unser strenger kausal- oder finallogisches Denken schwierig zu verfolgenden Beziehungsgeflechten sind auch die übrigen Auslegungen gehalten, und dieser Stil prägt auch sonst Bernhards theologische Äußerungen wie die seiner geistlichen Zeitgenossen. Erst am Ende des Werkes denkt Bernhard wieder an die Templer und bittet: „'Nicht uns, o Herr, nicht uns, sondern deinem Namen gib die Ehre!' (Ps 113, 1), damit er in allem gepriesen sei, der eure Hände den Kampf lehrt und eure Finger den Krieg."[924]

Troyes und Bernhards Werbeschrift bedeuteten sicherlich den entscheidenden Wendepunkt in der kurzen Geschichte des Templerordens. Bernhard begnügte sich auch nicht mit dem Traktat, sondern empfahl den Orden zusätzlich brieflich dem Patriarchen von Jerusalem.[925] Schon 1131 waren die Rittermönche in so gutem Ruf, daß der König von Aragón ihnen ein Drittel seines Reiches vermachte (ein Testament, dessen Vollstreckung die lokalen Kräfte natürlich verhinderten), und 1139 nahm sie der Papst direkt unter seinen Schutz und verlieh ihnen weitgehende Exemptionen.[926] Damit vergrößerte er für sich den Rahmen seiner direkten Einwirkungsmöglichkeiten und unterband für die Ordensangehörigen jede Kritik an dieser neuen Form christlichen Lebens. Dabei griff er vielleicht auf Bernhards Traktat zurück, als er in der entsprechenden Bulle davon sprach, die Templer würden „ihre Hände im Blute der Ungläubigen dem Herrn weihen".[927] Hatte die explosionsartige Ausbreitung der Templer auch teilweise andere Gründe als die der Zisterzienser – etwa handelspolitische –, so ist sie doch genauso ein Beispiel für die heftige Anziehungskraft, die die Reformorden im 12. Jahrhundert gerade auf die Angehörigen des Rittertums ausübten. Hatte um 1110 der Benediktiner Guibert von Nogent noch gejubelt, weil Gott es nun den Rittern, die ihre Seele retten wollten, erspare, die Welt zu verlassen und in ein Kloster zu gehen, da sie auf dem Kreuzzug heilsträchtig ihrem eigensten Metier nachgehen konnten,[928] so gründete fünf Jahre nach Bernhards Tod ein Zisterzienser sogar selbst einen Mönchsorden für Ritter: Raimund von Fitero die Gemeinschaft von Calatrava zur Bekämpfung der spanischen Sarazenen.[929]

Französische Kirchenpolitik (seit 1128)

Seit dieser Zeit versuchte Bernhard mehr und mehr, auch in anderen kirchenpolitischen Angelegenheiten sein Wort geltend zu machen. So etwa in
einer der unzähligen Besitzstreitigkeiten zwischen zwei Monasterien, wie sie
an der Tagesordnung waren: Zwischen den Benediktinern von Luxeuil und
jenen von Dijon ging es um zwei Priorate, wobei auch der Papst angerufen
wurde.[930] Bernhard stand (wie die meisten anderen französischen Kirchenfürsten, die in dieser Sache Stellung bezogen) auf seiten der Mönche von
Saint-Bénigne in Dijon. Dort war schließlich seine Mutter begraben, und die
Mönche waren wegen ihres religiösen Eifers bekannt. Im Herbst bzw.
Winter 1128/29 schrieb Bernhard deshalb je einen Brief an Papst Honorius II., flankierend an den mächtigen Kanzler Haimerich[931] sowie an einen
der Kardinäle;[932] die Abgesandten von Saint-Bénigne sollten sie nach Rom
mitnehmen. Ob diese eher vorsichtig formulierten Schreiben bei den folgenden Verhandlungen eine Rolle spielten, die schließlich zu einer salomo-
nischen Entscheidung durch den Erzbischof von Vienne führten, ist freilich
ungewiß. Deutlich wird jedenfalls, daß man in Bernhards Heimat davon
ausging.

Um noch ein anderes Beispiel zu nennen (wir können nicht sämtliche der
zahlreichen Aktivitäten Bernhards auf lokaler Ebene verfolgen): Es gelang
dem Abt von Clairvaux beim Provinzialkonzil von Châlons-sur-Marne
(2. Februar 1129), den Bischof von Verdun, Heinrich von Winchester, der
der Simonie, Veruntreuung und Ausschweifung angeklagt wurde, zu bewegen, tatsächlich von seinem Amt zurückzutreten.[933] Ähnlich wirkte er bei
der Entsetzung des Abtes Fulbert von Cambrai aus seinem Amt,[934] und es
gab noch manche analoge Fälle.

Freilich hatte auch ein Bernhard Mißerfolge zu verbuchen. Seine erste
Konfrontation mit dem König von Frankreich bezeugt dies. Im Hintergrund
dieser Affäre[935] stand wieder die Auseinandersetzung der Reformer in der
Kirche mit den feudalkirchlichen Prälaten und das Problem, das sich daraus
ergab, daß eine Reihe von nordfranzösischen Bischöfen praktisch Vasallen
der Krone war.[936] Die Kapetinger übten desgleichen über manche Abteien
eine an Tyrannei grenzende Herrschaft aus; in Saint-Denis, Saint-Martin de
Tours und mehreren anderen Klöstern führten sie sogar den Titel eines Abtes
und besaßen dessen Befugnisse.[937]

Der Bischof von Paris, Stephan von Senlis (reg. 1124–1142), versuchte im
Zuge der Kirchenreform, seinen Säkularkanonikern die *Augustinerregel* auf-
zuerlegen, wie sie bereits die Regularkanoniker von Saint-Victor befolgten,
die als Geistliche von besonderer Frömmigkeit und Fruchtbarkeit auf dem
Gebiet des spirituellen Schrifttums und der Sequenzenkomposition bekannt
waren. Gegen diese Verklösterlichung ihres Lebens setzten sich die Kano-

niker von Notre-Dame unter dem Erzdiakon Theobald Notier heftig zur
Wehr, unterstützt auch von dem mächtigen Kanzler Stephan von Garlande.
Speziell als der Bischof eine Präbende von seiner Kathedrale auf das Viktors-
kloster übertragen wollte – jetzt ging es ums Materielle –, kam es zum Eklat.
Die Domherren mobilisierten Ludwig VI., der sich schon 1119 gegen eine
Reform der Pariser Bischofskirche gestellt hatte, da jede Zurückdrängung
laikalen Einflusses auch ihn betraf. Der König verbriefte den nicht reformwilligen Geistlichen von Notre Dame wunschgemäß und in heftigen Worten
seinen Willen, die Regularkanoniker vom Domkapitel fernzuhalten, und
entzog Bischof Stephan die Regalien, also die Herrschaftsrechte, Einkünfte
und Besitzungen, die eine wesentliche Grundlage für die Herrschaft und
Verwaltung eines Bischofs bildeten. Sogar eine Verschwörung zur gewaltsamen Beseitigung des Ordinarius scheint im Gange gewesen zu sein,[938]
doch blieb Frankreich ein „Fall Becket" erspart.

Stephan verhängte darauf das Interdikt über seine Diözese: das gesamte
kirchliche Leben kam zum Erliegen. Die Spende sämtlicher Sakramente,
deren Empfang aus der Hand der exklusiv dazu berechtigten Priesterschaft
ja für unbedingt heilsnotwendig galt, unterblieb. Wer jetzt starb, mußte
ohne Beichte und Kommunion ins Jenseits gehen, und war den ewigen Höllenqualen verfallen.

Was tun? Dieser schrecklichen, wenn auch seit dem Investiturstreit durch
ununterbrochene Anwendung etwas abgestumpften Drohung konnte man
nur durch das Eingreifen einer höheren Instanz begegnen. Also wandte sich
der König an den Papst, der wiederum kraft seiner Binde- und Lösegewalt
„das so gerechte und so notwendige Interdikt", wie Bernhard es nennt,[939]
aufhob. Dagegen versuchten nun wiederum die Äbte von Pontigny und
Clairvaux den Papst umzustimmen, denn zu ihrem Orden hatte sich Stephan
geflüchtet, und das Generalkapitel hatte verständlicherweise seine Partei,
die der Reform, ergriffen. Es wandte sich jedoch zuvor in einem wahrscheinlich von Bernhard formulierten Brief an den König und drohte diesem, sowohl die Gebetshilfe des Ordens für ihn einzustellen als auch beim Papst
gegen ihn zu intervenieren.[940] Offenbar rührte Ludwig dies nicht. Er sah
sich vielmehr durch die päpstliche Suspendierung des Interdikts gerechtfertigt, wie Bernhard in einem Brief klagt, den er für Bischof Gottfried von
Chartres an Honorius aufsetzte: auch ein persönliches Treffen der Bischöfe
mit dem Herrscher habe zu keiner Änderung von dessen Haltung geführt,
obwohl er schon fast nachgegeben hätte. Doch eben in diesem Augenblick
erreichte ihn das Mandat des Heiligen Vaters, das ihn „vor der Furcht vor
uns und genauso vor Euch befreite".[941] Dabei hatte Bernhard den Herrscher, mit dem eigentlich „Freundschaft und Brüderlichkeit"[942] bestand
(Gebetsverbrüderung?), hart angegangen – so berichtet es Gottfried von
Auxerre – und ihm als Strafe des Himmels den Tod seines zum Nachfolger

designierten Sohnes Philipp prophezeit. Ludwig werde sich noch den Bischöfen zu Füßen werfen müssen, um seinen anderen Sohn als Erben bestätigt zu bekommen.[943] Man hat den Eindruck, daß hier ein Vaticinium ex eventu in die Quelle eingefügt wurde, denn 1131 stürzte der fünfzehnjährige Philipp tatsächlich in den Tod, als „ein teuflisches Schwein" Pferd und Reiter zu Fall brachte.[944] Jedenfalls wurde auch diese Mahnung kein Erfolg. Daß es, wie der Bischof von Chartres wollte,[945] zu einer von Bernhard vermittelten Aussöhnung zwischen dem Bischof und dem königlichen Kanzler gekommen ist, scheint unwahrscheinlich.

Angesichts der harten Position der Hierarchie versuchte der König, den Hebel beim Metropoliten der Diözese Sens anzusetzen, dem Paris als Suffraganbistum untergeordnet war, bei Heinrich Sanglier.[946] Dieser war bislang nicht nur in guten Beziehungen zu dem Kapetinger gestanden, sondern eben von diesem bei seiner Wahl entscheidend unterstützt worden. Es dürfte Ludwig mißfallen haben, daß der Prälat sich vom Höfling zum Reformbischof wandelte, der natürlich auch die Zisterzienser begünstigte, weswegen ihm Bernhard seinen Traktat über das Bischofsamt gewidmet hatte. Nun sollte er auf einmal der Simonie schuldig sein, weswegen ihn der König vor sein Gericht ziehen wollte. Im Mai 1129 schrieb Bernhard deshalb wenigstens drei Briefe[947]: zwei ordensoffizielle zusammen mit Stephan Harding und Hugo von Pontigny und einen persönlicheren an den Kanzler Haimerich. Das offizielle Schreiben ist kraß: der Kapetinger sei ein zweiter Herodes, der die Religion selbst bekämpfe. „Sieh, auch jetzt wird in der Diözese Sens Christus verfolgt, um ihn zu vernichten".[948] Honorius solle die Sache nur nicht in Frankreich untersuchen lassen. Nicht weniger dramatisch die Botschaft an den Kanzler: „Wer vermag noch eine solche Zwietracht zwischen Himmel und Erde zu ertragen?"[949] Vorerst scheint die Sache jedoch in der Schwebe geblieben zu sein; sie sollte später sogar bis zur Ermordung zweier Geistlicher eskalieren und Bernhard nochmals beschäftigen.[950]

Zunächst jedoch brachte sie für Bernhard selbst eine peinliche Demütigung. Denn von der Kurie, die gar nicht daran dachte, ihr Urteil zu revidieren und es sich mit dem französischen Monarchen zu verderben, wurde der Abt streng an seinen Platz verwiesen. Das entsprechende Schreiben ist nicht erhalten, sein Tenor läßt sich aber aus Bernhards Antwort[951] an den Kanzler Haimerich rekonstruieren: Bernhard als Mönch, der die 'stabilitas' gelobt hat, möge sich gefälligst nicht auf allen Synoden zeigen und in Zwiste eingreifen, die ihn nichts angingen. Und vor allem natürlich nicht eine andere Position beziehen als die Kurie. Bernhard, ernstlich getroffen, bricht diesen Vorwürfen nun in seiner Replik äußerst geschickt die Spitze ab: Er verweist (formal völlig richtig) darauf, daß ja alle Entscheidungen von anderen getroffen wurden: „Wenn sie gut gehandelt haben, was bezieht man das auf mich? Gleicherweise: Wenn nicht, was bezieht man das auf mich? Ist es nicht meine ganze und einzige Schuld, dort gewesen zu sein? ... Natürlich war ich dort, ich kann es nicht leugnen – aber gerufen, aber hingeschleift (tractus) ... Wäre ich doch nicht hingegangen, müßte ich doch nicht zu Ähnlichem gehen!"[952] Wie es typisch für einen trotzigen Beleidigten ist, bietet Bernhard dann das genaue Gegenteil zu seinem bisherigen Verhalten an: völligen Rückzug in sein Kloster, völliges Schweigen zu den kirchenpolitischen Ereignissen. Bernhard ist voll eleganter Ironie: „Es möge gefälligst den lärmenden und lästigen Fröschen [den Zisterziensern] vorgeschrieben werden, nicht aus ihren Löchern hervorzukommen, sondern mit ihren Sümpfen zufrieden zu sein. Sie sollen sich bei Konzilien nicht hören, in Palästen nicht sehen lassen. Zur Erledigung von Streitfällen soll sie keine Notwendigkeit, keine Autoritätsperson heranziehen können. So könnte vielleicht Euer Freund [Bernhard] dem Ruf der Anmaßung entkommen."[953] Dazu erbittet er sogar ein Privileg, das Bischöfen und Legaten untersagen solle, seine Hilfe anzufordern. Zwischen den Zeilen kann man lesen: Ihr werdet schon sehen, wie weit Ihr ohne mich kommt – was sich in Kürze bewahrheiten sollte, als Haimerich sehr froh sein konnte, in Bernhard einen Verbündeten zu finden. Der Vergleich der Brüder mit jenen Amphibien implizierte übrigens vielleicht eine Botschaft, die ein gebildeter Kirchenmann jener Zeit wohl verstehen mochte: Nach einer im Mittelalter Augustinus zugeschriebenen Predigt und nach seinem echten Psalmkommentar waren die eifrig quakenden Frösche Symbole der Häretiker.[954] Bernhard scheint Haimerich also vorzuwerfen: ihr behandelt uns ja geradezu, als ob wir Häretiker wären! Immerhin war Bernhard ein Mann, dem man bereits zum Bischof haben wollte: 1130 bot man ihm den Bischofsstuhl von Châlons-sur-Marne an. Wie auch sonst, lehnte Bernhard dankend ab[955] und empfahl den Abt Gottfried von Saint Médard in Soissons, mit dem er in Korrespondenz stand[956], und der dann seit Herbst 1131 auch wirklich diese Position bekleidete. Wir wissen nicht, warum die Wahl auf Bernhard fiel, zu vermuten ist die Erinnerung an seine enge Freundschaft mit dem vorherigen Bischof Wilhelm[957] und der Eindruck, den seine Anwesenheit auf dem Konzil im Vorjahr gemacht haben dürfte.[958]

III. Im Kampf gegen Anaklet

Die Kirchenspaltung (1130)

Wahrscheinlich hätte sich die ausgiebige literarische Produktion, die seit wenigstens fünf Jahren aus Bernhards Feder über das Skriptorium von Clairvaux in die Welt der Klöster hinausgegangen war, im selben Tempo fortgesetzt, hätte nicht ein Ereignis Bernhards ganze Aufmerksamkeit beansprucht, das in der Geschichte des Katholizismus keineswegs neu, aber jedesmal von definitiver Brisanz war: wie seit dem frühen 3. Jahrhundert insgesamt etwa vierzigmal,[1] so hatte die westliche Christenheit auch 1130 wieder zwei Heilige Väter an ihrer Spitze. Die Aufgabe, die im Zusammenhang damit Bernhard für das nächste Jahrzehnt fesseln sollte, war keineswegs eine selbstgewählte. Vielmehr war der Abt, wie alle anderen Kirchenfürsten und Gläubigen, vor die Tatsache gestellt, daß seit dem 14. Februar 1130 zwei Kardinäle gleichzeitig Gehorsam und Verehrung als Pontifex Maximus beanspruchten. Und nicht nur als oberster Priester: Seit dem 2. Viertel des 12. Jahrhunderts hielten es die Päpste für richtig, sich nicht mehr bloß als Stellvertreter Petri, sondern als Stellvertreter Christi zu bezeichnen.[2] Nun gab es deren zwei auf Erden, von denen jeder den anderen als Schismatiker verfluchte. Die Wahrheit darüber herauszufinden, war entscheidend für das Heil in dieser und in der anderen Welt.

Folgendes war geschehen[3]: Honorius II., seit 1124 durch Gewalt und Bestechung Inhaber des Thrones Petri, lag in den letzten Zügen. Man brachte den Todkranken ins Andreas- (heute Gregors)kloster und debattierte die Nachfolge. Die Kardinäle, von denen viele die Kirchenreform im älteren, gregorianischen, oder andere im neueren, eher spirituell ausgerichteten Sinn unterstützten, waren uneins. Sie hätten diesmal aber die Chance gehabt, eine kirchenrechtlich ganz einwandfreie Wahl nach den Vorgaben des Papstwahldekrets von 1059 durchzuführen, denn anders als so oft gab es 1130 kein direktes Einwirken einer äußeren Macht, speziell nicht des deutschen Königs, der vormals so viele Wahlen diktiert hatte. Auch hatten die Oberhäupter der beiden mächtigsten konkurrierenden stadtrömischen Geschlechter, der Pierleoni und der Frangipani, geschworen, die Entscheidung nicht beeinflussen zu wollen.

Innerhalb der Wähler hatten sich zwei Gruppen gebildet, die schon länger in Gegensatz zueinander standen: Einerseits die meist dem Alter und Rang nach jüngeren Kardinäle, „cardinales novitii", die nach dem Wormser Konkordat von 1122, das die große Auseinandersetzung zwischen Reich und Papsttum vorerst beendet hatte, berufen worden waren. Bei ihnen überwogen die Diakone. Sie stammten meist aus ökonomisch und intellektuell fortschrittlicheren Regionen Norditaliens sowie Frankreichs und wurden von den Frangipani unterstützt. Diese Gruppe arbeitete mit dem Kanzler Haimerich zusammen, der in der Kurie sowohl kraft seines Amtes als auch seiner Persönlichkeit als die Graue Eminenz hinter den Päpsten jener Jahre bezeichnet werden kann. Dieser Mann war zwar nicht unbestechlich und neigte zum Nepotismus,[4] was vielleicht der Grund für den Mahnbrief[5] Bernhards war, er möge von seiner Sünde ablassen. Trotzdem unterstützte der Kanzler die innerkirchliche Reform, wie nicht nur die zahlreichen Privilegien für die neuen Ordensgemeinschaften wahrscheinlich machen, die unter seiner Ägide ausgestellt wurden,[6] sondern eben auch die Achtung eines so engagierten Reformers wie Bernhard.

Gegen diese Gruppe stand eine Partei meist älterer, „konservativer" Kardinäle, die 1122 noch selbst aktiv den Ausgang des Investiturstreits miterlebt hatten, beheimatet eher im Süden Italiens. Ihnen, die unter Honorius nur wenig mit wichtigeren öffentlichen Aufgaben betraut worden zu sein scheinen, ging es wohl auch darum, ihre Position unter dem künftigen Papst wieder zu stärken. Rangfragen zwischen den einzelnen Ordines der Kardinäle (Diakone, Priester und Bischöfe) scheinen dagegen wenig bedeutsam gewesen zu sein.

Zunächst einigte man sich darauf, die Sache durch ein Gremium von acht Wählern entscheiden zu lassen (die mehrheitlich Freunde Haimerichs waren und unter denen sich auch die künftigen Rivalen befanden). Um etwaigen äußeren Druck auszuschließen, hatten sich die Frangipani verpflichtet, ihren Turm bei der Hadrians-Kirche, wo die Wahl stattfinden sollte, den Kardinälen auszuliefern. Als dies nicht geschah, zogen sich diejenigen Wähler – es war bei weitem die Majorität –, die nicht der Koalition des Kanzlers mit diesem Geschlecht nahestanden, aus der Umgebung des im Gregorskloster sterbenden Papstes zurück. Nicht zufällig hatte ihn nämlich Haimerich eben hierher bringen lassen: in unmittelbarer Nähe lagen die starken Befestigungen der ihm befreundeten Frangipani am Kolosseum und Palatin.

Als in der Nacht vom 13. auf den 14. Februar Honorius das Zeitliche segnete, beeilte man sich, ihn rasch einzuscharren, denn vorher durfte nach kanonischer Vorschrift die Wahl nicht beginnen; korrekterweise hätte sie eigentlich erst nach drei Tagen abgehalten werden können.[7] Ohne die Mehrheit der Kardinäle, die sich ja nicht mehr vor Ort befand, davon zu informieren – vielmehr verschloß man alle Zugänge –, schritten die im Gregorskloster Verbliebenen zur Wahl und kürten Gregor Papareschi, Kardinaldiakon von S. Angelo, einen Angehörigen einer alteingesessenen römischen Familie, der bislang keine größere Rolle gespielt hatte; ein Mann, der als integer, freundlich, aber auch prunkliebend beschrieben wird.[8] In Frankreich hatte er sich anläßlich einer Legatur einen guten Ruf erworben. Die Vermutung liegt nahe, daß dieser Kandidat von dem Franzosen Haimerich deshalb begünstigt wurde, weil er nicht nur seine Linie der Kirchenpolitik zu vertreten versprach, sondern die Position des Kanzlers auch unangetastet lassen würde (was sich später auch mehr als bewahrheitete). Ein vorhergehender, möglicherweise von den Pierleoni angezettelter Volksauflauf hatte wohl seine Furcht vor einem gewaltsamen Eingreifen verstärkt und ihm zu dem überhasteten, unkanonischen Procedere greifen lassen; zu gut erinnerte der Kanzler sich wohl der Vorgänge beim Konklave vor sechs Jahren, wo er selbst einen solchen Gewaltakt gutgeheißen hatte.[9] Der neue Papst ergriff als Innozenz II. sogleich Besitz vom Lateran, um sich dort inthronisieren zu lassen.

Als die Gegenpartei von diesem Vorgehen hörte, reagierte sie rasch: innerhalb weniger Stunden hatte sie aus ihrer Mitte auch einen eigenen Papst bestimmt, der sich Anaklet II. nannte.[10] Ob er weniger integer war als sein Rivale, ist aufgrund der einseitigen Quellen schwer zu entscheiden; sein Ruf in Frankreich war jedenfalls nicht gut. Anaklet, zuvor Kardinalpriester Petrus Pierleoni, stammte aus der zu seiner Zeit vielleicht mächtigsten Familie Roms. Sie leitete sich von reichen Juden her, die in der Mitte des 11. Jahrhunderts zum Christentum konvertiert waren, ohne ihre Zinsgeschäfte aufzugeben. Petrus war in Paris ausgebildet worden, dann den Cluniazensern beigetreten und anscheinend unter gewissem Druck von seiten seiner Familie von Papst Paschal II. in das Kardinalskollegium aufgenommen worden. Als Anaklet fand er Anerkennung nicht nur bei der (meist älteren) Mehrheit der Kardinäle, sondern auch beim Stadtadel und Volk. Damit spielte letzteres wieder eine von den Pierleoni offenbar geförderte Rolle bei der lokalen Durchsetzung eines Papstkandidaten – ein Zeichen, daß die kommunale Idee[11] auch in der Ewigen Stadt wieder Kraft gewann.

So war, vereinfachend zusammengefaßt, der eine Papst Anaklet Exponent der älteren Kardinalspartei, die sich auf die Patrizier Pierleoni und den römischen 'populus' stützte, und der andere Papst Innozenz Exponent der jüngeren Kardinalsgruppe, die Kanzler Haimerich anführte und die die Grafen Frangipani begünstigte. Aufeinander stießen damit unterschiedliche Konzepte der Kirchenreform, das ältere, das die Herrschaft der Kirche über die Welt zum Ideal hatte, und das jüngere, das im Verein mit den neuen Orden eher den Rückzug aus ihr und die innere Reform betonte. Aufeinander prallten Gruppen, die entweder einen Machtverlust befürchteten (Haimerich) oder schon hatten hinnehmen müssen (die Anhänger Anaklets). Wieder einmal wurden entscheidend die großen Familien der Ewigen

Stadt, wobei alter Adel mit Emporkömmlingen rivalisierte. Es hatte sich damit teilweise dieselbe Konstellation wiederholt, wie schon bei der Wahl von 1124: Haimerich und die Frangipani versus die Pierleoni, nur daß sich in Rom dieses Mal letztere durchsetzen konnten. [12] „Bis in die Neuzeit ist keine römische Familie, die zu einer führenden Rolle in der Stadt aufgestiegen war, der Versuchung entgangen, auch das Papsttum in ihre Gewalt und schließlich in ihre Familie zu bringen. Dies war geradezu ein Naturgesetz der römischen Geschichte."[13]

Es kam, wie so oft bei dieser Gelegenheit in der Tiberstadt, zum Bürgerkrieg: Die Truppen Anaklets, d. h. der Pierleoni, bemächtigten sich der Peterskirche und des Laterans, konnten aber die Festung der Frangipani am Palatin, wohin sich Innozenz II. geflüchtet hatte, nicht einnehmen. Hätten sie hier Erfolg gehabt, wäre in jeder Papstgeschichte Anaklet II. als legitimer und Innozenz II. als Gegenpapst verzeichnet; sie scheiterten, und daher hat die Kirchenhistorie die beiden Männer in umgekehrtem Sinne etikettiert.

Im April oder Mai floh Innozenz mit seinen Anhängern nach Trastevere, um dann über Pisa und Genua nach Frankreich ins Exil zu gehen. Denn als sich die Frangipani nach einigen Gefechten mit ihren Rivalen verglichen und die Seite wechselten, also ebenfalls Anaklet unterstützten, waren die Würfel in Rom endgültig gefallen. Nicht so im Gesamt der lateinischen Christenheit. Wer sie von Rom aus regieren sollte, das entschied nach der frommen Theorie der Zeit der Heilige Geist; in der Praxis aber entschieden dies weitgehend die stärkeren Waffen und die bessere Propaganda. Daß letztere im gegebenen Falle die des Papareschi sein sollte, dazu hat Bernhard ganz nachdrücklich beigetragen.

Bernhard und Frankreich ergreifen Partei (1130–1131)

Was wußte Bernhard über die Vorgänge in Rom? Was konnte er wissen?[14] Ganz offensichtlich waren die ihm aus Rom zugegangenen mündlichen und schriftlichen Informationen über die Vorgänge bei der Papstwahl bereits Resultat einer so parteiischen Vorauswahl, daß er angesichts der Personen, von denen sie kamen, also vor allem von Haimerich und den Kardinälen um ihn, kaum Möglichkeit zu einer unabhängigen Meinungsbildung haben konnte. Wie ja u. a. aus der Affaire Abaelard ersichtlich,[15] war Bernhard von einem guten Freund sehr leicht dazu zu gewinnen, dessen Sicht der Dinge ohne genauere Prüfung zu übernehmen. Wenn man die Briefe ansieht, mittels deren jede der beiden Gruppen ihren Gegner verleumdete, kann man sich eine Vorstellung von dem machen, was Bernhard aus der Umgebung Papst Innozenz' erfuhr. Ein hierfür paradigmatischer Text, die Darstellung der Doppelwahl im 2. Buch von Bernhards Vita, das der Benediktiner Ernald von Bonneval († 1156) als Fortsetzung zu Wilhelms Lebensbeschreibung verfaßte, konzentriert in etwa die Vorwürfe, die man von seiten der Innozentianer – der „pars catholica", wie sie sich nannten – dem „Gegenpapst" machte: Betrug, Gewalt, Bestechung, Kirchenschändung … Das gipfelte in dem Sakrileg, angeblich goldene Kruzifixe Glied um Glied von Juden zerstückeln zu lassen, um sie zu Geld zu machen.[16] Der Bericht von diesem Skandal ließ natürlich den damaligen Leser, gewohnt neben dem buchstäblich zu verstehenden Text auch einen Metatext zu suchen, zweierlei assoziieren: der Leib Christi war nach biblischer Symbolik die Kirche, die der Ruchlose genauso zerspaltete; und wer sie zerspaltete, das waren die alten Mörder Christi, die Juden. Bernhard selbst sollte ja die jüdische Herkunft Anaklets als Argument im Kampf gegen ihn gebrauchen.[17] Gleichzeitig hoben die Informationen über Innozenz darauf ab, daß dieser nicht nur der von der größeren Zahl der Wähler Gekürte, sondern auch der moralisch eindeutig bessere Kandidat gewesen sei, was Bernhard in allen seinen diesbezüglichen Briefen wiederholt.

Was bewog den einflußreichen Leiter von Clairvaux, sich für Innozenz zu entscheiden? Er selbst betonte als zentral die zeitliche Priorität von dessen Wahl, da nach Kirchenrecht eine zweite Wahl eo ipso ungültig sei,[18] so lange die erste nicht annulliert war (anscheinend beruft Bernhard sich hier auf Ivo von Chartres[19]). Dazu kommt, „vita et fama", Lebensart und Ruf des Innozenz, seien von unnachahmlicher Güte, wogegen Anaklet nicht einmal von Freunden positiv eingeschätzt würde. Schließlich sei Innozenz von der richtigen Wählergruppe gekürt und von dem zuständigen Bischof konsekriert worden.[20] So weit Bernhards offizielle Argumentation.

Erschließen lassen sich jedoch noch weitere und vielleicht nicht weniger wichtige Komponenten: Wohl primär war für einen Mann, dem Bindungen an Gleichgesinnte so viel bedeuteten, daß die Wähler des Innozenz zu einem Teil Prälaten waren, mit denen er bereits in freundlichen Beziehungen stand,[21] wogegen er mit den Begünstigern des anderen Papstes anscheinend keine Verbindungen hatte. Jedenfalls guten Kontakt hatte Bernhard mit Matthäus von Albano, den er seit der Kirchenversammlung von Troyes persönlich kannte.[22] Brieflich hatte er sich kurz vor 1130 an Kardinal Petrus von S. Anastasia gewandt.[23] Zentral war aber sicher, daß Innozenz Haimerichs Kandidat war,[24] jenes Haimerich, der selbst Bernhards Freundschaft gesucht hatte,[25] mit dem Bernhard wenigstens seit 1125 in brieflichem Kontakt stand und mit dem er auf dem Konzil von Troyes zusammengearbeitet hatte.[26] Daß Bernhard die Macht des Kanzleramtes klar erkannt hatte, bezeugt ein Brief aus dieser Zeit, in dem er formulierte, durch die Hand des päpstlichen Kanzlers geschehe fast alles Gute auf der Welt (!) und nichts werde gutgeheißen, was nicht er zuerst in diesem Sinne beurteilt habe.[27]

Dieser Mann unmittelbar hinter dem Papst hatte bereits um 1125 Clairvaux und Pontigny mit Gold bedacht[28] und sich damit als Freund des neuen Ordens bekannt. Bernhard, der auch seinerseits um Haimerichs Zuneigung warb,[29] sagt in einem anderen Brief zu ihm: „Unseren Freunden ist es nicht verborgen, daß Ihr mich mit vertraulicher Zuneigung liebt, und sie neiden mir die Frucht solchen Glückes, wenn ich allein sie haben will.“[30] Wie Bernhard war auch der Kanzler ein Burgunder, wahrscheinlich ebenso adelig; wie Bernhard gehörte er wohl einer kirchlichen Reformbewegung an, den Regularkanonikern. Verbindend wirkte des weiteren, daß die Gruppe, die den Papareschi favorisierte, eher der neuen Reformrichtung nahestand als ihre Gegner. Bernhard konnte also von Innozenz und der Kurie mit einiger Wahrscheinlichkeit eine Unterstützung seiner eigenen Ideale, die die seines Ordens waren, erwarten. Außerdem beeindruckte ihn die Entscheidung einer ganzen Reihe von hochrangigen Kirchenfürsten in Italien und Deutschland.[31]

Ein Grund, warum Bernhard nicht für Anaklet zu gewinnen war, ist wohl auch darin zu sehen, daß dieser anscheinend unter Pontius Mönch in Cluny geworden war,[32] also jenem Abt, der ihm für den Skandal in jener wichtigsten Abtei Frankreichs verantwortlich schien. Pontius, der sich durch heftige Rangstreitigkeiten mit anderen Äbten unbeliebt gemacht hatte, hatte nach seiner Abdankung versucht, seine Stellung mit Gewalt wiederzuerlangen, weswegen er exkommuniziert im päpstlichen Gefängnis starb (1126).[33] Die Verstöße gegen das Kirchenrecht allerdings störten Bernhard im Zusammenhang mit der Wahl von 1130 genauso wenig, wie sie ihn vordem bei der Wahl von Honorius II. gestört hatten. In anderen Zusammenhängen, wenn es ihm nützlich war, hat er sich dagegen gelegentlich starr auf die kanonistischen Vorgaben berufen.[34]

In Frankreich entschied sich als erster Kirchenfürst Bischof Hugo von Grenoble schon im Frühjahr 1130 für Innozenz.[35] Auch Cluny, Petrus Venerabilis und sein Konvent, erkannten ihn als den allein rechtmäßigen Papst an, obschon der Gegenkandidat von ihnen gekommen war, „und damit war der gänzliche Sieg Innocenz' in Frankreich bereits weitgehend gesichert.“[36] Daß Innozenz den Regularkanonikern angehörte, sicherte ihm auch die Unterstützung dieser reforminteressierten Gruppe in der Kirche.[37] Es waren die reformwilligen Prälaten Frankreichs, die hier den Ton angaben, Bernhard, Suger, Stephan von Paris, Rainald von Reims, Gottfried von Lèves, Joscelin von Soissons, Bartholomäus von Laon, Geistliche, die sich überhaupt durch eine Nähe zum Papsttum auszeichneten.[38] „Wer aber vermag die geheimen Fäden, welche zwischen Rom, Clairvaux, Prémontré und auch Cluny liefen, zu entdecken?“[39]

Im Sommer[40] oder Herbst[41] versammelte der König seine geistlichen und weltlichen Würdenträger in Étampes, um zu einer Entscheidung hinsichtlich des Papstes zu kommen, den er anerkennen wollte, oder, vielleicht richtiger, um seine schon getroffene Entscheidung bekannt zu geben. Beide Parteien hatten natürlich durch Boten und Briefe, die keineswegs die wahren Verhältnisse wiedergaben, versucht, ihre Sache als die gerechte darzustellen. Die Frage war durchaus auch für Laien von zentraler Bedeutung: schlossen sie sich dem falschen Prätendenten an, so waren alle Herrscherweihen, Sakramentspenden, Privilegien usf. vor Gott null und nichtig, dagegen die unausweichlich von seinem Gegner, dem wahren Pontifex Maximus, verhängte Exkommunikation wirksam und damit ihre Verdammung in die ewigen Höllenflammen. Aber auch die innerweltlichen Konsequenzen waren nicht zu verachten: sollte sich der andere durchsetzen, konnte dies seinen weltlichen Anhängern als Vorwand dienen, die „Schismatiker" ihrer irdischen Herrschaft mit Gewalt zu entsetzen. Hatte man nicht erlebt, wie 1102 ein Papst Truppen, die „militia Christi", als Zwangsinstrument gegen zu Ketzern erklärte Christen angewandt hatte (Kreuzzugsaufruf Paschals II. gegen Kaiser Heinrich IV.[42])?

Bernhards Biograph Ernald von Bonneval feiert den Tag von Étampes geradezu als Manifestation der Rechtgläubigkeit der französischen Nation. Was Bernhard betrifft, so sei er nur zögernd und auf ausdrücklichen Wunsch des Königs dorthin geritten,[43] – wahrscheinlich fürchtete er, die Versammlung könnte sich für Anaklet entscheiden (den u. a. Ludwig,[44] der ihm freundschaftlich verbunden gewesen war,[45] zunächst zu favorisieren schien). Daß dann Bernhard exklusiv vom König, den Kirchenfürsten und den Feudalherrn einhellig das Recht übertragen worden sei, für sie alle zu entscheiden, klingt so unglaubwürdig, daß nicht einmal ein Verehrer des Abtes wie Vacandard[46] sich davon überzeugen ließ. Ludwig wird kaum schon vergessen haben, daß er knapp zuvor vom Abt von Clairvaux als neuer Herodes bezeichnet worden war![47] Schließlich begünstigten noch zahlreiche nicht weniger gewichtige Männer, etwa Bischof Stephan von Paris,[48] den nach Frankreich Geflohenen, ebenso Petrus von Cluny, dessen Biograph ihm das Verdienst zuschreibt, Frankreich für Innozenz gewonnen zu haben.[49] Die positive Einstellung der sonstigen Cluniazenser wie namentlich der Regularkanoniker[50] wird auch nicht ohne Einfluß geblieben sein. Suger erwähnt in seinem Bericht über die Versammlung Bernhard überhaupt nicht, wiewohl er doch mit ihm befreundet war,[51] sondern sagt nur, der König habe seine Wahl getroffen „consilio virorum",[52] nach dem Rat der Versammlung. Und der Monarch selbst schreibt im April oder Mai an die innozentianischen Kardinäle, ebenfalls ohne Erwähnung Bernhards, Bischof Rainald von Reims und sein Hof seien hier seine Ratgeber gewesen. Und diese, einschließlich Suger von Saint-Denis,[53] waren tatsächlich die damals entscheidenden Kräfte.[54]

Daß der Abt von Clairvaux auf dieser Versammlung die Argumente für

Innozenz vorlegte, nämlich „electionis ordinem, electorum merita, vitam et famam prioris electi",[55] d. h. die zeitliche Priorität seiner Wahl, seinen guten Ruf und den seiner Wähler, kann kaum bezweifelt werden.[56] Bezweifelt werden kann auch nicht die – im damaligen Sinn – einhellige Entscheidung der Versammelten für Innozenz. Die eben genannten Gründe, warum dieser der wahre Nachfolger Petri sei, hat Bernhard später in seiner diesbezüglichen Korrespondenz noch und noch wiederholt. Besonders der sittliche Vorzug dieses Kardinals wird unterstrichen, die Moral des Gegners verleumdet. Hört man freilich einen der ganz wenigen einigermaßen unparteiischen Zeitgenossen, der beide Männer kannte, so waren sie einander an Klugheit und Ehrbarkeit gleich,[57] und auch in ihren jeweiligen ekklesiologischen Programmen scheinen sie keine grundlegend diversen Richtungen vertreten zu haben. Die Entscheidung der Cluniazenser gegen den Mann aus ihren eigenen Reihen spricht allerdings gegen ihn.

Die Situation der Kirche in Frankreich war, verglichen mit der im Reich, wenig problematisch: hier hatte es kaum Investiturkämpfe gegeben, die Päpste fanden vielmehr oft Halt an den Kapetingern, und hier lag das Zentrum der Reformbewegungen. Dieses Land nun hatte „l'apostole", wie man dort den Papst damals üblicherweise nannte,[58] rasch und fast gänzlich unter seine Obödienz bringen können, es sollte in den kommenden Monaten seine hauptsächliche Stütze werden – mit Ausnahme allerdings des Südens, der damals ja durchaus eine politisch und kulturell noch eigene Region darstellte. In seinem Anerkennungsschreiben hatte der Kapetinger Innozenz und seinen Legaten sein ganzes Reich zur Verfügung gestellt.[59] Auch England und Kastilien bezogen bald Position für Innozenz. In allen diesen Reichen waren die Bischöfe und Äbte schon entsprechend „eingestimmt", da sie alle von Legaten betreut worden waren, die nun der Partei Innozenz' angehörten.[60]

Die Mühe des „transalpinari", der beschwerlichen Reise nach dem Norden, hatte sich für den Papareschi also durchaus bezahlt gemacht, denn seine Präsenz in Frankreich band nicht nur dieses Land weitestgehend an ihn, sondern auch die umliegenden Reiche nördlich der Alpen. Herrschaft verlangte in jener Zeit nach faktischer Anwesenheit, weswegen in vielen Reichen noch ein „Reisekönigtum" anstelle einer festen Residenz üblich war. Anaklet dagegen, der sich außerhalb von Rom nicht persönlich präsentierte, konnte sich im wesentlichen nur in der Ewigen Stadt selbst sowie in Süditalien durchsetzen; letzteres freilich nur um den Preis, den mächtigsten Herrscher in jener Region, den normannischen Grafen Roger II. (1095– 1154),[61] seinen Lehensmann, im September 1130 zum König von Sizilien, Kalabrien und Apulien zu machen, wozu noch territoriale Zugeständnisse kamen. Mit diesem „Tyrannen" sollte es Bernhard noch zu tun bekommen.[62] Von Rom aus versuchte der Pierleoni immer wieder, Anhänger vor allem aufgrund seiner früher existierenden Beziehungen zu gewinnen, doch vergeblich. Daß die päpstliche Kanzlei und ihr Leiter der Gegenseite angehörten, muß ihm ein ernstliches Handikap bei der Ausstellung seiner Briefe und Urkunden gewesen sein, die sich so den Empfängern formal ungewohnt darboten. Es zeigte sich bald, daß der Besitz der Ewigen Stadt nicht mehr das Ausschlaggebende war; entscheidend wirkte vielmehr die Zustimmung der kirchlichen Hierarchie außerhalb Italiens, der Mehrheit der lateinischen Christenheit.[63]

Selbstverständlich hatte die Doppelwahl gravierende Konsequenzen auch auf lokaler Ebene, da sich bei innerkirchlichen Wahlen gegeneinander antretende Kandidaten ihre Legitimierung jeweils von dem Papst erhofften, den der Konkurrent ablehnte. Eine zeitgenössische französische Bischofschronik schreibt: „Durch dieses Schisma schien also die Gesamtkirche derartig in Verwirrung gebracht zu werden, daß an vielen Orten nach dem Beispiel des Hauptes an einem Sitz zwei Kanoniker oder Erzdiakone oder Priester oder Äbte oder Erzbischöfe oder Bischöfe aufgestellt und geweiht wurden."[64] Andere Quellen bestätigen solche Spaltungen,[65] und ein konkretes Beispiel bietet etwa die Doppelwahl des Bischofs von Tours.[66] Aber auch verschiedene soziale Gruppen konnten im Zuge ihrer Auseinandersetzungen die Gegnerschaft der beiden Päpste für ihre Interessen fruchtbar zu machen suchen: So stand der Bischof von Straßburg auf Seiten Anaklets, die Bürger dieser Stadt jedoch auf der Innozenz'.[67]

Vom 24. Oktober bis zum 3. November 1130 blieb Innozenz in Cluny, wohin er im Triumph geleitet worden war. Als Abgesandten des französischen Königs empfing er dort den Abt Suger von Saint-Denis, der ihm die Anerkennung des Königs überbrachte. Damit war das von dem Kapetinger kontrollierte Frankreich gewonnen; anders sah die Lage in Südfrankreich aus, und die sollte Bernhard noch beschäftigen. Schwierigkeiten machte allerdings auch Deutschland. Zwar waren damals dort fast alle Bistümer in der Hand von Reformanhängern, unter ihnen so profilierte Männer wie der Gründer der Prämonstratenser, Norbert von Magdeburg, oder Konrad von Salzburg. Doch der König, der Sachse Lothar III. von Süpplingenburg (reg. 1125–1137), verhielt sich noch abwartend. Er, der in Kämpfen mit dem rivalisierenden Geschlecht der Staufer bzw. dessen Anhängern stand, antwortete vorläufig gar nicht auf die Schreiben, die er von den zwei Päpsten erhielt.[68] In ihnen hatten natürlich beide Parteien Lothar versprochen, seinen Wünschen entgegenzukommen, und mit der Kaiserkrone gelockt. Auch erwarteten viele in seinem Reich, daß von seiner Wahl der Ausgang des Schismas abhängen werde[69] – hatten nicht früher, in der Mitte des 11. Jahrhunderts, die deutschen Könige in Rom Päpste ein- und abgesetzt? Lothar aber tat nichts; kamen Legaten der beiden Pontifices, so wurden sie mit gleichen Ehren empfangen. Erst auf dem Hoftag zu Würzburg (Oktober 1130) erklärte der König sich, und zwar für Innozenz. Daran hatte sicher Norbert den bedeutendsten Anteil.[70] Angesichts seines großen Respekts vor der Kirche dürfte Lothar allerdings ohnehin kaum etwas anderes erwogen haben, als den von den meisten seiner Kirchenfürsten bereits akzeptierten Innozenz auch seinerseits anzuerkennen. Kaum hätte er es sich in seiner Lage – er hatte gegen den 1127 zum Gegenkönig ausgerufenen Herzog Konrad von Staufen zu kämpfen – leisten können, sich der Unterstützung seines Episkopats zu berauben.

Am 18. November eröffnete Innozenz (ungewiß, ob in Anwesenheit auch des Abtes von Clairvaux[71]) in Clermont eine Synode, auf der er seinen Gegner feierlich verfluchte[72] (dieser anwortete seinerseits im März des nächsten Jahres mit dem Kirchenbann). Ob es bei dieser Gelegenheit war, daß Bernhard Innozenz und Haimerich zum ersten Mal persönlich gegenüberstand? War er wenigstens letzterem bereits früher begegnet? Weihnachten 1130 feierte der Papst mit einer Festkrönung in der Kathedrale von Autun;[73] ob wir uns Bernhard dort im eben fertiggestellten neuen Chor anwesend denken dürfen? Sehr wahrscheinlich![74]

Zu Beginn des Jahres 1131 vollzog Ludwig VI. in Fleury (Saint-Benoit-sur-Loire) die feierliche Proskynesis zu Füßen des Papstes und versicherte ihn der Rechtgläubigkeit und Dienstwilligkeit seiner Person und der der Kirche seines Reiches; mit derselben Zeremonie anerkannte ein paar Tage später König Heinrich I. von England den Papst.[75] Nach der *Vita prima* soll ihn Bernhard im persönlichen Gespräch dafür gewonnen haben, indem er ihm garantierte, er würde die Schuld vor Gott auf sich nehmen, falls der König mit Innozenz den Falschen gewählt hätte – der englische Klerus stand nämlich zu einem guten Teil auf der Seite Anaklets.[76] Jedenfalls blieb der Abt mit diesem Herrscher in Kontakt; ein Jahr später sollte er Mönche nach Yorkshire zur Gründung der ersten englischen Zisterze Rievaulx[77] aussenden, worüber er mit Heinrich in für diesen passenden militärischen Metaphern korrespondierte.[78]

Erste Kontroverse mit Abaelard (1131)

Am 20. Januar 1131 nahm Bernhard an der Weihe des Laurentius-Altars durch den Papst in Morigny teil, wo er – zum ersten Mal? – Petrus Abaelardus persönlich getroffen haben muß. Abaelard wurde bei Innozenz wegen der Bestätigung des von ihm für seine Gattin Heloise gegründeten Paraklet-Klosters (das nur eine Tagesreise von Clairvaux entfernt lag) vorstellig und bat um einen Legaten, der die Mönche seines Kloster St. Gildas in der Bretagne, mit denen er als Abt nicht fertig zu werden vermochte, in die Schranken weisen sollte.[79] Die späteren Gegner unterzeichneten bei dieser Gelegenheit einmütig als Zeugen eine Urkunde.[80] Interessant ist, wie der Verfasser der Klosterchronik, wohl ein Augenzeuge, die beiden berühmten Männer charakterisiert: Beide zählten bereits zu den bekanntesten Kirchenmännern ihrer Generation, der Zisterzienser als „der berühmteste Prediger des Gotteswortes in Frankreich", der Benediktiner als der „Leiter der hervorragendsten Schulen",[81] vielleicht ein Hinweis darauf, daß Bernhard um einiges öfter auch außerhalb seines Kloster sprach, als bezeugt ist, vielleicht auch ein Rekurs auf den späteren Bernhard.

Es war irgendwann in diesen Jahren, am wahrscheinlichsten bald nach dem Treffen von Morigny,[82] daß Bernhard und Abaelard zum ersten Mal über eine fachtheologische Frage aneinandergerieten.[83] Die noch sehr respektvoll von Abt zu Abt geführte Diskussion verrät doch schon ihre grundsätzlich verschiedenen Positionen. Bernhard hatte, vielleicht als Visitator im Auftrag des Papstes, das dem Paraklet, dem Heiligen Geist, geweihte Kloster in der Ebene südlich von Nogent-sur-Seine in der Champagne besucht, das Abaelard für seine Frau an der Stätte seines Wirkens als vielgesuchter Lehrer der Philosophie und Theologie eingerichet hatte und das der Papst am 28. November 1131 bestätigen sollte. Bernhards „heiliger Besuch" war, schreibt wenigstens Abaelard an ihn, von Heloise und den Ihren schon lang „ersehnt" worden. Sie scheint keine Bedenken hinsichtlich der jedenfalls in Zisterzienseraugen sehr milden Usancen in ihrem Konvent gehabt zu haben, in dem eine natürliche und sogar frauenspezifische Sorge für den Körper asketische Praktiken ersetzte.[84] Wahrscheinlich zeigten die Schwestern dies während Bernhards Anwesenheit nicht, denn er war offenbar mit ihnen zufrieden. Doch als er an den Gottesdiensten teilnahm, wo er „engelsgleich" predigte – Abaelard war nicht mehr anwesend, sondern schon wieder in seinem etwa 500 Kilometer im Westen gelegenen bretonischen Kloster –, hörte er mit Entrüstung, daß die Nonnen das *Vater Unser* nicht in der liturgisch allgemein gebräuchlichen Form nach *Lukas* 11, 3, sondern in der nach *Matthäus* 6, 11 beteten. Sie baten Gott also nicht um das „tägliche Brot", („panem quotidianum"), sondern um das „über jede Substanz erhabene", („panem supersubstantialem"). Beides sind *Vulgata*-Übersetzungen desselben griechischen Wortes!

Warum störte sich Bernhard an dieser Abweichung, die doch einige bedeutende Kirchenväter vertreten hatten?[85] Es verwendeten allerdings auch die Katharer die Matthäus-Version.[86] Ob Bernhard dies aber damals schon wußte? Er scheint erst später mit der Sekte konfrontiert worden zu sein.[87] Wahrscheinlich war es nur die wirkliche oder vermeintliche Sucht Heloises und ihres Gatten, etwas Besonderes, vom Brauch der Gesamtkirche Abweichendes zu haben, das den Abt irritierte, wie denn auch sein Tadel gemäßigt geblieben zu sein scheint. Interessant ist nun die Begründung, die Abaelard in seinem Brief an den Zisterzienser vorbringt, um diese Form des heiligen

Gebetes, die er eingeführt hatte, als älter und vollkommener zu verteidigen. Der Gelehrte argumentiert nämlich u. a. historisch: Nur Matthäus konnte das *Pater Noster* in der authentischen, d. h. von Christus gelehrten Form kennen, denn Lukas war ja kein Augen- und Ohrenzeuge gewesen, sondern hatte das Gebet wohl nur von Paulus gelernt, für den dasselbe galt, war er doch erst nach dem Tod des Religionsstifters Christ geworden. Abaelard argumentiert hier also genauso quellenkritisch, wie es ein heutiger Historiker auch tun würde (der so freilich nur vorgehen könnte, wenn es sich bei dem lateinischen um einen Originaltext handeln würde, nicht um eine Übersetzung). Mit ähnlicher historischer Kritik hatte sich Abaelard früher (1121) auch schon bei den Mönchen des Klosters Saint-Denis unmöglich gemacht, indem er nachwies, daß ihr Schutzheiliger nicht der Areopagit, der Schüler des hl. Paulus, gewesen sein könne, der dann Bischof von Korinth und Missionar in Gallien geworden sei, sondern es sich um einen anderen Dionysius handeln müsse. Das wurde als eine solche Minderung der Heiligkeit des Patrons empfunden, daß der Abt den Gelehrten einsperren ließ, um ihn vor das königliche Gericht zu bringen; nur die Flucht rettete ihn damals.[88] Abaelards Denkweise ist ein Exponent des im 12. Jahrhundert um sich greifenden Bewußtwerdens von der Historizität auch des Heilsgeschehens, die u. a. auch die Bedeutung Palästinas als des Landes, in dem der historische Jesus gewandelt war, so steigerte, daß man es nun um jeden Preis und mit Waffengewalt für die Christenheit erobern wollte – es gibt keinen Kreuzzug vor dem Ende des 11. Jahrhunderts.

Gleichzeitig betonte Abaelard auch, daß der Vernunft weder der Usus noch der Wahrheit die Gewohnheit vorgezogen werden dürfe. Nun war Bernhard keineswegs ein Verächter der Vernunft,[89] aber sicher auch kein Befürworter einer so scharfen Anwendung, wie gerade der Bretone es in seiner Abhandlung *Sic et Non* vorexerziert hatte, wo er die verehrten Autoritäten der Kirchenväter bloßstellte, indem er widersprüchliche Aussagen in ihren Werken konfrontierte. Schließlich mußte sich Bernhard von Abaelard noch sagen lassen, daß ja auch sein Orden Neuerungen nicht scheue, etwa andere Hymnen eingeführt habe als sonst bei den französischen Benediktinern üblich und Marien- und Heiligenfeste nicht feiere.[90] Tatsächlich sangen die Zisterzienser z. B. nur eine Hymne für das nächtliche Offizium, und das unabhängig von der Zeit und dem Tag im Kirchenjahr.[91]

Wir wissen nicht, wie Bernhard auf diese Analyse und die anderen, eher traditionell symbolischen Gründe reagierte, mit denen Abaelard seine Kritik verwarf. Daß er ihm künftig sicher mit noch höherer und reizbarerer Skepsis gegenüberstand als bislang (zumal wenn sein Tauftraktat sich schon gegen Abaelard gerichtet haben sollte[92]), dürfte billig vermutet werden. Daß Abaelard mit seinem Rückgriff auf die authentischere Bibelübersetzung im Prinzip genau dasselbe Ziel verfolgte wie in anderen Zusammenhängen die Zisterzienser, wenn sie den ursprünglichen Sinn der *Benediktus-regel* befolgen wollten oder nach dem unverfälschten ambrosianischen Kirchengesang forschten, scheint Bernhard gar nicht bemerkt zu haben, genausowenig wie Abaelard. Vielleicht wußte dieser gar nichts über die bibelphilologische Arbeit Abt Stephan Hardings. Tatsächlich sieht man aber aus der Distanz der Jahrhunderte, daß beide Männer das nämliche Ideal der hochmittelalterlichen Reformbewegung erfüllen wollten, nämlich die Rückkehr zu den Ursprüngen, seien es die apostolischen, seien es die der ersten abendländischen Mönche.

Bernhard und König Lothar (1131)

Doch war die Auseinandersetzung mit Abaelard vorläufig nur eine Episode, die Bernhard wenig von dem zentralen Problem dieser Jahre abgelenkt haben wird, dem Papst-Schisma. Bernhard zog im Winter 1130/31, jetzt wie noch später oft als Mitglied des päpstlichen Hofstaates, mit Innozenz durch Nordfrankreich, denn „der Herr Papst ließ es nicht zu, daß sich der Abt von ihm trenne, sondern mit den Kardinälen nahm er an den öffentlichen Versammlungen teil. Aber auch im privaten konsultierte man den Mann Gottes insgeheim bei allen Angelegenheiten".[93] Gab es noch kirchliche Würdenträger, die schwankten, so versuchte Bernhard, sie zu gewinnen, etwa mit einem seiner bewegenden Briefe. So mahnte er den berühmten Dichter Hildebert von Lavardin (1056–1133/34), der als Erzbischof von Tours eine wichtige Metropole verwaltete, wer nicht für Innozenz sei, der sei „entweder von der Partei des Antichrist oder der Antichrist (selbst)!"[94] Anaklet wird mit Baal verglichen, Hildebert mit einer erschütterten Säule – aber Bernhard ist voller Hoffnung, er werde sich von der Schlange nicht weiter versuchen lassen. Schließlich hatte Hildebert vor nicht allzu langer Zeit selbst den Kontakt zu Bernhard gesucht, ihn gebeten, „in das Heiligtum Deiner Freundschaft aufgenommen zu werden",[95] da ihm so viele begeisterte Berichte über den Zisterzienserabt vorlagen (und er sicher auch die eine oder andere seiner Schriften kannte). Bernhard war darob sichtlich von Stolz erfüllt.[96] Tatsächlich bewährte sich diese bisher nur in elegante Formulierungen gefaßte Beziehung, und der Erzbischof stellte sich nach einigem Abwarten schließlich auf die Seite des von Bernhard Empfohlenen.

Vordringlich war es aber in diesem Frühjahr, den künftigen Kaiser zu einer demonstrativen Anerkennung Innozenz' zu bewegen. Dazu begab sich der päpstliche Hof und mit ihm Bernhard ins Reichsfürstbistum Lüttich, um dort den deutschen Herrscher zu treffen.[97] So taten es auch 52 weitere Äbte und 36 Bischöfe.[98] Am 22. März 1131 begegneten König Lothar III. und

Papst Innozenz II. einander zu einer feierlichen Repräsentation der Einheit von Kirche und Welt.[99] Von einer beeindruckenden Anzahl der geistlichen und weltlichen Großen seines Reiches umgeben, empfing der König den Papst vor dem Lütticher Bischofsdom und erwies ihm sogleich mehr Reverenz, als dieser hatte erwarten können: Lothar leistete dem Heiligen Vater den Marschall- und Stratordienst, das heißt, er führte wie ein Reitknecht sein Pferd am Zügel und hielt dem Gast den Steigbügel. In einer Gesellschaft, in der symbolischen Gesten eine Recht schaffende Verbindlichkeit zukam, war dies ein überdeutliches Offenbar-Machen des damit versprochenen Gehorsams Lothars. Diesen Dienst hatte zuerst Papst Stephan II. von dem fränkischen König Pippin III. gefordert, als dieser 754 mit seiner Hilfe die Merowinger endgültig entmachten wollte, und er konnte leicht als Zeichen einer feudalrechtlichen Abhängigkeit interpretiert werden.[100]

„Bestia illa de Apocalypsi, cui datum est os loquens blasphemias et bellum gerere cum sanctis, Petri cathedram occupat": „Jene Bestie aus der Apokalypse, der ein Maul gegeben ist, das Blasphemien spricht, und die Krieg mit den Heiligen führt, usurpiert den Thron Petri".[101] Dieses Bernhard-Wort wird auch in Lüttich erklungen sein. Worum es dem Papst daher bei diesem (wie so oft mit einer Synode vereinigten) Hoftag vor allem gehen mußte, das war die militärische Hilfe des Deutschen gegen seinen Konkurrenten, um einen Romzug also. Und dafür erhielt er in der Tat das Versprechen Lothars: „Nach Beratung mit seinen Fürsten ließ er einen Kriegszug in die Stadt beschwören und gelobte, denselben Papst im zweiten Jahr auf den Thron des hl. Petrus zurückzuführen."[102] Verständlicherweise versuchte der König bei der Gelegenheit, eine Gegenleistung zu erhalten, und das war nicht weniger als die Rücknahme der Vereinbarungen des Wormser Konkordates, mit dem 1122 der Investiturstreit offiziell beendet worden war: „restitutionem investiturae".[103] Damals hatte sich der deutsche König Heinrich V. verpflichtet, die Bischofs- und Abtswahlen in der Reichskirche nicht mehr zu beeinflussen, sondern die kanonische Wahl und Weihe zu respektieren. Durch diese „Liebe zur Kirche", so Lothar, sei aber das „Königreich geschwächt" worden,[104] und er verlange, daß die Investitur zurück an die Krone komme.[105] Bernhard bezeichnete dieses Ansinnen später als „barbarischen Dolch" eines „erzürnbaren und erzürnten Königs".[106] Nach der Vita sei er es gewesen, der die erschrockenen Römer, ja die Kirche schlechthin mit seinem Auftreten gegen den König vor einem solchen Rückfall in die Zeiten vor dem Investiturstreit bewahrt habe, indem er sich „wie eine Mauer" solchem Ansinnen widersetzte.[107] Wie die Diskussion wirklich verlief und v. a., wie entscheidend Bernhards Argumentationen waren, wissen wir mangels ausführlicherer Quellen nicht. Jedenfalls verzichtete der Sachse weiterhin auf die Investitur und sollte trotzdem sein Versprechen, das Reichsheer nach Rom zu führen, wahrmachen.

Nachdem sowohl Anaklet als auch die Lothar feindlichen Staufer feierlich gebannt worden waren, zog sich Innozenz mit seinem Gefolge wieder nach Frankreich zurück. Für Bernhard gab es jedenfalls einen Erfolg, da er eine Gruppe von jungen und vornehmen Leuten, die nicht länger in der Welt leben wollten, für sein Kloster gewinnen konnte.[108] Der wohl angesehenste unter ihnen war der adelige Schatzmeister der Lütticher Kathedrale, Gottfried von Peronne.[109] Als Prior von Clairvaux sollte er von 1140 bis zu seinem Tode 1144 die zweite Stelle nach dem Abt einnehmen. Seinen Eltern, die ihre Trauer über diesen Verlust und ihre Sorgen wegen seiner Kränklichkeit nicht verbargen, schrieb Bernhard einen feinfühligen Trostbrief, in dem er versprach, dem Novizen „Vater, Mutter, Bruder und Schwester zu sein",[110] ihn nicht zu überfordern und eine wahrlich brüderliche Behandlung zu garantieren. Die Depression, der Gottfried auf dem Weg nach Clairvaux verfiel und von der ihn Bernhard durch sein Gebet heilte, erinnert daran, ein wie schwieriger Entschluß der Eintritt ins Kloster wohl gerade für diejenigen Männer war, die aus guten gesellschaftlichen Positionen kamen und andere Lebensformen zur Wahl hatten.

Aber Bernhard konnte ungemein überzeugend sein. Das wissen wir auch aus einer Notiz in der Vita des Benediktinerabtes Hugo von Marchiennes (1102–1158), die aus der Feder eines seiner Freunde stammt. Dort wird von einem gewissen Werrich von Hinniaco berichtet, einem frommen Kleriker, der nach Clairvaux kommt, wo ihn Bernhard drängt, gleich bei ihm zu bleiben, denn sicherer sei das Leben im Kloster. „Er wird von seinen Reden eingefangen (illaqueatur) und stimmt zu ... ohne Zögern und ohne Blick zurück wird er aus einem Kleriker ein Mönch, aus einem Lehrer ein Schüler ..."[111] Daß Bernhards Kloster in der Jahrhundertmitte anscheinend siebenbis achthundert Mönche beherbergte, zeigt, wie oft Menschen so auf das Werben des Abtes reagiert haben müssen.

In Clairvaux (1131)

Da der Papst keinen festen Sitz innehatte, der ihn und seinen Hof hätte versorgen können, zog er von Stadt zu Stadt und von Konvent zu Konvent „und half seinem Mangel durch deren Fülle ab",[112] ähnlich wie viele der weltlichen Herrscher damals noch ein 'Reisekönigtum' praktizierten. Bernhard war weiterhin oft in seiner Umgebung, so am 9. und 10. Mai in Rouen, wo ein Treffen mit dem englischen Monarchen Heinrich I. die Position des Papareschi deutlich stärkte.[113] Schließlich führte Innozenz sein Weg auch in Bernhards Kloster. Die dortige Armut und demonstrative Demut der Brüder freilich erregte seine und seiner Gefolgsleute höchste Ver- und Bewunderung, erregte, heißt es, sogar die Tränen seiner Heiligkeit. Davon

konnte auch der peinliche Vorfall nicht ablenken, daß sich ein geistesver-
wirrter Mitbruder Bernhards als Christus feiern lassen wollte[114] – eine Vorstellung, die auch bei manchen zu dieser Zeit als Ketzer verurteilten Gläubigen wie Eon von Stella auftrat.[115]

Bis in den Oktober des Jahres scheint sich der Abt nun in der Stille von
Clairvaux wieder seinem eigentlichen Lebensziel, dem Gebet, der Betrachtung, der Belehrung hingegeben zu haben. Der Konvent wuchs weiter; bisweilen sorgte Bernhard gegen den Widerstand seiner Mitbrüder dafür, wie
im Fall des Florentiners David, der das Noviziat nicht bestand, aber dennoch
den Eintritt ins Kloster ertrotzte, indem er sich an der Pforte ansiedelte.[116]
Ein prominenter Novize war etwa Heinrich Murdach, Sproß einer reichen
Yorker Familie und Magister an der dortigen Schule.[117] Bernhard hatte ihn
mit einem Brief gewonnen, in dem er schrieb, er werde Christus schneller in
der Nachfolge als im Nachlesen in Büchern erreichen und mehr als in diesen
in den Wäldern finden.[118] Dieser Ausdruck wird gern im Sinne einer Natur-
mystik gedeutet, die Bernhard aber nach seinen sonstigen Aussagen gänzlich fremd war. „Holz und Stein"[119] dienen wohl nur dazu, die ländliche Umwelt des einsamen Clairvaux, die durch Handarbeit kolonisiert werden
mußte, im Gegensatz zur rein gelehrten der Schulen zu evozieren. Ähnlich
kontrastiert Bernhard später im Brief an Aelred von Rievaulx die Meditation bei der Ruhe nach der Arbeit in der freien Natur mit dem Bücher-
wissen.[120] Was Murdach betraf, so sollte er noch kraft Bernhards Unterstützung Abt der englischen Zisterze Fountains werden und aufgrund derselben
Protektion den Erzbischofsthron von York besteigen.[121]

Auch kehrte gelegentlich einer der in ein anderes Kloster gesandten
Mönche zurück, wie Rainald, Abt von Foigny, der trotz mehrerer Briefe
Bernhards,[122] die ihn verpflichteten, nicht aufzugeben, unbedingt bei Bern-
hard sein wollte. Zwei der Schreiben, die dieser an ihn richtete, sind ein
Zeugnis für die Zuneigung, die Bernhard so intensiv spüren lassen konnte,
wenn er jemandes Freund war. Daß auch diese Korrespondenz mit einem
Blick auf eine größere monastische Leserschaft diktiert war, zeigt freilich die
recht demonstrative Abhandlung über seine Demut, mit der Bernhard einen
seiner Briefe füllt.[123] Andererseits bereut der Abt von Clairvaux fast, diesen
Vertrauten von sich weggeschickt zu haben und fühlt seine Bedrängnisse
mit, drückt seine eigene Sorge um ihn aus und zitiert ihm zuliebe sogar
Ovid,[124] einen Dichter, der zwar viel von den Kirchenmännern der Zeit gelesen wurde und sogar zum Schulautor aufstieg, den aber die Strengeren
unter ihnen verdammten.[125] Daß Bernhard Rainald die Verpflichtung ans
Herz legt, als Abt seine Untergebenen „durch Trösten, Mahnen, Aus-
schelten" zu heilen,[126] die Geheilten aber nicht als Untergebene, sondern
als Gleichgestellte zu behandeln, läßt wohl auch Schlüsse zu auf seine Weise,
den Mönchen seines eigenen Klosters entgegenzutreten. Solche Hinweise in

den Quellen machen es wahrscheinlich, daß bei den frühen Zisterziensern geistliche Freundschaft[127] wirklich nicht nur ein literarischer Topos war, sondern praktiziert wurde. Wie anders hätte sich sonst der Orden und besonders Clairvaux zum magnetischen Mittelpunkt des spirituellen Lebens der Zeit entwickeln können, der mehr und mehr Männer anzog, die in der Regel sehr wohl manche Möglichkeiten gehabt hatten, einen anderen Lebensweg zu gehen?

Das Konzil von Reims (1131)

Ab dem 18. Oktober 1131 nahm Bernhard an der großen Kirchenversammlung von Reims teil, bei der die Könige von Frankreich, Deutschland, England, Aragon und Kastilien selbst oder durch Gesandte feierlich ihre Botmäßigkeit Innozenz gegenüber bekräftigten.[128] Der Glanz von dreizehn Erzbischöfen und zweihundertdreiundsechzig Bischöfen samt Gefolge muß erdrückend gewesen sein. Was mag sich der Abt angesichts des mit kaiserlichen Insignien gekrönten Papstes[129] gedacht haben? Bernhard hörte, wie Innozenz das feierliche Anathem über seinen Rivalen verkündete, lauschte der Leichenrede für den königlichen Prinzen Philipp, schaute die Mitkrönung von dessen Bruder, des jungen Ludwig, der nun zum Nachfolger des dicken Königs bestimmt war. Gewiß mit Freude folgte er den Ausführungen einer Gruppe von Benediktineräbten, die eine Reihe cluniazensischer Usancen zugunsten zisterziensischer aufgaben. Auch die Wiederholung des Kanons des Konzils von Clermont, Mönche dürften nicht Jura oder Medizin studieren, wird kaum auf Bernhards Ablehnung gestoßen sein.

Im Dezember des Jahres erhielt Bernhard einen Brief des deutschen Adeligen Bruno von Berg, der sich unschlüssig war, ob er nach seinem bisherigen, wenig frommen Leben das ihm angebotene Erzbistum Köln annehmen dürfe. Brunos Karriere war nämlich durch Ämterhäufung gekennzeichnet, u. a. fungierte er sowohl in einem Kölner als auch in einem Koblenzer Stift als Prior.[130] Wer kennt Gottes Willen? antwortete Bernhard. In fast scholastischer Abwägung führt er Argumente pro und contra vor, die teilweise mit Episoden aus der *Bibel* begründet werden. Er rät zur Ablehnung: „Mich schaudert, sage ich, wenn ich daran denke, von woher Du wohin berufen wirst, zumal keine Zeit der Buße dazwischenliegt ...“[131] Was aber, wenn Gott seine Gnade für Bruno beschleunigt, wenn er ihm den kurzen Weg zum Paradies anbietet so wie einst dem rechten Schächer „die kurze Brücke des Kreuzes"?[132] Ganz offen gibt Bernhard zu, zu keiner Entscheidung gelangen zu können. Es bleibt ihm nichts, als dem Fragenden sein Gebet zu versprechen und ihn an einen anderen zu verweisen. Dieser andere ist Norbert von Xanten, der „geeigneter ist, die göttlichen Geheimnisse zu eröffnen".[133] Bernhards Vorhaltungen fruchteten jedoch nichts, zumal auch

König Lothar diese Wahl unterstützte; Bruno übernahm das Amt und die Stadt, die er bis zu seinem Tode in Apulien 1137 beherrschen sollte.

Bernhard in Aquitanien (1132)

Aber es gab immer noch genügend weltliche und geistliche Herren, die an Anaklet als ihrem Papst festhielten. In Bernhard sah Innozenz einen geeigneten Mann, diese offenen Widersacher mit Redegewalt und charismatischem Auftreten zu gewinnen. Und dieser setzte sich bereitwillig mit allem seinem Engagement, in gesprochenem und geschriebenem Wort, für Innozenz ein. Lange Reisen bis in den Süden Italiens standen dem Abt damit bevor, sein Leben erfuhr fast eine Wandlung von der 'vita contemplativa' zur 'vita activa', ohne daß er doch je von ihrem innersten Kern hätte lassen wollen, der Berufung zur klösterlichen Abgeschiedenheit.

Der erste Versuch, einen „Schismatiker" umzustimmen, war freilich wenig erfolgreich. In Südfrankreich hatte der Bischof von Angoulême, Gerhard (1062–1136), ein bekannter Kirchenrechtler, sich nach kurzer Hinwendung zu Innozenz endgültig für Anaklet entschieden,[134] da ihm dieser, anders als sein von ihm zuvor deswegen angesprochener Konkurrent, seine Stellung als päpstlicher Legat und Vikar bestätigte, die er seit fast 20 Jahren innegehabt hatte und welche die Basis seiner Macht bildete. Dieser aus der Normandie stammende Kirchenfürst, der seit 1102 den südfranzösischen Bischofsthron innehatte, war ob seiner Prachtliebe, seiner Habgier und seines autoritären Auftretens nicht unumstritten, wurde aber vom aquitanischen Herzog, Graf Wilhelm X. von Poitiers, einem Sohn des berühmten „ersten Trobadors", unterstützt. Die Bischöfe der umgebenden Diözesen Limoges, Poitiers, Perigueux und Saintes waren dagegen Anhänger Papst Innozenz', so daß entsprechende Konflikte, deren Hintergründe natürlich die regionalen Spannungen zwischen den Prälaten abgaben, unausweichlich waren. Eine Zeit lang wurde Gerhard sogar von Verwandten des Bischofs von Saintes gefangengehalten.[135] Daß Gerhard 1131 Erzbischof von Bordeaux geworden war, nützte er weidlich zum weiteren Ausbau der Position Anaklets. Selbstverständlich hatte der andere Papst es nicht verabsäumt, ihn auf dem Konzil von Reims zu bannen und abzusetzen. Sein Legatenamt erhielt kein anderer als Gottfried von Lèves, der Bischof von Chartres, ein Freund des Königs und Bernhards.[136] Damit war letzterer von mehreren Seiten her motiviert, 1131 oder Anfang 32 nach dem Süden aufzubrechen und sein Charisma zu versuchen.

Seine Reise hatte er schon im vorausgegangenen Herbst mit einem Rundschreiben[137] an die von Gerhard angegriffenen Bischöfe Aquitaniens vorbereitet, mit dem er auf dessen Kritik an der Erhebung von Papst Innozenz antwortete. Auch diese Invektive, „Munition" für die Innozentianer und Warnung, sich nicht zu einem Seitenwechsel verführen zu lassen, ist wieder ein Feuerwerk der Rhetorik und Ironie. Natürlich handelt Gerhard, so Bernhard, nur aus Ehrgeiz, Eigensucht, Gewinnsucht, und seine Helfer in den Reihen der weltlichen Mächtigen aus Bosheit. Besonders ärgert den Zisterzienser, daß der Bischof ja anfangs für Innozenz Partei ergriffen hatte: „Solange Du nämlich irgendeine Hoffnung haben konntest, die Gnade des Herrn Innozenz bei der Erfüllung Deiner schändlichen und schamlosen Forderung [nach der Legatenwürde] zu verdienen, war jener, wie Du selbst schriebst, heilig und der Papst. Wieso also beschuldigst Du ihn jetzt, ein Schismatiker zu sein?"[138] Sogleich ist auch wieder der Vorwurf bei der Hand, der Gegner sei ein Antichrist und Feind des Kreuzes; aber das göttliche Gericht werde es schon zeigen . . .[139]: „hora novissima est . . . " (1 Joh 2, 18), die letzte Stunde ist da.[140] Die endzeitliche Konnotation dürfte für Bernhard nicht bloß ein Topos der Verunglimpfung gewesen sein, denn der Gegenchrist erscheint ihm als „die lebendige Verkörperung dieses schlechten Aeon, der 'Typus' alles Bösen, und weil er als Mensch kommt, so kann er mit historischen Persönlichkeiten identifiziert werden . . ."[141] Der Abt dürfte die Doppelwahl wirklich in diesem Lichte interpretiert haben.[142] Deshalb muß die noch verbleibende Zeit genutzt werden, noch Bürger für das Gottesreich zu gewinnen, sprich, Anhänger für den wahren Vicarius Christi auf Erden.

Nochmals führt Bernhard die Gründe auf, warum sein Papst der richtige sein muß: die mit dem Kirchenrecht übereinstimmende zeitliche Priorität seiner Kür, seine moralischen Vorzüge, die Zustimmung von Kirchenfürsten von außerordentlicher Heiligkeit sowie die der Orden. Camaldulenser, Vallombrosaner, Kartäuser, Cluniazenser, Marmoutienser, Zisterzienser, Cadumenser, Tironenser, Saviniacenser und Chorherren, sie alle haben sich für Innozenz erklärt.[143] Wenn die Anakletianer nun einen Schiedsspruch über beide Wahlen verlangen, so ist dies nur eine Verzögerungstaktik, und Gott hat ohnehin schon geurteilt.

Mit solchen Schreiben unterstützten die Intellektuellen beider Parteien ihre Sache; die Stellungnahmen für den „Gegenpapst" sind freilich schon im 12. Jahrhundert von den Siegern vernichtet worden. Ein anderes Beispiel aus dem Kreis der Innozentianer wäre etwa die Schmähschrift des Erzdiakons Arnulf von Seez, dem Bernhard sich 1141 dankbar erweisen sollte, indem er seine Erhebung zum Bischof von Lisieux befürwortete.[144] Doch solche Streitschriften haben damals offenbar niemanden von den entscheidenden Großen in Südfrankreich zu einer Umkehr veranlaßt, auch Bernhards gebündelte Argumente für Innozenz und die Verleumdungen über seine Gegner nicht. Desgleichen zeigte ein Brief an Wilhelm X., den Bernhard im Namen und Auftrag seines Vetters, des Herzogs Hugo II. von Burgund,

formulierte und in dem wieder der Antichrist beschworen wird, keine Wirkung,[145] genausowenig wie eine Intervention des Abtes von Cluny.[146] So zog
Bernhard selbst gemäß dem Wunsch seines Oberhirten nach Aquitanien.

Zusammen mit Bischof Joscelin von Soissons ritt der Abt, wie es scheint
noch im Jahre 1131 (oder erst Anfang 1132?), nach Montierneuf, einer bei
Poitou gelegenen Abtei seines Ordens.[147] Wilhelm hörte ihn dort, ließ sich
überzeugen – um sogleich wieder umzufallen, nachdem die Gesandten Papst
Innozenz' wieder nach Norden gezogen waren. Die Stimmung im anakletianischen Klerus scheint so erhitzt gewesen zu sein, daß sogar ein Altar, an
dem der Zisterzienser in Poitiers zelebriert hatte, zertrümmert wurde.[148]
Bernhard schrieb einen enttäuschten Brief,[149] sollte sich aber erst ein paar
Jahre später wieder intensiver mit Aquitanien beschäftigen können. Brieflich versuchte er freilich, weitere Bundesgenossen gegen Gerhard und Wilhelm zu gewinnen, um die Kirche aus dem Rachen des Löwen zu befreien –
der Name Anaklets, Leone, bot sich geradezu für dieses den Gegner verteufelnde Wortspiel mit *Psalm* 21, 22 an.[150]

Päpstliches Lob (1132)

Zunächst aber folgte eine ruhigere Zeit für Bernhard. Seine wenigen
Reisen beschränkten sich auf die Umgebung, so wenn er z. B. in Vaucelles
bei Cambrai ein Kloster begründete;[151] dasselbe tat er angeblich auch im
Zuge einer Friedensvermittlung in Metz zwischen dem Grafen von Salm und
der Stadt im August 1132, indem er ein bestehendes Kloster für Zisterzienserinnen umwidmen ließ: Petit Clairvaux.[152] Wie auch später noch so oft trat
Bernhard als Vermittler und Friedensstifter in lokalen Konflikten auf, wenn
sich eine der Parteien an ihn wandte. Dieses Moment ist in seiner Biographie
sehr deutlich, wird aber insofern relativiert, als Äbte in seiner Zeit überhaupt des öftern um solche Dienste ersucht wurden;[153] das Generalkapitel
der Zisterzienser ist sogar als „überregionaler Gerichtshof" bezeichnet
worden.[154] Ironischerweise erbat Bernhard in dieser Funktion von Herzog
Konrad von Zähringen Frieden für den Grafen Amadeus von Genf, von dem
er offenbar noch nicht wußte, daß dieser besonders die Zisterzienser in der
Gestalt des Bischofs von Lausanne verfolgte, der einst Mönch in Clairvaux
gewesen war[155] – ein Beispiel für die Probleme, die die oft lange und schwierige Kommunikation im Mittelalter mit sich bringen konnte.

In diesem Jahr, am 17. oder 19. Februar 1132, erließ Papst Innozenz in ausdrücklicher Anerkennung der Verdienste Bernhards die ersten Exemtionsprivilegien für die Zisterzienser[156] – womit ein erster Schritt genau in jene
Richtung getan war, die Bernhard in seinem Brieftraktat über die Gesittung
der Bischöfe knapp zuvor so heftig verurteilt hatte,[157] denn nun mußten die

Zisterzienseräbte nicht mehr die Diözesansynoden besuchen. In der Arenga (dem allgemein begründenden Teil der Urkunde) steht eine Laudatio Bernhards, die als Zeugnis der Schätzung seines Einsatzes von seiten des Pontifex Maximus zu zitieren ist, auch wenn sie offenbar formelhaft war, denn Norbert von Xanten erhielt 1133 einen ganz ähnlichen Brief[158]: „... mit wie fester und dauernder Beständigkeit das Engagement (fervor) Deiner Frömmigkeit und Entschiedenheit, Abt Bernhard, geliebter Sohn im Herrn, das sich als unüberwindliche Mauer vor das Haus Gottes pflanzte und daran arbeitete, die Gesinnung von Königen und Fürsten und anderen Personen sowohl der Kirche als auch der Welt zur Einheit der katholischen Kirche und zum Gehorsam dem sel. Petrus und uns gegenüber zu führen, auf viele Argumente und Vernunftgründe gestützt, sich der Verteidigung der Sache des hl. Petrus und der Deiner heiligen Mutter, der Römischen Kirche, beim Aufflammen des Schismas des Petrus Leoni angenommen hat, zeigt der große Nutzen, der der Kirche Gottes und uns daraus ersproß.“[159] Daher kommt der Papst dem Wunsch des Abtes nach und befreit ihn und den ganzen Orden für immer von bischöflichen Eingriffen und von Zehntzahlungen, bestätigt die freie Wahl der Äbte aus den Ordensangehörigen und verbietet eine Belästigung der Konversen (durch ihre früheren Herrn). Hier hat Bernhard nicht das praktiziert, was er als Ideal betrachtete. Aber gilt das nicht für einen guten Teil seiner ganzen Existenz, wie er selber sehr wohl erkannte?[160] Es fragt sich freilich, ob er selbst wirklich so besonderen Wert auf diese Privilegien gelegt hat. Denn das Papsttum war sehr gern dazu geneigt, solche Ausnahmeregelungen zu verbriefen, die die Macht der Bischöfe schwächten, seine eigene dagegen stärkten, indem es neue Gemeinschaften wie die Zisterzienser oder die Templer durch Exemtionen und Schutzbriefe an sich band.[161]

Die Konversen

Wer waren die eben genannten Konversen? Es ist hier nicht der Ort, näher auf dieses Lieblingsthema sozialhistorischer Forschung einzugehen;[162] nur soviel: Wie in anderen Ordensgemeinschaften, z. B. Vallombrosa, Camaldoli, auch Cluny, nahmen die Zisterzienser Laien in das Kloster auf. Diese „rendus“, wie sie in der Landessprache hießen,[163] erhielten zwar die Tonsur, wurden jedoch keinesfalls den Chormönchen, den „cloistriers“,[164] gleichgestellt. Sie partizipierten aber als Gläubige, die die „Umkehr“ vom weltlichen zum geistlichen Leben vollzogen hatten, an deren geistlichem Leben und verpflichteten sich auch zu Armut, Gehorsam und Keuschheit. Sie waren zwar in der Kirche und den sonstigen Gebäuden des Klosters von den Mönchen getrennt, unterschieden sich auch von ihnen durch ihre Tracht und ihre Bärte, wurden aber von den Vollmönchen mittels Predigt und Liturgiefeier betreut. Dafür hatten sie ihre ganze Arbeitskraft dem Kloster zur Verfügung zu stellen, sei es als einfache Hilfskräfte, sei es als Verwalter oder auch Kunsthandwerker. Zu Chormönchen aufsteigen konnten sie nicht, diese hielten sie streng in untergeordneter Position und verboten ihnen jede andere Tätigkeit, sogar das Lesen von Gebetbüchern. Man nannte sie zwar auch „fratres", Brüder, nicht aber „monachi",[165] und schob sie in eigene Quartiere ab, weil sie nicht ebenbürtig waren, weil man die „ordines", die Stände, auch hinter Klostermauern nicht vermischt sehen wollte.[166] Das war auch die prinzipielle Einstellung der meisten Benediktiner, wie sie ein berühmter Brief Hildegards von Bingen zum Ausdruck brachte.[167] Verständlicherweise sollte das bei den Weißen Mönchen später zu sozialen Spannungen Anlaß geben, die bis zu Mord und Totschlag führten.[168] Nur dem Abkömmling einer vornehmen Familie war der Aufstieg aus dem Konversenstand möglich, wenn er diesen aus besonderer Demut gewählt hatte; so lebte ein Sohn des Grafen von Berg zunächst als Schweinehirt auf einer Grangie, einem Wirtschaftshof von Morimond, wurde dann dort Chormönch und schließlich Abt einer Zisterze in Thüringen.[169]

Die Konversen ermöglichten es den Choristen, die im Gegensatz zu ihnen aus dem Adel und der Intelligenzija kamen, ihre Handarbeit so weit zu reduzieren, daß sie sie nur im Kloster selbst oder in dessen nächster Nähe durchzuführen brauchten, wogegen sie selbst die oft abgelegenen Wirtschaftshöfe, die Grangien[170], betreuten. Bernhard umschrieb die Kondition der Konversen elegant mit: „sie streben zum selben Ziel [wie die Vollmönche], aber nicht auf demselben Weg".[171] Die Zahl dieser Laienmönche war bei den Zisterziensern wesentlich höher als bei anderen Orden, da sie geradezu ihr ökonomisches Rückgrat bildeten. Das Konversen-Institut wurde schon vor 1119 begründet; Bernhard hatte also als ihr Vorgesetzter in Clairvaux auch mit dieser Gruppe immer zu tun, hatte etwa auch ihnen zu predigen (weswegen seine Ansprachen an sie ursprünglich in der Landessprache gehalten worden sein müssen, auch wenn sie dann nur lateinisch vervielfältigt wurden[172]). Es wirft Licht auf die sozio-ökonomische Situation, daß 1135 etwa 200 Mönche und 500 Konversen Clairvaux bzw. die zugehörigen Wirtschaftshöfe bevölkerten.[173] Das waren fast so viele Brüder wie damals im größten Kloster nördlich der Alpen, in Cluny, lebten.[174] Wie Bernhard selbst einmal schrieb: viel leichter bekehren sich Weltleute zum Guten als Ordensleute![175] Manche von den ersteren kamen aus armen Verhältnissen, wie eine Episode aus dem Mirakelbuch Herberts, eines Schülers Bernhards, zeigt: Bernhard weist da einen sterbenden Laienbruder zurecht, weil er gar zu viel Vertrauen auf sein frommes Mönchsleben zeigt. Einst, wirft ihm der Abt vor, ist er ohne Schuhe und halbnackt umhergeschlichen, hungernd und frierend, und nur durch langes Betteln brachte er die Zisterzienser dazu, ihn bei sich aufzunehmen. „Wir aber haben dich trotz deiner Mittellosigkeit um

Gottes willen aufgesammelt und dich in Essen und Kleidung und den übrigen gemeinsamen Dingen den weisen und herrschaftlichen Männern gleichgestellt, die bei uns sind ..."[176] Das gibt ein realistisches Bild von den freiwillig „Armen", wie sich die Mönche nannten, zu denen man aus wirklicher Armut nur in der untergeordneten Form eines Arbeiters, eben eines Konversen, stoßen konnte. Die Chormönche brachten dem Kloster natürlich, wie bei den Benediktinern, ein Geschenk („dos", Mitgift, hieß das bei Nonnen und Oblaten) bei ihrem Eintritt dar.[177]

Als Erfolg von seiner in der *Apologie* ausgesprochenen Kritik wird Bernhard es damals empfunden haben, als sich am 13. März 1132 nicht weniger als 200 Prioren und 1212 Mönche der Kongregation von Cluny in ihrem Mutterhaus zu einem Reformkapitel trafen, um ihre Lebensgewohnheiten und -umstände strengeren Normen anzupassen.[178] Natürlich waren zahlreiche Mönche gegen eine Abschaffung der verschiedenen Erleichterungen, die sie entgegen der *Benediktusregel* praktizierten: Der Herr werde, so diese Cluniazenser schon im Vorjahr an den päpstlichen Legaten Matthäus von Albano, auch das Bemühen derer, die die Regel milder auslegten, nicht verachten.[179] Es kam zu einem Kompromiß, bei dem Petrus von Cluny (der übrigens auch ohne Bernhards Drängen reformbereit war[180]) einige seiner auf mehr Strenge abzielenden Vorschläge zurückziehen mußte. Interessant die große Bedeutung, die in der Diskussion auch von seiten der Benediktineräbte der „ratio" zugemessen wurde[181] – wie generell auch von Bernhard oder Abaelard.[182] Doch blieb der Usus, offensichtlich nach zisterziensischem Vorbild, Generalkapitel abzuhalten; auch die Liturgie verkürzte man nach demselben Vorbild des konkurrierenden Zweigordens.[183] Was sich nicht änderte, war die enorme Jagd nach irdischem Hab und Gut: Dem anonymen Autor des Romans von *Garin et Loherin* (E. 12. Jh.) sollte der Reichtum der Benediktiner und ihre Erwerbstätigkeit solche Angst um die Zukunft Frankreichs einflößen, daß er nurmehr von einem direkten Eingreifen Gottes eine Besserung erwartete.[184]

Erste Italienreise (1133)

„Ich Unglücklicher, arm und nackt, ein Mensch geboren zur Mühsal, ein Vögelchen ohne Federn, fast die ganze Zeit über aus seinem Nest gestoßen, Wind und Wirbel ausgesetzt, wanke und schwanke wie trunken, und mein Selbstbewußtsein ist aufgezehrt."[185] Diese Selbstzeichnung steht in einem Brief Bernhards an die Kartäuser, in dem er sich entschuldigt, auf seiner Reise nicht bei ihnen haltgemacht zu haben. Denn Anfang 1133 war Bernhard dem päpstlichen Wunsch gefolgt, sich an dessen Hof in Italien zu begeben, um ihm bei der Gewinnung oder Überwindung der dort noch zahlrei-

chen Anakletianer zu helfen. Innozenz hatte schon ein Jahr zuvor Oberitalien betreten, ausgestattet mit dem Geld der Kirchen Frankreichs, die nicht
alle bedauerten, den kostspieligen Gast wieder los zu sein. Im Juni hatte er
eine Kirchenversammlung in Piacenza abgehalten. Auch viele andere nord-
italienische Städte waren bereits auf seiner Seite, nicht aber das mächtige
Mailand. So wartete er auf den deutschen König, der für ihn die widerspenstigen Kommunen und vor allem die Heilige Stadt erobern sollte. Lothar
war erst im November in Piacenza eingetroffen, begleitet zwar von dem angesehenen Norbert von Magdeburg, der das Amt des Kanzlers für Italien
ausübte, geschützt jedoch nur von einem lächerlich kleinen Heer, da er viele
Truppen wegen der Auseinandersetzung mit den Staufern in seiner Heimat
hatte belassen müssen.[186]

Der römische Papst, Anaklet, gewiß eingedenk der früheren Italienzüge
deutscher Könige, wurde trotzdem bedenklich und versuchte zu verhandeln. Er erklärte sich sogar bereit, dem König als Richter die Entscheidung
anheimzustellen, wer der wahre Lenker der Christenheit sein sollte. Lothar
ging jedoch nicht darauf ein, wiewohl sein salischer Vorgänger einst in Sutri
streitende Päpste vor ein Konzil geladen hatte, um dann den Auserwählten
nach Rom zu führen. Der Sachse marschierte vielmehr mit seinem Papst
weiter gen Süden und ließ damit „eine Gelegenheit aus der Hand, welche
ihm der Kirche gegenüber eine furchtbare Kraft hätte verleihen können".[187]

Bernhard hatte inzwischen einen ersten Auftrag von Innozenz erhalten: er
hatte sich nach Genua zu begeben, um einen Frieden mit Pisa zu vermitteln
– die beiden Seestädte lagen aus wirtschaftlicher Rivalität ständig im Kampf,
konkret ging es damals um die Vorherrschaft über Korsika. Nicht, daß die
Bischöfe und Bürger der beiden Städte Innozenz nicht anerkannt hätten,
aber ihre Furcht voreinander war so groß, daß sie nicht bereit waren, ihm mit
ihren Flotten zu Hilfe zu kommen. Diese waren aber für eine Eroberung
Roms wichtig, schützten doch normannische Kriegsschiffe Anaklet. Bernhard gelang es in kürzester Zeit, die Genueser zur Annahme der Vereinbarungen über die Aufteilung Korsikas zu bewegen, die die päpstliche Diplomatie, wohl Kanzler Haimerich, geschickt vorbereitet hatte. Wie er selbst
berichtet, war es sein prophetengleiches, charismatisches Auftreten,[188] das
die Menschen in seinen Bann schlug.

Der Vertrag wurde zwischen dem 20. und 26. März 1133 unterzeichnet,
und der erfolgreiche Vermittler konnte zu seinem Herrn zurückkehren. „O
mihi illos dies festivos, sed paucos!"[189] „Das waren mir Festtage, waren sie
auch kurz", erinnert sich Bernhard ein Jahr später in einem schmeichlerischen Brief an die Stadt. Sie solle dem Papst Treue („fidem") bewahren, dem
König Gehorsam („fidelitatem") und sich selbst Ehre („honorem")[190] –
Leitbegriffe der Feudalgesellschaft, in die die Städte durchaus noch eingebunden waren. Dem urbanen 'Bildungsbürgertum' trägt Bernhard mit

einem Vergil-Zitat Rechnung. Sollten Begünstiger Rogers von Sizilien versuchen, ihre Propaganda zu verbreiten, sind sie streng zu bestrafen. Und: „Wenn
Ihr Lust auf Kampf habt und wieder die Kräfte Eueres Mutes und Euerer
Stärke erproben wollt, dann ist es schön, einen Waffengang zu versuchen
(arma probare delectat), – aber bitte nicht gegen Nachbarn und Freunde, wo
doch die Feinde der Kirche geziemender niederzuschlagen sind!"[191] Bernhard
war keineswegs prinzipiell ein Mann des Friedens, obgleich er oft in diesem
Sinne vermittelte. Er konnte genausogut zum Krieg aufstacheln, wenn es der
Sache diente, die er vertrat. Wie bei der Werbung für die Tempelritter wußte er
geschickt, potentielle Aggressionsbereitschaft – mittelalterlich: Kampfesbe-
geisterung – in die gewünschten Bahnen zu lenken. In seinem Denken – im
Denken der Zeit – paßte es ohne weiteres, diese Aufforderung zum Krieg mit
einem Segenswunsch zu beschließen, der den „Deus pacis", den Gott des Friedens, anruft. Denn „die Gerechtigkeit ist mit uns", so Bernhard in einem Brief
unmittelbar vor den Mauern Roms.[192]

Wenn dem Biographen Ernald kein Irrtum unterlaufen ist,[193] war damals
oder später eine mögliche Besetzung des Bistums Genua mit Bernhard im
Gespräch, von der der Abt jedoch nichts wissen wollte. Nicht nur den Metro-
politenstuhl dieser Stadt hat er abgelehnt. Dasselbe Angebot erhielt er für
Châlons 1130, Mailand 1135, Langres und Reims 1138.[194] Dann hatte man offenbar gelernt, daß seine Antwort immer dasselbe Nein bleiben würde. Aber
sicherheitshalber ließen sich die Brüder in Clairvaux ein päpstliches Privileg
ausstellen, daß Bernhard nie von seiner Abtsstelle auf eine andere kirchliche
Position berufen werden dürfe.[195]

Am 30. April 1133 erreichte das Heer, und mit ihm Bernhard, die Ewige
Stadt.[196] Innozenz konnte kampflos im Lateran einziehen, denn die Gegenpartei, allen voran die Pierleoni, sowie Anaklet selbst, den normannische
Krieger schützten – Roger II. von Sizilien hatte sie ihm zur Verfügung gestellt – beschränkte sich auf eine wohlbedachte Verteidigung. Der Bedrohte
verschanzte sich in der Engelsburg und blockierte damit den Zugang zur Peterskirche. Somit konnte die Kaiserkrönung, die Belohnung für den Hee-
reszug der Deutschen, nicht am rechten Ort erfolgen; man war gezwungen,
in die Lateransbasilika auszuweichen. Dort empfingen Lothar und seine
Gattin Richenza am 4. Juni 1133 nach abgelegtem Treueschwur dem
Papsttum gegenüber die kaiserlichen Insignien. Was er abermals nicht empfing, wiewohl forderte, waren mehr Rechte bei der Bischofseinsetzung.
„Unverrückt hielt somit die Hierarchie alles fest, was sie im Kampf mit den
Heinrichen errungen hatte."[197] Deshalb ließ der Heilige Vater später im Lateran ein Wandbild malen, das den Deutschen zeigt, wie er sein Vasall wird,
und das zu Zeiten Barbarossas noch viel böses Blut machen sollte.[198] Nicht
Bernhard aber, sondern Norbert von Xanten war in dieser Situation der entscheidende geistliche Ratgeber in der Gefolgschaft des Monarchen.[199]

Über Bernhards italienische Bemühungen für Innozenz ist eine merkwürdige Episode überliefert, die bislang u. W. noch nie beachtet wurde. Der Zisterzienser Johannes von Ford († um 1214)[200] schrieb 1180/84 eine auf Mitteilungen von Zeitzeugen beruhende Vita des englischen Einsiedlers Wulfric von Haselburg († 1154). „Als noch der Urteilsspruch Gottes ausstand, welcher Partei denn vom Himmel der Sieg zukomme und das römische Volk noch in zwei Parteiungen schwankte, geschah es, daß der selige Bernhard inmitten der Kirche seinen Mund öffnete und sich mit einer ausführlichen Predigt vor dem Volk hören ließ. Und da er immer länger sprach, entschlüpfte seinen Lippen die Rede, daß dies der Wille im Himmel war, daß die Kirche sich Innozenz zuneige." Doch rasch „witterte" Bernhard selbst „in dieser Rede den Geruch der Anmaßung und widerrief das ungestüme Wort. Er begann also als starker Eiferer gegen sich selbst mit derselben Freiheit zu verfahren, die er gegen Könige und Fürsten und die Großen der Welt zu gebrauchen gewohnt war, wie von Gott gesetzt über die Völker und über die Reiche, und der, da eine einzigartige Autorität des Heiligen Geistes in ihm strahlte, selbst den Fürsten verehrenswürdig und schrecklich war wie eine geordnete Schlachtreihe aus den Burgen … Mit derselben Kritik kasteite er sich selbst" und schickte einen Gesandten an Wulfric, damit dieser für seine Sünde bitten sollte.[201]

Die Geschichte ist, was Bernhard betrifft, so weit von hagiographischen Topoi entfernt, daß man sie schwerlich für rein erfunden halten wird. Sie ist u. E. vielmehr ein Reflex einer Rede Bernhards, von der die sonstige uns überlieferte Ordenstradition schweigt, da sich der Abt später selbst von ihr als inadäquat distanzierte. Natürlich erzählt Johannes sie, um die Bedeutung seines Helden zu erhöhen, aber der Anlaß ist so spezifisch, daß man von einem Zisterzienser, der selbst mehrfach im Mutterkloster in Frankreich war, kaum erwarten kann, sie ohne Kristallisationspunkt in der authentischen Ordenstradition frei erfunden zu haben. Abgesehen davon hat man hier ein schönes Beispiel von dem Eindruck, den Bernhards stete Eingriffe in die Geschicke auch der Welt hinterlassen haben.

Strittige Bischofswahl in Tours (1133)

Die Freude Innozenz' und Bernhards über ihren Einzug in die Ewige Stadt währte allerdings nur kurz, denn bald mußte der Kaiser wieder nach Deutschland reiten, um sich erneut seinem Rivalen Konrad von Staufen im Kampf zu stellen. Da Roger nun endlich mit vielen Rittern von Süditalien nach Rom aufbrach, hatte Innozenz dort keine Chance mehr – er floh ins sichere Pisa.

Bernhard war mittlerweile wieder nach Frankreich aufgebrochen. Dort wartete nicht nur der Friede seines Klosters auf ihn, sondern bereits auch eine neue kirchenpolitische Aufgabe: In der wichtigen Stadt Tours in der Grafschaft Anjou – der Stadt des Reichsheiligen Martin – war es zur Neuwahl des Erzbischofs gekommen. Dieser hatte sich, um die Bestätigung zu erlangen, an den Papst gewandt, wie erwartet, zunächst an Innozenz II. Als der ihn jedoch nicht anerkannte, vielleicht weil er, ein Mönch, nur Diakon und noch zu jung war, zog Philipp, so hieß der Elekt, daraufhin nach Rom, um sich das von Anaklet zu holen, was sein Rivale ihm versagt hatte.[202] Dorthin hatte ihm Bernhard im April 1133 aus Viterbo einen Mahnbrief geschickt, der eine freundschaftliche Beziehung der beiden Mönche erkennen läßt, aber ohne Echo blieb.[203] Unterdessen hatte in der Stadt eine kleinere Partei durch eine zweite Wahl versucht, ihrem Favoriten, einem ebenfalls sehr jungen Kleriker namens Hugo, den Bischofsthron zu verschaffen. Der ganze Vorgang wirkt wie ein Spiegel der doppelten Papstwahl von 1130 und hatte tatsächlich dieses Schisma zum Hintergrund, wobei auch hier weltliche Mächtige mitmischten, namentlich der junge Graf Gottfried Plantagenet.[204]

Bernhard war noch in Italien von Innozenz beauftragt worden, die Sache ins reine zu bringen. Dazu versammelte er im Juli oder August die beiden Parteien der Wähler in Blois zu einem Gerichtstag. Philipp, den er in einem Brief an Innozenz mit starken Worten verurteilte,[205] anscheinend, da er sich mit Geld den Bischofsstuhl erkaufen wollte, setzte er ab, bestätigte aber auch Hugo nicht, um die Sache wieder an den Papst zurückverweisen zu können. Dies war schon damals in solchen Situationen eine generell immer üblichere Praxis, die wesentlich zur Vormachtstellung des römischen Bischofs über die Catholica beigetragen hat. Durch die dauernde Übertragung von tausenden einzelnen Entscheidungen an die Kurie auch dort, wo ein anderes Mitglied der Hierarchie hätte entscheiden dürfen, wie hier Bernhard, erstarkte Schritt für Schritt die päpstliche Monarchie. Auch Bernhard hat eifrig daran mitgearbeitet. Typisch für seine Bewertung des Charismas des Nachfolgers Petri ist folgende Stelle aus dem genannten Brief: er preist die „abundantia suavitatis tuae", „die überquellende Süße" (Huld), die er von Innozenz empfängt. Sie ist „das Salz in allen Reden, sie schmeichelt den Ohren, versüßt die Lippen, erfrischt und entflammt die Herzen"[206] usf.

Wir sehen den Abt hier als delegierten Richter mit päpstlicher Vollmacht in einem kanonischen Prozeß amtieren, und aus dem Bericht, den er danach an Innozenz abschickte,[207] geht hervor, wie genau er sich um die kirchenrechtlichen Vorgangsweisen bemühte. Dies ist eine der Quellen, die erweisen, daß Bernhard durchaus über gute juristische Kenntnisse verfügt haben muß.[208] Auffallenderweise zählt aber für ihn hier ein Argument nicht, das er beim Papstschisma sehr wohl zugunsten von Innozenz anzuführen pflegte: nämlich daß dem zeitlich zuerst Gewählten der Vorzug gebühre – danach hätte Bernhard Philipp unterstützen müssen! Auch hielt Bernhard ihn nach seinem früheren Brief[209] gewiß für den eigentlich geeigneteren – nur hatte er sich den Episkopat vom falschen Papst übertragen lassen.[210]

Freilich konnte der Abt das konkrete Problem nicht lösen, daß von verschiedenen Gruppen nach wie vor je ein anderer Erzbischof anerkannt wurde. Da Hugo noch vor dem Schiedsspruch des Papstes feierlich inthronisiert wurde, während Philipp mit einem Teil des Kirchenschatzes nach Rom flüchtete, wo ihn Anaklet zum Erzbischof von Tarent erhob, blieb Tours ein militärischer Konflikt erspart. Innozenz hat später den Fait accompli anerkannt und Hugo bestätigt. Für Bernhard blieb der Mißerfolg: keine der beiden gegnerischen Gruppierungen hatte seinem Schiedsspruch Gehorsam gezollt.

Der Tod eines Reformers (1133)

Bernhard befand sich wieder in seiner Abtei. Gebet, Liturgie, Predigt, Meditation, die üblichen Aufgaben, die seine Stellung innerhalb und außerhalb des Klosters mit sich brachten, nicht zu vergessen die übliche Korrespondenz ...[211] Da zieht im August eine aufgeregte Schar in das Gästehaus ein – der Bischof Stephan von Paris mit seinem Gefolge. Er kommt als Flüchtling, fürchtet um sein Leben. Denn am heiligen Sonntag, dem 20. August 1133, war die Gruppe Opfer eines Überfalls geworden, der einem von ihnen galt. Thomas, Prior der Augustiner von Saint-Victor in Paris und rechte Hand des Bischofs, war von Bewaffneten angefallen und tödlich verwundet worden. „Und mir haben sie den Tod angedroht", berichtete Stephan aus Clairvaux dem päpstlichen Legaten, „wenn ich mich nicht schnell aus ihren Augen begebe! Wir aber warfen uns voll Gottvertrauen mitten unter die Schwerter", um dem Sterbenden das Viaticum, die Wegzehrung für die Reise in die andere Welt, zu spenden. Er verschied in den Armen des Bischofs.[212] Die Straße, auf der die Untat geschah, führte bei einer Burg vorbei, die dem Kanzler des Königs, Stephan von Garlande, gehörte; die Täter waren Neffen des Pariser Erzdiakons Theobald Noterius.[213] Damit war das Umfeld klar: Im Hintergrund dieser blutigen Episode stand der ewige Konflikt zwischen der traditionellen Feudalkirche und ihren Reformern. Denn Theobald war ein persönlicher Feind des Viktoriners, der versucht hatte, seine Macht zu brechen, da er seine zentrale Position als Erzdiakon, Vikar und Offizial des Bischofs zu verschiedenen Mißbräuchen wie überhöhten Steuern und Gerichtsgebühren nutzte.

Zumal Bernhard ein Freund des Ermordeten und der von seinem einstigen Gönner Wilhelm von Champeaux begründeten Viktoriner überhaupt war, zögerte er nicht, auch selbst wenigstens mit seinen Mitteln einzugreifen. Zunächst verfaßte er für den Bischof ein Schreiben an Innozenz, das in ergreifender Klage das Geschehene berichtet und vor dem Drahtzieher des Anschlags warnt.[214] Ein kürzeres ging an den Kanzler Haimerich, der anscheinend nicht recht bereit war, sich in dieser Sache zu engagieren.[215] Da sich auch Theobald an den Papst wandte, schickte Bernhard selbst einen Brief nach, in dem er den Pontifex aufforderte, sich nicht von der „bösesten Bestie", dem Mörder des „seligen" „Märtyrers" Thomas, des „Heiligen des Herrn", täuschen zu lassen.[216] Das Blut des Ermordeten rufe nach Rache, und keine Rücksicht auf die weltliche Gewalt – also die Protektion Theobalds durch den Kanzler und den König – dürfte sie behindern.

Obwohl es kurz davor oder danach zu einem ähnlichen Mord an Achimbald, Subdiakon von Orléans, kam, wobei wiederum König und Kanzler auf der Seite der Mörder standen,[217] und obgleich ein so angesehener Bischof wie Hugo von Grenoble und ein so verehrter Abt wie Petrus von Cluny strenge Strafen befürworteten, verhängte die im Winter 33/34 zusammentretende Synode von Jouarre[218] nur milde Sanktionen. Zu sehr fürchtete die reformwillige Geistlichkeit weitere Gewalttaten, zu stark waren ihre innerkirchlichen Gegner. Innozenz II. verschärfte die Strafen zwar auf Bitten des Abtes,[219] doch scheint die Sühne der Schuld nicht angemessen gewesen zu sein. Allerdings näherte sich der König nun wieder der Abtei Saint-Victor an.[220]

In diesem Jahre 1133 war es in Cîteaux dazu gekommen, daß der über siebzigjährige Abt Stephan Harding, krank und nach 24 Jahren der Leitung seiner Gemeinschaft ermüdet, sein Amt niedergelegt hatte. Er designierte als seinen Nachfolger Wido,[221] den Abt von Trois Fontaines,[222] eine schlechte Wahl, wie sich bald herausstellen sollte. Nun war zu dieser Zeit der berühmteste Angehörige der Zisterzienser bereits Bernhard, und es gab Zeitgenossen, die tatsächlich von einem „Orden von Clairvaux" statt „von Cîteaux" sprachen.[223] Es ist kaum denkbar, daß nicht diskutiert worden wäre, ihn an die Spitze des Ordens zu berufen. Daß Bernhard dies von sich aus abgelehnt hätte, ist nicht überliefert und vielleicht nicht einmal wahrscheinlich, denn in diesem Fall hätten seine Biographen sich sicher nicht die Gelegenheit entgehen lassen, damit ein weiteres Beispiel seiner Demut zu verzeichnen, wie sie es regelmäßig taten, wenn Bernhard einen Bischofsstuhl ausschlug. Zu vermuten ist, daß hier der oben angedeutete Gegensatz zwischen Stephan Harding und Bernhard eine entsprechende Möglichkeit außer Betracht bleiben ließ. Zumal aber Bernhard auch später, als Wido abdankte, nicht selbst die Leitung des Ordens übernahm, sondern ein ihm vertrauter Mönch aus Clairvaux berufen wurde, ist anzunehmen, daß er auch keine große Lust zu einem solchen Wechsel der Position gehabt hätte. Denn die Männer, die seine Verwandten und Freunde waren, lebten fast alle in Clairvaux, und wir wissen, wie sehr Bernhard an seiner „familia" hing. Auch dürfte sowohl ihm wie seinen Mitbrüdern bewußt gewesen sein, daß er keine

Ruhe finden sollte, solange das Papstschisma noch andauerte und Innozenz auf seine Unterstützung nicht verzichten konnte.

Bernhard beendet das aquitanische Schisma (1134–1135)

Im Winter 34/35 ritt Bernhard abermals nach Süden, um ein ihm bereits wohlbekanntes Problem nochmals in Angriff zu nehmen. In Südfrankreich hatte sich eine Enklave des Widerstands gegen Innozenz gehalten: Aquitanien bekannte sich zu einem großen Teil nach wie vor zu Anaklet. Entscheidend war hier, wie berichtet, die Option des greisen Bischofs von Angoulême, Gerhard. Ihn unterstützte der Herzog von Aquitanien, Wilhelm X. von Poitou. Allerdings rührte sich gegen diesen Kirchenfürsten, der seine Macht gierig zu seiner Bereicherung ausnützte, auch Opposition, namentlich von seiten der ihm unterstellten Bischöfe, die der Partei Innozenz' beigetreten waren.[224] In dieser Situation veranlaßte der Legat Gottfried von Chartres Bernhard, mit ihm zusammen nochmals einen Umsturz herbeizuführen.

Zuerst begab sich der Abt jedoch nach Nantes, um in der Umgebung der Stadt die Gründung einer Zisterze vorzubereiten, die die Herzogin der Bretagne Ermengarde (Irmingard, † 1147)[225] mit Grund ausstattete: Buzay – bereits die neunzehnte Tochter von Clairvaux.[226] Bernhard hatte die Bekanntschaft Ermengardes wahrscheinlich 1130 beim Konzil von Étampes gemacht. Sie scheint eine schwierige Persönlichkeit gewesen zu sein, die es selbst bereits mehrmals mit dem Klosterleben versucht hatte, aber teils freiwillig, teils unfreiwillig wieder an den Hof zurückgekehrt war. Nun hatte sie, im Alter von 66 Jahren, eben eine Reise ins Heilige Land hinter sich gebracht. Von Bernhard sind zwei ausgesprochen liebevolle Briefe an sie erhalten[227]: die Gattung des im 12. Jahrhundert unter den Klosterleuten so beliebten Freundschaftsbriefes ist hier – ausnahmsweise – auf eine hochadelige Dame ausgedehnt.[228] Bei ihr hatte Bernhard augenscheinlich die Rolle eines Seelenführers übernommen, die früher ein ebenso berühmter „homo religiosus" der Zeit innegehabt hatte, nämlich Robert von Abrissel († 1116), der Gründer des Doppelklosters Fontevrault. Später hatte der Zisterzienser sie selbst in Larrey zur Nonne geweiht.[229] Trotz seiner sonstigen Verurteilung von Religiosen, die sich nicht an ihre klösterlichen Gelübde hielten, gibt es hier kein Wort der Kritik daran, daß Ermengarde ihren Konvent verlassen hatte, vielmehr drückt Bernhard so viel Sehnsucht aus, mit ihr persönlich zu sprechen, so viel „amor de longh" (Liebe aus der Ferne, wie bei den Trobadors und Trouvères), daß man sich fragt, ob dies nur die Diplomatie eines Abtes war, der seinen Orden mit Hilfe einer adeligen Dame in ein eher entlegenes Gebiet ausdehen wollte, oder ehrliche Faszination. Ein so intimer Kenner Bernhards wie Leclercq geht von Letzterem aus.[230] Hat Bernhard in dieser bejahrten Nonne ein wenig von der geliebten Mutter wiedergefunden?

Seinem Biographen war der Aufenthalt bei den Bretonen allerdings wegen eines anderen Ereignisses wichtig, das er wesentlich ausführlicher schildert: Die Frau eines dortigen Ritters wurde seit über sechs Jahren von einem Dämon heimgesucht, der sie als prächtiger Ritter verführte und sie „mißbrauchte und als unzüchtigster Ehebrecher mit unglaublicher Geilheit unsichtbar quälte, sogar wenn ihr Mann im selben Bett ruhte".[231] Ungeachtet der Wallfahrten, die sie zu mehreren Heiligen unternahm, ungeachtet ihrer Gebete, Beichten und Almosen, ließ sich nichts gegen den diabolischen Liebhaber tun. Als die Unglückliche von Bernhards Ankunft hörte, warf sie sich ihm zitternd zu Füßen. Der Abt versprach ihr Hilfe und gab ihr seinen Stock, den sie zu sich ins Bett zu legen hatte. Und tatsächlich konnte ihr gefährlicher Liebhaber sie nicht mehr berühren, verfolgte sie aber weiter mit den fürchterlichsten Drohungen. Darob schritt Bernhard zu härteren Maßnahmen: in der überfüllten Domkirche von Nantes wurden alle Geistlichen und Laien mit brennenden Kerzen ausgestattet. Vom Ambo aus anathematisierte der Abt zusammen mit allen Gläubigen den „Hurergeist (fornicatorem spiritum)". „Und als jene geweihten Lichter ausgelöscht waren, war auch die ganze Kraft (virtus) des Teufels ausgelöscht ... und er floh, ohne Hoffnung auf Rückkehr verjagt."[232]

Dieser Bericht ist in mehrfacher Hinsicht von Interesse: einmal zeigt er, daß die Vorstellung von Inkuben, die die Literaten besonders aus Augustinus kannten, auch im 12. Jahrhundert durchaus lebendig war. Der Kirchenvater hatte ja in seinem *Gottesstaat* (15, 23) den antiken Glauben daran festgeschrieben, daß sich Dämonen in sexueller Begierde auf Frauen legen konnten („incubus" von „incumbere", hineinlegen).[233] Was aber zwei Jahrhunderte später ohne weiteres als sündige Teufelsbuhlschaft interpretiert worden wäre und zur Verbrennung der Frau als Hexe geführt hätte,[234] wird nun noch sowohl von den befragten Priestern vor Ort als auch von Bernhard als ein Fall gesehen, wo die Kirche Hilfe zu bringen habe und nicht Strafe. Bemerkenswert ist das Mittel, das Bernhard zuerst einsetzt: er gibt ihr seinen Stab (wohl den Hirtenstab mit Krümme, den die Äbte als Rangabzeichen so wie die Bischöfe trugen) mit ins Bett, dessen Symbolik im Lichte der Tiefenpsychologie leicht zu erraten ist, und nicht etwa ein Stück seiner liturgischen Gewänder oder eine Handschrift. Seine „virtus" – das Wort heißt ursprünglich „Männlichkeit" – verdrängt so die des Feindes. Was Bernhards bewußtes Denken betrifft, so hat er ihr eine Berührungsreliquie von sich mitgegeben – einer von vielen Hinweisen, in wie hohem Maß er sich als begnadeter Thaumaturg, als lebender Heiliger sah. Endgültig gebrochen wird die Macht des Bösen aber erst durch die konzentrierte Kraft aller versam melter Gläubigen, mit deren 'Umstand' (ein rechtlicher Terminus) der Teufel feierlich und mit den üblichen liturgischen Zeremonien des Umdrehens der brennenden Kerzen und zweifellos den entsprechenden Formeln exkommuniziert wird.

Nach diesem spektakulären Erfolg – bei der Zisterze Buzay sollte es dagegen noch Schwierigkeiten geben, wiewohl Bernhards jüngster Bruder Nivard das Priorenamt erhielt[235] – ritt die Gruppe der Innozentianer weiter nach Aquitanien. Dort war Gerhards Stern als Bischof bereits im Sinken, da ihm, heißt es, das Geld ausgegangen war; zusätzlich wurden die Gegner Papst Innozenz' angeblich regelmäßig von Dämonen befallen,[236] was wohl eine Propagandalegende war, aber gewiß Furcht zu verbreiten vermochte. Vor diesem Hintergrund dürfte auch die Bereitwilligkeit zu verstehen sein, mit der Graf Wilhelm von Poitou einem Treffen in Parthenay zustimmte.[237] Die Unterhändler Innozenz' brachten ihn auch tatsächlich mit fleißigen Höllendrohungen[238] dazu, einem Wechsel seiner Obödienz zuzustimmen, allerdings unter der Bedingung, die vertriebenen Anhänger dieses Papstes nicht in ihre alten Würden wiedereinsetzen zu müssen, da er sich verschworen hatte, ihnen feindlich zu bleiben.

Die folgende Szene verdient, etwas ausführlicher in der Darstellung von Bernhards Biographen Ernald zitiert zu werden, da sie einiges Licht auf die Weise wirft, wie in jener Epoche politische Entscheidungen getroffen werden konnten. Bernhard zelebrierte eine Messe, bei der der Graf als Exkommunizierter außerhalb des Kirchenschiffes bleiben mußte. „Sich schon nicht mehr wie ein Mensch betragend, legte der Mann Gottes den Herrenleib auf den Hostienteller und nahm ihn mit sich. Und flammenden Antlitzes, flammenden Auges, nicht bittend, sondern drohend ging er hinaus und ging den Herzog mit schrecklichen Worten an: '... Siehe, der Sohn der Jungfrau schreitet zu dir, der Haupt und Herr der Kirche ist, die du verfolgst. Hier ist dein Richter, in dessen Namen sich jedes Knie der Himmels-, Erdenund Höllenbewohner beugt. Hier ist dein Richter, in dessen Hand diese deine Seele kommen wird! Wirst du auch ihn verachten?' ... Alle Umstehenden weinten ..." Wilhelm hielt diese Spannung und die bedrohliche Nähe des Sanctissimum nicht aus: er brach zusammen, verlor die Sprache und schien einen Epilepsieanfall zu erleiden („epilepticus videbatur").[239] Ein Fußtritt[240] des Abtes brachte ihn wieder auf die Beine, doch nicht zur Besinnung. Willenlos unterwarf er sich Bernhard und Innozenz, unterwarf sich damit nach deren und seinem Denken Gott. Der Bischof von Poitiers, Wilhelm II., konnte seinen Thron wieder in Besitz nehmen. Der Herzog aber wurde fromm, gründete sogleich eine Zisterze, Gratia Dei bei La Rochelle, und pilgerte zwei Jahre später nach Compostella.[241] Auch die Affiliation von Sylvanès an die Zisterzienser, die so ihr erstes Kloster im Languedoc bekamen (1136), dürfte mit Bernhards Predigt zu tun haben.[242]

Das Schisma in Frankreich war damit beendet, und bald darauf holte die schwarze Seele Gerhards, wie uns die *Vita Bernhards* versichert, der Teufel.[243] Deutlich sichtbar wird hier die Erregung, in die sich Bernhard zur Erfüllung seiner Ziele hineinsteigern konnte, wie dies auch bei anderer Gelegenheit bezeugt wird: „bei notwendigem Anlaß leuchteten eine gewisse Furchtbarkeit (terror) und eine übermenschliche Autorität (auctoritas supra hominem) auf seinem Antlitz".[244] Deutlich auch der Eindruck, den diese Erregung auf seine Umgebung machen konnte – auch der deutsche Kaiser sollte ihr noch, sehr zu seinem Unglück, erliegen. Klar sichtbar wird ein Hauptpunkt von Bernhards Argumentation: es ist immer wieder die Drohung mit Gericht und Hölle. Und eindrucksvoll zeigt sich auch der im 12. Jahrhundert zunehmende Glaube an die quasi magische Macht der Eucharistie, die daran war, der Macht der Reliquien immer mehr den Rang abzulaufen. Ob freilich das Umschwenken des Grafen mit dem Eindruck, den der Auftritt des Charismatikers auf ihn machte, schon hinreichend erklärt ist, sei dahingestellt. Daß in Frankreich ein Festhalten an Anaklet auf die Dauer nicht sinnvoll war, muß Wilhelm doch bewußt gewesen sein – scheint wenigstens uns heute.

Jedenfalls war damit das aquitanische Schisma beendet, zumal Gerhard 1136 verstarb. Bischof Gottfried von Chartres ließ seine Leiche dann nach einer im Mittelalter oft geübten kirchlichen Praxis gegen Härötikei schänden, indem sie aus ihrem Grab in einer Kirche genommen und „weggeworfen (projectum)" wurde; seine Verwandten verjagte man.[245]

Bernhard in Bamberg (1135)

Schon bald nach diesem großen Erfolg hatte Bernhard wieder das Pferd zu besteigen, diesmal um eine Reise zu unternehmen, die ihn so weit nach Osten führte wie niemals zuvor oder nachher. Der Grund war zweifelsohne wieder eine Mission für Papst Innozenz, der nach wie vor Rom nicht betreten konnte, sondern seine Residenz in Pisa aufschlagen mußte. Das war in der Mitte des 12. Jahrhunderts immerhin eine der größten Städte Europas,[246] deren berühmter Dom jedenfalls so weit fertiggestellt war, daß er den Teilnehmern am für 1135 einberufenen Konzil genügend Raum bot[247] (während der noch berühmtere Kampanile noch nicht existierte). Bernhard schickte den Bürgern einen enthusiastischen Dankbrief, in dem er ausführt, die Stadt sei durch göttliche Vorsehung zum Neid der anderen Kommunen durch die Anwesenheit des päpstlichen Hofes hoch geehrt, und ein Empfehlungsschreiben an den Kaiser, das die Beutezüge, die die pisanische Flotte gegen die Sizilianer unternahm, zu einem gerechten Krieg gegen einen Tyrannen hochstilisierte.[248]

Nur ein zweiter Romzug des Kaisers, so war man überzeugt, konnte Anaklet endgültig vertreiben. Wegen dieses Zieles war es aber nötig, Lothar zunächst im eigenen Lande mit seinen Gegnern auszusöhnen, Deutschland Frieden zu verschaffen, damit sein Herrscher es mit seinen Truppen unbedenklich verlassen konnte. Bei der Aussöhnung der Staufer mit dem Sachsen spielte der einzige deutsche Kardinal, Theodwin von S. Rufina, eine wichtige Rolle.[249] Die zisterziensische Geschichtsschreibung betont dagegen die Bedeutung von Bernhards Vermittlerrolle.[250] Als jedoch dieser, der über Lothringen und Mainz gezogen war,[151] in Bamberg ankam, wohin der König zum 18. März 1135 einen Hoftag versammelt hatte,[252] war die Unterwerfung der Staufer nur mehr wenig zweifelhaft. Denn Herzog Friedrich hatte sich bereits im Vorjahr gedemütigt, und sein Bruder, der Gegenkönig Konrad, schien zur Aufgabe seines Widerstands bereit, da sein Kernland Schwaben von Lothar furchtbar verwüstet worden war. Auch hatten die Staufer nie Anaklet anerkannt, wiewohl sie von Innozenz gebannt worden waren. Am 17. März erschien Herzog Friedrich barfuß vor Lothars Thron und erhielt nach einem Kniefall Verzeihung. Auch Konrad soll sich nach Otto von Freising durch Bernhards Intervention zu demselben Schritt bequemt haben;[253] hier schreibt ihm der Zisterzienserbischof aber zu großen Einfluß auf seinen Halbbruder zu – dessen Unterwerfung fand nämlich etwa sechs Monate später und ohne erkennbare Tätigkeit Bernhards statt.[254] Genauer unterrichtet über den Anteil des Burgunders an den Verhandlungen in Bamberg sind wir nicht; da sich aber der dort anwesende Probst Gerhoh von Reichersberg am Inn beklagt, er habe sich mit Bernhard vor lauter Geschäften bei dieser Gelegenheit nicht richtig unterhalten können,[255] muß der Zisterzienserabt wohl intensiv an den Besprechungen mitgewirkt haben. Nicht von Ordensmitgliedern verfaßte Quellen wissen freilich nichts von Bernhards Vermittlung, sondern weisen auf die anderer Fürsten hin.[256]

Der eben genannte Probst Gerhoh von Reichersberg (1092–1169)[257] war einer der größten Verehrer, die Bernhard zu Lebzeiten unter den Theologen besaß. Nicht nur seine Schriften, auch das asketische, an das des Elias gemahnende Leben in Clairvaux beeindruckten ihn tief.[258] Gerhoh selbst vertrat freilich eine noch traditionellere und mehr apokalyptisch ausgerichtete Lehre als der Abt; einig war er sich mit Bernhard besonders in dem Bestreben, die Feudalkirche durch eine Sittenreform zu spiritualisieren; er wirkt in seiner extremen Radikalität hier wie ein orthodoxer Arnold von Brescia. Auf theologischem Gebiet kämpfte er gegen dieselben Gelehrten, die auch Bernhard verurteilte, besonders Abaelard und Gilbert von Porée sowie namentlich ihre Anhänger in Deutschland. Aus Bernhards Werken zitiert er so oft und breit,[259] daß man ihn sogar den „deutschen Bernhard nennen könnte".[260] Seine Haltung ging vielleicht noch über die Bernhards hinaus, was „Fundamentalismus und Intoleranz"[261] betrifft, nur fehlten ihm völlig dessen Akzeptanz und Einfluß, woran auch acht Romreisen (darunter eine auf Bernhards Betreiben[262]) nichts grundlegend änderten.

In Bamberg scheint es auch zu einer theologischen Diskussion zwischen den beiden gekommen zu sein oder eher zu einer wohlwollenden Kritik Bernhards an Gerhoh;[263] der Deutsche sandte Bernhard daraufhin seine Schrift gegen die Simonisten und bat, wie unter Klerikern so üblich, um Korrektur etwaiger Fälschungen unter seinen Münzen[264] (er liebte bildhafte Vergleiche dieser Art). Bernhard hatte sich nämlich für keine der Parteien ausgesprochen, weswegen Gerhoh ihn nun aufforderte, sein Werk zu lesen. „Wenn es aber dem Bewohner Deiner Brust, dem Geist der Frömmigkeit, gefallen wird, daß [es] auch anderen bekannt werden soll, dann bitte ich, wenn es etwas darin zu korrigieren gibt, daß entweder Du dies korrigierst oder mir vorschlägst, was zu korrigieren ist . . . Deine kleinen Werke liebe ich und pflege dem Geist der Wahrheit zu danken, weil er durch Dich die Welt tadelt.“[265] Leider ist Bernhards Reaktion nicht bekannt; jedenfalls zeigt der Respekt des Augustiners vor dem Zisterzienser wieder dessen Ansehen und Autorität in theologischen Fragen bei der Reformpartei.

Zweite Italienreise (1135)

Wohl unmittelbar von Deutschland aus machte sich der Abt wieder auf den Weg nach Italien (oder ist er nicht direkt nach dem Süden aufgebrochen, sondern besuchte er zuerst noch einmal kurz seine Abtei?). Innozenz hatte zu einem Konzil in Pisa zusammengerufen, das zu Pfingsten, am 25. Mai 1135, beginnen sollte.[266] In einem Brief an den französischen König fordert Bernhard diesen auf, seinen Klerus nicht an der Teilnahme zu hindern, zumal dieser dort für ihn beten und sich beim Papst für ihn verwenden würde.[267] Der Grund für Ludwigs Verhalten war wohl der Groll auf diejenigen Prälaten, die die Kirchenstrafen wegen des Mordes an Thomas von Saint-Victor durchzusetzen suchten.

Bernhard selbst konnte jedenfalls ungehindert die Alpen überqueren; wenigstens fünfzehn weitere französische Äbte desgleichen.[268] In der Lombardei trafen ihn Boten verschiedener Gruppen aus der Stadt Mailand, die Bernhard als Vermittler in ihrer inneren Auseinandersetzung zu gewinnen wünschten, nämlich des Klerus, der Bürger und der anscheinend dort schon existierenden Zisterzienser-Laienbrüder.[269] Diese mächtige Kommune, die sich selbst als „zweites Rom" betrachtete,[270] war ein Dorn im Fleisch der Innozentianer, denn „Mailand war eine anakletische Enklave im sonst innocentischen Norditalien, das sich von den Grenzen des Kirchenstaates bis zu den Alpen erstreckte."[271] Dort hielt man nach wie vor Anaklet die Treue, für den man sich 1130 entschieden hatte. Zusätzlich unterstützte die Stadt noch den Feind des deutschen Monarchen, Konrad von Staufen, der in Mailand zum König von Italien gekrönt worden war. Der Erzbischof Anselm V. von Pusterla (reg. 1126–1135)[272] hatte schon gegen Honorius II. das Vorrecht der Mailänder Metropoliten verteidigt, nicht demütig bittend zum Papst kommen zu müssen, um das Pallium zu erhalten, sondern dieses von päpstlichen Legaten an seinen Bischofssitz gebracht zu bekommen – ein für die damalige Zeit demonstratives öffentliches Handeln, das zeigte, daß die „Ecclesia Ambrosiana" weniger als andere dem Heiligen Stuhl untergeordnet sein sollte. Wie ernst man die Sache nahm, erweist der Ausspruch seines Suffragans Robald von Alba,[273] „er wolle sich lieber seine Nase bis zu den Augen aufschlitzen lassen, als ihm den Rat zu geben, das Pallium in Rom entgegenzunehmen".[274] Von Honorius exkommuniziert, schloß sich Anselm nach dessen Tod Anaklet an, der ihm prompt den heiligen Stoffstreifen zusandte.

Doch schon seit 1133 hatte sich in der Stadt eine vom Niederklerus ausgehende Opposition gebildet, die an Zulauf gewann, anscheinend unter Mithilfe von Zisterziensern (Laienbrüdern?), so daß nun einer der vielen bewaffneten Bürgerzwiste drohte, die in der Geschichte der italienischen Kommunen so häufig waren. Die weltliche Stadtobrigkeit, die Konsulen, wollte Anselm vor ein öffentliches Gericht stellen, dem dieser sich durch die Flucht entzog. Darauf übertrug man die Agenden seines Amtes 1134 oder am Anfang des nächsten Jahres an seinen Suffragan Robald.[275] Doch Bernhard war zu sehr in Zeitnot, als das er sich jetzt um die Probleme der Mailänder hätte kümmern können: um nicht zu spät zum Konzil zu gelangen, verschob er die Einladung in ihre Stadt auf später[276] – „Properamus quidem ad Concilium", „denn wir eilen zum Konzil".[277]

Und wie wurde er dort empfangen! „Er war allenthalben bei den Beratungen, den Gerichtsverhandlungen, den Entscheidungen dabei, der heilige Abt, und von allen wurde ihm Ehrerbietung bezeugt."[278] Es wäre gut vorstellbar, daß die Aufnahme oder Wiederaufnahme mancher der Canones des Konzils nicht zuletzt auf sein Drängen zurückgeht, z. B. das Verbot jeder „superfluitas" (Übertreibung) an der Kleidung des Klerus oder das Verbot der juristischen und medizinischen Studien für Mönche und Regularkanoniker[279] (beidem stand er ja ablehnend gegenüber[280]). Eine Reihe von Bestimmungen wiederholte, wie immer bei solchen Kirchenversammlungen, nur älteres kanonisches Recht, wie die Bestätigung des Gottesfriedens oder die Unterbindung von Sklavenhandel mit Christen.[281] Neuer war, daß Innozenz allen Kriegern, die Roger bekämpfen wollten, denselben Ablaß versprach, den einst Urban II. den ersten Kreuzfahrern zugesichert hatte.[282] Damit war eine Kreuzfahrt gegen Christen ausgerufen! Freilich hatte dafür bereits Papst Pascal II. das Vorbild geboten, als er einen Ketzerkreuzzug gegen Heinrich IV. befahl.[283] Ganz neu war die großzügige finanzielle Unterstützung, die auf dem Konzil für die Templer aufgeboten wurde[284] – sicher nicht ohne Bernhards Befürwortung.

Besonderen Wert legte der Papst auf das Verbot, Appelle an ihn zu verhindern,[285] was sich nicht immer zu Bernhards Plänen fügte, wie später das Konzil von Sens (1141) zeigen sollte.[286] Schon bald (noch 1135?) schrieb er anläßlich einiger konkreter Streitfälle an Innozenz, daß auf diese Weise die bischöfliche Autorität vollkommen untergraben werde, da man an der Kurie oft jeden Spruch der Ordinarien ins Gegenteil verkehre.[287] Diesen Punkt wird er noch am Ende seines Lebens Eugen III. gegenüber wiederholen,[288] ohne Erfolg natürlich, denn die Appellationen waren nicht nur eines der wichtigsten Instrumente des Papsttums, Macht über den Episkopat auszuüben, sondern brachten auch bares Geld in die kurialen Kassen.

Überliefert ist, daß Bernhard während des Konzils als Zeuge im Verfahren zur Absetzung Bischof Litards von Cambrai auftrat.[289] Über Bernhards damalige Lebensweise heißt es: „Und vor seiner Schwelle wachten Priester, nicht weil sein Widerwille, sondern die große Menge allgemeinen Zutritt (zu ihm) nicht zuließ. Und sobald die einen herauskamen, traten die anderen ein, so daß der demütige Mann, der sich nichts von diesen Ehren anmaßte, nicht in Unruhe zu sein schien, sondern in der Fülle der Macht."[290] Dieser Ausdruck seines Biographen, „plenitudo potestatis", wird sonst nur für die Stellung des Papstes gebraucht, womit ein Thema anklingt, das Bernhard selbst später einmal aussprechen sollte: der eigentliche Leiter der Christenheit ist er selber.[291] Mag Ernald auch übertreiben – die weiteren Ereignisse sollten bestätigen, daß Bernhard der wohl wichtigste Diplomat auf seiten der Innozentianer geworden war.

Im Rahmen der Kirchenversammlung mußten die Häupter der Mailänder Geistlichkeit auf die *Evangelien* schwören, Innozenz und Lothar anzuerkennen,[292] Anselm V. von Pusterla setzte der Papst ab, und neuer Metropolit wurde der genannte Robald, der sich mittlerweile zur Unterordnung unter den richtigen Heiligen Vater bequemt hatte und deshalb Bernhards Vertrauen genoß. Der flüchtige Anselm wurde bald in Ferarra gefangengenommen und an Innozenz ausgeliefert. Er starb später unter ungeklärten Umständen als Gefangener des Papstes in der Verwahrung von dessen Prokurator in Rom.[293] Gleichzeitig erforderte es die Achse Papst–Kaiser, daß die Mailänder sich von Konrad lossagten und Lothar unterordneten. Bernhard wandte sich in diesem Zusammenhang an die Kaiserin Richenza, die er wohl in Bamberg kennengelernt hatte, und ersuchte um ihre Vermittlung, nachdem sich die Mailänder nun zur Treue dem Kaiser gegenüber verstanden hatten.[294]

In Zusammenhang mit diesen Ereignissen schickte Bernhard mehrere Briefe an die Mailänder, an die „inclyta plebs, gens nobilis, civitas gloriosa" (erlauchtes Volk, vornehmes Geschlecht, glorreiche Stadt), die deutlich die weiterhin bestehenden Spannungen zwischen der Stadt und dem Papst widerspiegeln. Bernhard, der nicht kritiklose, aber absolut loyale Diener des Papsttums, beschreibt darin diese Institution mit unnachahmlich treffenden Worten, die jene Mischung von Herablassung und Gewalt charakterisieren, die zu ihrem Wesen gehören. „Die Römische Kirche ist sehr mild, aber nichtsdestotrotz mächtig. Es ist mein treulicher Rat, wert jeder Zustimmung: Mißbrauche nicht ihre Milde, damit Du nicht von ihrer Macht zermalmt wirst! . . . Die Fülle der Macht über sämtliche Kirchen des Erdkreises nämlich wurde durch ein einzigartiges Vorrecht dem Apostolischen Stuhle geschenkt. Wer also sich dieser Macht widersetzt, widersetzt sich dem Gebot Gottes!"[295] Es folgt eine bedingungslose Apologie der Herrschaft des Papstes über sämtliche Bischöfe, die von späteren Päpsten und Kanonisten weidlich ausgeschlachtet werden sollte[296]: er erhöht und erniedrigt nach seinem Gutdünken, zwingt die höchsten Würdenträger beliebig oft vor sein Gericht, bestraft jeden Widerstand. Ein Gregor VII. (reg. 1073–1085) hätte diesen Worten aus vollem Herzen applaudieren können. Wüßte man nicht, daß der *Dictatus papae* im Briefregister dieses Papstes unveröffentlicht blieb, würde man meinen, Bernhard habe dieses Dokument gelesen und sich seine Ansprüche zu eigen gemacht.

Innozenz schickte nun eine Gruppe Prälaten nach Mailand, um es vollends für sich zu gewinnen; die Geistlichen, die ihm geschworen hatten, brauchten diese Unterstützung, da der Stolz der Bürgerschaft, auch wenn sie Innozenz anerkannte, leicht denen gefährlich werden konnte, die etwas von den Privilegien der Kirche des hl. Ambrosius vergeben hatten. Davon abgesehen, gab es unter den Bürgern noch manche Parteigänger Anaklets. Die Abgesandten waren Bernhard, Kardinal Matthäus von Albano, Kardinal Guido von Pisa und Bischof Gottfried von Chartres. Persönliche Begleiter des Abtes waren sein Bruder Gerhard sowie Rainald, der einstige Abt von Foigny, einer derjenigen Mönche, auf deren Bericht manches aus unserem Wissen über Bernhard beruht.[297]

Der Empfang, der Bernhard bereitet wurde, galt dem Thaumaturgen und Friedensbringer. Die Kunde von den Wunderkräften des „nutzbringenden Botenengels" des Papstes Innozenz (ein Mailänder Chronist nennt so Bernhard doppeldeutig: „ydoneum angelum)"[298] hatte sich in der ganzen Stadt verbreitet, sicher durch die Propaganda seiner Ordensangehörigen. Man behandelte Bernhard daher so, wie es sich einem lebenden Heiligen gegenüber geziemte: die ganze Bevölkerung zog aus, ihn feierlich einzuholen, und wer in seine Nähe kam, versuchte, ihn zu berühren, ihm die Füße zu küssen und vor allem, eine Kontaktreliquie mitgehen zu lassen, etwa eine Faser aus seinem Habit.[299] Das war im Mittelalter ein Verhalten, das die Gläubigen immer wieder Menschen gegenüber an den Tag legten, die als Heilige betrachtet wurden; auch dem berühmten Klausner Aybert von Hennegau

(† 1140), um nur ein zeitgenössisches Beispiel anzuführen, zerrissen die begeisterten Besucher mit diesem Ziel die Kleider.[300]

Und Bernhard enttäuschte die Gläubigen keineswegs: nicht ohne sich anfangs etwas zu sträuben, trieb er doch öffentlich mehrere Teufel aus Besessenen aus, was seinen Ruhm und die umlagernden Massen noch vermehrte.[301] Wie es von Anfang an Aufgabe der christlichen Heiligen gewesen war,[302] reinigte Bernhard mit innigem Gebet, geweihtem Wasser und Brot die Stadt nach und nach von den Dämonen, die sich während ihrer Zugehörigkeit zum schismatischen Papst in Scharen in ihr versammelt hatten.[303] Manchmal freilich war der Andrang der Hilfebedürftigen so groß, daß der Abt sie eher unwirsch abwies,[304] weswegen ihm manche Kranke von Stadt zu Stadt nachfolgten.[305] „Nirgendwo wurde dem Mann Gottes Ruhe gegönnt, indem aus seiner Erschöpfung die anderen für sich Ruhe erlangten."[306]

Wie groß Bernhards Ansehen war, zeigt sich auch in einem Detail: während seiner Anwesenheit wurden alle goldenen und silbernen liturgischen Gefässe sowie die kostbaren Paramente in der Ambrosiuskirche weggeschlossen, da sie seinem Ideal des nüchternen Kirchenraums, wie er es in seinen Zisterzen verwirklichte, nicht entsprachen. Ja, Männer und Frauen ließen sich sogar die Haare kurz- oder abschneiden und legten nur schlichteste Kleidung an. Mit einem Wort. „er formte die Stadt, so wie er wollte".[307] Was aber für die Herrscher, die ihn ausgesandt hatten, das wichtigste war: er ließ die Mailänder sich „per sacramentum panis", „durch den Schwur auf die heilige Hostie, die der Abt selbst in die Höhe hielt", auf Innozenz und Lothar verpflichten.[308]

Schon zu Beginn oder doch eher erst am Ende[309] seines Aufenthaltes in der Stadt des hl. Ambrosius bot die begeisterte Bürgerschaft dem Zisterzienser den Bischofsthron an.[310] Wie auch sonst, lehnte Bernhard dankend ab. Was er ihnen dagegen gern hinterließ, war ein Kloster seines Ordens vor den Toren Mailands: am 22. Juli 1135 konnte er eine Zisterze gründen, die die Stadt in kürzester Zeit aufbaute.[311] Und „da Bernhard Clara Vallis nicht auf italienisch sagen konnte",[312] nannte er es Caravallis, liebes Tal; bald aber durfte der neue Konvent den Namen des Heimatklosters des Abtes annehmen: Chiaravalle, helles Tal. Nun scheint es Zisterzienser in Mailand, wie bemerkt, bereits gegeben zu haben, und auch westlich der Stadt existierte bereits seit etwa einem Jahr eine von Morimond aus besiedelte Niederlassung.[313] Damit war auf Mailänder Territorium eine sichere Basis für die Innozentianer gegeben,[314] von der aus die weitere Entwicklung in der Stadt kontrolliert werden konnte. Die Zisterzienser, die Bernhard dort zurückließ, wurden reich beschenkt.[315] Ein gleichnamiges Kloster sollte als Resultat von Bernhards nächster Italienreise in der Nähe von Piacenza errichtet werden.[316]

Bernhard war aber bereit, noch ein gutes Werk für die Mailänder zu tun (obwohl er die Lombarden insgesamt für üble Gesellen hielt[317]), nämlich für die Freilassung der gefangenen Bürger zu sorgen, die in den Kerkern der umliegenden Kommunen schmachteten. Waren nicht auch in ihrer Stadt Gefangene von ihm erlöst worden?[318] Wie üblich hatte man nämlich den religiösen Konflikt mit den alten wirtschaftlichen und sonstigen Rivalitäten verbunden, und es war u. a. mit Cremona, Novara, Pavia und Piacenza, die zu Innozenz hielten, zu mehrfachen militärischen Auseinandersetzungen gekommen, bei denen viele Mailänder in Gefangenschaft geraten waren. In Piacenza hatte der Abt Erfolg,[319] Cremona dagegen widersetzte sich auch einem Bernhard von Clairvaux;[320] erst die Waffen des deutschen Heeres unter Kaiser Lothar sollten es beugen.

Bernhard wollte nun endlich wieder nach seinem Kloster aufbrechen. Doch unterwegs erreichte ihn eine Nachricht, aus der er ersah, daß Innozenz auch dem neuen Mailänder Erzbischof mit Amtsentsetzung drohte, da dieser noch nicht wegen des Pallium zu ihm gekommen war. Bernhard schrieb dem Papst eindringlich, er solle doch auf die Schwierigkeiten Rücksicht nehmen, mit denen der neue Oberhirt in der eben noch abtrünnigen Stadt zu kämpfen hatte, und bat ihn um Geduld.[321] Nochmals begab er sich nach Mailand, ohne daß wir Genaueres wissen. Jedenfalls ritt Robald dann endlich nach Pisa, „schwor [dem Papst den Treueeid], und indem er schwor, verkehrte er die Freiheit der Mailänder Kirche ins Gegenteil", wie ein städtischer Chronist erkannte.[322]

Heimkehr (1135)

Nun endlich durfte Bernhard in seine Heimat zurückkehren. Auch auf seiner Reise durch die herbstlichen Alpen drängten sich die Bergbewohner um den Mann, dessen thaumaturgische Kraft selbst ihnen schon zu Ohren gekommen war. Wirklich erprobte Bernhard auch hier seine Wunderkräfte und hatte offensichtlich bei psychischen Erkrankungen besonderen Erfolg, denn er konzentrierte sich nun mit Vorliebe auf Exorzismen.[323]

Im Oktober oder November besuchte er auf der Heimreise Aulps, ein 1094 unter Abt Robert von Molesmes aus gegründetes einsiedlerisches Benediktinerkloster in den Bergen südlich des Genfer Sees, das sich besonderer Strenge befleißigte. Die gemeinsame Intention führte dazu, daß sich der Konvent ein Jahr später den Zisterziensern anschloß.[324] Bernhard feierte diesen Durchbruch der Reform in einem langen aufmunternden Brief an den greisen Abt Guerin als Sieg über den Teufel; er betont, daß das mönchische Leben ein stetes Fortschreiten sein muß und keinen Stillstand duldet, wie die Engel auf der Jakobs-Leiter in steter Bewegung waren[325]

(Anspielung auf die Himmelsleiter als Chiffre für das Klosterleben in der *Benediktusregel* c. 7, 5ff.).

Über Besançon zog Bernhard nach Langres, wohin ihm eine Abordnung seiner Mönche entgegenkam. „Sie warfen sich auf die Knie, erhoben sich zum Kuß; und in wechselseitigem Gespräch mit ihm führten sie ihn voller Freude nach Clairvaux. Dort haben sich alle Brüder zusammen versammelt, und sie empfangen den geliebten Vater mit wunderbarer Zuneigung. Der Freude wird ohne Unordnung mit aller Zurückhaltung Ausdruck gegeben. Ihr strahlendes Antlitz vermochte freilich ihre Heiterkeit nicht zu verbergen, aber in Tat und Wort bemeistert (castigatus), überschritt man nicht die eigenen Grenzen, und ihre Gefühle hielten sich im Zaum, um nichts zu tun, wodurch ein Anklang von Ausgelassenheit ein gereiftes Mönchtum beleidigt hätte."[326] Was Ernald hier über die Heimkehr des Abtes erzählt, ist nicht nur ein völlig wahrscheinliches Zeugnis für die Liebe, die die Brüder von Clairvaux ihrem Abt entgegenbrachten, waren doch sehr viele von ihnen ausdrücklich seinetwegen dort Mönche geworden. Es ist auch ein Zeugnis für eine Haltung, die die europäische Mentalität fast bis in die Gegenwart prägen sollte, eine Gesittung, die, säkularisiert, den sozialen Umgang in den nicht-mediterranen Regionen dieses Kontinents bestimmte: 'gravitas', eine schon altrömische Tugend, dann eine benediktinische („cum omni tamen gravitate et modestia", wie es die *Regel* 22, 6 u. ö. verlangt). Übernommen in das Verhalten der Oberschichten im „Prozeß der Zivilisation",[327] wurde sie eine typische Norm erwachsenen Benehmens überhaupt. Erst in jüngster Zeit haben einige Gruppierungen im Zuge der Psychologisierung und Feminisierung der Gesellschaft das allgemein diesem Ideal folgende Verhalten durch sein Gegenteil, Spontaneität, ansatzweise aufgeweicht. Auch Bernhard selbst war zweifellos der Norm der 'gravitas' verpflichtet, aber sein Charme lag auch darin, daß er sich bisweilen – mancher Brief bezeugt es[328] – ganz bewußt eine Überschreitung in Richtung Spontaneität, Herzlichkeit, Intimität gestattete, die bei einem Mann von derartigem Einfluß um so mehr bezaubern mußte.

Bedenkt man den Weg, den sich Bernhard für sein Leben gewählt hatte, nämlich keine pastorale oder kirchenpolitische, sondern eine kontemplative Existenz zu verwirklichen, dann kann man sich wohl vorstellen, wie froh er gewesen sein wird, wieder in der Stille seines Klosters in Ruhe beten und meditieren zu können. Wir haben gerade aus diesem Jahr eine Beschreibung des zisterziensischen Lebens durch den Benediktiner Ordericus Vitalis, die zeigt, daß die Ideale der Anfangszeit in den mittlerweile 65 Abteien des Ordens noch weitgehend befolgt wurden: karge Kleidung, fleischlose Kost mit ausgedehnten Fasten, Handarbeit ... Wie der englische Benediktiner nicht ohne leisen Tadel feststellt, ist man so der Einsamkeit hingegeben, daß nicht einmal Mönche anderer Orden bei den Messen anwesend sein dürfen. Nach wie vor ist der Zustrom aus den Reihen der Adeligen, der Ritter und der Intellektuellen groß; was Wunder, wenn sich da auch manche Heuchler unter die Guten mischen?[329]

Hierbei denkt man natürlich an den Abt Wido des Mutterklosters Cîteaux. Dieser hatte inzwischen sein Amt „törichterweise" niedergelegt – oder war abgesetzt worden –, nachdem er einige Monate „tadelnswert"[330] geherrscht hatte. Was vorgegangen ist, verschweigt die ordenseigene Geschichtsschreibung vollkommen, d. h., sie vollzog an Wido die Damnatio memoriae,[331] und die benediktinische, deren Chronisten Ordericus wir hier zitieren, begnügt sich mit dieser Andeutung. Die Zisterzienser Herbert von Torres, der um 1175 schrieb, und Konrad, der eine Generation später Mönch in Clairvaux war und dann Abt von Eberbach wurde, gefallen sich darin, Wido undifferenziert zu beschimpfen („vom Schmutz seiner Laster innerlich starrend"[332]). Ein so schlechter Mann kann der Erwählte aber zunächst keinesfalls gewesen sein; als er noch Abt von Trois Fontaines war, richtete Bernhard an ihn zwei Briefe. In dem ersten, in dem er ihn mit „dilectissime", Liebster, anredet,[333] beantwortet er ausführlich eine Anfrage Widos, die dieser wegen eines unbewußten liturgischen Formfehlers an Bernhard gerichtet hatte. Er erlegt ihm neben Bußpsalmen täglich die siebenmalige Selbstgeißelung auf, und auch der ganze Konvent soll gegeißelt werden, falls sich irgendjemand darüber zu entrüsten wagt. Bernhard tröstet Wido aber dennoch mit den Worten, „das Motiv für die Sache, nicht sie selbst, und schon gar nicht der Ausgang der Tat, sondern Vorsatz und Intention (intentionis propositum) macht den Unterschied zwischen Schuld und Verdienst aus!"[334] Das war geradezu „abaelardische" Intentionalethik.[335] Jedenfalls zeigt dieses Schreiben, daß Wido sich sehr um liturgische Korrektheit sorgte, zeigt übrigens auch, wie sehr die Zisterzienser und auch Bernhard selbst jedenfalls bei der Handhabung des Sanctissimum auf peinlichste Beachtung der Vorschriften bedacht waren. Hier war man noch ganz in der archaischen Welt des Rituals und der Formel befangen, die auch das zeitgenössische Rechtsleben auszeichnete. Der Brief zeigt übrigens auch, daß Bernhard gar nicht zimperlich war, relativ strenge körperliche Züchtigungen auch bei unabsichtlichen Fehlern zu verhängen, ein Rigorismus, der offensichtlich doch nicht in allen Konventen üblich war, sonst hätte er nicht den Fall eventuell murrender Brüder bedenken müssen. Auch den zweiten Brief[336] diktierte Bernhard auf eine Anfrage Widos hin, die Formales betraf, nämlich ob ein ausgetretener Bruder, der wieder nach Trois Fontaines zurückkehren wollte, aufgenommen werden sollte. Bernhard zeigt sich hier ganz von dem Gefühl der Barmherzigkeit geleitet, dem er folgen müßte, selbst wenn es Sünde wäre. Die Benediktusregel enthält hiefür freilich ohnehin Verhaltensnormen.

Bernhard gibt in diesem Zusammenhang selbst noch ein Beispiel, das einen seiner problematischen Charakterzüge enthüllt: der Abt neigte zum

Jähzorn.[337] Als ihn einmal sein Bruder Bartholomäus verärgert hatte, warf er ihn wutentbrannt aus dem Konvent. Über die Form der Wiederaufnahme ließ er dann seine Mitbrüder entscheiden – es ging um eine Frage der Ehre, nämlich an welcher Stelle in der Klosterhierarchie Bartholomäus stehen würde. Üblicherweise wurde, wer das Kloster verlassen hatte oder ausgestoßen worden war, auf den letzten Platz gesetzt.[338] Bartholomäus blieb dies nach dem Spruch der Brüder aber erspart. Der ganze diesbezügliche Passus dieses Briefes wurde übrigens nach dem Tode des Abtes in den entsprechenden Handschriften des Scriptoriums von Clairvaux eliminiert, da Zorn natürlich schlecht zu einem Anwärter für die Ehre der Altäre paßte[339] – ein kleiner Hinweis darauf, wie einseitig die überlieferten Traditionen bei als Heiligen verehrten Menschen in der Regel sind. Er weist andererseits darauf hin, daß Bernhard ehrlicherweise eine Schuld eingestehen und ein eigenes Fehlverhalten sogar zum Exempel dafür heranziehen konnte, es besser zu machen. Angeblich habe er sich dagegen besser beherrscht und abgebrochen, wenn er die (in allen Klöstern übliche) Prügelstrafe für ein Vergehen an einem Mönch vollziehen wollte, aber merkte, daß er heftig erzürnt war.[340] Ob allerdings die Nachricht in seiner Vita stimmt, daß er sich einmal ohne Zorn habe ohrfeigen lassen?[341] Hätte ein Kanoniker das in Clairvaux vor den Augen der Brüder wirklich wagen können?

In Cîteaux gewählt wurde danach jedenfalls wiederum nicht Bernhard, sondern ein Mönch von Clairvaux, mit dem Bernhard auf sehr gutem Fuße stand, Rainald, ein Sohn des Grafen Milo von Bar-sur-Seine.[342]Er sollte die Mutterabtei bis 1150 leiten. Daß Bernhard in einem liebevollen Verhältnis zu ihm stand,[343] war wohl eine ganz wesentliche Voraussetzung dafür, daß er und nicht Rainald in den kommenden Jahren so unangefochten zum eigentlichen Repräsentanten des Ordens werden konnte. Ihm gegenüber erschien der Abt von Cîteaux fast bedeutungslos. Wenn man bedenkt, daß kein unter Cluny stehender Abt und kein unter Saint-Denis stehender Prior ähnlich mächtig wurde, läßt sich die Einmaligkeit der Stellung Bernhards in seinem Orden ein wenig vergegenwärtigen.

Der Neubau von Clairvaux (seit 1135)

Im Advent des Jahres 1135[344] begann Bernhard mit den beiden größten Projekten, die er für seine Mitbrüder in Clairvaux, die ihn so lange hatte entbehren müssen, noch durchführen wollte: die Zisterze der Gründungszeit sollte einem ausgedehnten Neubau weichen, und die Mönche sollten so eingehend wie noch keine Generation von Gottesmännern vor ihnen mit demjenigen Buch des *Alten Testamentes* vertraut gemacht werden, das den Kern von Bernhards Gottesbild prägte: dem *Lied der Lieder*.

Es war vor allen Gottfried von La Roche,[345] einer der Verwandten Bernhards, die mit ihm in Cîteaux eingetreten waren und dann Clairvaux begründet hatten, der seinen Abt mit der unausweichlichen Notwendigkeit des Neubaus konfrontierte. Seit 1128 war Gottfried sein Prior, und er hatte damit an erster Stelle mit den materiellen Dingen des klösterlichen Lebens zu tun, mußte auch die Gemeinschaft leiten, sooft Bernhard auf Reisen war. Wie die Zukunft mehrfach zeigen sollte, war er ein energischer Mann.[346]

Die Argumente des Priors waren einfach und klar: da sich die Anzahl der Mönche durch die laufend ins „helle Tal" strömenden Novizen unablässig vergrößerte, konnten sie die alten Anlagen nicht mehr fassen, weder die Kirche noch die Klausurgebäude, noch die Wirtschaftstrakte. Schon hatte er einen günstigen Platz am Fluß ausgesucht, etwa 400 Meter vom jetzigen Konvent entfernt, der hinreichenden Raum für größere Anlagen, aber auch für Wiesen und Weinpflanzungen bot.

Bernhard war dagegen. Auch ein Abt des hohen Mittelalters brauchte, wenn er bauen wollte, vor allem Geld. Und hier ging es um den völligen Neubau von Clairvaux. Geld hatte und wollte Bernhard nicht. Aber da war ein zweites Argument, das ihn offenbar besonders bewegte: Was werden die Weltleute sagen, wenn wir uns den Anschein geben, leichtfertig oder wankelmütig etwas Neues zu errichten? Müssen sie uns nicht für reich halten? Wir haben doch schon steinerne Gebäude, haben schon Aquädukte für die Werkstätten[347] (eine der innovativsten technischen Errungenschaften der Zisterzienser[348]).

Erst nach langer Diskussion und vielen Gebeten konnte Gottfried den Abt von dem neuen Projekt überzeugen; es erwies sich, daß er ganz im Sinne der anderen Brüder gesprochen hatte.[349] Und nun zeigte sich die lukrative, materielle Seite an der Bewunderung, die die „Welt" der Spiritualität von Clairvaux entgegenbrachte: Es konnten so viele Mittel eingeworben werden, daß bald mehr vorhanden war, als gebraucht wurde. Erster Helfer war wieder einmal der überaus großzügige Graf Theobald von der Champagne. Dazu kamen mehrere Feudalherrn und auch einige der Neureichen, nämlich die Handelsherrn umliegender Städte.[350]

Es gab in Clairvaux einige Mönche, die, offensichtlich auf Grund ihrer vorherigen Tätigkeit in der Welt, Kenntnisse in Planung und Durchführung von Bauvorhaben besaßen. Zu nennen ist Achard,[351] „plurimorum coenobiorum initiator et exstructor",[352] „Gründer und Erbauer mehrerer Klöster", oder Gottfried, von dem dasselbe berichtet wird,[353] oder Robert, der 1142 nach Irland gehen sollte, um Mellifont zu erbauen.[354] Daß es Achard war, der die Bauleitung in Clairvaux innehatte, ist nicht dokumentarisch belegt, aber gut möglich, da er ein Jahr zuvor auf Ersuchen des Trierer Erzbischofs nach Himmerod gesandt worden war, um die dortige Zisterze zu errichten. Die Bauaufsicht lag jedenfalls teilweise in den Händen von Bernhards Bruder Gerhard,[355] der nach der *Benediktusregel* c. 31 als Cellerar (Kellermeister) der Klosterverwaltung im allgemeinen vorzustehen hatte. Angesichts der Umbauten nach Bernhards Tod und der völligen Veränderung in der Neuzeit läßt sich nichts Genaueres über das Aussehen der Anlage von 1135 sagen, zumal bisher keine archäologischen Untersuchungen durchgeführt wurden. Nur das Konversengebäude ist fragmentarisch erhalten.[356] Eine panegyrische Beschreibung des Konvents aus der Feder von Bernhards Sekretär Nikolaus bleibt ganz summarisch, er erwähnt nur den Novizentrakt, das Mönchskloster, das Hospital als spirituelle Hauptteile.[357] Es ist jedoch sehr wahrscheinlich, daß die erhaltenen Bauten der Tochterklöster Fontenay und Pontigny einen guten Eindruck auch von der Architektur in Clairvaux vermitteln[358]: die Kirche war eine langgestreckte und kryptalose dreischiffige Basilika, wohl mit einer Spitztonne überwölbt. „Der Hauptaltar stand in dem wenig erhöhten Presbyterium. In der Vierung befand sich der Psallierchor der Mönche, griff aber auch auf das Langschiff über, so daß sich das Chorgestühl weit in dieses hinein erstreckte. Darauf erfolgte der *Chorus minor*, von den Zisterziensern 'retrochorus' (Hinterchor) benannt, für die durch körperliche Schwäche an der Ausübung des Gottesdienstes verhinderten Mönche, sodann der Chor für die Laienbrüder (Konversen) …"[359] In der Mitte des Langschiffes hielt eine Schranke, der Lettner, die Laienbrüder von den Vollmönchen fern. Natürlich gab es keine Türme, Symbole des Stolzes. Die Westfront der Kirche zeigte keine architektonische oder ornamentale Auszeichnung wie die der Kirchen anderer Orden, da die Haupteingänge seitlich vom Dormitorium und vom Kreuzgang in das Gotteshaus führten und kein Besuch von Laien eingeplant war. Der Chor war platt geschlossen; an der Ostwand des Querhauses gab es innen vier bis acht Kapellen (vgl. Cluny II[360]). Daß die Innenausstattung spartanisch war – keine Fresken, keine Fußbodenmosaike, keine Bauplastik, nur Grisaille-Glas in den Fenstern, schlichte Paramente und Gefäße –, dürfen wir nach Bernhards Auslassungen in der *Apologia*[361] mit Sicherheit annehmen. So drückte das vergleichsweise niedrige Gotteshaus der Zisterzienser allenthalben Distanz zur „aggressiven Vertikalität" der überhohen und überreich geschmückten Kirche von Cluny aus.[362]

An die Südwand der Kirche angebaut, lag der Kreuzgang, quadratisch wie die Gottesstadt der *Apokalypse*, Ort der Meditation und liturgischer Zeremonien (etwa der Fußwaschung). An den Außenwänden des Kreuzgangs befanden sich Kapitelsaal, Speisesaal, Wärmestube, Küche, darüber der Schlafsaal. Baulich getrennt davon blieben die Anlagen für die Laienbrüder; als eigene Häuser errichtete man die verschiedenen Wirtschaftsgebäude. Besonders gerühmt wird die fortschrittliche Wassertechnik mit unterirdischer Kanalführung.[363]

Speziell die Gestaltung der Kirche und hier wiederum die ihres Ostteils

mit dem rechteckigen Presbyterium und den Querschiffskapellen wird heute
allgemein als 'Bernhardinischer Plan' bezeichnet, obwohl es keine Quelle
gibt, die Bernhards Anteil an der konkreten architektonischen Formgebung
beschreiben würde. Vielleicht hat Achard dieses Konzept entwickelt, das
ohne runde Apsis einfacher zu bauen und schlichter anzuschauen war als
etwa eine der benediktinischen Rundapsiden, wie sie in Cluny mit Umgang
und Kapellen zu einem beeindruckenden Kunstwerk geformt waren. Bernhard, das ist alles, was man sagen kann, hat das Konzept jedenfalls gutgeheißen, und so ist die Bezeichnung nicht ganz verfehlt. Durch die explosionsartige Ausbreitung des Ordens im 12. und 13. Jahrhundert sollten Grund-
und Aufriß von Clairvaux weite Verbreitung finden, etwa 350 Kirchen der
Zeit folgen ihm,[364] natürlich mit manchen Adaptionen je nach lokalen Gegebenheiten, regionalen Traditionen und Bauzeit. Viele von ihnen wurden von
Mönchen aus Clairvaux konzipiert.[365] Da die Architektur der Zisterzienser
Ausdruck ihrer Spiritualität ist und das Ziel verkörpert, die Seele nicht
durch die Sinne abzulenken, erschien die entsprechende Gestaltung ihrer
Kirchen manchen benediktinischen Konventen so wichtig, daß sie beim
Übertritt zu diesem Orden einen schon bestehenden Bau nach dem Vorbild
von Clairvaux veränderten.[366] (Abb. 11/12)

Aber Bernhard war das, was die baulichen Details betraf, nicht wichtig,
wenn nur Nüchternheit allenthalben waltete, um niemanden von den wichtigeren Aufgaben des mönchischen Lebens abzulenken. Wie groß war doch
der Unterschied zu den benediktinischen Äbten, die um dieselbe Zeit
bauten! Was Suger in Saint-Denis vollbrachte, mag er sich dazu nun der
Hilfe Hugos von Sankt Viktor bedient haben[367] oder nicht, sollte vielleicht
nicht als Antwort auf die zisterziensische Konzeption bezeichnet werden,
denn das alte Königskloster war ganz anders in der Feudalwelt der königlichen Ile-de-France verankert als Clairvaux.[368] Aber sein Neubau zeigt
doch, daß Suger, der Bernhards Reformideen für sich persönlich akzeptiert
hatte,[369] diese keineswegs auf die Kunst- oder besser Sakralwelt seines
Klosters ausgedehnt wissen wollte. Was wir im Detail aus seinen eigenen
Schriften wissen, faßt die Enzyklika der Brüder von Saint-Denis anläßlich
seines Todes 1151, die auch Bernhard erreicht haben muß, folgendermaßen
zusammen: „Seine hauptsächliche Absicht und Mühe war immer, daß er das
vornehme Kloster des seligen Dionysius mit allem Ruhm, aller Ehre erhebe,
fromm leite, und die Kirche durch Einkünfte reich, durch Bauwerke größer
und durch Zierwerk schmucker mache."[370] Bernhards Absicht war es dagegen, seine Kirche so ärmlich wie nur möglich zu halten, auf Schmuck zu
verzichten und die Bauwerke zu beschränken.

Da die Schnelligkeit betont wird, mit der in Clairvaux das Werk vonstatten
ging, wäre 1138 ein eventuell möglicher Termin für die Vollendung wenigstens der hauptsächlichen Anlagen bzw. des Hauptaltares.[371] Sie waren ge-

meinsam von den Brüdern selbst – eine große Bautruppe – und gemieteten Lohnarbeitern aufgerichtet worden. Ein technisches Glanzstück muß nach der begeisterten Schilderung der Vita ein von der Aube abgezweigter Kanal gewesen sein, der, teilweise unterirdisch geführt, nicht nur Mühlen antrieb und auch den anderen Handwerkern wie Schmieden oder Walkern zur Verfügung stand, sondern zusätzlich noch die Abfälle abtransportierte.[372] Die Zisterzienser wurden durch solche gut geplanten Anlagen einer der Motoren der „industriellen Revolution des Mittelalters".[373] Das war freilich keineswegs ihr Ziel; sie selbst waren bewegt vom Wunsch nach völliger Autarkie, um idealiter jeden Kontakt mit dem 'saeculum', der bösen, heilsgefährdenden Welt, zu unterbinden. Schon der hl. Benedikt hatte ja vorgeschrieben, daß Wasser, Mühlen, Garten, Werkstätten innerhalb des Monasteriums liegen sollten, „damit es für die Mönche keine Notwendigkeit gibt, draußen umherzuschweifen, weil dies ihren Seelen überhaupt nicht zuträglich ist."[374]

Die Nüchternheit der zisterziensischen Architektur wird deutlich im Vergleich mit den zeitgenössischen Benediktinerkirchen; am liebsten hat man sie in der wissenschaftlichen Literatur stets mit der Kunstauffassung und dem 1144 geweihten Bau des Abtes Suger von Saint-Denis kontrastiert.[375] Zitieren wir zur Abwechslung aber die Beschreibung der Abtei von Fécamp, die um 1111 der Erzbischof Balderich von Dol verfaßte. „Jene Halle wird Himmelspforte und Palast Gottes selbst genannt und dem Himmlischen Jerusalem verglichen. Von Gold und Silber blitzt sie nur so, seidene Chormäntel erhöhen sie, sie rühmt sich der Heiligenreliquien, vor allem der Anrufung der Heiligen Dreifaltigkeit ... Feierlich und in Scharen strömen die Wallfahrer zu ihr zusammen ..."[376] Gerade das alles wollten die Zisterzienser eben nicht (genausowenig wie der andere strenge Reformorden der Zeit, die Kartäuser[377]): reiche Ausstattung, Reliquienschätze und störende Pilger. Es ist sogar fraglich, ob sie von der exzessiven allegorischen Ausdeutung der verschiedenen Bauteile der Kirche (die Fenster entsprechen den Lehrern, die Säulen den Bischöfen, der Fußboden dem Volk usw.) etwas wissen wollten, wie sie im zweiten Dezennium des 12. Jahrhunderts etwa ein Honorius von Augustodunum vorführte.[378] Was hatten die praktisch autarken Zisterzienser der Bischöfe oder des Volks zu gedenken?

Die Predigten über das Hohe Lied (1135–1153)[379]

„Der Diener Gottes betet entweder, oder er meditiert, oder liest, oder predigt", hat Ernald von Bonneval über den Bernhard der dreißiger Jahre geschrieben.[380] Vielleicht im Zusammenhang mit den Bauarbeiten bezog Bernhard ein kleines, von Erbsenranken umzogenes Haus, um „solus medi-

tationibus divinis vacare",[381] „sich allein göttlichen Meditationen hinzu-
geben". Das Thema seiner Betrachtung bildete dabei, wie schon einst in der
Zeit seiner Krankheit zusammen mit Wilhelm von Saint-Thierry, das *Hohelied*. Die Frucht dieser im Winterausgang 1135[382] begonnenen und in den
Zeiten seiner Anwesenheit in Clairvaux immer wieder aufgenommenen Versenkung[383] in den heiligen Text war eine Serie ausführlicher Predigten, die
Bernhard bis zu seinem Tode fortsetzen sollte. Die 86 langen Abschnitte
kommen aber nicht weiter als bis zum Kapitel 3, 1 des Textes, da Bernhard
keiner strikten Systematik folgte, sondern sich vom Fluß seiner Gedanken
mitreißen ließ und auch wiederholt zu verschiedenen aktuellen Themen Stellung nahm, etwa der Philosophie Gilberts von la Porrée oder der Häresie der
Katharer.[384] Es gibt jedoch gelegentlich auch Passagen, wo selbst Bernhards
allegorisierender Genius versagt und er keine Deutung anbieten kann.[385]
Und es gibt auch Passagen, denen selbst er nur unter heftigsten Windungen
einen Sinn zu entlocken vermag, wie etwa dem siebenmaligen Gähnen von
2 Kön 4, 35.[386]

Das Werk ist nicht leicht zu beschreiben, denn es sprengt völlig die literarische Gattung, der es eigentlich zugehört, nämlich die des Bibelkommen-
tars.[387] Die großen Vorbilder in diesem Genus waren die Werke Papst Gregors I. (reg. 590–604) über Hiob und Ezechiel. Auch zum *Hohenlied* waren
wie zu den anderen Büchern der *Schrift* das ganze Mittelalter hindurch Ex-
egesen entstanden: sie deuteten die Braut des alttestamentlichen Textes auf
die katholische Kirche und den Bräutigam auf Gott. Nun aber, im 12. Jahrhundert, setzte eine wahre Blüte in der Beschäftigung mit diesem Bibeltext
ein; mehr Autoren schrieben in diesem einen Jahrhundert darüber als in
allen vorhergehenden zusammen.[388] Und seit Bernhard nahm ihre Deutung
eine andere Richtung. Aber es ist festzuhalten, daß das *Canticum* Bernhard
nur als Grundtext dient, zu dem er zwar immer wieder zurückkehrt, von
dem ausgehend er aber die verschiedensten theologischen und spirituellen
Themen abhandelt, auch solche, die zuvor nicht unbedingt mit dem *Hohenlied* in Verbindung gebracht worden waren. Die Struktur des Textes ist deswegen teilweise eine sehr lockere, man könnte lange Passagen herauslösen
und sie als unabhängige, eigene Predigten lesen.

Systematisiert man den theologischen Gehalt, so beginnt die bräutliche
Liebe der Seele zu Christus mit demütiger Selbsterkenntnis, nüchterner Askese und der pflichtgetreuen Überwindung von Widerständen. Diese Liebe
wächst in der Entfaltung der Tugenden und vollendet sich, wenn die Seele
genugsam vorbereitet ist mit Reinheit, Sehnsucht, Gebet und Verdienst.
Höchstes Erkennen, völlige Einigung mit dem göttlichen Willen, furchtlose
Liebe, mystischer Tod – der Tod der Engel – als Vorahnung der Gottesschau
in der Ewigkeit vollenden den Aufstiegsweg.[389] Einige Themen kehren
immer wieder, die Grundfragen jeder Theologie darstellen, wie Seele, Erlö-

sung, Kirche, Glaube; spezieller die vorzüglichste der mönchischen Tugenden, die Demut,[390] weiters die Engel,[391] die Dreifaltigkeit,[392] die Christologie,[393] die Nachfolge Christi,[394] die Laster,[395] die Letzten Dinge,[396] die
Predigt[397] und natürlich immer wieder alle Variationen der geistlichen
Liebe.[398] Viele der angesprochenen Motive sollten im Verlauf des Mittelalters und der Neuzeit eine eigene Entfaltung erfahren, wie z. B. die Herz-
Jesu-Mystik.[399]

Dieses Werk Bernhards hat aufgrund seiner religiösen und literarischen
Qualitäten alle anderen in seiner Wirkung weit überragt. Zumal sein Ziel ein
neuartiges ist: er präsentiert das *Hohelied* als Handbuch für die praktische
Religiosität seiner Mönche. Die bislang der theoretischen Theologie angehörige *Bibel*-Erklärung wird ihm Mittel zur spirituellen Seelenführung
durch die Predigt.[400] In ihr tritt neben die bei den frühmittelalterlichen
Autoren übliche, abstrakt verwendete Metapher von der Brautschaft zwischen der Kirche und Gott,[401] in der die Personenbeziehung zwischen Braut
und Bräutigam nicht ausgesprochen, sondern höchstens latent war, eine
formal ganz neue Variante: die Liebesgeschichte und der Liebesdialog zwischen dem Sponsus Gott, dem Bräutigam, und der Sponsa Seele, der Braut.
In der Tat gab es eine solche Exegese schon bei dem griechischen Theologen
Origenes Adamantius († 254), sie hatte jedoch im früheren Mittelalter außer
etwa bei Johannes Scotus Eriugena so gut wie keine Rezeption gefunden.
Dagegen kann man für die Generation Bernhards fast von einer Renaissance des Alexandriner Theologen sprechen, natürlich in der spätantiken lateinischen Übersetzung, von der die Bibliothek von Clairvaux nicht weniger
als acht Bände besaß.[402] Aber so verschiedene Denker wie Wilhelm von
Saint-Thierry und Petrus Abaelard haben ihn genauso als „auctoritas" benützt.[403] Nun übernahm Bernhard von Origenes wohl den Hauptgedanken,
nämlich die Auslegung der Braut des *Hohenliedes* als die Seele des einzelnen
Gläubigen,[404] auch einzelne Motive wie besonders den Wettstreit der See-
lenbräute,[405] erzählte aber in seinen *Sermones super Canticum* eine, sit
venia verbo, geradezu dramatische Liebesgeschichte.

Vehikel dieser Verlebendigung und Konkretisierung des Verhältnisses von
Gott und Seele ist die tropologische Exegese des *Liedes*.[406] Unter Tropo-
logie verstanden die mittelalterlichen Theologen jene Bibelauslegung, die
den heiligen Text als Bild für christlich-moralisches Verhalten interpretierte[407] (was im Prinzip andere Verständnisebenen wie etwa den buchstäblichen Sinn nicht ausschloß). Es geht dabei vorrangig also nicht um die Vermittlung von Wissen (was diese oder jene Stelle allegorisch bedeuten
mochte), sondern um Anstiftung zu einer bestimmten religiösen Haltung.
Bei einem Text wie dem über eine Braut und ihren Bräutigam also um praktizierte Gottesliebe.[408] Daß Bernhard bisweilen auf andere Deutungsmög-
lichkeiten rekurriert, widerspricht nicht seiner hauptsächlichen Tendenz,

zumal es noch keine verbindliche Terminologie und Differenzierung gab.[409] So unterscheidet er etwa die „simplex historia", den buchstäblichen Textsinn, den „moralis sensus", moralischen, spirituellen Sinn, und das „arcanum theoricae contemplationis", das Geheimnis der beschaulichen Betrachtung, die (im heutigen Sinne) mystische Auslegung.[410] Denn der Geist „ist gewohnt, unter der Hülle des Buchstabens unterschiedliche und mehrfache Verständnismöglichkeiten der Weisheit zu verbergen".[411]

Bernhards Ansatz hierbei ist für die Geschichte der Liebe[412] unseres Wissens so bestürzend neu wie – in der weltlichen Sphäre – der des ersten Trobadors, Wilhelms IX. von Aquitanien (1071–1127), oder der ältesten Tristandichtungen (Mitte 12. Jh.). Der Abt setzt neben die traditionelle frühmittelalterliche Deutung der Braut als Personifikation der Kirche und die jüngere Erklärung der Braut als Maria die Identifikation mit der menschlichen Seele: „Die Braut, wenn ich es zu sagen wage, sind wir."[413] Bernhard wagt es, und das bedeutet die Verlagerung weg von der Heilsgeschichte eines Kollektivs, also dem der unzähligen Mitglieder der katholischen Kirche, hin in den Bereich der seelischen Erfahrung des einzelnen. Jede Seele erfährt die Gottesbegegnung nach ihren Verdiensten anders, denn der König hat viele Brautgemächer, viele Königinnen, Konkubinen, Mägde. „Und jede einzelne findet das Geheimnis für sich mit dem Bräutigam und sagt: 'Mein Geheimnis gehört mir!'"[414] Bernhard spricht seine Mitmönche ganz direkt auf ihre eigenen spirituellen Erfahrungen hin an: „Convertimini ad vos ipsos ... si quis ex ore Christi spirituale osculum vel semel accepit, hunc proprium experimentum profecto sollicitat ...",[415] „Wendet euch an euch selbst ... Wenn jemand vom Munde Christi den geistlichen Kuß auch nur einmal empfangen hat, dann lockt ihn seine eigene Erfahrung weiter ...". „Er erklärt die Schrift nicht, sondern wendet sie an".[416] Ja, indem er sich selbst mit der Braut identifiziert, zu der das Wort schon mehrmals eingetreten ist,[417] verweist Bernhard auf seine eigene mystische Erfahrung (wenn damit auch noch nicht die Gottesvereinigung selbst gemeint ist[418]).

Da spielt sich eine Liebesbeziehung nicht nur, wie im herkömmlichen Verständnis, zwischen der Kirche oder Maria und dem Sohn Gottes ab, da ist nicht in einem Buch von dritten und vierten die Rede, sondern der Text greift quasi über auf die Hörer und Leser, denn er wird eben von ihnen erzählt, wie der Text der *Unendlichen Geschichte* Michael Endes auf ihren Leser Bastian übergreift. Wir können hier diese hoch emotionell geschilderte Liebesgeschichte nicht im einzelnen verfolgen, die die ob ihrer Treulosigkeit traurig zu den Füßen des Herrn kauernde Seele zu einer königlichen Stellung und in ein Verhältnis der Gegenseitigkeit und Gleichwertigkeit führt, auch nicht die vielen plastischen Situationen, in denen die beiden zusammen sind, als Geliebte, als Kranke und Arzt, als Wanderer usw.[419] Wie zwischen den Männern und Frauen des höfischen Romans und eines Teils

der höfischen Lyrik geht es ausdrücklich um *gegenseitige* Liebe[420]: „red-
amari". „Dies ist wahrlich ein geistliches und heiliges Ehebündnis. Was heißt
hier Bündnis? Eine Umarmung ist es. Eine Umarmung nämlich, wo dasselbe zu wollen und dasselbe nicht zu wollen einen Geist aus beiden macht.
Es ist nicht zu befürchten, daß die Ungleichheit der Personen die Harmonie
der Willen irgendwie hemmen würde, denn die Liebe kennt keine Unterwür-
figkeit (reverentiam nescit). Vom Lieben wird nämlich die Liebe benannt,
und nicht vom Ehren. Ehren mag ja, wer starr vor Furcht ist, wer vor Bewunderung erschrickt; nichts davon beim Liebenden ... Welche andere notwendige Beziehung suchst du zwischen Braut und Bräutigam außer der: geliebt
zu werden und zu lieben? ... Füge hinzu, daß dieser Bräutigam nicht nur ein
Liebender, sondern die Liebe selbst ist! Nicht die Ehre? Vielleicht verficht
dies jemand – ich habe dies nicht gelesen. Gelesen habe ich dagegen, daß
Gott die Zuneigung ist. Daß er die Ehre oder die Würde[421] ist, habe ich nicht
gelesen."[422] Eindrucksvoll, wie Bernhard 'honor' und 'dignitas', beides zentrale Begriffe des feudalen Denkens, in Liebe auflöst. Seine Vorrang- und
Ehrenstellung, sein 'honor', ist dem mittelalterlichen Menschen unnachvoll-
ziehbar wichtig, denn es geht dabei um seine soziale oder besser ontologische Stellung im christlichen Stufenkosmos. Noch im Todesjahr Bernhards
versprechen der Papst und der deutsche König einander vertraglich, gegenseitig ihren 'honor' zu schützen: der Kaiser mit der weltlichen Macht den
'honor papatus', und der Papst mit dem kirchlichen Bannfluch den 'honor
imperii'.[423]

„Aber wenn Gott liebt, will er nichts anderes, als wiedergeliebt zu
werden, denn er liebt nichts anderes, als geliebt zu werden ..."[424] „O amor
praeceps, vehemens, flagrans, impetuose ..." „Oh stürmische, heftige,
brennende, anbrandende Liebe, die du nicht erlaubst, außer dir etwas anderes zu denken ... Du reißt Ordnungen um, mißachtest das Herkommen,
kennst kein Maß. Was immer zu Schicklichkeit, Vernunft, Scham, Rat, Urteil zu gehören scheint, alles führst du im Triumph in deine Gefangenschaft
..."[425] „Confundis ordines, dissimulas usum, modum ignoras": Abermals
werden Begriffe, werden menschliche Haltungen, die in Bernhards Zeit mit
sehr hohem Wert besetzt sind, hinweggefegt: 'ordo', die herkömmliche und
damit rechte Weltordnung, 'ordo', der soziale Stand der hochmittelalterlichen Gesellschaft, die der Theorie nach abgeschlossen ist, wo jeder (wie
Bernhard an anderer Stelle selbst betont[426]) an seinem ererbten Platz zu
bleiben hat; 'usus': die Welt der Tradition, des Altverbürgten, der Autoritäten, an deren Lehre nicht zu rütteln war – 'usus': eben jenes vorgefertigte
Denkschema, dem Abaelard sein 'ingenium', sein eigenständiges Denken,
sein „Genie", entgegensetzt,[427] 'modus': das rechte Maß, die 'aurea medio-
critas' der Lateiner, die 'mesura' der französischen, die 'mâze' der deutschen
Ritter, jener Leitbegriff des zeitgenössischen höfischen Tugendsystems,[428]

das Maßhalten im Sinne von Mäßigung, das bestimmte Grenzen nicht überschreitet. Dies gerade tut aber die Liebe zwischen Gott und Mensch: sie überschreitet die Grenzen, die dem verschuldeten, erbsündebelasteten Menschen gesetzt sind und gewährt der Seelenbraut die mystische Vereinigung in der Ekstase. „Wohl ruft mich Schamhaftigkeit zurück, aber es siegt die Liebe!"[429]

Nach unserem Verständnis gehört die hohe Bewertung der eigenen Empfindungswelt, wie sie hier in einer Dramatik ohne Vorbild beschrieben wird, zu den Elementen, die Individualismus konstituieren – und damit erweist sich Bernhard als ganz hervorragender Exponent der neuen Mentalität des hohen Mittelalters. Den Rekurs auf die Erfahrung von religiösen Empfindungen, ausgelöst durch die Anwesenheit der Gottheit oder die Entrückung in sie, führt Bernhard immer wieder als Argument in seine mystagogischen Diskurse ein (ob er damit „im Gegenzug gegen den Rationalismus der neuen Schulen den kognitiven Gehalt der Affekte" entdeckt,[430] oder es sich nicht eher um eine unabhängige Eigenentwicklung handelt, sei dahingestellt). Dem Prediger, sagt er und meint damit sich selbst, ist es nicht erlaubt zu verschweigen, „was ich aufgrund eigener oder anderer Erfahrung weiß und was viele leicht zu erfahren vermögen".[431]

Die Begründung von Bernhards Sprechen über Mystik in der persönlichen Erfahrung ist in den letzten zwanzig Jahren in der einschlägigen Literatur so oft und umfassend herausgearbeitet worden,[432] daß wir dies nicht weiter illustrieren müssen. Gewiß liegt darin die theologiegeschichtliche Leistung des Autors: er verbindet die an sich traditionsverhaftete Methode der allegorischen Bibelauslegung mit der persönlichen Erfahrung des religiösen Subjekts.[433] Bernhard kann sie gleichwertig mit dem Zeugnis der *Schrift* anführen: „Quod quidem non minus nos experientia propria quam divina pagina docet...", „das lehrt uns freilich nicht weniger die eigene Erfahrung als die Heilige Schrift..."[434] Aber es darf darauf hingewiesen werden, wie Bernhard seinen Erfahrungshintergrund rhetorisch zur Geltung bringt: Eindrucksvoll die Berufung auf die eigene Meinung: „Contendat quis esse; ego non legi. Legi autem..." Das akzentuierte Personalpronomen am Satzbeginn – „Ego non legi..." –, gefolgt von dem in Inversion an die Spitze gestellten zweiten „Legi", verstärkt durch das adversative „autem", sowie das Gewicht der gehäuften langen e-Vokale verweist unüberhörbar auf die Betonung der eigenen Erfahrung im Unterschied zu der anderer. Buchstäblich genommen gibt es tatsächlich keine Bibelstelle „Deus honor est". Aber es gibt bekanntlich zahlreiche Stellen, die Gott als Besitzer oder Empfänger der Ehre bezeichnen,[435] und keineswegs der Liebe. Eben darum geht es Bernhard aber, und darum konstruiert er diesen Gegensatz.

Der Höhepunkt dieser Liebe ist die mystische Vereinigung der Seele mit Gott, quasi eine Vorwegnahme des Zustands der Gerechten im Himmel. Er

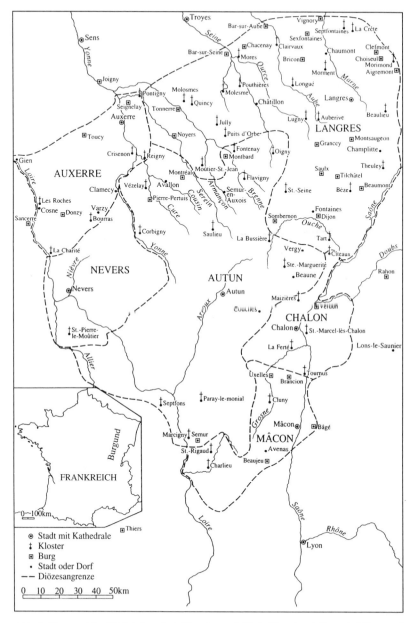

Abb. 1: Burgund im 12. Jahrhundert. Constance Brittain Bouchard: Sword, Miter, and Cloister. Copyright 1987, Cornell University. Abdruck mit Genehmigung des Verlags Cornell University Press.

Abb. 2: Zisterzienser beim Mähen mit einer Sichel. Q-Initiale. Gregor der Große, Moralia in Iob. Cîteaux 1110/20. Dijon, Bibliothèque Municipale, Ms. 170, f. 75 v. (Bildarchiv Foto Marburg).
Vgl. S. 26.

Abb. 3: Monstren, Kapitell, 1120/30, Vézelay, La Madeleine (Peter Dinzelbacher).
Vgl. S. 86.

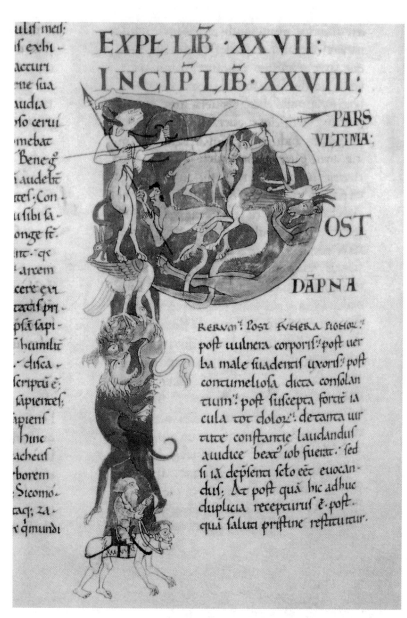

Abb. 4: P-Initiale aus dem Skriptorium von Cîteaux unter Stephan Harding. Gregor der Große, Moralia in Iob. Cîteaux 1110/20. Dijon, Bibliothèque Municipale, Ms. 173, f. 103 v.

Vgl. S. 23, 92.

Abb. 5: I-Initiale aus dem Skriptorium von Clairvaux unter Bernhard von Clairvaux.
Troyes, Bibliothèque Municipale, Ms. 27/1, f. 7.
Vgl. S. 23.

Abb. 6: Benediktiner-Abtei Cluny. Ansicht der Klosterkirche, Rekonstruktions-
zeichnung. Holzstich, um 1890 (AKG Berlin).
Vgl. S. 94.

Abb. 7: Innozenz II. widerspricht der Erneuerung des römischen Senats. Otto von Freising, Chronica. Thüringer Universitäts- und Landesbibliothek, Mo. Boo. q. 6, f. 91 v. Vgl. S. 270.

Abb. 8: Urkunde (Chirograph) Bernhards von Clairvaux, Vermittlung eines Streits zwischen zwei flandrischen Klöstern. Migne. Patrologiae Cursus completus. Series Latina 185, Paris 1879. Hessische Landes- und Hochschulbibliothek.

Abb. 9: Der Dom zu Speyer, Mitte 11. Jh. (Peter Dinzelbacher).
Vgl. S. 294.

Abb. 10: Bernhard von Clairvaux und sein Biograph Wilhelm von Saint Thierry.
Zisterzienserstift Zwettl, Cod. Zwettl. 144, f. 26r.
Vgl. S. 44.

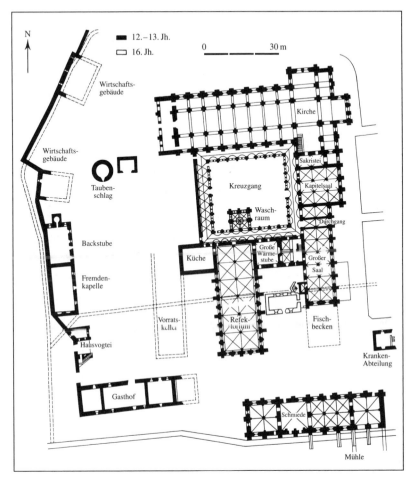

N

12.–13. Jh.
16. Jh.

0   30 m

Wirtschafts-
gebäude

Wirtschafts-
gebäude

Kirche

Taubenschlag

Kreuzgang

Sakristei

Kapitelsaal

Wasch-
raum

Durchgang

Backstube

Küche

Große
Wärme-
stube

Großer
Saal

Fremden-
kapelle

Vorrats-
keller

Refek-
torium

Fisch-
becken

Hausvogtei

Kranken-
Abteilung

Gasthof

Schmiede

Mühle

Abb. 11: Grundriß von Fontenay. Georges Duby: L'Art Cistercien. Paris 1976.
Vgl. S. 174.

Abb. 12: Die Abteikirche von Fontenay, 1139 ff. (Peter Dinzelbacher).
Vgl. S. 174.

wird unter dem Bild des Kusses angesprochen[436]: dieser bezeichnet das Einströmen des Heiligen Geistes.[437] „Ich finde keine Ruhe", sagt die Seelenbraut, bis er mich küßt mit dem Kuß seines Mundes. Ich bin dankbar, seine Füße küssen zu dürfen, dankbar auch, seine Hand küssen zu dürfen. Aber wenn er mich irgend gern hat, soll er mich küssen mit dem Kuß seines Mundes. Ich bin nicht undankbar – aber ich liebe. Ich bitte, ich flehe, ich beschwöre: er soll mich küssen mit dem Kuß seines Mundes!"[438] Die Stelle bekommt eine besondere Note, wenn man weiß, daß bei der Eheschließung die Braut nach Vorschrift einiger französischer Kirchenordines eben dieser Zeit ihren Gatten mit Kniefall zu verehren hatte, um so symbolisch das rechte Machtverhältnis in der Ehe auszudrücken.[439] Die Braut Christi dagegen muß nicht zu Füßen ihres Bräutigams verharren, sondern darf sich auf gleiche Ebene, Angesicht zu Angesicht, erheben.

Die Seele genießt bei diesem Kuß den Geliebten. Bernhard verwendet das von der *Vulgata* her eindeutig sexuell besetzte Verb „frui"[440] (Prov 7, 18 gebraucht es die Ehebrecherin in ihrer unzüchtigen Aufforderung: „fruamur cupitis amplexibus", „genießen wir die ersehnten Umarmungen").[441] Dann ruht die Seelenbraut eine kleine Weile in der ersehnten Umarmung und ergründet gleichzeitig die Geheimnisse der Ewigen Wahrheit.[442]

Von Kuß und Umarmung wird die Seele schwanger: „Denn dies ist allerdings die Folge des heiligen Kusses, daß die Braut, kaum hat sie ihn bekommen, empfängt. Es schwellen ihr ja davon die Brüste, und sie strotzen zum Beweis gleichsam von Milch".[443] Darum sucht die Seele ja das Wort, sich mit ihm zur Fruchtbarkeit zu vermählen, es zur Lust zu genießen, „cui maritetur ad fecunditatem, quo fruatur ad iucunditatem."[444] Wie von der Kirche zu sagen ist, daß ihre Vermählung mit Christus der Ehe im Fleische vergleichbar ist, so empfängt auch die Seele vom Wort und gebiert dem Wort: „stelle sie dir als Gattin vor, und mit dem Wort verheiratet", „puta coniugem Verboque maritatam".[445]

Nun wird Bernhard nicht müde, seine Zuhörer immer wieder darauf hinzuweisen, daß dies alles in übertragenem Sinne gemeint sei; nicht Mann und Frau, sondern das Wort und die Seele muß man sich vorstellen.[446] Alle sinnliche Empfindung, betont er mehrfach, ist bei dem Verkehr der Seele mit Gott ausgeschaltet.[447] Nichts bleibt ohne Allegorese: Der Kuß ist der Heilige Geist,[448] die Lippen der Braut Verstand und Willen,[449] ihre Empfängnis der Einguß der Gnade,[450] was sie gebiert, sind gerettete Seelen und geistliche Erkenntnisse[451] usw. Gerade die Stetigkeit seiner Warnungen aber weist darauf hin, wie schwer das Abstrahieren seinen Zuhörern gefallen sein muß. Denn Bernhards Ausdrucksweise ist keineswegs die der distanzierten theologischen Analyse, sondern ein ungemein mitreißendes, in zahlreichen rhetorischen Figuren den Affekt ansprechendes Latein.[452] Gilson bemerkte treffend, daß Bernhard, wo er Origenes verwendete, ihn „auf eine mehr affektive Ebene übersetzte",[453] womit der Abt ein Verhältnis zu Gott begründete, das speziell für die zisterziensische Frömmigkeit charakteristisch werden sollte. Sieht doch auch Bernhards Freund Wilhelm von Saint-Thierry Gott als „eher geliebt, denn bedacht, eher geschmeckt als verstanden", „amatum potius quam cogitatum, gustatum quam intellectum."[454] Origenes wollte den Bibeltext primär auf den Intellekt wirken lassen, ihn durch die Allegorese entschlüsseln, um Wissen zu schenken; Bernhard will ihn auf Einstellung und Verhalten wirken lassen, will den Betrachter zu einer emotionellen Reaktion provozieren.[455]

Gerade wenn Bernhard sagt: So dürfen wir es uns nicht mit „körperlichen Phantasien" vorstellen, dann malt er die Szene derartig plastisch aus, daß es ganz unmöglich ist, die Worte nicht in Vorstellungen umzusetzen, wie bei dem Bild von dem riesenhaften Liebhaber, der die in die Wolken ragenden Berge überspringt, um „zu den ersehnten Umarmungen" mit seiner Freundin zu kommen.[456] Auch seine wiederholte Referenz auf die persönliche Erfahrung zielt in dieselbe Richtung, nämlich seine Mönche ebenfalls auf der Ebene ihrer persönlichen Betroffenheit zu packen. Als Motto könnte über den *Sermones super Canticum Canticorum* eine beiläufige Bemerkung ihres Verfassers stehen: „Mein Bemühen geht nicht so sehr dahin, Worte auszulegen, wie Herzen zu erfüllen".[457] Das freilich gilt von fast allen Schriften Bernhards. Sein Ziel wird wohl am treffendsten von seinem Sekretär Gottfried umschrieben: die Erforschung der göttlichen Geheimnisse und die sittliche Erbauung,[458] oder, in der Sprache der modernen Theologie formuliert: Bibelexegese und Paränese. Dabei war Bernhard das zweite Element zweifelsohne das wichtigere.

Dazu verwendete er immer wieder Formulierungen, die die Zuhörer und Leser emotionalisieren und mitreißen sollen, wie aus den obenstehenden Zitaten erhellt. Die Begründung dafür lieferte er in der 67. Predigt: „Es haben die Gefühle ihre (eigenen) Stimmen, durch die sie sich, auch wenn sie das nicht wollen, verraten ... So achtet die brennende, heftige Liebe, vor allem die zu Gott, nicht darauf, in welcher Ordnung, nach welcher Regel, welcher Folge sie mit ihren Worten hervorbricht ... Daher kommt es, daß die auf unsagbare Weise in heiliger Liebe brennende Braut nicht bedenkt, was oder wie sie etwas sagt, sondern was immer ihr in den Mund kommt, läßt sie unter dem Druck ihrer Liebe hervorsprudeln, um auch noch das kleinste Auflodern der Glut, an der sie leidet, zu erhaschen."[459]

Mit Bernhard beginnt in der Geschichte der Mystik die Konzentration auf den irdischen Jesus,[460] der im frühen Mittelalter gegenüber der Gottheit ganz zurückgetreten war. Bernhard nennt ihn bisweilen gleichsam vertraulich sogar nur mit seinem persönlichen Namen, ohne den Christustitel, „Jesus meus";[461] er spricht von seiner Geschichte als „historia Verbi".[462] Im Rahmen der konkreten Meditation über das Erdenleben des Heilands, der dieses auf sich nahm, da er erfahren (!) wollte, was er vorherwußte,[463] schafft Bernhard auch das Paradigma für die Passionsbetrachtung: „Das Gedächtnis an die übergroße Süßigkeit dieses Geschehens will ich immer wieder von mir geben (eructabo), solange ich lebe, auf ewig werde ich dies Erbarmen nicht vergessen, weil ich darin das Leben erhalten habe."[464] Diese übergroße Süßigkeit, das ist das Myrrhenbüschel aus den Ängsten und den Leiden des Herrn: von der Not der Kindheit bis zu den Martern der Kreuzigung (ein Pergament mit dem entsprechenden *Hohelied*-Vers sollten seine Mönche ihrem Abt einst in den Sarg legen[465]). Die im späten Mittelalter so verbreitete Andacht zu den Wunden des Erlösers ist bei Bernhard vorgedacht: „Was nämlich ist so zielführend, um die Wunden des Gewissens zu heilen und auch um die Spitze des Denkens zu reinigen, als die eifrige Meditation der Wundmale Christi?"[466] Die Stigmen des Gottessohnes, Zeichen seines Mitleidens mit seinen Geschöpfen, sind die Felsenklüfte, in denen die Taube, die Seele, süßen Honig und Öl saugt.[467] Was bei Bernhard noch Metapher ist, werden viele Mystiker und v. a. Mystikerinnen (z. B. Lutgard von Tongeren) dann so in ihren Ekstasen erleben![468]

Der Abt fügt Anklänge an die Leidensmystik auch in manchen anderen Text ein, etwa in seinen Brief an Hugo von Bonnevaux (um 1138?), womit er dessen Entschluß zum Ordenseintritt zu bestärken sucht.[469] Auf diese Weise verbreitete sich der im Westen vordem weitgehend unbekannte Motivkomplex der emotionellen Passionsverehrung. Er sollte die spätmittelalterliche Frömmigkeit intensiv mitbestimmen, zumal bei Bernhard noch metaphorisch gemeinte Formulierungen wie z. B. das Trinken von Christi Herzblut später von zahlreichen mystisch Begabten konkret erlebt werden sollte.[470] Die Leidensfrömmigkeit gehört zu jenem Neuansatz in der Religiosität des späten 11. und des 12. Jahrhunderts, die in der Konzentration auf den historischen Menschen Jesus besteht,[471] also einen epochentypischen Zugewinn an Realitätserfahrung darstellt. Auch die meditative Vergegenwärtigung des Leidens Jesu als der Erfahrung eines einzelnen ist Zeugnis für das Heraustreten aus der „gebundenen" Individualität des Frühmittelalters. Bernhard begründet an anderer Stelle dieses Interesse für den Menschen, nicht den Gott, mit Paulus, seinem wesensverwandten Lieblingsautor: Zuerst kommt das Kreatürliche, Fleischliche, Sinnliche, dann das Geistig-Geistliche (1 Kor 15, 46). Deshalb mußte der Herr zuerst in dieser Sphäre erscheinen; da seine Schüler Fleisch waren und Gott ein Geist, so paßte er sich ihnen an (theologisch: die Prävenienz Gottes).[472] „Er brachte die Gesinnung seiner Jünger ... zur Zuneigung zu seinem Fleische, so daß sie ihm wenigstens mit menschlicher Liebe ..., mit noch fleischlicher Liebe, aber doch fest, anhingen".[473] Und in einer Marienpredigt argumentiert Bernhard so für die Beschäftigung mit dem Menschgewordenen, der sogar als unser Bruder bezeichnet wird[474]: Vorher war Gott „ganz unbegreiflich und unzu-

gänglich, unsichbar und unausdenkbar. Jetzt aber wollte er begreifbar werden, wollte gesehen werden, wollte gedacht sein."[475] Und, ein oft wieder-
kehrendes Thema, sein Erdenleben ist ein Aufruf zur Nachahmung, zur
Imitatio Christi.[476]

Um Bernhards Paränese nicht fälschlich bloß als eine der mystischen
Freude zu kennzeichnen: Es gibt einzelne Stellen der Predigten zum *Hohen-
lied*, aus denen klar erhellt, daß Bernhard Gott nicht nur als den liebevollen
Bruder des Menschen sah, – ein Hauptthema dieser Ansprachen –, sondern
auch als den schrecklichen Richter der romanischen Kirchenportale und
Jenseitsvisionen: „Er, ja, er ist zu fürchten, der, nachdem er den Körper er-
schlagen hat, die Macht besitzt, ihn auch in die Hölle zu werfen [nach der
Auferstehung des Fleisches beim Jüngsten Gericht]. Ich habe Angst vor der
Unterwelt, Angst vor dem Antlitz des Richters, das sogar den Gewalten der
Engeln Schrecken einflößt. Ich erbebe vor dem Zorn des Mächtigen, vor
dem Blick seiner Wut, vor dem Dröhnen der zusammenstürzenden Welt, vor
dem Feuersturm der Elemente, vor dem mächtigen Ungewitter, vor der
Stimme des Erzengels und vor dem harten Wort. Ich erbebe vor den Zähnen
der Höllenbestie, dem Bauch der Hölle, dem Brüllen der [Untiere], bereit
zum Verschlingen. Ich schaudere vor dem nagenden Wurm und dem sen-
genden Feuer, dem Rauch, dem Schwefeldampf, dem Sturmsausen, ich
schaudere vor der äußersten Finsternis. Wer wird meinem Haupt Wasser
geben und meinen Augen den Tränenstrom, um mit meinem Weinen dem
Weinen und Zähneknirschen zuvorzukommen, den harten Fesseln an
Händen und Füßen und der Last der Ketten, die niederdrücken, zusam-
menschnüren und verbrennen, ohne zu verzehren. Weh über mich, meine
Mutter. Was hast du mich geboren, ein Kind des Schmerzes..."[477] Auch das
ist Bernhards Gott: der Rächer, der zum Endgericht kommen wird, das
„verbum asperum", das ein hartes Wort, sein Verdammungsurteil sprechen
wird. Einer von Konrad von Eberbach aufbewahrten Überlieferung nach
hat Bernhard seine Mönche bisweilen so mit solchen Endgerichtsdrohungen
terrorisiert, daß er sie danach trösten mußte. Er beruhigte sie mit der Versicherung, sogar Judas Iscariot (dessen Verurteilung zur Hölle für das Mittelalter unanzweifelbar war[478]) hätte noch Gnade gefunden, wenn er Zisterzienser geworden wäre![479]

Bernhard geht bei seiner Interpretation des *Canticum* akribisch auf den
Wortlaut des heiligen Textes ein, natürlich in der ihm allein zugänglichen lateinischen Übersetzung. „Es heißt [an dieser Stelle] nicht Nacht, sondern
Nächte";[480] „sie sagt nicht: 'ich suche', sondern: 'ich suchte'"[481] usw. Ein einzelnes Wort konnte schwerwiegende Folgen für seine Auslegung haben,[482]
denn: „Schon längst bin ich davon überzeugt, daß im Text, der den heiligen
und kostbaren Ausspruch [Gottes] enthält, selbst das bescheidenste Teilchen
nicht überflüssig ist".[483] Daß es eine Brechung vom griechischen oder he-

bräischen Originaltext zur *Vulgata*-Version geben könnte, hat Bernhard in seinen Schriften nie reflektiert, obwohl er von der *Bibel*-Revision Stephan Hardings her wußte, daß es Übersetzungsfehler gab, sonst wäre dessen Anstrengung ja gar nicht nötig gewesen.[484] Hielt er die Textausgabe seiner Bibelhandschrift, die übrigens nicht die seines früheren Abtes gewesen zu sein scheint,[485] für unfehlbar? Aber oft zitiert er ja gar nicht die *Vulgata*, sondern die ältere lateinische Übersetzung des 2. Jahrhunderts, die *Vetus Latina*. Nicht, weil er Interesse für philologische Fragen gehabt hätte, sondern weil sie in den Schriften von verschiedenen Kirchenvätern herangezogen worden war, vermittels deren Lektüre Bernhard diese Fassungen vertraut waren.[486]

Daß die *Sermones super Cantica* tatsächlich Predigten waren, die – wenn auch noch nicht in der ausgefeilten Form, in der sie vorliegen – Bernhard in Clairvaux seinen Mönchen wohl im Kapitel vortrug, sagt er ausdrücklich selbst: „scripta sunt ut dicta sunt", „aufgeschrieben wurden sie, wie vorgetragen".[487] Dasselbe geht aus verschiedenen eingestreuten Bemerkungen, Anreden und Anspielungen hervor; daß der Text nach Bearbeitung dann bald wie ein Traktat versandt wurde, spricht nicht dagegen. Bernhard selbst stellte ja ausdrücklich das gesprochene Wort über das auf das „tote Pergament" geschriebene;[488] „das gesprochene Wort wird leichter angenommen, als das geschriebene".[489] Es hat sehr den Anschein, daß er sogar öfter predigte, als es in seinem Orden sonst üblich war, wo die Äbte in der Regel jährlich nur 16 Predigten hielten;[490] jedenfalls sagt er das selbst,[491] wobei er seinen Eifer mit seiner Unfähigkeit zur Handarbeit begründet.[492] Zwar richtete sich der Abt mit seinen Ansprachen zunächst ausschließlich an seine Mönche in Clairvaux und trug wohl teils in Latein, teils in Altfranzösisch vor.[493] Ehe er sie danach zur Vervielfältigung freigab, überarbeitete er die Predigten in der Regel noch sorgfältig, möglicherweise unter Heranziehung von Mitschriften ('reportationes'): An anderer Stelle bezeugt er nämlich ausdrücklich, daß manche Brüder seine Ansprachen aufzuzeichnen pflegten.[494] Jedenfalls ließ Bernhard bei der Endredaktion jene Stellen stehen, die sich auf den Augenblick bezogen, wie z.B. eine Entschuldigung wegen momentaner Ermüdung und Niedergeschlagenheit.[495] Obwohl Bernhard sich zierte, gingen die Ansprachen in dieser Form bald auch in andere Klöster, nicht nur der Zisterzienser, sondern ebenso anderer Orden.[496] Man muß den Brief des Touler Regularkanonikers Hugo Metellus gelesen haben, um zu wissen, in welche Verzückung klösterliche Rezipienten dieses Werkes fallen konnten. Hugo verliebte sich darob geradezu in Bernhard und stellte sich in der Rolle der nach dem Mundkuß haschenden Braut, Bernhard in der des Bräutigams dar, in dessen mystischem Weinkeller er sich betrinken will usf.![497]

Selbst wenn Reaktionen dieser Art exzeptionell blieben, so wartete man nicht nur in Frankreich,[498] sondern auch im Ausland schon begierig auf die

jeweilige Fortsetzung des Werkes, wie für Deutschland Everwin von Steinfeld bezeugt.[499] Nicht weniger als vier Redaktionen dieser Predigten kamen
in Umlauf, von denen noch über 900 Manuskripte erhalten sind, eine gigantische Anzahl für einen mittelalterlichen Text.[500] Und schon im 12. Jahrhundert sollte die erste Übersetzung in Bernhards Muttersprache erfolgen.[501]

„Über die Gottesliebe" (1130/41)

Die Ansprachen über das *Lied der Lieder* sind gewiß Bernhards wichtigste
mystische Schrift. Doch muß zu diesem Thema vorrangig auch, abgesehen
von seinem Spätwerk *De consideratione*, ein viel kürzerer Text genannt
werden. Es entbehrt zugegebenermaßen nicht der Willkür, wenn wir an
dieser Stelle ein Werk des Abtes vorstellen, dessen Entstehungszeit sich
nicht enger als mit 1130/41 einschränken läßt[502]: *De diligendo Deo*, über die
Liebe zu Gott, oder, das Gerundiv genauer fassend: über die Gott geschuldete Liebe, oder: wie Gott geliebt werden soll, kann, muß ... Diesen Brieftraktat ins Jahr 1136 zu setzen, kann nur die eine Überlegung ein wenig
rechtfertigen, daß damals Bernhard etwas besaß, worüber er sonst wenig
verfügte: Zeit, zu diktieren. 1136 nämlich scheint für Bernhard ein ruhiges
Jahr gewesen zu sein. Wenn er Clairvaux verlassen mußte, dann nur für kürzere Reisen in die Umgebung. Der einzige weiter entfernt gelegene Ort, den
Bernhard zu besuchen hatte, war Poitiers, denn wahrscheinlich war es in
diesem Jahr, daß Gottfried von Chartres dort jenes Konzil zusammenrief,
das die aquitanische Kirche wieder festigen sollte und als dessen Teilnehmer
Bernhard genannt wird.[503]
    Wie so oft reagierte Bernhard auch bei *De diligendo Deo* auf ein Ersuchen
von außen, seine Gedanken zu einem Thema schriftlich niederzulegen; hier
war es der päpstliche Kanzler Haimerich, der seinen Kampfgefährten im
Schisma eine Liste von spirituellen Fragen vorgelegt hatte. Bernhard antwortete mit einem Werk, das er selbst vielleicht *Liber de dilectione Dei*
(Buch über die Gottesliebe)[504] nannte. Es handelt sich um „die theologische
Analyse des Weges des Menschen zu Gott aus seinem Zustand des Gefallen-
seins zur endgültigen Erlösung ... Bernhards Hauptanliegen ist es zu zeigen,
wie der Mensch trotz der radikalen und scheinbar unüberwindlichen Asym-
metrie seiner Liebesbeziehung zu Gott am Anfang Stufe für Stufe durch die
Gnade zur vollen Vereinigung geführt wird. Dann wird er teilhaftig der göttlichen Natur, und so schwindet die Ungleichheit seiner Antwort dem göttlichen Liebenden gegenüber".[505] Dies geschieht in der „Vergottung" („deificari") der Seele. Damit ist dieses Werk eines der wesentlichen der neu aufle-
benden theoretischen Mystik des 12. Jahrhunderts. Es versucht, mystago-
gisch den Leser oder Hörer der Gottesbegegnung schon in diesem Leben zu-

zuführen, indem es die Bedingungen formuliert, die der Mensch leisten kann, um sich zum Empfang eines Erlebens vorzubereiten, das Bernhard nur als Gnade fassen konnte.

Von den Fragen, die der Kardinaldiakon dem Abt vorgelegt hatte, wählte dieser, nachdem er mit den üblichen Demutsformeln bekannt hatte, daß er eigentlich ungeeignet sei, etwas dazu zu sagen, nur jene zur Beantwortung, die ihm am nächsten lagen (die anderen kennen wir daher nicht): „Ihr wollt also von mir wissen, warum und wie Gott geliebt werden soll. Ich antworte: Der Grund, Gott zu lieben, ist Gott. Das Maß ist, ohne Maß zu lieben".[506] Aus zweifachem Grund ist Gott zu lieben, „sei es, weil nichts mit mehr Recht, sei es, weil nichts mit mehr Nutzen geliebt werden kann."[507] Ersteres findet seine Begründung darin, daß er uns zuerst geliebt hat (1 Joh 4, 10), sich uns geschenkt hat (Inkarnation), uns die Welt zum Gebrauch gab wie auch unsere Seelenkräfte, uns als Herrscher über die Welt setzte. Zentral ist für Bernhard, daß der Mensch erkenne: nichts ist er aus sich selbst, alles hat er von Gott – die bis zur Renaissance typische christliche Anthropologie gemäß dem 1. *Korintherbrief* (4, 7) und dem 115. *Psalm*. Dem Menschen ein eigenes Verdienst zuzugestehen wäre Hochmut, die größte der Sünden, die dämonengleich macht.[508] Da auch der Nichtchrist Gott in der Natur erkennen muß, gilt: „Unentschuldbar ist also selbst jeder Ungläubige, wenn er Gott, seinen Herrn, nicht liebt aus ganzem Herzen und mit ganzer Seele und aus allen seinen Kräften. Es ruft ihm nämlich die innerlich angeborene und der Vernunft wohlbekannte Gerechtigkeit zu, daß er den aus ganzem Herzen lieben muß, von dem er wohl weiß, daß er sich ihm ganz verdankt."[509] Die Christen dagegen müssen ganz von Liebe für das Kreuzesopfer ergriffen sein – Bernhard bringt hier geballt Zitate aus dem *Hohenlied*[510] und schweift nun zu einer Auslegung der Granatäpfel dieses Textes ab, den „Äpfeln der Passion", denen aber die „Blüten der Auferstehung" beigegeben sind.[511]

Bernhard geht nun auf die mystische Erfahrung selber ein, wobei er wie immer wenig über das erfahrene Gegenüber und viel über die Wirkung am erfahrenden Subjekt zu sagen hat[512]: in die Herzenskammer dessen, der eifrig über Leiden und Auferstehung nachsinnt, kommt der Bräutigam gern: „... eingeführt in das Brautgemach, wird [die Seele] empfangen mit den so lang ersehnten Umarmungen ... Sie wird verkosten, was sie gelesen hatte: 'Mein Geist ist süßer als Honig, mein Besitz ist besser als Wabenhonig.' (Sir 24, 20)"[513] Nicht ausgebreitet, aber doch schon als notwendig bezeichnet, werden Passions-Meditation und Kreuzesnachfolge, ohne die die Hölle offen steht.[514] Mit dem abermaligen Zitat von *Johannes* 3, 16: „Gott hat die Welt so sehr geliebt, daß er seinen einzigen Sohn hingab", und dem Verweis auf den Menschen als Geschaffenen kehrt Bernhard wieder zur Begründung des „Deus diligendus" zurück[515]: „Bei seinem ersten Werk [der Schöpfung] gab er mir mich; bei seinem zweiten [der Erlösung] sich selbst. Und da er sich gab, gab er mich mir zurück. Gegeben also und zurückgegeben, schulde ich mich für mich und schulde mich zweifach. Was aber kann ich Gott vergelten für ihn selbst? Denn wenn ich mich auch tausendmal schenken könnte, was bin ich im Vergleich mit Gott?"[516]

Diese Aporie führt zu der nur kurz behandelten zweiten Frage: das Maß, den Unendlichen zu lieben, kann nur Grenzenlosigkeit sein. Schnell ist Bernhard bei der dritten Frage, dem Lohn („praemium"), der für die Gottesliebe zu erwarten ist. „Wahre Liebe nämlich kann nicht ohne Lohn sein, aber es geht ihr dennoch nicht um den Lohn ... Sie ist ein Gefühl, kein Geschäftsvertrag",[517] sagt der Abt mit tiefer Einsicht in die menschliche Psyche. Doch so viele lassen sich von diesem Ziel ablenken, verhaftet den irdischen Dingen, die sie unbedingt verlieren müssen! „... sie, die sich mehr freuen am Schein der Dinge als an ihrem Schöpfer, die lieber zuerst die ganze Schöpfung durcheilen und die einzelnen Dinge erfahren wollen, als daß sie dafür Sorge tragen, zum Herrn des Alls zu gelangen"[518] – wenn sie alles Geschaffene erprobt hätten, dann fehlte ihnen doch noch immer der ungeschaffene Gott. Die Vernunft, ein Gedankenexperiment, müßte sie dies lehren. Wie sollten denn die körperlichen Dingen den Geist ersättigen können?

Vier Stufen der Liebe gibt es[519]: auf der ersten liebt der Mensch sich selbst um seinetwillen, der natürliche (und deshalb nicht ganz verwerfliche[520]) Egoismus, gebremst nur vom Gebot der Nächstenliebe. In diesem Abschnitt versteckt ist eine kleine Theodizee: Gott will, daß der Mensch in Bedrängnisse gerät, damit er ihn aus seiner Not befreien kann und deshalb von seinem Geschöpf geehrt werde.[521] Die zweite Stufe hat erreicht, wer Gott um seinetwillen liebt (nicht um Gottes willen), da ihm dieser in der Not hilft. Diese schöne Erfahrung führt dazu, Gott auch ohne direkte Bedrängnisse zu lieben – die dritte Stufe. Doch: „Selig, wer bis zur vierten Stufe der Liebe gelangen darf, auf der der Mensch auch sich selbst nur mehr um Gottes willen liebt."[522] Das heißt, sich nicht um seiner selbst willen zu lieben, sondern nur deshalb, weil Gott uns wollte. Diese Liebe entspricht der Unio mystica, die Bernhard mit einer vielleicht von Johannes Scotus Eriugena angeregten Bildsprache[523] umschreibt: „Sic affici, deificari est": „So erfüllt zu werden heißt, vergottet zu werden. Wie ein kleiner Wassertropfen, in viel Wein gegossen, ganz seine Natur zu verlieren scheint, indem er Geschmack und Farbe des Weines annimmt, und wie glühend erhitztes Eisen dem Feuer ganz ähnlich wird, indem es seine frühere, seine eigene Form verliert, und wie die vom Sonnenlicht durchflutete Luft sich in dieselbe Helle des Lichtes umwandelt, so daß sie nicht so sehr erleuchtet wie selbst Licht zu sein scheint, so wird sich dann notwendigerweise in den Heiligen jeder menschliche Affekt auf unaussprechliche Weise von sich selbst verflüssigen und ganz in den

Willen Gottes umgegossen werden." Vorsichtig und mit frühscholastischer Terminologie betont Bernhard dabei: „Es bleibt freilich die Substanz, aber in anderer Form",[524] und bezieht diese Erfahrung dann auch auf die Eschatologie, die Gottesschau im Jenseits – im Brief an die Kartäuser hatte er noch nicht geglaubt, daß die vierte Stufe der Liebe auf Erden überhaupt erreichbar sei.[525] Doch weist die vorhergehende Klage über die Kürze solcher Erfahrungen[526] darauf hin, daß hier zunächst die ekstatische Unio mystica gemeint ist. Die Vereinigung von Mensch und Gott besteht vor allem in der Gemeinsamkeit der Willen (für Bernhard ein Hauptpunkt) und der Einstimmigkeit der Liebe. Dies sind allerdings hinzugefügte theologische Erwägungen, da in der Erfahrung der Unio selbst kein Unterschied zwischen Objekt und Subjekt mehr gefühlt wird, bzw. Bernhard keinen angibt. An anderer Stelle beschreibt Bernhard die himmlische Ruhe im Schlafgemach, die die Braut, ans Ziel gekommen, genießt, mit den schönen Worten: „Tranquillus Deus tranquillat omnia, et quietum aspicere, quiescere est".[527] „Der ruhende Gott beruhigt alles, und den Stillen anzuschauen heißt, still zu werden."

Indem Bernhard nun bedenkt, wie leicht die Seele durch fleischliche Begierden von ihrem Weg abgelenkt werden kann, ergibt sich ihm die Frage nach der Bedeutung der Körper der Geretteten im und besonders nach dem Erdenleben,[528] eine Frage, der sich wenige der gleichzeitigen Denker angenommen haben, u. a. Bernhards Freund Hugo von Saint-Victor.[529] Während auf der irdischen Pilgerschaft der Leib das große Hindernis darstellt, zur Gotteseinung zu gelangen, aber freilich – durch die Buße – auch hilfreich sein kann, wird der bei der Auferstehung verherrlichte Leib dem Geist zur Vollkommenheit nützen, dazu, die höchste Daseinsform, die der Trunkenheit, zu erreichen – eine alte Metapher der christlichen Mystik.[530] „Endlich, nach der Auferweckung unserer Leiber, im unsterblichen Leben, berauschen wir uns und fließen über von wunderbarer Fülle. Das ist es, wovon der Bräutigam im Hohenlied [5, 1] sagt: 'Freunde, eßt und trinkt und berauscht euch, Geliebteste!' ... Dann macht er seine Geliebtesten ganz trunken, dann tränkt er sie mit dem Strom seiner Wonne ... Daher endlich jene nüchterne Trunkenheit, die sich an der Wahrheit betrinkt, nicht am Wein; die nicht trieft von Wein, sondern glüht von Gott"[531] in alle Ewigkeit.

Damit hat der Traktat ein formal und thematisch berauschendes Ende gefunden. Trotzdem hielt es Bernhard für nötig, hier ungeachtet einiger entstehender Widersprüche mit geringen Kürzungen seinen Brief an die Kartäuser anzufügen, „zumal es mir leichter zur Hand geht, schon Diktiertes zu übertragen, als wieder Neues zu diktieren."[532]

Bernhard hat in *De diligendo Deo*, nicht ohne verschiedene Quellen wie Augustinus oder wohl auch Pseudo-Dionysios heranzuziehen[533] und wie bei ihm üblich mit besonderer Prägung durch Paulus, eine Theologia mystica

der Liebe vorgelegt, die sowohl formal, etwa auf Grund der zahlreichen be-
rührenden Metaphern, als auch inhaltlich wohl jeden religiös sensiblen
Leser faszinierte und fasziniert. *De diligendo Deo* sollte so zu den schon im
hohen Mittelalter am breitesten überlieferten Werken dieses Autors
werden.[534] Es entspräche dem monastischen Umgang der Zeit, hier über
jeden Satz eingehend zu meditieren.[535] Was alles steckt etwa in dem Wortspiel: „... mirum, quod nemo quaerere te valet, nisi qui prius invenerit. Vis
igitur inveniri, ut quaeraris, quaeri, ut inveniaris"[536]: „wundersam, daß niemand dich suchen kann, der dich nicht schon gefunden hat. Du willst also gefunden werden, damit man dich sucht, und gesucht werden, damit man dich
findet"? Das kann eine ontologische Aussage sein im Sinne von „der Weg ist
das Ziel"; eine Skizze des mystischen Lebens, das im Kreis zwischen der
kurzen Stunde der Erfüllung und der langen Zeit der Trockenheit pendelt.
Es kann von denen als Tröstung gelesen werden, die suchen, aber nicht
finden ... Bernhards Texte sind nicht hermetisch nur einer Auslegungsmög-
lichkeit verpflichtet.

Auch in diesem Werk folgt der Autor, wie so oft, nicht einem streng geglie-
derten Aufbau, sondern läßt sich, typisch für die Mönchstheologie, von Assoziation zu Assoziation führen, gehaltvoll in jeder kleinen Abschweifung.
Freilich auch bissig bei jeder Gelegenheit, wo es einen Sünder zu tadeln
gibt.[537] Auch anscheinend Autobiographisches findet sich: Am Beginn der
vierten Liebesstufe hat Bernhard eine Beschreibung der Kürze der ekstati-
schen Unio mystica eingefügt, die kaum anders denn nach eigenem Erleben
gestaltet sein dürfte, wenn sich auch bereits Gregor I. ähnlich geäußert
hatte[538]: „Selig und heilig möchte ich den nennen, dem solches in diesem
sterblichen Leben, ganz selten, vielleicht nur einmal, und dann ganz schnell,
kaum in einem einzigen Augenblick, zu erfahren geschenkt worden ist.
Denn dich selbst gewissermaßen zu verlieren, als wärest du nicht, dich selbst
gar nicht mehr zu spüren, deiner selbst beraubt und beinahe zunichte zu
werden, ist ein Zeichen himmlischen Wandels, nicht menschlicher Empfindung ... Wehe, er wird gezwungen, zu sich zurückzukehren, zurückzufallen
in das Seinige und klagend auszurufen: 'Herr, ich bin in Not, steh mir bei!
(Jes 38, 14)'. Und ebenso: 'Ich unglücklicher Mensch! Wer wird mich aus
diesem dem Tod verfallenen Leib erretten (Rom 7, 24)?"[539] Ähnliche Aussagen gibt es von den meisten Ekstatikern des Mittelalters, die die Vereinigung mit der Gottheit erlebten.[540]

Dritte Italienreise (1136–1138)

„Seit vielen Jahren schon bemühe ich mich, keusch und karg zu leben, konzentriere mich auf die Bibellesung, widerstehe den Lastern, gebe mich oft dem Gebet hin, wache gegen die Versuchungen, überdenke meine Jahre in der Bitterkeit meiner Seele."[541] Umschreiben diese Worte der Seelenbraut nicht treffend Bernhards eigene Existenz? Aber die 'vita activa' sollte ihn bald wieder dem kontemplativen Leben entreißen. Denn in Pisa kreisten die Gedanken des Heiligen Vaters unablässig weiter um die Frage, wie er sich endlich in Besitz des „caput mundi", der Stadt Rom, setzen könne. Dabei durfte er sich freilich der fortgesetzten Unterstützung Bernhards sicher sein. Auch von Clairvaux aus blieb dieser brieflich weiter für seinen Papst tätig. So wandte er sich in einem schmeichelnden Schreiben,[542] das seinen Romzug feiert, an Kaiser Lothar, um ihn zu einem neuerlichen Eingreifen gegen Anaklet bzw. Roger zu bewegen. Das zentrale Argument lautet, daß sich jeder, der sich in Sizilien zum König mache, gegen den Kaiser sei. Diesem weist Bernhard hier zweckdienlich wiederum die Funktion als Verteidiger der Kirche zu, die er im Investiturstreit verloren hatte.

Doch schwärzt Bernhard in diesem Schreiben Anaklet in einer Weise an, die er sonst anscheinend noch nicht gebraucht hatte: er argumentiert gegen den von ihm Verworfenen mit seiner Herkunft aus einer hebräischen, wenn auch vor etwa drei Generationen konvertierten Familie: „Es steht fest, daß der Judensprößling (Iudaicam sobolem) den Stuhl Petri zur Schmach Christi besetzt hat . . ."[543] Treffend bemerkte dazu Gregorovius: „Aber die jüdische Gesichtsbildung durfte einem Papst nicht zur Unehre gereichen, wenn man sich erinnert, daß Petrus und Paulus und Jesus selbst jüdischer ausgesehen als Anaklet".[544] Dem Mittelalter war ein solches historisches Denken jedoch fremd, und natürlich war Bernhard, wie praktisch alle Geistlichen und Laien des Mittelalters, gut antijüdisch eingestellt, wobei es hier noch nicht – wie seit dem 15. Jahrhundert[545] – um eine rassistische Diskriminierung ging, sondern um eine religiöse. Denn die Gläubigen seiner Religion waren für Bernhard „die wahren Israeliten",[546] womit die in Europa lebenden Nachfahren des Volkes des Alten Bundes zu den „falschen" wurden, da sie den Messias nicht in Jesus Christus anerkannten.

Mitten im Winter 1136/37 mußte Bernhard sich, diesmal zusammen mit seinem Bruder Gerhard, wieder darauf vorbereiten, in den Süden aufzubrechen.[547] Eine Reise nach Italien war für viele Gläubige der Epoche der Traum ihres Lebens. Denn Rom war „caput orbis", Haupt ihrer Welt, und beherbergte das Grab des Apostelfürsten sowie die Reliquien unzählbar vieler Märtyrer. Bernhard dagegen kannte Rom bereits, und der negative Eindruck, den besonders die Römer auf ihn gemacht hatten, sollte ihm sein Leben lang bleiben. Dazu kam seine Meinung, daß Pilgerfahrten für einen

Mönch unnötig waren, da die für sein Heil sicherste Lebensführung die Erfüllung der Regel in seinem Kloster darstellte.[548] Und er wußte, daß erst die Waffen würden sprechen müssen, ehe sein Papst die Ewige Stadt zu seiner Residenz machen konnte.

So reagierte der Abt nicht mit Begeisterung, als ihn Innozenz und seine Kardinäle aufforderten, sich wieder bei ihm einzufinden. Der Papst nahm mit Recht an, der bereits von vielen als lebender Heiliger Verehrte könne ihm manche Hilfe bei der Gewinnung der noch abtrünnigen Geistlichen, Feudalherrn und Bürger Süditaliens leisten. Erst nach einigem Widerstreben fügte Bernhard sich und verließ Clairvaux nach einer ergreifenden Ansprache an seine weinenden Mönche, sicher ihrer Gebetshilfe bei den kommenden Auseinandersetzungen.[549] Es war in den Klöstern schließlich prinzipiell Sitte, nach dem Gebot der *Regel* immer beim letzten Gebet des Gottesdienstes aller Abwesenden zu gedenken.[550]

Im August des Vorjahres hatte Kaiser Lothar endlich „nicht wie zuvor ein kleines, sondern ein zahlreiches und auserlesenes Heer ein zweites Mal durch das Tal von Trient nach Italien"[551] geführt. Es war nicht nur der Wunsch des Papstes, der den Sachsen zu diesem neuen Zug bewog, sondern auch die Bitten des byzantinischen Kaisers und des venezianischen Dogen, die sich von der Eroberungspolitik Rogers II. von Sizilien bedroht sahen. Dazu befand sich noch ein Verwandter Rogers, der von ihm vertriebene Fürst Robert II. von Capua, mit demselben Ziel am deutschen Hof.[552]

Im Laufe des Winters hatte der Kaiser Oberitalien ohne große Schwierigkeiten unter seine Botmäßigkeit gebracht.[553] Bernhard befand sich wohl schon seit Januar in seiner Umgebung, da eine in Borgo S. Donino bei Piacenza gegebene Urkunde aus dieser Zeit berichtet, auf seine Bitte hin, dessen Rat in göttlichen Dingen viel gelte, habe Lothar die Gründung des Klosters Chiaravalle della Colomba bei Piacenza bewilligt.[554]Die Bewohner und Konsuln auch dieser Stadt wollten offenbar aus dem neuen französischen Orden Gewinn für ihre Seelen ziehen. Bemerkenswert ist die Bestimmung, daß sich in der Nachbarschaft der Zisterze keine Laien ansiedeln durften – Indiz für die künstliche Aufrechterhaltung des 'eremos', der monastischen Einsamkeit, nach der es die frühen Zisterzienser so sehr verlangte, daß sie andernorts die bäuerliche Bevölkerung vertrieben oder eine Verlegung schon bestehender Straßen erzwangen.[555]

In Imola teilte der Herrscher Anfang Februar seine Truppen, um unter Umgehung der von den Anaklet treuen Familien gehaltenen Ewigen Stadt nach Süden vorzustoßen.[556] Denn dort saß der Gegner, ohne dessen Widerstand sich längst die ganze katholische Christenheit Innozenz unterworfen hätte. „Contra unam gentem, Occidente edomito, superest lucta", „gegen ein einziges Volk muß noch gekämpft werden, nachdem der Okzident gezähmt ist", hatte dazu Bernhard seinen Mönchen beim Abschied gesagt.[557]

Dieses eine Volk waren die Normannen, die sich seit 1059 den Süden Italiens unterworfen hatten. „Nirgendwo besaß ein Herrscher damals noch eine so unmittelbare Herrschaft über die Kirche seines Landes, war diese Kirche so unberührt von der Reform, und nirgends besaß daher das Papsttum so wenig unmittelbaren Einfluß …"[558]

Dies freilich war unerträglich für den Nachfolger des Fischers. Eine Skizze davon, wie ein Außenstehender das Papsttum dieser Jahre sah, ist in den Aufzeichnungen überliefert, die Bischof Anselm von Havelberg († 1158) von seiner Disputation mit Bischof Niketas von Nikomedien im Jahre 1136 mitbrachte. Nach seinem Gutdünken, klagte der Byzantiner, will uns der römische Bischof von der Höhe seines Thrones mit Befehlen eindecken. Er ist kein Bruder oder Vater. Zu Sklaven, nicht zu Söhnen der Kirche will er uns machen![559]

Doch Innozenz II. hatte dazu noch keine Gelegenheit. Denn noch befand sich nicht einmal die Ewige Stadt in seiner Hand. Die Deutschen durchquerten ja erst den nördlichen Teil der Halbinsel. Ihre „beiden Heerhaufen, Städte belagernd oder zermalmend, mit Feuer und Schwert sich die Straße bahnend, glichen, wie immer die Romzüge, Lavaströmen, die sich prasselnd durch Italien wälzten, um dann schnell zu erkalten."[560] Die nächste Nachricht über Bernhard in Italien zeigt, daß er in der Toskana mit dem Teil des Kriegszuges ritt, der unter dem Befehl Herzog Heinrichs des Stolzen von Bayern stand, des Schwiegersohns des Kaisers. Der Welfe schickte sich gerade an, die mächtige Stadt Lucca zu belagern, die als einzige Widerstand bot. Bernhard trat hier, zusammen mit einigen nicht genannten Bischöfen, als Vermittler auf.[561] Heinrich, der die Kommune zusammen mit den Pisanern mit Sicherheit hätte zerstören können, ließ sich zu Milde bestimmen und schonte die Stadt gegen eine große Zahlung. Wir sehen den Zisterzienser hier in einer Funktion, die er noch oft und oft wahrnehmen sollte: er nützte sein Ansehen in der Catholica, um Frieden zu stiften.

Anfang März traf Innozenz, und damit auch in seinem Gefolge Bernhard, bei Grosseto ein, wo der Kaiser selbst mit dem Hauptteil der Truppen lagerte. Von dort zogen Heinrich und Innozenz mit ihrem Heer und Gefolge nach Viterbo, einer Stadt, die dem Abt in böser Erinnerung bleiben sollte. Dies wohl weniger wegen eines Streits zwischen Heinrich und Innozenz, der darum ging, in wessen Kassen denn die den Bürgern auferlegten Strafgelder fließen sollten,[562] als aus persönlichen Gründen. Denn in Viterbo war Bernhards Bruder Gerhard im März oder April lebensgefährlich erkrankt, was den Abt nach seinem eigenen Zeugnis zutiefst bewegte. Er bestürmte Gott mit Gebeten, den Kranken wenigstens bis zur Heimkehr nicht sterben zu lassen – und fand, nach seinen eigenen Worten, Erhörung.[563]

Mit dem Schwiegersohn des Kaisers, den deutschen Truppen und dem Papst ging es weiter nach dem Süden, vorbei an Rom. Man gelangte nach

Monte Cassino. Daß die beiden Herren von „regnum" und „sacerdotium" nur mit Schwierigkeiten ihre Interessenskonflikte überbrücken konnten, sollte bald die Machtprobe bei der Besetzung des Abtsthrones dieses Konvents zeigen.[564] Das Gründungskloster der Benediktiner fand nicht nur wegen seiner spirituellen Potenz das Interesse der Herrschenden, sondern war auch ein bedeutender materieller Machtfaktor, galt es doch als reichster Konvent Italiens. Die dortigen Benediktiner hatten 1130, wohl auch in Anbetracht der Nähe des normannischen Herrschaftsbereiches, Anaklet anerkannt. Als Abt Seniorectus im Februar 1137 verstarb, „mußte die Wahl seines Nachfolgers unter dem Einfluß von Rogers Kanzler vollzogen werden. Es konnte nicht ausbleiben, daß die Wahl auf einen treuen Anhänger Anaklets und Rogers fiel, auf Rainald von Toscana".[565] Im Angesicht der deutschen Truppen, die sich auf einen Sturm des Klosters vorbereiteten, schwenkte der Abt auf einen reichsfreundlichen Kurs ein, bot Geschenke und empfing die Belehnung im Namen des Kaisers, ohne deshalb Anaklet abzuschwören.

Eine süditalienische Stadt nach der anderen ergab sich dem übermächtigen Heer. Ende Mai 1137 stand man vor der Hauptstadt Apuliens, Bari. Während die Stadt noch so rechtzeitig ihre Tore öffnete, daß Innozenz hier den Pfingstgottesdienst zelebrieren konnte, leistete die Zitadelle, die vor allem mit sarazenischen Kriegern besetzt war, erbittert Widerstand. Dann bekamen die Deutschen mit Hilfe der Bürger überhand und die Besatzung wurde niedergestochen, erhängt und ertränkt. Den Hochsommer 1137 verbrachte Bernhard bei Kaiser und Papst am See von Pesole (Lagopesole), wo die wegen Klima, Krankheit und Müdigkeit verdrossenen Truppen ausruhten. Eine Meuterei soll zuvor sogar das Leben des Papstes und der Kardinäle – und Bernhards? – gefährdet haben, doch wurde Lothar ihrer rasch Herr.[566] Nachdem auch Neapel und Salerno gewonnen waren, wandte sich der ganze waffenstarrende Zug wieder nach Nordwesten.

Wiederholt schon war es zu Auseinandersetzungen zwischen dem Kaiser und dem Papst gekommen, da beide Apulien als ihren Machtbereich betrachteten. Man einigte sich zwar immer wieder, aber es war deutlich, daß Lothar nun nach seinen Erfolgen keineswegs mehr der leicht lenkbare Sohn der Kirche war, als der er sich am Beginn seiner Regierung erwiesen hatte. Das sinnfälligste Beispiel eines solchen Kompromisses war die Belehnung des Robert von Alife mit Apulien, das zu einem von Sizilien unabhängigen Herzogtum werden sollte. Papst und Kaiser wußten sich nicht anders zu helfen, als die Belehnung gemeinsam so vorzunehmen, daß der geistliche Herr die Fahnenlanze, deren Vergabe die Investitur symbolisierte, an der Spitze hielt und der weltliche Herr am Schaftende. „Es war ein schwächlicher Ausweg, der die Rechtsfrage umging und ein politisches Fragezeichen schuf. Der Herzog sollte nunmehr buchstäblich zwei Herren dienen ... ein gekünstelter Versuch, den bestehenden Zwiespalt zu verdecken."[567]

Dieser wurde auch bei einer anderen Gelegenheit[568] deutlich: Als man Monte Cassino erreichte, kam es zwischen den Abgesandten des Klosters unter Abt Rainald und den Kardinälen unter Kanzler Haimerich im Sommerlager der Deutschen vor dem Kaiser als Richter zu einer Diskussion, in der es um die Frage der unmittelbaren Abhängigkeit des Konvents vom Heiligen Stuhl ging. Schließlich wurden die Mönche dazu gezwungen, Anaklet abzuschwören, das Kloster jedoch als Reichskloster anerkannt. Hierzu hatten vor allem Urkunden verholfen, die einer der fleißigsten Fälscher des an Fälschern so reichen Mittelalters fabriziert hatte, der Mönch Petrus Diaconus.[569] Sein Geschick reichte so weit, daß Lothar die Siegel der angeblich von seinen Vorgängern ausgestellten Dokumente, die freilich seinen Ansprüchen Recht gaben, küßte und als echt anerkannte – jedenfalls nach dem, was Petrus berichtet.[570] Doch bald konnten die Vertreter Innozenz', da Lothar, der offenbar den Bann des Papstes befürchtete, nur schwachen Widerstand leistete, die Absetzung Rainalds durchsetzen, um den Weg für einen kooperativeren Mann auf dem Abtsstuhl freizumachen. Hier war Bernhard mit im Spiel: im September beteiligte er sich zusammen mit mehreren Kardinälen an einem Ausschuß, der die Wahl Rainalds mit dem Ziel untersuchte, sie als ungültig zu erweisen. Das war leicht getan, denn zum Zeitpunkt seiner Erhebung war das ganze Kloster, das damals ja Anaklet anhing, der Exkommunikation von seiten des „wahren Papstes" verfallen.[571] Zudem waren die Mönche selbst in einander befehdende Parteien zersplittert. Bernhard hielt eine die Angelegenheit abschließende Rede, die leider nicht überliefert ist.[572] Ob er mit jenem Zisterzienser gemeint ist, mit dem Petrus Diaconus von Monte Cassino in der Anfangsphase der Auseinandersetzung über die Obödienz des Klosters diskutiert haben will?[573]

Nachdem Rainald Krummstab, Abtsring und Regelbuch zum Zeichen seines Rücktritts am Grabe Benedikts niedergelegt hatte, versuchten die Kardinäle zunächst, gegen die Privilegien des Klosters (und gegen die ursprünglichen Ideale der Kirchenreform) eine Wahl unter ihrer Beteiligung zu erzwingen, dann eine solche überhaupt zu verhindern, was ihnen jedoch beides angesichts der Präsenz des Kaisers nicht gelang. Erst als das Zerwürfnis mit Lothar drohte, ließ Innozenz eine freie Wahl zu. Von einer solchen konnte aber dennoch keine Rede sein, denn nun machte Lothar seinerseits seinen Einfluß geltend, um einen der Geistlichen, die mit ihm nach Italien gezogen waren, zu dieser Position zu verhelfen, die vielleicht zu einer kaiserlichen Bastion in Süditalien werden konnte. Es handelte sich um Wibald (1098–1158),[574] der bereits die Abteien Stablo (Stavelot) und Korvei unter seiner Herrschaft vereinigte. Wibald war der typische geistliche Höfling jener Zeit, viel im Dienste mehrerer deutscher Könige unterwegs, hochgebildet, ein Mann der Renaissance des 12. Jahrhunderts, der nach Cicero-Handschriften suchte und einen Klassiker der antiken Kriegskunst, die *Stra-*

tegemata des Frontin, an andere Äbte verschickte. Kein Wunder, daß ihn Lothar mit einer nicht eben geistlichen Aufgabe betreut hatte, nämlich dem Oberbefehl über seine Flotte. Am 19. September zum Abt von Monte Cassino erhoben, mußte er freilich nach Abzug der kaiserlichen Truppen schon am 2. November vor den Normannen fliehen, die sich nicht auf Verhandlungen mit ihm einließen, sondern ihm den Tod am Galgen androhten.[575] Damit war Monte Cassino nicht mehr der Stützpunkt, den sich der Kaiser gewünscht hatte: ein Reichskloster und reichsunmittelbares Fürstentum.

Nun endlich wandte sich der Papst, und Bernhard mit ihm, nach Rom. Doch der Kaiser, der so viel für Innozenz getan hatte, war nicht mehr zu einer letzten militärischen Anstrengung bereit. Schon schwer erkrankt, mit einem kriegsmüden Heer, suchte er nur noch, möglichst rasch in die Heimat zu reiten. Er sollte sie nicht wiedersehen; in einer Hütte in den Tiroler Alpen schloß er am 4. Dezember die Augen für immer. Während die Seinen den Toten als Sieger über die Heiden, nämlich die Sarazenen im Dienste des sizilianischen Königs, feierten,[576] eroberte Roger II. die von den Deutschen gerade so blutig unterworfenen Regionen und Städte Süditaliens mit noch mehr Blutvergießen für sich zurück.

Da Anaklet neben Sankt Peter noch immer einen großen Teil der Ewigen Stadt beherrschte, ließ sich Innozenz in der Festung der Frangipani nieder; Bernhard sondierte für ihn im Gespräch mit verschiedenen Persönlichkeiten die Situation beim Gegner. Es gelang ihm, wie es heißt, zahlreiche Römer zum Abfall von Anaklet zu bewegen. Ernald entwirft ein sicher überzeichnetes Bild von der schon fast ganz verlassenen Residenz des Pierleoni.[577] Dieser rechnete offenbar noch immer ernstlich mit einem entscheidenden Schlag der Normannen gegen seinen Feind.

Salerno (1137)

Die beiden Herren der Christenheit dagegen erwarteten, daß Bernhards oft erprobtes Charisma auch den König von Sizilien überzeugen würde. Ungeachtet dessen, daß auch der Zisterzienser erkrankt war, wurde er mit einer von Haimerich geleiteten Delegation abgeschickt, die Roger bekehren sollte. Anscheinend unmittelbar vor dieser sicher gefährlichen Reise zu König Roger formuliert, also im September oder Oktober 1137,[578] haben wir einen Brief Bernhards an die Brüder in Clairvaux. Es ist ein bewegendes Schreiben, in dem der Abt seine Sehnsucht nach dieser seiner irdischen Heimat und den Zurückgebliebenen mit einem Matthäus-Zitat (26, 38) ausdrückt: „‚Traurig ist meine Seele, bis' ich zurückkehren kann"[579] – „bis in den Tod" geht das *Bibel*-Zitat weiter, und das sind die Worte, die Jesus in Getsemani sprach, ehe er seinen Vater erfolglos in Blut und Tränen bat, den

Kelch der Passion an ihm vorübergehen zu lassen. Auch Bernhard muß sich dem Tod nahe gefühlt haben. Er leidet darunter, „so lange dieser alles in Besitz nehmenden Eitelkeit unterworfen zu sein" – die „vanitas" des alttestamentlichen Predigers Salomo, das ist für den Zisterzienser allgemein das irdische Dasein, aber auch spezifisch seine politische Mission, die nicht enden zu wollen schien. „Vom Schreckenskerker des schmutzigen Leibes umfangen",[580] fleht er aus ganzem Herzen, wie er es für seinen Bruder getan, daß Gott ihn doch in der Heimat, im Kreise seiner geistlichen Söhne sterben lasse. Sich und den Empfängern dieses Schmerzensschreis zum Trost denkt Bernhard dann an seine Erfolge im Dienste der Kirche, die zu berichten er aber aus Demut anderen, d. h. den Überbringern des Briefes, überläßt. Dazu zählte übrigens auch die Besetzung des Erzbistums Pisa mit einem seiner Mönche namens Balduin (Bernhard widmete ihm einen sein neues Amt mit Lichtmetaphysik erhellenden Brief[581]). Und nochmals: „Auf dringendste Forderung des Kaisers, auf päpstlichen Befehl hin sowie durch die Bitten der Kirche und der Fürsten gezwungen, werden wir nach Apulien geschleift (trahimur), wiewohl voller Schmerzen, gegen unseren Willen, schwach und krank, und, damit ich die Wahrheit sage, allenthalben das bleiche Bild des bebenmachenden Todes bietend, pavidae mortis pallidam circumferentes imaginem".[582] Das Ende dieses unter Tränen diktierten Schreibens bildet die übliche Bitte um Gebet, und da hier die Namen der Geistlichen um Bernhard eingeschlossen sind, wissen wir, daß der Abt sich noch in Gegenwart Innozenz' und Haimerichs befand.

Die Abgesandten des Papstes kamen gerade rechtzeitig in die Ebene von Ragnano (Rignano, südöstlich von Salerno), um die Aufstellung der Truppen des Rainulf von Alife und des Roger von Sizilien mitzuerleben. Bernhard, der nicht wie seine Begleiter ein Kardinal und damit ein unmittelbarer Funktionär Innozenz' war, konnte einen Vermittlungsversuch wagen, der jedoch erfolglos blieb. Er soll dabei dem Normannen vorhergesagt haben, daß er die Schlacht verlieren werde,[583] und tatsächlich wurden Rogers Krieger am 30. Oktober 1137 geschlagen; der König selbst entkam nur durch die Schnelligkeit seines Pferdes.[584] Bernhard hatte seinen Anteil an der Motivierung des „katholischen" Heeres, denn er übernahm „mit mächtigen Worten" die Funktion eines Feldpredigers; das Kampfgeschehen beobachtete er freilich nicht mehr, sondern zog sich in einen kleinen Flecken in der Nähe zum Gebet zurück. Rainulf dankte es ihm angeblich mit einem Fußfall.[585]

Nun schien das Blatt gewendet. Hatten die Innozentianer eine Wiederholung der Ereignisse von 1084 befürchten müssen, als die Normannen schon einmal eines Papstes wegen nach Rom gezogen waren und dabei die Stadt verheerten, so gab es jetzt die Chance, sie auf dem Verhandlungsweg von einem Zug nach Norden abzuhalten. Bernhard machte den entsprechenden Vorschlag,[586] und also begaben sich die päpstlichen Gesandten in die Höhle des Löwen, nach Salerno. Dort wollte der König die Frage, wer der rechtmäßige Erbe Petri sei, vermittels einer Disputation zwischen den streitenden Päpsten bzw. ihren Abgesandten lösen lassen. Vermutlich hatte er vor, auf diesem Weg die Intentionen der beiden Parteien herauszubekommen.[587] Innozenz war vertreten durch die Kardinäle Haimerich, Gerhard, Guido und durch Bernhard. Anaklets Stimme verkörperten seine Kardinäle Matthäus, Gregor und Petrus. Jede Partei bekam Ende November, Anfang Dezember vier Tage Zeit, ihre Sache darzustellen. Bernhard hielt eine eindrucksvolle Rede über *Epheser* 4, 5 („ein Herr, ein Glaube").[588]Enttäuschenderweise vertagte Roger jedoch seine Entscheidung auf eine in Palermo zu Weihnachten 1137 geplante Synode.[589] Er ließ sich auch nicht beeindrucken, als Bernhard sein Waschwasser quasi als Berührungsreliquie zum Trinken an einen Kranken abgab, den die Ärzte von Salerno, jener Hochburg der damaligen Medizin, nicht hatten heilen können, und der Mann alsbald gesundete.[590]

Trotzdem hatte Bernhard, als er wieder nach Rom ritt, einen Erfolg zu vermelden. Petrus von Pisa ließ sich durch sein Engagement für Innozenz überzeugen. Dieser Petrus war einer der älteren Kardinäle, die sich für Anaklet entschieden hatten. Schon am Hofe Urbans II. hatte er ein wichtiges Amt bekleidet. Ein Rechtsexperte, war er der einzige gewesen, der von der Gegenpartei bei der Wahl Innozenz' vor Ort geblieben war, um Einspruch zu erheben.[591] Bernhard hatte oft ein ausgezeichnetes Gespür dafür, wie er sein Gegenüber packen konnte. Er anerkannte die juridische Kompetenz des gegnerischen Kardinals, die freilich über dem Verständnishorizont der Zuhörer läge, betonte die eigene Inkompetenz, um dann das eschatologische Argument einzusetzen, wenn Innozenz der falsche Papst wäre, dann wären die Menschen in allen Reichen – und das war die ganze lateinische Christenheit außer Rogers Herrschaftsgebiet – zur Hölle verdammt, alle Ordensangehörigen, der ganze Klerus …[592]

Vielleicht hätte die normannische Diplomatie noch lange eine Entscheidung hinausgezögert, doch am 25. Januar 1138 besuchte der Würgengel des Herrn den Palast Anaklets und erschlug den Elenden mit seinem Schwerte – wie es Bernhards Biograph formuliert.[593] In einer von den Innozentianern verbreiteten Vision[594] war es sogar die Mutter Gottes, die dem Gegenpapst mit einem Wurfspeer die Kehle durchbohrte, was sich als tödliches Halsgeschwür manifestierte – die verbreitete Vorstellung von der göttlichen Verursachung einer Krankheit durch ein unsichtbares Geschoß.[595] „Abgeschnitten ist der nutzlose Zweig, das faulende Glied. Jener, jener Böse, der Israel sündigen hieß, wurde vom Tod dahingerafft und in den Bauch der Hölle verbracht!" So das Triumphgeschrei Bernhards in einem Schreiben an den Abt von Cluny.[596]

Doch noch gab die Partei der Anakletianer nicht auf, noch durfte Bernhard Clairvaux nicht wiedersehen. Von Roger unterstützt, nahm es einer der drei, die für sie in Salerno die Diskussion bestritten hatten, auf sich, die nunmehr offenbar aussichtslose Opposition gegen Innozenz fortzuführen. Kardinal Gregor ließ sich als Viktor IV. in der Peterskirche inthronisieren. Sein Spiel dauerte freilich nicht lange, da sich immer mehr Römer nicht zuletzt wegen der Freigebigkeit seines Gegners von ihm abwandten. Da auch von Roger keine Hoffnung erweckenden militärischen Erfolge gemeldet wurden, tat Viktor das Klügste, was er in dieser Situation tun konnte: er wandte sich an Bernhard und bat um Vermittlung. Der Abt erreichte, daß Innozenz sich mit dem Reuigen versöhnte, ja sogar, daß er ihn unter seine Kardinäle einreihte. Seine Anhänger folgten sogleich Viktors Beispiel.[597]

Bernhards Arbeit war damit getan. „Wie ein Morgenstern", so eine zeitgenössische Chronik, „wurde vermittels seiner Mühe, Anhänglichkeit und Klugheit die Löwenwut, die durch Petrus, den Sohn des Löwen, in der römischen Kirche acht Jahre lang losgelassen war, eben durch seinen Eifer gelöscht."[598] Bereits fünf Tage nach dem Rücktritt des Gegenpapstes, am 3. Juni 1138, erfüllte er sich seinen sehnlichen Wunsch und brach die Heimreise an, großartig verabschiedet von zahlreichen Römern, die in ihm den großen Friedensstifter verehrten,[599] und beladen mit zahlreichen Reliquien. „Ich war fern, ja, fern über eine lange Zeit ..."[600] Doch mit sich führte er einen Quell steter Freude, die Überreste mehrerer angesehener Heiliger, Apostel und Märtyrer: besonders erwähnt wird ein Zahn des hl. Caesarius, den er durch sein Gebet aus dem Schädel herausgelöst hatte, während die Brüder es zuvor vergeblich mit Gewalt versucht und einige Messer dabei zerbrochen hatten.[601] Obgleich Bernhard in seinen Schriften selten der Reliquien gedenkt, war er von ihrem Wirken genauso überzeugt wie fast alle seiner Zeitgenossen und ließ sich deshalb auch mit diesen Garanten für die Zeit der Auferstehung bestatten.[602] In Rom war dafür bei den befreundeten Templern sein Mantel als Kontaktreliquie zurückgeblieben, die erwartungsgemäß nicht verfehlte, Wunder zu wirken.[603]

Die Bischofsnachfolge in Langres (1138)

Doch Bernhard hatte die Alpenregion noch nicht verlassen, als ihn Boten bereits mit einem neuen Problem, nunmehr in seiner nächsten Nähe, konfrontierten. Anfang August 1136 (oder 1137) war Bischof Guilencus (Villain) von Langres[604] gestorben, also der Oberhirt derjenigen Diözese, in der Bernhards Kloster gelegen war. Wer der Nachfolger auf diesem Bischofsstuhl sein sollte, war für die Zisterzienser in Clairvaux von ganz entscheidender Bedeutung, denn da sie zu jener Zeit noch ein Exemtionsprivileg von der bischöflichen Aufsicht ablehnten, war Clairvaux unmittelbar betroffen. In Rom hatte Bernhard im Frühjahr noch daran mitgearbeitet, daß der Papst die Zusage gab, daß nur unter zwei bestimmten Kandidaten gewählt werden sollte; das war ihm vom Erzbischof von Lyon und vom Papst fest versprochen worden.[605] Jetzt hieß es plötzlich, ein ganz anderer Geistlicher stehe schon vor seiner Weihe zum Bischof von Langres. Es war ausgerechnet ein Cluniazenser, den man gewählt hatte: „Das ist ein direkter Schlag gegen Cîteaux. Das ist ein Affront, der die alte Rivalität wieder anheizt, der die alten Rancunen wieder belebt."[606]

Bernhard verzichtete daher ungeachtet seines erschöpften Zustandes auf die ihm nun endlich wohl zustehende Ruhe,[607] verzichtete darauf, direkt in das geliebte Clairvaux zu reiten, sondern nahm die Straße nach Lyon,[608] da der dortige Erzbischof Petrus der zuständige Metropolit war. Dieser hatte eigentlich die Wahl eines der beiden Bernhard genehmen Bewerber garantieren wollen, war aber, angeblich von einem großen Feudalherrn gedrängt, umgefallen, was wiederum sein eigener Klerus nur teilweise billigte. Bernhard konnte Petrus dazu bestimmen, eine neue Wahl anzusetzen, war aber außer sich, als er erfahren mußte, daß die Kanoniker von Langres gleichzeitig ein Schreiben dieses Erzbischofs erhalten hatten, nach dem die Weihe des bisherigen Elekten nur verschoben sei. Dieser, dessen Namen in den unmittelbar diese Wirren betreffenden Quellen nicht überliefert ist (wahrscheinlich Wilhelm von Sabran), versuchte nun, vom König die Investitur mit den Regalien zu erwirken, um Fakten zu schaffen, womit er auch Erfolg hatte.[609] In Frankreich regierte seit dem Tod Ludwigs des Dicken 1137 sein Sohn Ludwig VII.,[610] ein Mann von knapp achtzehn Jahren, der keinen Grund sah, sich gegen Wilhelm zu stellen, von dem er nur Unterstützung erwarten konnte.

Das Haupt der Cluniazenser, Abt Petrus, versuchte natürlich, zugunsten seines Mitbruders auf Bernhard einzuwirken[611] (wofür ihn Bernhard mit einem üblen *Psalm*-Zitat bedachte[612]). Doch der Abt von Clairvaux wurde ohnehin von den Geschehnissen überrollt – etwa Mitte September war die Weihe des von einer Mehrzahl geistlicher und weltlicher Großen (darunter der Herzog von Burgund) unterstützten Cluniazensers vollzogen.[613] Bernhard nennt ihn – ohne konkrete Vorwürfe – wörtlich ein „monstrum",[614] unwürdig, ungeeignet, unkorrekt gewählt und geweiht,[615] vergleicht ihn mit Baal und wirft ihm Simonie vor[616] – und trotzdem behauptet er im selben Brief: „Es ist nicht meine Sache, irgend jemanden anzuklagen".[617]

Zumal die Chorherrn in Langres keineswegs einhellig hinter dem Gewählten standen, ging Bernhard nunmehr den Weg, der ohnehin sein bevorzugter bei allen möglichen Konflikten war, nämlich die Kurie zu mobilisieren, was er mit einer Reihe von Briefen und Boten unternahm.[618] Diese blieben zwar wenigstens eine gewisse Zeit über ohne Resonanz, aber durch sein Eingreifen kamen die Wähler auf einen Gedanken, den er nicht erwartet hatte – denn nunmehr wollte das Domkapitel keinen anderen als ihn selbst.[619] Wilhelm hatten sie nämlich nach etwa zwei Monaten sang- und klanglos fallengelassen und eine neue Kür veranstaltet. Bernhard lehnte dankend ab, aber es bot sich rasch Ersatz aus seiner nächsten Umgebung, nämlich sein Prior und Vetter Gottfried von La Roche-Vanneau. Ludwig VII. aber ließ sich nicht so leicht einen Kandidaten nach dem anderen servieren. Er lehnte es ab, Gottfried mit den sehr beträchtlichen Regalien zu investieren, zumal dieser von seinem Feind unterstützt wurde, dem Grafen Theobald von Champagne, dem eifrigen Förderer der Zisterzienser. Gleichzeitig mußten sich die wichtigsten Verteidiger der Interessen der Kapetinger im Osten Frankreichs, der Herzog von Burgund, der Abt von Cluny, der Erzbischof von Lyon durch eine Neuwahl desavouiert sehen.

In dieser Situation ließ Bernhard wieder einmal sein Talent zur Überredung spielen: Er sandte dem König eine Ergebenheitsadresse, in der er so weit ging, diese Wahl als gegen ihn, Bernhard, gerichtet zu bezeichnen, da ihm dadurch „der Stock meiner Schwäche genommen, das Licht meiner Augen ausgerissen, mein rechter Arm abgehauen"[620] werde, indem er auf seinen Prior verzichten mußte. Diese hyperbolischen Formulierungen waren nicht ohne gewisse Berechtigung, denn wer die praktischen Aufgaben bei der Leitung des großen und noch in den Unruhen der baulichen Erweiterung stehenden Konvents trug, war in der Tat dieser Verwandte Bernhards. Dies hinderte den Abt aber nicht, dem König ganz direkt die Rache des größten Königs anzudrohen, zusammen mit entsprechenden Nachteilen an seinen irdischen Besitzungen, falls er die Vergabe der Regalien an Gottfried noch weiter verzögern würde. Wie schwer Bernhards Brief in den Überlegungen des jungen Herrschers gewogen hat, entzieht sich genauso unserer Kenntnis wie die Gründe, weswegen sich der ursprünglich gekürte Cluniazenser nicht halten konnte. Jedenfalls durfte schließlich Gottfried ordnungsgemäß den Bischofsthron der Stadt besteigen, denn Anfang 1139 vollzog der Kapetinger die Belehnung. Clairvaux unterstand nun einem Bischof, der mit Bernhard Mönch geworden war, mit ihm sein Kloster begründet hatte und seinem Cousin herzlich verbunden blieb. Doch auch für den Kapetinger war diese Wahl kein Schaden, denn Gottfried wurde ihm ein treuer Ratgeber.

Ganz offensichtlich hatte sich der mit Lorbeeren bedeckt aus Italien zurückgekehrte Zisterzienserabt in dieser kirchenpolitisch wichtigen Sache durchgesetzt. Trotzdem muß diese ganze Affäre für Bernhard einen bitteren Nachgeschmack gehabt haben. Denn schon im Sommer oder Herbst 1138 hatte er sich wegen der Neubesetzung von Langres mehrmals und ausführlich an Innozenz gewandt,[621] ohne jedoch eine Antwort zu erhalten. Wie sehr er, der doch so unermüdlich für seinen Papst gekämpft hatte, darob enttäuscht war, erhellt schon aus der zweiten seiner Botschaften nach Rom, in der er eindringlich an seine Verdienste für Innozenz erinnert, an die Krankheit, die er sich dabei geholt hatte, an die Gefahr für sein Seelenheil unter dem Cluniazenser-Bischof.[622] Im gleichen Sinne hatte er sich auch an die Kardinäle gewandt, seiner Enttäuschung über ihr Desinteresse mit dem *Psalm* 37, 12 Ausdruck gebend: „Die mir nahe waren, haben sich abseits gestellt ..."[623] Doch offenbar begegnete man nun in Rom dem Streiter, der seine Aufgabe erfüllt hatte, mit größerer Distanz. Daß die endgültige Regelung dann doch im Sinne Bernhards erfolgte, läßt aber auf eine anscheinend nicht dokumentierte, wenn auch wohl ziemlich späte Zustimmung Roms zu der ja kanonisch wohl etwas irritierenden mehrfachen Wahl schließen.

Gerhard von Fontaines

In Clairvaux hatte Bernhard gewiß viel mit den Aufgaben zu tun, die der Neubau des Klosters mit sich brachte. Vielleicht war die Kirche schon in diesem Jahr 1138 so weit fertig, daß ihre Konsekration gefeiert werden konnte (die Überreste der Toten aus dem alten Friedhof wurden allerdings erst zehn Jahre später transloziert[624]). Zur Kirchweih trug Bernhard jedenfalls eine Reihe von eindrucksvollen Predigten vor, wobei er u. a. das Kloster mit einer vom Feind, dem Teufel, belagerten Ortschaft oder Burg verglich. Diese im Detail ausgeführte militärische Metapher paßte zweifelsohne gut für die meist aus dem ritterlichen Niederadel stammenden Mönche. Mit dem Angreifer zu paktieren, aus der Feste zu fliehen oder in ihr ohne Taten zu verweilen, das waren die drei Gefahren, die der Abt seinen Untergebenen in ungewöhnlich drohender Manier vor Augen führte. Es gab, so bemerkte er, einige wenige Verräter unter ihnen, die an ihrem Lebensende der ausgesuchtesten Torturen zu gewärtigen hatten, „exquisitis tormentis"[625] – man sieht geradezu die Folterkammer einer mittelalterlichen Burg vor sich, wie sie auch im Fontaines des Gerechtigkeit liebenden Tescelin nicht gefehlt haben kann. Dieser Hinweis auf die „schlechten Fische", wie der Abt solche Mönche in einem anderen Sermo nennt,[626] stellt eine der so seltenen Andeutungen dar, die zeigen, daß selbst in Clairvaux nicht nur die Harmonie der Engel herrschte. Und das, obgleich Bernhard keineswegs alle Petenten aufnahm, sondern dafür sorgte, in seiner 'Gottesstadt' nur eine Elite zu versammeln.[627]

Weiters dürfte Bernhard um diese Zeit eine Serie von siebzehn Predigten zum 90. Psalm *Qui habitat* begonnen haben, der einen festen Platz in der monastischen Liturgie innehatte und besonders in der Fastenzeit meditiert wurde.[628] Sie zeigen gleicherweise die traditionellere Seite in Bernhards Theologie, insofern etwa die sonst wenig betonte Angst vor der Hölle und dem

Endgericht mehrfach zur Sprache kommt. Auch die Predigten zum *Hohenlied* wurden damals auf Wunsch seiner Brüder wiederaufgenommen.[629]

Das Ende des Jahres hat Bernhard in tiefer Trauer verbracht: am 13. Oktober war sein älterer Bruder Gerhard, zuletzt Gefährte seiner Romreise, gestorben.[630] Wie üblich, wird seine Leiche im Kreuzgang aufgebahrt und dort auch bestattet worden sein.[631] Als Cellerar und rechte Hand des Abtes hatte der einstige Ritter viele der konkreten Aufgaben der Klosterverwaltung mit Geschick gelöst, die Handwerker überwacht, die Bauern, die Gärtner ..., ein Beispiel der 'vita activa' inmitten der kontemplativen Gemeinschaft.[632] Gewiß, Gerhard war glücklich gestorben, voll Freude auf seinen Eingang in die Seligkeit vertrauend, einen *Psalm* auf den Lippen – die „mors pretiosa" der Heiligen, der vorbildliche Tod des Mönches.[633] Aber selbst für einen Bernhard war die Spannung zwischen Glauben und Erleben nicht schweigend zu bewältigen, wie er es gewollt hätte. Er muß diesen Bruder innig geliebt haben, inniger als die anderen, denn als um 1140 Guido, 1144 Andreas, um 1150 Nivard starb,[634] hinterließ ihr Abt keinen ähnlichen Planctus (Klagelied).

Bernhard hat, alle Grenzen der monastischen Zurückhaltung und des literarischen Genus sprengend, seiner Zuneigung zu dem Toten ein erschütterndes Denkmal in seinem Kommentar zum *Hohenlied* gesetzt: Tagelang hatte er sein Leid den Mitbrüdern mit zusammengebissenen Zähnen verheimlicht, was ihm eine Glaubenspflicht schien. Nun aber kann er nicht anders, als über seinen Schmerz zu reden: „Es muß, es ist zwingend, nach außen dringen, was ich innen leide!"[635] „Quo mihi avulsus est? Quo mihi raptus e manibus, homo unanimis, homo secundum cor meum? Amavimus nos in vita: quomodo in morte sumus separati? ... Bene mors, quae unum rapiendo, duos furiosa peremit. Annon mors etiam mihi? Immo plus mihi, cui utique omni morte infelicior vita servata est. Vivo, ut vivens moriar: et hoc dixerim vitam?"[636] „Wohin ist er mir entrissen? Wohin aus den Händen geraubt, der Mensch eines Sinnes mit mir, der Mann nach meinem Herzen? Wir haben uns geliebt im Leben: wieso sind wir im Tode getrennt? ... Vortrefflich hat der wilde Tod, indem er nur einen raubte, gleich zwei dahingerafft. Ist es denn nicht auch für mich der Tod? Nein – mehr für mich, dem ein Leben erhalten ist, viel unglücklicher als jeder Tod! Ich lebe, um lebend zu sterben: und das soll ich ein Leben nennen?" Ob der Tote im Licht Gottes noch der Zurückgelassenen gedenkt? Gewiß, denn selbst die leidensunfähige Gottheit kennt Mitleid. „Du wirst meiner nicht vergessen bis zum Ende der Zeit".[637] Die ein Herz und eine Seele waren, hat ein Schwert gespalten und einen Teil in den Himmel versetzt, den anderen aber im Schmutz des Erdendaseins zurückgelassen. „Mein war Gerhard, ganz mein. Wie denn nicht mein, der mein Bruder dem Blute nach war, mein Sohn dem Gelübde nach, mein Vater seiner Fürsorge nach, mein Gefährte dem Geiste nach, mein Ver-

trautester dem Gefühl nach? Dieser ist von mir gegangen: ich fühle, ich bin
verwundet, und zutiefst."[638]

Was die anderen Quellen nirgends verraten – Bernhard hatte all die Jahre
über einen Vertrauten gehabt, der ganz eng mit ihm zusammengelebt und
-gearbeitet hatte, der ihn abgeschirmt hatte gegen die Zahllosen, die den
Abt ob ihrer Anliegen aus der Kontemplation reißen wollten. „Bei allem,
was auf mich zukommt, blicke ich nach Gerhard, wie ich es gewohnt war –
und er ist nicht mehr."[639]

Schmerz über den Tod eines geliebten Menschen hat so vielen Werken der
Dichtung das Leben geschenkt. Die Rhetorik dieses Totengedächtnisses, die
Anklänge an die *Confessiones* des Augustinus und die Klage des Ambrosius
über den Verlust seines Bruders Satyrus, der Verweis auf biblische Vorbilder
der Trauer, das alles sind Bewältigungsstrategien, literarische Formen der
Sublimierung, für die das Wort Topos zu gebrauchen irreführend wäre, wenn
man darin (wie es die Literaturwissenschaft im allgemeinen tut[640]) artifi-
zielle Wiederaufnahmen ohne emotionelle Beteiligung sieht. Zynisch hatte
schon Berengar von Poitiers Bernhard ob dieses stilistischen Ungeheuers ge-
scholten, in einem Kommentar über das Liebeslied des *Alten Testaments*
seiner Trauer freien Lauf zu lassen. Den Gegner Bernhards reizte dies nur
zum Lachen, genauso wie eine groteske Figur in der Malerei, die als Mensch
beginnt und als Esel endet.[641]

Die Kommune Reims (1139)

Wie in so vielen Bereichen hat das 12. Jahrhundert auch für die Geschichte
der europäischen Stadt besondere Bedeutung.[642] Die alten, seit Römer-
zeiten besiedelten Städte expandierten in bisher unerlebtem Ausmaß und
mit unerhörter Geschwindigkeit. Dies führte zur Entwicklung neuer politischer Formen der gesellschaftlichen Organisation. Die Städte des hohen
Mittelalters waren allesamt keine Bezirke der freien Selbstverwaltung, genausowenig wie im allgemeinen die ländlichen Siedlungen. Sie unterstanden
vielmehr der Herrschaft eines weltlichen oder geistlichen Fürsten, der zahlreiche Abgaben und Arbeitsleistungen beanspruchte. Der wirtschaftliche
Aufschwung der urbanen Bevölkerung wurde zum treibenden Motor der
Suche nach politischer und rechtlicher Eigenständigkeit. Das konnte man erreichen, wenn man den Königen, Fürsten, Bischöfen entsprechend viel Geld
für Freiheitsprivilegien bot, durch die Teile der Verwaltung den Organen des
Stadtherrn entzogen und den Bürgern selbst übertragen wurden. Diese
wählten dann – ein demokratischer Ansatz in einer sonst vorwiegend hierar-
chisch organisierten Gesellschaft – ihr Stadtregiment, den Bürgermeister
und den Rat. Den ideellen oder ideologischen „Überbau" bildete die Frie-

denswahrung nach innen nach dem Vorbild der seit dem 11. Jahrhundert von der Kirche verbreiteten Gottesfriedensbewegung, die den Fehden der Feudalherren mit einigem Erfolg einen Riegel vorzuschieben bezweckte.[643] Nicht selten versuchten die Bürger auch, sich mit Gewalt aus den überkommenen Herrschaftsverhältnissen zu lösen, was zu blutigen Auseinandersetzungen und der Involvierung sowohl benachbarter Feudalherren als auch der Zentralgewalt führte. Diese ergriffen, je nach Situation, entweder die Möglichkeit, die Kräfte zu stärken, die ihre eigenen Rivalen schwächten, weswegen das Königtum üblicherweise eine städtefreundliche Politik gegen die Fürsten betrieb, oder agierten im Sinne der Verteidigung ihrer Klassenvorrechte zusammen mit dem Stadtherrn, um Bestrebungen zu unterdrücken, die auch auf ihre eigenen Herrschaftsbereiche übergreifen konnten.

Die kirchliche Hierarchie, aus deren Reihen die vielfach wichtigsten Stadtherren, die Bischöfe, stammten, stand eindeutig auf seiten der Feinde der kommunalen Bewegung (ausgenommen jene wenigen Fälle, wo sie sich selbst von einem mächtigeren weltlichen Herrn eingeschränkt sah). Sie versuchte, die bestehenden Verhältnisse ideologisch, d. h. durch entsprechende religiöse Argumente, zu stützen. Zwar begann das Bildungsmonopol des Klerus im hohen Mittelalter zu wanken, aber wer über Gesellschaft und Politik reflektierte, war in der Regel Geistlicher, schrieb Latein und bezog mit Traktat und Satire gegen die Freiheitsbewegung Stellung. Der Niederklerus dagegen konnte durchaus in die Schwurgemeinschaften eingebunden sein, die die Bürger gegen den Stadtherrn eingingen. Das Mönchtum dagegen vertrat meist die Interessen der Hierarchie, denn einmal sah es in Neuerungen prinzipiell ein Negativum, zum anderen hatte es auch dort, wo Klöster in einer Stadt Besitz und Rechte innehatten, etwas zu verlieren. Berühmt ist das Urteil des Benediktiners Guibert von Nogent, der 1111 schrieb: „Communio autem – novum et pessimum nomen",[644] „Kommune, ein neuer und grundschlechter Name!"

Hatte Bernhard schon in Oberitalien etwas von dem steigenden Selbstbewußtsein des Bürgertums mitbekommen, so wurde er nun in seiner Heimat unmittelbar mit der kommunalen Bewegung[645] konfrontiert. Sie war dort, Folge der wirtschaftlichen Expansion durch den blühenden Tuchhandel, auf die Gebiete nördlich der Loire beschränkt. Die Bürger bildeten da vielerorts Schwurgemeinschaften, um ihren Stadtherrn eine geschlossene Opposition entgegenstellen zu können; seit 1070, dem Aufstand von Le Mans, war es wiederholt zu Versuchen gekommen, Selbständigkeit mit Gewalt zu erzwingen, so 1077 in Cambrai, 1112 in Laon.[646]

In Reims war am 13. Januar 1139 Erzbischof Rainald von Martigné verstorben. Die Sedisvakanz, die Zeit, während deren der Bischofssitz unbesetzt war, bot sich als günstige Gelegenheit, die drückende Herrschaft wenn schon nicht abzuschütteln, so doch einzudämmen. Gegen eine entsprechende Zahlung bestätigte Ludwig VII. den Bürgern die Errichtung einer Kommune nach dem Vorbild von Laon. Der Papst verwarf zwar diese Verletzung bischöflicher Rechte und verbot die Kommune unter Androhung des Anathemas (Banns) kraft apostolischer Autorität,[647] worum sich aber die Verschworenen nicht kümmerten, da sie ja die königliche Urkunde sicherstellte. Eine Auseinandersetzung zwischen dem König von Frankreich und dem Papst schien damit unvermeidlich, zumal Ludwig kein Interesse an einer baldigen Besetzung des Bischofsstuhles haben konnte, da er als König das Recht besaß, in der Zwischenzeit die bischöflichen Einkünfte dem Kronschatz zuzuschlagen. Der Kapetinger war zwar nach einer vielzitierten Schilderung Stephans von Paris „so fromm, so gerecht, so katholisch und wohlwollend, daß man ihn aufgrund seiner Einfachheit in Kleidung und Benehmen für einen Mönch halten konnte",[648] aber er wußte trotzdem die Interessen der Monarchie zu wahren.

Die Sache wurde noch komplizierter, da Innozenz die Gelegenheit zu einem Ausbau der päpstlichen Macht zu nützen versuchte, „indem er seine Kompetenz in der für ihn üblichen Art überzog" und vom König verlangte, „die Kommune unter Druck zu setzen, daß sie ihre Zustimmung zum Wahlergebnis noch vor der Erlaubnis abgebe, die Wahlversammlung abzuhalten. Obwohl der König sehr jung und religiös war, weigerte er sich",[649] denn dieses Recht wäre ihm zugestanden.[650] Aber der Papst wollte noch mehr, nämlich daß der König dem Reimser Hochklerus alle von den Bürgern angerichteten Schäden bezahlen sollte.[651]

Diese Spannungen brachten nun wiederum Bernhard auf den Plan,[652] der ja einen Konflikt der beiden für ihn wichtigsten Gewalten aus praktischen wie aus spirituellen Gründen verhindern mußte. Sicher nicht ohne sein Mitwirken sah Ludwig ein (wie man vermutlich sein Nachgeben interpretieren muß[653]), daß nur ein neuer Bischof der Insubordination einer Schicht, die sich ja vielleicht auch gegen den Monarchen zu stellen vermochte, Herr werden konnte. Nun fehlte aber noch die Zustimmung des Papstes zur Wahl, die Bernhard in einem Schreiben erbittet, das dramatisch schon den Untergang der Kirche von Reims vorwegnimmt. Von ihren eigenen Söhnen wird diese Kirche bekämpft, ja zusammengetreten, ohne daß ihr jemand hülfe. Die Bürger würden mit „insolentia, Frechheit" und „furor, Wüten" agieren[654] – da sei ein neuer Herr dringlich, der sich ihnen entgegenzustellen habe.

Als dann endlich die Wahl zustande kam, entschied man sich auch in dieser Stadt – als hätte man nie von Bernhards Ablehnung dieses Amtes für seine Person gehört und obgleich der Legat Gottfried von Chartres anwesend war, der dies wissen mußte – für den Abt von Clairvaux! Treibende Kraft scheint der offenbar von Bernhard faszinierte Ludwig gewesen zu sein, der ihn seines vollen Schutzes versicherte, weswegen Bernhard seine Reife lobte. Da sich seine Einstellung in puncto Bischofsamt seit Mailand und Langres freilich keineswegs geändert hatte, dankte er für die Ehre. Bescheidenheitstopos und echte Demut sind in seiner Antwort an den Kapetinger unentflechtbar verwoben.[655] Daß der König diesen Abt eines zwar hochangesehenen, aber weder altehrwürdigen noch übermäßig reichen Klosters für den Bischofsstuhl seiner Krönungskathedrale gewinnen wollte, ist ein Hinweis auf die Anerkennung, die Bernhard bei ihm fand. Die Kraft seiner Spiritualität war das Faszinosum, das mehr bewegte als die sonst in der Welt des 12. Jahrhunderts zentralen Eigenschaften von Verwandtschaft oder Besitz. Die Nähe zum Papst freilich mochte ein weiterer Grund gewesen sein, Bernhard für dieses hochwichtige Bistum vorzuschlagen.

Das nächste Angebot ging an den Erzdiakon Samson Mauvoision, der annahm. Da er, anscheinend ein Schüler des berühmten Juristen Ivo von Chartres, von Bernhard einen knappen Empfehlungsbrief an den Papst erhielt,[656] dürfte er der Kandidat seiner Wahl gewesen sein. Nicht aber war er der Kandidat der Bürger von Reims, die ahnten, was sie erwartete. Da es nicht gleich zu einem Rückzug der Städter kam, waren sich die kirchlichen und weltlichen Großen einig, den Starrsinn der bürgerlichen Emporkömmlinge mit Gewalt zu brechen. Die Truppen Ludwigs vernichteten 1140 die Kommune, die derselbe Herrscher wenig zuvor miterrichtet hatte! Bernhards Freund, Graf Theobald, stellte ebenfalls ein Kontingent. Der Abt selbst begab sich später zu Verhandlungen zwischen dem neuen Erzbischof und den Bürgern in die Stadt;[657] ihr Verlauf ist aber nicht dokumentiert. Sieben Jahre später sollte es zu einer neuerlichen Auseinandersetzung kommen.

Das Zweite Lateranum (1139)

In Rom wollte unterdessen der Mann, der nun nach langen Kämpfen endlich von keinem Konkurrenten mehr angefochten auf der Cathedra Petri saß, seinen Triumph auskosten und an seinen ehemaligen Gegnern Rache nehmen. Innozenz II. berief dazu ein allgemeines Konzil in den Lateran, das angeblich von einem halben Tausend Bischöfen und Äbten besucht wurde; kaum eine glaubliche Anzahl.[658] War Bernhard unter den Teilnehmern?[659] Sein Itinerar, das für 1139 keinen nachweisbaren Aufenthalt nennen kann,[660] würde dies ermöglichen; seine Stellung bei Innozenz sogar wahrscheinlich machen. Anderseits wiegt das Fehlen jeder positiven diesbezüglichen Nachricht schwer. Eine Quelle, die eine Präsenz Bernhards in Rom 1139 wenig wahrscheinlich macht, ist seine *Vita Malachiae*. Er erwähnt dort nämlich, er habe Bischof Malachias von Armagh auf dessen erster Romreise kennengelernt, als er Clairvaux besuchte.[661] Nachdem diese Reise neun

Jahre vor seinem Tode (1./2. Nov. 1148) stattfand,[662] also 1139, wäre es schwer denkbar, daß sich die beiden Prälaten nicht in der Heiligen Stadt getroffen hätten bzw. Bernhard den gemeinsamen Aufenthalt dort nicht erwähnt hätte. Vollends widerlegt aber eine Teilnahme Bernhards sein Brief 213, den er nicht hätte schreiben müssen, wäre er bei der gleich zu berichtenden Szene anwesend gewesen.

Von den in der ersten Aprilwoche versammelten Vätern kam eine ganze Reihe von Beschlüssen (meist Reaktivierungen älterer Kanones), zu denen Bernhard wohlgefällig genickt haben wird, da sie seiner Linie entsprachen, etwa die Betonung, Geistliche hätte auch ein adäquates Äußeres zu zeigen (c. 4) oder das Studien-Verbot für Mönche und Regularkanoniker (c. 9) oder die Einbeziehung letzterer in Bischofswahlen (c. 28). Von den dreißig Kanones befaßten sich achtundzwanzig mit solchen Disziplinarmaßnahmen.[663] Selbstverständlich nützte Innozenz die Versammlung auch dazu, seine eigenen Kompetenzen auf Kosten derer der Bischöfe weiter auszudehnen, indem er z. B. dem Heiligen Stuhl vorbehielt, Angreifer auf Geistliche vom Bann zu lösen und überhaupt in Fortführung der Doktrin Calixtus' II. (reg. 1119–1124) lehrte, „daß die Bischöfe nur mit Erlaubnis des Papstes ihre Würde, gleichsam nach Lehnrecht, rechtmäßig innehätten."[664] „Der Appell an den weltlichen Arm gegen die Ketzer" – u. a. wurde Arnold von Brescia verurteilt[665] –, „der im Kanon 23 enthalten ist, stellt ein Vorspiel zu den Inquisitions-Gesetzen dar."[666]

Das Laterankonzil – und das war seine Hauptintention – beraubte auch alle Hierarchen ihrer Ämter, die früher auf seiten Anaklets gestanden hatten, unabhängig von dem Zeitpunkt ihrer Unterwerfung unter Innozenz. Allen Geistlichen, die vom Gegenpapst oder von Gerhard von Angoulême geweiht worden waren, erging es so. Gottfried von Chartres bekam den Auftrag, sämtliche Altäre, die Gerhard geweiht hatte, zu zerstören, was er mit eigener Hand ausführte.[667] Dazu ließ er auch noch den Leichnam Gerhards aus seinem Grab in der Kathedrale von Angoulême werfen – eine häufige Form der Rache an Toten im Mittelalter, von der man erwartete, daß sie in die andere Welt hineinwirken würde.

Unter den Betroffenen war auch jener Philipp, gegen den Bernhard 1133 Stellung genommen hatte, als er Bischof von Tours werden wollte.[668] Ob es eben dieser Mann war, der später, nachdem er Buße getan hatte und in Clairvaux eingetreten war, in den letzten Jahren Bernhards sogar zu dessen Prior aufstieg, ist umstritten, jedoch sehr wahrscheinlich.[669] Es wäre dies dann ein Hinweis, daß Bernhard auch ehemaligen Widersachern – wenn sie sich denn untergeordnet hatten – verzeihen konnte.

Weit mehr berührte es Bernhard aber, daß auch ein Mann, für den er sich persönlich bei Innozenz verbürgt hatte, nicht von dieser Degradierung ausgenommen wurde. Peter von Pisa, der, nachdem ihn Bernhard zum Abfall von Anaklet bewegt hatte,[670] schon als Kardinal an der Kurie amtete,[671] mußte wie alle anderen früheren Anakletisten Ring, Stab und sonstige Zeichen kirchlicher Würde abgeben bzw. sich von Innozenz eigenhändig abreißen lassen.[672] Den Heiligen Vater kümmerte es nicht im geringsten, daß er durch seinen Wortbruch auch seinen erfolgreichsten Mitstreiter, dem er zu wesentlich mehr Dankbarkeit verpflichtet gewesen wäre, schmerzhaft desavouierte. „Wer wird mir Gerechtigkeit über Euch verschaffen?" schrie Bernhard – man kann seine Zeilen kaum anders lesen. An das Tribunal Christi wollte er aber ausdrücklich nicht appellieren – die Vorladung vor Gottes Gericht ins Tal Josaphat (wo nach *Joel* 3, 7 der Herr Gericht halten wird) wäre eine Ultima Ratio gewesen, die in einigen Fällen tatsächlich den plötzlichen Tod des so Zitierten zur Folge gehabt haben soll.[673] Jedoch: „Wenn ich einen Richter hätte, vor den ich Euch ziehen könnte, dann würde ich Euch sofort zeigen – wie in Wehen spreche ich – was Ihr verdient! ... Euch lade ich vor Euch – richtet Ihr zwischen mir und Euch! Wodurch, bitte, hat sich Euer Sohn so schlecht um Euere Väterlichkeit verdient gemacht, daß es beliebt, ihn mit dem Zeichen und Namen eines Verräters zu brandmarken und zu kennzeichnen?"[674] Um Christi willen bittet Bernhard den Heiligen Vater, diese Schmach von ihm – und sich – zu nehmen und Peter von Pisa wiedereinzusetzen, aber vergebens. Innozenz hatte kein Ohr für den, der ihm seine ganze Existenz zur Verfügung gestellt hatte.

Italienische Zisterzienser

Den Orden auch in Italien zu fördern, war der Papst andererseits durchaus gewillt. Dazu nahm er einen zweiten Zisterzienser unter die Kardinäle auf, Stephan von Preneste, einer der Mönche Bernhards, an den dieser dann auch mehrere Schreiben richtete.[675] Er wollte deshalb in diesem oder dem folgenden Jahr Mönche aus Clairvaux kommen lassen, die Bernhard allerdings wegen seiner fortdauernden sonstigen Gründungen nur mit Schwierigkeiten zur Verfügung stellen konnte.[676] So befahl Innozenz einfach eine Gruppe von Mönchen aus Clairvaux, die eben auf dem Wege nach Farfa in den Sabinerbergen war, nach Rom.[677] Sie besiedelten 1140 auf seine Anweisung hin und wider ihren Willen unter der Führung des Bernhard Paganelli,[678] ebenfalls eines Pisaners und seit 1138 einfacher Mönch in Clairvaux, das Kloster SS. Vincenzo und Anastasio,[679] berühmt durch die drei Quellen, die der abgeschlagene Kopf des Apostels Paulus dort bei jedem Aufschlagen auf den Boden hatte hervortreten lassen.[680] Paganelli verließ das burgundische Kloster nur sehr widerstrebend. In einem dem Abt von Clairvaux an prägnanter Formulierungskunst kaum nachstehenden Brief beklagt er sich voller Bitterkeit bei Innozenz über Innozenz. Durch Wasser und Feuer, bedrängt von Räubern und Naturgewalten, zogen sie nach Italien, „entrissen der Hut unseres Vaters … weggestoßen vom Schoß unserer Mutter [beide male ist Bernhard von Clairvaux gemeint] und von den Brüsten seiner Tröstung … unser Gesang ist zur Klage gewandelt – wie werden wir, Herr, das Lied des Herrn im fremden Land singen?"[681] Und nicht einmal eine Bleibe hat der Papst ihnen vorbereitet (das Kloster war verfallen), in Sturm und Hagel, Schnee und Eis irrten sie umher …

Und an den Abt von Clairvaux selbst schreibt der Pisaner dieselben Klagen, und dazu: „Nicht mehr klingt jene süße Stimme in meinen Ohren, noch erscheint jenes schöne Antlitz meinen Blicken, vor dem meine Fehler zu erröten pflegten … Ich habe es nämlich nicht hinreichend verstanden, daß ich, als ich in Clairvaux war, am Ort der Freude war, an den Schwellen des Paradieses …"[682] Völlig ungeeignet fühlte sich Paganelli in seiner Position an der Spitze heimatloser Mönche in einer feindlichen Umwelt. Auch wenn man die mißliche augenblickliche Situation des Verfassers berücksichtigt und weiß, daß die Zisterzienser der Zeit Bernhards eine solche affektive Stilistik pflegten[683] – diese Briefe bleiben ein intimes Zeugnis dafür, daß unter Bernhard von Clairvaux Mönch zu sein ein beglückendes Erlebnis sein konnte. In einigen Jahren sollte Paganelli, was Bernhard nicht ahnte, zu einem der wichtigsten, wenn nicht dem wichtigsten Menschen in seinem Leben werden, und die verklärte Erinnerung an seinen Abt, die ihn begleitete, sollte diesem noch hilfreich sein.

Auch ein Brief Bernhards an die Mönche Paganellis ist erhalten, der bald nach der dann doch erfolgten Besiedlung des Klosters auf eine Anfrage ihrerseits reagiert – sie mußten nämlich in einer von der Malaria verseuchten Region leben. Das Schreiben Bernhards ist durchaus liebevoll, aber gleichzeitig von eindeutiger Strenge. Weitergehendes Interesse kann es beanspruchen, da es Bernhards Urteil über die Einschätzung des Leiblichen enthält. „Ich weiß wohl, daß Ihr in einer ungesunden Gegend lebt, und manche unter Euch leiden an vielen Krankheiten … Da aber eine Krankheit der Seelen um vieles mehr zu fürchten und weiter zu meiden ist, deshalb geziemt es Euerem Ordensstand keineswegs, Arzneien für den Körper zu verlangen; dient es doch nicht dem Heil." Keine Ärzte dürfen konsultiert werden (von ihnen hatte Bernhard ohnehin keine gute Meinung[684]), aber auch keine Medikamente gekauft werden: „Dies ist unpassend für den Ordensstand und gegen die Reinheit, ganz besonders die unseres Ordens, und entspricht weder der Ehre noch der Reinheit." Geduld und Demut sind alles, höchstens Heilkräuter, wie sie auch die Armen verwenden, werden gestattet.[685] Ähnlich befahl er auch jedem seiner eigenen Untergebenen, der die herbe Kost in Clairvaux nicht vertrug: „Ich ersuche dich, denk' daran, daß du ein Mönch bist, kein Arzt, daß es nicht um dein Befinden geht, sondern um dein Ordensgelübde!"[686] In der Tat durften nach mehreren Konzilsbeschlüssen

(u. a. Reims 1131 und 1139) Mönche grundsätzlich nicht den Beruf des Arztes ausüben.[687]

Die Meinung Bernhards war jedoch keineswegs die aller guten Äbte der Zeit. Bernhards Freund Suger von Saint-Denis etwa „sorgte für seine kranken Brüder nicht anders, als wenn sie seine leiblichen Söhne gewesen wären ... und suchte selbst für ihre Pflege mit nicht geringen Kosten die Ärzte aus".[688] Der von Bernhard hochgeschätzte Kartäuserprior Guigo I. rechnete die Versorgung mit medizinischer Hilfe ausdrücklich zu den Werken der brüderlichen Liebe.[689] Bernhard dagegen, der doch außerhalb des Klosters jede Menge von Wundern vollbrachte, heilte einen epileptischen Mitbruder absichtlich nicht, sondern gab ihm nur die Kraft, seine Krankheit zu erdulden;[690] der einzige Arzt im Kloster war für ihn Christus.[691] Bernhards Einstellung war auch nicht die Paganellis: Sobald dieser als Eugen III. 1145 die Tiara aufgesetzt hatte, ließ er das Generalkapitel der Zisterzienser ein Privileg für seine früheren Mitbrüder ausstellen, das ihnen eine Übersiedlung an einen gesünderen Ort gestattete[692] – was freilich die wie Bernhard gesonnenen Mönche unter ihnen nicht einmal begrüßten.[693] Auch der als Nachfolger in SS. Vincenzo und Anastasio vorgesehene Abt Rualenus kam aus Clairvaux und war höchst unglücklich über seine neue Stellung, und Bernhard, der nicht weniger unglücklich über den Verlust dieses Bruders schien, bemühte sich, ihn zurückzubekommen, mit welchem Ergebnis ist unbekannt.[694]

Wenig später versuchte Bernhard seinem Orden auch in Sizilien Einfluß zu verschaffen. Möglich war das natürlich erst, nachdem auch König Roger schließlich Innozenz als seinen Papst anerkannt hatte. Dies geschah, nachdem er ihn, der im Hochsommer 1139 selbst an der Spitze eines Heeres gegen die Normannen gezogen war, vernichtend geschlagen und ihm seine Friedensbedingungen diktiert hatte. Seitdem herrschte zwischen dem Papst als Lehnsherrn und dem König als Vasallen eine permanente Spannung, die aber nach außen einem korrekten lehnsrechtlichen Verhältnis glich. So konnte Bernhard sich ganz im Recht fühlen, wenn er demselben Mann, den er 1135 als den „sizilianischen Tyrannen" angegriffen hatte,[695] fünf Jahre später überschwenglichst für die Einladung in sein Reich dankt, ihm einige seiner liebsten Mönche schickt,[696] die königliche Freigebigkeit preist[697] und ihm seine Zuneigung zu Füßen legt.[698] Daß der Sizilianer eine Tochter des Grafen Theobald, bekanntlich ein besonderer Freund des Ordens, mit einem seiner Söhne verheiratete,[699] wird Bernhards völlige Umkehr in seiner Bewertung dieses Herrschers bestärkt haben, dessen Mäzenatentum übrigens wirklich berühmt war.

IV. Wider die neuen Ketzer

Die Liturgiereform (1134/46)

Eines der zwischen 1132 und 1148[1] in Cîteaux abgehaltenen General-kapitel beauftragte Bernhard mit der Leitung einer Reformkommission, die den liturgischen Gesang im Orden erneuern sollte. „Kaum war der große Abt [Stephan Harding] verschieden, da unterwarf die zweite Generation der Zisterzienser unter der Leitung des hl. Bernhard das gesamte Erbe der Gründer einer kritischen Revision, wobei sie unerbittlich die Prizipien der Einfachheit und totalen Trennung von der Welt in jenen Bereichen des Mönchslebens anwandten, die der Aufmerksamkeit der Vorfahren ent-gangen waren."[2] Als die ersten Zisterzienser auch auf diesem Gebiet nach den ursprünglichen Quellen suchten und die Meßbücher, die sie aus Mo-lesmes mitgebracht hatten, durch in ihrem Sinne korrektere ersetzen wollten, konnten sie sich an die Hymnen der Mailänder Kirche und an das als besonders authentisch geltende Antiphonar (Choralbuch für den litur-gischen Wechselgesang) von Metz halten.[3] Dieses aber vermochte nun, etwa vierzig Jahre später, den veränderten ästhetischen und musiktheoretischen Ansprüchen der Brüder nicht mehr gerecht zu werden. Denn es tradierte noch Formen aus der alten, vorgregorianischen Epoche und dies noch dazu in fehlerhaften Abschriften.[4] So entschloß man sich zu einer Revision des von Stephan Harding erarbeiteten liturgischen Werks.

Obschon Abt Bernhard musikalische Themen in seinen Werken kaum be-rührte und auch kaum Allegorien aus diesem Bereich verwendete, hatte er doch klare Vorstellungen, wie der Gesang in einem Reformkloster gestaltet sein sollte (Instrumentalmusik war, da diabolisch,[5] selbstverständlich a priori ausgeschlossen). An die Mönche des Klosters Montiéramey, die ihn um ein Of-fizium für ihren Patron, den hl. Viktor, ersucht hatten, schrieb er: Im Gottes-dienst seien Neuerungen zu vermeiden, an „authentica et antiqua" festzu-halten, welche „ecclesiasticam redoleant gravitatem", die gravitätische Würde der Kirche spüren lassen. Wahrhaftigkeit, Demut, Rechtlichkeit, Ausgegli-chenheit soll die Musik hervorrufen. „Wenn ein Gesang ertönt, soll er voller Gravität sein, nichts Mutwilliges darf da erklingen, nichts Bäuerisches."[6] Wie es der Funktion der Musik schon in der Antike entsprach, sollte sie auch nach Bernhard Traurigkeit erleichtern und Zorn lindern. Trotzdem hat sie stets dem

Text untergeordnet zu sein: „Den Sinn des Buchstabens soll sie nicht entleeren, sondern ihn befruchten."[6] Dies war Bernhard zweifellos ein zentrales Anliegen, und dieser Sektor dürfte besonders seinen Eingriffen unterworfen gewesen sein, während er sich für die musikalischen Fragen der Fachkompetenz einer Reihe von Mitäbten bediente,[7] darunter eines früheren Mönches seines Klosters, Guido, der jetzt Abt von Cherlieu war und einen Traktat über die Regeln der musikalischen Kunst verfaßt hatte.[8]

Das revidierte Exemplar wurde dann für alle Zisterzen verbindlich gemacht, die Musikhandschriften mußten durch Radierung und Korrektur angepaßt werden, weitere Änderungen waren verboten.[9] Es orientiert sich generell mehr am damals sonst in Frankreich üblichen Kirchengesang und drängt die altertümlicheren Elemente der Metzer Liturgie zurück,[10] womit Mönchen mit benediktinischer Vergangenheit, wie denen der neu zu den Zisterziensern stoßenden Klosterverbände (Savigny z.B.), der Anschluß erleichtert wurde. Als Hauptprinzipien beachtete man die Identität des Modus am Beginn und Ende einer Melodie, die Beschränkung des Tonumfangs auf den des biblischen Psalters, die Eliminierung „fehlerhafter" Noten und „ausschweifender" Verzierungen. Summa summarum war eine Vereinfachung und Vereinheitlichung der geistlichen Musik des Ordens das Ergebnis.[11]

Die Bittsteller erhielten übrigens den liturgischen Text für ihren Ordensheiligen Viktor von Bernhard; es ist eine traditionelle und fast allerseits als mittelmäßig beurteilte liturgische Dichtung. Bernhard war sich darüber im klaren, seine Bescheidenheitstopoi am Beginn des Begleitbriefes sind auch für ihn ungewöhnlich ausführlich.[12] Für sein Empfinden mochte dieses Werk freilich die Verkörperung des echten alten Kirchengesanges gewesen sein, wie er Ambrosius von Mailand zugeschrieben wurde.[13] Ob der Abt auch die Musik dazu selbst geschrieben hat, ist nicht überliefert. Inhaltlich hält sich Bernhard an die anonyme Lebensbeschreibung des frühmittelalterlichen Heiligen, der als ein von Gott Auserwählter verehrt wird. Eher werden die spirituellen und moralischen Implikationen des Lebens des Heiligen betont als die Ereignisgeschichte der Vita, denn Erbauung, Versetzung in eine bestimmte religiöse Haltung ist das Ziel des Werkes. Es sollte der Wortsinn an erster Stelle stehen, auch auf Kosten der Metrik.[14]

Bernhard spielt in diesem Officium besonders die Möglichkeiten durch, die ihm der Name Viktor bot, z.B.:

„O wahrer Sieger, du hast gesiegt durch den, aus dem du gelebt hast. Vom Mutterschoß bis zum Grabe hast du Triumph an Triumph gereiht. Gib uns, daß wir, wie wir angeeifert werden durch deine Siege, uns auch mit [ihnen als] Bewaffnung schützen. Damit wir am bösen Tag widerstehen können und uns in allem als vollkommen erweisen."

„Vertraut: Viktor hat die Welt besiegt. Freuen wir uns an seinem Sieg, damit (auch) wir siegen!"[15]

Zusätzlich schickte Bernhard den Benediktinern noch zwei kurze Sermones über ihren Patron,[16] die zur Vorlesung für die Matutin, das nächtliche Stundengebet, bestimmt waren. Sie sind von ähnlichem Geist geprägt wie die zitierte Dichtung. In die Liturgie seines eigenen Ordens sollte er übrigens nochmals eingreifen, als er (und nicht der Abt von Cîteaux!) 1151 eine Prozession am Himmelfahrtsdonnerstag einführte.[17]

Mariologie (1137/39)

In etwa dieser Zeit (1137/39) nahm Bernhard auch zu einer Frage der mariologischen Theologie Stellung, der 'Unbefleckten Empfängnis',[18] wobei er eine Position bezog, die sich in der Catholica nicht durchsetzen sollte (was später als Fleck auf seinem weißen Habit erschien[19]). Da sich die Theologen bis 1854, d. h. bis zur Dogmatisierung durch Pius IX., darüber stritten, ob Maria, als sie von ihrer Mutter empfangen wurde, mit der Erbsünde behaftet war oder nicht, wurde Bernhard immer wieder als hauptsächliche Autorität für die Meinung zitiert, auch die Jungfrau sei mit der Erbsünde belastet gewesen. Bernhard verwirft nämlich in einem Schreiben an die Kanoniker von Lyon das „neue Fest", das sie 1136 installiert hatten, „das der Ritus der Kirche nicht kennt, die Vernunft nicht billigt, die alte Überlieferung nicht empfiehlt."[20] Die Geistlichkeit dieser Stadt mußte sich sagen lassen, sie wolle es besser wissen als die Kirchenväter, und bei aller Anerkennung der Heiligkeit der Gottesmutter und bei aller Verehrung, die auch er selbst für sie hege, wolle er sich doch nicht auf eine solche Neuerung einlassen, die noch dazu auf Visionen – denen Bernhard eher skeptisch gegenüberstand[21] – zurückgehe[22] (daß gerade durch eine solche im 13. Jahrhundert ein wichtiges Kirchenfest eingeführt werden sollte, Fronleichnam, konnte der Abt nicht ahnen). Maria aber ist ebenso in der Sünde gezeugt wie alle anderen Menschen, denn ohne Begierde ist eine Zeugung unmöglich.[23] So darf nicht auf sie übertragen werden, was allein ihrem Sohn zukommt. Gern wird Maria auf diese falsche Ehre verzichten, die ihr noch dazu ohne vorherige Erlaubnis durch den Heiligen Stuhl erwiesen wird.[24]

Die Ursprünge des Immaculata-Glaubens in der lateinischen Kirche gehen auf die anglo-sächsische Kirche zurück, von der Teile der französischen diese Vorstellung übernahmen, z. B. in Rouen durch Bischof Hugo von Amiens, der das Fest während seiner Jahre als Abt in Reading kennengelernt hatte.[25] So war es auch ein bekannter englischer Kirchenschriftsteller, Eadmer († 1129?), der Biograph Anselms von Canterbury, auf dessen Traktat über Mariae Empfängnis Bernhard als Antwort einen Brief, der gewiß sogleich kopiert und weitergereicht worden war, schrieb. Eadmer argumentierte mit der Vorherbestimmung Mariens als Mutter Gottes, auf

Grund deren sie das Privileg erhielt, immer an Seele und Leib von jedweder Sünde unbefleckt zu sein.[26] Ob Bernhard diese Kritik an seinen Darlegungen bekannt wurde, ob er darauf reagierte, entzieht sich unserer Kenntnis. Seine einleuchtenden Gründe für die Ablehnung dieses Theologoumenons (eines Lehrsatzes, der nicht zur amtlichen Glaubenslehre gehört) konnten sich jedenfalls angesichts der seit dem beginnenden Hochmittelalter ungemein expandierten Marienfrömmigkeit nicht durchsetzen.

„Über Vorschrift und Dispens" (1140)

Einer der interessantesten Traktate Bernhards, *De praecepto et dispensatione* (Über Vorschrift und Dispens), mit dem er sich auf das Gebiet des Ordensrechts, der Moraltheologie und der Dogmatik begab (die zu seiner Zeit freilich so nicht geschieden waren), ist chronologisch nur schwer einzuordnen; da Petrus von Cluny in einem Brief aus den letzten Monaten des Jahres 1144 eine Abschrift erbat, muß er vor dieser Zeit entstanden sein.[27] Da Bernhard keine Anspielung auf Abaelard und seine Intentionalethik machte, obschon dies vom Thema her nahegelegen hätte, wird man das Werk m.E. wohl am ehesten vor jener großen Auseinandersetzung, etwa um 1140, datieren.[28]

Zwei ungenannte Benediktiner aus Chartres hatten mehrfach Anfragen über die Verbindlichkeit des monastischen Gehorsams und der Profeß an Bernhard gerichtet,[29] die dieser endlich auf Intervention des Abtes Roger von Coulombs (1119–1173/74) beantwortete. Diesen ersuchte Bernhard darum, den Traktat nicht unmittelbar an die beiden Brüder, sondern an deren zuständigen Abt Udo (1129–1150) weiterzugeben, womit er dem Usus Rechnung trug, dem Vorgesetzten eine Prüfung der Korrespondenz seiner Mönche zu ermöglichen,[30] und gleichzeitig wohl deutlich machen konnte, daß er mit seiner Schrift keine Benediktiner für sich abwerben wollte.

Was sich zu den beiden Fragestellern sagen läßt, wenn man von Bernhards Betonung des freiwilligen Charakters der Ordensprofeß ausgeht, ist, daß es sich bei ihnen um Männer handeln dürfte, die ihr Gelübde als Erwachsene im klaren Bewußtsein der juristischen und praktischen Konsequenzen abgelegt hatten. Die früh- und hochmittelalterlichen Autoren bezeichneten solche Erwachsene, die sich entschlossen, ein religiöses Leben, meist als Mönche, zu führen, als 'conversi'. Erst etwa seit dem 10. Jahrhundert ist dieses Wort (dann besonders bei den Zisterziensern, aber auch den Vallombrosanern, Hirsauern) im heute üblichen Sinn von „Konversen", d. h. Laienbrüder, belegt. Nur an solche freiwilligen Mönche richtet sich der Traktat. Das Problem der Oblaten,[31] also der Kinder, die von ihren Eltern teilweise schon mit vier, fünf Jahren auf Lebenszeit einem Kloster übergeben worden waren und die kaum die Möglichkeit besaßen, den Konvent legitimerweise je wieder zu verlassen, spricht Bernhard überhaupt an keiner Stelle an, und das, obschon er ja selbst seinen Vetter Robert von Châtillon gemäß päpstlichen Urteils von Clairvaux nach Cluny hatte zurückziehen lassen müssen, da dieser von seinen Eltern dorthin verlobt worden war.[32] Geht Bernhard nicht auf diese Frage ein, da die Zisterzienser dieses Verbot für ihre Gemeinschaften wohl schon seit der Gründung 1098 ausgesprochen hatten[33] und *De praecepto* doch vornehmlich auch von diesen gelesen werden sollte? Freilich konnte er nicht voraussehen, daß auch die Zisterzienser schon bald nach seinem Tode Oblaten wieder zulassen würden.[34]

Jedenfalls ließ sich Bernhard hier auf eine Diskussion ein, zu der es noch wenig Literatur gab. Da er aber ein ganz überdurchschnittlich eifriger Bibelleser und -kenner war, was sich längst auch zu den Cluniazensern herumgesprochen hatte,[35] kann es nicht verwundern, wenn man ihn in allen möglichen geistlichen Dingen um Rat fragte. Zunächst fällt auf, daß Bernhard nicht, wie naheliegend, einen Regelkommentar zitiert (Smaragdus, Hildemar bzw. Paulus Diaconus, Rupert von Deutz), auch nicht die *Panormia* Ivos von Chartres, die die Dispensfrage behandelt und die Bernhard kannte,[36] genausowenig wie die ordenseigene *Charta caritatis* (etwa c. 2) oder einschlägige Bestimmungen kirchlicher Konzilien. Anselm von Canterbury und Ivo hatten sich unmittelbar vorher mit dem Dispensrecht beschäftigt; Petrus von Cluny hatte 1126/27, vielleicht in Antwort auf Bernhards *Apologia*, das Thema in seinem ersten an diesen gerichteten Brief behandelt.[37] Worauf sich Bernhard aber wie gewohnt vor allem stützte, das war die Regel selbst, die „unser Gesetzgeber Benedikt"[38] vorgeschrieben hatte (2: Abt, 5: Gehorsam, 54: Briefe, 64: Abtswahl).[39]

Es ist *De praecepto* neben *De gratia* wohl das am ehesten der Scholastik (Moraltheologie) und der Kanonistik nahestehende Werk des Abtes, das mit systematischen Begriffsanalysen, Distinktionen und dialektischen Argumenten arbeitet („vigil ... circumspecta discretio" wird sein Biograph Gottfried sagen[40]). Die Abhandlung umfaßt, abgesehen von einigen Exkursen, zwei annähernd gleichlange Hauptteile: Der erste (1–34) behandelt die objektive Verbindlichkeit der verschiedenen Gebote und Verbote, der zweite die subjektive Verantwortlichkeit (35–61).[41] Der Ton ist bisweilen etwas unwirsch, so daß man Bernhard gern glaubt, er habe lange mit der Antwort gezögert, da er als Zisterzienserabt sich vielleicht nicht unbedingt Benediktinern gegenüber als Regelkommentator profilieren wollte. Ironischerweise fand das Werk dann gerade in diesem Orden seine größte handschriftliche Verbreitung;[42] Petrus von Cluny bat Bernhard ausdrücklich um seine Übersendung.[43]

Bernhard beginnt auch hier mit dem üblichen Bescheidenheitstopos: „Im Vertrauen auf Euren Glauben, nicht auf meine geistigen Fähigkeiten, tauche ich also in den Abgrund der Fragen, ohne zu wissen – Gott weiß es –, wie ich daraus wieder auftauchen werde."[44] Die erste und zentrale Frage lautet, inwieweit die Anordnungen der Mönchsregel Gebote darstellen und inwieweit bloß Ratschläge. Ist eine Übertretung eine Todsünde oder nur ein läßliches Vergehen? Da ist zunächst einmal abzustecken, für wen die *Regula Monasteriorum* überhaupt gilt. „Die Regel des heiligen Benedikt ist jedem Menschen vorgelegt, aber keinem auferlegt (omni homini proponitur, imponitur nulli) ... Wenn aber einer aus freiem Willen das, was ich freigestellt nannte, einmal angenommen und künftig zu halten versprochen hat, so wandelt er selbst das Freigestellte in für ihn Nötigendes um, und es steht ihm fortan nicht mehr frei aufzugeben, was ihm zuvor nicht anzunehmen freistand."[45] Für den Mönch ist die Regel also bei Sünde verpflichtend, für alle anderen Gläubigen bietet sie nur Ratschläge.

Wer freiwillig die Profeß auf die *Benediktusregel* abgelegt hat, dem sind ihre Gebote nötigend und geradezu naturgegeben („necessaria et tamquam naturalia"[46]). Warum ist diese Regel (wie auch die anderen sowie die authentischen Konzilsbeschlüsse) verbindlich? „Sie sind uns ja von Heiligen überliefert und bewahren fest Heiliges".[47] Hier wäre ein Exkurs über die Bedeutung persönlicher Heiligkeit im Denken Bernhards einzuschalten; sie ist so groß, daß sie ihm nicht nur eschatologisch als Schlüssel der Gotteserkenntnis gilt, sondern auch auf Erden augenscheinlich sündhaftes Verhalten oder den Bruch des Kirchenrechts legitimiert.[48] Da die Heiligen aber doch auch („tamen") Menschen waren, können ihre Bestimmungen von ihren Amtsnachfolgern außer Kraft gesetzt werden, und zwar nicht „leichthin je nach Wunsch, sondern getreulich aus Vernunft (leviter pro voluntate, sed ex ratione fideliter)".[49] Es sind notwendige und vernunftbegründete Ausnahmen möglich – die Vernunft betont Bernhard hier ausdrücklich –, insofern dies der Wahrung der Liebe, wofür die Regel geschaffen wurde, dient[50] (ähnlich übrigens Petrus Venerabilis[51]). Hier ist eine der seltenen Gelegenheiten, wo sich Bernhard namentlich auf Autoritäten beruft: Die Gewährsmänner sind zwei heilige Päpste des 5. Jahrhunderts, Gelasius I. und Leo I., die sich im Sinne von „Not ändert ein Gebot" ausgesprochen haben.[52] Das bedeutet allerdings nicht, daß Bernhard diese Kirchenväter aus unmittelbarer Lektüre kennen mußte: beide Stellen zitiert nämlich Ivo von Chartres, der einflußreichste Kanonist vor Gratian, dessen Werke Bernhard, wie gesagt, nachweislich kannte und benützte.[53]

Selbstverständlich gibt es Gebote, die nur Gott verändern kann, nie ein Mensch. Zum Beispiel „Du sollst nicht töten", „Du sollst nicht ehebrechen", „Du sollst nicht stehlen" (Ex 20, 13–15). Das hat Gott auch getan, denn den Hebräern befahl er, die Ägypter auszurauben, und der Prophet mußte mit einer Dirne verkehren (Ex 3, 21f. bzw. Hos 1, 2.). Das eine wäre an sich das schwere Verbrechen des Raubes, das andere eine schimpfliche

Schandtat, wenn nicht beides durch die Autorität des Befehlenden entschuldigt wäre. Bernhard geht so weit, daß er annimmt, bei Sünden heiliger Personen habe es einen geheimen Auftrag Gottes gegeben, von dem eben nichts in der *Bibel* stehe. So z. B. bei Samson, der sich samt seinen Feinden umbrachte (Id 16, 30).[54] Nach Bernhard liegt also die Sittlichkeit einer Handlung im Willen des Gesetzgebers, nicht in der inneren Qualität der Handlung, eine Konzeption, die er aus Augustinus übernommen hat, der das Beispiel von Samsons Tod schon so verwendete.[55] Dies ist natürlich eine bequeme Methode, mit Problemen des moralischen Verhaltens der Personen der *Heiligen Schrift* fertigzuwerden.

Inkonsequenzen finden sich auch im weiteren Verlauf von Bernhards Überlegung. Obgleich er gerade Sittlichkeit von der Willenssetzung Gottes abhängig gemacht hat, zu dessen Allmacht es auch gehöre, seinen Willen zu ändern, vertritt er im nächsten Abschnitt die Meinung, es gäbe auch „von Natur aus" gute Verpflichtungen, die nicht einmal Gott selbst abzuändern vermöchte – etwa die Grundsätze der Bergpredigt.[56] Wo freilich das Unterscheidungskriterium zwischen denjenigen Bestimmungen liegen solle, die ihr Schöpfer verändern dürfe, und denjenigen, wo ihm dies nicht möglich sei, das verrät der Theologe nicht.

Parallel zu diesen drei prinzipiellen Stufen des von Menschen Veränderbaren, des von Gott Veränderbaren und des auch von ihm nicht zu Verändernden gibt es solche Stufen auch in den Gesetzen der *Benediktusregel*. Der Abt – der nicht über der Regel steht, da er sich ihr selbst einmal durch sein Gelübde unterworfen hat – darf bisweilen den Buchstaben der „Regel der Liebe" hintanstellen, wenn die Notwendigkeit zu einer Ausnahme zwingt.[57] Der Spielraum, den der Abt zur Verfügung hat, ist theoretisch sehr klein; die Regel ist die Konvention, nach der Leiter und Untergebene im Kloster einen wechselseitigen Pakt geschlossen haben – eine Sicht, die fast an den genossenschaftlichen Vertrag erinnert, wie er dem Mittelalter wohl bekannt war,[58] obgleich vertikale Herrschaftsstrukturen in dieser Epoche wesentlich kräftiger ausgebildet waren. Bernhard betont die Begrenzungen der Willkür des Vorgesetzten und macht die Profeßformel zur Richtschnur: „Der Obere verbiete mir nichts von dem, was ich gelobt, noch fordere er von mir mehr, als was ich versprochen habe."[59] Aber nun folgt sogleich ein Verweis auf die Ideale des Benediktinertums, um doch den Gehorsam der Mönche dem so in seine Schranken verwiesenen Abt gegenüber sicherzustellen: tugendsamer Gehorsam kennt keine Grenzen, Christus war dem Vater gehorsam bis in den Tod.[60] Daß Bernhard selbst solchen Gehorsam durchaus konkret einforderte, zeigt etwa sein Brief an Aelred von Rievaulx von 1142, in dem er dessen Entschuldigungen, das verlangte Werk über die geistliche Liebe nicht schreiben zu können, wohlwollend zur Kenntnis nimmt, um trotzdem auf seinem Gebot zu beharren, das zu erfüllen der Schotte aufgrund des mönchischen Gehorsams gezwungen sei.[61]

Die Unterschiede in der Sündhaftigkeit bei Ungehorsam liegen nach Bernhard in der Intention: Mord und Notwehr stehen nicht auf gleicher Stufe.[62] Dies wiederholt er später: Es wiegt nicht die Art der Sünde, sondern die Gesinnung des Sünders, "non peccati species, sed peccantis intentio".[63] Das könnte genausogut in Abaelards *Ethik* stehen! Und in den *Hohelied*-Predigten heißt es: „cordis intentio et iudicium conscientiae", „die innere Absicht und der Gewissensspruch" geben der Tat erst ihre Farbe, schwarz, wenn lasterhaft, weiß, wo tugendsam[64] (vgl. 'conscientia' bei Abaelard[65]). „valet intentio ad meritum", als Verdienst wird uns nur der dem Guten zustimmende Wille angerechnet (vgl. 'consensus' bei Abaelard[66]), der gute Gedanke stammt ohnehin von Gott, und die gute Tat wird meist ohnehin aus Furcht oder Heuchelei vollführt.[67]

Die beschriebene Haltung brachte Bernhard auch sonst zum Ausdruck: Als er dem Abt Wido von Trois-Fontaines wegen eines unbewußten liturgischen Formfehlers neben Bußpsalmen täglich die siebenmalige Selbstgeißelung auferlegt, tröstet er ihn dennoch mit den Worten, „das Motiv für die Sache, nicht sie selbst, und schon gar nicht der Ausgang der Tat, sondern Vorsatz und Intention (intentionis propositum) macht den Unterschied zwischen Schuld und Verdienst aus!"[68] Selbst bei einer Verfehlung angesichts der „maiestas" des Altarsakramentes ist die „propria intentio"[69] das Wesentliche. Biblisch begründet sieht Bernhard dies u. a. im *Matthäusevangelium* 5, 28.[70]

Bernhard handelt in der Folge über die Stufen des Ungehorsams, wobei er zwar den Ungehorsam als Weg zur Hölle bezeichnet, aber Skrupulanten tröstet: wo der Trotz fehlt, das Nicht-gehorchen-Wollen, handelt es sich kaum um eine Todsünde; leichte und schwere Verfehlungen sind durchaus zu unterscheiden, wie schon Benedikt es tat.[71] „Wenn auch jeder Ungehorsam unentschuldbar sündhaft ist, so führt er doch nie zur ewigen Verdammnis, außer wenn das Heilmittel der Buße nicht heilt. Er ist nicht Todsünde, außer wenn er den verachtenden Stolz nicht meidet."[72] So widerlegt Bernhard, fast ein wenig ärgerlich, eine Einstellung, die die beiden Mönche offenbar besonders bedrückte: Man könne eigentlich im Kloster gar nicht der Verdammung entkommen, weil man aus menschlicher Schwäche unablässig eines der zahllosen Gebote übertrete.[73] Gibt es schließlich nicht noch das Heilmittel der Buße?

Nun wendet sich Bernhard, angeregt von der Exegese des 14. Kapitels des *Römerbriefes*, lange der Metapher des „vierfachen Auges" zu.[74] Sie beruht auf *Matthäus* 6, 22f. und versucht, die innere Einstellung zum und das Erkennen im moralischen Bereich unter dem Bild eines guten und eines besseren, eines bösen und eines schlechteren inneren Auges zu beschreiben.

Anscheinend ist Bernhard in dieser Einteilung ganz originell,[75] wenn auch prinzipiell die Auslegung der *Evangelien*-Stelle auf die „intentio", die auch in diesem Abschnitt wiederum den Kern von Bernhards Lehre darstellt, seit Augustinus und Gregor I. üblich war.[76] Geradezu kasuistisch werden die Möglichkeiten der sittlichen Bewertung der Handlungen durchgespielt; mit dem bösen Auge z. B. ist jenes gemeint, das verkehrt und blind recht handelt, Gutes tut, es aber schlecht meint,[77] etc. Bernhard reflektiert hier als Moraltheologe und schweift breit vom eigentlich speziell monastischen Thema ins Allgemeine ab.

Er kehrt jedoch zu den spezifischen Schwierigkeiten des Mönchsdaseins zurück und beginnt nach einer Erwägung der Verdienstlichkeit des Gehorsams[78] die Frage der benediktinischen 'stabilitas loci' zu diskutieren.[79] Die Benediktiner, und natürlich auch die Zisterzienser, gelobten ja, ihr Leben in dem Kloster zu verbringen, in dem sie die Profeß abgelegt hatten. Davon, so lehrt Bernhard, gibt es nur eine Ausnahme: wenn ein tugenhaftes Leben „an dem Ort wegen der Bosheit und Gottlosigkeit der Mitbewohner vielleicht nicht zu verwirklichen ist, so rate ich ohne Bedenken, dem Geist der Freiheit (vgl. 2 Cor 3, 17) zu folgen und an einen anderen Ort überzutreten, wo der Mensch nicht gehindert wird, Gott seine Gelübde zu erfüllen, die seine Lippen gelobt haben".[80] Hier berührte Bernhard den so aktuellen Streitpunkt des 'transitus' von einem Konvent zu einem anderen.[81] Der nicht seltene Übertritt von den Benediktinern zu den Zisterziensern stieß nicht nur auf Kritik aus dem Mutterorden. Selbst für Cîteaux, die eigene Kommunität, stellte es ein Problem dar, daß die Gemeinschaft ihre Existenz ja einem solchen Bruch der 'stabilitas loci' verdankte. Abt Robert hatte doch 1098 sein Kloster Molesmes im Stich gelassen und war erst durch den Papst zur Rückkehr gezwungen worden. Das wollte man so sehr verschweigen, daß man im Orden bis zu seiner Kanonisation 1221 nicht ihn, sondern seinen Nachfolger Alberich als ersten Abt von Cîteaux bezeichnete![82] Auch der Abt, der Bernhard dort aufnahm, Stephan Harding, war aus dem englischen Benediktinerkloster Sherborne, wo er 1069 die Profeß abgelegt hatte, über Schottland (Irland?), Paris und Rom nach Molesmes gelangt.[83] Schließlich dürfte der genannte Paganelli, der zukünftige Papst Eugen III., sehr wahrscheinlich Camaldulenser gewesen sein, ehe er, von Bernhard begeistert, in Clairvaux Zisterzienser wurde.[84] Wer die diesbezügliche Kasuistik unseres Traktates liest, sollte es nicht tun, ohne diese Ereignisse mitzudenken. Dazu kommen die zahlreichen Beispiele, wo Bernhard praktisch vor dem Problem des 'transitus' stand und die in seinen Briefen dokumentiert sind. Er hat ihn unter bestimmten Voraussetzungen heftig befürwortet: Man denke an seine leidenschaftlichen Bemühungen um seinen Vetter Robert,[85] man denke aber auch an seinen ebenso heftigen Widerstand, einen 'transitus' aus Morimond zuzulassen[86] – sein in diesem Zusammenhang geschriebener Brief 7

wirkt in vieler Hinsicht wie eine Vorwegnahme des in *De praecepto* Ge-
sagten. Auch seinem Freund und späteren Biographen Wilhelm, Abt des Benediktinerklosters Saint-Thierry, erlaubte er den sehnlich gewünschten
Übertritt nach Clairvaux nicht. Nach zehn Jahren des Wartens schloß sich
dieser schließlich während Bernhards Abwesenheit aus Frankreich einem
anderen Zisterzienserkloster, Signy, an.[87] Es gibt eine Reihe weiterer Beispiele,[88] wo Bernhards Haltung nicht immer widerspruchsfrei erscheint. Es
war wohl Zeit, daß er selbst in dieser Sache zu einer Klärung kam.

„Nehmen wir an, ein Mönch des Cluniazenserordens trage sich mit dem
Gedanken, sich an die Armut der Zisterzienser zu binden, weil er nämlich
die Reinheit der Regel den Gewohnheiten der Cluniazenser vorzieht. Fragt
er mich um Rat, so rate ich ihm ab, wenn er dies ohne Zustimmung seines
Abtes gewagt hat. Warum? Erstens wegen des Ärgernisses derer, die er verläßt. Dann, weil es gefährlich ist, Sicheres für Zweifelhaftes zu verlassen:
vielleicht kann er nämlich dieses halten, jenes nicht. Drittens ist mir die
Leichtfertigkeit verdächtig, mit der wir uns oft schnell für etwas begeistern,
ohne es geprüft zu haben ... [manche] nehmen sich heraus, so viele Pläne zu
fassen, als sie Klöster besuchen, begehren immer das, was sie nicht haben,
und was sie haben, dessen sind sie überdrüssig."[89] So schreibt Bernhard.
Daß er in praxi nicht immer „abgeraten" hat, haben wir bereits gesehen.[90]
Bernhard räumt in diesem Traktat ein, man könne, wenn man nur die Vorschriften des eigenen Klosters befolge, durchaus ein guter Mönch sein, auch
außerhalb des Zisterzienserordens. Freilich verweist er sodann nicht ohne
eigene Rechtfertigung auf die *Regel* 61, 9f., die die Aufnahme eines anderen
Mönches gestattet, wenn dieser nicht von einem benachbarten Konvent
kommt. Die Maxime, mit der Bernhard diesen Abschnitt beendet, ist von
vorbildlicher Ausgewogenheit: „Wer auf Antrieb seines Gewissens sein Kloster verläßt, um, wie er glaubt, seine Gelübde besser halten zu können, der
verachte den anderen nicht, der (sein Kloster) nicht verläßt. Und wer mit ru-
higem Gewissen und aus Angst vor Ärgernis seine Brüder nicht verläßt,
richte nicht über den Ausgetretenen."[91]
Der letzte Teil des Werkes gibt Antworten auf einige sehr spezielle moral-
theologische Fragen der Kirchengeschichte und des Kirchenrechts.[92] Behandelt wird u. a. die Metapher von der Profeß als ‚zweite Taufe', Abtswechsel
und ‚transitus', weiters die unwillkürliche Pollutio im Schlafe. Letztere war
für die mittelalterlichen Mönche ein ernstes Problem, denn Unbeflecktheit
im alttestamentlichen Sinn war eines ihrer großen Ideale.[93] Im Hymnus aus
der Komplet lautet die Bitte der Mönche, die Träume und Phantasiegebilde
der Nacht mögen verblassen und Gott möge den Feind verjagen, damit die
Leiber nicht befleckt würden: „Procul recedant somnia / Et noctium phan-
tasmata: / Hostemque nostrum comprime, / ne polluantur corpora".[94] Für
die Reinigung nach einer solchen „Täuschung" waren in den Cluniazenser-

klöstern eigene Waschräume eingerichtet.[95] Seitdem sie die Wüstenväter und die Heiligen Johannes Cassianus und Caesarius von Arles diskutiert und die frühmittelalterlichen Bußbücher sie unter Strafe gestellt hatten, beschäftigte das Thema die Moralisten und klösterlichen Gesetzgeber des Mittelalters immer wieder, zu Bernhards Zeit etwa auch Ivo von Chartres.[96]

Bernhard ist aber nicht bereit, sämtliche Fragen zu beantworten, denn sich über kanonisches Recht Gedanken zu machen, sei nicht Sache der Mönche.[97] Nur auf einige Stellen des *Neuen Testamentes*, die er auslegen sollte, geht er noch kurz, aber gehaltvoll ein. Dann bemerkt er, wie viel mehr als geplant er schon diktiert hat, und verabschiedet sich hastig.

Das Bekenntnis zur Freiheit der Regelauslegung, die Bernhard vertritt, erscheint bemerkenswert, wenn man bedenkt, daß es ein Aspekt im Reformpathos der Zisterzienser war, die *Benediktusregel* ad apicem, buchstabengetreu, zu befolgen. Typisch für die neue Denk- und Argumentationsweise des 12. Jahrhunderts ist der mehrfache Rekurs auf die 'ratio' und die 'intentio'.[98] So zeigt gerade dieser heute vergleichsweise wenig gelesene Traktat Bernhard als Exponenten der neuen Mentalität des Hochmittelalters.

Die 'Causa' Abaelard (1140/41)

Natürlich lief auch in diesen Jahren das Wirken des Abtes für sein Kloster Schritt für Schritt weiter; so wurde Clairvaux 1141 die erste Zollbefreiung seiner Geschichte gewährt, und zwar von seiten des Grafen von Flandern, was auf die zunehmende Einbindung auch in die großräumigere Wirtschaftswelt verweist.[99] Bernhard griff auch, in Briefen Stellung nehmend und vermittelnd, immer wieder in verschiedene lokale Konflikte ein, die in ihren Details hier zu verfolgen zu weit führen würde. Ein solcher war z. B. in Trier der zwischen dem herrschsüchtigen Erzbischof Albero und den Mönchen von St. Maximin. Mehrfach griffen auch der Graf von Namur, der Papst und der König ein.[100] Bernhard stellte sich hier in krasser Schwarzweiß-Malerei an die Seite des Bischofs; einer jener Fälle, bei denen man versteht, warum die Kurie Bernhards laufende Interventionen verärgerten,[101] der u. a. von sich sagt, „wenn ich meine Bitten auch zehn Mal wiederholt habe, werden sie nicht aufhören! Wir geben nicht auf ..."[102] Besonders daß Bernhard die Rücknahme bereits erfolgter Entscheidungen des Heiligen Stuhles wünschte, konnte bei einem Mann wie Innozenz nicht auf viel Verständnis stoßen. Doch was waren solche kleinen Streitigkeiten im Vergleich mit dem Zwist, der bevorstand?

Es mag um 1140 gewesen sein, daß Bernhard in einer seiner kontinuierlich fortgesetzten Predigten zum *Hohenlied* eine (an die *Parabeln* erinnernde) Skizze der Heils- und Kirchengeschichte entwarf: Am Beginn des Christentums stand der „Schrecken der Nacht" (Ps 90, 5), die Zeit der Verfolgung, dann kam die Seuche der Spaltungen, dann die Krankheit der heuchelnden Häresie. Bernhard erkennt wohl, wie es um die Kirche und ihre „Diener" steht: „Tiefinnerlich und unheilbar ist die Wunde der Kirche", die von ihren eigenen Söhnen befleckt wird, „von ihrem schändlichen Leben, ihrem schändlichen Erwerb, ihrem schändlichen Handel ..."[103] Der Mittagsdämon, jene unheimliche Gestalt des 90. *Psalms* der *Vulgata*, die die Exegeten nur schwer einzuordnen vermochten,[104] „ist der Antichrist selbst ... Und er wird sich erheben über das, was Gott genannt wird, was als Gott verehrt wird ..."[105] Diese Stimmung, diese Zeitanalyse, diese Geschichtstheologie sollte man im Gedächtnis behalten, um Bernhards Reaktionen in der 'Causa' Abaelard besser zu begreifen.

In der Fastenzeit des Jahres 1140[106] erhielt der Abt den Brief eines alten Freundes, der ihn über einige ihm außerordentlich bedenkliche Neuerungen auf dem Gebiet der Theologie informierte. Bernhard konnte noch nicht ahnen, daß die Entrüstung, mit der er das Berichtete zur Kenntnis nahm, die Grundlage für ein neuerliches und folgenschweres Eingreifen seinerseits in die Geschicke der Kirche sein würde, ein Eingreifen, das sein Bild bei manchen späteren Generationen mehr prägen sollte, als irgendeine seiner sonstigen Aktivitäten. Wenn irgendwo in der Beurteilung Bernhards, dann scheiden sich hier die Geister: für die einen, die konfessionelle Geschichtsschreibung betreiben, ist Bernhard der „Wachhund der Braut [der Kirche] – wie könnte man ihm Unrecht geben?",[107] für die anderen, zu denen immerhin u. a. ein Le Goff zählt, ist er „ein verfrühter Groß-Inquisitor".[108]

Der angesprochene Brief[109] kam aus der Zisterze Signy. Dort lebte mittlerweile Wilhelm, einst Abt des Klosters Saint-Thierry, der 1135 die Italienreise Bernhards ausgenützt hatte, um im Sommer des Jahres endlich seinem lange gehegten, von seinem Freund jedoch abgelehnten Wunsch nach einem 'transitus' vom Benediktiner- zum Zisterzienserorden nachzukommen.[110] Wilhelm, nun nurmehr einfacher Mönch, muß ein Bernhard seinem Wesen nach sehr verwandter Mensch gewesen sein, ebenso liebesfähig, ebenso zu mystischer Kontemplation geneigt, aber ebenso vorschnell urteilend wie sein Freund.

In großer Aufregung schreibt der nunmehrige Ordensbruder Bernhards: Der Glaube, für den zu sterben er bereit sei, sei in Gefahr, es gehe um die Heilige Dreifaltigkeit, die Person des Heilands, den Heiligen Geist, die Gnade Gottes, das Sakrament der Erlösung. „Peter Abaelard nämlich lehrt schon wieder Neues, schreibt Neues, und seine Bücher überqueren die Meere, überspringen die Alpen, und seine neuen Glaubenslehren, seine neuen Dogmen verbreiten sich über die Provinzen und Reiche, werden oft vorgetragen[111] und frei verteidigt, so sehr, daß sie angeblich sogar in der Kurie Autorität besitzen!"[112] Hierzu darf nicht weiter schweigen, wer allein von Abaelard gefürchtet wird! Eine interessante Bemerkung, die vielleicht darauf hinweist, daß der Professor bei der Auseinandersetzung um die richtige Form des liturgischen *Vater Unsers*[113] einen beunruhigenden Eindruck von Bernhards Stärke mitgenommen hatte.

Es handelte sich um eine Autoren-Bearbeitung der *Theologia scholarium* des berühmten Gelehrten, die Wilhelm so erregte („graviter turbarer"[114]), daß er eine Abschrift von ihr zusammen mit diesem Brief und einer Widerlegung (*Disputatio*)[115] zugleich an Bernhard und den Bischof Gottfried von Chartres sandte. Warum auch an diesen, der doch vor 19 Jahren, als Abaelard auf der Synode von Soissons angeklagt wurde, sein Verteidiger gewesen war? Wohl weil er das Amt eines päpstlichen Legaten bekleidete und damit eine offizielle Verbindung zum Lateran darstellte und weil er während des Papstschismas so oft mit Bernhard zusammengearbeitet hatte, daß Wilhelm jetzt sicherlich auf eine andere Einstellung dem Philosophen gegenüber hoffte. Außerdem war er, anscheinend ohne selbst Gelehrter zu sein, qua seines Amtes Haupt der Kathedralschule von Chartres,[116] die eines der wichtigsten Zentren voruniversitärer Bildung in Frankreich darstellte. Gleichzeitig vertrat man dort in der philosophischen Hauptfrage der Zeit, dem Universalienproblem, eine realistische, also Abaelard entgegengesetzte Position.

Die unablässige Verwendung von „novus" oder davon abgeleiteten Bildungen in seinem Brief zeigt, was Wilhelm so bestürzte: hier wandte jemand die Erfindungen der eben auf den Schulen in Mode gekommenen Kunst der Dialektik auf die *Heilige Schrift* an! Wie hätte er voraussehen können, daß die *Theologia* eines der ersten Werke jener Methode war, die die Lehre der Catholica in Kürze vollkommen und rechtsverbindlich bestimmen sollte, der Scholastik? Wie hätte er ahnen können, daß die allegorisch-assoziative Methode, die seit Gregor dem Großen die übliche bei der Auslegung der *Bibel* geworden war und die auch er mit Könnerschaft beherrschte, in einigen Generationen von der neuen Richtung gänzlich verdrängt werden sollte?

Wilhelm gab dreizehn Kapitel an, die er für höchst bedenklich erachtete. Die Liste beginnt mit dem Vorwurf, Abaelard „definiert den Glauben als Meinung von unsichtbaren Dingen";[117] dann, um nur einiges zu nennen, „er habe gelehrt, Gott Vater sei unbegrenzte Macht, der Sohn eine gewisse Macht und der Heilige Geist keine Macht; der Heilige Geist sei die Seele der Welt; daß Christus nicht Fleisch geworden und gelitten habe, um uns aus dem Recht des Teufels zu befreien; daß Sünde nur mit innerer Zustimmung und aus Verachtung Gottes geschehen könne und daß Begierde (concupiscentia) und Lust (delectatio) keine Sünde seien."[118] Diese Vorwürfe, die natürlich nur vor dem Hintergrund der damaligen theologischen Lehren zu verstehen sind, werden wir in dem offiziellen Anklageschreiben Bernhards gegen Abaelard[119] wiederfinden. Es sollte künftig immer üblicher werden,

Abweichler mit solchen mehr oder weniger korrekten Auszügen aus ihren Werken zu konfrontieren, um sie des Irrglaubens zu bezichtigen.[120]

Außerdem verwies der Zisterziensermönch auf weitere, ihm noch unbekannte Schriften des Philosophen, von deren „monströsem Titel" er fürchtete, auf eine monströse Lehre schließen zu müssen. Es handelt sich um die Hauptwerke Abaelards, die Grundlegung der Dialektik in der Gottesgelehrsamkeit *Sic et non* und seine Ethik *Scito te ipsum*. Man kann die treffende Bemerkung Coultons, was Bernhard am meisten beleidigte, war, daß es überhaupt eine Philosophie der Religion geben sollte,[121] gewiß mit gleichem Recht auf Wilhelm beziehen. Entsprach das nicht der traditionellen benediktinischen Geistigkeit, die überhaupt kein Erfordernis für die neuen Wissenschaften sah, weswegen der Orden auch so gut wie keine Lehrer an die entstehenden Universitäten abgab, obwohl manche Klosterschulen durchaus hochgebildete Gelehrte hervorbrachten (man denke an Anselm von Canterbury, Guibert von Nogent oder Rupert von Deutz)?

Nochmals fordert Wilhelm Bernhard und Gottfried auf, sich mit ihm zu erregen. Eine kleine persönliche Notiz erinnert an das frühere Verhältnis zwischen Denunziantem und Angeklagtem: „Auch ich habe ihn geliebt", schreibt sein Gegner bezüglich Abaelard, „und würde ihn lieben wollen, Gott ist mein Zeuge – aber in dieser Sache wird niemand mir je nahestehen oder mit mir befreundet sein."[122] Wahrscheinlich hatte Wilhelm einst in Laon zu den Schülern Abaelards gehört[123] oder er war ihm in Paris begegnet,[124] hatte dann aber mit der Dialektik gebrochen und eine 'conversio' zur 'Mönchstheologie' vollzogen. Doch finden sich in seinen Werken noch Reminiszenzen bzw. Anspielungen an seine „wissenschaftliche" Ausbildung.[125] Anscheinend hatte es schon zur Zeit des Konzils von Soissons einen Konflikt mit Abaelard gegeben.[126]

In seiner Antwort beurteilt Bernhard die Erregung seines „liebsten Wilhelm" als „gerecht und notwendig."[127] Da ihm das meiste aber neu ist und er hier seinem eigenen Urteil nicht genügend traut – wie wenig, wird seine weitgehende Abhängigkeit von Wilhelms Streitschrift in seinem Bericht an den Papst zeigen[128] –, schlägt er ein persönliches Treffen vor. Über dieses ist nichts bekannt; daß es stattfand, ist anzunehmen. Denn Bernhard agierte fortan so, als ob er die in seinem Brief angesprochenen Bedenken über seine eigenen Kenntnisse in so diffizilen theologischen Fragen nicht mehr besitze. Von den weiteren Ereignissen hat sich der Mönch von Signy jedoch anscheinend völlig zurückgezogen: „Er beschränkte sich darauf, dem Krieger die Waffen in die Hand gegeben zu haben";[129] erst als ihm andere bedenkliche Schriften anderer Gelehrter in die Hände fielen, sollte er wiederum eine Denunziation an Bernhard schicken.[130]

Wilhelm hatte das Wort Häretiker noch nicht ausgesprochen, erst Bernhard sollte dies tun. Es ist ganz klar, daß er Abaelard für solch einen gefährlichen Menschen hielt. Das Aufspüren von Abweichlern hat eine lange Tradition in der christlichen Religion. „Einen häretischen Menschen meide im Bewußtsein dessen, daß er verkehrt ist und sündigt ..." So befahl es der hl. Paulus im Brief an Titus (3, 10). Hier an den Wurzeln des Christentums bereits taucht er auf, der „hairetikòs ánthropos" („haereticus homo" in der *Vulgata*) und mit ihm das ewige Problem aller Religionen und Ideologien, die nur *eine* authentische Auslegung der Konzeption ihres Stifters zulassen wollen. „hairéseis apoleías", um mit Petrus zu sprechen (II 2, 1), das Verderbnis der Häresien, hatte auch die neue Religion unablässig begleitet: Ende des 2. Jahrhunderts ortete Irenaios 20 'Konfessionen', wenig später Hippolytos 32 und im ausgehenden 4. Jahrhundert Epiphanios 60, Filastrius von Brescia 156 ...[131] Schon unter Theodosios und Justinianos wurden Abweichler vereinzelt vermittels der Todesstrafe liquidiert.[132]

Für die westliche Kirche der Völkerwanderungszeit und des Frühmittelalters waren abweichende Meinungen dagegen aus verschiedenen (mentalen und organisatorischen) Gründen so gut wie kein Problem; „die mehr räumlich begrenzten Auseinandersetzungen wie der eucharistische Streit um Paschasius Radbert wurden unter Fachtheologen ausgetragen."[133] Nur wenige einzelne waren es, deren Leben zerstört wurde, weil sie anders dachten, als die Konzilien oder die Päpste bestimmten; Gottschalk der Sachse ist ein bekanntes Beispiel im 9. Jahrhundert.[134] Doch gab die Kirche solche Fälle noch nicht an den weltlichen Arm weiter, wurden keine Todesstrafen verhängt, begnügte sie sich mit Auspeitschung und Klosterhaft.

Erst zu Bernhards Zeiten änderte sich dies langsam: hatte man bei den Prozessen gegen Gerhoh von Reichersberg (1130) und Abaelard (1121, 1141) noch auf jede Mitwirkung der weltlichen Gewalt verzichtet und sich auf Kirchenbußen beschränkt, wurde Arnold von Brescia, einer der Ketzer, gegen die Bernhard predigte, auf Betreiben Hadrians IV. 1155 vom römischen Stadtpräfekten erhängt, sein Leichnam verbrannt.[135] Doch noch hatte das Papsttum nicht mit der Ausbildung einer eigenen Institution zum Aufspüren und Austilgen der Ketzerei auf die wachsende dualistische Häresie des 12. Jahrhunderts, die Sekte der Katharer, reagiert. Noch hatten auch die weltlichen Herrscher nicht die Todesstrafe für Häretiker eingeführt, die Papst Gregor IX. mit seiner Bulle *Excommunicamus* (1231) auch lehramtlich und der hl. Thomas dann endgültig theologisch rechtfertigen sollte.[136] Noch wurden deviante Theologen zwar von Synoden verurteilt und in Klosterkerkern eingesperrt, im allgemeinen aber weder gefoltert noch hingerichtet, wie im späteren Mittelalter üblich.

Wir können hier die Geschichte des genialen, arroganten, unglücklichen Bretonen nicht nachzeichnen; seine in der Katastrophe endende Liebesgeschichte mit Heloise ist noch heute weithin bekannt, seine Pionierrolle in der Applikation der Philosophie auf die Theologie wohl desgleichen. In seinem

Leben kann man leicht Parallelen zu dem Bernhards finden: „Beide waren
Ritterskinder und versuchten sich in Liebeslyrik und weltlichem Wissen, ehe
sie Mönche wurden; erst ihre geistlichen Gedanken haben Zeit und Nachwelt geprägt, obwohl sie beide zeitlebens krank und hinfällig waren, der eine
wohl von einer Blutkrankheit, der andere von einem Magenleiden früh gezeichnet; mit dreiundsechzig Jahren starben sie beide ...“[137] Hinzuzufügen
wäre, daß Abaelard Mißstände im Mönchtum nicht minder scharf kritisierte
als Bernhard, weswegen er sich in Saint-Denis, wo er einige Zeit lebte, verhaßt machte.[138] Zutreffend hat man Bernhard und Abaelard „Feindbrüder"
genannt.[139] In den Charakteristiken, die Bernhard von sich und von seinem
Gegner gibt, erscheinen in der Tat verblüffende Analogien[140]: so schreibt er
selbstkritisch angesichts seiner Verstrickungen in die Welt über sich: „schon
lange habe ich die Verhaltensweise des Mönches ausgezogen, wenn auch
nicht die Kutte";[141] und kritisch spottet er über den weltlichen Abaelard: „er
hat nichts vom Mönch außer den Namen und die Kutte."[142] Dabei übersah
er freilich, daß Abaelard Mönche und Philosophen geradezu gleichsetzte,
die sich ja beide der Wahrheitssuche verschrieben hätten, die nur zu Christus
führen könne.[143] In einem späteren Werk wird Bernhard die Apostasie, das
Verlassen des Klosters, dessen sich Abaelard sowohl in Saint-Denis als auch
in Saint-Gildas-de-Rhuys schuldig gemacht hatte, so beurteilen: Es ist ein
„Sprung aus der Höhe in die Hölle, vom Weg in den Dreck, vom Thron in die
Kloake, vom Himmel in den Staub, vom Kloster in die Welt, vom Paradies
in die Unterwelt".[144] Bernhard hat Abaelard oft und meist böswillig beschrieben, aber eine seiner Charakteristiken scheint ungemein treffend,
wenn man sie nicht negativ versteht: „Ein Mann, der über sein Maß hinaus-
ging",[145] nämlich jenes Maß, daß ihm von den Denktraditionen der Zeit
gesetzt schien.

Schon 1121 einmal von einer Provinzialsynode zu Soissons unter dem
päpstlichen Legaten Kuno von Palestrina dazu verurteilt, sein Werk *De uni-
tate et Trinitate divina* eigenhändig ins Feuer zu werfen und sich in Klosterhaft zu begeben,[146] stand Abaelard 1141 in Sens abermals vor einem Konzil,
das über seine Lehre urteilen wollte. Diese Kirchenversammlung hatte zwar
er selbst zur Arena seiner Disputationskunst ausgewählt, hatte aber nicht
damit gerechnet, daß die Prälaten schon unter dem maßgeblichen Einfluß
Bernhards stehend zusammenkommen würden.

Es ist unmöglich, hier die zugrundeliegenden komplizierten Kontrovers-
punkte u. a. aus dem Bereich der Dreifaltigkeits- und Erlösungsdogmatik im
Detail zu erörtern. Heute gilt als Communis opinio, daß Wilhelm und Bernhard die Texte Abaelards großteils mißverstanden, da dieser sie primär
sprachlogisch gemeint hatte, jene sie aber ganz auf die Inhalte bezogen.[147]
Schon Otto von Freising war dies klar gewesen.[148] Es ging dem Magister
nicht um ontologische Aussagen betreffs der „res", sondern gemäß seiner im

Universalienproblem nicht realistischen Sichtweise um ihre logischen Repräsentationen, die „nomina" und ihre Beziehungen zueinander.[149] Eine Reihe der Abaelard vorgeworfenen „Capitula" betreffen allerdings derartig spitzfindige Theologoumena, daß sie über die Verständniswilligkeit sowohl mancher Gelehrter des 12. Jahrhunderts als auch der Neuzeit hinausgehen.[150]

Nach Meinung Wilhelms von Saint-Thierry war Bernhard zu jeder Feindschaft unfähig.[151] Die Ereignisse von 1140/41 und speziell einige in diesen Jahren geschriebene Briefe sprechen eine ganz andere Sprache. Zunächst jedoch scheint der Abt vorsichtig vorgegangen zu sein. Nach der Vita Bernhards, die diesen freilich überall ins beste Licht zu stellen versucht, habe er es nur darauf angelegt, „daß der Irrtum korrigiert werde, nicht, daß der Mensch vernichtet werde"[152] – warum war es noch im nachhinein wichtig, letzteres zu betonen, hätte man Bernhard nicht eben dies zugetraut? Bernhard habe ein freundliches und friedliches Gespräch unter vier Augen mit Abaelard gehabt, dieser hätte seine Irrtümer eingesehen.[153] Ersteres bestätigt Abaelard selbst indirekt,[154] letzteres galt höchstens kurzzeitig. Jedenfalls gab es noch ein zweites Treffen, bei dem nun auch andere Personen anwesend waren.[155] „Wie auch immer die zweite Begegnung verlief, Abaelard war gewarnt. Ihm war klar, daß Bernhard den ersten Schritt zu einem Häresieverfahren eingeleitet hatte: die brüderliche Zurechtweisung." Jesus hatte sie angeordnet (Mt 18, 15ff.), im Mittelalter war daraus „ein kirchenrechtliches Lehrzuchtverfahren entwickelt worden, das folgende Verfahrensschritte vorschrieb: brüderliche Zurechtweisung (correctio fraternalis), Feststellung der brüderlichen Zurechtweisung vor Zeugen, die Anzeige vor der Gemeinde (denuntiatio Evangelica), die Verurteilung durch die Gemeinde – ein Konzil oder den Papst – und der Ausschluß aus der Gemeinde – aus der Kirche –, die Exkommunikation. Abaelard wußte, was ihm bevorstand."[156] Ganz offensichtlich hat sein Verhalten Bernhard nicht von einer Änderung seiner Ansichten überzeugt, oder er ist tatsächlich nach einer kurzen Sinnesänderung zu seinen früheren, schließlich wohlüberlegten Auffassungen zurückgekehrt.[157]

Sogleich alarmierte der Abt von Clairvaux nun durch Briefe und Boten Äbte und Bischöfe, Kardinäle und den Papst[158]. Häufiger als an den Pontifex Maximus wandte sich Bernhard allerdings mit Briefen an die Kardinäle, wohl da unter ihnen viele zwar ihn, aber auch Abaelard schätzten. Seine Schreiben sind ausgesprochen agitatorisch und kraß,[159] es wimmelt nur so von dem Gelehrten angelasteten Glaubensverletzungen und Beleidigungen Christi, von Lästerungen und Verachtung gegen Kirchenväter und Tradition; sogar ein fünftes *Evangelium*[160] verkünden zu wollen, wird Petrus Abaelardus unterstellt.

Der ausführlichste aller Briefe[161] unterrichtete den Heiligen Vater von

der die Kirche bedrohenden Gefahr, eher schon ein Traktat, dessen analoge
Formulierungen zeigen, daß sich Bernhard direkt an der *Disputatio* Wilhelms orientierte.[162] Bernhard hat sich offensichtlich ganz auf das verlassen,
was dieser ihm über die Lehren Abaelards mitteilte, ohne dessen Schriften
selbst mehr als flüchtig zu überfliegen[163] – wo er sie zitiert, zitiert er sie nämlich nach dem Auszug Wilhelms![164]

Bernhard betont zunächst, seinem Zweck entsprechend, daß es Aufgabe
des Nachfolgers Petri sei, die Verderber des katholischen Glaubens zu liquidieren („conterere",[165] wörtlich: zu Staub zu zerreiben), womit, en passant
bemerkt, wieder ein kleiner Schritt in der ideologischen Stärkung der päpstlichen Monarchie getan war. Wie ein Wahnsinniger, so fährt Bernhard fort,
wütet Abaelard in der *Heiligen Schrift*, wütet gegen Vernunft und Glauben.
Die „profanen Neuerungen" seiner Dreifaltigkeitslehre lassen schaudern[166]
(schon 1121 hatte man ihn des Tritheismus beschuldigt). Der Professor disputiert hier nicht einmal, er spinnt nur: „isto non disputante, sed demen-
tante".[167] Bernhard beschäftigt sich ausführlich mit der komplizierten theologischen Materie, wobei er polemisch Gedanken Abaelards überspitzt,
Schlüsse zieht, die dieser gar nicht gezogen hatte, jeden rhetorischen Trick
anwendet. So schreibt er seinem Gegner etwa zu, er halte nur den Vater für
allmächtig, der Sohn habe nur eine gewisse Macht, und der Geist keine. Natürlich fällt Bernhard dazu sofort ein *Bibel* Zitat ein, das das Gegenteil beweist; also muß, wer sich mit solch vermessenen Gedanken abgibt, stürzen
wie Luzifer vom Himmel.[168] Nicht er, Bernhard, klagt Abaelard an, sondern
das tut sein Buch selbst;[169] er rät ihm, fast schon zynisch, Gott selbst zu
fragen, warum er so oder so gehandelt habe.[170]

Den Glaubenssatz, die Inkarnation sei erfolgt, um den Menschen aus der
Herrschaft des Teufels zu erlösen, der er ob seiner Schuld gerechterweise
verfallen ist, leugnet dieser Kluge, so Bernhard ironisch, gegen die Lehre
aller Kirchenväter[171] (wobei er wie immer die altchristlichen Schriftsteller
meint, und nicht auf denjenigen Theologen eingeht, der sich damit in seiner
Epoche am entscheidendsten und ebenfalls divergent, wenn auch mit einer
anderen Konstruktion, auseinandergesetzt hatte, nämlich Anselm von Canterbury). Das nimmt der Zisterzienser zum Anlaß, die traditionelle Red-
emptionstheologie umständlich auszubreiten, wonach nur der freiwillige
Opfertod Christi diesen Rechtszustand ändern konnte. „Hier verficht Bernhard die archaische biblische Bildwelt der Redemptionstheorie".[172] Bei
Abaelard ist es dagegen die Liebe des Gottessohnes, die den Anstoß zur
Menschwerdung gegeben hat[173] – ein Argument, das Bernhard in anderem
Zusammenhang durchaus auch nennt,[174] es aber für ketzerisch hält, dieses
allein gelten zu lassen. Vielmehr argumentiert er dagegen ganz ritualistisch:
neben seiner Gegenliebe ist dem Menschen auch heilsnotwendig, das Oster-
lamm (die Hostie) zu essen.[175] Bernhard denkt hier so wie fast alle Reli-

giösen der Epoche, die einen ganz starken Zug zum Formalen hatte. Nicht erwähnt er die Konsequenzen, die ein Ersatz der heiligen Zeremonien durch eine reine Gefühlsreligion mit sich brächte: das Ende der Priesterkaste, die einen Exklusivanspruch auf diese Zeremonien besitzt. Bemerkenswerterweise hat aber gerade Bernhard in anderer Hinsicht und unabsichtlich durch seine Mystik solche Tendenzen gefördert, die dann im Spätmittelalter sowohl in der orthodoxen als auch vor allem der häretischen Mystik immer wieder manifest werden sollten. [176]

Die höchst berechtigte Frage Abaelards, ob Gott am Tode seines unschuldigen Sohnes denn so viel Gefallen gehabt habe, daß er keine andere Erlösungsmöglichkeit fand und sich erst darob mit uns aussöhnte, kontert Bernhard (als ob dieser Sophismus die Frage beantworten würde): „Nicht der Tod, sondern der Wille des freiwillig Sterbenden"[177] gefiel dem Vater so sehr. Wo Abaelard grundlegende Probleme der christlichen Lehre erkennt, sieht Bernhard von ihm nur „Schmähungen und Anwürfe ausgespien".[178] Eine derartige Vermengung von theologischer Sachdiskussion mit heftigen Beschimpfungen kennzeichnet Bernhards ganze Briefkampagne gegen Abaelard. So zieht sich der Kampf monastischer Bibelfestigkeit gegen aristotelische Begriffsanalyse Seite um Seite hin; der Zisterzienser argumentiert vielfach schlichtweg an Abaelard vorbei. Obwohl Bernhard ausdrücklich nur auf einen Teil der „Absurditäten" des Philosophen eingeht,[179] wird wirklich ein kleines Büchlein aus seiner Widerlegung.

Wenn der Glaube, was Bernhard unvermeidlich besonders berührte, nur eine „Meinung" wäre, dann wäre die Gesamtkirche seit den Märtyrern dumm, unsere Hoffnung nichtig. Die Folge wäre ein völliger Verlust jener ontologischen Sicherheit, die Bernhard gerade durch das „Eingeschlossensein" in „feste Grenzen"[180] empfand – wie wohl die meisten Gläubigen seiner Epoche. Er hat ganz gut gesehen, daß auf Abaelards Weg weiterzugehen ein 'Entgrenzen' der Vernunft bedeuten würde, aber auch ein 'Geworfensein' in jene heillose Existenz, der sich der Agnostiker stellen muß.

Bemerken wir aber in Parenthese, daß auch Mönche, die keinesfalls ähnliche Theorien vertraten wie Abaelard, ungeachtet ihrer sonst manifestierten Glaubensfestigkeit Stunden prinzipiellen Zweifels haben konnten. Petrus, der Abt von Cluny, von dem dies wohl niemand vermutet hätte, erlebte in Rom im Traum die Erscheinung eines ihm vertrauten Toten, der bereits in die himmlischen Regionen eingegangen war. Er stellte an ihn die existentielle Frage: „Ist denn gewiß, was wir von Gott glauben, ist der Glaube, den wir haben, zweifelsfrei der wahre?"[181] Von Bernhard sind ähnliche Zweifel nicht überliefert.

Was aus der Auseinandersetzung zwischen Mystiker und Gelehrtem auch deutlich wird, ist, daß sich die beiden Kontrahenten in einer Zeit befanden, in der die Dogmatik in vieler Hinsicht noch nicht die erstarrte Form ge-

wonnen hatte, die man spätestens seit der Verpflichtung der Catholica auf
den Thomismus kennt (und vielleicht auch irrtümlich noch weiter zurückprojizieren mag). Aber noch hatte Petrus Lombardus seinen Sentenzenkommentar nicht geschrieben, noch war das *Dekret* Gratians, das eben in
diesen Jahren entstand, nicht zur Bibel der Kirchenrechtler geworden. Gerade das Werk des Lombarden, übrigens eines Protegés Bernhards,[182]
zeigt, wie sehr auch zentrale Fragen der Religion noch im Flusse waren.[183]
Insofern ist das Beziehen einer klar auf einige wenige Kirchenväter wie
Augustinus oder Gregor d. Gr. gegründeten Position, wie es Bernhard hier
vorexerziert, ein Schritt hin auf die Verfestigung der Dogmatik in jenem
Sinne, in dem wir sie heute kennen.

Die Rede an die Pariser Kleriker (1140)

Nun reagierte aber vorerst keiner der von Bernhard angesprochenen Bischöfe und Kardinäle, und auch der Papst unternahm nichts. Am 1. November 1140 und dann wieder am 6. und 7. Januar 1141 befand Bernhard sich
in Paris, gewiß im Zuge der Auseinandersetzung mit Abaelard.[184] Die große
Stadt, die königliche Residenz, stellte für die Liebhaber des 'eremos', der
Einsamkeit, eine unheimliche Bedrohung für die Seelen dar, wogegen die
Intelligenzija von den Professoren bis zu den Vaganten begeistert von den
vielfältigen Anregungen der urbanen Welt war.[185]

Ein Ziel Bernhards war es jedenfalls, Abaelard möglichst viele Anhänger
abspenstig zu machen. Er predigte wohl nicht nur in Notre Dame,[186] sondern hielt zunächst auch in verschiedenen Schulen vor jungen Klerikern
mehrere Reden, deren erste allerdings so erfolglos blieb, daß Bernhard im
Hause eines befreundeten Erzdiakons heftig in Tränen ausbrach und meinte,
diese Enttäuschung als Ausdruck eines auf ihm liegenden Gotteszornes
deuten zu müssen.[187] Diese kleine Szene, die auf der Nachricht eines Augenzeugen beruht,[188] läßt schlagartig etwas von Bernhards Emotionalität auf-
leuchten, aber auch von seinem Kampfgeist, denn am nächsten Tag versuchte er es noch intensiver und hatte dann bald den gewünschten Erfolg.

„Er hat auch viele Scholaren ermahnt, die Bücher voll des Giftes zu verabscheuen und wegzuwerfen",[189] sollten die Bischöfe über Bernhard nach der
Verurteilung Abaelards in Sens der Kurie berichten. Etwa zwanzig der Stu-
dierenden waren es, die sich von seinen Argumenten, von der „wahren Philosophie",[190] so überzeugen ließen, daß sie ihre Lebensplanung von Grund auf
änderten und in Clairvaux Mönche wurden. Einer der Bekehrten war der
etwa zwanzigjährige Gottfried von Auxerre,[191] der von Abaelard zu Bernhard umschwenkte und sehr bald einer seiner engsten Mitarbeiter wurde.
Ihm, der Bernhard von 1145 bis zu seinem Tode als Sekretär diente und 1162

auch selbst Abt von Clairvaux werden sollte, verdanken wir nicht nur eine Ausgabe von dreihundertzehn Briefen Bernhards, sondern auch wichtige biographische Nachrichten über diesen.[192] Die Distanzierung von seinem vorherigen Lehrer Abaelard brachte Gottfried später in einer Predigt deutlich zum Ausdruck, in der er Gott dankte, einen „besseren Lehrer bekommen zu haben, durch den er den Vorwitz des ersten widerlegte".[193]

Eine der Pariser Ansprachen Bernhards ist unter der Überschrift *Zum Allerheiligenfest* überliefert, es handelt sich um eine Mitschrift des vorgetragenen Textes.[194] Bernhard erweiterte diese Rede anscheinend bald danach zu einem längeren Traktat mit dem Titel *Sermo ad clericos de conversione (Rede an die Kleriker über die Bekehrung)*.[195] Diese Predigt handelt überraschenderweise nicht, wie der Terminus 'conversio' vermuten lassen könnte, von der Bekehrung vom Priesterstand zu dem des Mönches; sein Thema lautet vielmehr: Wie kannst du der ideale Geistliche werden? Welche üblen Vorbilder sind zu meiden? Nur ganz am Rande werden die Zuhörer darauf hingewiesen, daß das Kloster die sicherste Stätte für die Seele verkörpert. Wenn Bernhard sagt, daß Trauern die wichtigste Methode sei, den Sünder für die göttliche Gnade zu öffnen,[196] dann wußten alle, dies war nach Hieronymus der Beruf des Mönches par excellence.[197] Und wenn er dazu auffordert, aus der Mitte Babylons zu den „Städten der Zuflucht" zu eilen, wo harte Buße Schuld- und Strafvergebung verspricht, dann wußten ebenfalls alle, daß damit nur die Klöster und vornehmlich die des Zisterzienserordens gemeint sein konnten, zumal Bernhard bemerkte, dorthin würden die Sünder von überallher zusammenlaufen, ohne die Bitterkeit der Buße zu scheuen.[198] Dagegen finden sich in diesem Text keine direkten und kaum versteckte Angriffe gegen Abaelard, so daß schwerlich gesagt werden kann, Bernhard übertrage die theologische Offensive gegen Abaelard auf eine asketisch-moralische Ebene. Vielmehr ist die Möglichkeit nicht auszuschließen, daß in der Tradition irrtümlich eine andere Predigt des Abtes vor einem klerikalen Publikum mit der von Paris identifiziert wurde, was erklären würde, warum der Text so unberührt von der aktuellen Situation erscheint.

Nach dem Zitat einiger *Bibel*-Stellen zum Bekehrungsthema beginnt Bernhard mit der typisch zisterziensischen Konzentration auf das Ich als Beginn des Aufstiegsweges: Es gibt eine innere Stimme, durch die Gott zu uns redet, wenn man ihr Gehör schenkt – „revocamur ad nos ipsos",[199] wir werden zu uns selbst zurückgerufen. Das „Buch des Gewissens" wird aufgeschlagen und gibt alles darin Vorhandene preis – doch das ist nichts als Böses.[200] Allenthalben ekelhafter Schmutz: „Was soll ich nicht traurig sein über den Bauch des Gedächtnisses, wo derartig viel Fäulnis zusammengeflossen ist!"[201] In der kürzeren Fassung verwendet Bernhard hier das alte biblische Gleichnis von der Sünde als Lepra, die die Seele befallen hat.[202]

Aber auch der Leib ist gefährdet, da er nach dem Endgericht im Höllenfeuer brennen wird, weswegen die Unbußfertigkeit schlimmer einzuschätzen ist als irgendein Wahnsinn.[203] Hilfreich sind hiergegen die Gewissensbisse, aber ehe die Reinigung beginnen kann, muß man die Fenster der Seele schließen, um den Nachschub an Schmutz zu unterbinden – eine Augustinus-Reminiszenz.[204] Konkret heißt dies Fasten, Einsamkeit, Entäußerung, Arbeit.[205]

Am gefährlichsten aber ist der Eigenwille, den Bernhard mit einer Dramatik personifiziert, die einem Alanus von Lille,[206] dem Spezialisten solcher Darstellungen im 12. Jahrhundert, gut angestanden wäre: „Surgit igitur vetula fracto sinu, nudo pectore, pruriente scabie, sanie defluente, procedit frendens dentibus, spirans minarum et dirum toto pectore virus exhalans"[207]: „Da steht die Alte auf, zerbrochenen Schosses, nackter Brust – es juckt sie der Aussatz und der Geifer tropft herab –, sie stürzt vor mit gefletschten Zähnen, Drohungen keuchend und aus der ganzen Brust ekles Gift schnaubend." Die Gestalt beschreibt, wie sie den Körper vom Scheitel über den Gaumen und die Schamteile bis zu den Füßen zu eitlen Genüssen lenkt. Die Vernunft ist dagegen ohnmächtig, das Gedächtnis verstunken („foetidissima"[208]), der Wille vereitert. Und was den Leib betrifft, so sind die einzelnen Glieder Fenster, durch die der Tod in die Seele dringt.

Nach dieser schauerlichen Bestandsaufnahme folgt das „Aufatmen der Tröstung",[209] das Heilsangebot, das Bernhard vorführt, strukturiert nach den Seligpreisungen des 5. Kapitels des *Matthäus-Evangeliums*. Doch die Heilsverkündigung wird zunächst fast verdrängt von den mitunter satirischen Skizzen der Laster wie Freßgier oder Besitzsucht, die Bernhard in diesem Abschnitt präsentiert. Auch das Thema des Memento mori ist in einigen Sätzen präsent,[210] das noch nicht zu Bernhards Zeit, aber in Bälde gerade von Autoren seines Ordens verbreitet werden sollte (Helinands von Froidmont *Vers de la mort*). Bernhard droht mit dem „Großen Bruder" Gott, der auch die verborgensten Sünden schaut,[211] mit der Höllenqual[212] – Argumente, die der Verstand gegen den Willen gebraucht, der jedoch hartnäckig widerstrebt. Hier bringt das Trauern und Weinen Hilfe, es reinigt das Auge, bis es endlich das Licht von oben sehen kann. Dann erblickt es das irdische Paradies, den Garten der Tugenden. Dieser soll das Ziel des Willens werden.[213] Bernhard trägt eine klassische, an der *Genesis* und dem *Hohenlied* orientierte Beschreibung dieses spirituellen Locus amoenus vor. Er ist der Ort der mystischen Begegnung mit dem Bräutigam: „Dort werden mit größter Begierde vorab unvergleichliche Liebeswonnen verkostet, und der von der Salbung des Erbarmens durchdrungene Geist ruht glücklich in seinem guten Gewissen, da die Dornen und Stacheln, von denen er zuvor gestochen wurde [die Gewissensbisse], weggeschnitten sind."[214] Nicht Bildung oder Wissenschaft, sondern nur das gute Gewissen lehrt dies. So an die

Paradiesespforte gelangt, hört die Seele das Flüstern Gottes nicht mehr nur mit dem Verstand, sondern gleichermaßen mit dem Willen. Aber auch, wer nach Gerechtigkeit dürstet, muß noch das Schwierigste leisten: das Gedächtnis vom Unrat zu reinigen. Dies geschieht durch die Vergebung der Sünden, die zwar nicht die Erinnerung an sie tilgt, aber sie „entfärbt (decoloret)". [215] Daher ist das Ideal Bernhards in der Tat ein „weißgewaschenes" Gedächtnis. [216]

Selig sind die Barmherzigen, also habe Erbarmen mit dir selbst und trauere, verzeihe dem Nächsten, gib Almosen! Selig die reinen Herzens, was nur durch häufige Säuberung erreichbar wird. Selig die Frieden stiften – aber nicht, ohne sich vorher selbst gereinigt zu haben. Diese Überlegung bringt Bernhard zu einer souveränen Kritik am Klerus: ungeheuer ist sein Streben nach Bevorzugung („praelatio"), sein Ehrgeiz („ambitio"), seine Arroganz („praesumptio"). [217] Übermäßig vergrößert hat sich der Stand der Kleriker – eine der dominierenden Entwicklungen innerhalb der Kirche nach dem Investiturstreit –, aber wie viele Herrsch- und Habgierige, wie viele Unkeusche! Es sind besonders die homosexuellen Geistlichen, die Sodomiter in der Terminologie der Zeit, die Bernhard lange, wenn auch nur in Metaphern, anprangert. [218] In der Tat weist alles darauf hin, daß im Hochmittelalter die gleichgeschlechtliche Liebe an weltlichen wie an geistlichen Höfen weit verbreitet war, und in Bernhards Heimat gaben so hohe Kirchenfürsten wie der Erzbischof von Dol, Baudri von Bourgueil (1046–1130), oder der Bischof von Rennes, Marbod († 1123), ihren Neigungen in keineswegs geheimgehaltenen Gedichten Ausdruck. [219] Wie sehr dieses „Laster" verbreitet war, deutet folgender zeitgenössische Zweizeiler an, der vielleicht den ihm nicht verfallenen Abaelard verteidigen sollte, jedenfalls die normale Sexualität als geringe Sünde im Vergleich zur gleichgeschlechtlichen qualifiziert:

> Scortator monachus iustus reputatur apud nos,
> Quod sodomitarum copia multa facit. [220]

> Ein verhurter Mönch gilt bei uns als gerecht
> – das macht die große Zahl der Sodomiter!

Mit einem Appell, wahre Hirten zu sein und mit den Werken nicht den Idealen zu widersprechen, endet Bernhard seinen oft leidenschaftlich formulierten Sermo.

Das alles wird mit etwas weniger Allegorien und Bildern vorgetragen, als man es sonst aus den meisten Werken dieses Autors gewohnt ist, wohl in Rücksicht auf sein eher in den Bahnen der scholastischen Theologie reflektierendes Publikum. Andererseits bedient sich Bernhard hier aber noch weniger der philosophischen Methode als etwa in seinen an Mönche gerichteten Traktaten über die Gnade oder den Regelgehorsam. Immerhin werden die meisten der Zuhörer bzw. der späteren Leser bemerkt haben, daß Bernhard durch Zitate zeigte, auch Boethius, Cicero und Horaz zu kennen. [221]

Das Werk ist wichtig für Bernhards Anthropologie: immer wieder taucht in krassen Formulierungen der Vergleich der Erinnerung der im Körper gefangenen Seele mit einer Abfallgrube („sentina"[222]) auf. Was für Augustinus, von dem die Seelenlehre Bernhards wie die der meisten seiner Zeitgenossen abhängt, ein Schatzhaus gewesen war, ist bei dem Zisterzienser eine Kloake.[223] Der Schmutz fällt durch die Sinnesorgane in die Seele – daher ist das Kloster der ideale Ort zur Reinigung, denn dort sind diese Eingangspforten der Versuchungen in nur minimaler Verwendung; man versteht, warum Bernhard keine Kunstwerke in den Kirchen und keine Bilder in den Büchern haben wollte, warum dem Gaumen im Refektorium nur fast Ungenießbares geboten wurde, warum kein Wort außer der Liturgie und der Predigt ans Ohr dringen sollte.

Nachdrücklich verweist der Abt mehrfach auf die eigene Erfahrung („proprio experimento"[224]) als Quelle zur Erkenntnis der eigenen Laster – ein Lieblingsthema Bernhards.[225] Eher ungewöhnlich ist dagegen die wiederkehrende Argumentation mit der biblischen Drohbotschaft: während Bernhard sonst mehr dazu neigt, Menschen durch das Faszinosum des Göttlichen als Höhepunkt der Liebe zu gewinnen, predigt er hier vom unauslöschlichen Höllenfeuer und der ewigen Vergeltung, wozu er sogar einen Merkvers vorträgt: „qui pavet, cavet; qui negligit, incidit"[226]: „wer erzittert, hütet sich, wer es mißachtet, fällt hinein!"

Auch dieses Werk beweist: „Bernhard ist ein leidenschaftlicher Erzieher. Päpste und Könige will er erziehen, seinen Orden und die Mönche seines Jahrhunderts, auch den neugegründeten Templerorden, dem seine besondere Huld gilt, und den jungen Adel Europas, den er am liebsten ganz einsammeln möchte in seine Klöster."[227] Seine Predigten vor den Pariser Studenten waren in Bernhards Augen Versuche, die intellektuelle Jugend aus den Gefahren der Schule in die Sicherheit der Klöster zu retten. „Bernhard merkt erschrocken, wie von Paris bis Rom, bis hinauf zum Papst die junge Intelligenzija Europas sich den Spielen des Intellekts, der 'Neugierde' des Verstandes zuwendet. Eine ernste Sorge, die nicht unberechtigt war, denn mit dem Sieg der Universitätstheologie, der Scholastik, bricht zwischen christlicher Existenz, Seelsorge und dem Streben nach Heiligkeit einerseits und dem Studium der Theologie andererseits eine Kluft auf. Theologe und Seelsorger sind dann für viele Jahrhunderte getrennt: Der Theologe denkt *über* Gott und über tausend andere Dinge nach und denkt dabei Geist und Leben, Gott und Mensch immer weiter auseinander. Bernhard von Clairvaux sieht in Abälard den Sieger der Zukunft: den großen Schuldigen für die Intellektualisierung und Entchristianisierung der Theologen und aller Wissenschaft, die an die Stelle der Weisheit und Frömmigkeit tritt."[228]

Das Konzil von Sens (1141)

Das Jahr 1141 begann traurig für Bernhard: ein weiterer seiner Gefährten des Anfangs starb am 21. Januar, Gottfried von Aignay, der Novizenmeister des Klosters und Architekt vieler Zisterzen.[229] Am 28. Mai segnete auch der päpstliche Kanzler Haimerich das Zeitliche. Er war wie schon in der Ära Honorius' II. auch unter Innozenz II. die Graue Eminenz hinter dem Heiligen Vater geblieben, wie es überdeutlich etwa ein in seiner Gegenwart gemachter Ausspruch des Abtes Hariulf von Oudenburg belegt: „euer Bemühen regelt alles, ordnet das Geringere, lenkt das Bedeutendere".[230] Damit gab es an der Kurie einen Mann weniger, auf den Bernhard im Streit gegen Abaelard hätte wohl bauen dürfen.

Er hat dies allerdings erst nach dem Konzil von Sens erfahren können, dessen Beginn nun wohl endgültig auf den 25. Mai 1141 datiert werden muß.[231] Diese Provinzialsynode hat von den Vertretern der Geistesgeschichte außerordentliche Aufmerksamkeit erhalten; die Zahl der Arbeiten dazu ist eindrucksvoll.[232] Immer wieder hat man den hier seinen Höhepunkt erreichenden Konflikt Bernhard – Abaelard gern auf die Spannung von 'Mönchstheologie', repräsentiert durch Bernhard, und 'Scholastik', verkörpert von Abaelard, zugespitzt, die als Personifikationen des Gegensatzes zwischen „le cloître et l'école" (Kloster und Schule) oder noch dramatischer zwischen „la cátedra y el púlpito frente a frente"[233] (Lehrkanzel und Schreibpult Stirn gegen Stirn) anzusehen seien. Darin liegt viel Richtiges. Abaelard ist zweifelsohne der Exponent einer progressiven Denkweise, die sich im Frankreich des 12. Jahrhunderts allerdings auch in ganz anderen Bereichen als der Philosophie manifestierte, namentlich in der der Gotik zugrundeliegenden Struktur.[234] Bernhard dagegen lebt und denkt viel stärker in und aus einem ganzheitlichen Symbolismus, wie ihn hunderte Jahre zuvor Origenes, Augustinus und Gregor vorgedacht hatten. Man könnte wohl noch weitergehen und von einem Konflikt zwischen Beruf und Berufung sprechen – war Abaelard nicht einer der ersten Professoren, die ihren Lebensunterhalt mit der Vermittlung von Theologie als Wissenschaft bestritten, losgelöst von Frömmigkeit und Katechese?

Doch es ist bisher weniger berücksichtigt worden, dürfte m.E. aber unabweisbar sein, daß die Feindschaft Bernhards gegen Abaelard nicht nur aus der Konfrontation konträrer Denkmuster und divergenter Umgangsformen mit dem Göttlichen erwuchs, sondern noch eine ganz andere, privatere und lange vor 1141 liegende Basis hatte. Sie erst gab dem Konflikt die persönliche Erbitterung, mit der die divergenten theologischen Zugangsweisen als Waffen gegeneinander verwendet wurden: Abaelard war ein Protegé des Bernhard verhaßten königlichen Ratgebers Stephan von Garlande, und Abaelard hatte vor allem absichtlich und respektlos seinen alten Lehrer Wilhelm von Champeaux provoziert,[235] also jenen Bischof und Freund Bernhards, dem der Abt wohl sein Leben verdankte, da er ihm seine extremen Fastenpraktiken untersagt hatte und ihn gezwungen hatte, sich zu kurieren. Ihm verdankte er zudem den Beginn seiner Reputation, indem Wilhelm der erste Prälat gewesen war, der den noch jungen Abt durch seine Lobeshymnen in kirchlichen Kreisen zu einer Berühmtheit machte.[236] Im Hintergrund der Auseinandersetzungen stand die Konkurrenz zwischen den Schulen von Notre-Dame und Saint-Victor einerseits, die der Bischof unterstützte, und der Schule auf dem Gebiet der Abtei von Sainte-Geneviève andererseits, auf deren Seite Stephan von Garlande und Abaelard standen und aus der die Pariser Universität entstehen sollte.[237] Dazu kam noch, daß Bernhard mit einer Reihe von Gegnern Abaelards – und dieser hatte sich viele geschaffen – „befreundet oder wenigstens gut bekannt war",[238] besonders Bischof Joscelin von Soissons und Alberich, Erzbischof von Bourges und vormals Leiter der Domschule von Reims.[239]

Es ist die Frage, ob es nicht zwischen Bernhard und Abaelard auch abgesehen von der Interpretation der *Vater Unser*-Übersetzung (und vielleicht der Tauf-Theologie[240]) schon früher Konflikte gegeben hat, über die nichts bekannt ist.[241] In seiner Autobiographie von etwa 1133/35, der *Historia calamitatum* (Leidensgeschichte),[242] schreibt letzterer nämlich, seine Gegner hätten gegen ihn „zwei neue Apostel" aufgehetzt, „deren einer sich rühmte, das Leben der Regularkanoniker, der andere, das der Mönche auferweckt zu haben"; er litt so sehr unter diesen Verfolgungen, daß er behauptet, mit dem Gedanken gespielt zu haben, zu den toleranteren Heiden (Muslimen) zu flüchten.[243] In diesen beiden Religiosen – „Pseudoapostel" nennt Heloise sie sogar[244] – können schwerlich andere gesehen werden als Norbert von Xanten, der schon auf dem Konzil von Soissons (1121) gegen den Bretonen aufgetreten war,[245] und Bernhard von Clairvaux.[246]

Dieses ganze Geflecht von Gegensätzen, die von sehr persönlicher Animosität bis zu konträren ontologischen Grundsätzen reichte (denn es ging beiden Männern um die Heilsfrage, und Bernhard spezifisch um das religiöse Leben[247]), führte dahin, daß sich Bernhard nicht, wie er es bei ähnlichen Gelegenheiten bisweilen tat, entzog, sondern daß er Feuer und Flamme war, als ihn sein Freund, der ehemalige Abt von Saint-Thierry, auf die angesprochenen Abweichungen in der Theologie Abaelards aufmerksam machte. Bernhard prüfte sie nicht lange. Otto von Freising, wohlgemerkt ein Ordensbruder Bernhards, freilich wahrscheinlich einst auch einmal Schüler Abaelards, gibt zu: Bernhard „war sowohl aus Eifer für die christliche Religion ein Fanatiker (zelotypus) wie auch aus habitueller Gefälligkeit gewissermaßen leichtgläubig, so daß er sowohl Lehrer verabscheute, die, auf weltliche Weisheit vertrauend, menschlichem Raisonnement zu sehr verhaftet waren, als er auch leicht sein Ohr lieh, wenn man ihm über solche etwas sagte, was mit dem christlichen Glauben nicht übereinstimmte".[248] Da die *Benediktusregel* ausdrücklich sagt, ein Abt dürfe nicht „zelotypus" sein,[249] war Ottos Kritik jedem monastischen Leser deutlich.

Wie emotionsgeladen Bernhard diese Auseinandersetzung führte, verrät eine seiner Formulierungen im umfangreichen Widerlegungsschreiben gegen Abaelards Lehren: eigentlich, schreibt er selbst, möchte er ihm lieber die Zähne mit Knüppeln einschlagen lassen, als ihn mit rationalen Argumenten zu widerlegen: „Annon iustius os loquens talia fustibus tunderetur quam rationibus refelleretur?"[250]

Um andere Theologen, die Kurie und namentlich den entscheidenden Mann, Papst Innozenz II., zu überzeugen, mußte der Abt allerdings wenigstens einen Teil der Darlegungen Abaelards diskursiv entkräften, was er auch höchst gekonnt und logisch aufgrund von Bibelstellen und Kirchenväterschriften tat – Bernhard hätte ohne weiteres einen exzellenten Scholastiker abgegeben, wenn nicht der Primat der Erfahrungstheologie ihm alles andere in den dritten und vierten Rang abgedrängt hätte. Bemerkenswert ist dabei sein Modus procedendi: Gegen die Methode Abaelards wendet Bernhard mit verschiedenen Bibelstellen ein: geoffenbart sei: „Wenn ihr nicht glaubt, werdet ihr nicht verstehen" (Is 7, 9). Nicht zu glauben, hieße Maria tadeln, die dem Engel sofort glaubte, hieße den guten Schächer tadeln, der Christus glaubte, daß er ins Paradies kommen werde usw. Einen gegenteiligen Bibelspruch, nämlich Ecli 19, 4: „Wer schnell glaubt, ist leichtfertigen Herzens", kennt und zitiert Bernhard wohl auch, aber seine Verwendung hier sei Mißbrauch.[251] Er gibt nach allgemeiner mittelalterlicher Theologenart keinen Grund dafür an, warum dies so sein sollte oder warum diejenigen Zitate, die einen unhinterfragten Glauben fordern, die höherwertigen seien.

Jedenfalls steht fest, daß Abaelard durchaus nicht so deviant dachte, daß er nicht eine bedeutende Gruppe keineswegs nur Freigeister um sich geschart hätte und Anhänger sogar an der Kurie fand.[252] Hätte es der Zufall gewollt, daß der damalige Papst einer seiner Schüler gewesen wäre, wie es dann tatsächlich der künftige war, der 1143/44 regierende Cölestin II. (desgleichen später Cölestin III.), so hätte Bernhard sich vielleicht ganz anders verhalten. Gewiß wäre die Sache für Abaelard anders ausgegangen, denn Cölestin, damals noch Kardinal Guido von Città di Castello, gehörte zu denjenigen, die seine Werke ungeachtet des päpstlichen Befehls nicht verbrannten, sondern aufbewahrten![253]

Was den Kern der Auseinandersetzung angeht, die so oft als globale Konfrontation von Vernunft und Glaube dargestellt wird, so ist zu unterstreichen, daß Bernhard dem Professor nicht widersprochen hätte, was die *prinzipielle* Zulassung der Vernunft in der Theologie betrifft. Im Gegensatz zu einer oft zu hörenden Meinung lehnte Bernhard nachweislich die Ratio bei der Erforschung von Glaubensgeheimnissen keineswegs ab, was bereits mehrfach belegt wurde.[254] Nur stufte er ihre Funktion anders ein als Abaelard. „Von Sehnsucht werde ich hingerissen, nicht von Vernunft (desiderio feror, non ratione"[255]), so Bernhard (in der 'persona' der Braut des *Hohenliedes*), und damit ist eine Werthierarchie impliziert. „Im Gebet wird Gott wohl würdiger gesucht und leichter gefunden als in der Disputation",[256] sollte er später formulieren. Der Glaube nämlich ist unfehlbar („fides nescia falli") und überschreitet somit die Grenzen menschlicher Vernunft.[257] Der Pariser Philosoph aber läßt ausschließlich gelten, was sein Verstand durchdringen kann, alles Sonstige weigert er sich zu glauben.[258] „Er aber hält Gott für verdächtig [d. h. zweifelt an dem von ihm Geoffenbarten], will nicht glauben, außer was er zuerst mit seiner Vernunft diskutiert hat"[259]. „non licet perscrutari divinae sacramentum voluntatis"[260] lautet dagegen Bernhards Maxime, frei übersetzt: es ist nicht erlaubt, das heilige Geheimnis des göttlichen Willens analytisch zu zergliedern. „Weil Bernhard aus dem Glauben keine Wissenschaft (theologia) machen wollte, deren Sätze sich deduktiv, aus der Argumentation, aus dem Diskurs ergeben, brauchte die christliche Lehre weniger Logik als mystisches Erleben, mystische Versenkung."[261] Bernhard konstruierte geradezu einen Gegensatz zwischen zwei Seinsformen: der der gefährlichen Suche nach Wissen in der Nachfolge der antiken Philosophen – sie hat schon die ersten Menschen die Unsterblichkeit gekostet[262] und dci dei sicheren Lebensführung nach der Lehre der Apostel[263]: der bekannte Gegensatz von „aristotelice versus piscatorie".[264]

Doch immer wieder argumentiert Bernhard auch auf Abaelards eigener Ebene gegen diesen, indem er ihn bezichtigt, unlogisch zu denken, um dann selbst logische Argumente vorzubringen, er betrachtet es geradezu als unvernünftig, „contra rationem", „mittels der Vernunft die Vernunft übersteigen zu wollen", denn: „Was ist denn mehr gegen die Vernunft, als mit der Vernunft die Vernunft überschreiten zu wollen?"[265] Bernhard verfügte schon über ein bestimmtes Artes-Wissen und war nicht unfähig, es auch anzuwenden.

Die Auseinandersetzung zwischen den beiden Mönchen ist jedoch auch eine Frage der Demut: Denn wenn man wie Abaelard alles zergliedert, dann „omnia usurpat sibi humanum ingenium, fidei nil reservans", „beansprucht das menschliche Genie alles für sich, und dem Glauben behält es nichts vor."[266] Und Abaelard beanspruchte für sich ausdrücklich „ingenium",[267] was keineswegs mit der „humilitas" – zu der er als Mönch ja verpflichtet gewesen wäre – zusammenpaßte. Aber auch in der Kutte war er immer der Magister geblieben, war als Abt seines bretonischen Klosters gescheitert. Und Bernhard sah ihn immer zuerst als „Philosophen", dem er eo ipso Stolz zuordnete, im Kontrast zur Demut des Mönches.[268]

Interessant ist der Modus procedendi, mit dem Bernhard diesen 'Fall' 'löste', ohne die Möglichkeit, sein Gegner könne vielleicht überlegenswerte Argumente vorzubringen haben, überhaupt zu prüfen. Er verurteilt seine Ansichten vielmehr pauschal als Gift und neues *Evangelium*. „Alles wird uns pervertiert, abseits vom Gewohnten und abseits von dem, wie wir es übernommen haben, dargeboten".[269] „transgredi terminos antiquos, quos posuere Patres nostri",[270] lautete einer der Vorwürfe Bernhards an Abaelards Adresse, er überschreite die alten Grenzen, die unsere Väter gesetzt.

Bernhards konkrete Strategie, dieses Gift unschädlich zu machen, beruhte auf folgendem Punkt: Abaelard durfte keine Gelegenheit bekommen, sich zu verteidigen. Deshalb weigerte Bernhard sich anfänglich überhaupt, mit ihm zu disputieren, wie er es gewünscht hatte und der Erzbischof von Sens es ermöglichen wollte. „Ich sagte schon, seine Schriften reichen aus, ihn zu verurteilen, und daß das nicht meine Sache ist, sondern die der Bischöfe ..."[271] Als Bernhards Teilnahme am Konzil von Sens schließlich unumgänglich wurde, änderte er sein Vorgehen: Abaelard mußte dann wenigstens mit einer erdrückenden Gruppe von hohen Angehörigen der Hierarchie konfrontiert werden, die – anders als Bernhard, der schlichte Abt – eine Rechtsposition innerhalb der Catholica besaßen. Um diese Prälaten zu mobilisieren, mußte der Gegner mit *den* Mächten assoziiert werden, deren Bewertung keine Nuance zuließ, die eindeutig und absolut schwarz und böse und verdammt waren: Nicht nur verurteilte Häretiker aus der Zeit der Alten Kirche, wie Arius[272] und Pelagius[273] und Nestorius[274] leben, so der Zisterzienser, in dem Gelehrten wieder auf. Er ist vielmehr sogar ein Vorläufer des Antichristus.[275] Er und sein angeblicher „Waffenträger" Arnold von Brescia „täuschen viele um so mehr, als sie sich in Engel des Lichtes verwandeln, wiewohl sie Satan angehören."[276] Mit dieser Charakteristik wurde auch jedem weniger Gebildeten klar, wie Abaelard einzuordnen war. Die Sache des Gegners, so dachte Bernhard stets in Übereinstimmung mit dem dualistischen Weltbild der Epoche,[277] mußte die des Teufels sein, denn daß er selbst die Gottes vertrat, meinte er nie bezweifeln zu müssen.

Bernhard akzeptierte einfach nicht, daß dieser Mann von einem ehrlichen Suchen nach Gott, wenn auch auf anderen Wegen als die bisherigen christlichen Gelehrten, bewegt werden könnte. Er nennt die *Theologia* des Benediktiners „Stultilogia"[278] (andere der Gegner Abaelards erfanden nicht weniger schmeichelhaft „diabologia" und „frivologia", also blöde, teuflische oder frivole Lehre,[279] was darauf verweist, daß „Theologie" in dem von Abaelard gemeinten Sinn noch kein eingeführter Terminus war[280]). Dies hat den Angegriffenen besonders gekränkt;[281] er konnte nicht wissen, daß der Begriff bald so positiv besetzt sein sollte, daß Bernhard von seinem Schüler Gottfried von Auxerre mit dem Ehrentitel (!) „magnus ille theologus" bedacht werden sollte.[282] Weiters qualifiziert Bernhard seine seriösen Reflexionen ausgesprochen emotionell als „Schmähungen und Angriffe, die er gegen Gott so ruchlos wie dumm ausspeit".[283] Auch der ganz persönliche Anwurf fehlt nicht: Bernhard tituliert Abaelard als Herodes, „Erfinder von Lügen, Züchter perverser Lehren",[284] „Sohn des Drachens, gegen den Glauben des Simon Petrus ankämpfend",[285] Natter und Hydra[286]; ein Feind der Kirche und Verfolger des Glaubens[287] ... Er sei ein „Mönch ohne Regel, Prälat ohne Fürsorge, Abt ohne Disziplin, der Petrus Abaelardus, der mit Knaben disputiert und mit Weibsbildern konversiert"[288] (Abaelard sagte man nach, er habe vor seiner Entmannung fast sein ganzes Professorengehalt für Prostituierte ausgegeben[289]).

Schon gar nicht sind Bernhard die heidnischen Philosophen Autoritäten, denen Abaelard experimentell immerhin eine den Vätern ähnliche Autorität zuerkennt.[290] Die Möglichkeit, sie in die Diskussion als potentielle Argumentationsträger einzubauen, streicht Bernhard a priori – wenn sein Gegner sich auf sie beruft, dann tut er dies bloß „zur Verhöhnung der Kirchenlehrer".[291] Es ist präzise die Verweigerung der Möglichkeit, auch eine andere theologische Reflexion könne zugelassen werden als die offizielle der Catholica, um die es Bernhard geht: „Der Glaube der Frommen glaubt, aber diskutiert nicht!"[292] Abaelard definiere den Glauben als „aestimatio" (tatsächlich „existimatio", d. h. Fürwahrhalten von nicht sinnlich Erfahrbarem[293]), „als ob es jedem diesbezüglich nach Belieben zu urteilen und zu reden erlaubt sei!"[294] „Es ist dir nicht erlaubt, bezüglich des Glaubens zu meinen oder nach Belieben zu disputieren ... du bist in bestimmte Grenzen eingeschlossen, durch bestimmte Schranken eingezwängt",[295] schreibt Bernhard, ohne zu wissen, daß „aestimatio" in der philosophischen Fachsprache nicht mit „opino" (unverbindliche Meinung) identisch war.[296] Eben dieses „Überschreiten" hat jedoch auch er in manchen Bereichen, namentlich der *Hohelied*-Interpretation, zweifelsohne getan. Für sich nahm er ja explizit das Recht in Anspruch, als neuer Interpret nach den Vätern, „novus expositor" „post Patres", das *Evangelium* auszulegen, solange er nicht „contra Patres" argumentiere.[297]

So lauteten in summa die Anklagen Bernhards gegen Abaelard. An den großen Angriffsbrief, der von Clairvaux aus nach Rom ging, hängte er noch eine (nicht unbedingt von ihm selbst verfaßte) Liste von neunzehn Kapiteln an, die als aus der *Theologia*, einem (Abaelard fälschlich zugeschriebenen) Sentenzenkommentar und dem *Scito te ipsum* exzerpiert bezeichnet werden. Nur vier der darin enthaltenen Ketzereien hatte Bernhard nach seinem Dafürhalten widerlegt – warum ließ er die restlichen unbeantwortet? Großteils, weil sie so simplizistisch formuliert waren, daß die „vulgata fides", der allgemein verbreitete Glaube, sie ohnehin schon beantworte, wie er schrieb,[298] aber doch wohl auch, weil es sich andererseits teilweise um Fragen handelte, mit denen er sich nicht beschäftigt hatte. So die 3. These, der Heilige Geist sei die Weltseele, eine auf den *Timaios* des Plato zurückgehende Gottes-Vorstellung.[299] Sowohl die Liste der neunzehn Kapitel als auch überhaupt seine Argumente gegen Abaelards Thesen entstanden teilweise in Abhängigkeit von der Kritik Wilhelms von Saint-Thierry,[300] die insofern noch milder gewesen war, als sie Abaelard nur des Arianismus und Sabellianismus beschuldigte hatte, während ihn Bernhard so ziemlich aller namhaften frühchristlichen Häresien bezichtigte.

Abaelard, der viele Freunde unter den Intellektuellen besaß, war eine Abschrift des Anklagebriefes Bernhards zugespielt worden. Er reagierte mit einem Schreiben an seine „geliebtesten Gefährten",[301] das belegt, daß sich Bernhard wenigstens nach außen hin freundlich gegen jenen Mann gezeigt hatte, den er als Erfinder einer „neuen Ketzerei"[302] anzeigte: „Jener", klagt Abaelard über den Abt von Clairvaux, „insgeheim freilich schon längst mein Feind, der bisher vorgab, er sei mein Freund, ja mein besonderer Freund sogar, ist nun in solchem Neid entbrannt, daß er den Titel meiner Werke nicht ertragen konnte, durch die, wie er meinte, sein Ruhm desto mehr gedemütigt würde, je mehr ich mich erhöhe, wie er dachte. Längst hatte ich aber schon gehört, daß er heftig aufgestöhnt hatte, weil ich jenes Werk von mir über die heilige Dreifaltigkeit, das ich verfaßte, wie der Herr es gab, mit der Überschrift 'Theologia' betitelte. Da er dies schließlich überhaupt nicht mehr ertrug, behauptete er, es müsse eher 'Stultilogia' als 'Theologia' genannt werden." Doch der Gelehrte zeigt sich informiert über die giftigen Anwürfe, die Bernhard gegen ihn sowohl vor dem Erzbischof von Sens als auch in Paris „ausspie" („vomuerit", „eructaverit"[303]), und erreichte bei Bischof Heinrich dem Eber nicht ohne Mühe die Veranstaltung einer öffentlichen Disputation mit Bernhard.[304] Dazu bat er seine Freunde um zahlreiches Erscheinen. Ferner schrieb er (vor oder nach Sens?) einige apologetische Traktate und bearbeitete die beanstandete *Theologia* neu.[305]

Aus zwei Gründen war Abaelard so interessiert daran, den Erzbischof von Sens dazu zu bewegen, anläßlich einer Heiltumsschau in seiner Metropole Bernhard zu einer Disputation einzuladen[306]: Vor allem versprach der Gelehrte sich eine glänzende Rechtfertigung und öffentliche Niederlage Bernhards, wenn er seine Argumentationskunst vor einer Versammlung von kompetenten Geistlichen brillieren lassen könnte. Gleichzeitig wollte er damit offensichtlich auch einem bischöflichen Offizialverfahren oder einem Akkusationsverfahren durch den Abt von Clairvaux gegen sich zuvorkommen.[307]

Daß Bernhard recht ungern die erzbischöfliche Einladung angenommen hat, schreibt er glaubwürdig selbst: der sonst anscheinend so selbstsichere Thaumaturg hat zuerst seine Teilnahme überhaupt abgelehnt[308] und sich dann nur „unter Tränen"[309] entschlossen, nach Sens aufzubrechen. Vielleicht sollte man generell eine Bemerkung Gottfrieds von Auxerre, der Bernhard sehr gut kannte, nicht als hagiographischen Demuts-Topos abtun:

sein ganzes Leben über sei Bernhard im Grunde schüchtern geblieben und habe nie ohne eine gewisse Beklemmung (die er aber schnell überwand) das Wort ergriffen, nicht einmal im kleinsten Kreis.[310] Auch war der Zisterzienser der ebenso juristisch korrekten wie für ihn entlastenden Meinung, die von ihm angezielte Maßregelung eines Benediktinerabtes sei ausschließlich Aufgabe der zuständigen Bischöfe und nicht die seine. Allein, die Aufforderung des Erzbischofs war nicht zu umgehen. Da Bernhard diesmal nicht auf die Faszination seiner charismatischen Rede vertraute, sondern zu einem Vorgehen Zuflucht nahm, das schon viele Zeitgenossen als unfair beurteilten, muß er sich einer öffentlichen Auseinandersetzung zunächst in der Tat wenig gewachsen gefühlt haben. Zur Vorbereitung versuchte er wie gewohnt noch von Clairvaux aus vorab die Bischöfe brieflich für seine Sache – nein, die der Kirche – günstig zu stimmen.[311] Aber sein Plan ging weiter. „Unvorbereitet und ungerüstet"[312] mochte er im Vergleich zu dem gefeierten Lehrer vielleicht tatsächlich in der dialektischen Theologie gewesen sein, aber nicht in der Strategie seines Vorgehens.

Der Ablauf der Kirchenversammlung ist schon von den Beteiligten teilweise unterschiedlich dargestellt worden, und dies hat sich in der wissenschaftlichen Literatur fortgesetzt. Die Hauptzüge lassen sich jedoch mit sehr hoher Wahrscheinlichkeit rekonstruieren. Anwesend waren neben zehn Bischöfen sowie zahlreichen nordfranzösischen Äbten der König[313] mit einigen weltlichen Großen und von der Kurie der Kardinaldiakon Hyazinthus Bobo,[314] ein einflußreicher Freund Abaelards. Wenigstens drei der versammelten Ordinarien waren diesem wohlgesonnen.[315] Unter den anwesenden Freunden Abaelards waren die bekanntesten der Reformprediger Arnold von Brescia[316] und der Philosoph Gilbert de la Porée,[317] der noch im selben Jahr den Bischofsstuhl von Poitiers besteigen sollte.

Die wesentliche Weichenstellung erfolgte jedoch nicht erst durch eine Entscheidung der Väter während der Verhandlungen des Konzils, sondern – und darin bestand Bernhards Manipulation des Verfahrens – am Vortage. Bernhard machte zunächst Stimmung, indem er vor dem Volk predigte, es sollte für Abaelard beten,[318] was alle genugsam erkennen ließ, daß sich dessen Seele ob seiner Irrtümer in Gefahr befinden mußte. Überhaupt schien diese Auseinandersetzung auch in breiteren Kreisen beunruhigend viel Aufmerksamkeit zu finden, kam es auch unter Laien zu Diskussionen, was nach Bernhards Überzeugung nur zur Korruption des Glaubens der 'Einfachen' führen konnte.[319] Gegen den Widerstand des Hyazinthus versammelte er dann am Abend die Bischöfe und brachte sie dazu, schon vorab über die Lehren Abaelards abzustimmen![320] Sie verwarfen sämtliche – meist unkorrekt aus Abaelards Schriften exzerpierte – Sätze, die ihnen der Abt vorlas. Auch wenn man es als eine Übertreibung der abaelardfreundlichen Partei ansieht, daß die Prälaten zu diesem Zeitpunkt schon so betrunken waren, daß sie kaum mehr das „damnamus" (wir verurteilen) richtig auszusprechen vermochten, sondern es auf „namus" (wir schwimmen) verkürzten, so bleibt doch, daß sie auf Drängen Bernhards nicht das taten, wozu sie eigentlich zusammengekommen waren, nämlich zu einer Anhörung der kontroversen Standpunkte. Sie begnügten sich im Gegenteil mit einer Beurteilung oder richtiger Vorverurteilung des entsprechend anstößig formulierten schriftlichen Materials. Die Bischöfe, so Berengar von Poitiers in seiner Satire über die Versammlung, „richteten Maulwurfsaugen auf den Philosophen und sagten: 'Wollen wir dieses Ungeheuer leben lassen?' ... So beurteilen Blinde Worte des Lichts, so verdammen Betrunkene einen Nüchternen ..."[321]

Damit war die Disputation, die Bernhard so gefürchtet hatte, nicht mehr nötig. „Bernhard hatte die Entscheidung des Gerichts, das am folgenden Tag stattfinden sollte, präjudiziert. Durch seinen Schachzug hatte er es vermeiden können, Abaelard ein öffentliches Forum zu verschaffen."[322] War diese Verurteilung vielleicht auch nicht illegal, so doch unfair. Bernhard muß sich wirklich ausgesprochen unsicher gefühlt haben, da er nicht auf sein Charisma vertraute, sondern zu einem Vorgehen Zuflucht nahm, das er selbst kaum ernstlich als untadelig empfinden konnte, sonst hätte er es in seiner späteren Darstellung der Ereignisse nicht verschwiegen.[323]

Am folgenden Tag standen die beiden Kontrahenten einander unmittelbar gegenüber. Bernhard las nun vor der Versammlung der geistlichen und weltlichen Großen die Anklage-Kapitel vor,[324] und der Magister wurde gefragt, ob er leugne, dies verfaßt zu haben, oder, wo nicht, er es beweisen oder verbessern könne. Zur Überraschung aller gab Abaelard keine Antwort. Vielmehr appellierte er nur an die höhere Instanz, den Papst, und verließ mit den Seinen abrupt die Versammlung.[325] Dies war eine Möglichkeit, mit der keiner seiner Gegner gerechnet hatte und deren Legalität, wenigstens in den Augen der Richter von Sens, umstritten war, die aber nach Beratung zugelassen wurde. Schließlich wußte man, daß Innozenz auf mißachtete Berufungen scharf zu reagieren pflegte.[326] Bernhard selbst hatte diese Möglichkeit zwei Jahre zuvor bei der Bischofswahl von Langres ausgeschöpft und sollte sie später ausdrücklich akzeptieren.[327] War Petrus von Hyazinth vorgewarnt worden? Oder hatte er tatsächlich, wie die Vita Bernhards und ein moderner Mediziner meinen, ein momentanes Blackout, Vorbote seiner tödlichen Erkrankung?[328]

Im Rahmen der mittelalterlichen Kirchengeschichte betrachtet, zeigt der ganze Ablauf, wie durch die Anrufung des Heiligen Stuhles als Kontrollinstanz die Dogmatik in einen Sanktionszusammenhang eingebunden wird, der weder dem einzelnen Theologen noch den Bischöfen als ursprünglich für ihre Diözese in Glaubensfragen Zuständigen eine Chance auf Eigenständigkeit gewährt. Bernhard hat diese romzentrierte Entwicklung nach Kräften gefördert, indem er sich immer wieder dorthin wandte, um seine Interessen durchzusetzen. Aber ein Gleiches tat Abaelard, indem er nach Rom berief, und taten in Verkennung ihrer eigenen Interessen die in Sens versammelten Bischöfe, die die Berufung zuließen, obgleich der Magister selbst sie als seine Richter gesucht hatte.

Angesichts der Abaelard freundlich gesinnten Kreise am päpstlichen Hof mußte Bernhard versuchen, die Sache durch seinen Einfluß zu entscheiden, noch ehe Abaelard seine Verteidigungsschrift vollendet und persönlich bei Innozenz vorgelegt hatte. Er mußte auch Hyazinthus, der wieder nach Rom aufgebrochen war, vorab unglaubwürdig machen, weswegen er ihn bei seinem Herrn und bei Haimerich (den er noch am Leben glaubte) verleumdete.[329] An den Papst schreibt Bernhard mit einer Anspielung auf seine Verdienste bei der Beilegung des Schismas, wo er die „Wut des Pierleone" bekämpft hatte: „Töricht habe ich mir seit einer Weile Ruhe versprochen, wenn sich die Löwenwut gelegt hätte und der Kirche Friede zurückgegeben würde." Doch „erneuert wurde der Schmerz, nicht ausgelöscht; Tränen haben mich überströmt, da das Böse weiter an Macht gewonnen hat. Und über die, die den Reif erlebt haben, brach der Schnee herein ... Dem Löwen sind wir entkommen, doch treffen wir einen Drachen".[330] Es ist natürlich Abaelard, der unter der Gestalt dieses Untiers angegriffen wird, dessen Schriften als Gift und Finsternis verleumdet werden, der ein „neues Evangelium, einen neuen Glauben"[331] verkündet. Abaelard und sein Waffenträger Arnold von Brescia werden sogar „Engel Satans"[332] genannt. Nach dieser „Einstimmung" teilt der Abt mit, daß die Versammlung die vorgelesenen Lehrmeinungen geprüft und verworfen habe, wobei er mit keinem Wort die Verurteilung des Vorabends erwähnt – ein Zeichen dafür, daß er sich über die Korrektheit seines Vorgehens doch nicht so sicher war. Der Papst müsse nun, nachdem er das Schisma (ergänze: mit Bernhards Hilfe) glücklich überstanden, auch mit der Häresie fertigwerden und die „Füchse" aus den Weinbergen des Herrn fangen – das traditionelle Tiersymbol für Ketzer (nach Cant 2, 15).[333] Daß es neben diesem metaphernreichen Brief durch den Mund des Überbringers eine gewiß noch deutlichere Nachricht für Innozenz gegeben hat, ist durch den Schluß des Schreibens evident.

Etwa gleichzeitig gingen zwei Briefe der Bischöfe an Innozenz. Wenigstens einer, unterzeichnet von den Ordinarien von Reims, Soissons, Châlons-sur-Marne und Arras, war aber ebenfalls von Bernhard verfaßt, wie die Terminologie und die Überlieferung in seinem Briefcorpus zeigen. Es fügt den bekannten Anklagen gegen Abaelard den Hinweis hinzu, von diesem sei schon einmal ein Werk als ketzerisch verbrannt worden, das nun gleichsam auferstanden und bis in die Kurie gekommen sei. Auch in diesem Schreiben wird der Papst aufgefordert, der Irrlehre ein Ende zu setzen.[334]

Das zweite Schreiben kam von den Bischöfen von Sens, Chartres, Orléans, Auxerre, Troyes und Meaux, es ist ebenfalls im Corpus der Bernhard-Briefe tradiert, weicht aber von seinem Stil ab. Auch hier werden die Geschehnisse ähnlich erzählt; es wird der Papst besonders auf die Gefahr hingewiesen, diese Irrlehren könnten sich weit verbreiten, bis ins Volk hinein. Deshalb soll Abaelard Schweigen auferlegt werden und ihm „sowohl die Möglichkeit, Vorlesungen zu halten, wie die, etwas zu schreiben, ganz genommen werden".[335]

Begleitend gingen wenigstens sieben Schreiben an die Kurie bzw. einzelne Kardinäle, darunter Haimerich, von dessen Ableben man in Clairvaux noch nichts wissen konnte. Hier sind weitere und vielleicht noch schärfer formulierte Angriffe gegen Abaelard zu Pergament gebracht, die wohl von Bernhards Sekretären unter Verwendung der vorgehenden ausführlicheren Schreiben zusammengestellt wurden.[336] In ihnen weint und seufzt die Braut Christi, die Kirche, unaufhörlich ob der Schandtaten des Magisters, Ordnung und Moral wanken, die Sakramente werden zerstückelt ... Abaelard wird zum Verfolger des katholischen Glaubens, zum Feind des Kreuzes, zum falschen Mönch, zur Hydra, zum Vorläufer des Antichristus usf. War nicht seine *Theologia* schon 1121 verurteilt worden und ihr Verfasser daher ein rückfälliger Ketzer?[337] Manchen dieser den tatsächlichen „Verfehlungen" Abaelards völlig inadäquaten Invektiven voll persönlicher Beleidigungen ließ Bernhard Abschriften von dessen Werken oder Auszüge daraus beilegen.[338]

Vergebens plante der Verurteilte, nach Italien zu ziehen, um an den Papst direkt zu appellieren, und verfaßte dazu in Cluny einige Apologien, in denen er darauf hinwies, zum Widerruf von Irrigem sei er bereit und deswegen kein Ketzer. Auf einzelne Anklagepunkte eingehend, betonte er, daß man schlichtweg falsche oder aus dem Zusammenhang gerissene Sätze zitiert habe. Was den Vorwurf betrifft, er hab dem Vater die gesamte, dem Sohn eine gewisse und dem Geist keine Macht zugeschrieben, „so verabscheue ich diese Worte nicht als menschliche, sondern als teuflische, wie es gerecht ist. Ich leugne sie und verurteile sie zusammen mit ihrem Verfasser. Sollte sie jemand in meinen Schriften finden, bekenne ich mich nicht nur als Häretiker, sondern sogar als Oberhäretiker." „Höchste Bosheit oder Ignoranz" steckt dahinter, wenn jemand behauptet, er habe verbreitet, der Heilige Geist sei nicht von der Substanz des Vaters[339] – genau dies waren Punkt 1 und 2 der 19 Kapitel Bernhards. In anderen Punkten, die er tatsächlich vertreten hatte, widerruft Abaelard freilich ohne weiteres, so hinsichtlich der Schuldlosigkeit der Kreuziger Christi (Punkt 9).

In einer Verteidigungsschrift, die von den Abaelard-Spezialisten unterschiedlich vor oder nach Sens datiert wird,[340] wendet der Dialektiker sich direkt an Bernhard: „Auch wenn Gott schweigt, erweisen sie [die angegriffenen Kapitel] den Lügner! ... Deine Anfeindungen, mit denen Du mich zerfleischst, habe ich, wiewohl sie unerträglich sind, lange ertragen in der Erwartung, daß Du vielleicht aus Angst vor der Sünde oder Ehrfurcht vor der Ehrlichkeit aufhören mögest, meine Unschuld zu verfolgen oder wenigstens die begonnene Verfolgung zu mildern. Nun aber, da es feststeht, Dein Vorsatz ist es, darin, was Du schamlos begonnen, noch schamloser zu endigen,[341] sind wir gezwungen, Deine Geschosse auf Dich zurückprallen zu lassen, damit Du, weil Du mit Pfeilen auf Deinen Nächsten zielst, diese als auf Dich selbst losgelassen empfängst . . ." „Sogar der Teufel verwendet die Worte der Heiligen Schrift, wenn er sie auch schlecht interpretiert . . . Du aber kümmerst Dich weder um meine Worte noch den Sinn und bemühst Dich, mehr aus Deinen Erfindungen als aus meinen Sätzen zu argumentieren . . ."[342]

Bernhard aber kümmerte sich überhaupt nicht um die im folgenden sachlich und logisch vorgebrachten Gegenbeweise und wartete auch nicht, bis diese den Lateran erreichten. Er war rascher und unfairer, als Abaelard vermutete: mit dem zitierten Brief,[343] in dem er den Papst daran erinnerte, wie sehr er ihm die Besiegung seines Gegners zu verdanken hatte und Abaelard als Verbündeten des ihn in Italien bedrängenden Arnold von Brescia hinstellt, bewog er Innozenz, die Verurteilung zu bestätigen, ohne Abaelard überhaupt nur die Möglichkeit einer Verteidigung einzuräumen. Diese Entscheidung des Heiligen Vaters erreichte den Philosophen noch vor seinem Aufbruch nach Italien im burgundischen Kloster und setzte der ganzen Affäre ein autoritäres Ende.

Während sich der Papst um wenig früher bei ihm angelangte Anklagen gegen den Philosophen (wie die des Regularkanonikers Hugo Metellus[344]) nicht gekümmert hatte, erfüllte die nunmehrige Antwort Innozenz' vom 16. (oder 21.) Juli alle Wünsche der Petenten. Nach der üblichen theoretischen Einleitung, in der u. a. die wichtigsten verurteilten Ketzer aus der Zeit der alten Kirche aufgezählt werden, dankt der Heilige Vater den Hirten, die sich gegen die neuen Ränke engagiert haben. „Und sämtliche perversen Lehren desselben Petrus haben wir gemäß der Autorität der heiligen Kanones mit ihrem Urheber verurteilt und ihm als einem Häretiker ewiges Schweigen auferlegt." Alle Anhänger und Verteidiger des Petrus sind exkommuniziert.[345] Petrus Abaelardus und Arnold von Brescia werden in dem entsprechenden päpstlichen Dokument[346] als „Urheber einer perversen Lehre und Angreifer gegen den katholischen Glauben" bezeichnet. Bernhard selbst durfte entscheiden, wo der Benediktiner wieder in Klosterhaft gefangengehalten werden sollte: Den Bischof Samson von Reims, den Erzbischof Heinrich von Sens und den Abt Bernhard von Clairvaux weist der Heilige Vater an, Abaelard und Arnold in verschiedenen Klöstern zu inhaftieren und ihre Schriften, wo immer sie nur gefunden werden können, dem Scheiterhaufen zu übergeben. Auch in der Peterskirche ließ der Papst die Bücher Abaelards demonstrativ verbrennen.[347]

Offenbar hatten auch die Freunde des „Neuerers" an der Kurie nichts vermocht, etwa der gelehrte Kardinalpresbyter Guido von Città di Castello, den Bernhard mit einem eigenen Brief dazu zu bringen versucht hatte, seine Forderung nach einem Redeverbot für Abaelard zu unterstützen.[348] Abermals wiederholte sich damit die Situation von vor zwanzig Jahren: dem Philosophen wurde die „respondendi facultas"[349] verweigert, d. h., er durfte sich nicht vor dem Papst verteidigen, sondern hatte sich abermals dem Verdikt seiner Gegner zu unterwerfen.

Abaelards Ende (1141–1142)

Der Protest seiner Schüler und Verehrer verklang ohne Erfolg. Auch die eigenständige Analyse, der der gelehrte und durchaus auf Orthodoxie bedachte Robert von Melun († 1167)[350] das Trinitätsproblem unterwarf und die günstig für Abaelards Ansichten ausfiel, ging erst im 13. Jahrhundert in die offzielle Lehre ein. Robert hatte Abaelards Konzept mit Hinweis auf Parallelen bei Augustinus verteidigt und über die Kritiker des Meisters geschrieben: „Sie hatten die obstinate Gewohnheit, alles, was sie nicht zu wissen vermochten, ohne jede Diskussion und ohne jede Analyse der Vernuftgründe zu verdammen, so daß nur das katholisch und im Einklang mit dem christlichen Glauben erschien, von dem sie angaben, etwas zu verstehen." Auch er sah in Neid und Mißverständnis den Grund für den Angriff auf Abaelard.[351]

Am eindringlichsten ruft ein Planctus (Klagelied) eines Unbekannten, der in Text und Metrik auf die religiöse Lyrik aus Abaelards Feder anspielt, ganz Frankreich zur Entrüstung und zum Mitgefühl auf. Dabei wird nicht mit bösen Worten über Bernhard und seinen Orden gespart, während Abaelard nicht nur als Intellektueller, sondern auch als Tugendvorbild in den Himmel gehoben erscheint.

> Petre, virtus scolastica,
> scripture clavis unica,
> te dampnat plebs erratica,
> turba pseudomonastica.
> Petre, doctor doctissime,
> philosophorum maxime,
> in te sevit acerrime
> grex gentis perditissime …
> Famosa lux per secula,
> quid te plangam per singula?
> tu discipline regula,
> iuris ac morum formula.

Ve, ve tibi, perfida
gens bonorum invida,
que sic arte callida
fallis et improvida!
Ve prophetis talibus
falsa prophetantibus,
cucullatis vatibus
deum irridentibus!
Gens confisa nimium
vestimentis ovium,
ut dampnaret omnium
preceptorem artium!
Fuscata progenies,
dealbate paries,
sanctitatis caries,
usque quo desevies?
Heu, quo consilio
quove preiudicio
fallax conspiratio
relegat exilio
virum, qui non meruit
nec mereri debuit
eam quam sustinuit
persecutionem,
qui nec os aperuit,
sed ut mutus tacuit
nec in ore habuit
redargutionem![352]

„Peter [Abaelard], Kraftzentrum der hohen Schule, einzigartiger Schlüssel zur Heiligen Schrift, dich verurteilt eine irrende Plebs, die Schar der Lügenmönche. Peter [Abaelard], gelehrtester Lehrer, größter der Philosophen, gegen dich wütet bitterst die Herde des verruchtesten Stammes [die Zisterzienser] ... Durch Generationen berühmte Leuchte, was soll ich dich in jeder Einzelheit beklagen? Du Richtschnur der Disziplin, Formel des Rechtes und der Sitten? Weh, weh über dich, perfides Volk, das du so mit schlauem, schnellem Kniff betrügst, neidisch auf die Guten! Weh solchen Propheten, die Falsches prophezeihen, [weh den] Sehern in ihren Kutten, die Gott verspotten! Das Volk vertraute zu sehr der Kleidung der Schafe [die einfachen Gewänder der Zisterzienser], daß es den Lehrer aller Artes [die Sieben Freien Künste] verurteilte! Finstere Nachkommenschaft, übertünchte Wände [so schimpfte Paulus den Hohenpriester Hananias, Ac 23, 3], Fäulnis der Heiligkeit, wie lange wirst du wüten? Weh, nach welchem Spruch oder eher welchem Vorurteil schickt die trügerische Verschwörung den Mann ins Exil, der die Verfolgung, die er ertrug, nicht verdiente noch hätte verdienen sollen, hat er doch nicht einmal den Mund geöffnet, sondern wie ein Stummer geschwiegen, hatte er doch kein Widerwort im Munde!"

Abaelard mußte es dem Abt von Cluny Petrus danken, daß dieser durch seine demütige Intervention in Rom erreichte, ihn als Gast und nicht als Gefangenen bei sich behalten zu dürfen.[353] Er hat dort weiter geforscht und geschrieben, aber sich auch im Gebet auf den Tod vorbereitet; im Frühling des nächsten Jahres ist er gestorben.[354] Immerhin blieb er sich so treu, daß er in einem religionsphilosophisch-apologetischen Dialog über Christentum, Heidentum und Islam, den er wohl auf Anregung des mit solchen Fragen befaßten Cluniazenserabtes konzipierte, ein Lob seiner *Theologia* niederschrieb.[355] Vorher, so berichtet Petrus von Cluny,[356] gelang es ihm und Abt Rainald von Cîteaux noch, Bernhard und Abaelard in Clairvaux zu versöhnen. War das bloß eine äußerliche Formalität, um die materiellen Konsequenzen der päpstlichen Verurteilung abzuwenden, oder eine echte Verdemütigung des Älteren? Jedenfalls erklärte Bernhard noch Jahre später triumphierend: „Also darf niemand glauben, nichts geleistet zu haben, wenn er einen Häretiker besiegt und widerlegt hat, Ketzereien zum Schweigen gebracht hat, Wahrscheinliches von Wahrem klar und deutlich geschieden hat, verkehrte Lehren mit klarer und unwiderleglicher Vernunft als verkehrt erwiesen hat, und ein verkehrtes Denken, das sich gegen die Gottesgelehrtheit erhebt, der Gefangenschaft überlieferte."[357] Er nennt keine Namen, aber es ist fast unmöglich, nicht an Petrus Abaelard zu denken.

Nochmals sei auf die Frage zurückgekommen: Warum hat Bernhard Abaelard mit derartiger Leidenschaft bekämpft? Die oben genannten Gründe sind sicher stichhaltig, greifen aber wohl zu kurz. Das Richtige dürfte Friedrich Heer getroffen haben: Bernhard bekämpft in Abaelard seine intimsten eigenen Versuchungen. „Ist es ein Zufall, daß sein mächtiger Zorn immer dann am dunkelsten glüht, wenn er glaubt, in einem andersdenkenden, andersglaubenden Mann diesen 'Eigensinn' wahrnehmen zu können, zu müssen?" Gerade der Bernhard, der im Bereich des Emotionalen – der Liebe – Neuland betreten hat, der „als erster Westeuropäer vorbildlich jenen Innenraum mitgeschaffen [hat], der seither Europa so eigentümlich von den anderen Kontinenten abhebt",[358] verbietet sich auf der Ebene der Reflexion, die er genauso beherrschen könnte wie sein Kontrahent, jede Entfernung von den Autoritäten.[359] Seine Scheu, das Numinose der rationalen Zergliederung zu unterwerfen, entspringt vielleicht der Furcht, es zu verlieren. War Bernhard das Sacrificium intellectus et propriae voluntatis, das Abaelard nicht zu erbringen vermochte, so leicht nicht gefallen, wie es den Anschein hat? Vielleicht hat sein 'Feindbruder' gerade manches von dem verwirklicht, das Bernhard für sich mit einem absoluten Tabu belegt hatte.

Gegen den Bischof von York (1142–1147)

Wie unermüdlich und heftig Bernhard seine Kanzlei mit Interventionen beschäftigte, zeigt einmal mehr die Affäre um das Bistum York.[360] Bernhard, der selbst nie in England war, diktierte oder veranlaßte in dieser Sache ein ganzes Konvolut von Briefen, von denen sechsundzwanzig erhalten sind. Sie datieren zwischen Januar 1142 und Mai 1147 und waren an vier Päpste, Kardinäle, Adelige, Bischöfe und Äbte wie auch den englischen König und seine Gemahlin gerichtet.[361]

Als Bernhard sich in die Machtkämpfe um die Neubesetzung dieses nordenglischen Bistums einmischte, hatten die Streitigkeiten bereits zwei Jahre angedauert. Was bewog den Abt, jetzt in einer Frage Stellung zu beziehen, die ihn unmittelbar nicht im geringsten berührte? Offensichtlich die Bitten der englischen Zisterzienser, die gegen den Kandidaten sowohl König Stephans als auch Bischof Heinrichs von Winchester, nämlich beider Neffe Wilhelm Fitzherbert, opponierten. Der königliche Kaplan Fitzherbert war nicht nur durch Simonie gewählt worden, sondern auch sonst (ob zu Recht, steht dahin) übel beleumdet und wurde auch in Rom wegen „Unmäßigkeit und Inzest", wie Papst Innozenz II. schrieb, angeklagt.[362] Bernhard fürchtete sogar für das Leben des Boten, der seine Intervention nach Rom zu bringen hatte,[363] vielleicht war es der spätere berühmte Zisterzienserschriftsteller Aelred von Rievaulx, Verfasser u. a. des von Bernhard befohlenen und diesem gewidmeten *Speculum caritatis*, des *Liebesspiegels*.[364] Der Verlauf einer Untersuchung der Wahl macht jedenfalls sehr den Eindruck betrügerischer Manipulation.[365]

Trotz Bernhards emsiger brieflicher Tätigkeit, die auch vor Drohungen mit der größeren Gewalt des Königs der Könige gegen den englischen König nicht haltmachte,[366] und trotz der Gegenpropaganda der Zisterzienser wurde der Günstling des Königs am 26. September 1143 zum Erzbischof geweiht. Hatte er doch auch den päpstlichen Legaten hinter sich, der ihm, wie Bernhard hübsch formuliert, mit einer Haue aus Silber einen Eingang ins Heiligtum gegraben hat, das er nicht durch die Tür betreten konnte.[367] Nun saß er „in cathedra pestilentiae",[368] „auf dem verpesteten Bischofsthron", und Bernhard wollte versuchen, was er nicht hatte verhindern können, rückgängig zu machen – eine anstrengende Aufgabe. Nur seine Krankheit und Belastung mit anderen Aufgaben hindere ihn, schreibt er an die englischen Ordensbrüder, über den Ärmelkanal zu kommen und selbst mit Schleuder und Stein im Namen des Herrn den Philister niederzustrecken.[369]

Daß er den Gegner dazu in seiner gewohnten Weise dämonisierte, verstand sich von selbst: etwa durch den Vergleich mit einem zu stürzenden Götzenbild[370] oder durch die Bezeichnung als „besonderes Untier".[371] Winchester, dessen Bischof Heinrich von Blois in seiner Funktion als päpstlicher

Legat Fitzherbert unterstützte, wird in krassen alttestamentlichen Aus-
drücken als käufliche Hure beschimpft, Papst Lucius (reg. 1144–1145) damit
zu motivieren versucht, daß man sich dort als Zweites Rom geriere, das die
Entscheidungen des ersten nicht anerkenne. „Möge also Euere Klugheit
dieser Schlange, die Euerer Ferse und der des ganzen Reiches nachstellt,
machtvoll widerstehen und ihr Haupt zertreten . . .“[372] Doch erst im Februar
1146, als sich der Angeklagte selbst nach Rom begab, um das Pallium einzu-
fordern, suspendierte ihn der Zisterzienserpapst Eugen III. (reg. 1145–
1153). Der endgültige Erfolg Bernhards sollte aber noch ein Jahr auf sich
warten lassen: Die Absetzung Wilhelm Fitzherberts vollzog der Papst nicht,
ehe er in Frankreich unter dem persönlichen Einfluß Bernhards stand.[373]

Ludwig VII. und Theobald von der Champagne (1142)

Nicht allzu viele Kontakte hatte es bisher zwischen Bernhard und seinem
neuen König, dem ab 1137 regierenden Ludwig dem Jungen, gegeben.[374] Die
Geschichte der unglücklichen Kommune von Reims wurde schon erwähnt.[375]
Weiters war der Abt etwa zusammen mit Suger an der Versöhnung des Monarchen mit seinem früheren Kanzler Algrin beteiligt.[376] Ludwigs Ratgeber, Joscelin von Soissons, hatte im Frühjahr 1141 vom Abt von Clairvaux einen in un-
gewöhnlicher Weise mit Klassikerzitaten argumentierenden Brief erhalten,
der den König wegen eines Zwistes mit Bischof Gottfried von Bordeaux kritisierte.[377] Ludwig VII. strebte ja durchaus danach, Bischofsstühle unter seine
Autorität zu bringen.[378] An theologischen Divergenzen dagegen hatte sich die
oberste staatliche Gewalt Frankreichs ungeachtet ihrer Teilnahme am Konzil
von Sens wenig interessiert gezeigt und Bernhard sogar gegen Abaelards Nachfolger unterstützt. Trotzdem sollte es bald zu Auseinandersetzungen kommen,
in denen Bernhard gar nicht umhinkam, gegen den Herrscher Position zu beziehen. Sie waren freilich innenpolitischer Natur, wenn Bernhard sie auch
primär in theologischen Kategorien sah.

Eine der mit den Kapetingern in ihrem noch keineswegs gefestigten Reich
konkurrierenden Dynastien waren die Grafen der Champagne.[379] Sie
stellten für das Königshaus die nach den Deutschen gefährlichste Macht im
Osten dar, da sie über ein aufblühendes Land geboten, in dessen Städten die
bedeutendsten Handelsmessen des Reiches stattfanden. Wohl waren sie Le-
hensmänner des Königs von Frankreich, aber auch des Herzogs von Burgund und des Kaisers, was sich im Bedarfsfall je nach eigenen Interessen aus-
spielen ließ. Suger war sich der Wichtigkeit dieser Herrn vor allen anderen in
Frankreich wohl bewußt.[380] Ein sprechendes Detail läßt ihre Stellung
erahnen: Graf Theobald II. stellte durchschnittlich etwa sieben feudalrechtliche Urkunden pro Jahr aus – nur um drei weniger als König Ludwig VI.[381]

Diese Machtposition hatte (in für die Epoche wohl unvermeidlicher Weise) auch bereits zu blutigen Auseinandersetzungen geführt. 1111/19 und 1128/35 war es schon zu Kämpfen zwischen Theobald und dem Vater des jetzigen Königs, Ludwig VI., gekommen.[382] Als Theobald 1125 seinem Onkel Hugo als Graf der Champagne nachfolgte, vereinigte er dieses Land mit seiner eigenen Herrschaft Blois, und 1135 wäre fast er König von England geworden, wenn nicht sein jüngerer Bruder Stephan mit Hilfe Bischof Heinrichs von Winchester, beider Bruder, schneller gewesen wäre – alle drei waren sie Enkel Wilhelms des Eroberers. Wenn auch nicht König, so wurde Theobald in diesem Jahr immerhin Vormund des jungen Ludwig VII. Er verzichtete auf eine Auseinandersetzung mit dem Bruder, sondern unterstützte vielmehr dessen Anspruch auf England. So war der Graf ein Herr, der abgesehen vom Charisma des Königtums kaum weniger Stärke und Ansehen besaß als der Kapetinger, und Gottfried von Auxerre nennt ihn den zweiten Fürsten nach dem König,[383] ähnlich drückt sich Wilhelm von Saint-Denis aus.[384] Die Situation bedurfte wohl nur eines Anlasses, um zum offenen Konflikt auszuarten. Das Jahr 1142 bot deren zwei.[385]

Einmal lieferte den Zündfunken, wie so oft, eine strittige Bischofswahl[386]: in Bourges, einer der größten Erzdiözesen des Reichs, standen einander zwei Kandidaten gegenüber, Cadurc, der Kanzler des Königs, und ein Verwandter des päpstlichen Kanzlers Haimerich namens Petrus de la Châtre. Als dieser ungeachtet des königlichen Vetos gewählt wurde, verweigerte ihm Ludwig nicht nur die Regalien, sondern schwor auf die Reliquien, ihn seine Bischofsstadt nie betreten zu lassen, ein Schwur, auf den er sich immer wieder berufen sollte, wenn er eine Beilegung des Konflikts ablehnte. Petrus war aber bereits nach Rom gezogen und hatte ohne Schwierigkeiten von Innozenz nicht nur seine Weihe zum Erzbischof von Bourges erreicht, sondern auch die Aufhebung aller kirchlichen Funktionen Cadurcs. Ludwig, gestärkt durch einen Sieg über die Adelsopposition, ließ sich dadurch nicht beeindrucken – im Gegenteil.[387] Der Papst griff nun gleich zu einem seiner stärksten Zuchtmittel und verhängte das Interdikt: „in welche Stadt, welche Burg, welchen Ort auch immer der König einzog, durfte kein Gottesdienst mehr gefeiert werden".[388] Das änderte nichts daran, daß Petrus seine Bischofsstadt Bourges nicht betreten konnte. So suchte er jemanden, bei dem er sich sicher fühlen konnte, und dies war „zufällig" kein anderer als der Graf Theobald von der Champagne.

Die andere Sache war eine Familienangelegenheit, d. h. nach damaligen Begriffen in diesen Kreisen zugleich eine hochpolitische Angelegenheit. Der Seneschall von Frankreich, Graf Rudolf von Vermandois, ein Cousin des Königs, war mit einer Nichte Theobalds verheiratet, verstieß diese aber 1142, um Petronilla, eine Schwester der Königin, zur Frau zu bekommen, obschon diese noch näher mit ihm verwandt war.[389] Die Auflösung einer Ehe war nach kanonischem Recht nur möglich, wenn zu enge Verwandtschaft vorlag, was freilich bald drei Bischöfe eidlich bestätigten, nämlich die von Senlis, Laon und Tournai (letzterer war Rudolfs Bruder). Theobald wollte dies natürlich nicht akzeptieren und wandte sich an den Papst, wogegen Ludwig sich selbstverständlich die Sache seiner Schwägerin zu eigen machte.

Bernhard versuchte nun, in seiner gewohnten Weise mit Schreiben an die verschiedenen Parteien zugunsten seines 'Landesherrn' einzugreifen; auch besuchte er offenbar deshalb den befreundeten Bischof Hatto von Troyes.[390] Generell war Bernhard (wie es auch der Randlage der Region entsprach, in der er lebte, nämlich nahe am Imperium) in seinem politischen Denken zwar voll Respekt vor dem Kaisertum, brachte dem Königtum aber weniger Verehrung entgegen. Seine Orientierung als Mitglied einer ritterlichen Familie, die am Herzogshof Karriere gemacht hatte, galt eher den lokalen Gewalten Frankreichs als der zentralen.[391] Denn Clairvaux hatte allen Grund, mit dem Fürsten, in dessen Territorium es gelegen war, gute Beziehungen zu pflegen. Theobald II. hatte die Mönche ja seit Beginn seiner Herrschaft unterstützt, hatte den Neubau von Clairvaux mitfinanziert. Die Vita Bernhards ergeht sich in den höchsten Tönen über seine materiellen Gaben für die Zisterzienser und seine allgemeine Armenfürsorge, die natürlich Bernhard veranlaßt hatte – wiewohl es faktisch Prämonstratenser waren, die Theobald hierfür als seine Bevollmächtigten eingesetzt hatte![392] Schließlich hatte dieser ja auch von Norbert schon 1123 das weiße Skapulier der Prämonstratenser erhalten, womit dessen dritter Orden seinen Beginn nahm.[393]

Es verdient aber angemerkt zu werden, daß Bernhards Dankbarkeit nicht über seine Moral triumphierte: als ihn nämlich der Adelige darum bat, für seinen etwa zwölfjährigen Sohn kirchliche Ämter zu besorgen, lehnte der Abt dies ab. Sein Brief ist ein Meisterstück an Diplomatie, deren Argumentation so läuft: Wegen Gott werde ich von Euch geliebt; wenn ich also etwas gegen Gott tue, dann werdet Ihr mich nicht mehr lieben. Wenn es schon sein soll, dann habt Ihr genügend andere Beziehungen, um mir eine Sünde zu ersparen.[394] Wilhelm kam natürlich auch ohne Bernhards Protektion zu den höchsten Stellen und starb als Erzbischof von Reims.

Im Sommer 1142 beklagte der Abt sich bei Innozenz über die Bischöfe, die die Scheidung ermöglicht hatten und denen allgemein Meineid vorgeworfen wurde.[395] Bernhard forderte den Papst auf, denjenigen zu bestrafen, der die Kirche unterdrücke;[396] der Name fällt nicht, aber es ist klar, daß nur Ludwig gemeint sein konnte. Der Abt ist in diesem Zusammenhang einer der ersten Theologen, der die Eheschließung in die priesterliche Gewalt stellt, eine Vorstellung, die sich damals erst langsam gegenüber dem rein privatrechtlichen Charakter dieses Aktes durchzusetzen begann.[397] Doch übernahm noch in der ersten Jahreshälfte wenigstens den Fall der umstrittenen Heirat

ein ordentliches Konzil in Lagny unter dem päpstlichen Legaten Ivo von
S. Lorenzo, der dazu auch Bernhard einlud. Erwartungsgemäß bestätigte
man die Gültigkeit der ersten Ehe und exkommunizierte Rudolf und Petronilla, ja suspendierte sogar die drei genannten Bischöfe.[398] Damit steigerten
die Geistlichen freilich nur die Spannung zwischen den Kontrahenten;
binnen kurzem sollten sie zum Schwert greifen.

Bernhard hatte auf dieser Kirchenversammlung allerdings auch eine
schmerzliche Niederlage einzustecken. Aus nicht mehr durchsichtigen
Gründen hatte er sich in einem Streit zwischen den Mönchen von Marchiennes und dem Bischof Alvisus von Arras um die freie Abtswahl[399] auf
die Seite des Kirchenfürsten gestellt und war auch in Rom mit Briefen für
ihn vorstellig geworden. Offenbar ohne genauere Kenntnis der Sachlage, jedenfalls ohne einen Anflug eines „audiatur et altera pars", verdammte er
darin die Benediktiner als bissig wie Hunde.[400] In Lagny mußte Bernhard
freilich aus dem Munde seines bischöflichen Freundes das Geständnis
hören, daß dieser sich selbst im Unrecht wußte. Ivo tadelte Bernhard daraufhin ob seiner mangelnden „discretio", „Unterscheidungsgabe". Bernhard gestand sogleich offen ein, sich getäuscht zu haben.[401] Ironischerweise
hatte er den Brief, in dem er seine Anschuldigungen gegen die Mönche von
Marchiennes formulierte, gerade mit den Worten begonnen: „Weder neu
noch verwunderlich ist es, daß der menschliche Geist getäuscht werden oder
täuschen kann; sowohl dieses als auch jenes ist zu meiden, denn in beidem
liegt Gefahr ..."[402] Es ist dieser bekannte Zug seines Charakters, von
Freunden ungeprüft alles Mögliche zu übernehmen und aufgrund solcher Informationen zu handeln, der hier, wie etwa auch in der Causa Abaelard,
deutlich wird.

Daß Ivo den berühmten Abt trotzdem geschätzt hat, zeigt sich daran, daß
er ihn zu einem seiner Testamentsvollstrecker ernannte – nicht zu Bernhards
Vorteil. Denn ob des Erbes des Kardinals kam es zu einer spürbaren Abkühlung zwischen Innozenz und Bernhard. Es ist müßig, rekonstruieren zu
wollen, was tatsächlich vorgegangen war, denn erhalten ist ausschließlich
Bernhards Darstellung. Danach hätten die anderen Nachlaßverwalter des
Prälaten das Erbe ohne Bernhards Wissen und in seiner Abwesenheit verteilt, doch seien an der Kurie ihm die dabei vorgefallenen Abweichungen
– anscheinend meinte Innozenz, zu wenig erhalten zu haben – in die Schuhe
geschoben worden. Gleichzeitig entschuldigt sich Bernhard für seine dauernden Interventionen: „Ich weiß, ich weiß: mehr habe ich mir herausgenommen als sich gebührte ..." Künftig „werde ich lieber einige Freunde
kränken, als mit vielen Bitten den Gesalbten des Herrn zu ermüden!"[403]
Der Ton des Schreibens ist bitter, zu Recht, wenn man sich an Bernhards Engagement für Innozenz erinnert. Aber jetzt saß dieser ja unangefochten auf
seinem Thron, und der Mönch aus Frankreich fiel ihm anscheinend nur mehr

lästig. Mit einem *Psalm*-Zitat (72, 22) spielend, drückt Bernhard am Beginn des Briefes überdeutlich aus, daß er begriffen hat: „Bernardus nihilum id quod est" – „Bernhard, das Nichts, das er ist",[404] seitdem der Papst ihm keine freundliche Miene mehr zeigt.

Von Bernhards Leben wissen wir aus diesem Jahr sonst nur ein oder zwei kleine Episoden: In Boulogne traf er mit dem Bruder Theobalds zusammen, dem englischen König Stephan, der von seiner Frau Mathilde begleitet wurde. Der Abt ist in ihren dortigen Urkunden als Zeuge genannt.[405] Für die Königin wirkte er ein Wunder: Sie war ihm vor die Stadt entgegengekommen, da ihre Schwangerschaft so schwierig verlief, daß sie bereits meinte, ihre Bestattung vorbereiten lassen zu müssen.[406] Dem Zusammentreffen mit dem von ihr hochverehrten Abt schrieb sie es zu, daß es doch zu einer glücklichen Entbindung kam; so sei das Kind auch sein Sohn. Bernhard pflegte, wenn man darauf anspielte, lächelnd zu sagen, davon sei ihm aber gar nichts bewußt. In einem späteren Brief an die Herrscherin schreibt er in Bezug darauf scherzhaft: „Im übrigen hütet mir den Sohn gut, den Ihr nun geboren habt, denn auch ich habe ja an ihm Anteil – wenn es der König nicht mißbilligt."[407]

Am 11. Oktober nahm Bernhard, unbekannt in welchem Kloster, zusammen mit den anderen Leitern der Primärabteien, an einem Treffen mit hochrangigen Prämonstratenseräbten teil. Ziel war die Beseitigung von Spannungen, die sich auch zwischen diesen beiden Reformorden aufgrund der häufigen 'transitus' ihrer Mitglieder zur jeweils anderen Gemeinschaft ergeben hatten. Um Frieden und Freundschaft zu wahren, vereinbarte man, keinen Wechsel zwischen diesen beiden Orden mehr zu gestatten. Freilich sollte Bernhard sich schon bald danach nicht mehr an diesen Pakt halten,[408] was ihm zwei kritische Briefe des Priors Philipp von Bonne-Espérance (von Harvengt) eintrug, eines hervorragenden Ordensschriftstellers und ebenfalls Kommentators des *Hohenliedes*, die er jedoch nicht beantwortete.[409]

Bernhard zwischen dem König und dem Grafen der Champagne (1142/43)

Ende des Jahres 1142 – eine ungewöhnliche Zeit für einen Feldzug, denn der harte Winter[410] erschwerte alle Bewegungen – war Ludwig nach Osten aufgebrochen, um Theobald für seine doppelte Widersätzlichkeit zu bestrafen. Unter anderem belagerte der König Vitry an der Marne, später Vitry-le-Brûlé genannt, denn die Stadt ging dabei in Flammen auf und eine große Zahl der in die Kirche geflüchteten Einwohner verbrannte hilflos. Den jungen Herrscher dürfte dieser Frevel erschüttert haben, denn nach einiger Zeit zeigte er sich gesprächsbereit.

Theobald schien inzwischen auch seinerseits nicht mehr zu effizientem Widerstand fähig, da sich viele seiner Vasallen dem Kapetinger anschlossen. Daß er mit seinem Geld, statt sich Bogen- und Armbrustschützen zu dingen, lieber Mönche unterstützt hatte, wurde ihm nun öffentlich vorgeworfen.[411] In dieser Situation ließ er Bernhard zu sich rufen, der ihn mit vielen Beispielen aus dem *Alten Testament* und der Lebensweisheit, Glück mache träge, Unglück aber wach, tröstete. Der Graf bezahlte den geistlichen Zuspruch teuer: er ließ zwei schwere, kunstvoll gearbeitete Goldpokale aus dem Tafelgut seines Onkels König Heinrichs I. von England herbeibringen und sie zertrümmern, damit Bernhard vom Erlös des Goldes und der Edelsteine „Zelte des Herrn", also weitere Klöster, errichten könne.[412] Bernhard verkaufte diese Schätze dann an Abt Suger von Saint-Denis, der dringend kostbare Steine zur Ausschmückung seines goldenen Kruzifixes suchte.[413] Weltliche Kleinode, für die Zisterzienser vernichtet, von den Benediktinern zu einem geistlichen Kunstwerk umgeschmolzen – eine Fußnote zur Mentalität und Ästhetik der beiden Orden.

Die Gabe war jedenfalls ein tüchtiger Ansporn für Bernhard und die Seinen: sie vergalten dem Grafen nicht nur mit Gebeten seine Großzügigkeit, sondern Bernhard selbst „stürmte in die Schlacht", um eine Versöhnung mit dem König herbeizuführen.[414] Der Abt und Bischof Hugo von Auxerre als Vertreter des Grafen begannen Verhandlungen mit Suger und Bischof Joscelin von Soissons als Vertreter des Monarchen.[415] Tatsächlich gelang es ihnen, die einander gut kannten, eine Vereinbarung zustande zu bringen, nach der künftige Konfliktpunkte einem Schiedsgericht, bestehend eben aus Bernhard, Suger, Joscelin und Hugo, vorzulegen waren, ehe irgendwelche Feindseligkeiten eingeleitet werden durften.[416] Den Papst unterrichtete Bernhard, daß er geschworen habe, sich des Friedens wegen um die Aufhebung des Exkommunikationsdekrets gegen die beiden „Ehebrecher" (Rudolf und Petronilla) zu bemühen. Sollten sie sich nicht zurückhalten, könne der Heilige Vater ja die Kirchenstrafe erneuern.[417] Ein diplomatischer, wenn auch macchiavellistisch wirkender Rat, den Innozenz sogleich befolgte, da die beiden sich keineswegs trennten.

Es scheint aber, daß Bernhard auch von Ludwig gebeten wurde, sich in Rom für ihn zu verwenden, um vom Interdikt gelöst zu werden. Der Abt schrieb in diesem Sinne einen großartig formulierten Brief an einige Kardinäle, in dem er u. a. die Jugend des Herrschers und seinen Irrglauben, durch einen ungerechtfertigten Schwur (gegen den Erzbischof von Bourges) gebunden zu sein, geltend macht.[418] Bernhard warnt eindringlich, daß zu viel Härte ein Schisma auslösen könnte: „Weh, noch ist die letzte Wunde der Kirche nicht vernarbt, und sie sind daran, [sie] wieder aufzureißen, wieder den Leib Christi ans Kreuz zu heften, wieder die unschuldige Seite zu durchbohren, wieder seine Kleider zu verteilen ..."[419] Er erwähnt einleitend sicher nicht ohne Absicht zwei Gegenpäpste aus der Zeit des Investiturstreits. Das hieß im Klartext – und das dürfte Bernhard ganz treffend gesehen haben: es könnte zu einer ähnlichen Auseinandersetzung kommen, wie zwischen Gregor VII. und Heinrich IV. oder zwischen Gelasius II. und Heinrich V. „Vae nobis qui vivimus, plangere quae pertulimus, dolere quae sentimus, tremere quae expectamus".[420] „Wehe uns, die wir leben, zu beweinen, was wir ertrugen, daran zu leiden, was wir fühlen, zu zittern vor dem, was wir erwarten ..." Denn Bernhard merkte, daß seine Vermittlungstätigkeit zwischen zwei Starrköpfen auch ihm nichts Gutes bringen konnte.[421] Er begriff, daß er sich durch die Fürsprache für Ludwig den gerechten Unwillen des Papstes zuzog.[422] Seine Versuche, die Interessen des Grafen der Champagne zu vertreten und Frieden zu erreichen, sollten ihn dazu bald auch mit den königlichen Ratgebern in Konflikt bringen.[423] Doch Innozenz blieb hart, nicht nur Bernhard gegenüber: ein Schreiben Peters von Cluny hatte genausowenig Erfolg.[424] „Weder mit Bitten noch mit Geschenken" gelang es der königlichen Gesandtschaft in Rom, den Heiligen Vater umzustimmen.[425]

Als jedoch Ludwig den gewünschten Widerruf der Exkommunikation vom Heiligen Stuhl auf keine Weise zu erlangen vermochte, entschloß er sich rasch und unter Vertragsbruch, wie Bernhard beklagte,[426] seinen Bruder Robert von Dreux wieder mit einem Heer gegen Theobald auszuschicken. Natürlich wurde die Auseinandersetzung mit der üblichen Methode geführt, die Territorien des Gegners zu verwüsten, wobei man nicht immer ängstlich darauf achtete, kirchlichen Besitz unangetastet zu lassen. In dieser Situation warf Bernhard Suger und Joscelin in einem offenen Brief[427] vor, schlechte Ratgeber zu sein und den König nicht an seinem Vorgehen zu hindern[428] – hätten sie es jedoch gekonnt? Joscelin antwortete „postwendend" und mit der Vermutung, der „Geist der Lästerung" (Mt 12, 31) habe Bernhard befallen, worauf sich der Zisterzienser entschuldigte, aber nochmals bat, sich doch dem Wüten des Königs entgegenzustellen.[429] An Suger ging ebenfalls ein Entschuldigungsbrief.[430]

An Ludwig selbst hatte Bernhard schon geschrieben, er möge das Urteil des höchsten Königs bedenken und Frieden halten;[431] weiters, nach dem Wiederaufflackern der Kämpfe, daß seine Ratgeber, die zur Fortführung des Krieges drängten, damit den Willen des Teufels erfüllten[432] – die übliche Verlagerung der Schuld auf dritte, wenn man die Handlungen eines Mächtigen mißbilligt. Doch Bernhard scheute sich nicht, seinen Herrscher auch direkt hart zu kritisieren und ihm zu drohen, das von ihm begangene Unrecht, Mord, Brand, Gemeinschaft mit Exkommunizierten, zu verbreiten.[433] Tatsächlich formulierte er etwa einem der Kardinäle gegenüber: „Ich meinte, mich einem friedfertigen König anzubieten, und siehe, es zeigt sich, daß ich dem schlimmsten Kirchenfeind zugestimmt habe."[434] Bernhard sagte ganz klar, was ihn zu diesem krassen Urteil führte: Ludwigs Behinderung eines gewählten Bischofs, seine Verzögerung der anstehenden Bischofswahl in seiner Residenzstadt, die Verwüstungen, die der Bruder des Herrschers mit seinen Truppen anrichtete und von denen u. a. auch Mönche und Nonnen betroffen waren.[435] Dazu kamen die Nichtbeachtung der Exkommunikation und Anfechtung einer gültigen Ehe. Bernhard spielt hierbei auf die ja auch nahe Verwandtschaft zwischen dem Herrscher und seiner Gattin Eleonore von Aquitanien an, die tatsächlich später der legale Scheidungsgrund werden sollte.

Allerdings hatte der engagierte Vermittler, abgesehen von allem anderen, auch persönlich Grund für seine Wut auf Ludwig: dieser hatte verbreitet, Bernhard sei an Rudolf von Vermandois herangetreten, um ihn für die Sache Theobalds zu gewinnen, und habe sogar versprochen, den größten Teil seiner Sünden dafür auf sich zu nehmen – ein unmoralisches Angebot, dessen Unterstellung Bernhard kränkte und das er als Lüge zurückwies.[436] Die gleichzeitige Verschlimmerung seines körperlichen Zustandes[437] wird ihm einen bösen Sommer verursacht haben.

Denn Friede sollte nicht einkehren, so lange der unerbittliche Innozenz II. auf dem Stuhl Petri saß. Am 24. 9. 1143 mußte er jedoch einem Unerbittlicheren weichen. Schon zwei Tage nach seinem Tode war der Nachfolger gefunden, und diesmal einstimmig: Guido von Città di Castello, jener Kardinal aus der Gruppe um Haimerich, der im November 1137 mit Bernhard zusammen die Verhandlungen mit König Roger von Sizilien geführt hatte, um den normannischen Herrscher von Anaklet abtrünnig zu machen, jener Guido, der ein Schüler und Freund Abaelards gewesen war und an den Bernhard offensichtlich vergebens die Aufforderung gerichtet hatte, diesen Arius, Pelagius und Nestorius in einer Person mit einem Schweigegebot zu belegen.[438] Doch der Prälat war stets ein Bewunderer Abaelards geblieben.

Der Greis nahm den Namen Cölestin II. an, damit an den heiligen Papst und Korrespondenten des Kirchenvaters Augustinus erinnernd. An ihn wandte sich Bernhard abermals zugunsten Theobalds,[439] und nun fand er Gehör. Cölestin (reg. 1143–1144), auch sonst eher zur Vermittlung geneigt, hob das Interdikt auf, das zwei Jahre auf dem französischen König gelastet hatte.[440] Dieser zeigte seinerseits Entgegenkommen und behinderte die Bischofswahlen in Paris und Châlons nicht weiter.[441] Stephan von Graçay, einer der Ritter, die die Lande Theobalds verwüstet hatten, ging in sich und stiftete aus Dankbarkeit für Bernhards Vermittlungsbemühungen die Zisterze Olivet, und der nunmehr unangefochtene Erzbischof Petrus von Bourges übereignete das Benediktinerkloster Fontmorigny an den Zisterzienserorden; d. h. unterstellte es Clairvaux.[442]

Arnold von Brescia

Die Affäre Abaelard hatte Bernhard auch nach dessen Rückzug ins Kloster und baldigem Tod nicht ganz abschließen können, insofern einer seiner
Schüler, Arnold von Brescia,[443] die Tradition des Bretonen weiterzuführen
suchte. Zu diesem Zweck nahm er eben in demselben Kloster am Genovefaberge die Lehrtätigkeit auf.[444] Was er lehrte, waren aber weniger die philosophischen Subtilitäten Abaelards, die er freilich verteidigte,[445] sondern vor
allem sozialrevolutionäre Thesen. Thesen, wie sie mit gewissen, aber entscheidenden Abschwächungen auch die orthodoxen Reformer wie Bernhard selbst vertraten. Arnold „sagte nämlich, weder die Kleriker, die Eigen-
tum, noch die Bischöfe, die Regalien, noch die Mönche, die Besitzungen
haben, könnten auf irgendeine Weise gerettet werden."[446] Denn gemessen
an der evangelischen Armut waren fast alle Geistlichen Simonisten. Alle
diese Güter würden dem König zur Vergabe an Laien zustehen; eine These,
die bereits im Investiturstreit von kaiserfreundlichen italienischen Juristen
vertreten worden war.[447] Mit dieser Extremforderung im Rahmen der Armutsbewegung war ein Kern der Standesinteressen der Geistlichkeit gefährdet.

„Die Bischöfe schonte er nicht", heißt es von Arnold, „wegen ihrer Habgier
und schmutzigen Begierde und vor allem wegen ihres befleckten Lebens und
weil sie danach streben, die Kirche Gottes in Blut zu erbauen."[448] Seine Forderungen lassen sich großteils mit denen der Pataria des 11. Jahrhunderts
vergleichen, einer gewalttätigen Mailänder Laienbewegung gegen simonisti-
sche Priester, die von Päpsten wie Alexander II. und Gregor VII. gegen den
feudalen Hochklerus unterstützt worden war.[449] Aber die Zeiten hatten sich
geändert. Eine Mobilisierung der Laien gegen den Klerus war nicht mehr er-
wünscht, wo der antikaiserliche Aspekt wegfiel, der einer der wesentlichen
Gründe für die Päpste im Investiturstreit gewesen war, sich auf die Seite der
Volksbewegung zu stellen.

Die Kritiken sowohl eines so radikalen Gläubigen wie Arnolds als auch
die gemäßigterer, zu welchen auch Bernhard zählte, spiegeln die faktische
Situation des Klerus wider: Er erfüllte in der Regel weder die von ihm gepredigte Armut noch die von ihm verlangte Keuschheit. Sogar ein Bischof
scheute sich nicht, sich in aller Öffentlichkeit Hand in Hand mit seiner Mä-
tresse zu zeigen.[450] Ob man die Werke eines Gerhoh von Reichersberg liest
oder die eines Anselm von Havelberg, ob die Briefe einer Hildegard von
Bingen oder die Satiren der Goliarden: Die weitgehende Verderbtheit der
Geistlichkeit ist eine historische Tatsache. Nur ganz wenige waren bereit, die
sittlichen Anforderungen zu erfüllen, die nach der gregorianischen Reform
an den Priester gestellt wurden. Aus der Fülle der Zeugnisse sei nur ein wirklich unverdächtiges zitiert, ein Brief, den rückschauend eine Gruppe von

Klerikern aus Köln verfaßte, die 1147 in Clairvaux Mönche wurden: Die
Geistlichen, heißt es da, leben wie die Laien, herrschen wie sie, lassen sich
ehren wie sie. „Wer wird sich wundern, wenn er eine Herde auf der Erde
weiden sieht? Wenn sich aber der Hirte ebenso nach unten krümmt, ebenso
nach Erde schnappt und das sucht, was unten liegt, ist das nicht lachhaft und
ein großer Mißbrauch? ... Zum Verzweifeln ist die Wunde dieses Klerus:
'Von der Fußsohle bis zum Scheitel ist an ihm keine heile Stelle!' Reich
begabt ist die Kirche mit irdischem Besitz, aber der Tugenden beraubt!"[451]
Bernhard stellte doch selbst genau die nämliche Diagnose: „Weh, weh,
Herr Gott, denn eben die sind bei deiner Verfolgung die ersten, die in deiner
Kirche den Vorrang lieben und die Führung innehaben ... Die heiligen
Hierarchen sind heute aber hingegeben der Gelegenheit zu schändlichem
Gewinnstreben, und die Einnahmen schätzen sie als Frömmigkeit! ... viele
Widerchristen gibt es zu unserer Zeit."[452] Freilich – und dies ist der Unterschied zu Arnold – der Erlöser ist geduldig, und deshalb will auch Bernhard
über die Prälaten nichts weiter sagen. In seiner Schrift an die Kleriker über
die Konversion hatte er freilich schon die wichtigsten Punkte namhaft gemacht.[453]
Persönlich erfüllte Arnold sämtliche nur wünschbaren Armuts- und Aske-
seideale. Doch darüber hinaus war er gegenüber seinen Standesgenossen
den Schritt von der theoretischen Forderung zur praktischen gegangen, und
das konnte er nur mehr, wenn er vom Epigonen der Reformpartei zum Op-
ponenten der Hierarchie wurde. „Was Arnold tat, war zunächst nichts anderes, als daß er den Maßstab des alten kirchlichen Ideals an die Wirklichkeit
legte, sie danach beurteilte und zu gestalten suchte."[454] Der Italiener rührte
damit an die Existenzberechtigung des Klerus: er forderte die Laien auf, der
Hierarchie den Gehorsam zu verweigern und nicht mehr von ihr die Sakramente zu nehmen.[455] Arnold hatte sich damit nicht, wie die orthodoxen Reformer, nur an die Kritisierten selbst gewandt und deren innerliche Umkehr
erhofft, sondern ging in dem verzweifelten Versuch, Priesterschaft und
Mönche endlich dazu zu bringen, so zu leben, wie sie es predigten, so weit,
sie dem Druck der „idiotae", der Laien, auszusetzen – der Laien, die nach
dem Selbstverständnis der Kleriker natürlich keinerlei Urteilsfähigkeit in
solchen theologischen Fragen besaßen: „laicis nulla facultas in rebus eccle-
siasticis".[456]
Arnold war ein Geistlicher, der den Kampf durchaus gewohnt war: wegen
seiner Reformbestrebungen bereits aus seiner italienischen Heimatstadt vertrieben, von Innozenz bereits am Laterankonzil von 1139 verurteilt und aus
Italien verbannt, war er zu seinem alten Lehrer nach Paris geflüchtet und
hatte dessen Niederlage in Sens miterlebt. Merkwürdigerweise ist nichts von
einer Opposition des sonstigen französischen Klerus gegen ihn überliefert.
Da seine Verteidigungsbemühungen der Theologie Abaelards und noch viel

weniger seine Angriffe gegen die Hierarchie dem Bischof von Paris konvenieren konnten, ist anzunehmen, daß sein Aufenthalt in die anscheinend etwa ein Jahr dauernde Sedisvakanz (1142/43) zwischen Stephan von Senlis und seinem Nachfolger Theobald fiel.

Obschon nach Angabe Bernhards ein schriftliches Mandat Innozenz' vorlag, den Italiener gefangenzunehmen, wurde es in Paris nicht vollzogen.[457] Wie merkwürdig, daß anscheinend niemand daran Interesse hatte – Arnold muß nicht nur die episkopale Machtvakanz ausgenützt, sondern auch den Schutz eines der Mächtigen besessen haben. Reichte der Arm des Kardinals Guido von Caprona, des päpstlichen Legaten in Böhmen und Mähren, bei dem der Verfolgte bald Zuflucht finden sollte,[458] bereits so weit? Oder war das damalige Zerwürfnis zwischen Ludwig und Innozenz der Grund für diese Nichtbeachtung des päpstlichen Willens?[459]

Jedenfalls ging Bernhard einen Weg, den er sonst nicht zu beschreiten pflegte: er mobilisierte nicht die kirchliche Macht, sondern die weltliche. Ihm gelang es nach einiger Zeit, vom König doch die Verbannung des Ketzers zu erreichen.[460] Dieser floh nach Zürich. Dorthin verfolgte ihn Bernhard mit einem Brief[461] an den zuständigen Konstanzer Bischof namens Hermann von Arbon. „Wißt Ihr, daß ein Dieb des Nachts in das Haus eingebrochen ist, nicht Eueres, sondern das des Herrn, das ja Euch anvertraut ist?" Arnold ist dabei, dem Hirten die Seelen zu stehlen. Dabei qualifiziert Bernhard die Tugenden des Reformers als Betrug und wendet seine strenge Askese gegen ihn (als hätte nicht er sich selbst fast zu Tode gehungert): „Er ist ein Mensch, der weder ißt noch trinkt, nur mit dem Teufel hungernd und dürstend nach Seelenblut."[462] „Er verschlingt Euer Volk wie ein Stück Brot".[463] Der Bischof soll auf der Hut sein, daß ihn nicht ein von Arnold angezettelter Aufstand hinwegfegt, und den Feind des Kreuzes in den Kerker werfen. Dazu beruft sich Bernhard auf das schriftliche Mandat Innozenz'.

Erfolglos freilich, denn nach einiger Zeit findet man Arnold als freien Mann im Gefolge des Legaten Guido, den Bernhard sich ebenfalls bemühte vor der 'Schlange an seinem Busen' zu warnen.[464] Er akzeptiert zwar den Versuch des Prälaten, Arnold zu bekehren, was er höflicherweise als Grund für seine Freundschaft für den 'Ketzer' vermutet – aber kann dieser unter solcher Protektion nicht ganz ungehindert sein Honig scheinendes Gift verspritzen? Bernhard vergißt nicht, drohend die Erinnerung anzuschließen, daß der Legat damit „dem Herrn Papst widerspreche, das heißt, auch dem Herrgott". Diese Aussage, das sei angemerkt, zeigt, daß Bernhard, wie er es ungeachtet aller Kritik auch in seinem 'Papstspiegel' tun wird,[465] dem Nachfolger Petri eine Stellung zuschrieb, die nicht mehr so weit vom „Gott auf Erden" der späteren Kurialisten war: „domino Papae contradicere est, etiam et Domino Deo"[466] – allein der Parallelismus der Satzglieder spricht für sich.

Bernhards Eifer blieb jedoch auch hier ohne Wirkung, vielmehr führte der Kardinal den Reformer wieder in Rom und beim Papst ein, wo er in Zusammenhang mit der Revolte des Volkes gegen den geistlichen Stadtherrn noch eine bedeutende Rolle spielen sollte. Vielleicht gab es an der Kurie manchen – die spätere Reaktion der Kardinäle auf Bernhards Kritik an Gilbert Porreta weist darauf hin –,[467] der ein Quentchen Wahrheit in den Worten Arnolds sah, der da meinte, Bernhard „sei eifersüchtig auf alle, die in Wissenschaft oder Religion einen Namen hatten, wenn sie nicht aus seiner Schule kämen", und das sei der eigentliche Grund gewesen, warum er ihn hatte ins Exil treiben lassen.[468] In der Tat war nicht nur die lernbegierige Jugend Frankreichs zu Abaelard nach Paris gekommen, sondern auch aus England, Deutschland und Italien.[469] Aber war Clairvaux weniger erfolgreich?

Ein anderer Gelehrter aus der Schule von Chartres und der Abaelards, Wilhelm von Conches (um 1080–1154), war vorsichtig genug, sich das Schicksal des Bretonen zu ersparen, obgleich die Geschichte genauso begann wie bei diesem: Auch sein Werk über die Trinität hatte der einstige Abt von Saint-Thierry „zufällig", wie er sagt, gelesen und auch hier sogleich einige seiner Meinung nach unhaltbare Spekulationen getroffen, nämlich die angebliche „Zerstörung" der drei Personen der Trinität. Ein Traktat *Über die Irrtümer des Wilhelm von Conches* war die Folge.[470] Nur reagierte dieser, ehe Bernhard, den der Mönch von Signy wieder mit einem aggressiven Brief[471] zu mobilisieren im Begriffe war, tatsächlich eingriff: er verwarf selbst seine Thesen und bat alle, die sein Buch besaßen, es zu vernichten.[472]

Saint-Denis (1144)

1143 dürfte ein ruhiges Jahr für Bernhard gewesen sein – er konnte sich sogar in der Illusion wiegen, künftig Clairvaux nur mehr zu den Generalkapiteln in Cîteaux verlassen zu müssen.[473] Von Petrus von Cluny, der aus Spanien zurückgekehrt war, erhielt er einen langen und liebenswürdigen Brieftraktat, in dem die Divergenzen zwischen den beiden Orden in freundschaftlicher und vermittelnder Weise wieder aufgerollt wurden, doch wollte Bernhard die Diskussion offenbar nicht mehr weiterführen. Er mochte der Formulierung seines Amtsgenossen zustimmen, man könne doch zu demselben himmlischen Jerusalem „multiplici itinere", auf verschiedenen Wegen, gelangen.[474] Angesichts des nunmehrigen Schweigens Bernhards müssen wir hier das in der Literatur m. E. überbetonte Thema nicht weiter verfolgen; tatsächlich waren es ja auch andere Autoren, wie Idung von Prüfening[475] in dem vielzitierten *Dialogus duorum monachorum* von etwa 1155, die die Auseinandersetzung in den kommenden Jahren literarisch fortführten. Allerdings zeigte sich die Geringschätzung der schwarzen Mönche von seiten des

neuen Ordens zu Bernhards Zeiten sehr konkret darin, daß man die Benediktiner wie Laien behandelte, wenn sie eine Zisterze besuchten, d. h. nicht
in den Klausurbereich und die Klosterkirche einließ. Das machte natürlich
böses Blut, und 1149 sollte Petrus von Cluny in einem ausführlichen, aber
freundlichen Schreiben Clairvaux auffordern, dieses arrogante Verhalten
endlich abzustellen, worauf Bernhard und seine Konfratres freilich nicht
reagierten.[476]

Mehr beschäftigte Bernhard weiterhin die Auseinandersetzung zwischen
Ludwig und Theobald. Im Frühjahr 1144 stand anscheinend der endgültige
Friedensschluß zwischen diesen beiden Großen Frankreichs bevor; Bernhard war einer der Unterhändler, die sich dazu im März oder April mit dem
Monarchen in Corbeil trafen. Doch brach der König die Verhandlungen
schon bald im Zorn ab; die Ursache wird von Bernhard nicht genannt. Er bemühte sich trotzdem, nicht ohne geistliche Drohung, weitere Gespräche
zustande zu bringen.[477] Diese erwartete man in Saint-Denis führen zu
können[478].

Am Fest der Reliquientranslation des hl. Dionysius (22. April)[479] befand
sich Bernhard also zur Verehrung dieses Märtyrers in der Reichsabtei. Er
traf dort u. a. mit der Königin Eleonore von Aquitanien zusammen, die ihrer
Schwester wegen besonders gegen ein Nachgeben ihres Gemahls eingestellt
war.[480] Wie die englische Königin hatte aber auch sie Schwierigkeiten mit
dem Nachwuchs, da sie noch kein lebendes Kind geboren hatte. Es war damals für eine verheiratete Frau speziell im Adel die lebensbestimmende Aufgabe, für Stammhalter zu sorgen, und es kam zu mancher Ehescheidung,
wenn sie – in den Augen ihrer Mitwelt – „versagte". Bernhard versprach ihr
und wiederholte es vor dem König, wenn sie für den Frieden eintreten wolle,
könne er ihr Nachwuchs prophezeien.[481] Das Mädchen, das sie dann nach
etwa neun Monaten wirklich gebar, wurde schon neunjährig mit einem Sohn
Theobalds verlobt und 1164 mit ihm verheiratet.[482] Es war jene Gräfin Marie
de Champagne († 1198),[483] an deren Hof der berühmteste altfranzösische
Dichter, Chrétien de Troyes, und einer der interessantesten mittellateinischen Autoren, Andreas Capellanus, wirken sollten.

Nunmehr glückten die Friedensverhandlungen, an denen Bernhard entscheidenden Anteil hatte: Theobald verzichtete auf die in Aussicht genom-
menen Verlobungen, mit denen er seine Allianzen hatte verstärken wollen,
und Ludwig verlieh dem Erzbischof von Bourges die Regalien, versprach angeblich auch eine Sühnewallfahrt ins Heilige Land.[484] Daß es Bernhard war,
der letztlich die beiden Fürsten versöhnt hatte, ging dann in die französischen Chroniken ein.[485]

Die Reichsabtei bei Paris sollte wenig später, am 11. Juni 1144, nochmals
in den Mittelpunkt des kirchlichen Lebens rücken. In Anwesenheit des Königs und zahlreicher Erzbischöfe und Bischöfe, die Suger in seinem Bericht

über diese Feier aufzählt, wurde der neu erbaute Chor der Klosterkirche konsekriert.[486] Es gibt keinen Hinweis darauf, daß auch Bernhard dazu nach Saint-Denis gekommen wäre, obgleich sicher viele Äbte anwesend waren. Sollte man darin eine stumme Kritik an Sugers reich geschmücktem Bau sehen, der all das bot, was die Zisterzienser vermieden?

Traditionellerweise wird die Haltung der weißen Mönche und speziell die Bernhards nicht nur mit Cluny verglichen, sondern auch mit der königlichen Abtei Saint-Denis, ebenfalls dem Benediktinerorden zugehörig.[487] Dort war seit 1122 Suger Abt, der um 1137 mit dem Neubau der Klosterkirche begann, die zusammen mit Sens den Beginn des gotischen Stils darstellt (woran wir mit anderen gegen die bei manchen Kunsthistorikern modische Verwerfung der Begriffe Romanik und Gotik festhalten). Suger, obwohl in der persönlichen Lebensführung von den Idealen der Reform berührt,[488] war dies nicht im geringsten, was jene des materiellen Kirchenbaus betraf. „Um wieviel höher, um wieviel passender materiell zu bauen wir uns bemühen, um so viel werden wir durch uns selbst geistlich zu einer Behausung Gottes im Heiligen Geiste erbaut, wie wir belehrt werden."[489] Diese seine im Bericht über die Weihe der Kirche geäußerte Einstellung erhellt genauso aus den erhaltenen Werken, die Suger für Saint-Denis schaffen ließ, nicht nur der frühgotischen Architektur, ihrer Ausstattung mit durch Tituli „redenden" Türen, ihren Glasfenstern usf., sondern auch der Schatzkunst des Klosters, wie der kostbaren Adlervase u. a.[490]

Ketzerprobleme

Abaelard, der „philosophische", und Arnold, der „politische Ketzer",[491] waren Einzelpersönlichkeiten gewesen, die theologische Positionen vertraten, welche von der Bernhards abwichen; beide hatte er aus der Societas Christiana zu eliminieren versucht. Was Abaelard betraf, war Bernhard vollkommen erfolgreich gewesen, Arnold dagegen war unter dem Schutz eines päpstlichen Legaten aus seinem Gesichtskreis entschwunden. Aber Bernhard lebte eben in jener Ära, in der sich zum ersten Mal in der mittelalterlichen Geschichte Gläubige in solchen Massen aus der katholischen Kirche entfernten, daß man fast von der Entstehung einer zweiten Konfession avant la lettre sprechen könnte. Es handelt sich um die als Katharer bekannten Anhänger eines neomanichäischen Dualismus, die v. a. in den Rheinlanden, in Südfrankreich und Oberitalien beunruhigend großen Zulauf fanden.[492] Mit ihnen sollte der Abt freilich nur indirekt konfrontiert werden. An ihn wandte man sich, denn sowohl für seine Heiligkeit als auch für seine strenge Wahrung der Orthodoxie war Bernhard weit über die Grenzen Frankreichs und die seines Ordens hinaus bekannt. Sogar in die trockene Sprache der Urkunden ist dies eingegangen. Bischof Hatto von

Troyes z. B. überstellt 1143 eine Kirche an Kanoniker, „weil wir nämlich den Abt wegen seiner Heiligkeit besonders verehren und ihm überhaupt nichts, was er gerechtfertigterweise von uns erbittet, verweigern wollen."[493]

So ist es nicht verwunderlich, daß man an ihn herantrat, um Strategien der Widerlegung gegen Häretiker zu erbitten. Ein solcher Ratsuchender, der anscheinend bereits Bernhards persönliche Bekanntschaft gemacht hatte, war Everwin,[494] Probst des von den Benediktinern zu den Prämonstratensern übergetretenen Klosters Steinfeld bei Köln. 1143 hatte er am Verhör Verdächtiger teilgenommen, deren Haltung ihn tief beeindruckt hatte. Bernhard solle sich äußern, so bat ihn Everwin brieflich, „gegen die neuen Häretiker, die fast allenthalben in allen Kirchen aus dem Höllenschlund wie kochende Blasen aufsteigen (ebulliunt), als ob sich ihr Fürst schon aufzulösen begänne und der Tag des Herrn bevorstünde."[495] In Köln verhört, zeigten diese Männer sich hartnäckig und bereit, für ihre Überzeugung zu sterben. Der Mob ließ sich das nicht zwei Mal sagen, sondern entriß sie gewaltsam ihren geistlichen Richtern und verbrannte sie kurzerhand. „Aber was dabei ganz erstaunlich ist, sie gingen nicht bloß mit Geduld in die Feuerqual und ertrugen sie, sondern auch mit Freude! Hier, heiliger Vater, möchte ich, wäre ich zugegen, Deine Antwort haben: Woher kommt diesen Gliedern des Teufels ein solcher Mut in ihrer Ketzerei, wie er sogar in sehr frommen Christgläubigen kaum zu finden ist?"[496]

Die Elemente, die diesen Irrglauben begründen, zählt der Probst nun genau auf – eine der ältesten Quellen zur Geschichte der Katharer (oder Proto-Katharer[497]), deren dualistische Grundgedanken aber noch nicht ausgebildet oder von Everwin nicht erfaßt scheinen: Die wahre Kirche seien nur sie, da sie völlig arm und rein in den Spuren Christi wandelten. „Ihr aber, so sagen sie uns [Angehörigen der Amtskirche], ihr häuft Haus auf Haus, Acker auf Acker, und sucht, was zu dieser Welt gehört ... Wir Armen Christi [dagegen] fliehen unstet von Stadt zu Stadt ..., erleiden mit den Aposteln und Märtyrern Verfolgung, obwohl wir doch ein heiliges und äußerst karges Leben führen in Fasten und Enthaltsamkeit, Tag und Nacht beständig in Gebet und Arbeit ... Wir ertragen dies, weil wir nicht von dieser Welt sind, ihr aber liebt diese Welt ..."[498]

Zahlreich sind die dogmatischen Differenzen: die Häretiker essen nichts, was aus fleischlicher Vereinigung entstanden ist, sie haben andere sakramentale Gebräuche, verurteilen die Ehe. Sie bildeten „geradezu eine Konkurrenz-Kirche der 'guten Christen', die in genauer Analogie zur katholischen Kirche in den 'Vollkommenen' oder 'Erwählten' ihren Klerus, in den 'Gläubigen' ihre Gemeinden hatte und sich sogar zu einer Art 'Bistumsverfassung'" ausgestalten sollte.[499]

Noch von einer zweiten, angeblich insgeheim weit verbreiteten devianten Gruppe berichtet Everwin nach Clairvaux: Diese verwirft die katholische

Hierarchie, weil ihr Oberhaupt, der Papst, sich „weltlichen Geschäften" hingibt und ob dieser Korruption keine gültigen Weihen vollziehen kann.[500] Deshalb verdammen sie auch alle Sakramente außer der Taufe. Eine Reihe weiterer Abweichungen ist dogmatischer Natur: Eheschließung sei nur unter Jungfräulichen möglich, Askese unnötig, Totenalmosen sinnlos, da es kein Fegefeuer gäbe. Was nicht aus der Zeit der Urkirche stammte, bezeichneten sie generell als Aberglaube. Ihre Lehre, behaupten diese „Apostolen", wäre seit der Epoche der Märtyrer esoterisch weitergegeben worden.

Aus Everwins Bericht wird klar, daß er sich der Logik der Argumentationen dieser Männer nicht entziehen konnte, zumal sie für ihr Verhalten entsprechende *Bibel*-Stellen zitierten. Der Prämonstratenser sieht wohl die Problematik, diese mit dem Kern christlicher Forderungen übereinstimmende Lehre zu widerlegen, vermag es aber nicht aus eigenem Wissen.

Bernhard sah sich also mit zwei der zahlreichen Spielarten der religiösen Armutsbewegung des 12. Jahrhunderts konfrontiert, die sich hier durch eine kleruskritische Komponente auszeichneten. Eine solche Haltung hatten die päpstlichen Reformer in der 2. Hälfte des vergangen Jahrhunderts selbst gefördert, um mit jenen Priestern fertigzuwerden, die sich ihren Idealen nicht anschließen wollten (man erinnere sich an die Pataria[501]); nun war sie außer Kontrolle geraten und bedrohte die gesamte Amtskirche.

Daß auch nach der gregorianischen Reform ein sehr großer Teil der Geistlichkeit faktisch keineswegs besser geworden war, sagen die Texte der Zeit übereinstimmend.[502] Aus der Fülle der Klagen über die Ausbeutung des Volkes durch seine Priester seien nur ein paar Zeilen des höchst rechtgläubigen Bernhard von Cluny zitiert, um verständlich zu machen, warum diese Bewegungen Zulauf fanden:

> Agmina nescia cogis in impia, tu Draco, cogis,
> Probra foventibus atque faventibus his pedagogis.
> O nigra lacrima, sunt gregis optima quaeque vorantes,
> Nocte canes sine sollicitudine, luce latrantes.
> Quomodo culmine sunt ita crimine saepe priores.
> Infatuant male corda suo sale, schismate mores,
> …
> Grex pius esurit atque fames furit unica verbi,
> Pauca mali sine fructificamine dant sata servi.[503]

„Die unwissenden Scharen zwingst du, Drache, zu Sünden, zwingst sie, wobei diese Lehrer [die Geistlichen] Schändliches hegen und pflegen. Oh schwarze Träne, sie fressen die besten Dinge ihrer Herde auf, diese Hunde, die nächtens nicht wachen, aber bei Licht bellen. Wie sie die ersten sind an der Spitze, so auch oft die ersten im Verbrechen. Sie betören die Herzen übel mit ihrer List und die Sitten mit ihrem Zwist … Die fromme Herde hungert, und ein einzigartiger Hunger nach dem Wort wütet, doch die bösen Diener geben wenig Saat, ohne Frucht zu bringen. "

Wie Everwin e s erbeten hatte, fügte der Abt in seine *Hoheliedpredigt*, bei der er sich gerade an einer passenden Stelle befand, einen ausführlichen Abschnitt zu diesem Thema ein.[504] Er weilte nämlich eben bei den „kleinen Füchsen im Weinberg" (Cant 2, 15), die in der Exegese traditionellerweise auf die Ketzer im Reich der heiligen Mutter Kirche bezogen wurden.[505] Dabei blieb er jedoch zunächst weitgehend im allgemeinen und bezog diese Tiere erst einmal auf Gefährdungen des monastischen Lebens. Erst die 65. und 66. Predigt gehen auf die Katharer in Südfrankreich ein, deren geheimes Wirken Bernhard besonders kritisiert. Wenn sie die Wahrheit hätten, müßten sie ja öffentlich ihre Lehre bekennen – was allerdings eine fast zynische Argumentation war, denn in diesem Fall war ihnen der Scheiterhaufen sicher. Bernhard betont nachdrücklich, daß es die Gesinnung ist, deretwillen sie zu verfolgen sind, nicht ihr Verhalten: nichts ist christlicher, als was sie als ihren Glauben bezeichnen, nichts untadeliger als ihre Lebensführung, denn sie gehen brav zur Kirche, ehren die Prieser, empfangen die Sakramente ... Sie begehen keine Verbrechen, fasten, arbeiten. Aber: Frauen verlassen für diese Sekte ihre Männer, Männer ihre Frauen, Geistliche ihre Gemeinden. Männer und Frauen leben zusammen; daß sie es keusch tun, wie sie sagen, kann Bernhard nicht glauben, denn: „Mit einer Frau immer zusammenzusein und nicht mit ihr zu schlafen, ist das nicht mehr, als einen Toten zu erwecken?"[506] Abgesehen davon muß er aber zugeben, daß sie das *Evangelium* befolgen. Die Argumente, mit denen er sie trotzdem zu verfolgungswürdigen „falschen Katholiken"[507] stempelt, wirken nicht besonders erschütternd: sie erregen bei ihm und den anderen „wahren Katholiken" Ärgernis[508] und bringen „das Volk um den Glauben und die Priester um das Volk".[509] Er erwähnt einige ihrer Lehren, wie das Verbot der Ehe, den Verzicht auf bestimmte Speisen, die Beanspruchung der wahren Apostelnachfolge. Daraus leitet er Horrorszenarien ab: Ohne Heiraten käme es ja zu Konkubinat, Inzest, Selbstbefriedigung, Homosexualität, gleichgeschlechtlichem Verkehr „und schließlich jeder Art von Schmutz".[510] „Seht die Lästerer, seht die Hunde!"[511] Den tiefen Pessimismus der dualistischen Abweichler gegenüber der materiellen Schöpfung teilte Bernhard dabei an anderer Stelle durchaus selbst: der Mensch solle erkennen, hatte er gepredigt, „daß es nichts Gutes in seinem Fleische gibt, sondern daß in der bösen Welt nichts außer Eitelkeit und Bedrängnis des Geistes existiert."[512] Jeder Katharer hätte wohl dieses sein Urteil unterschrieben, das die Menschenseele als „in der Verbannung gefangen, im Leib eingekerkert (corpore carceratam), am Schmutz klebend, dem Boden verhaftet, an die Glieder genagelt (affixam membris)" usw. bezeichnet.[513] Nur zog Bernhard nie die Folgerung, diese „böse Welt" sei nicht von Gott geschaffen worden (die Katharer schrieben ihre Existenz dem bösen Gegengott zu), noch dachte er je daran, ein Sakrament anzuzweifeln. Denn für ihn ist zwar dieser Leib hic et nunc böse, insofern ihn der erste Mensch durch die erste Sünde verdarb und zur Erde hinunterbeugte. Aber an sich wurde er von Gott gut und schön geschaffen und ohne ihn, der bei der Auferstehung verklärt werden wird, würde es keine vollkommene Seligkeit geben.[514]

Bernhard weiß, daß die Häretiker lieber sterben, als sich zu bekehren, was er als Gipfel der Verstocktheit sieht: „Als ihr Ende verbleibt der Untergang, als ihr jenseitiges Schicksal das Feuer".[515] Er beschreibt aufgrund der Angaben des Everwin von Steinfeld eine solche Szene aus Köln, wo Katharer „iudicio aquae", „von der Wasserprobe" überführt und gelyncht wurden, „weil das Wasser sie nicht annahm", „aqua eos non recipiente".[516] Man ging im 12. Jahrhundert noch weitgehend davon aus, daß, wer bei einer solchen Prozedur gefesselt ins Wasser geworfen wurde und nicht untersank, vom „reinen" Wasser abgestoßen und des ihm vorgeworfenen Verbrechens überführt sei. Von der Tauglichkeit der Institution des Gottesurteils, eines seit fränkischer Zeit üblichen Verfahrens zur Wahrheitsfindung, das die Kirche lange sehr begünstigt hatte, da es unter priesterlicher Beteiligung und mit priesterlichem Gewinn stattfand,[517] ist der Abt dabei traditionsgebundener Weise völlig überzeugt.[518] Die Vorwegnahme der Hinrichtung durch den Pöbel, die Bernhard nach Everwin berichtet, kommentiert er mit den Worten: „Wir billigen ihren Eifer, aber raten nicht zu solchem Tun, denn zum Glauben muß man überzeugen, nicht zwingen." Wenn die Ketzer jedoch Proselyten zu machen versuchen, soll jedenfalls („procul dubio") das Schwert der weltlichen Macht eingesetzt werden.[519]

So hatte in der Predigt Bernhards wieder einmal die Ecclesia Sanctorum, die wahre Kirche der Heiligen, die Ecclesia Malignantium, die böse Versammlung der Falschen (um die Terminologie zu gebrauchen, in der man einander gern gegenseitig verunglimpfte[520]), abgesondert und zu ihrer Verfolgung aufgerufen. Bernhard sah auch an diesen von Dämonen erfundenen Irrlehren wieder ein Zeichen der nahenden Endzeit.[521] Er versuchte ja immer, wenn es gegen Ketzer ging, diese nicht nur dogmatisch zu widerlegen, sondern auch bei ihnen eine Fehlhaltung auf der persönlichen Ebene und namentlich einen Mangel an Gottesliebe festzumachen. Damit befand er sich ohne weiteres in der Position des Gerechten und rechtfertigte sich oft und oft mit den Worten des Psalmisten: „Herr, soll ich nicht hassen, die dich hassen?"[522]

Der erste Zisterzienserpapst und Bernhard (seit 1145)

Bereits nach weniger als einem halben Jahr war der Pontifikat des greisen Cölestin II. zu Ende gegangen. Mit Gerhard von S.ta Croce, nunmehr Lucius II., bestieg am 12. März 1144 wiederum ein Kardinal den Stuhl des Apostelfürsten, der aus der näheren Umgebung Haimerichs kam und unter Innozenz II. selbst Kanzler gewesen war.[523] Daher stand er mit Bernhard in gutem Einvernehmen; man kannte sich persönlich aus der Zeit der dritten Italienreise des Abtes. Ihre Beziehungen sollten freilich wegen der Kürze auch dieses Pontifikats nicht tiefer werden; nur in einem zähen Streit zwischen dem Grafen Wilhelm von Nevers und Abt Pontius von Vézeley scheint der Papst Bernhard als Vermittler eingeschaltet zu haben.[524] Auch hatte Lucius andere Sorgen, als sich eingehend um die Probleme in der französischen Kirche zu kümmern.

Denn in Rom war schon in den letzten Monaten der Regierung Innozenz' die kommunale Bewegung erstarkt, die an die antike Romidee anknüpfte und von der Wiederherstellung der Republik träumte[525]. Sie war bereits so weit gediehen, daß sie versuchen konnte, die Herrschaft ihres Stadtherrn, des Bischofs von Rom, abzuschütteln. Gerade die Blut und Geld kostenden Auseinandersetzungen der konkurrierenden Adelsparteien im Papstschisma hatten den anderen Ständen, die zum Populo zusammenwuchsen, einen Machtzuwachs beschert. (Abb. 7)

Die Kommune konnte nicht ohne Gewalt etabliert werden, wobei die alten Adelsfamilien ihrer ewigen Rivalitäten frönten. Ein Bruder Anaklets, Giordano Pierleoni, spielte dabei eine leitende Rolle. 1144 wurde eine erste Stadtverfassung abgeschlossen, mit der zugleich man eine neue Datierung einführte, wie dies bei revolutionären Neuanfängen so üblich ist. Die Gemeinde forderte den Papst auf, seine Hoheitsrechte abzugeben und vom Zehnt zu leben. Auf diese Weise den Idealen der Armutsbewegung nachzukommen, daran dachte Lucius nicht. Er setzte lieber auf das Schwert. An wen hätte er sich dazu wenden können, wenn nicht an den sizilianischen und den deutschen König? Aber ehe einer der beiden Monarchen dazu bereit war einzugreifen, segnete Lucius das Zeitliche: ein Stein traf den Papst tödlich,[526] als er vorschnell versuchte, mit eigener militärischer Gewalt die stadtrömische Unabhängigkeitsbewegung zu liquidieren und ihre Führung vom Kapitol zu vertreiben. Der unabhängige römische Senat, der mit der Körperschaft der klassischen Epoche freilich nur den Namen gemein hatte und in dem der Bürgerstand überwog, hatte für den Augenblick gesiegt.

Am 15. Februar 1145 war Papst Lucius II. seinen Verletzungen beim Sturm gegen das Kapitol erlegen. Noch am selben Tag wurde der Abt der Zisterze SS. Vincenzo e Anastasio bei Rom zum neuen Oberhaupt der Christenheit gewählt. Damit hatte zum ersten Mal ein Mönch aus Bernhards Orden die höchste Macht in der Catholica in Händen. Bernhard Paganelli nahm den Namen Eugen III. an.[527]

Der erste Brief Bernhards an den neuen Papst und früheren Mönch von Clairvaux ist ziemlich persönlich: Bernhard drückt zunächst seine Enttäuschung darüber aus, daß er nicht von ihm direkt von dem Ereignis benachrichtigt worden war. Der Abt hat es überraschend eilig, Eugen sogleich daran zu erinnern, daß bisher er sein Sohn gewesen war, wenn sich die Situation nun auch umgekehrt hatte: „Filius meus Bernardus in patrem meum Eugenium ... promotus est".[528] Und sogleich folgen auch Handlungsanweisungen, wie sich der neue Pontifex Maximus als Bräutigam der Braut, der Kirche, zu gerieren habe, die schon Themen von Bernhards großem 'Papstspiegel' vorwegnehmen. Daß Bernhard in liebevoller Sorge fürchtete, Eugen, der sich bisher ja nicht gerade als Muster von Entschlossenheit und Lebensklugheit gezeigt hatte,[529] könne um so tiefer stürzen, je höher der Gipfel war, auf den man ihn erhoben,[530] ist durchaus glaublich. „Du hast gewiß einen höheren Platz erreicht [als bisher], aber keinen sicheren, einen erhabeneren, aber ungefestigteren."[531] Denn schrecklich ist der Platz Petri, besonders wenn der Hirte nicht alles Irdische, Gold und Silber, verachtet – Bernhard wußte, wie es in Rom zuging. Der Abt interveniert dann bei Eugen gleich wegen der Besetzung des Erzbistums York, um mit einem düsteren Memento Mori zu enden: „Wie viele der römischen Päpste hast Du binnen kurzem mit eigenen Augen sterben gesehen! ... Die kurze Dauer ihrer Herrschaft mag Dir zeigen, wie knapp Deine Tage bemessen sind. Gedenke Deines Endes, denn denen, denen Du auf dem Thron gefolgt bist, wirst Du ohne Zweifel im Tode folgen!"[532]

Daß Bernhard mit der Wahl seines Mitbruders keineswegs einverstanden war, darüber läßt sein Schreiben an die Kurienkardinäle keinen Zweifel, das er wohl mit denselben Boten absandte. Schon die ersten Worte sind von verblüffender Spontaneität: „Gott möge Euch schonen: was habt Ihr getan?"[533] Einen im Kloster Begrabenen, der Welt Gekreuzigten habt Ihr in die Sorgen verstrickt, vor denen er geflohen ist. Er war auf dem rechten Weg, warum habt Ihr ihn in die Irre geführt? Die Thronsetzung Eugens wird von Bernhard geradezu als Vergewaltigung geschildert, als Überfall, bei dem der Erwählte mit Gewalt in den Palast geschleppt worden sei.[534] Auf Bernhard wirkte dies als Zeichen der verkehrten Welt. Eugen wird von ihm als öffentliches Schlachtopfer bezeichnet, daran, von einer Last erdrückt zu werden, die sogar Engeln Furcht einflößen könnte.[535] Bernhard war also nicht nur überzeugt, der Abt von S. Anastasio wäre seiner Aufgabe als oberster Herrscher nicht gewachsen, sondern ganz deutlich besorgt, daß ihn diese für ihn viel zu hohe Position sein Seelenheil kosten könne. Ganz anders als Gregor VII. war Bernhard nicht der Meinung, jeder Papst würde automatisch durch die Verdienste des hl. Petrus auch selbst ein Heiliger.[536]

So bat er den von ihm ob seiner Orthodoxie hochgeschätzten Theologen Robert Pullus († 1146),[537] seit kurzem päpstlicher Kanzler, geradezu darauf zu achten, daß sich Eugen in seiner neuen Stellung richtig benehme.[538]

Daß Bernhards Bedenken im Orden reflektiert wurden, mag eine Episode aus der anonymen Vita des Christian von L'Aumône († um 1146) zeigen. Sie geht auf unmittelbar nach seinem Tode entstandene Aufzeichnungen von „Brüdern, die mit dem Diener Gottes sehr vertraut waren" zurück,[539] wurde also noch zu Bernhards Lebzeiten verfaßt. Der visionär begabte Christian erblickte im Gebet in einer Television (ein nicht seltenes parapsychisches Phänomen[540]) Bernhard in seinem Kloster vor einem Altar knien „und mit solcher Zärtlichkeit seinen Sohn Eugen beweinen, daß mir schien, sein Haupt wolle sich [in Tränen] auflösen. Er beklagte ihn nämlich, daß er vom einfachen Mönch zum Summus Pontifex und Apostelnachfolger gemacht worden war ... Er weinte, sage ich, und klagte mit einem solchen Übermaß an vor der göttlichen Majestät vergossenen Tränen, daß ich nie zuvor etwas sah, was mich so tief zur Trauer bewegte."[541] Das Verhältnis zwischen dem Abt von Clairvaux und dem Bischof von Rom ist so ausgedrückt: Des Papstes Antlitz ist immer nach Clairvaux gerichtet, das des Abtes immer auf den Papst.[542]

Bernhard fragte berechtigterweise, warum denn keiner der Kardinäle für diese Aufgabe zur Verfügung stand.[543] Die Gründe lassen sich nur vermuten: Wahrscheinlich wollte man mit einem dem Armutsideal wirklich verpflichteten und integren Kandidaten der zunehmenden Kritik an der Geldgier der Kurie die Spitze abbrechen.[544] Auch mögen nationalistische Gefühle eine Rolle gespielt haben: wie die vorherigen Päpste wollte die italienische Mehrheit wieder einen Italiener. Schließlich dachten die Wähler wahrscheinlich, der politisch unerfahrene Zisterzienser würde sich von ihnen leicht lenken lassen. In Wirklichkeit war er jedoch, wenigstens sobald er zum Obersten Hirten erhoben worden war, von extremem Mißtrauen seinen Mitmenschen gegenüber geprägt und ausgesprochen eigenwillig.[545] Seine erste Amtshandlung bestand darin, alle mit der Exkommunikation zu bedrohen, die über die Rechtmäßigkeit seiner Wahl auch nur zu diskutieren wagten![546]

Als dann endlich die offizielle Nachricht aus Rom in Clairvaux eintraf, antwortet Bernhard mit einem eher kühlen und kurzen Brief, der weitgehend aus *Bibel*-Zitaten zusammengesetzt ist. Als Zeichen seiner Ehrerbietung dem Erhöhten gegenüber erwähnt er, wie er mit seinen Mönchen in Proskynesis am Boden niedergestreckt Eugen anbetete („adoravimus te super terram"[547]). Er war sich bewußt, nun in einem anderen Ton mit seinem früheren Untergebenen sprechen zu müssen („in alia lingua oportet me loqui tecum"[548]); daran gehalten hat er sich nicht immer. Hatte er doch die Kühnheit, angesichts der vielen Herren, die bei ihm wegen der Querelen um das Bistum York und anderer Angelegenheiten intervenierten, an Eugen zu schreiben: „Sie sagen, daß nicht ihr der Papst seid, sondern ich, und bei mir strömen sie von überallher zusammen ..."[549] Schon den zehn Jahre jüngeren Bernhard hatte Ernald von Bonneval mit Moses verglichen, der Aaron zum Hohenpriester weihte und dem man Gehorsam zollte.[550]

Auch gab es genügend Versuche Bernhards, auf seinen früheren Schüler einzuwirken; doch war sein Einfluß faktisch nicht so stark, wie früher angenommen wurde.[551] Wenn eine monastische Chronik berichtet, Eugen habe, als man sich mit einer bestimmten kirchenpolitischen Frage an ihn gewandt hatte, bloß geantwortet, „er werde tun, was immer der Abt von Clairvaux ihm diesbezüglich brieflich mitteile",[552] so mag dieser Ausspruch vielleicht für seine ersten Jahre in manchen Fällen zugetroffen haben, gewiß aber nicht für sein ganzes Pontifikat.

Bernhard hatte allerdings mit seiner Einschätzung des Charakters des Gewählten als zart und schwach und unfähig, Autorität auszuüben,[553] wohl nicht ganz unrecht, denn den Zutritt zu seinem römischen Palast erkaufte er mit einem fürchterlichen Blutbad, das er nicht wollte, aber zuließ, wenn nicht sogar indirekt unterstützte: Bis zum Dezember hatte Eugen sich in seinem Kampf gegen die aufständischen Römer, die schon seine Inthronisation in der Stadt verhindert hatten, auf die treue Waffenhilfe der Einwohner von Tivoli verlassen.[554] Um sich die Römer geneigt zu machen, die die konkurrierende Kommune vernichten wollten, verriet er jedoch seine Bundesgenossen und billigte die Aussendung von Truppen zur Unterwerfung Tivolis unter Rom, befahl sogar die Schleifung der Stadtmauern.[555] Das römische Heer schlachtete alle Tivolesen ab, deren man habhaft wurde; die Stadt machte es dem Erdboden gleich.[556] Ob der Papst daran dachte, als er acht Jahre später, im Sommer 1153, in nächster Nähe der Ruinen auf dem Sterbebett lag?

Wie Bernhard stets mit Eugen in Kontakt stand, um durch das Oberhaupt der westlichen Christenheit auf die Großen der Kirche und der Welt einzuwirken, so bediente sich aber auch Eugen des Ansehens des Abtes, um die eigenen politischen Ziele zu unterstützen. Wie Innozenz mußte auch er aus Rom flüchten. Zwar kam der Senat nicht auf die Idee, einen Gegenpapst auszurufen, aber er versuchte, im Gedenken an seine antike Größe die Utopie eines eigenverantwortlichen Stadtstaates zu leben. Einer der einflußreichsten Agitatoren gegen die irdische Herrschaft des Papstes war dabei jener Arnold von Brescia, den Eugen, uneingedenk der Warnungen Bernhards, rehabilitiert hatte.[557]

Bernhard verfaßte wohl 1145 wenigstens zwei große Briefe zugunsten seines Papstes.[558] Der eine richtete sich an die Römer: Bernhard – der auch in Italien hochberühmte Bernhard – führt sich zunächst als von seiner Bedeutungslosigkeit bedrücktes Menschlein ein, das kaum wagt, seine Stimme vor dem „erhabenen und illustren Volk"[559] der Ewigen Stadt zu erheben

(Bernhard liebte ja diese Demutsgeste[560]). Bald aber folgt in gewohnter Schärfe: „Was kam Euch in den Sinn, oh Römer, die Fürsten der Welt zu beleidigen, die doch Euere besonderen Patrone sind? Warum provoziert Ihr gegen Euch gleichermaßen den König der Erde, warum den Gott des Himmels mit so unerträglichem wie unvernünftigem Wüten, indem Ihr Euch bemüht, den Heiligen und Apostolischen Stuhl, der durch göttliche und königliche Privilegien in einzigartiger Weise erhaben ist, mit gotteslästerlicher Verwegenheit anzufallen und an seiner Ehre zu schmälern?"[561] „Jetzt ist Rom ein verstümmelter Leib ohne Haupt, ein Antlitz ohne Augen" (Bernhard benützt hier ausführlich die organologische Metapher, die in der politischen Theorie seiner Zeit viel angewandt wurde[562]). „Zeigt nicht der Bürgerkrieg, daß Umkehr vonnöten ist? Versöhnt Euch mit Eueren Fürsten (gemeint sind die Stadtpatrone Petrus und Paulus, aber auch der Papst und der Kaiser), wenn Ihr nicht Heere aus aller Welt gegen Euch ziehen sehen wollt!"[563] Daß Bernhard den Konflikt nicht in Begriffen religiösen Abfalls anspricht, die Bürger nicht als Ketzer abstempelt, läßt freilich darauf schließen, daß sogar er hier eher einen weltlichen Machtkampf erkannte.[564]

Der andere (ältere?) Brief ging an König Konrad von Staufen, der seit 1138 in Deutschland regierte. Er beginnt mit einem Manifest des Abtes über seine Sicht des Verhältnisses von weltlicher und geistlicher Gewalt[565]: Keineswegs teile er die alte gregorianische Ansicht, die Erhöhung des Reiches könne der Kirche schaden, aber auch nicht die gegenteilige, die Freiheit der Kirche beeinträchtige das Reich, denn beide wurden von Gott zur wechselseitigen Erbauung gestiftet, und Christus ist Priester wie König. Da der deutsche Herrscher ja den Titel eines Königs der Römer trug, versuchte Bernhard, ihn dafür zu gewinnen, die kommunale Bewegung in seiner Hauptstadt, die ja auch die kaiserliche Oberhoheit abschüttle, mit dem Schwert zu beseitigen. Er solle Rom wieder der weltlichen Herrschaft des Papstes unterstellen, ehe dies ein anderer tun würde, was weder dem „honor" des Königs noch der „utilitas" seines Reiches entspräche[566] – zwei außerordentlich gewichtige Termini in der staatspolitischen Sprache der Zeit und offenbar eine versteckte Drohung mit dem Eingreifen des Königs von Sizilien. Der künftige Kaiser als Vogt der Kirche – wie weit ist Bernhard hier von den gregorianischen Doktrinen entfernt! – werde einen leichten Sieg haben, denn „Stolz und Arroganz der Römer sind größer als ihr Mut."[567] Auch jene Argumentation, die den Adeligen der Zeit so selbstverständlich war, die ständische, verschmäht Bernhard nicht: Was soll denn die Frechheit des Pöbels – so faßt Bernhard die kommunale Bewegung zusammen – vor dem Antlitz der Majestät vermögen? Da Bernhard Konrad mehrfach vor Ratgebern warnt, die Gegenteiliges empfehlen könnten, scheint er gewußt zu haben, daß auch die römische Kommune sich mit Gesandten und Briefen an den König gewandt hatte, um ihn zu einem Eingreifen in ihrem Sinne zu bewegen.[568] Doch hatte

Konrad genausowenig Lust, aus der ihm angebotenen Vollmacht des römischen Senats und Volkes die Welt zu beherrschen, wie er auf das Drängen des Papstes und seines Abtes reagierte.

Die Gegenüberstellung dieser beiden Schreiben Bernhards, die auf verschiedene Weise demselben Ziel dienen sollten, läßt gut erkennen, wie in diesem Rahmen Bernhards Ehrlichkeit vor seiner Taktik zurücktritt. Aus den erlauchten Römern des einen Briefes ist die verfluchte Plebs des anderen[569] geworden. Was Bernhard von ihnen wirklich dachte, geht aus seinen Äußerungen in *De consideratione*[570] hervor, die mit seiner Einschätzung im Brief an Konrad kongruieren. Aber diesmal war es ihm weder vergönnt, die Römer zu gewinnen, die sich eigentlich seines Wirkens für Innozenz II. erinnern mußten, noch Konrad, der in Deutschland genügend Sorgen hatte. Mißerfolge wie dieser zeigen klar, wie übertrieben gewisse Lobpreisungen in seiner Vita sind, nach denen ihm „die Fürsten der Welt gehorchten und die Bischöfe in jeder Nation nur auf seinen Wink warteten".[571] Ironischerweise sollte gerade Bernhard einen Romzug dieses deutschen Herrschers verhindern, indem er ihn statt dessen zum Zug ins Heilige Land bewegte.

Der Häretiker Heinrich von Lausanne

Es mag um diese Zeit gewesen sein, daß Wilhelm von Saint-Thierry in seiner (eben 1145 begonnenen) Vita über Bernhard schrieb: „Während er so die Ehre dieser Welt floh, entfloh er nicht der Autorität, die alle Ehre mit sich bringt. So würdig ist er im Bewußtsein aller, daß er in Gottesfurcht und -liebe gefürchtet und geliebt wird, daß, wenn er, wo auch immer, anwesend ist, nichts gegen die Gerechtigkeit gewagt wird, daß ihm gehorcht wird, wo immer er etwas für die Gerechtigkeit sagt oder tut."[572] So war es zweifelsohne oft, aber keineswegs immer und überall. Bernhards zweite Predigtreise nach Südfrankreich führt uns denn auch ein anderes Bild vor.

Der Anlaß war einer jener im 12. Jahrhundert immer wieder auftretenden Christen, die die *Bibel* derartig ernst nahmen, daß sie sozusagen tausend Jahre Kirchengeschichte rückgängig machen und wirklich zur Situation der Urgemeinde zurückkehren wollten. Die Hierarchie hatte in der gregorianischen Reform selbst, freilich mehr theoretisch, die Denkanstöße dazu gegeben, jetzt stand sie Gläubigen gegenüber, die sie radikal in die Praxis umsetzen wollten. Es sollte noch ihres ganzen Apparats von Ketzerverfolgungen und Inquisitionsgerichten bedürfen, um die Geister, die sie gerufen, loszuwerden. Denn nicht alle Bewegungen ließen sich so widerstandslos unter das Kirchenrecht beugen, wie im 11. Jahrhundert die Pataria und im 13. Jahrhundert die frühen Franziskaner.

Unter den zahlreichen Reformern, die im Hochmittelalter versuchten, der Kirche die von ihrem Stifter anbefohlene Armut beizubringen, hat Heinrich (gen. von Lausanne, † nach 1145) besonders viel Aufsehen erregt.[573] Dieser, anscheinend ein ehemaliger Benediktiner-Eremit,[574] predigte – mit bischöflicher Erlaubnis zunächst –, daß Armut, nicht sakrale Weihe, die priesterliche Nachfolge Christi begründe. „Nicht Dogmen sollten das Gerüst der neuen Kirche bilden, sondern evangelische Gesinnung. Dieses Geist- und Liebeschristentum entbehrte eines organisatorischen Zentrums, blieb individuellen Interpretationen offen und fand allein im Antiklerikalismus seinen Zusammenhalt."[575]

Heinrich war kein gewalttätiger Reformer, wie sein Vorgänger Petrus von Bruis,[576] sondern ein in absoluter Armut lebender Wanderprediger. Dessen Scharen hatten, heißt es in der gegen ihn gerichteten Polemik vor allem des Abtes von Cluny,[577] Altäre verwüstet und Kirchen angezündet, Priester angegriffen und zwangsweise verheiratet. Manche Katholiken seien gewaltsam der Wiedertaufe unterzogen worden. Er selbst war auf einem von ihm errichteten Scheiterhaufen zerschlagener Holzkreuze verbrannt worden, von einem Katholiken in die Flammen gestoßen (1132/33). Heinrich dagegen kritisierte nur die Laster der Geistlichen und brachte die Leute dazu, sich von ihnen zurückzuziehen. Sie erkannten, daß sie nach der Lehre Christi der institutionalisierten Heilsvermittlung der Priesterkaste gar nicht bedurften. Ihre Religiosität – ein durchaus in die Tendenz zur Individualisierung des 12. Jahrhunderts passender Zug – war zwar christlich, aber vollkommen persönlich, „unmittelbar zu Gott". In dieselbe Richtung ging Heinrichs Eschatologie: da er den unbiblischen Glauben an das Fegefeuer ablehnte, konnte der einzelne sich nicht mehr auf die Gebete und Almosen seiner Gemeinschaft verlassen, mit Hilfe derer er nach einer alten (wenn auch noch nicht dogmatisierten) Vorstellung den Reinigungsflammen entkommen konnte. Auch seine Ehetheologie weist einen innovativen Aspekt auf: die Brautleute sollten einander völlig frei nach persönlichem Gutdünken wählen – eine Idee, die in der patriarchalen Gesellschaft der Zeit zum Scheitern verurteilt war, obschon sie ähnlich auch ins katholische Kirchenrecht aufgenommen werden sollte. Auch Heinrichs an Robert von Abrissel erinnernder Versuch, Dirnen ehrbar zu machen und zu verheiraten, hatte keinen dauernden Erfolg.

Natürlich war dieser Mann schon mehrfach mit der Hierarchie zusammengestoßen: so hatte er, vom Erzbischof von Arles gefangengenommen, auf der Synode von Pisa 1135 seinen Idealen abschwören müssen. Man hatte ihm auferlegt, nach Clairvaux zu gehen, um dort unter der Aufsicht Bernhards schweigend zu büßen; aller Wahrscheinlichkeit nach hütete er sich davor, das burgundische Kloster zu betreten. Greifbar wird er in den Quellen jedoch erst wieder 1145, als Bernhard den Kampf gegen ihn aufnahm.

Es gibt keinen Anlaß, daran zu zweifeln, daß es für Bernhard und alle anderen Katholiken in ihrem Bewußtsein einen gerechten und altruistischen Grund gab, solche Abweichler zu verfolgen, nämlich Sorge um das Seelenheil der Verführten. Gegen Heinrich von Lausanne führt Bernhard an, die Seelen seiner Anhänger würden ohne Bußsakrament, ohne Lossprechung vor das Gericht Gottes treten müssen. Die Kinder müßten ohne Heil bleiben, da ihnen die Taufgnade verweigert würde.[578] Da seit den Kirchenvätern galt: „Extra ecclesiam nulla salus!",[579] „Es gibt kein Heil außerhalb der [katholischen] Kirche!", hatte Bernhard davon auszugehen, die Mißachtung des amtskirchlichen Gnadenmonopols müsse rettungslos in die Hölle führen. Aus dieser Sicht wäre jede Toleranz als Mitschuld am Untergang so vieler Seelen erschienen. Außerdem befand er sich auf kirchenrechtlich eindeutigem Boden: 1139 hatte das II. Lateranum jeden aus der Kirche ausgeschlossen, der Altarsakrament, Kindertaufe und Priestertum verdammte.[580]

Es gab aber neben den eschatologischen Gründen wesentlich irdisch-materiellere für die Aufregung der Geistlichkeit und Bernhards: die Menschen in Südfrankreich, sagt er selbst, kommen nicht mehr in die Kirchen und begehren nicht mehr die Sakramente der Priester.[581] Heinrich ging in der Tat soweit (wie manche spätmittelalterliche Mystiker), die Mauerkirche als belanglos zu verwerfen und die Kirche nur mit der Gemeinde zu identifizieren.[582] Damit war sowohl an die ökonomische Basis als auch an die soziale Macht des Klerus die Axt angelegt, und auch darum mußten die Ketzer eliminiert und das Volk wieder seinen Hirten untergeordnet werden. Die zeitgenössische *Bischofschronik von Le Mans* spricht dies mit aller Deutlichkeit aus: das Kirchenvolk „verweigerte den Priestern die Opfer, die Abgaben, den Zehnt, die gewohnte Verehrung".[583]

Bernhard geht gegen diesen ersten Schöpfer eines neuen christlichen „Bekenntnisses" in der europäischen Geschichte[584] verbal noch heftiger vor als seinerzeit gegen Abaelard oder Arnold. Heinrich ist „eine einzigartige Bestie (singularis ferus)",[585] eine „schlaue Schlange (serpens ille callidus)"[586], er agiert „arte diabolica"[587] und rast in bacchantischer Wut gegen die Katholiken („toto furore bacchatur").[588] Besonders bösartig ist der Vorwurf Bernhards, Heinrich würde das *Evangelium* verkaufen, indem er, um sein Leben fristen zu können, predigte[589] – zumal seine Lebensweise von äußerster Kargheit war. Was anderes haben die übrigen und von der Kirche heiliggesprochenen Wanderprediger seiner Zeit getan, ein Norbert von Xanten, der mit Bernhard befreundet war, oder ein Robert von Abrissel oder ein Bernhard von Tiron († 1114)? Nichts anderes sollten später die Gründer der Bettelorden, ein Franziskus, ein Dominikus, machen. Nichts anderes aber macht auch jeder orthodoxe katholische Geistliche: er lebt davon, die Sakramente zu verwalten und das *Evangelium* zu predigen. Was anderes sind denn die Stolgebühren, die nach jeder Sakramentenspende zu bezahlen waren und die gegebenenfalls mittels Exkommunikation erzwungen werden konnten? Was anderes der Meßdenar, den Gregor VII. den Gläubigen beim Besuch des Gottesdienstes vorgeschrieben hatte?[590] Was anderes der seit dem Hochmittelalter als allgemeines Pfarrecht geforderte Beichtpfennig[591] (Heinrich empfahl die Laienbeichte)? Nachdem die unabdingbare Heilsnotwendigkeit jeder einzelnen Sakramentenspende mit ihrer angeblichen Einsetzung durch Christus eben mit dem Zeugnis des *Evangeliums* begründet wurde,[592] hätte man denselben Vorwurf genausogut der Hierarchie machen können. Ob andere Vorwürfe des Abtes gegen den Ketzer, wie Spielsucht oder Hurerei,[593] zutrafen oder erfunden waren, läßt sich nicht mehr eruieren.

Doch Bernhard war noch nicht so weit, daß er kategorisch die physische Vernichtung der Häretiker gefordert hätte, beschimpfte er sie auch als „gemeine und bäuerische Spezies",[594] als Hunde und Füchse.[595] Dabei war ihm deutlich bewußt, daß der große Zulauf, den Heinrich und Prediger seinesgleichen fanden, eine Reaktion auf die Vernachlässigung der Laien durch die katholische Priesterschaft war.[596] Unter diesen Konditionen fand der bärtige Wanderprediger, der mit Armut und Askese Ernst machte, auch im Winter barfuß ging und unglaublich eindrucksvoll „mit schrecklicher Stimme" zu sprechen verstand,[597] begreiflicherweise genügend Adepten.

Bernhard in Südfrankreich (1145)

Dem brieflichen Angriff folgte der persönliche Einsatz, von dem der Augenzeugenbericht des Gottfried von Auxerre erhalten ist.[598] Der päpstliche Legat Alberich von Ostia[599] hatte Bernhard dazu bestimmt, sich trotz seines schlechten Gesundheitszustandes mit ihm in Bordeaux zu treffen, um gegen die Häresie zu predigen. Auch der Bernhard so gut bekannte Bischof Gottfried von Chartres war wieder mit von der Partie, desgleichen Bischof Raymund von Agen.[600]

Im Mai kündete der Abt dem Grafen Ildefons von Toulouse an, er werde ungeachtet seiner Schwäche selbst in seine Stadt kommen, um dem „Untier" die Stirn zu bieten. In düsteren Farben malt er die Tätigkeit Heinrichs: „Die Basiliken sind ohne Kirchenvolk, das Kirchenvolk ohne Priester, die Priester ohne die geschuldete Reverenz . . ."[601] Die Sakramente werden nicht geachtet, besonders tragisch ist es, daß die Leute die Kinder nicht mehr taufen lassen, die daher vom Heil ausgeschlossen bleiben. In „jüdischer Blindheit" und mit „Teufelskunst" hat Heinrich „das dumme und ungebildete Volk" davon überzeugt, nur die Angehörigen seiner Sekte würden gerettet.[602] Bernhard verabsäumt nicht, Ildefons' Mithilfe bei der Ausrottung der Ketzerei anzufordern und ihn zu einem entsprechenden Empfang des Legaten und seiner Begleitung zu verpflichten.

Wie gewohnt, wurde Bernhard auf seiner Reise von Scharen Bittflehender umringt, die von ihm eine mirakulöse Heilung erwarteten.[603] Anfang Juni oder Juli 1145 befand man sich in Bordeaux, wo Bernhard zunächst einmal einen Streit zwischen dem vertriebenen Erzbischof Gottfried und seinen reformunwilligen und daher exkommunizierten Kanonikern schlichtete. Der ehemalige Eremit hatte eine hohe, v. a. auf die Laienkatechese abzielende Auffassung von seinem Amte, machte in der Praxis allerdings Ärgernis erregende Kompromisse mit den Großen der Welt.[604]

In Toulouse schien Heinrich nur wenige Anhänger gehabt zu haben, dafür wurde die Gesandtschaft aber in anderer Hinsicht fündig: in der Oberschicht der Stadt gab es als Arianer oder Weber bezeichnete Ketzer,[605] in denen wir heute frühe Katharer erkennen. Es kam jedoch zu keiner intensiveren Konfrontation, da die Sektenmitglieder es vorzogen, die Stadt zu verlassen. Gottfried von Auxerre, der Bernhard begleitete, prahlt, daß sein Meister „die Widerspenstigen mit seiner Autorität so drückte und niederdrückte, daß sie sich weder anmaßten aufzutreten noch zu erscheinen, geschweige denn zu widersprechen."[606] Dagegen hörten ihn die an, die „vorherbestimmt waren zum [ewigen] Leben"[607] – Augustins Prädestinationslehre in Aktion. Bemerkenswert ist die Nachricht, besonders die Ritter hätten sich widerspenstig gezeigt[608] – in der Languedoc stand zu dieser Zeit die laikale Kultur der Höfe mit ihrer oft mit den Normen des Christentums unvereinbaren Liebes-Kultur der Trobadors in Blüte. Teilweise erscheint sie auch als eine bewußte Gegenkultur zu der kirchlichen.[609]

In dem kleinen Ort Verfeil in der Nähe von Toulouse erlitt Bernhard zum ersten Mal eine völlige Schlappe; niemand hörte ihm zu, die Leute schlossen sich in ihre Häuser ein. Bernhard verfluchte daraufhin Verfeil, und, so ein späterer Geschichtsschreiber, in einigen Jahren war der Flecken tatsächlich verfallen.[610] Auch sonst kam er offenbar gegen die Ketzer mit theologischer Argumentation nicht immer durch, sondern bewirkte Bekehrungen lieber durch Wunder. Er segnete etwa Brote mit den Worten: „Wenn euere Kranken davon essen und die Gesundheit erlangen, sollt ihr daran erkennen, daß, was wir raten, wahr und das, was die Ketzer raten, falsch ist." Der anwesende Bischof Gottfried von Chartres schränkte vorsichtig ein: „Wenn sie es im rechten Glauben genießen". „Das habe ich nicht gesagt, sondern vielmehr: Wer davon kostet, wird gesund werden."[611] Hier verlangt der Heilige ausdrücklich ein Wunder, bietet ein Gottesurteil an (es gab auch Gottesurteile mit geweihtem Brot und Käse). Bei einer anderen Gelegenheit fragt er wörtlich: „Herrgott, was wartest du? Dieses Geschlecht fordert Zeichen!"[612] Die Wunder häuften sich darauf so sehr, daß Bernhard selbst Mühe hatte, dafür eine theologische Erklärung zu finden.[613] Freilich imponierte er auch durch sein asketisches Aussehen: als einer der Ketzer sich wegen seines gut genährten Pferdes mokierte, entblößte Bernhard seinen eigenen ausgemergelten Hals und meinte, nicht nach der Dicke des jeweiligen Pferdehalses werde Gott uns richten, sondern nach der des eigenen Halses.[614]

Am 28. Juni (oder Juli) 1145 betrat Bernhard Albi, bereits damals ein Zentrum der Häresie, wie auch später des Katharismus („Albigenser"). Während der Legat Alberich mit einem spöttischen Charivari, einer Art „Katzenmusik", empfangen wurde und seiner Predigt kaum dreißig Leute lauschten, bereitete man Bernhard einen triumphalen Empfang. Nach seiner anscheinend Begeisterung auslösenden Predigt am 1. August[615] mußte er die Empfindung haben, die ganze Stadt sei von ihm bekehrt worden.[616] Daß Albi sich bald zum Zentrum der Katharer entwickelte, spricht nicht für die Richtigkeit dieses Eindrucks.

Der eigentliche Gegner Heinrich hatte vor einer Konfrontation mit dem Legaten und Bernhard die Stadt Toulouse verlassen. Bernhard spottete über ihn und verglich sein Verhalten mit dem der Märtyrer, die tausendmal den Tod auf sich genommen hatten, um für ihren Glauben Zeugnis abzulegen.[617] Bald jedoch war der Häretiker gefangen genommen und verschwand in den erzbischöflichen Kerkern und aus der Geschichte. Der Versuch des Ketzers Heinrich von Lausanne, die Christen dem Armutsideal zuzuführen, war genauso gescheitert, wie der des Bernhard von Clairvaux scheitern sollte, das Armutsideal vom Haupt der Christenheit verwirklichen zu lassen: Sein Werk *De consideratione* blieb ohne Reaktion.

Von seiner Predigtreise aus Südfrankreich zurückkommend – im August befand sich Bernhard wieder in seiner Zisterze –, schickte er den Bürgern von Toulouse einen Brief, in dem er ihnen gratuliert, daß sie sich wieder dem „wahren Glauben" zugewandt haben. Was die „Füchse", die noch freien Ketzer, betrifft, so sagt er: Sie sind Wölfe, die im Schafspelz kommen, um das Volk wie Brot zu fressen und den kostbaren Weinberg des Herrn zu zerstören. „Daher, Geliebteste, verfolgt und faßt sie (persequimini et comprehendite eos) und hört nicht auf, bis sie völlig zugrunde gegangen sind und aus Euerem Gebiet geflohen, denn man kann nicht sicher schlafen, wenn Schlangen in der Nähe sind … Diebe sind sie und Räuber … Subversive Elemente zum Umsturz bereit …"[618] Bernhard verabsäumt es keineswegs, den fast verlorenen Schäflein einzuschärfen: „Gehorcht dem Bischof und Eueren sonstigen Vorgesetzten, den Leitern der Kirche!"[619] „Ich ermahne Euch, … keinen fremden oder unbekannten Prediger zu empfangen, es sei denn, er ist vom Papst oder Euerem Bischof gesandt und predigt mit Erlaubnis!"[620] Dieses Gebot sollte a priori das blockieren, was man heute als freien Zugang zur Information, als Möglichkeit einer Meinungsbildung durch das Abwägen unterschiedlicher Angebote nennen würde.

Doch fordert Bernhard keine Scheiterhaufen, wie später die Inquisitoren, sondern nur die Vertreibung. Er fordert auch nicht, wie sein Zeitgenosse

Gratian, der Kompilator der bis in die Neuzeit hinein wichtigsten aller kirchenrechtlichen Sammlungen (um 1140): „Haeretici ad salutem etiam inuiti sunt trahendi",[621] „Ketzer sind auch wider ihren Willen zum Heil zu zwingen". Bernhard dagegen sagt ausdrücklich, man solle Irrlehrer nicht mit Waffen fangen, sondern mit Beweisen, die sie widerlegen, und sie dann mit der Catholica aussöhnen[622]. Grund dafür ist für ihn wieder ein *Bibel*-Wort: Im *Hohenlied* 2, 15 heißt es „Capite nobis vulpes . . .", wobei in traditioneller Allegorese „nobis" die Kirche und „vulpes" die Häretiker meint. Sollte dies unmöglich sein, so sind sie nur zu verbannen.[623] Der (exzeptionellen) Haltung seines jüngeren Zeitgenossen Anselm von Havelberg,[624] falsche Brüder solle man mit Liebe ertragen, hätte er sich freilich nicht angeschlossen.

Während der Abt damals der Meinung war, seine Mission sei gleichbedeutend mit dem Ende der Häresie, mußte er gegen Ende seine Lebens erkennen, daß in Südfrankreich Henricianer und Katharer doch noch weiterexistierten.[625] Auch die Förderung von zisterziensischen Klosterneugründungen in Südfrankreich hat die Verbreitung letzterer nicht aufgehalten.[626]

Ordenserweiterung (seit 1145)

Und daheim? Mit Prémontré kam es zu Schwierigkeiten, da Bernhard zwei Mönchen dieses Ordens den 'transitus' zu seinem Konvent gestattet hatte,[627] wiewohl das Abkommen zwischen den beiden Orden von 1142 solches untersagte. Die Querelen darüber sollten sich bis nach Bernhards Tod hinziehen.[628] Doch es gab mehr Erfreuliches: Wohl unmittelbar nach Bernhards Rückkehr (oder schon zusammen mit ihm?) kam im August der Abt eines in der Diözese Toulouse gelegenen Klosters, Bertram von Grandselve, zu ihm, um die Aufnahme seines Klosters in den zisterziensischen Verband zu erbitten und sich Clairvaux unmittelbar zu unterstellen. Er wollte damit der Herrschaft eines anderen Zisterzienserklosters, nämlich Caduin, entkommen[629] – auch dies konnte ein Motiv für eine solche Affiliation sein. Der Wunsch wurde erfüllt. Bertram sollte auf der Rückkehr Bernhards oben zitierten Brief nach Toulouse bringen.[630]

Warum war Clairvaux so attraktiv? Wir haben (wahrscheinlich) aus diesem Jahr 1145 einen Brief, geschrieben von einem Kanoniker aus Noyon, der den 'transitus' nach Clairvaux gewagt hatte. Peter von Roye[631] gibt hier seine Eindrücke aus der Sicht eines Novizen unter Abt Bernhard, und diese Eindrücke sind eine einzige Laudatio des Klosters und seiner Insassen. Im Bischofspalast von Noyon hatte Peter oft an die Schrecken der Hölle gedacht und sich gerade auf dem Weg dorthin gesehen, wie er da an der Tafel seines Herrn aus silbernem Geschirr speiste, im vollen Bewußtsein, mit seinem Wohlleben das kirchliche Vermögen zu mißbrauchen. Es war das wiederholte 'Memento mori', das Peter dazu brachte, Mönch unter Bernhard zu werden, wo „vielleicht der äußere Mensch zerbrochen wird, aber der innere wiedergeboren".[632] Er ist begeistert von der Armut und dem Anstand der Brüder, begeistert vom Psalm-Gesang, begeistert von der Handarbeit und begeistert von der Disziplin. Die einst große weltliche und geistliche Herren waren – und Peter zählt einige namentlich auf –, leben nun ohne Unterschied der Person in Demut zusammen. Gemüse oder Brei, Bier oder Wasser, nur selten (stark verdünnter) Wein ist jetzt ihre Nahrung. „Wenn ich sie nun so anschaue, im Garten mit der Hacke, auf der Wiese mit Heugabel oder Karst, in den Äckern mit der Sichel, in den Wäldern mit dem Beil, auf anderen Arbeitsplätzen mit anderen Arbeitswerkzeugen, und wenn ich daran zurückdenke, was sie waren, und ihren gegenwärtigen Zustand betrachte, ihre Mühen, Werkzeuge, abgerackerte Erscheinung, plumpe und billige Kleidung, dann scheinen sie mir nach dem Urteil des äußeren Auges nicht Männer, sondern schweigende und sprachlose Dummköpfe, eine Schande für die Leute und ein Spott für das Volk. Aber mein gesundes und gläubiges Herzensverständnis sagt mir, daß ihr Leben in Christus in den Himmeln geborgen ist."[633] Solche Männer, die Ernst machten mit dem Appell zur apostolischen Armut, waren es, die die Mauern der Zisterzen füllten.

Sie faszinierten sogar die Höchstgeborenen: 1146 trat selbst ein Bruder des französischen Königs, ein bereits mit kirchlichen Ehren überhäufter Jüngling, als Mönch in Clairvaux ein. Eine wohl von einer Pariser Werkstatt illuminierte Bibel, die er als Geschenk mitbrachte,[634] dürfte kaum Bernhards Geschmack getroffen haben. Freilich verließ Heinrich von Frankreich das Kloster schon nach drei Jahren wieder, krank von seinen Askeseübungen,[635] um Bischof von Beauvais zu werden, widerwillig und nur auf Befehl Bernhards,[636] der dem Wunsch des Papstes und Sugers folgte. Der Kapetinger war damals erst achtundzwanzig Jahre alt, so daß auch Bernhard zunächst geschwankt hatte, ob diese ehrenvolle, aber schwierige Wahl anzunehmen sei, und er sich darüber mit Petrus von Cluny beriet.[637] Wahrscheinlich geht die Vita Bernhards wegen der Kürze der Klosterzeit des königlichen Mönches nicht näher auf ihn ein, zumal er sich mit einem ihrer Autoren, Gottfried von Auxerre, verfeindete.[638]

Auch als Friedensstifter war Bernhard wieder tätig, und zwar in Auxerre, wo, wie so oft, die weltliche und die geistliche Gewalt über ihre Rechtsansprüche in Konflikt gekommen waren. Der Schiedsspruch Bernhards für Auxerre von 1145 ist erhalten[639]: in ihm werden die stadtherrlichen Befugnisse verteilt. Bernhard stärkte erwartungsgemäß den Bischof Hugo von Vitry, der ja früher Abt von Pontigny gewesen war, indem er dem Grafen und dem König jede „mutatio et innovatio" (Veränderung und Erneuerung) der Verhältnisse ohne die Erlaubnis des Ordinarius untersagte.[640] Ein Jahr später intervenierte er erfolgreich bei Eugen III., um den Kanonikern von Tournai die Unabhängigkeit ihres Bistums von Noyon zu ermöglichen, eine Aktion, die er schon seit längerem unterstützt hatte[641] (das war die Gelegenheit, bei der der Heilige Vater gesagt haben soll, er verlasse sich ganz auf Bernhards Entscheidung[642]). Dies sollte ihm den Tadel eines zwei oder drei Jahre später schreibenden Satirikers eintragen, des Kanonikers Nivard von Gent. In seinem Tierepos *Ysengrinus*, einem der ersten Beispiele dieses für zeitkritische Äußerungen bevorzugt herangezogenen Genus, heißt es nicht nur, der Bischof von Tournai würde seine Schafe lebendig enthäuten, sondern auch, der „Fetzenträger von Clairvaux" (eine Anspielung auf den Zisterzienserhabit) würde sich noch einmischen, was mit einigen kryptisch formulierten Phrasen zum Ausdruck gebracht wird. Sie reflektieren – möglicherweise – ironisch Stellungnahmen von Bernhard selbst.[643] An einer späteren Stelle desselben Werkes scheint er Bernhard in ebenfalls dunkler Formulierung als Großmaul zu bezeichnen – wenn sich die Passage nicht auf Eugen III. bezieht, der ja zuvor ebenfalls den Namen Bernhard trug.[644]

Nicht weniger dunkel sind die Vorgänge um die Bischofswahl in Rodez im Zentralmassiv, in die ebenfalls Bernhard um 1145 eingriff.[645] Der dortige Elekt Wilhelm sei gänzlich unwürdig, ja habe sogar Nonnen, die er zu weihen hatte, vorher geschändet[646] – so Bernhard, die einzige Quelle in dieser Angelegenheit. Jedenfalls sorgte Eugen III. für eine Untersuchung und dann die Absetzung des Prälaten.

V. Krieg gegen die Heiden,
Friede unter den Christen

Kreuzzugspredigt (1146–1147)

Doch schon standen weit größere Anstrengungen bevor. Hätte Bernhard, wie manche seiner Zeitgenossen, an die Warnungen der Sterndeuter geglaubt, die besorgt einen unheilkündenden Kometenschweif auf seiner Bahn über den Himmel verfolgten,[1] hätte er sich wohl nicht auf eine Aufgabe eingelassen, die dem so ungemein Bewunderten so viel Bitterkeit bringen sollte. Im Herbst 1145 hatte eine Delegation der Königin Melisinde von Jerusalem Papst Eugen III. mit der Bitte erreicht, dem nördlichsten der Kreuzfahrerstaaten zu Hilfe zu kommen, der Grafschaft Edessa, die vom Atabeg Zengi von Mosul eingenommen worden war, wobei man alle fränkischen Christen hingemetzelt hatte. Da dies schon im Winter 1144 geschehen war, muß man in Europa seit dem Frühjahr 1145 davon gewußt haben. Der Heilige Vater reagierte jedoch erst, nachdem diese offizielle Gesandtschaft bei ihm vorgesprochen hatte, und rief am 1. Dezember 1145 mit einer Bulle zum Kreuzzug auf.[2] Zwei Gründe werden darin genannt, die potentiellen Teilnehmer zu motivieren: Liebe („caritas")[3] und Dankbarkeit: es ging darum, den Mitchristen zu helfen und dem Erlöser für sein Werk zu danken.[4]

Man weiß nicht, wann genau diese Bulle in Frankreich bekannt wurde, wann Bernhard von ihr erfahren hat. König Ludwig hat schon zu Weihnachten 1145 in Bourges die Großen seines Reiches versammelt und sie zur Teilnahme an einer bewaffneten Pilgerfahrt ins Heilige Land aufgefordert. War dieses „Gotteswerk (Dei negotium)"[5] nur seine eigene Idee und wollte er so das Gelübde seines verstorbenen Bruders erfüllen und die Vernichtung von Vitry sühnen, oder war ihm der Plan des Papstes schon bekannt und hatte dieser ihn dazu inspiriert? Jedenfalls sprach sich gerade der ehemalige Clairvauxer Mönch und nunmehrige Bischof Gottfried von Langres eifrig für den Kreuzzug aus. Aber wohl in Erinnerung an das ungerechte Vorgehen des Königs gegen Graf Theobald[6] reagierten die Fürsten ablehnend. Auch sein wichtigster Berater, Abt Suger von Saint-Denis, war nicht begeistert.[7] „Von der frostigen Gleichgültigkeit seiner Vasallen entmutigt, beschloß Ludwig, seinen Aufruf um drei Monate zu verschieben, und ... ließ den einzigen Mann in Frankreich zu sich rufen, dessen Autorität größer war als seine eigene, nämlich Abt Bernhard von Clairvaux.“[8] Nach Bernhards deutschem Ordensgenossen, dem Bischof Otto von Freising, waren es freilich die Fürsten, die den Abt kommen ließen, um von diesem berühmten Wundertäter „wie von einem Orakel“ in Erfahrung zu bringen, was sie tun sollten.[9]

Bernhard aber wollte zuerst wiederum die Kurie konsultieren. Dies weist darauf hin, daß er zuvor anscheinend von dem Aufruf Eugens noch nichts gehört hatte. Von seiner Grundeinstellung her war er freilich ohnehin viel zu sehr auf Rom und speziell diesen „seinen“ Papst fixiert, als daß er bereit gewesen wäre, in einer so wichtigen Sache etwas ohne Rückfrage bei Eugen zu unternehmen. Die Möglichkeit eines nicht päpstlichen, sondern vom König ausgerufenen Kreuzzuges konnte ihm nicht zusagen. „Der erste Kreuzzug war von einem Papst initiiert worden, und Kurie und klerikale Partei in Frankreich wollten sich jetzt nicht das Heft aus der Hand nehmen lassen.“[10] Eine Gesandtschaft ging daher nach Rom ab.[11]

Um die päpstliche Tradition hervorzuheben, betont die nächste Kreuzzugs-Bulle Eugens vom 1. März 1146 dann auch das Vorbild Urbans II., der den Ersten Kreuzzug ausgerufen hatte.[12] Der jetzige Aufruf zum heiligen Krieg war der erste, der direkt an einen Monarchen gerichtet wurde, und einige der wenigen Änderungen dieses Schreibens gegenüber dem vorherigen könnten auf Bernhard zurückgehen.[13] Dieser, „der bei allen Bewohnern Frankreichs und Deutschlands wie ein Prophet oder Apostel angesehen wurde“, erhielt die Predigtvollmacht für das Unternehmen.[14] Wenn Bernhard eine kerygmatische Theologie betrieb[15], dann nie so breitenwirksam wie in diesen Jahren.

Viele Geistliche verbreiteten in der Folge diesen Aufruf zum heiligen Krieg, der prominenteste unter ihnen war zweifellos Bernhard von Clairvaux.[16] Er, der ausdrücklich gegen jede Pilgerfahrt seiner Mönche ins Heilige Land war, da für ihn das wahre Jerusalem schon in Clairvaux zu finden war,[17] er, der auch nicht für eine Klostergründung seines Ordens in Palästina zu gewinnen war,[18] hatte diesen Auftrag nicht ohne Widerstand übernommen. Seine Abneigung gegen Pilgerfahrten war ja sogar so groß, daß er einen Benediktinermönch, der offenbar in Clairvaux Station gemacht hatte, zu seinem Abt zurückschickte, obgleich dieser die Reise ausdrücklich erlaubt hatte;[19] und Mönche oder Laienbrüder, die am Kreuzzug teilnahmen, sollten sogar exkommuniziert werden.[20] Vielleicht war es das Abenteuer Arnolds von Morimond gewesen,[21] das bei Bernhard diesen lebenslangen Widerstand hinterlassen hatte, doch verwarfen ganz ähnlich etwa der von ihm verehrte Kartäuser Guigo I. und der mit ihm befreundete Abt Petrus von Cluny die Jerusalemfahrt zugunsten der mönchischen Fahrt ins eigene Innere.[22] Daß ausgerechnet der erste Heilige des Zisterzienserordens, kanonisiert fast 20 Jahre vor Bernhard selbst, Famian von Gallese (ca. 1090–1150), mehrere Wallfahrten bis ins Heilige Land unternahm,[23] wird der Abt von Clairvaux kaum gewußt haben. Dazu kam Bernhards persönliche Verfassung. Der jetzt über Fünfundfünfzigjährige war nach wie vor kränklich und schwach.[24] Im Winter 45/46 hatte er prophylaktisch den Papst wissen lassen, daß seine Kräfte kaum ausreichten, das zu tragen, was ihm bis jetzt aufgebürdet sei und er endlich in seinem Kloster bleiben wolle.[25] Erst als mehrfach Aufforderungen sowohl von König Ludwig als auch von Papst Eugen in Clairvaux eintrafen, konnte der Abt sich dieser Aufgabe nicht mehr entziehen[26] – machte sie dann aber so völlig zu der seinen, daß es manchen Zeitgenossen schien, er sei der eigentliche „Anstifter" dieses Kriegszugs.[27] Doch Eugen schrieb er: „Ihr habt befohlen, und ich habe gehorcht."[28]

Besonderen Erfolg hatte Bernhard, „ausgestattet mit apostolischer Autorität und der eigenen Heiligkeit",[29] bei der großen Kreuzzugspredigt am 31. März 1146 in Vézelay. Der Tag war propagandistisch wohl organisiert: Anscheinend hatte man damals eigens für seine Predigt die Figur des Christus in das berühmte Tympanon der Magdalenenkirche eingefügt,[30] das riesenhaft die Aussendung der Apostel in alle Himmelsgegenden vorstellt, bis zu den Monstren am Rande der bewohnten Welt. Ein adäquates Thema für Christen, die in die Ferne ziehen sollten, um ihre Religion durchzusetzen.

Bernhard bestieg zusammen mit dem französischen König, dem er ein vom Papst übersandtes Kreuz reichte, ein Holzgerüst vor der Burg, um Kämpfer für ihre Sache zu gewinnen. „Als das Himmelsinstrument", so ein Augenzeuge, „nach seiner gewohnten Weise den Tau des Gotteswortes ausgegossen hatte, begann man allenthalben zu schreien und nach Kreuzen zu fragen" – Bernhard mußte sogar seine Kleidung zerreißen, um die Nachfrage an Stoffkreuzen zu befriedigen, die man als Symbol der „bewaffneten Pilgerfahrt" auf die Kleidung heftete.[31] Übers Jahr wollte man aufbrechen. Die Begeisterung war nach Bernhards Worten so groß, daß, wo er gepredigt hatte, sich Städte und Burgen von Männern entblößten, da sich von sieben sechs zur Palästinafahrt verpflichteten.[32] Ohne Zweifel hat Bernhards Fähigkeit, zuerst sich selbst und dann seine Umwelt rücksichtslos zu enthusiasmieren, wesentlichen Anteil an den Erwartungen, die man in dieses Unternehmen setzte.

Zunächst beschränkte der Abt seine Predigttätigkeit auf Nordfrankreich. Die anderen christlichen Nationen wurden mit brieflichen Aufrufen zum Krieg gegen den Islam eingedeckt, Produkte aus Bernhards Kanzlei, die ein von ihm vorgegebenes Grundmuster je nach Adressat variierten. Einige der Kreuzzugsbriefe des Abtes sind erhalten: Über seinen eigentlichen Auftrag hinausgehend, wandte sich Bernhard auch nach England und Spanien. Auch Deutschland wurde von der Botschaft ergriffen, die teils „an die Bischöfe

und den gesamten Klerus und das Volk Ostfrankens und Bayerns" gerichtet
war, teils an einzelne Kirchenfürsten wie den Erzbischof von Köln oder den
Bischof von Brixen.[33] Doch griff Bernhard noch weiter aus, bis nach
Böhmen reichte sein Propagandafeldzug.[34] Und deutsche Kirchenfürsten,
wie der Abt des Klosters Ellwangen, bemühten sich intensiv, Bernhard nach
Deutschland zu bekommen, dem man in dieser Sache alles zutraute.[35] Be-
merkenswert ist besonders eine Formulierung im Kreuzzugsaufruf an die Bre-
tonen, der von seinem Sekretär Nikolaus formuliert wurde: „Eia, tapferste
Ritter, gürtet Euch also, und wer kein Schwert hat, kaufe sich eines. Laßt
Eueren König nicht allein, den König der Franzosen, vielmehr den König
des Himmels, für den jener so viele Reisemühen auf sich nimmt."[36] Unter
Bernhards Namen und mit seiner Zustimmung wird hier das die altfeudale
Welt prägende Ineinander von jenseitigem und irdischem König gepredigt:
dem Kriegsherrn in der Welt zu folgen ist Dienst am Kriegsherrn im
Himmel.[37]

Die Möglichkeit von Verhandlungen oder einer – in der Praxis in Palästina
oftmals verwirklichten – Koexistenz der Religionen kommt in diesen
Briefen nicht vor. „Was tut Ihr, tapfere Männer? Was tut Ihr, Diener des
Kreuzes? Werdet Ihr so das Heilige den Hunden und die Perlen den Säuen
geben?" Frühere Generationen haben bereits den „Unflat der Heiden (spur-
citia paganorum)" mit dem Schwert „eliminiert"[38] – es wäre eine immerwährende Schmach für die heutigen Christen, es ihnen nicht gleichzutun. Gott
hat ja gerade dieser Generation die einmalige Chance geboten, ihre Sünden
durch die Beteiligung am Kreuzzug loszuwerden, denn – und nun wiederholt
Bernhard seine schon aus der *Templerschrift* bekannte Argumentation, erweitert sie aber um ein merkantiles Element: „Wenn Du ein kluger Kaufmann bist, 'ein Mann des Erwerbs in dieser Welt', dann künde ich Dir große
Märkte an. Schau zu, daß Du sie nicht versäumst! Nimm das Kreuzeszei-
chen, und zugleich wirst Du den Nachlaß für alle Sünden erhalten, die Du
mit zerknirschtem Herzen gebeichtet hast. Der Stoff, wenn er gekauft wird,
ist billig – wenn er fromm an die Schulter geheftet wird, ist er ohne Zweifel
das Reich Gottes wert."[39] Dies ist eine Botschaft, genau abgepaßt auf die
Menschen in den heftig expandierenden Städten, die von Handel und Geldwirtschaft lebten. Und sie wurde verstanden, als sie in den Kirchen verlesen
und den Gemeinden übersetzt wurde.

Nicht nur das, sie wurde aufgegriffen und im Lied verbreitet. Ein Vagant
dichtete damals in unmittelbarem Rückgriff auf Bernhards Propaganda:

> Forum est Ierosolymis
> in campo libertatis,
> quod Rex regum instituit.
> mercator prudens aderit;

qui vitam velit emere,
festinet illuc currere! ...
pondus diei preterit,
merces perennis aderit.[40]

„Ein Markt ist am Feld der Freiheit zu Jerusalem, den der König der Könige eingerichtet. Der kluge Kaufmann wird dort sein: wer das [ewige] Leben kaufen will, beeile sich, dorthin zu laufen! ... Die Last des [irdischen] Tages vergeht, der Lohn bleibt in Ewigkeit."

Die Ritterschaft ließ sich natürlich auch mit anderen Argumenten fassen: „Unser König wird des Verrats angeklagt, man wirft ihm vor, daß er nicht Gott sei ... Wer sein Getreuer (fidelis) ist, muß aufstehen und seinen Herrn verteidigen ..."[41] Das ist ganz in den Bahnen von Gefolgschaft, Vasallität, Feudalrecht gedacht. Die Ritter sollen in ihrem Metier bleiben und kämpfen, aber „verchristlicht", für ein von der Kirche vorgegebenes Ziel.[42] Als pastoralen Aspekt unterstreicht Bernhard immer wieder die Einmaligkeit der Buß-Gelegenheit, die der Kreuzzugs-Ablaß ermögliche. Als erster verbindet er dieses auf das Jenseits zielende Gnadenangebot der Kirche mit dem alttestamentlichen Jubeljahr.[43] Jeder seiner Briefe wiederholt die bekannte Argumentation, Gott habe dieser Generation mehr Gnade geschenkt als allen zuvor, indem er ihnen eine derartig „bequem praktikable" Möglichkeit der Sündenreinigung anbot.[44] Damit betont der Abt den persönlichen Aspekt im Rahmen eines kollektiven Glaubensaktes, Zeichen seiner Konzentration auf das Individuum, die seine Spiritualität bestimmte.[45] Seine Anschauungen hatten sich in den letzten 25 Jahren nicht geändert, denn daß die *Templerschrift* Bernhards Kreuzzugspredigt teilweise präfigurierte, läßt sich unschwer sogar durch wörtliche Übereinstimmungen der Texte zeigen.

So sang man es den Kriegern vor, so setzten die Trouvères das in die Volkssprache um, was die Prediger ihnen verkündeten:

Chevalier, mult estes guariz,
Quant Deu a vus fait sa clamur
Des Turs e des Amoraviz
Ki li unt fait tels deshenors;
Cher a tort unt cez fieuz saisiz,
Bien en devums aveir dolur,
Cher là fud Deu primes servi
E reconuu pur segnuur.
Ki ore irat od Loovis
Ja mar d'enfern navarat pouur,
Char s'alme en iert en pareis
Od les angles nostre segnor ...

Pernez essample a Lodevis
Ki plus en ad que vus n'avez;
Riches reis est e poestiz,
Sur tuz altres est curunez;
Deguerpit ad e vair e gris,
Chastels e viles e citez,
Il est turnez a icelui
Ki pur nus fut en croiz penet ...[46]

„Ritter, sehr sicher seid ihr, wenn Gott vor euch Gerüft erhebt [clamur, das zur Anklage notwendige Geschrei des Beleidigten im mittelalterlichen Recht] ob der Türken und Mauren, die ihn so entehrten: Denn zu Unrecht haben sie dies Land ergriffen. Davon müssen wir noch Leid haben, denn dort wurde Gott zuerst verehrt und als Herr erkannt [servir, reconoistre, segnuur, alles feudalrechtliche Begriffe]. Wer jetzt zu Ludwig stößt, wird nie mehr Angst vor der Hölle haben, denn seine Seele kommt zu den Engeln unseres Herrn ins Paradies ... Nehmt ein Beispiel an Ludwig, der mehr hat, als ihr habt; er ist ein reicher und mächtiger König, gekrönt über alle anderen. Er hat seine bunten und grauen Felle [modische Zeugnisse seiner vornehmen Kleidung] verlassen, seine Burgen und Dörfer und Städte. Er hat sich jenem zugewandt, der für uns ans Kreuz gehängt ward ...“

Ritterliche Ideale, die die Kirche sonst ablehnt, werden in diesem Gedicht mit den von ihr propagierten verbunden: Gott hat ein Turnier zwischen Hölle und Paradies ausgerufen und schickt jetzt nach seinen Freunden („amis“, auch feudalrechtlich zu verstehen); der Kampftag soll in Edessa abgehalten werden, dort werden die Sünder Heil empfangen, die Gott rächen ... „La serunt salf li pecceür“.[47] Das waren die Vorstellungen in den Köpfen derer, zu denen Bernhard sprach.

Judenverfolgung (1146)

„Trotz seines Körpers, der zart war und fast an der Schwelle zum Tod stand, besaß der Abt eine feste Gesinnung und flog von Predigt zu Predigt, und in kurzer Zeit vervielfachten sich die, die das Kreuz trugen, über die Maßen“.[48] Aber auch viele andere Prediger verkündeten den Ablaß. Wenigstens einer unter ihnen, ein Mönch namens Radulf,[49] bemühte sich, die gezückten Schwerter auf näherliegende Opfer zu richten. Er trat im Rheinland wie Bernhard als charismatischer Redner auf, berief sich möglicherweise sogar auf diesen, galt jedenfalls – wie Bernhard – als Prophet[50] und „neuer Apostel“.[51] Seine Opfer wurden die seit der Zeit der Evangelisten von den Christen so gehaßten Juden, die in fast allen größeren Siedlungen zu finden waren, eine immer von Verdächtigungen und Feindschaft heimgesuchte

Randgruppe, deren Sprache man nicht verstand und deren Riten man für antichristliche hielt.[52] Es kam, wie schon früher bei solcher Gelegenheit, zu Judenpogromen. Sie wurden durch Radulf entfacht, der predigte, „die allenthalben in den Städten und Flecken wohnenden Juden sollten als Feinde der christlichen Religion erschlagen werden (trucidarentur).“ Tatsächlich, so Otto von Freising, wurden auf Grund dieser Hetze sehr viele Menschen hingemetzelt.[53] Vielleicht hatte sich auch der Bericht von der angeblichen Kreuzigung eines zwölfjährigen Christen in Norwich durch Juden (1144) bis nach Deutschland verbreitet, die älteste Ritualmordlegende,[54] und bot weitere Nahrung für die antijüdischen Emotionen.

Bernhard erfuhr von diesen Verfolgungen durch einen um sein Eingreifen bittenden Brief des Erzbischofs Heinrich I. von Mainz (reg. 1142–1152), der wie die meisten seiner Amtsgenossen die Juden zu schützen versuchte, da diese für sie vermittels ihrer Abgaben eine vorzügliche Einkommensquelle waren. Der Abt teilt völlig die Position des Deutschen, der Mönch habe sich nicht über einen Bischof zu erheben, nicht zu predigen und nicht das Morden gutzuheißen. Schließlich würde das im Widerspruch zu einigen Stellen der *Schrift* stehen.[55] Was Radulf treibt, ist „schmutzigste Ketzerei“![56] Das primäre Problem stellt für Bernhard die Anmaßung Radulfs dar und seine Verachtung der bischöflichen Weisungen, die tödlichen Folgen interessieren ihn erst in zweiter Linie.[57] Otto von Freising berichtet dazu: „Doch der genannte Abt von Clairvaux lehrte, daß man sich vor dieser Lehre (doctrina) hüten müsse und schickte Boten mit Briefen an die Bevölkerung Frankreichs und Deutschlands, in denen er vermittels der Autorität der Heiligen Schrift klar zeigte, die Juden sollten wegen ihrer Sündenexzesse nicht getötet, sondern zerstreut werden.“ Dafür führte er das Zeugnis des Psalmisten im 57. *Psalm* an, der sagt: ‚Gott hat mir bezüglich meiner Feinde gezeigt: Töte sie nicht. Und weiter: Zerstreue sie mit deiner Macht!‘“[58] Dieses Zeugnis von Bernhards Ordensbruder Otto, nämlich daß der Abt bibeltheologische Einwände gegen die Vernichtung dieser Menschen hatte, bestätigen seine eigenen Schriften und seine Aktion im Jahre 46.

Bernhard nämlich ritt selbst nach Deutschland, primär zwar um König Konrad III. dazu zu bewegen, auch gegen die Muslime zu ziehen, jedoch ebenso, um Radulf zum Schweigen zu bringen.[59] Er predigte daher bevorzugt in den Orten, die dieser bereits „infiziert“ hatte.[60] Zuerst besuchte er die Städte nördlich des französischsprachigen Gebiets, Ypern, Brügge, Lüttich.[61] In Afflighem ließ er wieder einmal eine Berührungsreliquie von sich zurück, ein Kreuz.[62] Über Worms ging es dann nach Mainz. Dort traf er seinen Konkurrenten Radulf und verbot ihm, „propria auctoritate“, eigenmächtig und im Widerspruch mit der *Benediktusregel* (c. 58) umherzuziehen und zu predigen. Der Gemaßregelte gehorchte schließlich und kehrte in sein Kloster zurück. Das Volk jedoch hätte ihm gern weiter zugehört, und es wäre zum Aufruhr gekommen, „hätte es sich nicht angesichts von seiner [Bernhards] Heiligkeit zurückgehalten".[63] Bernhards Eingreifen wird auch von einer jüdischen Quelle, der Chronik des Rabbi Ephraim von Bonn (oder Joseph ben Meir), bestätigt: Radulf hat danach die Gläubigen dazu aufgerufen, zuerst Rache für den Gekreuzigten an jenen seiner Feinde zu üben, die vor ihnen ständen, dann erst die Ismaeliten zu bekriegen.[64] In dieser Schrift wird Radulf als „Schüler" des Abtes bezeichnet, woraus zu schließen ist, daß er dem Zisterzienserorden angehörte, und zwar einer Filiation von Clairvaux, was christliche Annalen bestätigen.[65] Anders hätte er Bernhard wohl auch kaum gehorcht (allerdings stand dem Hetzer als Übersetzer ein Benediktinerabt zur Seite[66]). Die Judenschaft betrachtete Bernhard wegen seiner Hilfe als ihren Wohltäter, um so mehr, als er im Unterschied zu manchem der Bischöfe, die sich ebenfalls um ihren Schutz bemühten, dies uneigennützig tat und nicht, um sich sein Eingreifen teuer bezahlen zu lassen.[67] „Ohne diesen Gerechten", so der Rabbi, „hätte keiner der Juden sein Leben behalten!"[68] Denn Gott erbarmte sich seines Volkes, „indem er nach diesem Unhold [Radulf] einen anderen, würdigeren Mönch nachschickte, einen der größten und angesehensten aller Mönche, ... Bernhard Haber [Abt] aus der Stadt Clairvaux".[69] Das christliche Volk dagegen stand am Rande eines Aufstandes gegen Bernhard. Zu gern hätte es nämlich auf diese Art die Zinsen gespart, die es vielfach den als Geldverleihern tätigen Hebräern schuldig war. Doch blieb seitdem die Stimmung der dauernden Bedrohung vermehrt über der Judenschaft.[70]

Bernhard und die Juden[71]

Hier soll der Blick kurz auf Bernhards Gedanken über jenes Volk fallen, mit dem er mindestens bei seiner dauerenden Bibelmeditation laufend konfrontiert war. Werden die Christen von ihm nicht immer wieder als die „wahren Juden" angesprochen?[72] Der Zisterzienser beklagt zwar die „Iudaica caecitas"[73] und tritt dafür ein, die Juden zu unterdrücken („opprimendi"[74]), lehnt jedoch Zwangstaufen ab, da sie vom Kirchenrecht untersagt waren, das ironischerweise einige *Psalm*-Stellen als Begründung anführte.[75] Diese galten jedoch bei Bekehrten, auch gewaltsam Bekehrten, nicht mehr. Sie wurden nämlich als Apostaten eingestuft: nicht mehr ihr Wille, sondern die Automatik des sakramentalen Aktes war entscheidend – eines von vielen Beispielen, wie sich verschiedene Mentalitätsstufen vermischen, hier die des frühmittelalterlichen formalen Rechtsdenkens mit der im 12. Jahrhundert wiederentdeckten Intentionalethik. Apostasie wurde aber seit den Zeiten des christlichen Imperium Romanum mit Infamie und Gütereinzug und schließlich mit dem Tode bestraft.[76]

Die auf dem Lande siedelnden Zisterzienser, scheint es, sind in Bernhards Zeit noch kaum praktisch mit den Juden zusammengekommen, die in den Städten als Geldverleiher und Pfandleiher tätig waren und deren Dienste auch von den Äbten so mächtiger Klöster wie dem königlichen Saint-Denis und dem päpstlichen Cluny in Anspruch genommen wurden.[77] Auch Bernhard selbst hat anscheinend, anders als etwa zur gleichen Zeit Hildegard von Bingen,[78] keinen näheren Kontakt mit einzelnen Juden gehabt. Trotzdem sah er sich 1147 genötigt, ganz konkrete Normen zum Umgang mit ihnen anzugeben.

In den Werbebriefen Bernhards für diesen Kreuzzug finden sich die entsprechenden Passagen, wo er erklärt, warum „die Juden nicht verfolgt, nicht erschlagen und nicht einmal verjagt werden sollen".[79] „Est autem christianae pietatis, ut debellare superbos, sic parcere subiectis ..."[80] Das heißt, wie Bernhard hier mit einer der ganz wenigen Vergilreminiszenzen[81] in seinem Werk formuliert, die frechen Heiden sind niederzukämpfen, den die Verheißung besitzenden Juden dagegen ist Schonung zu gewähren. Diese Toleranz hat ganz klar einen einzigen Grund, Bernhards Biblizismus. Der Abt ist ja ein ausgesprochener *Bibel*-Theologe, der zwar die Kirchenväter-Tradition kennt, aber ausdrücklich die Meinung vertritt, die *Schrift* lege sich selbst bereits hinreichend aus. Denn die *Bibel*, so Wilhelm über den Freund, las er gern und oft, und sagte, keine andere Exegese mache sie verständlicher: „libentius ac saepius legebat, nec ullis magis quam ipsarum verbis eas intelligere se dicebat".[82] Das dort geoffenbarte Wort Gottes ist die einzige kontinuierlich präsente Referenzebene der Theologie des Abtes, die Zentralautorität, „irrefregabilis auctoritas".[83]

Bernhard bringt nun verschiedene Stellen aus den *Psalmen* bei, die von der Erhaltung der Gottesfeinde sprechen, die so zu „lebenden Buchstaben"[84] werden, welche die Gläubigen andauernd an die von den Juden Christus zugefügten Martern erinnern, ein von Augustinus herzuleitendes Theologoumenon,[85] das auch andere Autoren des 12. Jahrhunderts verwenden.[86] Zerstreut, wie sie sind, „büssen sie überall ihre gerechten Strafen für eine solche Untat, um Zeugen unserer Erlösung zu sein".[87] Später ergänzt er: „Keine Knechtschaft ist schmählicher und schwerer als die der Juden: Wohin sie auch gehen, sie schleppen diese immer mit sich, und überall stoßen sie auf ihre Herren."[88] „Die Kirche triumphiert doch ohnehin reichlicher Tag für Tag über die Juden, indem sie sie [ihres Irrtums] überführt oder sie bekehrt, als wenn sie sie ein für alle Mal mit der Schärfe des Schwertes vertilgte!"[89] Dazu kommt: Am Ende der Zeiten werden die Juden sich bekehren. Dann wird ganz Israel gerettet, sagte Paulus im *Römerbrief* voraus (11, 25 ff.). Wer von ihnen vorher stirbt, „verbleibt im Tode",[90] d. h. brennt ewig in der Hölle.

Mißverstehen wir Bernhards Toleranz gegenüber diesem Volk nicht! Sie beruht einzig auf der Unmöglichkeit, mit ihm anders zu verfahren, da sonst die *Schrift* nicht erfüllt würde. Darum betet ja auch die katholische Kirche täglich „pro perfidis Iudaeis", um die Bekehrung der perfiden Juden.[91] Es gibt nicht ein anderes Argument für sie. „Falls die Juden völlig vernichtet werden, wie sollte dann ihr am Ende versprochenes Heil erhofft werden, wie ihre künftige Bekehrung am Ende?"[92] Gäbe es für die Heiden gleichfalls eine ähnliche Prophezeiung, so dürften die Christen auch sie nicht mit dem Schwert angreifen.[93] Wie für seine Zeitgenossen sind für Bernhard die Hebräer sonst „grausamste Menschenmörder (homicidae), ja sogar, wenn ich so sagen kann, Gottesmörder (deicidae)".[94] Das ist keine Erfindung des Abtes, sondern steht in einer Tradition, die so alt ist wie das Christentum selbst, nennt doch schon Jesus im *Johannes-Evangelium* die ihm die Gefolgschaft verweigernden Juden Teufelssöhne (8, 44) und ist „deicida" wenigstens seit dem Kirchenlatein des 5. Jahrhunderts als Schimpfname für dieses Volk bekannt.[95]

Bernhard ist damit weder so vergleichsweise positiv eingestellt wie anscheinend Suger von Saint-Denis, der eine „Reintegration" der Juden in einigen der von ihm für seine Abtei in Auftrag gegebenen Kunstwerken zum Ausdruck zu bringen scheint,[96] noch so aggressiv wie Abt Petrus von Cluny. Dieser zweifelte nicht nur daran, daß Juden überhaupt Menschen genannt werden dürften,[97] sondern schrieb, selbst Gläubiger jüdischer Goldverleiher, an König Ludwig VII., daß es unlogisch sei, wenn die Kreuzfahrer in ferne Länder zögen, um dort die Feinde des Christentums zu suchen, wo doch die blasphemischen Juden, die ärger seien als die Sarazenen, ungestraft Christus in unserer Mitte verspotten dürften. Der König solle sie bestrafen, indem er ihnen eine Steuer auferlege, mit der der Zweite Kreuzzug zu finanzieren sei. „Freilich will Gott nämlich nicht, daß sie getötet oder gänzlich ausgerottet werden, sondern zu größerer Tortur und größerer Schande sollen sie wie der Brudermörder Kain für ein Leben aufgespart werden, das schlimmer ist als der Tod!"[98] Dazu gehört auch, daß man ihnen die Zinsen, die ihnen jemand schuldet, der auf den Kreuzzug geht, zur Gänze vorenthält, was für viele den Ruin bedeuten mußte. In diesem Punkt stimmen Petrus, Eugen und Bernhard[99] überein, und die zitierte jüdische Quelle bestätigt, daß der König von Frankreich tatsächlich jeden Kreuzfahrer von seinen Verpflichtungen gegen die Juden entband.[100]

Deutschland im Kreuzzugsfieber (1146–1147)

Die Reise, die Bernhard im Winter '46/47 über ein Vierteljahr lang in raschem Tempo durch den Westen Deutschlands führte, läßt sich sehr genau rekonstruieren, da seine zehn Begleiter minutiöse Aufzeichnungen, die formal

fast an die Akten von späteren Kanonisationsprozessen erinnern, über den
Weg und vor allem die von Bernhard dabei vollbrachten Wunder hinterlassen haben[101]: In Frankfurt a. M. versuchte der Abt zunächst unter vier
Augen, den deutschen König selbst für das Unternehmen zu gewinnen, allein ohne Erfolg,[102] vielleicht weil der Staufer die Situation im Heiligen
Land aus eigener Anschauung kannte. Daß Konrad den burgundischen Abt
trotzdem längst hoch schätzte, zeigt eine von ihm schon am 19. Juli 1139 aus-
gestellte Urkunde für Erzbischof Balduin von Trier, wo neben der Fürsprache Ottos von Freising der (brieflichen) Intervention Bernhards, „eines
Mannes von großer Heiligkeit",[103] gedacht wird. Der deutsche König hatte
aber gute Gründe, warum er dennoch eine Teilnahme an der Kreuzfahrt ablehnte. Im Inneren waren die Spannungen mit den Welfen ein stetes Gefah-
renmoment, außen gab es Krieg zwischen Österreich und Ungarn.

Der Abt selbst sehnte sich zurück nach Clairvaux. Man muß sich vor
Augen halten, daß sein Geist wohl immer unbeugsam blieb, aber sein
Körper litt und kraftlos war, da er aufgrund einer Verengung der Speiseröhre
nur Flüssigkeiten, aufgeweichtes Brot oder Brei zu sich zu nehmen vermochte und sein Magen- und Darmleiden ihn oft zwang, das Genossene
zu erbrechen.[104] Wann immer möglich, vermied er Bewegungen oder
Stehen.[105] Und selbst im Winter verschmähte er Pelze, so daß ein Generalkapitel seines Ordens ihn dazu zwingen mußte, in dieser Jahreszeit wenigstens Wollhemd und -mütze zu tragen.[106] Nur recht ungern ließ sich Bernhard daher von den heftigen Bitten des Bischofs Hermann von Konstanz,
der von der Kreuzzugsidee begeistert war, bewegen, mit diesem in seine Metropole zu ziehen. Überall wirkte der französische Asket Wunder, überall
predigte er, überall nahmen Männer aus allen Ständen das Kreuz. Über Freiburg im Breisgau und Basel kam der Zug am 12. Dezember nach Konstanz.
Durch Zürich und Straßburg ritt Bernhard dann eilig zum Rhein zurück und
setzte zu Schiff den Weg nach Norden fort, um sich zu Weihnachten in Speyer
einzufinden.[107] Denn dort residierte der königliche Hof, und dort wollte
Bernhard die Stimmung des Hochfestes ausnützen, um noch einmal zu versuchen, den Herrscher des „Heiligen Reiches" und seine Großen für die
Fahrt zu gewinnen. (Abb. 9)

Die heilige Zeit, das Wort vom heiligen Krieg, die Anwesenheit des gesalbten Herrschers und des wundertätigen Priesters – alles erregte in der Tat
die religiösen Gefühle. Bernhard wirkte unentwegt Wunder und sprach zu
den Gläubigen. Der Andrang war so groß, daß der kräftige Staufer einmal
den gebrechlichen Abt sogar aus dem Gedränge tragen mußte. Auch ließ er
es sich nicht nehmen, ein paar arme Kinder persönlich dem Heiligen zuzuführen, um zu sehen, welche mirakulösen Heilungen Bernhard an ihnen
vollbringen würde.[108]

Nachdem Konrad sich bislang von Bernhards öffentlichen und vertraulichen Aufrufen anscheinend stets unbewegt gezeigt hatte, geschah am Johannestag (27. Dezember) in der Stimmung des Hochamtes im Kaiserdom das Wunder: Bernhard „wandte sich in aller Freizügigkeit an den König nicht als König, sondern als Menschen. Er malte nämlich das Endgericht aus, den Menschen, wie er vor dem Tribunal Christi steht, Christus, wie er befiehlt und spricht: 'Oh Mensch, was hätte ich für dich tun sollen und habe es nicht getan?' . . . Mit diesen und ähnlichen Worten bewegte er den Menschen, daß er mitten in der Predigt nicht ohne Tränen ausrief: '. . . ich bin bereit, Ihm zu dienen!' . . .'' Unter dem tosenden Beifall der Gläubigen nahm der König das Kreuz und die Heerfahne vom Altar aus der Hand Bernhards.[109]

Es wäre in der Gegenwart undenkbar, daß sich ein Staatsoberhaupt ähnlich spontan verhielte wie Konrad III., der sich lange aufgrund rationaler Erwägungen einer Beteiligung am Zweiten Kreuzzug versagt hatte, um dann abrupt seine ganze Politik umzustürzen. Mehrfach hatte er schon den drängenden Abt von Clairvaux zurückgewiesen; schließlich war eine letzte Frist von drei Tagen vereinbart worden, während deren der König nochmals mit seinen Großen beraten wollte. Doch vorzeitig, unter der Messe, hatte der Abt sich vom Geist Gottes ergriffen gefühlt – und der König mit ihm. Da sich keine überzeugenden Hinweise auf eine 'machiavellistische' Inszenierung dieses Verhaltens finden,[110] muß man akzeptieren, daß Spontaneität – wie es auch aus vielen anderen Quellen der Zeit erhellt[111] – zu den uns in diesem Bereich fremd gewordenen Komponenten der mittelalterlichen Mentalität zählt. Er sei eben plötzlich vom Finger des Heiligen Geistes berührt worden, schrieb Konrad später an Eugen III.[112]

Die *Kaiserchronik* faßt um 1152 die Vorgänge so zusammen:

> . . . der abbât Pernhart
> den vursten geliebte die vart.   [machte schmackhaft]
> er chom ze dem chunige Chuonrâte,
> er manet in harte
> mit sîner suozen lêre.
> er sprach, daz selbe unser hêrre
> in dar zuo erwelte.
> der chunich niht langer netwelte . . .''[113]   [verweilte]

Das war kaum nach dem Geschmack des Papstes, der ja hoffte, Konrad werde nach Italien ziehen, um für ihn die Ewige Stadt zu unterwerfen. Als aber Konrad und viele Adelige den Zug gelobt hatten, war diese Hoffnung ausgeträumt, denn der deutsche Ritterstand strömte nunmehr zum Orient und nicht zu einem Romzug. Es „vervielfachten sich die Kreuzzugsteilnehmer über die Maßen".[114] Es muß aber auch aus anderen Gründen viel Bereitschaft gegeben haben, sich auf ein solches Abenteuer einzulassen. Schon der Winter des Jahres 1144 war besonders hart gewesen, dann hatten Regenstürme große Getreidemengen vernichtet; Hunger herrschte . . .[115]

Zufällig hat sich ein Brief[116] eines derjenigen Ritter erhalten, der von Bernhard das Kreuz genommen hatte; sehr wahrscheinlich handelt es sich um den entmachteten Herzog Welf III. von Bayern. Er zeigt uns, wie gut die von dem Abt gepredigte Theologie verstanden wurde und wie auch Laien miteinander in den von den Klerikern benützten Formeln sprachen (wobei trotz der einfachen Latinität nicht auszuschließen ist, daß ein Kaplan den Brief formulierte): „... sowohl Euer Kreuz als auch unseres umfassen wir mit den Armen des Herzens. Wir haben nämlich auch das Kreuz aus den hochheiligen Händen des Abtes von Clairvaux genommen, wie die übrigen auch, zur Sündenvergebung ..." Der Kreuzzug heißt „sacratissima congregatio et exercitus sanctus", hochheilige Versammlung und geheiligtes Heer. Auch dieser Kreuzritter bezeugt also indirekt, daß die Heiligkeit Bernhards ein Movens für seine Entscheidung war.

Einer Legende zufolge, von der eine Frühform jedoch schon zu Bernhards Lebzeiten im Orden kursierte, wie die vor 1153 verfaßte Vita des Christian von L'Aumône erweist, habe der Abt im weihnachtlichen Speyer der Antiphon *Salve Regina* den Ausruf „O clemens, o pia, o dulcis Virgo Maria!" hinzugefügt.[117] Der Text des liturgischen Gesanges ist jedoch nachweislich älter (11. Jahrhundert) und stammt wahrscheinlich von Aimar von Le Puy.[118] Nach der Fassung der noch zu Lebzeiten Bernhards niedergeschriebenen *Vita Christiani* soll Bernhard Engel diesen Hymnus singen gehört haben und sei auf einem Generalkapitel gezwungen worden, von dieser Audition zu berichten.[119] Ob hier die Spur eines religiösen Erlebnisses Bernhards zu greifen ist, das sich etwa an seine frühe Christkindvision anschließen ließe,[120] oder bloße Legendenbildung vorliegt, muß dahingestellt bleiben.

Apokalyptik?

Wieder basierte der umwerfende Erfolg von Bernhards Predigt nicht nur auf seinem rhetorischen Talent – die Deutschen verstanden ihn sprachlich gar nicht, sondern nur seine Übersetzer.[121] Aber wieder und mehr als je zuvor zog Bernhard die Menschen an, indem er ihnen Wunder auf Wunder vorführte. Die Krankenheilungen gelangen so zahlreich, daß seine Gefährten vor der Unmöglichkeit kapitulierten, sie alle aufzuschreiben.[122] Auch Skeptiker, wie der Graf von Holstein, mußten ihren Augen glauben.[123] Anders als ein Prophet vom Schlag des Radulf sagte Bernhard also keine kollektiven Erlösungsereignisse voraus, sondern ließ nur wenige einzelne der Gnade teilhaftig werden.[124] Ist aber auch Bernhard bei seinem Engagement für den heiligen Krieg von Endzeiterwartungen ausgegangen? Ein ferner stehender, aber zeitgenössischer sächsischer Geschichtsschreiber, der Priester Helmold von Bosau in Holstein (1120–ca. 1178),[125] erzählt etwa

20 Jahre nach dem Kreuzzug: „Jener Heilige begann, ich weiß nicht, von welchen Weissagungen belehrt, die Fürsten und das gläubige Volk anzueifern, nach Jerusalem aufzubrechen, um die barbarischen Völker des Orients niederzuwerfen und den Christengesetzen zu unterjochen. Er sagte, die Zeiten seien nahe, wo die Vollzahl der Stämme eintreten solle und so ganz Israel heil werde."[126] Die Nachricht ist nicht unbedingt abzulehnen, denn Helmold verbreitet sich unmittelbar zuvor ausführlich über die Heilwunder Bernhards in Frankfurt a. M., die sich im Beisein des Grafen Adolf II. von Holstein ereigneten. Offenbar verwendet er hier einen mündlichen Bericht von diesem selbst oder seiner Umgebung.[127] Die endzeitliche Implikation – die Konvertierung aller Heiden zum Christentum – ist eindeutig.

In der Tat waren damals apokalyptische Vorstellungen so verbreitet, daß man sogar Kaiser Lothar III. mit einem Ring bestattet hatte, der in seiner Form auf die elfte der zwölf Weltstunden hinzudeuten scheint.[128] Hildegard von Bingen schrieb ausführlich vom Antichrist.[129] Kreuzfahrerlieder spielten auf die Endzeit an.[130] Bernhards dichtender Namensvetter in Cluny malte ein erschreckendes Bild von ihm persönlich bekannten Zeichen, die das unmittelbare Bevorstehen des Weltuntergangs erwiesen: Drachen, Pest, Mißgeburten, Ketzer ...[131] Und sein Abt Petrus dichtete:

> tunc terror pessimus
> et horror maximus
> orbem concutiet,
> tunc quidquid firmius
> atque stabilius
> erit, diffugiet ...
> o quam terribilis
> et formidabilis
> haec dies irruet.[132]

„Dann wird schlimmster Schrecken und tiefstes Entsetzen die Welt erschüttern, dann wird alles Feste, alles Sichere zergehen ... Oh, wie schrecklich und furchtbar wird dieser Tag hereinbrechen."

Neben dem Erscheinen des erwähnten Halleyschen Kometen sorgten Mißernten und der dritte Tod eines Papstes innerhalb von zwei Jahren für Unruhe.[133] Auch daß Radulfs Weltuntergangspredigten in den Städten des Rheinlands auf so viel Gehör stießen, läßt auf ein Zunehmen der (im Mittelalter stets latenten) Endzeiterwartung in jenen Jahren schließen. Gerade die ökonomisch weit entwickelten Städte in ihrem dauernden Spannungszustand zwischen Stadtherrn und Bürgertum scheinen der ideale Boden für apokalyptische Verkündigungen gewesen zu sein. Zirkulierende Himmelsbriefe, die als ihren Überbringer den Engel Gabriel nennen, haben diese Stimmung wohl intensiviert.[134] Fand nicht um dieselbe Zeit etwa in der Bretagne ein anscheinend geistesgestörter Thaumaturg, Eon von Stella, großen Zulauf, der sich für den wiederkehrenden Christus der *Apokalypse* hielt und mit einem kommunistischen, antiklerikalen Programm die verängstigten und vom Katholizismus enttäuschten Massen anzog?[135]

Daß im Mittelalter das Ende der Welt fast immer als nahe bevorstehend gedacht wurde, und besonders auch im 12. Jahrhundert, ist ein Gemeinplatz. Man befand sich „in deme zîte des antichristes/des wânin wir daz iz nâhe [. . .]", schrieb etwa ein unbekannter Zeitgenosse Bernhards in seiner *Hohelied*-Erklärung.[136] Belesenen Geistlichen, die die *Bibel* kannten, lag ein Rekurs auf die Verheißungen der *Geheimen Offenbarung* als Deutungsschema der Geschichte nahe.[137] Sollte Bernhard ganz von solchen Spekulationen freigeblieben sein? Hatte er nicht teil an der Erwartung, der Zweite Kreuzzug werde die endgültige Lösung der Heidenfrage bringen?[138] Freilich scheint er, gerade weil er sehen mußte, wohin die Argumentation mit endzeitlichen Verheißungen führen konnte, bei seinen Kreuzzugsaufrufen bewußt auf jede Anspielung in diese Richtung verzichtet zu haben. Ob er selbst nicht daran geglaubt hat, der Anbruch der letzten Tage nähere sich greifbar,[139] bleibt dahingestellt. Gemäß den damaligen geographischen Vorstellungen mochte er wohl meinen, nach der Bekehrung oder Ausrottung der Muslime und Wenden hätte seine Religion auf der ganzen Erde gesiegt und der Missionsauftrag von *Matthäus* 28, 19f. sei damit erfüllt.[140] Und daß gerade damals Kreuzzugsprophezeiungen „in Frankreich von den bewährtesten und frömmsten Personen geglaubt wurden", bezeugt der wohlinformierte Bischof von Freising.[141] Suger hielt ohne weiteres die Merlin zugeschriebenen Prophezeiungen für echt,[142] und sogar ein Petrus Abaelardus hatte sich von den sibyllinischen Weissagungen fasziniert gezeigt.[143] Sie waren in seiner und Bernhards Heimat so verbreitet, daß eine Anspielung auf entsprechende Orakel der Sibylle ohne weitere Erklärung in ein Kreuzzugslied eingebaut werden konnte.[144] Was Bernhard selbst betrifft, so verkündete er jedenfalls in einer allerdings undatierbaren Predigt: „Wie kommt es denn, daß der Fürst dieser Welt allenthalben mit solcher Wut rast, wenn nicht weil 'die Erde in die Hände des Ruchlosen gegeben wurde'? Dies aber ist seine Stunde und die Macht der Finsternis."[145] Folgt die Prophezeiung von seiner Einschließung im Innern der Erde und von der endzeitlichen Erneuerung. Diese Welt aber ist verloren.[146]

Damit erwies Bernhard sich „pessimistischer" als der zweite große zeitgenössische Schriftsteller des Ordens, Otto von Freising. Dieser, aus dem Kloster zum Bischofsthron aufgestiegen, sah gerade in der Vermehrung der Zahl der Mönche „eine Art Versicherung gegen den Weltuntergang ... Im Kloster ist die Welt schon abgeschafft, ihre Abschaffung durch das Weltende daher nicht nötig."[147] Eine solche parousieverzögernde Funktion hat der Abt von Clairvaux, wenn ich recht sehe, sich und den Seinen nie zugetraut.

Kreuzzugsvorbereitungen (1147)

Das Itinerar Bernhards im Januar und Februar 1147 zeigt, daß er geradezu
von Ort zu Ort gehetzt wurde, um das Wort des Papstes, das er für das Wort
Gottes hielt, zu predigen: Speyer, Worms, Köln, Aachen (wo er in der Pfalz-
kapelle zelebrierte[148]), Lüttich, Gembloux, Cambrai, Laon, Reims, Châlons, kurz nur Clairvaux (6. Februar), Troyes und Étampes,[149] um nur die
größeren Orte zu nennen. Bernhard warb dabei nicht nur für den Kreuzzug,
sondern trat auch als Sittenprediger auf; so in Köln gegen Verfehlungen der
Geistlichkeit und in Aachen gegen die Konkubinen der Kanoniker.[150] Auch
von dieser Reise brachte der Abt wieder angesehene Männer mit, die sich
unter dem Eindruck seiner Persönlichkeit entschlossen hatten, in Clairvaux
der Welt zu entsagen.[151] Ein Brief dieser Gruppe an die Kölner Kleriker
zeigt deutlich, daß auch ihr Motiv wiederum die Angst vor der Drohbotschaft war: sie gingen mit Bernhard, unter seinem geistlichen Schutz, in sein
Kloster, um für ihre Sünden zu büßen, „für deren gerechte Bestrafung nicht
einmal die Hölle ausreichen würde".[152] Wie Bernhard diese Männer gewonnen hatte, ersieht man aus seiner Predigt, die v. a. die Verwobenheit der
Amtsträger in die Welt kritisiert: „Begabt ist die Kirche mit irdischem Besitz, aber der Tugenden beraubt!"[153]

Am 16. Februar finden wir den Zisterzienser unter den Teilnehmern der
Versammlung von Étampes, auf der die konkreten Details zur Durchführung der Palästinafahrt beschlossen wurden. Eine Frage größter Wichtigkeit
war die Bestellung von Regenten während der Abwesenheit des Königs. Die
drei Tage in der Stadt Étampes waren darüber hinaus, abgesehen natürlich
von den Predigten Bernhards, der Diskussion des Reisewegs der französischen Truppen gewidmet.[154] Das Angebot König Rogers von Sizilien, die
Heere per Schiff zu befördern, schlug man aus. Der Sekretär Sugers berichtet rückschauend: „Sie wählten den Weg durch Griechenland, um zu
sterben."[155] Von Metz aus wollte man am 8. Juni losziehen.

Gelöst werden mußte in Étampes jedoch noch die Frage der Verwaltung
des Königreichs während Ludwigs Abwesenheit. Bernhard hat nach dem
Zeugnis eines dort Anwesenden den entscheidenden Vorschlag dazu gemacht, indem er gemäß der Zwei-Schwerter-Lehre[156] einen geistlichen und
einen weltlichen Herrn auswählte. Der eine war Suger, der andere der Graf
Wilhelm von Nevers. Beide wollten die prekäre Verantwortung lieber anderen überlassen; der Graf trat als Mönch in die Chartreuse ein, und der Abt
von Saint-Denis wollte zuerst die Meinung des Papstes hören.[157] Als dieser
Suger dann den von ihm letztlich vielleicht gar nicht so ungern vernom-
menen Befehl gab,[158] dem Vorschlag Bernhards zu folgen, hatte Frankreich
das Glück, unter die Leitung eines wirklich fähigen und loyalen Mannes zu
kommen. Seine Regentschaft erweist dies, und Bernhard hatte das richtig

vorausgesehen, als er den Boten Sugers an Eugen ein Empfehlungsschreiben mitgab, in dem der Benediktiner so charakterisiert wird: „Beim
König gilt er wie einer aus der römischen Kurie, und bei Gott wie einer aus
der Kurie des Himmels."[159]

In geistlichen Kreisen, denen auch Bernhard angehörte, sang man damals
in Frankreich folgendes Lied, das ein bißchen von der Atmosphäre wieder-
gibt, die wirklich geherrscht haben muß – einer der wenigen Texte diesseits
der meist verhüllenden Sprache der Männer der Kirche, die vor Blut zurückscheute, gerade dieses aber meinte.

> Exsurgat gens Christiana,
> Exsurgat et romphea,
> Tuba clangat ut insana,
> Vibretur et lancea;
> Fulgeat galea,
> Feriat framea,
> Strepant arma ferrea;
> Dissipetur gens pagana
> Et propellatur profana
> Lex ab orbis area.
> Assurgat gens Gallicana,
> In armis praecipua,
> Gesta legat veterana
> Parentum perspicua;
> Audeat ardua,
> Augeat strenua ...[160]

„Es erhebe sich das Christenvolk, erhebe sich das Schwert! Die Trompete
ertöne wie wild, und die Lanze werde geschwungen! Der Helm soll glänzen,
der Speer treffen, die Eisenwaffen klirren! Zerstreut werde die Heidenschaft und ihr profanes Recht vom Erdkreis verjagt. Aufstehe das Volk der
Franzosen, vortrefflich in den Waffen, und lese die alten hehren Taten der Eltern [die Siege der Franzosen auf dem Ersten Kreuzzug]. Es wage Kühnes,
mehre Tüchtiges ..."

So ungeheuer erfolgreich Bernhard auch im allgemeinen war, so doch
nicht immer und überall. Seine Mißerfolge sind natürlich in der zisterziensischen Geschichtsschreibung in der Regel weggelassen, aber hier und da
schimmern doch in anderen Quellen solche Ereignisse durch. So berichtet
das *Chronicon Laetiense* von 1204/05, Bernhard habe auf seinem Weg in
einem Streit betreffs der Benediktinerabtei Liessies im Hennegau zu vermitteln versucht.[161] Die Mönche aber brachen ob seines ihnen unakzeptabel er-
scheinenden Vorschlags in Tumult aus, was Bernhard mit den Worten quit-
tierte: „Ich glaubte, allein die Kirche zu betreten, aber im Verborgenen trat
der Satan mit mir ein!" Und damit ging er.[162]

Gelegentlich wandelten sich freilich anfängliche Mißerfolge auch in Triumphe; dann sind sie natürlich von der Ordenshagiographie vermeldet. So, als ein Gefährte Heinrichs von Frankreich zu toben begann und ein Erdbeben auf das Kloster herabzufluchen versuchte, weil der Bruder des Königs in Clairvaux als Novize zurückgeblieben war. Bernhard hatte auch ihm seine Bekehrung vorausgesagt, er aber war zum Schrecken aller Mitbrüder, die damit ein Versagen des Charismas des Abtes hinnehmen mußten, schimpfend davongeritten. Am nächsten Tag war die Welt wieder in Ordnung, denn der Mann stand als reuiger Sünder vor den Pforten der Zisterze, um zu bleiben.[163]

Solches trug sich in Clairvaux zu. Aber schon im März mußte Bernhard erneut nach Deutschland. Er ritt über Toul nach Frankfurt.[164] Hier hielt Konrad am 13. März einen Reichstag ab, der dazu diente, vor der Kreuzfahrt die inneren Fehden beizulegen. Dazu wurde ein allgemeiner Reichsfriede ausgerufen und der kleine Sohn des Herrschers zum König gewählt, um die Nachfolge zu sichern.[165] Zwei Monate später setzten sich die Heere in Bewegung. Bernhard ist sehr wahrscheinlich im Zuge dieser Reise auch nach Alzei geritten; sein Besuch bei einem der mächtigsten deutschen Fürsten, Herzog Friedrich II. von Staufen, dem Bruder des Königs, dürfte Ende März oder Anfang April 1147 erfolgt sein.[166] Vermutlich suchte der Zisterzienser auf dem Rückweg in seine Heimat ein Zusammentreffen mit Friedrich deswegen, weil dieser die Teilnahme seines Sohnes, des späteren Barbarossa, am Kreuzzug gern verhindert hätte. Doch lag der Staufer in Alzei bereits auf dem Sterbebett; Bernhard segnete ihn, aber kein Wunder ereignete sich an dem Einäugigen. In wenigen Tagen war der zornige Mann verstorben.

Der Wendenkreuzzug (1147)

Bernhard mag in Deutschland dieses Kreuzzugslied gehört haben:

> Tu consurge, gens Germana,
> Robusta, belligera ...
> Ad certamen propera;
> Viscera lacera,
> Verbera vulnera
> Discerpendo viscera ...[167]

„Du erheb' Dich, deutsches Volk voll Kraft, kriegsgewohnt ... Eil' zur Schlacht, Eingeweide zerspalte, haue Wunden, zerfetzend Eingeweide ...“

Dieser vom Papst und seinem Heiligen gesegneten Tätigkeit wollte sich das deutsche Volk aber nicht nur jenseits des Meeres zuwenden. Der zweite Kreuzzug richtete sich nicht nur gegen den Islam. Es gab ja noch Heiden in Europa, speziell die slavischen Stämme im Nordosten des Heiligen Römischen Reiches, Lutizen, Wenden, Polaben und Obodriten.[168] Wenn die deutschen Ritter, wie Bernhard und die anderen Prediger es forderten, sich dem Zug zur Befreiung des Heiligen Landes anschließen sollten, bildeten diese Völker, mit denen ein permanenter Kriegszustand herrschte, nicht eine Gefahr für das Reich? So sahen es jedenfalls die Teilnehmer des Reichstags in Frankfurt am 13. März 1147, zu denen auch der Abt von Clairvaux gehörte. Sie entschieden sich zu einem „Erstschlag", dem der Papst applaudierte und den er durch die Vergabe derselben Ablässe unterstützte, die den Palästinafahrern versprochen waren.[169] Schwerlich hätte er diese auch verweigern können, hatte er sie doch zur gleichen Zeit dem König von Kastilien für seine Feldzüge gegen die spanischen Muslime gewährt.[170] Damit war der Wendenkreuzzug[171] ausgerufen.

Bernhard verfaßte dazu ein Rundschreiben „an sämtliche Gläubigen" (11./23. März 1147): Es ist bereits bekannt, wie Gott Könige und Fürsten dazu entflammt hat, „Rache an den Heidenvölkern zu nehmen und von der Erde die Feinde des Christennamens auszurotten. Ein großes Gut, eine große Fülle göttlichen Erbarmens!" „... ad faciendam vindictam in nationibus et exstirpandos de terra christiani nominis inimicos."[172] Darob knirscht der Teufel, wütend über den Verlust derjenigen Heiden und Juden, die – nach *Römer* 11, 25 f. – gerettet werden sollen. Er erregte deshalb „die verbrecherischen Heidensöhne, die, wie ich mit Euerer Erlaubnis sagen möchte, die Christenmacht schon zu lange toleriert hat (sustinuit), ohne sich um die verderbliche Heimtücke Sinnenden zu kümmern und ihre giftigen Köpfe zu zertreten."[173] Doch werden sie rasch gedemütigt werden. „Wir verkünden: die Kraft der Christen rüstet sich gegen jene und empfängt das Heilszeichen [das Kreuz], um jene Heidenvölker vollständig zu liquidieren oder unwiderruflich zu bekehren (ad delendas penitus, aut certe convertendas nationes illas)".[174] Man beachte die Reihenfolge! Ein Vertrag darf mit ihnen weder um Geld noch um Tribut geschlossen werden, „bis mit Gottes Hilfe entweder ihre Religion oder ihr Volk vernichtet ist", „donec, auxiliante Deo, aut ritus ipse, aut natio deleatur."[175] (Man beachte die Reihenfolge!). Dieser Brief soll den Gläubigen überall von Bischöfen und Priestern verkündet werden, die sie „gegen die Feinde des Kreuzes Christi, die jenseits der Elbe wohnen, mit dem Zeichen des heiligen Kreuzes auszeichnen und bewaffnen sollen ..."[176]

Während auch ein katholischer Mediävist, wie der derzeit wohl beste Bernhardkenner, Gastaldelli, zugibt: „Es handelt sich um einen echten Aufruf zum Krieg, sogar zur Vernichtung, zu dem nur die Bekehrung zum Christentum als einzige Alternative in Aussicht gestellt wird",[177] haben andere Historiker versucht, Bernhard zu entlasten. Sie gehen dabei von Bernhards in der Tat bibelgesättigtem Stil aus. Bernhard formuliert, wie auch sonst unablässig, mit Wendungen aus der *Heiligen Schrift*. Hier aus dem *Psalm* 149, 7, der die Freude der Gerechten zum Ausdruck bringt, die Feinde mit zweischneidigem Schwert zu besiegen und ihre Herrscher in Eisenfesseln zu schlagen. Nun gab es seit Augustinus eine exegetische Tradition, die im Töten der Heiden eine Metapher für ihre Christianisierung erblickte: die Heiden sind damit erschlagen, ohne ausgerottet worden zu sein.[178] In diesem Sinne seien auch Bernhards Formulierungen zu verstehen.

Dagegen spricht: Bernhards fast 500 Briefe zeigen nur zu genau, daß er sich präzise auf die jeweilige Mentalität des Adressaten einzustellen wußte; dies bestätigt Gottfried von Auxerre auch noch ausdrücklich.[179] Hätte sich der Abt mit seinem Schreiben exklusiv an gelehrte Theologen gewandt, hätte diese Interpretation einige Wahrscheinlichkeit für sich. Aber an wen geht denn das Schreiben? „Ad universos fideles"! Es ist angesichts dessen, was wir über die Bildung des niederen Klerus in dieser Zeit wissen, so gut wie ausgeschlossen, daß die einfachen Priester, die es zu verlesen hatten, die genannte exegetische Tradition kannten, und noch ausgeschlossener, daß die Laien, denen vom Kämpfen und Ausrotten und Bewaffnen gepredigt wurde, dies anders denn vollkommen konkret verstanden hätten. Genauso ausgeschlossen ist, daß Bernhard, als er am Ende seines Aufrufs die Kreuzfahrer aufforderte, sich in Magdeburg zu versammeln, etwas anderes erwartet hätte, als daß diese den Slaven, die sich ergaben, die christliche Religion aufzwingen würden und diejenigen, die Widerstand leisteten, töten würden. Köpfe zertritt man nicht metaphorisch.

Der Papst verbot noch dazu ausdrücklich, daß irgend jemand den Heiden, „die er dem Christenglauben wird unterwerfen können, gestatte, in ihrem Irrglauben (perfidia) zu verbleiben", wenn diese dafür Geld bieten sollten.[180] Theologen und Prediger wie Bernhard legitimierten so die Eroberungspolitik der christlichen Fürsten, die ihre Argumente gern aufgriffen. „Da die himmlische Gnade unseren Unternehmungen Erfolg geschenkt hat, haben wir über die Menge der Slawen derart triumphieren können, daß wir den Gehorsam der Demütigen durch die Taufe zum ewigen Leben, den Trotz der Hochmütigen durch Vergießen ihres Blutes zum ewigen Tod geführt haben." So Heinrich der Löwe in einer Urkunde von 1163.[181] Und die *Magdeburger Annalen* sagen klipp und klar, worum es ging: darum, die Wenden entweder der christlichen Religion zu unterwerfen, „oder sie mit Gottes Hilfe völlig auszurotten"[182].

Viele Ritter besonders aus dem Norden und Osten Europas schlugen in den gewinnbringenden „Handel" mit ihren Seelen ein, woran die damals bereits bestehenden Zisterzen, in Deutschland vierzig an der Zahl, nicht unbeteiligt gewesen sein können. Auch die zwei Klöster des Ordens in Polen, die drei in Böhmen und die fünf in Skandinavien haben offensichtlich für den Zug geworben.[183] An die Böhmen hatte Bernhard geschrieben: „Dieser

Plan kommt vom Himmel und stammt nicht von einem Menschen, sondern er geht hervor aus dem Herzen der göttlichen Liebe."[184]

Diese Liebe Gottes bezog sich freilich vornehmlich auf seine sündigen Christen. Für die Heiden war die Gnade weniger deutlich zu spüren. Von der kirchenrechtlich geforderten Freiheit der Bekehrung angesichts eines wohlgerüsteten deutsch-dänischen Heeres von bekannter Brutalität zu sprechen, wäre reine Farce. Und faktisch kam es ja eben zu dieser Alternative, die nur deshalb keine 'Endlösung' wurde, wie sie Karl d. Gr. seinerzeit an den heidnischen Avaren vorexerziert hatte (und um ein weniges auch an den heidnischen Sachsen praktiziert hätte), weil die slavischen Burgen sich als uneinnehmbar erwiesen. Nach Scheintaufen zogen sich die Kreuzritter wieder in den Westen zurück.[185] Die hohen Herren, unter ihnen Heinrich der Löwe, Konrad von Zähringen, Konrad von Wettin, Albrecht der Bär, unter dem päpstlichen Legaten Anselm von Havelberg kehrten eher enttäuscht heim. Langfristig ergaben sich allerdings Ansätze für Heidenmission und -unterwerfung im Osten.

Es kann allerdings sein, ist aber nicht erweisbar, daß Bernhard die Bekehrung der Heiden deshalb für eine reale Möglichkeit hielt, weil er vielleicht in einer Alkuin zugeschriebenen sibyllinischen Prophezeiung von den nördlichen Heiden gelesen hatte, die ein römischer König namens C. „usque ad internecionem", bis zur Ausrottung, besiegen werde, worauf sie die Taufe nehmen müßten. C. stand ursprünglich für Constans, dann für Carolus; 1147 paßte der Buchstabe auf Conradus, den Stauferkönig, der sich ja lange dem Kreuzzugsaufruf entzogen hatte und nur durch die persönliche Konfrontation mit Bernhard umgestimmt worden war.[186]

Sich bei den Slaven persönlich zu engagieren, dazu hat dieser sich jedoch nicht bereitgefunden, obwohl ihn Bischof Matthäus von Krakau (reg. 1143–1166) zu dieser Zeit in einem außerordentlich schmeichlerischen Brief darum anflehte. Bernhard solle die Ruthenen, die nur dem Namen nach (orthodoxe) Christen seien, durch seine Redegabe zum Katholizismus bekehren. In Ruthenien, „das fast eine andere Welt ist", in Polen, Böhmen, ganz Slavonien „würden Euch ganz gewiß alle, oder fast alle, wie wir hoffen, gehorchen, wenn sie Euch nur hörten." Der „heilige Abt", „Verkünder des Evangeliums", „Leuchte im Hause Gottes", „Vermittler des göttlichen Willens" werde von jedem Stand, Alter, Geschlecht unter Seufzern herbeigesehnt ...[187] Ob und was Bernhard auf dieses Ansinnen geantwortet hat, ist nicht überliefert. Tatsächlich sollten jedoch erst die Zisterzienser der nächsten Generationen eine wichtige kirchenpolitische Rolle im Osten spielen.

Der gescheiterte Kreuzzug

> beatus est, qui parvulos
> petre collidit tuos ...
> Beati sunt mucrones,
> quos portant Christi milites ...[188]

„Gesegnet ist, wer deine kleinen Kinder an Steinen zerschmettert ... gesegnet die Dolche, die die Ritter Christi führen ...", verspricht ein Werbelied für den Zweiten Kreuzzug mit einem *Bibel*-Zitat (Ps 136, 8), indem es die Heidenschaft unter dem Bild der Stadt Babylon anspricht. Daß genau dieser Umgang mit den Heidenkindern die Praxis der Kreuzfahrer war, berichten nicht nur die muslimischen, sondern selbst die christlichen Chronisten zum Ersten Kreuzzug.[189] „funde sanguinem inimicorum Christi" – „vergieße das Blut der Feinde Christi", fordert unumwunden ein Bernhard wahrscheinlich persönlich bekannter Theologe aus Troyes, der künftige Kanzler von Notre Dame, Petrus Comestor, als er vom Patriarchen von Jerusalem über die Vereinbarkeit des Heidenkampfes mit Christi Gebot „Liebe deine Feinde" befragt wird.[190] Wenn Petrus Venerabilis 1142/43 den *Koran* ins Lateinische übersetzen läßt, dann nur, um die Muslime besser bekämpfen zu können, eine Aufgabe, die er Bernhard zugedacht hatte,[191] der jedoch nicht darauf einging.

„Unflat austilgen", das hatte nach päpstlicher Weisung der christliche Umgang mit dem Islam zu sein, wie sich z. B. Bernhards Innozenz II. ausdrückte.[192] Schließlich ging die Idee des Kreuzzugs selbst auf den so bewunderten Gregor VII. zurück.[193] Eine größere Toleranz entwickelten mittelalterliche Christen im allgemeinen nur, wenn praktische Gründe sie dazu zwangen. Das kann man gut im hochmittelalterlichen Sizilien beobachten, wo die Normannen und dann die Deutschen eine nur dünne Oberschicht über den unterworfenen Muslimen und Griechen bildete, wie auch ein „menschlicher" Umgang miteinander in Outremer aus der Notwendigkeit der Praxis geboren wurde, nicht aus theoretischen Vorgaben.[194] Bemühungen Intellektueller um ein Verständnis anderer Religionen blieben im 12. Jahrhundert wie auch später spärliche Ausnahmen (Abaelard, Anselm von Havelberg[195]).

Ungeachtet aller Brutalität und allen Mutes, die viele Kreuzfahrer auszeichneten, sollte das Unternehmen völlig anders enden, als Bernhard von Clairvaux es fest erwartete. Es ist hier nicht der Platz, die Tragödie des Zweiten Kreuzuges im Nahen Osten genauer nachzuzeichnen; dies ist seit Odo von Dueil, dem Schüler Sugers, der als Kaplan König Ludwig begleitete, schon oft genug geschehen.[196] Die französischen und deutschen Krieger, deren Führer zahlreiche strategische und taktische Fehler begingen, wurden von den muslimischen Bogenschützen nur so hingemetzelt;

die mangelnde Unterstützung des oströmischen Kaisers und die Uneinigkeit der Fürsten von Outremer taten das Ihre dazu. Dazu kamen dem Ziel der Unternehmung fremde Extravaganzen nicht weniger Kreuzritter. Die Königin von Frankreich, Eleonore von Aquitanien, begleitete den Herrscher auf dem Zug nach dem Heiligen Lande. Dies war im Hochadel nicht einmal etwas Außergewöhnliches, denn eine Reihe französischer Damen tat das gleiche, etwa die Gräfin von Blois oder die schwangere Gemahlin Raymonds von Saint-Gilles, die sogar ihren Sohn unterwegs gebar. Mit ihrem üppigen Gefolge und Gepäck brachten sie manche Verzögerung und Beschwernis für das Heer. Eleonore sorgte noch für zusätzliche Schwierigkeiten, indem sie keinesweg die Rolle einer gehorsamen Ehefrau spielen wollte, die die Zeit von ihr erwartete, sondern Ludwig sogar mit einer Scheidung wegen zu naher Verwandtschaft drohte, als er sie zwang, mit ihm nach Jerusalem zu ziehen, da sie in Antiocheia ihrem dort herrschenden Oheim Raimund schöne Augen machte.[197]

Damit der französische König auch im Orient nicht von der zisterziensischen Spiritualität abgeschnitten sei,[198] begleitete ihn als Ratgeber der Bischof von Langres, Gottfried von La Roche, der mehrjährige frühere Prior Bernhards. Er, der sich als so begeisterter, kampfeslüsterner Kreuzfahrer erwies, daß er einen Teil seines Kathedralschatzes zu Geld machte, um mitziehen zu können,[199] und den man aus dem Fürstenrat wegschicken mußte, wollte man in Ruhe verhandeln,[200] „war ein übler Scharfmacher, der Legatenrechte beanspruchte, sie ehedem wohl auch erhalten hatte, vom Papst aber durch Guido von Florenz, Kardinalpriester von San Crisogono, ersetzt worden war."[201] Die antibyzantinische Haltung dieses „großen Herrn, jähzornig und grob",[202] trug zum Scheitern des Unternehmens bei. Johannes von Salisbury, obgleich ein Freund Bernhards,[203] urteilte sogar, daß er mit seinen ständigen Auseinandersetzungen mit dem anderen päpstlichen Legaten die Hauptschuld an der Katastrophe hatte[204] (die völlig konträren Schilderungen dieses Mannes in den zisterziensischen und den Kreuzzugs-Quellen sind bemerkenswert, desgleichen die in der katholischen und der neutralen Sekundärliteratur). Bernhard jedenfalls liebte ihn herzlich.[205]

Gottfrieds Diözese Langres verwaltete während seiner Abwesenheit nach dem Zeugnis einer Urkunde kein anderer als der Abt von Clairvaux.[206] Allerdings dürfte er, nun doch ungeachtet seiner Ablehnung der ihm angetragenen Bistümer mit dieser Funktion belastet, wenige Regierungsakte gesetzt haben; so regelte er 1149 in Bar-sur-Aube strittige Pfarreinkünfte.[207] Doch zu beschäftigt war er wohl mit seinen anderen Aufgaben. Daß ihm selbst die Leitung des Kreuzzuges bereits 1146 angetragen worden sei,[208] ist nicht verbürgt; ob er sie akzeptiert hätte? Faktisch gilt: „Bernhard nimmt selbst an der militärischen Operation nicht teil, und er tötet die Glaubensfeinde nicht selbst, vielmehr delegiert er die Gewalt an die Miliz Christi,

welche er selbst provoziert, ideologisch stützt und durch das Verbindungs-
glied der asketisch praktizierten Demut sanktioniert."[209]

Gilbertus Porreta

Unterdessen war der Heilige Vater, da ohne Hoffnung, in der nächsten
Zeit Rom besetzen zu können, auf den Spuren seines Vorgängers Innozenz
von Italien nach Frankreich aufgebrochen. Nachdem er am 26. März 1147
Cluny besucht hatte, konnte ihn Bernhard am 6. April für wenige Tage mit
seinem Gefolge in Clairvaux begrüßen. Vor allem der Wendenkreuzzug
dürfte das vornehmliche Gesprächsthema Bernhards und Eugens gewesen
sein.[210] Eugen bestätigte die Beschlüsse des Frankfurter Tages durch eine
Bulle, ohne sie ausdrücklich zu zitieren.[211]

Auch begann sich in dieser Zeit ein Konflikt zu entfalten, der wie eine
Neuauflage der Causa Abaelard wirkt. Bernhard versuchte hierbei, wenn
auch mit weniger Erfolg, dieselbe Rolle des Bewahrers der Orthodoxie zu
spielen, wie 1141. Doch war der Gegner dieses Mal nicht so einfach zu Fall zu
bringen, denn es handelte sich nicht um den Abt eines (aus französischer
Sicht) obskuren bretonischen Klosters, sondern einen hoch angesehenen
Herrn Bischof, Gilbertus Porreta (de la Porrée, um 1080–1154),[212] Dieser
aquitanische Gelehrte hatte schon die berühmte Domschule von Chartres
geleitet, hatte in Paris gelehrt und saß seit 1142 auf dem Bischofsthron von
Poitiers. Wie Abaelard war dieser Philosoph schulbildend, Johannes von Salisbury, Johannes Beleth und Alanus ab Insulis hatten bei ihm gehört. Otto
von Freising wohl kaum, aber er benützte seine Werke gern und war erfüllt
von „ruhiger aber spürbarer Verehrung für den Porretaner".[213]

Aus Gründen, von denen wir nur die theologischen Seiten kennen, war er
mit zweien seiner Erzdiakone, Arnold und Kalo, in Konflikt gekommen; sie
klagten seine sprachlogischen Überlegungen zur Trinitätslehre beim Papst in
Italien als ketzerisch an. Gilbert freilich war nach dem Zeugnis von Bernhards Sekretär Gottfried schon viel früher dem Legaten Alberich verdächtig
vorgekommen, als dieser auf dem Weg in die Languedoc in Poitiers Station
machte,[214] um sich dann mit Bernhard zur Bekämpfung Heinrichs von Lausanne zu treffen. Allerdings dürfte erst der Prozeß gegen Abaelard ein men-
tales Klima unter den konservativen nordfranzösischen Theologen geschaffen haben, das eine Suche nach Abweichlern und deren Verfolgung
begünstigte.

Nun gibt es in der Tat zahlreiche Aussagen von durchaus gebildeten
Zeitgenossen, die bestätigen, daß Gilberts Spekulationen alles andere als
leicht verständlich formuliert waren und schnell mißverstanden werden
konnten.[215] „Er war gewohnt, vieles außerhalb der allgemeinen Sprech-

weise der Menschen zu sagen",[216] und das offenbar nur vor seinem elitären bis esoterischen Schülerkreis. „Vieles ... erschien aufgrund der Neuheit seiner Worte irrig (absona)".[217] Namentlich seine Unterscheidung von Gott und Gottheit, gebildet nach dem Modell Einzelmensch und Menschheit, brachte ihn in Schwierigkeiten, sobald er sie auf die Dreifaltigkeit anwandte (was sogar Abaelard kritisierte[218]). Die logische, aber nicht metaphysische Differenzierung zwischen Gott als 'subsistens' (das Seiende) und Gottheit als 'subsistentia' (das, wodurch sie ist), so harmlos sie als analytische Kategorien gedacht waren, konnten absichtlich oder unabsichtlich so gedeutet werden, als ob der Bischof keine Trinität, sondern eine Quaternität lehre: die göttliche Substanz plus die Personen mit ihren Proprietäten.[219] Bernhard verstand ihn jedenfalls so, was er in einer langen Diskussion in *De consideratione* widerlegte, um dann dagegen unter Rückgriff auf Anselm von Canterbury[220] die rechtgläubige Dreifaltigkeitslehre auszubreiten.[221] Eberhard von Ypern, ein Schüler Gilberts, der jedoch (etwa 1181) Zisterzienser wurde, weswegen er beiden Parteien gerecht zu werden versuchte, hat die Problematik präzise erfaßt: „Eine unterschiedliche Ausdrucksweise (qualitas orandi) brachte die Interpretation hervor, die sich Bernhard einbildete. Was nämlich der Bischof von Poitiers als wahr nur nach der rhetorischen Redeweise (secundum resim tantum) beurteilte, beurteilte der Abt von Clairvaux als etwas, das gemäß Dialektik und Redeweise (secundum lexim et resim) angenommen werden müßte. Was nämlich der eine als rhetorisch gesagt annahm, verstand der andere wortwörtlich."[222] Das sprachlogische Axiom, Personen könnten nicht Prädikat sein, denn Prädikate bezögen sich auf Universalien, führte auch andere Theologen, wie z. B. den überhaupt gern gegen Ketzer tätigen Erzbischof Hugo III. von Rouen (reg. 1130–1164), dazu, die Formulierung „Gott ist Gottvater, Gottsohn und Heiliger Geist" abzulehnen.[223]

Im April kam die höhere Geistlichkeit Frankreichs, darunter auch Bernhard, auf Befehl des Papstes in Paris zusammen, um das Osterfest zu feiern und in einem 'Konsistorium' über Gilberts Theologie zu verhandeln.[224] Als Ankläger traten der Kanoniker Adam von Petit-Pont (von Balsham) und der königliche Kanzler Hugo von Champfleury auf.[225] Ersterer war selbst als Logiker und damit Konkurrent des Bischofs hervorgetreten.[226] Die Diskussion wogte lebhaft hin und her, nicht ohne engagierte Beteiligung des Abtes von Clairvaux, aber da Gilbert die ihm vorgeworfenen Sätze leugnete und die inkriminierte Schrift des Bischofs, sein Boethius-Kommentar, nicht zur Hand war, verschob Eugen die Angelegenheit auf die Reimser Synode des kommenden Jahres. Bernhards Sekretär und gewiß auch er selbst beurteilten das philosophische Werk Gilberts als Buch, „in dem er in der Tat schwere Blasphemien ausgespieen hatte, jedoch abgeschirmt von einer gewissen Worthülle".[227] Arnold und Kalo war es nämlich gelungen, Bernhard gegen den Bischof zu mobilisieren,[228] der ja, wie Gottfried von Auxerre bei dieser Gelegenheit bemerkt, sich für jede Aufgabe für Christus auch von selbst engagierte.[229] Bernhard und Gilbert kannten einander wenigstens flüchtig seit den dreißiger Jahren, seit dessen Zeit als Kanzler des Bischofs Gottfried von Léves.[230] Da von einem etwaigen früheren Zwiespalt zwischen dem Abt und dem Ordinarius nichts bekannt ist, scheint Bernhard sich hier aus rein theologischen Gründen in die Sache verwickelt zu haben. Es darf aber angemerkt werden, daß Bernhard sehr wohl zu schweigen vermochte, wenn er solche theologischen Differenzen bei einem Freund bemerkte. Denn gerade in der Trinitätslehre und im Verständnis der Unio mystica stand Wilhelm von Saint-Thierry in scharfem Gegensatz zu Bernhard, was diesen jedoch, so weit wir wissen, zu keiner öffentlichen Kritik veranlaßte.[231]

Aus unbekannten Motiven war es aber Gottfried von Auxerre, der sich anscheinend noch mehr als Bernhard um die Widerlegung des Bischofs bemühte. Jedenfalls verfaßte er einen eigenen Traktat, einen Libellus gegen Gilberts „neue Dogmen".[232] Allein diese Neuheit seiner Gedanken, so Gottfried, genüge, die Theologie des Bischofs zu widerlegen![233] Die Hauptpunkte lauteten verkürzt, Gilbert lehre, die göttliche Wesenheit sei nicht Gott, die drei Personen seien nicht eins, die drei Personen seien verschieden von der göttlichen Substanz und die göttliche Natur sei nicht Mensch geworden.[234] Die Hermetik der Sprachlehre des Philosophen kam der Unfähigkeit und dem Willen seiner Gegner entgegen, ihn zu verstehen – als ob sie zu demonstrieren gewünscht hätten, daß es zum Streiten immer zweier bedarf. Daß Gilbert tatsächlich durch seine Scheidung des natürlichen und des religiösen Bereichs[235] zu jenen mittelalterlichen Theologen gehört, die langfristig die Säkularisierung des europäischen Weltbildes vorbereiteten (ihr wichtigster wurde Ockham), konnte damals freilich niemand ahnen.

Im Frühsommer 1147 erledigte der Papst dann auch jenes „Ärgernis", gegen das Bernhard seit fünf Jahren ankämpfte: er setzte endlich den unwürdigen Erzbischof Wilhelm Fitzherbert von York ab und ordnete Neuwahlen an. Wer wurde der Nachfolger des Relegierten? Nicht ganz unerwartet gerade sein Hauptkritiker, Heinrich Murdach, der Abt von Fountains. Denn dieser war ein Zisterzienser aus Clairvaux und damit früherer Mitbruder des Heiligen Vaters.[236] Es ist zwar nicht überliefert, wäre aber sehr erstaunlich, wenn hier nicht auch Bernhards Empfehlungen eine große Rolle gespielt hätten, zumal Murdach ihm schon den Abtstuhl verdankte.[237] Daß sich wenigstens im Anhang Fitzherberts, der sich allerdings damals nicht in England aufhielt, in der Tat üble Gesellen befanden, erweist ihre Reaktion schon auf dessen Suspendierung: sie vertrieben die Mönche von Fountains und zerstörten die große Abtei; Murdach entging nur knapp dem

Tode. Einer seiner Wähler wurde von den Verwandten seines Gegners verstümmelt.[238] Ungeachtet dessen sollte der Ex-Erzbischof nach dem Tode seines Nachfolgers (und dem Bernhards) im Oktober 1153 nochmals den Bischofsthron von York besteigen. Freilich segnete er bereits nach einem Monat das Zeitliche, wie es hieß, von einem seiner Erzdiakone mit vergiftetem Meßwein beseitigt. Und eine Generation später war er bereits kraft päpstlicher Kanonisation als Heiliger zu verehren.[239]

Erneute Ordenserweiterungen

Mitte September 1147 befand sich Bernhard auf dem Generalkapitel seines Ordens in Cîteaux, an dem auch der Papst teilnahm.[240] Dort kam es zu einer die ganze Ordensgeschichte mitbestimmenden Vergrößerung des Zisterziensertums: Drei kleinere Gemeinschaften suchten um Aufnahme in den Verband der grauen Mönche nach. Es war dies die Kongregation von Savigny, die Kongregation von Obazine und der Orden der Gilbertiner.

Die ohnehin der Reform nahestehende Benediktinerkongregation von Savigny[241] in der Normandie beschloß, sich in ihrer Gesamtheit den Zisterziensern anzugliedern. Neben der faszinierenden Spiritualität dieses Ordens gab es auch materielle Gründe: man glaubte in Savigny, so leichter der durch zu rasches Wachstum entstandenen wirtschaftlichen Schwierigkeiten Herr zu werden und den separatistischen Tendenzen der englischen Äbte gegensteuern zu können. Treibende Kraft der Vereinigung mit den Zisterziensern war vor allem Abt Serlo (1140–1153),[242] der Bernhard bewunderte. Bernhard seinerseits, hier flexibler als nach seinen sonstigen Äußerungen zu erwarten, befürwortete die Fusion, wiewohl diese Benediktiner weiterhin nicht von der eigenen Arbeit, sondern von der ihrer abhängigen Bauern leben wollten.[243] Nun handelte es sich hier nicht bloß um die Affiliation eines einzelnen Klosters, wie sie Bernhard schon mehrfach vollzogen hatte, sondern um einen aus 31 Abteien bestehenden Verband, der nicht nur in Frankreich, sondern auch in England und Irland Niederlassungen besaß. Freilich hatte sich Savigny schon 1132 Cîteaux teilweise angeglichen, indem die Mönche die Organisation der *Charta Caritatis* übernahmen und so u. a. auch Generalkapitel abhielten. Die Verhandlungen endeten mit der Zustimmung der Zisterzienser, der Kongregation einige ihrer im Vergleich zu den eigenen weniger strengen Bräuche zu lassen. Der Abt von Savigny erhielt den nächsten Rang nach den vier Primaräbten und das Privileg, mit drei Rossen umherzuziehen.[244] Eugen III. bestätigte am 19. September den Zusammenschluß und unterdrückte 1149 endgültig den Widerstand der englischen Konvente, indem er ihnen mit der Exkommunikation drohte. Die Visitation wurde dem Abt von Clairvaux übertragen; Bernhard schickte Theobald, einen früheren Mönch von Saint-Denis, um die Gewohnheiten der Zisterzienser in Savigny einzuführen.[245]

Der Leiter einer Eremitengemeinschaft, Stephan von Obazine († 1159),[246] folgte dem Beispiel Serlos. Die Zisterzienser nahmen auch seine beiden in der Diözese Limoges gelegenen Gründungen in ihren Verband auf. Sie hatten sich auf Rat der Kartäuser ebenfalls bereits an den zisterziensischen Gewohnheiten orientiert.

Aus England war mit demselben Ziel Gilbert von Sempringham (1083–1189) gekommen, ein Priester, der Gemeinschaften für Frauen und dann auch Männer gegründet hatte.[247] Schon in seiner Heimat hatte er freundlichen Kontakt mit den dortigen Zisterziensern gehabt; von ihnen wollte er Hilfe bei der Organisation seiner Gemeinschaft, war doch ein Weltpriester an der Spitze von Mönchen und Nonnen ungewöhnlich. Es waren vor allem letztere, die die versammelten Äbte dazu bestimmten, Gilberts Wunsch abzulehnen; mit Frauen wollte man so wenig wie möglich zu tun haben. Gewiß hatten auch Savigny und Obazine Frauenkonvente, aber nur von untergeordneter Bedeutung.[248] Eugen III. bestätigte zwar den neuen Orden, war aber ebenso gegen eine Verbindung mit den Zisterziensern. Bernhard lud den Enttäuschten daraufhin nach Clairvaux ein; da Gilbert nach Angabe seiner Vita auch mit Bischof Malachias von Armagh Freundschaft schloß,[249] der erst im nächsten Jahr nach Burgund kam, müßte er ziemlich lang in der Abtei geblieben sein, vielleicht weil Bernhard so selten anwesend war. Als Gilbert in seine Heimat zurückkehrte, versehen mit Stab, Stola und Manipel Bernhards als Reliquien-Geschenk,[250] entschloß er sich jedenfalls, seine Religiosen in Doppelklöstern zu organisieren, eine seltene Form monastischer Gemeinschaft der Geschlechter, die es aber schon u. a. bei Benediktinern gab. Im einzelnen orientierte er sich deutlich an zisterziensischen Usancen, die ihm Bernhard empfohlen haben wird.

Hildegard von Bingen

Wie Bernhard einst seinen Papst Innozenz II. begleitet hatte, war er nun zusammen mit dem ihm noch näher stehenden Eugen an verschiedenen Orten Frankreichs und Deutschlands zu finden. Ein Höhepunkt war für ihn wohl die Einweihung der Kirche von Fontenay durch den Pontifex Maximus am 21. September 1147.[251] Diese Zisterze war ja Clairvaux' zweite Tochter, gegründet 1118 von einem Onkel Bernhards.[252]

Um die Wende 47/48 befand Bernhard sich in Trier, wo Eugen fast drei Monate lang residierte.[253] Zu Bernhards Befriedigung zog er dort einen Schlußstrich unter die jahrelange Auseinandersetzung um das Erzbistum York und setzte, wie berichtet, den Zisterzienser Heinrich Murdach als Ordinarius ein. Eugen selbst weihte am 7. Dezember den Mönch, der nach Trier gekommen war.[254] Auch auf Bernhard wartete manches Geschäft. So gelang es ihm, zwischen dem Grafen Heinrich von Namur und Archidiakon Richard von Verdun zu vermitteln.[255]

Auch sollte er sich mit einer Frau zu beschäftigen haben, die paradoxerweise heute vielen bekannter ist als Bernhard, wiewohl ihr Wirkkreis unvergleichlich beschränkter blieb, freilich für eine Religiose ihres Zeitalters extrem weit.[256] Im Winter 1146 auf 1147 hatte der Abt einen besonders demütigen Brief ungewöhnlichen Inhalts empfangen.[257] Die Absenderin war die Vorsteherin einer kleinen Gemeinschaft von Benediktinernonnen in Disibodenberg bei Mainz, die Adelige Hildegard von Bermersheim.[258] „Ego, misera et plus quam misera in nomine femineo", „ich, erbärmlich und mehr als erbärmlich in meinem Sein als Frau", flehte die Nonne Bernhard als „den höchst sicheren und milden Vater" an, ihr angesichts der erschütternden visionären Welt, die sich ihrem Herzen seit Jahren „wie eine verzehrende Flamme" auftat, Trost und Bestätigung zu geben. Die Zweifelnde habe sich sonst erst einem Mönch geoffenbart, denn die Zeit sei voll von Häresien, denen zugerechnet zu werden sie fürchten mußte. Von Bernhard, den sie bereits von ihren Gesichten her kannte, erbat sie nun: „Ich will, Vater, daß Du mich um Gotteswillen tröstest, und dann werde ich sicher sein." Sollte sie ihre Schauungen verschweigen, sollte sie sie veröffentlichen?

Was antwortete der von Hildegard von Bingen als „in die Sonne blickende Adler" Apostrophierte, der auf dem Weg war, „die Welt dem Heil zuzuführen" („erigens mundum in salvationem")? Er sah, wie Bernhardi treffend formuliert, in der Visionärin „einen ihm verwandten und zugleich untergeordneten Geist".[259] Sein Schreiben, im Umfang nur etwa ein Drittel der Anfrage erreichend, war wohl kaum das, was die Visionärin erhofft hatte. Bernhard begnügt sich unter Hinweis auf seine knappe Zeit mit ein paar Zeilen, die, verglichen mit den überschwänglichen Formulierungen seiner Briefpartnerin, nur als distanziert bezeichnet werden können: Nach der Ermahnung, Hildegard möge ob dieses göttlichen Gnadenerweises keineswegs auf die Demut vergessen, erledigt er ihre Bitte mit einem Satz, der auch ironisch verstanden werden könnte: „Wo es ohnehin schon innere Bildung und über alles belehrende Salbung gibt, was können wir da entweder lehren oder mahnen?"[260] Und damit endet Bernhards Brief auch schon, nur der übliche Topos um Einschluß in die Gebete der Adressatin ist noch angefügt.

Als Hildegard viele Jahre später, um 1173, ein 'exemplar', einen Kodex mit der von ihr autorisierten Version ihrer Korrespondenz, herstellen ließ, verfälschte sie das beschämend knappe Schreiben des Zisterzienserabtes (wie sie es auch mit anderen Briefen tat), indem sie mehrere affirmative Sätze hinzufügen ließ. Außerdem veränderte sie die Reihenfolge so, als ob es Bernhard gewesen wäre, der sich zuerst als Bittsteller an sie gewandt hätte.[261] Deshalb ging in die Tradition ein, daß Bernhard es gewesen sei, der dafür gesorgt habe, daß ihre großformatigen Bücher „von Eugen kanonisiert und unter die Heiligen Schriften [!] gezählt wurden", wie der um 1227 schreibende Autor der Vita des Gerlach von Falkenburg († 1165) vermerkt.[262]

Natürlich konnte Bernhard nichts kirchenamtlich Gültiges zu oder über Hildegard sagen. Das tat nun der Heilige Vater selbst, Eugen III. Als er Ende 1147 in Begleitung Bernhards nach Trier kam, hielten es der Bischof von Mainz und die höhere Geistlichkeit für gut, ihm die Angelegenheit Hildegards zu unterbreiten, um durch seine Autorität zu erfahren, „was anzunehmen und was zu verwerfen sei ..."[263] „Wie zu erwarten stand, verhielt sich Eugen reserviert. Als Mönch und Theologe wußte er, daß derartige Erscheinungen im Bereich des Möglichen liegen, aber als Papst sah er sich genötigt, der Sache auf den Grund zu gehen."[264] Dies besorgte eine Abordnung von Theologen unter Bischof Albero von Verdun, die die Visionärin und ihre Mitschwestern „in Demut" befragten und sich den noch unfertigen *Liber Scivias* aushändigen ließen; das endgültige Urteil war äußerst günstig. Nach der Vita der Seherin – die von keiner anderen Quelle bestätigt wird –, sei es vordringlich die Vermittlung Bernhards gewesen, die den Papst dazu bewog, ihm die Verbreitung ihrer göttlichen Inspirationen zu gestatten. Eugen scheint selbst, immer nach derselben Quelle, vom Offenbarungsbuch der Benediktinerin angetan gewesen zu sein, hat er doch persönlich vor versammeltem Klerus daraus vorgelesen.[265] Daß Bernhard Visionen gegenüber eher skeptisch war (obgleich sie ihm selbst nicht ganz unbekannt gewesen zu sein scheinen[266]), läßt auch eine Episode am Rande des Konzils von Sens erraten: Damals hatten ihm Kleriker aus Tournai einen Visionsbericht zur Prüfung zugeschickt, eine Offenbarung über das Leben des Eleutherius, des (sagenhaften) ersten Bischofs der Stadt. Bernhard und die anderen Geistlichen waren keineswegs davon begeistert, sondern rieten nur, man solle die Zukunft abwarten.[267] In dem Brief, den Eugen dann an die Visionärin richtete, scheint doch noch ein wenig von der Vorsicht Bernhards mitzuklingen.[268]

Das Konzil von Reims (1148)

Bernhard hatte Zeit gehabt, sich auf das bevorstehende Duell mit dem Bischof von Poitiers vorzubereiten. Es ist nicht überliefert, daß er diesmal, wie 1141, irgendwelche Hemmungen gehabt hätte, im März 1148 zum Konzil nach Reims[269] zu reiten, um das, was er für die Ketzereien des Gilbertus Porreta hielt, zu liquidieren. Denn schließlich stand er auf dem Höhepunkt seines Einflusses in Kirche und Welt[270] (noch wußte man nicht, wie „sein"

Kreuzzug enden sollte), so daß er und andere meinten, einfach die Ereignisse von vor sieben Jahren mit einem anderen Gegner wiederholen zu können, einem Mann, dem übrigens Abaelard während des Auftrittes in Sens bereits vorhergesagt hatte, daß er genauso von der Verfolgung durch jenen betroffen sei wie er selbst.[271] Außerdem gab es eine ganze Gruppe von Hyperorthodoxen, von denen der „unermüdliche Ketzerspäher auf dem Felsen Petri"[272] Unterstützung erwartete. Der Zisterzienser versuchte nämlich, gegen Gilbert wiederum auf die schon 1141 bewährte Weise vorzugehen, „die seinem diplomatischen Geschick alle Ehre macht, freilich Zweifel an der Lauterkeit seines Charakters wecken kann".[273]

Eugen hatte Bernhard nicht nur mit der Eröffnungsrede beauftragt – eine flammende Diatribe gegen unwürdige Bischöfe[274] –, sondern auch die Rolle des Hauptanklägers zugedacht. Der zunächst damit betraute Prämonstratenserabt Gottschalk erwies sich nämlich als zu wenig wortgewandt.[275] Einer der Theologen, die dem Zisterzienser hilfreich zur Seite standen, war sein Protegé Petrus Lombardus (dessen Christologie später zwischen 1163 und 77 seinerseits mehrfach verurteilt werden sollte[276]), ein anderer der einst Bernhard gegenüber kritischere Dialektiker Robert von Melun,[277] dazu noch der Reichsverweser Suger von Saint-Denis.[278] Dagegen waren zahlreiche Kardinäle und andere Prälaten auf seiten Gilberts, was dieser auch nicht auszunützen unterließ.[279] Es ist möglich, daß Bernhard sein von der Gegenpartei als unkorrekt gebrandmarktes Vorgehen gerade aus dem Bewußtsein heraus wählte, hier auf eine Gruppe von Gegnern zu stoßen, die er auf geradem Weg nicht glaubte überwinden zu können.

Die Reimser Kirchenversammlung, die unter Teilnahme von etwa 400 Hierarchen aus ganz Europa stattfand, beendete u. a. die Eheaffaire des Rudolf von Vermandois, mit der Bernhard schon 1142 beschäftigt gewesen war[280]: unter Vermittlung bestochener Kardinäle schied der Papst die Ehe trotz Bernhards Ablehnung dieses Vorgehens, was diesen zu einer finsteren Prophezeiung über die künftigen Geschicke des Adeligen und seiner Nachkommen veranlaßte, die sich natürlich bewahrheitete.[281] Das Konzil war aber vor allem zur Bekämpfung der Häresien einberufen worden. So verurteilte es u. a. die Bernhard wohlbekannten Anhänger des Heinrich von Lausanne, aber auch die Katharer und andere Gruppen.[282] Die Väter verurteilten auch einen der merkwürdigsten Ketzer der Zeit, dem sein Name Anlaß für die Selbstidentifikation mit Christus geworden war: Der Wanderprediger Eon von Stella[283] hatte die liturgische Formel „per eum qui venturus est" auf sich bezogen (das lateinische Pronomen und sein Eigennamen klangen in altfranzösischer Aussprache gleich): durch ihn, Eon, würde das Endgericht kommen, er selbst sei der Sohn Gottes. Als Würdezeichen wies er einen Y-förmigen Stab vor, mit dem er die Weltherrschaft zwischen sich und Gott verteilte: zeigten die beiden Enden nach oben, so gehörten zwei

Drittel Gott, zeigten sie nach unten, dann ihm. Dieser wohl Geistesgestörte hatte in der Bretagne großen Zulauf gefunden, bei den Konzilsvätern fand er jedoch nur Spott. Sie verlachten ihn, und Eon wurde in Sugers Kloster-kerker in Saint-Denis inhaftiert, was er nicht lange überlebte.

Dem Prälaten aus Poitiers dagegen ersparte man eine Demütigung vor dem Plenum. Die Disputation zwischen Bernhard und Gilbert fand erst nach dem offiziellen Abschluß des Konzils (27. April) im Palast des Bischofs von Reims statt und dauerte zwei Tage.[284] „Der hochheilige Mann von her-vorragender Autorität", der „äußerst beredte" Bernhard, hatte keinen leichten Stand, denn der „hochgebildete Gelehrte" (so charakterisiert Jo-hannes von Salisbury die Kontrahenten[285]) war ein arroganter Mann, der auf den jüngeren Mönch herabschaute. Gilbert war auch ein harter Mann: zum Tode Verurteilten verweigerte er die Eucharistie.[286] Es wäre interessant zu wissen, was er in seinem (nicht überlieferten) *Hohelied*-Kommentar ge-schrieben hat (falls er einen solchen tatsächlich verfaßte[287]).

Der Abt erwartete gewiß die volle Zustimmung seines einstigen Unterge-benen, des nunmehrigen Papstes, als er schon vor der Disputation[288] in seinem Domizil mit der Gruppe der französischen Prälaten zu einer Vorver-urteilung Gilberts schritt: Er traf sich wie 1141 mit dem Teil der Geistlichen, die Gegner Gilberts waren, zehn Erzbischöfe, zahlreiche Bischöfe, Äbte und Magistri, und las ihnen ein Glaubensbekenntnis vor, das alle Teilnehmer Punkt für Punkt akklamierten und unterzeichneten, denn „sie scheuten sich, den Abt und die Seinen zu beleidigen".[289] Daran gemessen, sollte das Irrige an der Lehre des Bischofs klarwerden. Eugen mußte entweder ihn oder Bernhard zum Häretiker erklären. Dieses „Symbolum" war natürlich vollkommen traditionell und orthodox und soll von Eugen auch sogleich be-grüßt worden sein.[290] Nur hatten die beiden Zisterzienser ihre Rechnung ohne eine Gruppe gemacht, die sich zu Recht übergangen fühlen mußte: die Kardinäle im päpstlichen Gefolge. Nur einer von ihnen, Alberich, der mit Bernhard in Südfrankreich auf Ketzermission gewesen war, unterstützte den Abt von Clairvaux.[291] Die übrigen erhoben sogleich großmächtig Protest – nicht aus theologischen Bedenken, sondern weil der von ihnen gekürte Papst nun ihnen „gehöre" und nicht aus persönlicher Freundschaft urteilen dürfe. „Aber siehe", läßt sie Otto von Freising sagen, „diese Franzosen ver-achten sogar unsere Gegenwart und haben sich herausgenommen, über die Kapitel, die dieser Tage in unserer Anwesenheit verhandelt wurden, ihr Glaubensbekenntnis niederzuschreiben, ohne uns zu konsultieren – als ob sie die letzte Hand an ein endgültiges Urteil anlegten."[292] Sehr deutlich werden hier, auch wenn diese Rüge nicht wortwörtlich so gefallen sein wird (Otto war ja kein Augenzeuge), einerseits die in jener Epoche durchaus schon fühlbaren nationalen Differenzen,[293] wie sie ja auch zum Mißlingen des Kreuzzuges weidlich beigetragen hatten. Nicht minder greifbar erscheint das wachsende Selbstbewußtsein der Gruppe der Papstmacher, die im 12. Jahrhundert immer mehr juridische Funktionen, speziell auch im Bereich der Kontrolle der Glaubenslehre, übernahmen.[294] Akut hatten sie sich noch dagegen zu wehren, daß ein Außenstehender, ein Abt, der nicht ihrem Kollegium angehörte, auf „ihren" Papst aufgrund von dessen „Vorgeschichte" derartigen Einfluß auszuüben versuchte.[295] Sie erinnerten sich sehr wohl, daß Bernhard „mit einem ähnlichen Trick (arte simili) den Magister Petrus [Abaelard] angegriffen hatte".[296]

Eugen blieb nichts übrig, als zu beschwichtigen und von Bernhard eine Erklärung zu verlangen, der dann auch coram publico in aller Bescheidenheit darlegte, er habe nur sein Glaubensbekenntnis aufzeichnen lassen, da Gilbert dies verlangte, denn Bernhard hatte anscheinend bereits selbst die eine oder andere unpräzise Formulierung gebraucht.[297] Keinesfalls, so die Kardinäle, sollte dieses Glaubensbekenntnis jedoch amtlichen Charakter bekommen. Damit war der Zwist beigelegt, den Otto von Freising immerhin als so gravierend einschätzte, daß er meinte, man sei nur knapp an einem Schisma vorbeigegangen.[298]

Zum Disput ließ Gilbert eine ganze Bibliothek von Kirchenvätern herbeischleppen, um seine Gegner durch langatmige und überraschend verlesene Zitate daraus zu entwaffnen,[299] ein Vorgeschmack der hoch- und spätscholastischen Disputationen. Wollte Gilbert nur methodisch exakt verfahren, um keinen Satz aus seinem Zusammenhang zu reißen, oder handelte es sich um eine bewußte „Ermüdungstaktik"[300] gegenüber weniger subtilen Theologen? Wohl beides zugleich. Jedenfalls reagierte Bernhard so, daß er noch mehr Kodizes mit Gegenargumenten anschleppen ließ.[301] Beides ermüdete den Papst, der nicht unbedingt ein Spitzentheologe war, so, daß er sich an den Porretaner wandte: „Vieles, Bruder, vieles sagst du und vielleicht gerade das, was wir nicht verstehen, läßt du vorlesen. Aber ich möchte einfach von dir wissen, ob du glaubst, daß jene höchste Wesenheit Gott ist, durch die du die drei Personen als den einen Gott bekennst."[302] Da es Gilbert eben um den Unterschied von „deus" und „divinitas" ging, sagt er unvorsichtigerweise Nein.

Gottfried von Auxerre, der dabei gewesen war, schildert, freilich viele Jahre später, die aufregende Auseinandersetzung zwischen seinem Meister und dem Bischof: „'Nur daher kommt doch der Ursprung des Skandals", meinte Bernhard, „daß mehrere glauben, ihr glaubt und lehrt, daß die göttliche Wesenheit oder Natur, seine Göttlichkeit, Weisheit, Güte, Größe, nicht Gott ist, sondern die Form, durch die Gott ist. Wenn ihr dies glaubt, dann sagt es offen oder leugnet es!' Er wagte zu sagen: 'Die Form Gottes und die Göttlichkeit, durch die Gott ist, ist nicht selbst Gott.''Also', sagte der heilige Bernhard, 'da haben wir, was wir suchten: dieses Bekenntnis soll protokolliert werden.' … 'Und ihr', sagte der Bischof zum Abt, 'schreibt, daß die

Gottheit Gott ist?' Ungerührt antwortete jener: 'Geschrieben werden soll es mit eisernem Griffel und spitzem Diamanten' (Jer 17, 1) ..."[303]

Da sich schlußendlich Gilbert bereit erklärte, die problematischen Stellen seines Werkes zu ändern oder ändern zu lassen, konnte Eugen auf eine förmliche Verurteilung verzichten, und der Bischof kehrte „in vollen Ehren" in seine Diözese zurück. Bernhard fügte selbst in seinen *Hohelied*-Kommentar eine bissige Skizze der Irrtümer des Dialektikers ein, dessen Formulierungen manchmal allerdings in der Tat „dunkel und verkehrt" klangen: „Der Vater ist die Wahrheit, d. h. ein Wahrer, der Sohne ist die Wahrheit, d. h. ein Wahrer, der Hl. Geist ist die Wahrheit, d. h. ein Wahrer ..."[304] Dagegen führt Bernhard Autoritäten, den „hochwirksamen Ketzerhammer" Augustinus[305] an sowie den heiligen Fulgentius von Ruspe. Bernhard anerkannte hier jedoch ausdrücklich, daß der Bischof revoziert hatte, und wandte sich nur mehr gegen seine unbelehrbaren Anhänger.[306] An seine Mönche gewandt: „Von euch sollen sie weichen, meine Lieben, weichen sollen sie, die Neuerer – keine Dialektiker, sondern Häretiker!"[307]

„Ob freilich der vorgenannte Abt von Clairvaux in dieser Sache wegen der Gebrechlichkeit menschlicher Schwäche sich als Mensch täuschte, oder der Bischof als höchstgebildeter Mann dem Urteil der Kirche entgangen ist, indem er seine Ansicht schlau verheimlichte, das zu diskutieren oder zu beurteilen ist nicht unsere Sache." So der zwischen der Bewunderung von Gilberts Philosophie und der Loyalität zu dem Mitbruder Bernhard schwankende Bischof Otto von Freising.[308]

Einer der Schüler Gilberts, der Kirchenrechtler und dann Zisterzienser Eberhard von Ypern, schrieb in den neunziger Jahren des Jahrhunderts eine Apologie seines einstigen Lehrers, nicht ohne Bernhard ein wenig zu kritisieren. Der Heilige habe nur etwas von praktischer Theologie verstanden, ohne Gilberts Darlegungen ganz folgen zu können. Er hätte sich nicht auf das philosophische Terrain vorwagen sollen: „Bemerke, daß jedem 'Künstler' auf seinem Gebiet zu glauben ist, dem Logiker in der Logik, dem Geometer in der Geometrie, dem Schmied im Schmiedehandwerk, dem Theologen in der Theologie. Aber jener Heilige, von dem wir handeln, ist als 'Künstler' in keinem Fach befunden worden, war in den [sieben freien] Künsten zu wenig bewandert, in theologischen Fachproblemen gar nicht [!], viel dagegen in moraltheologischen ...", wobei besonders seine *Hohelied*-Predigten zu rühmen seien. Er habe eben bloß anderen in Liebe geglaubt.[309]

Ein Bernhard gegenüber kritischerer Teilnehmer am Konzil von Reims jedoch berichtete später dem Zisterzienser Helinand, der es in seine Chronik aufnahm, daß „einige Bischöfe und Äbte Frankreichs aus persönlicher Gunst unserem Bernhard gegenüber dessen 'Traum' einem Urteil über jenen vorzogen und Papst Eugen zu seiner [Gilberts] Verurteilung verführten."[310] Aliquid semper haeret. Zumal wenn der Kritiker Bernhard hieß, denn er war, wie Johannes von Salisbury bemerkte, „ein mächtiger Mann sowohl in Taten wie in Worten vor Gott, wie man glaubt, und, wie allgemein bekannt, vor den Menschen."[311]

Es scheint, daß Bernhard eine Versöhnung angestrebt hat; Johannes von Salisbury wurde von ihm beauftragt, Ort und Termin für ein klärendes theologisches Gespräch zu vermitteln. Der Bischof anwortete – vielleicht sachlich nicht ganz zu Unrecht, aber zweifellos mit einer Verachtung, die einem Mann wie Bernhard gegenüber nicht angebracht war –, dieser möge zuerst einmal die Artes und andere Grundlagenstudien betreiben, wenn er die diskutierten Texte voll verstehen wolle.[312]

Nach der Synode besuchte der Papst vom 24. zum 26. März 1148 sein altes Kloster, das er so ungern verlassen hatte. „Er läßt den Prunk des römischen Papsttums vor den Blicken der Armen paradieren."[313] Das hat sich den Mönchen sicher fest eingeprägt. Aber trotzdem ist der Heilige Vater persönlich Zisterzienser geblieben: Eugen gilt als der erste der Päpste, die unter den Prachtgewändern weiterhin die Kutte trugen. Damit befolgte er freilich nur eine Bestimmung des Generalkapitels von „1134", das statuiert hatte, auch ein zur Bischofswürde gelangter Zisterzienser habe die Regel weiterhin zu befolgen, mit Ausnahme nur der Klausurierung.[314] Nichtsdestotrotz ließ er sich nicht erweichen, als Bernhard und sein ganzer Konvent zu seinen Füßen fielen, um für einen bei ihnen zur Buße weilenden abgesetzten Erzbischof, den früheren Anakletianer Philipp von Tarent, eine geringe Amnestie zu erreichen. Eugen hätte wohl einwilligen mögen, aber die Kardinäle, die eifersüchtig über jeden zisterziensischen Einfluß auf ihn wachten, hatten sofort ein entsprechendes kanonisches Gesetz zur Hand, das solches untersagte.[315] Es gibt auch einen (undatierbaren) Brief Bernhards[316] in dieser Sache, in dem er Eugen gegenüber die Tugend des Mitleids in einer Weise hervorhebt, die ihm selbst schon manchesmal angestanden wäre. Ob dieser Philipp später doch noch rehabilitiert und sogar Prior in Clairvaux wurde, ist ungewiß, aber gut möglich.[317] Nach wenigen Tagen zog der Papst bereits weiter, um zu verhindern, daß sein Hofstaat die Vorräte von Clairvaux über Gebühr aufzehre.[318]

Im Mai oder Juni 1148 kehrte Eugen, dem der Boden in Frankreich nach dem Eintreffen katastrophaler Nachrichten über den Kreuzzug zu heiß wurde, nach Italien zurück.[319] Schließlich hatte er noch in Saint-Denis Ludwig den Segen zum Heidenkrieg erteilt und sich dessen Reich in seine Hände tradieren lassen.[320] Daß Bernhard den Papst bis Lausanne begleitete, wie bisweilen angenommen wird, scheint schwer zu belegen.[321] Wenn einem italienischen Dokument des späten 12. Jahrhunderts Glauben zu schenken ist, wäre der Abt sogar bis Vercelli westlich von Mailand mit Eugen gezogen und hätte die Weihe der dortigen Basilika am 17. Juni 1148 mitgefeiert. Dies wäre Bernhards vierte Italienreise gewesen.[322] Hat der Papst ihn wirklich dazu gezwungen, unmittelbar hintereinander zwei Mal den Großen Sankt Bernhard zu überqueren, zumal keine Notwendigkeit dazu erkennbar ist?

In Rom war der Widerstand gegen den Pontifex Maximus und die weltliche Machtstellung der Kirche indes nicht geringer geworden. „Wie der niedere Adel in die Kommune einging, so ergriff auch der niedere Klerus die Ideen von der Gleichheit des Priesterstandes. Von allen Seiten wurde die gregorianische Hierarchie bekämpft, der man das längst zerstörte Bild des Urchristentums entgegenhielt. Die Geistlichkeit der kleineren Kirchen lehnte sich gegen die Kaste der Kardinäle auf, welche bereits wie der große Adel, dem sie meist angehörten, beturmte Paläste in der Stadt besaßen und fürstengleich zu leben pflegten."[323]

Einer der führenden Männer im Versuch, für Rom die Freiheit von der Herrschaft der Kurie zu erlangen, war kein anderer als jener Arnold von Brescia, gegen den Bernhard bereits zur Zeit seines Lehrers Abaelard aufgetreten war. Wenn man Johannes von Salisbury glauben darf, der freilich dem Gefolge Eugens angehörte, dann beschimpfte der Reformer aus Brescia den Papst als blutrünstigen Menschen, der Brand und Mord begünstigte, die Kirchen quälte und die Unschuld mit Füßen trat[324] – man denkt an das Schicksal Tivolis. Natürlich ist dies Polemik, aber wessen Polemik, wirklich die des Ketzers Arnold oder die des künftigen Bischofs Johannes?

Malachias von Armagh

Clairvaux freilich mangelte es nicht an Gästen. Einer von ihnen interessierte Bernhard persönlich besonders, nämlich der päpstliche Legat für Irland Máel Máedoc Ua Morgair.[325] Er verbrachte die letzten beiden Wochen seines Lebens in der Zisterze, wo er am 13. oder 14. Oktober 1148 angekommen war. Schon 1140 war er zweimal in Clairvaux gewesen, und zwar im Zuge der Hin- und Rückreise nach Rom. Schon damals schloß er Freundschaft mit dem Abt. „... bei seinem Anblick und seinem Wort wurde ich erquickt und erfreut wie durch größten Reichtum",[326] so Bernhard. Er berichtet, daß Malachias schon damals bei ihm als Mönch bleiben wollte, was der Papst aber verhinderte.[327] Doch durfte er vier seiner Reisebegleiter in Clairvaux lassen, damit sie die Lebensweise der Zisterzienser kennenlernen konnten. Weitere Mitglieder seines Gefolges brachte er in anderen Zisterzen in Frankreich unter. Diese Männer sollten später auf Malachias' Geheiß den Orden in Irland verbreiten. Bernhard hat in diesem Zusammenhang wenigstens drei Briefe an ihn geschickt.[328] Nun aber sollte sich der persönliche Wunsch des Iren doch noch erfüllen: er durfte auf immer in Clairvaux bleiben.

Bernhard war von dem ungefähr fünf Jahre Jüngeren fasziniert. Vielleicht suchte er auch unbewußt ein wenig nach einem Freund, der die Stelle Wilhelms von Saint-Thierry einnehmen konnte, der ihm vor kurzem, am 8. September 1148, weggestorben war, bis zu seinem Tode an Bernhards Lebensbeschreibung arbeitend (was dieser freilich nicht wußte). Über Malachias schrieb Bernhard: „Welch froher Festtag ist bei seinem Einzug für uns angebrochen! Das war der Tag, den der Herr geschenkt; da frohlockten wir in festlicher Freude. Wie flink und munter eilte ich ihm sogleich selbst entgegen, trotz der Schwäche meiner zitternden Glieder! Mit welcher Freude küßte ich ihn! ... Welch festliche Tage habe ich dann mit dir verlebt, wenn auch nur wenige! ... Ja, wir haben seine Weisheit gehört, wir durften seine Gegenwart genießen und genießen sie noch."[329] Er war sich sogar völlig sicher, mit dem irischen Bischof einen Heiligen zu Gast zu haben. Und welch einen Heiligen: „Wie einen Engel Gottes haben wir ihn aufgenommen, aus Ehrfurcht vor seiner Heiligkeit".[330] „Wen von euch", fragte er in der Totenpredigt, „meine Brüder, sollte es nicht heftig danach verlangen, seine Heiligkeit nachzuahmen, wenn er dies wagen oder hoffen könnte?"[331] Wenige Tage nach seinem eigenen Tod soll Bernhard sogar einem Bruder erschienen sein, um seine Mönche darauf aufmerksam zu machen, daß sie in Malachias die Reliquien eines wirklich Heiligen, „cujusdam vere sancti corpus",[332] besäßen. Bernhard scheute sich keineswegs, den Bischof als „sanctus" zu bezeichnen, ohne ein Urteil des Heiligen Vaters in Rom abzuwarten (die Kanonisation sollte erst 1190 erfolgen). Schon in seiner Leichenpredigt sprach er von diesem als „tantae sanctitatis vir", „vir sanctus", „beatus pater" und „concivis Sanctorum et domesticus Dei".[333] Dies freilich war im ganzen Mittelalter üblich, auch Bernhard selbst wurde oft und oft vor seiner Heiligsprechung als „sanctus" und „sanctissimus" bezeichnet.[334] Ja, Mönche apostrophierten einander überhaupt schon zu Lebzeiten gern gegenseitig als Heilige und wurden auch von anderen so bezeichnet: „Sancti sunt utique Cistercienses, Cluniacenses sancti, sancti monaci et canonici regulares ...", schrieb Johannes von Salisbury.[335] „Heilig sind die Zisterzienser, heilig die Cluniazenser, heilig die Mönche und Regular-Kanoniker."

Bernhard war in Clairvaux, als der Bischof erkrankte. „Schon waren vier oder fünf Tage unserer Festzeit verflossen, siehe, da wurde er von einem Fieber befallen und mußte sich zu Bett legen. Auch wir alle wurden krank mit ihm ..."[336] Er eilte an sein Lager: „Doch er – schon konnte er die übrigen Glieder nicht mehr rühren – erhob, noch stark genug, den Segen zu erteilen, seine heiligen Hände über mein Haupt und segnete mich." Zu Allerheiligen war es soweit, wie es Malachias selbst vorausgesehen hatte: „Wer könnte vor allem deinen Tod schildern, heiliger Vater! Und wer möchte davon hören? Doch – wir haben uns im Leben geliebt, so werden wir auch im Tode nicht getrennt werden ... Vom fernsten Irland eilte er hierher zum

Sterben. Laßt auch uns gehen und mit ihm sterben."[337] Anders als beim Verlust seines Bruders Gerhard[338] überwindet Bernhard aber diesen Abschied viel gefaßter: "Soll ich denn den beweinen, der dem Weinen entronnen ist? Er frohlockt, er triumphiert, er wurde eingeführt in die Freude seines Herrn – und ich sollte ihn beklagen? Ich wünsche mir das gleiche, ich beneide ihn aber nicht darum."[339]

Malachias zeigte den Mönchen durch vorbildliche Ruhe und Gottvertrauen die „mors pretiosa", den kostbaren, erbaulichen Tod, den ein wahrer Christ stirbt.[340] Der Psalmgesang, den Konversen anstimmten, die eben zu jener Zeit damit beschäftigt waren, die Gebeine ihrer verstorbenen Mitbrüder vom alten in der neuen Friedhof umzubetten, galt ihm als erfreuliches Vorzeichen.[341] Als der Tote dann in der Klosterkirche bestattet wurde, zögerte Bernhard nicht, ein Gebet in das Totenoffizium einzufügen, das eigentlich nur für heilige Bischöfe vorgesehen war,[342] womit er demonstrativ seine Meinung über seinen Freund zum Ausdruck brachte. Auch küßte er die Füße des Toten, als ob er eine Heiligenreliquie vor sich hätte. Schließlich nahm er die Kleidung des Bischofs an sich, um sie künftig bei der Meßfeier zu tragen und sich selbst in ihr bestatten zu lassen.[343]

Die „Vita Malachiae" (1148/49)

Bernhard aber bezeugte seine Verehrung für den Freund auch literarisch. Er verfaßte sowohl die Grabinschrift für ihn als auch einen Hymnus, der für die Liturgie seines Klosters gedacht war.[344] Auf Ersuchen des Abtes eines irischen Zisterzienserklosters und unter Zuhilfenahme von Informationen, die ihm dieser übermittelte, schrieb er "dessen an Wundern reiches Leben in ausgezeichnetem Stil", wie der irische Mönch Marcus bemerkte, der 1149 in Regensburg eine Jenseitsvision aufzeichnete.[345] Er muß also damals, schon während der Entstehung des umfänglichen Textes, eine Abschrift einiger fertiggestellter Kapitel besessen oder diese bei einem Besuch in Clairvaux gelesen haben. Dieses einzige hagiographische Werk des Abtes, die *Vita Malachiae*,[346] schildert ganz in genustypischer Weise die fromme Jugend des Adeligen, seine Studien und den Entschluß, Mönch zu werden, seine vorzeitige Priesterweihe (Bernhard wird sich der Parallelen zum eigenen Leben bewußt gewesen sein[347]). Wie so viele Vitenschreiber des Mittelalters orientierte auch Bernhard sich an *der* klassischen Bischofsvita, nämlich der des heiligen Martin von Tours aus der Feder des Sulpicius Severus.[348] Als Stellvertreter des Bischofs Cellach von Armagh (1106–1129) bekämpfte Malachias alle Gebräuche, die von denen der Catholica abwichen: „Traf er endlich etwas Ungeordnetes, etwas Unschickliches oder etwas Verkehrtes an, kannte sein Auge keine Schonung, sondern wie ein Hagel die Früchte von den Feigenbäumen abschlägt und wie der Sturmwind den Staub vom Antlitz der Erde wegfegt, so mühte er sich nach Kräften, aus seinem Volke all dieses vor seinem Antlitz auszurotten und zu vertilgen ... die Verordnungen der Apostel und die Beschlüsse der heiligen Väter, vor allem aber die Bräuche der heiligen römischen Kirche führte er in allen Kirchen ein".[349] Bernhard folgt mit vielen Details dem Wirrwar der Auseinandersetzung von reformerischen und traditionellen Kräften in der irischen Kirche, den Schwierigkeiten mit weltlichen Großen und vor allem der thaumaturgischen Tätigkeit des Malachias. Dieser reaktivierte mit eigener Arbeitskraft und himmlischer Unterstützung das berühmte Kloster Bangor und suchte, 1124 zum Bischof von Connor geweiht, dort gegen viele Widerstände die Reform einzuführen. Auch sonst war seine Existenz, zumal er noch andere Bischofsstühle bestieg, immer wieder durch lokale Fehden, Feindschaften und Anschläge gefährdet. Sogar in Lebensgefahr schwebte er, als ihm von den Verwandten eines konkurrierenden Prälaten ein Hinterhalt gelegt wurde, den nur ein heftiges Gewitter – natürlich ein Wunder – vereitelte.[350] „Und zum sicheren Beweis, oh Leser, daß das Gebet des Malachias die Elemente in Aufruhr brachte, vernichtete das Unwetter nur die, welche ihm nach dem Leben trachteten ..."[351] Überhaupt funktionierten die Strafwunder für Malachias ausgezeichnet – ein paar böse Worte gegen den Heiligen, und schon verfällt die Übeltäterin dem Wahnsinn und stirbt.[352].

Bernhard zeichnet den Iren als ideale Verkörperung des Reformbischofs zur Zeit der Armutsbewegung. Lehnte Malachias nicht nur nicht allen Prunk und Reichtum ab, sondern ging er nicht sogar so weit, demütig seinen Mitbrüdern zu dienen, indem er für sie kochte, ihnen bei Tisch aufwartete und in der Kirche vorsang, sooft er an die Reihe kam?[353] Natürlich schreibt Bernhard nicht nur für die Brüder in Irland, sondern auch für seine viel zahlreicheren Leser in Frankreich und ganz Europa: sie sollten sich ein Beispiel nehmen an dem Mann aus dem äußersten Okzident! „Stets war es allerdings der Mühe wert, die Leben der Heiligen zu beschreiben, damit sie als Spiegel und Vorbild dienen ..."[354]

Gewiß ist die Schilderung der irischen Zustände durch Bernhard, der die Situation ja nicht selbst kannte, bisweilen irrig; die dortige Kirche befand sich eben in einem Prozeß der Umstrukturierung, in dem die alten keltischen Usancen denen auf dem Kontinent angeglichen wurden. Die noch übliche Vereinigung der Position eines Abtes und eines Bischofs in einer Person etwa war Bernhard natürlich fremd. Auch für den halberblichen Charakter des irischen Kirchensystems, in dem die Klöstergüter einem aus der Gründerfamilie stammenden Laienverwalter unterstanden, konnte er höchstens Kritik finden. Malachias ist für ihn der Held der Reform, der den halbbarbarischen Christen seiner Heimat die Segnungen des kanonischen Rechtes und der französischen Architektur bringt. Daher sind dessen Gegner, die konservativ die älteren Verhältnisse bewahren wollten, als besonders schlimme Bösewichte gezeichnet.[355]

Wie ging Bernhard als Hagiograph vor?[356] Er konnte für seine Vita des irischen Gottesmannes, wenn wir das im 12. Jahrhundert Mögliche bedenken, zwischen verschiedenen Schwerpunktbildungen wählen: Da Malachias Abt von Bangor war, konnte er die Elemente monastischer Heiligkeit[357] hervorheben, etwa die Askeseleistungen, den Dämonenkampf in der militia Christi, die humilitudo, die eruditio … Da Malachias ebenso Bischof von Armagh war, konnte er das episkopale Wirken in den Vordergrund stellen, den pater pauperum, defensor viduarum et orphanorum, den Reformator von Klerus und Volk, ja sogar den Missionar, wenn man sich das halbheidnische Ambiente vergegenwärtigt, von dem er den Iren umgeben sah. Bernhard hat diese Elemente verbunden, sein Ideal der Reform der kirchlichen Hierarchie, das er u. a. auch in *De moribus et officis episcoporum* und in *De consideratione ad Eugenium papam* propagiert hat, war ja eigentlich der Mönch auf dem Bischofsthron.[358] Wobei der Mönch, spirituell betrachtet, dem Bischof sicher übergeordnet bleibt.[359]

Was das betrifft, was Bernhard als mitteilenswert auswählte, wenn er über die Begnadungen und Wunder des Bischofs sprach – beides ja zentrale Kriterien von Heiligkeit – konnte er, wie wir rückblickend festzustellen vermögen, sich in die herkömmliche Tradition der Hagiographie einreihen oder in die eben beginnende progressive. Erstere konzentrierte sich ganz auf die äußeren Wunder, die der Heilige für seine Umwelt wirkt, letztere interessierte sich für die innerlichen Begnadungen, die er in seiner Seele erfährt.[360] Obschon Bernhard vermerkt, er halte ein Wunder, das den inneren, sündhaften Menschen erwecke, für größer als eine Totenerweckung[361] und er einen Glauben, der nicht auf Wundern beruht, wesentlich höher einschätzt,[362] und wiewohl ihm persönlich die Vorbildlichkeit des Malachias wichtiger erscheint als seine Wundertaten,[363] widmet er doch ihnen den größten Teil seiner Vita – und nicht seiner inneren Frömmigkeit. Bernhard unterstreicht mehrfach, daß Malachias fast ununterbrochen dabei war, Wunder zu tun: „Warum hätte man auch nicht glauben sollen, daß vom Himmel gesandt wurde, was so viele Wunder des Himmels bestätigten?" „Was wunder also, wenn der Wunder wirkte, der sogar selbst ein Wunder war!"[364] Ihre Zahl ist zu groß, als daß man sie alle berichten könnte[365] – ein bekannter hagiographischer Topos. „Wenn wir nur die wenigen, die wir angeführt haben, aufmerksam betrachten, so fehlte ihm nicht die Weissagung, nicht die Offenbarung, nicht die Bestrafung der Gottlosen, nicht die Gnade der Krankenheilung, nicht die Umwandlung der Herzen, nicht einmal die Totenerweckung … Die Liebe zeigt sich in seinen Verdiensten, der Schmuck in den Wunderzeichen, seine Erhöhung in der Rache an seinen Feinden, die Verherrlichung in der Erteilung des Lohnes. So hast du, eifriger Leser, an meinem Malachias einen Gegenstand der Bewunderung und der Nachahmung."[366]

Diese Wunder sind aber alle nach außen gerichtete, für die Umwelt begreifbare Zeichen der Heiligkeit, z. B.: Beim Bau einer Kirche verursacht Malachias fast einen schweren Unfall, indem er einen Arbeiter mit der Axt niederschlägt, doch zerschneidet er dabei nur dessen Gewand. Großes Staunen; von jetzt an sind alle „arbeitsfreudiger und arbeitswilliger. Dies war der Anfang der Wunder des Malachias", kommentiert Bernhard.[367] Malachias Anordnungen werden deshalb befolgt, „weil alle die Zeichen und Wunder sahen, die er tat", „weil die Augenzeugen des Wunders nicht wagten, sich dem Willen des Malachias zu widersetzen."[368]

Die ganz überwiegende Mehrzahl der von Malachias gewirkten Mirakel besteht in Krankenheilungen, Bernhard erzählt von nicht weniger als vierundzwanzig solchen Fällen. Dazu sind zusätzlich auch die beiden durch sein Verdienst glücklich verlaufenen Geburten zu rechnen, sowie die Totenerweckung. Darauf folgen wunderbare Bestrafungen seiner Gegner, acht an der Zahl. Viermal beweist er seine Herrschaft über die Tiere, zweimal über die Naturgewalten. Gelegentlich wirkt sein Charisma auch ohne seine persönliche Anwesenheit bzw. über Berührungsreliquien (des Lebenden!). Malachias erweist sich auch als siegreicher Exorzist und Dämonenkämpfer.[369]

Extrem selten dagegen sind Bezugnahmen auf das Innenleben des Heiligen. Vier Beweise prophetischer Begabung werden angeführt. Am Beginn seiner Jünglingsjahre läßt Bernhard den Iren über das Gute in seiner Seele und das Böse in der Welt reflektieren und zu dem Schluß kommen, er wolle Gott ganz dienen, um von ihm einst „cum usura", „mit Zinsen" belohnt zu werden – eine dem Zeitalter der zunehmenden Geldwirtschaft angepaßte 'do ut des'-Äußerung von in der Hagiographie seltener Deutlichkeit.[370] Als Malachias auf dem Friedhof des hl. Patricius eine Lichterscheinung erlebte, kehrte er „mehr als gewöhnlich vom himmlischen Feuer entzündet" zurück, wiewohl niemand weiß, „was er dort empfunden" („senserit").[371] Dies ist der „intimste" Einblick in sein inneres religiöses Leben. Nur von drei Erscheinungen erzählt Bernhard: Seine im Fegefeuer schmachtende Schwester erscheint dem Iren mehrmals bis zur Erlösung; die Personifikation des Bistums von Armagh überreicht ihm einen Hirtenstab, Omen für seine Berufung dorthin; im Geiste sieht er das Bild des Kirchengebäudes vor sich, das er zu errichten gedenkt.[372] Alle diese Erscheinungen implizieren jedoch keinerlei empfindungsmäßige Reaktion, sie dienen vielmehr nur der Informationsvermittlung. Die emotionale Atmosphäre ist neutral, also ganz anders, als wie wir sie bei den Christus- und Marienerscheinungen in den späteren Gnaden-Viten oder Offenbarungsbüchern finden.[373]

Mit anderen Worten: So innovativ Bernhard sonst – besonders im Bereich der Mystik – ist, hier schließt er sich ganz dem traditionellen hagiographischen Schema an. Vielleicht könnte man folgende Erklärungshypothese für die bei Bernhard unerwartete Konzentration auf das Wirken des Heiligen nach außen vorschlagen: Ohne später explizit darauf zurückzukommen, stellt der Zisterzienser im Prolog das Tun des Malachias in eine endzeitliche Perspektive. Die gegenwärtige „Seltenheit von Heiligkeit" ist ihm ein Symptom für die Gegenwart oder das unmittelbar bevorstehende Kommen des Antichristen. „Mir wenigstens sagt ein leises Ahnen, entweder ist jener schon da oder doch nahe, von dem geschrieben steht: 'Vor seinem Antlitz schreitet die Not einher (Iob 41, 13).'" Wenn ich mich nicht täusche, ist es der Antichrist, dem Hunger und Unfruchtbarkeit an allem Guten sowohl vorausgehen, wie sie ihn auch begleiten. Ob sie daher dessen Gegenwart kündet oder dessen Kommen für den nächsten Augenblick im voraus verkündet: es liegt die Not offen am Tage."[374] Dies ist die deutlichste Stelle seines Werkes,[375] die für seine Erwartung eines baldigen Weltendes spricht. Nimmt man diese Passagen ernst, die auf Bernhards Endzeiterwartung verweisen,[376] dann scheint es möglich, das Wirken des Malachias, wie er es schildert, nicht nur im Sinne seiner Reformideale, sondern auch in endzeitlicher Bedeutung zu lesen. Dieser ist ja unentwegt und fast fieberhaft tätig, das Heidentum in Irland auszurotten. Bernhard sieht die Insel nämlich geradezu in einen vorchristlichen Zustand zurückgefallen: Die Iren sind ein barbarisches Volk, unter dem der heilige Samen erst ausgestreut werden muß.[377] Zum Bischof geweiht, erkennt Malachias, „daß er nicht zu Menschen, sondern zu wilden Tieren gesandt sei. Nirgends, auch in der wildesten Gegend nicht, hatte er bislang solche Menschen kennengelernt, nirgends... solche Gefühllosigkeit für den Glauben, solche Unempfänglichkeit für Gesetze, Widerspenstigkeit gegen jede Zucht, solche Schamlosigkeit im Lebenswandel. Dem Namen nach waren sie Christen, in Wirklichkeit aber Heiden (christiani nomine, re pagani). Sie gaben keinen Zehnten, keine Erstlinge, schlossen keine gesetzlichen Ehen, legten keine Beichte ab, und überhaupt niemand fand sich, der Kirchenbuße begehrte, niemand, der sie spendete."[378] Über Malachias'Tätigkeit als päpstlicher Legat schreibt Bernhard mit kaum zu übersehender apokalyptischer Konnotation: „Überall wird der Same des Heils ausgestreut, überall ertönt die Posaune des Himmels, überall eilt er hin, überall dringt er ein, zückt er das Schwert seiner Zunge, um Rache zu üben an den Nationen und Züchtigung an den Völkern. Von ihm geht Schrecken aus auf die Übeltäter, 'den Gottlosen ruft er zu: Seid nicht so vermessen! Und den Frevlern: Brüstet euch nicht mit euerer Macht!' (Ps 74, 5) Überall wird die Religion gepflanzt, ausgebreitet, gepflegt."[379] Wie Paulus so vollbringt auch er das „opus evangelistae" und „fischt" er Menschen.[380]

Das ist eine Sprache, wie sie dem Wirken eines Missionars bei einem heidnischen Volk angemessen erscheint. Malachias will nach Bernhards Deutung offenbar noch möglichst viele der Ungläubigen in den Schoß der Mutter Kirche heimholen, ehe die Endzeit anbricht. „Die barbarischen Gesetze wurden aufgehoben, die römischen eingeführt, überall nahm man die kirchlichen Gewohnheiten an, entgegengesetzte wurden verworfen. Die Kirchen wurden wieder aufgebaut, Geistliche daselbst angestellt, die Sakramente feierlich und korrekt gespendet, Beichten abgelegt, das Volk besuchte die Kirche, die Hochzeitsfeier machte die wilden Ehen ehrbar. Mit einem Wort: es trat ein solcher Wandel zum Besseren ein in allem, daß heute auf jenes Volk das Wort paßt, das der Herr durch den Propheten spricht: „Was früher nicht mein Volk war, ist nun mein Volk (Os 2, 24)."[381]

Bedenkt man, daß Bernhard 1149 seinem Sekretär Gottfried das *Malachias-Leben* diktiert,[382] also im Augenblick tiefster Depression und Enttäuschung über den Ausgang des Kreuzzugs, mit dem er sich identifiziert hatte und mit dem er identifiziert wurde, und nachdem auch ein weiterer und noch viel enger vertrauter Freund in seinen Armen gestorben war, Humbert von Igny,[383] so scheint seine wiederholte Klage über das Fehlen der Heiligen und Wunder in der Gegenwart[384] verständlich, verständlich auch, daß ihm die „äußeren" Aktivitäten zur Heimholung der Heiden wenigstens in Irland wichtiger erscheinen konnte als die 'vita interior', das religiöse Seelenleben, eines einzelnen. War Malachias nicht ein Lichtblick in einer Welt, die der alte Bernhard zutiefst pessimistisch betrachtete? „Was sage ich, daß die Welt ihre Nächte hat, da sie doch selbst fast ganz Nacht ist und immer im Finsteren wandelt? Nacht ist die jüdische Perfidität, Nacht die Unwissenheit der Heiden, Nacht die ketzerische Perversität, Nacht auch die fleischliche, tierische Lebensweise der Katholiken."[385]

Auch dem genannten Humbert[386] widmete Bernhard ein zwar viel kürzeres, aber um einiges emotionelleres Werk. Dieser Mann war nach zwanzig Jahren Mönchsleben im Benediktinerkloster La Chaise-Dieu um 1117 nach Clairvaux übergewechselt und hatte Bernhard durch sein vorbildliches Leben sehr beeindruckt. 1126 hatte er ihn zum Abt von Igny ausgewählt, Humbert war jedoch nach zwölf Jahren und gegen den erklärten Willen Bernhards[387] wieder nach Clairvaux zurückgekommen. Wie dieser, als er aus Italien heimkehrte, darauf reagierte, wissen wir nicht, aber jedenfalls muß Humbert neben Gerhard einer der Männer gewesen sein, auf die sich Bernhard, der so starke lebende Heilige, seinerseits stützen konnte. „Der Tod trennte von uns den lieben Freund, den klugen Ratgeber, den starken Helfer ... Oh grausame Bestie, oh bitterste Bitterkeit, oh furchtbarer Schrecken der Söhne Adams!"[388] Aber am Ende der Zeiten wird der Verstorbene in Ewigkeit leben, und der Tod selbst sterben. Humberts ganzes Verhalten, angefangen von seiner vorbildlichen Zurückhaltung über die körperliche Arbeit bis zur täglichen Askese, stellt Bernhard seinen Mönchen in der Leichenrede vor Augen. Vor allem aber seine Imitatio Christi: „Gekreuzigt wurde jener [Jesus], und dieser ward vielen und großen Kreuzen angeheftet, trug die Stigmen Jesu an seinem Leib und erfüllte das, was dem Leiden Christi noch fehlte [vgl. Col 1, 24], auch in seinem Fleisch."[389] Und an Gott gewandt, klagt Bernhard: „Du hast mir meine leiblichen Brüder genommen, [auch] die geistlichen Brüder ... Viele weitere hast du mir genommen, die meine Last trugen, die große Last, die du mir auferlegt hast. Als einziger und fast allein war für mich Humbert noch übrig von so vielen meiner Stützen, ein desto lieberer Freund, je älter [er wurde]. Und diesen nahmst du, da er ja dein war. Ich, ich allein werde für die Schläge aufgespart, ich sterbe jedesmal ... Wenn du doch den, den du geißelst, einmal töten wolltest, und den armen Menschen nicht für solche und so viele Tode aufspartest!"[390] Mit einer düsteren Drohung mit dem Fegefeuer, in dem jede Sünde hundertfältig bestraft werden wird, und dem Aufruf, dem Verschiedenen nachzueifern, schließt Bernhard. Wie die später geschriebenen Bücher von *De consideratione* zeigen, ist er freilich nicht in dieser bedrückten Stimmung verblieben.

Nach dem Scheitern der Kreuzfahrt (1149)

Anfang des Jahres 1149 waren Heinrich von der Champagne und Robert von Dreux, der Bruder des Königs, vom Kreuzzug zurückgekehrt. Robert hatte vor, die Mißerfolge des Königs für sich auszunützen, und sorgte für eine Propaganda, die sich die Schwächen Ludwigs zu Nutzen machte.[391] Für Ostern war von den beiden ein großes Turnier angesetzt, sei es, daß die Verschwörer damit Sugers Reaktion erproben wollten, sei es, daß sie Differenzen untereinander ritterlich auszutragen wünschten, sei es, daß sie unter diesem Vorwand ihre Truppen zusammenziehen wollten. Bernhard scheint diese Möglichkeiten nicht gesehen zu haben; was er jedoch ganz klar sah, war, daß ein eventueller Tod einer der beiden Fürsten das Vorspiel zu einem Krieg sein konnte, waren doch Kapetinger und Blois immer noch Rivalen. Bernhard forderte deshalb den Reichsverweser, drei Bischöfe und zwei Grafen auf, gegen den „Teufelstrug", „jene verfluchten Turniere", einzuschreiten, wo die beiden Gegner einander töten könnten[392] – wie es tatsächlich oft bei solchen Kampfspielen geschah, bisweilen sogar absichtlich, wie aus zeitgenössischen Berichten hervorgeht.[393] Sie waren daher von der Kirche auch mehrfach verboten worden, in Frankreich zuletzt auf dem Konzil von Reims 1131, aber auch auf dem II. Lateranum.[394]

Suger hatte freilich bereits andere Informationen über die Pläne Roberts erhalten und rief die Großen des Reiches am 8. Mai in Soissons zusammen. Bernhard schrieb ihm und der ganzen Versammlung einen zustimmenden Brief, in dem er Gottes Hilfe für den in seinem Dienst im Orient weilenden Herrscher versprach. Die Sache Gottes und die Sache der Kirche und die

Sache des jeweils unterstützten Herrschers waren in der Ideologie der mittelalterlichen Geistlichkeit stets eins, und so endet auch Bernhard: „damit
Gott verherrlicht, die Kirche geehrt und das Reich gefestigt werde".[395] Da
die Verschwörer nur wenig Anhang fanden und auch der Papst sich mit der
Exkommunikationsdrohung gegen sie wandte, war damit die Gefahr für
Ludwigs Herrschaft gebannt, obwohl er nicht sofort, wie Suger verlangt
hatte, zurückkehrte.[396]

Als aber dann der französische und der deutsche König in der ersten Jahreshälfte 1149 wieder in ihren Ländern eintrafen und der Mißerfolg des
Kreuzzuges niemandem mehr verborgen war, spürte der Mann, der die
Seele des Unternehmens gewesen war, Haß auf sich zukommen.[397] Pseudo-
Propheten, Teufelssöhne und Zeugen des Antichristen hätten das Kreuz gepredigt und das Volk mit nichtigen Worten zu diesem Unglück gezwungen,
hieß es nun. Der deutsche und der französische König seien durch Religiosen von großem Ansehen umgarnt und erschreckt worden, die verkündeten, der Tag des Herrn stehe unmittelbar bevor. Bernhard wird zwar nicht
namentlich genannt, aber der Hinweis ist unüberhörbar.[398] Ein Benediktiner beklagt, Suger werde als Tyrann, Bernhard aber ungeachtet seiner Heiligkeit sogar als Betrüger („impostor") und Heuchler („hypocrita") verleumdet.[399] Der Dichter des ersten lateinischen Antichrist-Spieles, des
Ludus de Antichristo, scheint sogar so weit zu gehen, Züge Bernhards auf
den Gegenspieler des Herrn zu übertragen.[400] Und als man in seinem Kloster daran ging, die nächste Ausgabe seiner gesammelten Briefe zu veröffentlichen, hütete man sich davor, auch nur ein einziges der Werbeschreiben
für den Kreuzzug mitaufzunehmen![401] Nur ein Bewunderer Bernhards wie
Gerhoh von Reichersberg verherrlichte den Kreuzzug in einem Lobgesang,
der von der Herabkunft des Geistes und den silbernen Jubelposaunen
singt.[402] Bernhard eilte den französischen Truppen entgegen und versuchte
mit einer (verlorengegangenen) Predigt ihren schwankenden Glauben zu
stärken. Zwei Gründe des Scheiterns nannte er: „weil sie mehr auf ihre
Kräfte vertrauten als auf Gottes Hilfe, und Gott jeden Stolzen zerbricht ...
weil der Herr sie auf Erden zurückwies, damit sie daraus erkennen: allein
das Himmlische muß man suchen!" Vielsagend für die Religiosität des Mittelalters wie für die Überzeugungskraft Bernhards ist die Reaktion der
Heimkehrer: „Als sie dies gehört hatten, wurden der König und seine
Barone durch die Predigt des Gottesmannes wunderbar gekräftigt und
durch den Glauben wohl gestärkt."[403]

Die sicher auch von ihm gebrauchte und in seinem Denksystem völlig
schlüssige Argumentation, Gott habe auf diese Weise zwar nicht viele Mor-
genländer von den Heiden, aber viele Abendländer von ihren Sünden befreit[404] (indem sie nämlich bei ihrem Tod auf dem Kriegszug des päpstlichen
Ablasses teilhaftig wurden), überzeugte offenbar besonders Laien nicht, die

selbstredend einen irdischen Erfolg ihrer Waffen erhofft hatten. Und diese Hoffnung galt auch durchaus für viele Männer der Kirche: Suger war nicht nur über die Gefallenen bestürzt, sondern auch darüber, daß viele ruhmlos zurückgekehrt waren,[405] und Otto von Freising gibt den Eindruck, Bernhard habe sich, anstatt sich um die Kreuzfahrer zu kümmern, lieber in ein anderes erfolgloses Unternehmen gestürzt, nämlich den Angriff auf Gilbertus Porreta.[406]

Bernhard hat Tausende in den Tod geschickt, die anscheinend alle genauso wie er überzeugt waren, auf diese Weise direkt in den Himmel zu kommen. Was die Knechte und Huren oder Brechtschen Köche der Ritter dachten, die ihr Schicksal teilten, wissen wir nicht; wahrscheinlich dasselbe wie die Heidenkämpfer in der *Chanson de Guillaume*: „Fiüm nus en en Deu le tut poant; Car il est mieldre que tuit li mescreant!"[407] „Vertrauen wir uns dem allmächtigen Gott an, denn er ist stärker als alle Ungläubigen".

Aber das Leid der Zurückgebliebenen wird wenigstens manchmal von einem Dichter formuliert. Marcabru, ein provenzalischer Zeitgenosse Bernhards, läßt eine junge Frau über die Trennung von ihrem Geliebten klagen, an dessen Rückkehr sie verzweifelt:

> Ihesus dis elha, reys del mon,
> Per vos mi creys ma grans dolors ...
> Ab vos s'en vai lo meus amicx,
> Lo belhs e.l gens e.l pros e.l ricx;
> Sai m'en reman lo grans destricx
> Lo deziriers soven e.l plors.
> Ay! mala fos reys Lozoicx ...
> Senher, dis elha, ben o crey
> Que Deus aya de mi mercey
> En l'autre segle per jassey,
> Quon assatz d'autres peccadors;
> Mas say mi tolh aquelha rey
> Don joys mi crec; mas pauc mi tey
> Que trop s'es de mi alonhatz.[408]

„Jesus, sagte sie, König der Welt, durch Euch wächst mir mein großer Schmerz ... Für Euch geht mein Freund fort, der schöne und vornehme, tapfere und reiche. Mir bleibt nur großer Schmerz, viel Sehnsucht und Weinen. Ah, verwünscht sei König Ludwig ...

Herr, sagte sie, wohl glaube ich, daß Gott mit mir in der anderen Welt immer Erbarmen haben wird, so wie mit vielen anderen Sündern. Aber hier nimmt er mir gerade das, woraus meine Freude erwächst, und wenig hält mich noch, da er sich von mir zu weit entfernte."

Das Jenseits, ja, gewiß. Aber immer bewußter wird im hohen Mittelalter auch das Diesseits. Und die vielen Frauen, die daheim geblieben waren, haben sich nicht alle nur gottergeben mit frommem Gedenken getröstet. Bernhard hätte wohl kaum Verständnis dafür gehabt, denn die Gefallenen hatten ja nun den ihnen prophezeiten Lohn. Oder doch? Hat er nicht selbst so viele Tränen um seinen Bruder Gerhard vergossen, obgleich er sich seiner Aufnahme in den Himmel sicher war?[409]

Es mag mit dem verlorenen Kreuzzug zu tun haben, daß ein 1149/50 schreibender Zeitgenosse, als er über die neuen Orden reflektierte, Norbert von Xanten Bernhard vorzog, weil erster als Ordensgründer doch der wichtigere Mann sei, wogegen Bernhard nur der Ruhm eines „rigator quidem magnus et propagator", „großen Bewässerers und Werbers" zukomme.[410] Natürlich beschäftigte Bernhard selbst dieser Ausgang der von ihm so überzeugt betriebenen Kreuzfahrt; als er in diesen Jahren eine große Lehrschrift für den Papst zusammenstellte, fügte er eine apologetische Klage über das Schicksal dieser Unternehmung und seine Rolle dabei ein.[411] Er griff in der Anwesenheit von Laien auch zum Mittel des Gottesurteils, um sich zu verteidigen: Als einmal ein blindes Kind vor ihn gebracht wurde, betete er darum, daß Gott durch eine Heilung dartun solle, daß seine Predigt von ihm, von seinem Geiste, inspiriert war. Als der Knabe zu sehen begann, war die Sache eindeutig und alle tief getröstet.[412] Daß Menschen, die nicht mit Bernhards persönlichem Charisma konfrontiert waren, jedoch tatsächlich an ihm und seinem Orden verzweifelten, zeigt der radikale Rückgang von Neugründungen von Clairvaux aus nach 1150.[413] Auch die Abnahme von Schenkungen an die Zisterzienser, die regional nach 1148 zu verzeichnen ist,[414] dürfte so zu erklären sein. Die anfängliche Begeisterung für den Heiligen Krieg hatte freilich für sie ein gutes Geschäft gebracht, denn zahlreiche Ritter bedachten vor ihrem Aufbruch nach Outremer den Orden und ganz besonders Clairvaux mit Geschenken; die Abtei soll auf diesem Weg allein 1146 neun oder zehn neue Grangien erhalten haben. Oder die Kreuzfahrer kauften um teueres Geld bei den Ordensgestüten (besonders von Morimond) ihre Pferde ein.[415]

Nach allem, was wir von Bernhard wissen, dürfte ihn dieser ökonomische Effekt seiner Predigten kaum interessiert haben. Dagegen wird es ihn erfreut haben, als er in einem Brief seines Freundes Petrus von Cluny lesen konnte, er, der Abt des immer noch wichtigsten benediktinischen Klosterverbandes, wünsche sich, seinen Tod in Clairvaux zu erwarten. Petrus, der Bernhard von Jugend an geliebt hatte,[416] auch seine Werke so schätzte, daß er einige von ihnen zum eigenen Gebrauch bearbeitete,[417] gibt darin mehrfach seiner Überzeugung Ausdruck, der engelgleiche Bernhard sei bereits zu den Heiligen zu rechnen, was nicht als bloße Formel erscheint.[418] Und der Abt Johannes des italienischen Klosters Casamari, das sich 1140 den Zisterziensern angeschlossen hatte, versicherte Bernhard, daß ungeachtet des Ausgangs des Zweiten Kreuzzuges dieser viel Frucht gebracht habe, nämlich indem die Sünder gereinigt ins Jenseits eingingen.[419] Die Leerstellen, die in den Engelschören beim Höllensturz Luzifers entstanden waren, seien von den Gefallenen aufgefüllt worden, wie der Abt aus Offenbarungen seiner Klosterpatrone wußte.[420] Er gibt damit eine Variante der zu seiner Zeit allgemein (und auch von Bernhard[421]) verbreiteten Vorstellung wieder, die Menschen seien überhaupt deshalb geschaffen worden, um die rebellischen Engel zu ersetzen.[422] Die Heiligen hätten auch den baldigen Tod des Abtes von Clairvaux vorausgesagt: „finemque vestrum cito venturum praedixerunt."[423] Letzters mag für Bernhard in der Tat ein Trost gewesen sein.

Ein neuer Kreuzzug? (1150)

Gezeichnet von den Mißerfolgen der beiden Kreuzzüge von 1147, des französischen und des deutschen, durch die Bernhard als ihr hauptsächlicher Initiator tief getroffen wurde, verwies er in seinem großen Memorandum an Papst Eugen III. auf die unblutige Mission: „Einmal müssen doch die Heiden in voller Zahl zu ihr [der christlichen Wahrheit] gelangen! Warten wir darauf, daß ihnen der Glaube von selbst zufällt? Wer gelangte je durch Zufall zum Glauben? Wie sollen sie glauben, wenn niemand verkündigt?"[424] Doch bleibt diese Ermahnung ohne konkrete Vorschläge, und es sollten die Zisterzienser, anders als später die Franziskaner, auch künftig bei der Missionsarbeit keine besondere Rolle übernehmen.[425]

In der Praxis war Bernhard tatsächlich bereit, nochmals für einen Kreuzzug zu werben, ja sogar an dessen Spitze zu treten.[426] Daß seine Faszination als Prediger trotzdem weiterwirkte und welchen persönlichen Eindruck er machte, spricht ein Brief Wibalds von Stablo von 1149 aus, der als Teilnehmer am ostelbischen Kreuzzug den „Erfolg" der Unternehmung kannte. Seine Schilderung beruht offenbar auf seiner Erinnerung an Bernhards Auftreten in Deutschland oder beim Reimser Konzil 1148. Was die Kunst der Predigt betrifft, schreibt er, „steht nach meinem Urteil zu unserer Zeit an der Spitze der hochberühmte Bernhard, Abt von Clairvaux. Nicht unverdienterweise möchte ich ihn *den* Redner nennen, wie er von den Rhetoren definiert wird: 'Ein guter Mann mit Vortragserfahrung'. Dieser gute Mann freilich nimmt zuerst durch sein Aussehen ein, ehe man ihn noch hört: mitgenommen vom Schmutz langer [klösterlicher] Einsamkeit (longo heremi squalore) und vom Fasten und Blässe, geradezu verzehrt zu einer rein vergeistigten Gestalt (in quandam spiritualis formae tenuitatem redactus). Eine vortreffliche Anlage wurde ihm von Gott geschenkt, höchste Bildung, unvergleichlicher Eifer, unglaubliche Praxis, offener Vortrag, eine Gestik, die sich jeder Redeweise anpaßt. Kein Wunder ist es also, wenn er im Besitz einer solchen Macht die Schlafenden aufweckt, oder, um mehr zu sagen, die Toten ..."[427]

Am 7. Mai 1150 gab es unter Bernhards und Sugers Beteiligung in Chartres Gespräche mit dem König über das nächste Kreuzzugsunternehmen. Vor allem Suger war sehr interessiert an dessen Zustandekommen,[428] nicht zufällig hatte er ja seine Abteikirche mit Glasfenstern ausgestattet, die den legendären Zug Karls d. Gr. ins Heilige Land und den Ersten Kreuzzug schilderten.[429] Petrus von Cluny freilich blieb ungeachtet einer Einladung auch von seiten Bernhards[430] dem Projekt fern. Bernhard selbst wurde zum „Führer und Fürsten des Feldzugs", „in ducem et principem militiae"[431] gewählt. Nicht durch sein Betreiben, denn er wäre körperlich nicht mehr in der Lage gewesen, den strapaziösen Zug mitzumachen, wie er selbst weiß.[432]

Beide Schwerter, so schreibt er an den Papst, müßten jetzt gezogen werden, denn Christus leide erneut. En passant formuliert hier Bernhard seine Version der seit Papst Gelasius immer wieder zur Beschreibung des Verhältnisses von weltlicher und geistlicher Gewalt herangezogenen Zwei-Schwerter-Lehre: „Dem Petrus gehören beide, das eine muß auf seinen Wink, das andere von seiner Hand gezogen werden, sooft es nötig ist."[433] Ganz entschieden fordert Bernhard Eugen auf, sich durch die Verluste des ersten Heeres nicht schrecken zu lassen, sondern ein neues Kreuzzugsunternehmen ins Werk zu setzen – man ersieht deutlich aus seinen Zeilen, wie sehr er sich inzwischen mit dem anfangs nur widerwillig übernommenen Auftrag identifiziert hatte und wie gewiß er doch noch auf einen Erfolg hoffte.[434]

Bernhard war in gewohnter Weise auch sonst brieflich für die Sache tätig, setzte auf den einstigen Feind Roger von Sizilien,[435] versuchte zwischen ihm und Konrad von Staufen zu vermitteln.[436] Was er nicht übersehen konnte, waren die wahrscheinlichen Folgen eines neuen Zuges, der anscheinend zuerst das byzantinische Reich hätte unterwerfen sollen, da Ludwig auf dem Heimweg von griechischen Schiffen angegriffen worden war. Da die Oströmer mittlerweile mit den Deutschen verbündet waren und die Franzosen mit den Sizilianern, wäre es leicht zu einem ganz Europa in Brand steckenden Krieg gekommen.[437] Doch die anderweitigen politischen Bindungen der Herrschenden ließen das Projekt nicht zur Ausführung gelangen. Zumal Eugen war nicht begeistert, warnte vor neuerlichem Mißerfolg, obwohl er der Wahl Bernhards zum militärischen Führer zustimmte, nicht ohne Besorgnis ob dessen Schwäche („propter imbellicitatem personae"[438]).

Schon beim nächsten Treffen in Compiègne am 15. Juli 1150 sah sich Suger jedoch angeblich allein.[439] Petrus von Cluny, den Bernhard wieder nachdrücklich um sein Kommen gebeten hatte,[440] blieb jedenfalls fern. Ob Bernhard anwesend war oder nicht, ist unbekannt. Einige Zeit davor scheint er noch in der Bretagne gewesen zu sein, eine Reise, über die jedoch nichts weiter überliefert ist.[441] Suger, mit seinen siebzig Jahren, war nun entschlossen, alleine loszuziehen. Nur sein schlechter körperlicher Zustand verhinderte dieses Unternehmen, das durch die kostspielige Ausstattung eines adeligen Kreuzfahrers ersetzt werden mußte.[442] Nach Sugers Tod im nächsten Jahr sollte von einem neuen Zug nicht mehr die Rede sein.

Daß es unter dem Adel Frankreichs nach den jüngsten Erfahrungen ohnehin kein rechtes Interesse mehr für ein weiteres Abenteuer im Orient gab, war Bernhard bewußt, und er beklagte sich darüber, daß die Fürsten ihre Schwerter umsonst trügen.[443] Die Prämonstratenser-Fortsetzung der *Sigeberg-Chronik* faßt zusammen: „In ganz Frankreich gab es Verhandlungen, wobei auch Papst Eugen befürwortete, daß der Abt von Clairvaux nach Jerusalem geschickt werde, um die anderen zu motivieren (ad provocandos). Wiederum wurde große und feierliche Propaganda für den Kreuzzug gemacht (grandis iterum sermo de profectione transmarina celebratur), aber das ganze Unternehmen wurde durch die Zisterziensermönche vereitelt (cassatur)".[444] Wie das konkret verlief, läßt sich nicht mehr sagen; jedenfalls gab es auch unter den Religiosen Stimmen, die Bernhard bei diesem Unternehmen für unabkömmlich hielten, Adalbert I. von Ellwangen z. B.[445] Andererseits versuchten die Mönche von Clairvaux wohl, eine neuerliche Abwesenheit ihres verehrten Abtes angesichts seines Gesundheitszustandes möglichst zu unterbinden.

Ein verhinderter Bruderkrieg und eine königliche Scheidung (1149–1151)

Immer wieder haben wir in diesen Jahren Gelegenheit, Bernhards öffentliches Wirken bei den verschiedensten Problemen seiner Zeit zu beobachten. So war es innerhalb des Kartäuserordens zu heftigen Spannungen gekommen, an denen, wenn man Bernhard glauben darf, der Orden fast zerbrochen wäre.[446] Anläßlich der umstrittenen Wahl eines Kartäusers zum Bischof von Grenoble waren einige Mönche ohne Erlaubnis zu Eugen III. gezogen; sie weigerten sich bei ihrer Rückkehr, die für diesen Ungehorsam fälligen Strafen auf sich zu nehmen, sondern zogen schnurstracks wieder nach Rom, eines von vielen Beispielen, wie auch von den Religiosen immer wieder die päpstliche Autorität gegen ihre Oberen vor Ort eingesetzt wurde. Bernhard intervenierte hier anfangs 1151 in Übereinstimmung mit seinem Widerwillen gegen Appellationen (es sei denn, sie kamen von ihm selbst) bei Eugen, um ihn daran zu hindern, die Macht des Priors der Kartause auf diese Weise zu zerbrechen.[447]

Zu einer ernsteren Krise war es mittlerweile durch Bernhards ehemaligen Mönch Heinrich, den Bruder des Königs, gekommen, der, wie berichtet, 1149 zum Bischof von Beauvais erhoben worden war. Da dieser einen jährlichen Zins, auf den der Niederadel seiner Stadt Anspruch hatte, nicht mehr bezahlen wollte, war es zu einer Polarisierung von Adel und König auf der einen Seite und Bischof, Klerus und Stadtbevölkerung auf der anderen gekommen, die rasch so aggressive Formen annahm, daß die Brüder Truppen gegeneinander aufstellten.[448] Ludwig, der anscheinend befürchten mußte, sein zweiter Bruder Robert von Dreux könne in Zusammenhang mit dieser Sache einen neuerlichen Putsch planen (worauf der Abt in einem Brief anspielt[449]), marschierte bereits auf Beauvais zu.

Nicht Bernhard, der wieder ziemlich an seiner Krankheit litt,[450] sondern die Mutter der beiden Kapetinger sowie Suger und der Bischof von Soissons konnten ein Blutvergießen gerade noch verhindern. Als Heinrich, vor den Papst gerufen, an den zu appellieren er ohnehin gedachte, eine Romreise plante, wandte er sich im April zunächst an Bernhard. Dieser riet ihm jedoch ab, in dieser Situation seine Stadt zu verlassen und entschuldigte ihn bei Eugen.[451] Gleichzeitig empfahl er den Erzbischof von Reims als Schiedsrichter, also jenen Samson, der Bernhard ja für seine mehrfachen Fürsprachen an der Kurie verpflichtet war, der aber als einer der Regenten Frankreichs während des Zweiten Kreuzzugs auch die königlichen Interessen zu wahren gewußt hatte.[452]

Der Papst stellte sich ganz auf die Seite seiner ehemaligen Ordensbrüder Heinrich und Bernhard und beauftragte letzteren „vice nostra", anstatt seiner selbst, zusammen mit Hugo von Autun mit sofortigen Vermittlungen. Diese sollten sowohl die „königliche Würde (regia dignitas)" als auch die „bischöfliche Ehre (episcopalis honor)"[453] angemessen berücksichtigen. Im Februar schrieb Eugen an Bernhard, er solle sich um die Versöhnung der zerstrittenen königlichen Brüder bemühen. Indem der Pontifex Maximus die Kirche von Beauvais unter seinen besonderen Schutz nahm, gelang es ihm, Heinrichs Position zum Sieg zu verhelfen. Ludwig verzichtete auf einen Waffengang, und wohl im April 1151, als Heinrich aus Rom zurückgekehrt war, kam es unter Bernhards Mitwirkung zur Annäherung zwischen den Brüdern.[454] Da das spätere Verhältnis der beiden Kapetinger freundlich war, muß die Aussöhnung gelungen sein, obgleich nähere Nachrichten darüber und konkret über Bernhards Rolle dabei fehlen.

Ein wenig später konnte Bernhard zusammen mit weiteren Kirchenfürsten in einem anderen Streitfall vermitteln,[455] in dem die königlichen Truppen schon ausgezogen waren: es ging um einen Konflikt zwischen Ludwig VII. und Gottfried IV. dem Schönen von Anjou (reg. 1121–1151), dessen Macht der des Kapetingers nicht nachstand: Er war verheiratet mit der Tochter des englischen Königs, der Erbin der Normandie, Mathilde, die in erster Ehe Gattin Kaiser Heinrichs V. gewesen war. Dadurch wurde Gottfried Herzog der Normandie und beherrschte seit 1144 neben seiner Grafschaft auch dieses große Territorium. Sein Sohn Heinrich sollte 1152, nach

ihrer Trennung von Ludwig, Eleonore von Aquitanien heiraten und den englischen Königsthron besteigen. Nun aber, im Spätsommer 1151, eskalierten
die Auseinandersetzungen zwischen Ludwig und Gottfried nur deshalb
nicht, weil ersterer, von einem schweren Fieber ergriffen, nach Paris zurückkehren mußte und einen Waffenstillstand abschloß.[456] Die Friedensverhandlungen in Paris machten Weltgeschichte, da es bei dieser Gelegenheit war,
daß Heinrich und Eleonore einander kennenlernten.

Nicht näher zu klären ist Bernhards Rolle hinsichtlich eines nicht nur für
die Zeitgenossen spektakulären Ereignisses, nämlich der Scheidung des
französischen Königspaares. Ludwig und Eleonore waren beide nicht mehr
an einer Aufrechterhaltung dieser Ehe, die ihre Eltern vereinbart hatten, interessiert, obschon sie zwei Töchter miteinander hatten. Die Unterschiede
im Temperament der beiden manifestierten sich anscheinend immer stärker.
Dazu die wohl nicht grundlosen Anschuldigungen ehelicher Untreue während der Kreuzfahrt, die der Monarchin vorgeworfen wurden, wobei sich
manche allerdings absurderweise dazu verstiegen, ihr sogar ein Verhältnis
mit Saladin anzudichten. 1152 vollzog Ludwig VII. jedenfalls die Versto-
ßung, so eine nicht mehr ganz zeitgenössische Notiz, „auf Rat des Herrn
Abtes von Clairvaux Bernhard".[457] Diese Nachricht wird von einer Reihe
anderer Quellen bestätigt, während jedoch die Biographie des Königs nichts
davon weiß, so daß eine gewisse Unsicherheit bleibt. Was man im Zisterzienserorden über Eleonore dachte, verrät Helinand: er schilt sie eine Hure.[458]

Nach katholischem Kirchenrecht war einer der ganz wenigen möglichen
Gründe für eine solche Scheidung der Nachweis von zu naher Blutsver-
wandtschaft. Diese bestand in der Tat – was die Beteiligten natürlich schon
bei der Eheschließung wußten und worauf Bernhard schon acht Jahre zuvor
aufmerksam gemacht hatte, ohne daß jemand reagierte.[459] Doch hatte
Eugen III. 1148 unter Androhung der Exkommunikation verboten, dieses
Argument gegen das französische Königspaar vorzubringen – nun, nur vier
Jahre später, war er mit der Scheidung aus eben diesem Grund einverstanden.[460] Nachdem das Konzil von Beaugeancy am 18. März 1152 wunschgemäß die Scheidung ermöglicht hatte, heiratete Eleonore bereits weniger
als zwei Monate später den um elf Jahren jüngeren Grafen von Anjou Heinrich Plantagenet. Durch die Ländereien, die Eleonore Heinrich brachte,
übertrafen seine Besitzungen die seines Lehnsherren; es wurde der Grund
für eine jahrhundertelange Feindschaft zwischen Frankreich und England,
daß Heinrich 1154 den Königsthron des Inselreiches bestieg, ohne deshalb
von seinen Vasallenverpflichtungen gegen die Krone Frankreichs entbunden
zu sein.

„Ich bin die Chimäre meiner Generation" (1150)

Man sieht, wie sehr Bernhard auch an seinem Lebensabend weiter in die Probleme von Kirche und Welt verstrickt blieb. In einem Brief an seinen Namensvetter, den Prior der Kartause von Portes, den er genau zur Jahrhundertmitte schrieb,[461] reflektierte Bernhard kurz über seine Lebenssituation. Er sagt von sich, „Ego enim quaedam chimaera mei saeculi".[462] Der Abt hat sich damit freilich keineswegs als „die Chimäre seines Jahrhunderts" bezeichnet,[463] wie diese Charakteristik auch von namhaften Mediävisten mit großer Hartnäckigkeit falsch übersetzt wird. Denn das Mittelalter kannte zwar sehr viele verschiedene Periodisierungsbegriffe,[464] aber nicht den der Jahrhundertrechnung, die eine Erfindung erst der protestantischen Geschichtsschreibung ist (zum ersten Mal 1559 mit den *Magdeburger Centurien* des Flacius Illyricus nachweisbar).[465] Was der Sechzigjährige, der sich lieber der Kontemplation hingegeben hätte, den aber die Aufgaben in Kirche und Welt nicht losließen, nicht ohne Schmerz schrieb, war bescheidener: „Ich bin nämlich sozusagen ein Mischwesen in meiner Generation."

Bernhard verwendet diese Selbstkennzeichnung in Hinsicht auf seine, wenn ich einen Terminus aus der mittelalterlichen Mystik gebrauchen darf, 'vita mixta', hier allerdings nicht nur den Wechsel von äußeren Aktivitäten und innerlicher Betrachtung meinend, sondern den Wechsel seines Lebensstils: bald entsprechend dem eines Klerikers, bald dem eines Laien, wie er selbst sagt.[466] Tatsächlich verbrachte der Mann, der ins Kloster gegangen war, um von der Gesellschaft vergessen zu werden, auf Missionen außerhalb von Clairvaux nicht weniger als ein Drittel seines gesamten Abbatiats.[467] Er mag diesen Verzicht auf den ursprünglich angestrebten Verzicht auf die Welt durchaus als eine ihm auferlegte Form der Askese verstanden haben.[468] Damit stach er freilich gerade von seinem Adressaten besonders ab, hatten doch die Kartäuser die 'stabilitas loci' soweit getrieben, dem Prior das Verlassen seines Konvents überhaupt zu verbieten.[469]

Mit 'Chimäre' verband sich freilich eine bestimmte Konnotation: Dieses antike Fabelwesen, meldet etwa der *Liber monstrorum*[470] in Anklang an Vergil,[471] war ein schreckliches, feuerspeiendes dreiköpfiges Tier, ein Mischwesen aus Löwe, Ziege und Drachen, wie man aus Isidor von Sevilla wußte,[472] Symbol der „amoris fluctatio" nach spätantiker Mythographie[473], und stets Bild des Bösen.[474] Peter von Cluny schrieb Bernhard 1143 in einem Brief, die Mönche ihrer beiden Ordensgemeinschaften würden einander feindlich ansehen, als ob sie eine Chimäre oder einen Kentauren vor sich hätten.[475]

Bernhard war also nicht zufrieden mit diesem seinem Leben. Und doch spricht gerade diese Passage ein Phänomen an, das als typisch für seine Generation so wie auch für die künftigen gelten darf, und zwar im Gegensatz zu den vorhergegangenen: die Pluralität der sozialen Rollen, die *ein* Mensch nunmehr übernehmen konnte.[476] Was der Abt selbst wohl noch nicht so sehen konnte, was aber wir im Rückblick auf die Geschichte sehen: Er war nicht nur eine Chimäre im Wechsel seiner Lebensführung, sondern auch nach seiner Stellung in der Mentalitäts- und Geistesgeschichte des Mittelalters. In seinem Werk lassen sich die Elemente des Alten und die des Neuen in faszinierender Deutlichkeit zeigen, des Alten etwa im Festhalten an der Unterordnung des eigenen logischen Denkens unter die Autoritäten, des Neuen etwa in der Verteidigung der Intentionalethik und der Konzentration auf die Liebesmystik bei der Gottesbegegnung.[477]

Verluste

Nachdem schon 1148 mit Wilhelm von Saint-Thierry, dann am 24. Januar 1149 mit Gottfried von Lèves, dem Bischof von Chartres, zwei Männer, denen Bernhard persönlich besonders nahestand, verstorben waren, und am 16. Dezember 1150 auch der Abt von Cîteaux, Rainald, den Bernhard seinen Vater und gleichzeitig seinen Sohn nannte,[478] begann auch das Jahr 1151 für ihn mit dem Verlust eines weiteren Freundes. Am 13. Januar 1151 beschloß Suger seine Tage. Damit verlor Bernhard einen Amtsgenossen, der mit ihm den kirchlichen Reformen aufgeschlossen gegenübergestanden hatte, teilte er auch in vielem nicht seine Meinung. Bernhard schätzte den klugen Ratgeber des Königs durchaus und dieser ihn, wiewohl man sich fragt, warum der Benediktiner den Zisterzienser in keinem seiner historischen und autobiographischen Werke auch nur erwähnt. Seit einigen Monaten schwer erkrankt, hatte Suger sich seines Seelenheils noch durch eine Wallfahrt zum französischen Reichsheiligen Martin nach Tours versichert, dann wartete er auf den Tod. Bernhard hatte ihm noch einen Brief geschrieben, der erst knapp vor dem Tod des Abtes in Saint-Denis eintraf. Er tröstet den Abt hier mit einem seiner liebsten Theologoumena, nämlich der Feindschaft zwischen dem seelischen und dem leiblichen Menschen: diesen könne er nun endlich ablegen. Gern würde er nach Saint-Denis kommen, um den Segen des Sterbenden zu empfangen, kann es aber nicht versprechen. „Ich habe Dich von Anbeginn an geliebt und werde Dich ohne Ende lieben. Mit Gewißheit sage ich: den so sehr Geliebten kann ich nicht verlieren in alle Ewigkeit. Er geht mir nicht verloren, sondern [nur] voraus …"[479] Seinem Brief legte Bernhard ein Tüchlein und von ihm gesegnetes Brot bei. Beides erfreute den Benediktiner herzlich, verlängerte aber nicht sein Leben. Er antwortete: „Wenn ich Euer engelsgleiches Antlitz nur noch einmal vor meinem Abscheiden hätte sehen können, würde ich sicherer aus dieser schlechten Welt gehen …"[480] Dies war ihm nicht vergönnt, doch zwei

Bischöfe umsorgten den Sterbenden in seinen letzten Wochen und spendeten ihm täglich die Kommunion. Nicht ohne Angst vor dem Gericht Gottes, aber auch nicht ohne Hoffnung auf das Himmlische Jerusalem, in das er nun statt des irdischen einziehen würde, schloß der Abt unter den Gesängen seiner Mönche die Augen.[481]

Gegen Ende des Jahres 1151 oder im darauffolgenden Halbjahr[482] traf Bernhard ein bitterer Schlag anderer Art: einer seiner Mönche, dem er sehr vertraut hatte, betrog ihn in unverschämter Weise, wenn wir seinen Briefen glauben dürfen. Nikolaus von Montiéramey,[483] ein Kaplan des Bischofs Hatto von Troyes, war vor etwa sechs Jahren in Clairvaux Zisterzienser geworden. Dabei war keineswegs alles nach den vorgeschriebenen Formen abgelaufen;[484] auch hier brillierte dieser literarisch talentierte Mann, der sich, wie er selbst zugab, von Jugend auf darum bemüht hatte, sich bei den Großen in Kirche und Welt beliebt zu machen, mit dicken Schmeicheleien: „Clairvaux liegt mir im Gemüt, Clairvaux im Sinn, Clairvaux in der Gegenwart, Clairvaux in der Erinnerung, Clairvaux im Wort, Clairvaux im Herzen …"[485] Einmal aufgenommen, stieg Nikolaus rasch zu Bernhards Privatsekretär auf. Binnen kurzem verstand er es, Briefe und Predigten ganz im Stil seines Abtes abzufassen, und dieser ließ ihn auch gern Teile seiner so zahlreichen Korrespondenz erledigen;[486] sogar so hochgestellten Empfängern wie dem byzantinischen Herrscher Manuel schrieb er eine Empfehlung für einen Sohn des Grafen Theobald „in persona" des Abtes.[487] Petrus von Cluny schätzte ihn so sehr, daß er Bernhard gegenüber formulieren konnte: „wie mir scheint, ruht in ihm Dein Geist zum Teil und meiner zur Gänze"![488] Daß Bernhard Nikolaus nicht gestattete, dort so oft Besuche zu machen, wie Petrus es wünschte, dürfte in ihren letzten Lebensjahren zu einer Abkühlung der Beziehungen zwischen letzterem und dem Abt von Clairvaux geführt haben.[489]

Es ist möglich, daß es sich wenigstens teilweise um ein Mißverständnis gehandelt haben könnte,[490] wir besitzen ja keine Gegendarstellung. Aber wenn Bernhards Angabe stimmt, er habe seinen Sekretär schon länger überwacht und bemerkt, daß nicht von ihm veranlaßte Briefe unter seinem Namen verschickt wurden,[491] und er Nikolaus schließlich dabei ertappte, wie er nicht nur mit Büchern und Geld, sondern auch mit drei der Abtei gehörigen Siegeln Clairvaux verlassen wollte, dann ist seine heftige Kränkung gut zu verstehen. Voller Zorn bittet Bernhard den Papst, er solle diesen Mönch, der schlimmer sei als Arnold von Brescia (und das wollte etwas heißen), zu lebenslänglichem Gefängnis und Schweigen verurteilen.[492] Merkwürdigerweise scheint es aber zu keinerlei Sanktionen gegenüber Nikolaus gekommen zu sein, wohl da nach Bernhards Tod die Sache nicht weiter verfolgt wurde. Denn Nikolaus zog nach Rom, gewann dort das Vertrauen des nächsten Papstes, Hadrians IV., und später das des Grafen Heinrich I. von der Champagne. 1178 verstarb er, möglicherweise sogar als Abt von Montiéramey,[493] jedenfalls als geschätzter geistlicher Schriftsteller.

Auch sonst gab es Schwierigkeiten im Orden. Das Generalkapitel von 1152 sah sich veranlaßt, weitere Neugründungen zu untersagen, da die Ordenszucht sich bereits weit von den ursprünglichen Idealen entfernt hatte, wie etwa aus dem Erwerb von Land und Lehen ersichtlich wurde.[494] Papst Eugen fand Anlaß, einzugreifen, indem er sowohl mit einer Bulle die bisherigen Statuten approbierte als auch die Äbte brieflich ermahnte, nicht von den Tugenden der Gründerväter zu „degenerieren".[495] Bernhard dankte ihm dafür, hatte aber gleichzeitig darüber zu klagen, daß der Papst einen seiner besten Freunde, den Abt Hugo von Troisfontaines, dem Orden entriß, indem er ihn zum Kardinalbischof von Ostia erhob.[496] Das hohe Amt ließ Hugo augenscheinlich sogleich seine Freundschaft vergessen, denn es kam zwischen ihm und Bernhard zu einem Zerwürfnis um die Nachfolge in Troisfontaines. Bernhard klagte deswegen: „Das ist mir eine plötzliche und verletzende Veränderung! Der mich trug, ist jetzt bereit, mich niederzudrücken, der mich zu verteidigen pflegte, erschreckt mich jetzt mit Drohungen, greift mich mit Schmähungen an, beschuldigt mich der Treulosigkeit!"[497] Worüber er schon früher zu klagen hatte, nämlich daß viele in der Kirche sich sogleich aufblähen („subito intumescere"), sobald sie ein Amt erhalten haben, und sich sogleich selbst beifällig Heiligkeit zuschreiben,[498] mußte er hier noch einmal als Betroffener miterleben.

Der Brief gibt einen deutlichen Einblick in die Praxis der Abtswahlen, die auch bei den Zisterziensern keineswegs nur Sache des betroffenen Konvents waren, denn Bernhard gibt unumwunden zu, er habe in seiner Funktion als Abt jener Zisterze, von der aus Troisfontaines gegründet worden war, die Mönche dort durch Schmeicheln und Drohen, „nunc blandiendo, nunc terrendo",[499] zur Wahl eines bestimmten Kandidaten bringen wollen.

Der Papstspiegel „De Consideratione"

In den letzten fünf Jahren seines Lebens kam Bernhard viel zum Schreiben, wiewohl er immer wieder als Vermittler in verschiedenen Konflikten tätig sein mußte, die sich teilweise schon lange hinzogen.[500] Unablässig beschäftigte ihn weiterhin das *Hohelied*, und schon seit der *Vita Malachiae* arbeitete er auch an einem Werk, das seinem zum Papst erhobenen Schüler die Leitlinien für die Handhabung seines Amtes liefern sollte. Der Anfang des zweiten Buches des Traktates läßt erkennen, daß er bald nach dem Fehlschlag des Zweiten Kreuzzuges 1148 verfaßt wurde. In Buch drei ist vom vierten Jahr nach dem Konzil von Reims die Rede,[501] das im selben Jahr abgehalten wurde. Daher sind der größte Teil des dritten Buches und die beiden folgenden Bücher erst 1152/53 fertiggestellt worden, in den letzten beiden Lebensjahren Bernhards.[502] Da viele der darin formulierten Gedanken sich schon in seinem ersten Schreiben nach Eugens Wahl finden,[503] geht der Plan zu diesem Werk wohl schon in jene Zeit zurück. Bernhard sah ganz offensichtlich in Eugens Pontifikat die einmalige Chance, die Kirchenreform von oben durchzusetzen, und wer hätte in der Tat die spirituellen Voraussetzungen eher mitbringen können als ein ehemaliger Mönch von Clairvaux? Daß sich auch dieser sofort in die Fülle der irdischen Interessen der Kirche eingebunden sah und nur noch privat, aber nicht als Haupt der Christenheit Zisterzienser blieb, wollte sein ehemaliger Abt nicht wahrhaben. War Bernhards Konzeption noch realitätsgerecht? Hätte man die Christenheit wirklich so regieren können, als ob es sich um ein gigantisches Kloster gehandelt hätte?[504]

Das vielleicht 1147 begonnene erste Buch läßt Bernhard wie auch andere seiner Traktate mit dem obligatorischen und einem Papst gegenüber sicher angebrachten Bescheidenheitstopos beginnen. Aber schließlich hatte Eugen ihn, wohl während seines Aufenthalts in Frankreich, selbst um eine Schrift gebeten, und „Was soll es denn ausmachen, daß du den Stuhl Petri bestiegen hast? Selbst wenn du auf den Flügeln des Sturmes einherfährst, kannst du dich meiner Liebe nicht entziehen. Die Liebe kennt keinen Herrn, sie erkennt den Sohn auch unter der Tiara ... Steige zu den Himmeln empor und in die Abgründe hinab: du entkommst mir nicht ..."[505] Bernhard läßt das Werk mit einer mit vielen *Bibel*-Stellen und Sentenzen geschmückten Skizze der Situation des Papstes beginnen: statt der monastischen Stille eine Flut von Aufgaben, gewöhnungsbedürftig, aber zu schaffen.[506] Freilich mit der Gefahr, sich in ihnen zu verlieren und hart zu werden – Bernhard denkt hier vor allem an die dauernden Rechtsstreitigkeiten, in denen der Papst zu entscheiden hat.[507] „Hüte dich nicht nur, nein, bebe vor dem Joch der furchtbarsten Knechtschaft, das dich jetzt schon bedroht, ja bereits empfindlich niederdrückt! Oder bist du deswegen kein Sklave, weil du nicht einem Herrn, sondern allen dienst? ... Wo bist du jemals frei, wo ungestört, wo gehörst du dir selbst?"[508] Kommen doch nach Rom „aus der ganzen Welt die Ehrgeizigen, Habgierigen, die Käufer geistlicher Würden, die Kirchenschänder, Unzüchtigen, Blutschänder und alles, was sonst noch zum Abschaum der Menschheit gehört, um durch apostolische Autorität entweder kirchliche Ämter zu erhalten oder zu behalten".[509] Ein treffendes Bild der hauptsächlichen Sorge der Hierarchie, das aus so vielen gleichzeitigen Quellen bestätigt wird!

Wie aber kann der für andere tätig sein, der sich selbst vernachlässigt, der nicht nachdenkt, ehe er sich in die Geschäfte stürzt? Wann bleibt noch Zeit zum Gebet, zur Lehre, zur Meditation über das göttliche Gesetz? Bernhard spricht den Prozeß der Verrechtlichung, den die Catholica und ganz besonders das Papsttum seit dem Investiturstreit durchmachte, deutlich aus: „Ja, freilich wird im Papstpalast täglich viel Lärm um die Gesetze gemacht, aber nicht um die des Herrn, sondern um die des Justinian!"[510] Eugen III. hatte tatsächlich bedeutende Rechtsgelehrte und Advokaten an seinen Gerichtshof berufen,[511] ein weiteres Indiz für das Wiederaufleben der römischen Rechtskultur und ihre Einwirkung auf die Kanonistik. Ein wenig weiter wird Bernhard das Thema nochmals aufgreifen: „Ich kann mich nur wundern, wie es deine gottesfürchtigen Ohren aushalten, solche Auseinandersetzungen und Wortgefechte zwischen den Advokaten anzuhören, welche eher dazu dienen, die Wahrheit auf den Kopf zu stellen als sie klarzustellen."[512] Doch auch Eugen scheint die Größe zu dem von Bernhard angeratenen Hilfsmittel, nämlich Entscheidungskompetenzen zu delegieren, nicht besessen zu haben.

Aber muß sich der Nachfolger der Apostel überhaupt in solchen Dingen verlieren? „Ich lese nur, daß die Apostel vor Gericht standen, nicht aber, daß sie auf dem Richterstuhl saßen."[513] Für alles Irdische sind Fürsten und Könige da – „Was brecht ihr in fremdes Gehege ein? Warum setzt ihr eure Sichel an die Ernte eines anderen?"[514] Ein vergeblicher Aufruf zur Spiritualisierung des Papsttums, zur Lösung aus den politischen Interessen, zur Aufgabe seines seit Gregor VII. so deutlich verstärkten weltlichen Herrschaftsanspruches.

Hier gibt Bernhard nun eine erste Definition des Begriffs 'consideratio' – er bekommt im Laufe der Abhandlung noch weitere,[515] die Bernhard offenbar nur als Aspekte einer einheitlichen gottgefälligen Grundeinstellung erschienen. 'consideratio' läßt sich in diesem Zusammenhang vielleicht am treffendsten nicht mit 'Betrachtung', sondern mit 'Selbstbesinnung' wiedergeben. Sie „zügelt die Gefühle, lenkt die Taten, verbessert Übertreibungen, baut die Sittlichkeit auf, gibt dem Leben Ehrbarkeit und Ordnung und verleiht schließlich ein tieferes Wissen in göttlichen und menschlichen Dingen. Sie ist es, die Klarheit in Verwirrung schafft, Gegensätze überbrückt, das Zerstreute eint, das Geheime erforscht, die Wahrheit ausfindig macht, das Wahrscheinliche überprüft und Erfundenem und Erlogenem auf die Spur kommt. Sie ordnet die Handlungen im voraus und überdenkt sie nach ihrer Ausführung, so daß nichts im Geiste zurückbleibt, was nicht verbessert wurde oder (noch) der Verbesserung bedarf."[516] Bernhard versteht unter 'consideratio' also nicht bloß religiöse Meditation, sondern auch ganz pragmatische Planung: „Was ist denn zu allem so nützlich wie sie, die sich in ihrer hilfreichen Vorstellung sogar die Aufgaben des tätigen Lebens zu eigen macht, sie im voraus durchgeht und die notwendigen Handlungen plant („praeagendo quodammodo et praeordinando quae agenda sunt")? Das ist unbedingt notwendig, damit das, was bei entsprechender Vorausschau und Vorausplanung sehr segensreich hätte sein können, nicht durch Überstür-

zung eher gefährlich wird ... Sie ordnet die Handlungen im voraus und überdenkt sie nach ihrer Ausführung („agenda praeordinat, recogitat acta")
... "[517] Worauf Bernhard hier seinen Leser aufmerksam macht, ist der Lei-
stungsintellekt im Bereich der praktischen Problemlösung, den die mittellateinischen Autoren sonst als 'discretio'[518] und 'ingenium',[519] die französischen als 'engin',[520] die deutschen als 'liste'[521] preisen: ein weiterreichendes,
komplexer planendes Denken, eine effektivere, da auf rationalem Über-
legen basierende Vorgangsweise – ein für den mentalen Umbruch des
12. Jahrhunderts bezeichnendes Moment.

Auf einen längeren Exkurs über die vier Kardinaltugenden[522] folgt eine
neuerliche Ablehnung der Verjuridisierung der Kirche und die Aufforderung, die ehrgeizigen und geldgierigen Prälaten so zu vertreiben, wie Jesus
die Händler mit der Peitsche aus dem Tempel jagte. Denn: „Die Kirche ist
voll von Ehrgeizigen, bezüglich ehrgeiziger Pläne und Machenschaften hat
man keinerlei Skrupel mehr, genausowenig wie eine Räuberhöhle bezüglich
der den Reisenden abgenommenen Beute."[523] Bernhards Kritik an diesem
Treiben der Kurie erscheint auch als die Kritik eines Vertreters der alten feudalen Adelswelt gegen die neuen urbanen Lebens- und Rechtsformen, die
sich freilich als die progressiveren erweisen sollten.[524]

Mit einer großen Klage über den gescheiterten Zweiten Kreuzzug hebt
das nächste Buch an (ein Zeichen, wie wenig Bernhard sich an die von Lite-
raturwissenschaftlern immer wieder als verbindlich angenommenen „genus-
spezifischen" Vorgaben zu halten geneigt war, was auch sein Kommentar
zum *Canticum* allenthalben zeigt). „... die Söhne der Kirche und Träger des
Christennamens blieben in der Wüste liegen, entweder vom Schwert erschlagen oder vor Hunger verschmachtet! Der Herr goß über die Anführer
Zwietracht aus, ließ sie umherirren in unwegsamem Gelände ohne Pfad."[525]
Da für Bernhard die anderen naheliegenden Alternativen undenkbar sind,
nämlich die, Kreuzzüge seien von Gott nicht gewollt oder es gäbe gar keinen
Gott, kann er das Unheil nur mit dem immer wieder hervorgezogenen Topos
von der übergroßen Sündhaftigkeit der Christen, die so vom Himmel bestraft würden, erklären. „Warum fasteten wir also, und er sah es nicht, haben
wir uns gedemütigt, und er merkte es nicht? Denn 'bei all dem ließ sein
Zorn nicht nach, seine Hand ist noch immer ausgestreckt'. (Is 5, 25) Wie geduldig hört er aber inzwischen bis heute die lästernden Worte und den Spott
der Ägypter ... (der Heiden). Und doch 'sind die Urteile des Herrn wahr',
wer wüßte es nicht? Dieses Urteil jedoch ist so unauslotbar, daß man meiner
Ansicht nach zu Recht sagen könnte: 'Selig, wer daran keinen Anstoß
nimmt!'"[526] Bernhard erinnert an biblische Beispiele des Gottvertrauens
auch in derartig enttäuschenden Situationen, aber ob die Fürsten und Ritter
nochmals zu einem solchen Unternehmen zu bewegen wären?[527]

Schwer fällt es dem Kreuzzugsprediger, mit der Kritik fertigzuwerden, die an ihm als „falschem Propheten"[528] – und natürlich auch an Eugen – geübt wurde. Sogar der Ordensbruder Otto von Freising, selbst Teilnehmer an dem unheilvollen Zug, konnte sich ja einer skeptischen Bemerkung über den zwar vom Geist Gottes angehauchten, aber dann verlassenen Propheten Bernhard nicht enthalten.[529] Trotzdem: „Für jeden bietet ja das Zeugnis seines Gewissens eine vollkommene und vollständige Entschuldigung. Mir macht es nichts aus, daß ich von denen verurteilt werde, die das Gute böse nennen und das Böse gut, die das Licht zur Finsternis machen und die Finsternis zum Licht. Wenn schon eines von beiden geschehen muß, so ist es mir lieber, das Murren der Menschen richtet sich gegen uns als gegen Gott. Wohl mir, wenn er sich herabläßt, mich als Schild zu benutzen! Gerne fange ich die Schmähungen der Verleumder und die Giftpfeile der Lästerer auf, damit sie nicht ihn treffen! ... Es ist mir Ehre, am Schicksal Christi teilzuhaben, dessen Stimme sagt: „Die Schmähungen derer, die dich schmähen, haben mich getroffen! (Ps 68, 10)"[530] Abermals ein ausdrücklicher Rekurs Bernhards auf die moderne Intentionalethik und ein explizites Verwerfen derer, die die Taten gemäß der archaischen Weltsicht nur nach den Erfolgen beurteilen – wir haben diese Einstellung bereits besprochen.[531]

Mit einer neuerlichen Zuwendung zu seinem Zentralbegriff führt Bernhard wieder zum Thema seines Werkes zurück. Er differenziert zwischen 'contemplatio', der geruhigten Betrachtung von Gegenständen, die mit keiner Unsicherheit verbunden ist, und 'consideratio'. „Der Ausdruck Besinnung jedoch bedeutet angespanntes Nachdenken, um die Wahrheit (erst) zu erkennen, oder die Anspannung des Geistes bei der Wahrheitserkenntnis."[532] Vier Bereiche mußt Du beobachten: „Dich (selbst), was unter Dir, was rund um Dich und was über Dir ist." Und damit ist Bernhard bei dem großen zisterziensischen Thema der Selbsterkenntnis: „Bei Dir setze mit deiner Besinnung an, damit Du Dich nicht nutzlos mit anderem beschäftigst und Dich selber vernachlässigst."[533] „Bei Dir selbst muß also Deine Besinnung beginnen – und nicht nur das, sie muß auch in Dir ihren Abschluß finden."[534]

Diese Selbstbetrachtung geht aus von der Conditio humana, der Existenz als sterblicher Mensch, führt zu Eugens vorheriger Lebensform, dem im Vergleich zum Bischofamt vollkommeneren Mönchsstand, dem er aber nach wie vor verhaftet bleiben soll, und konzentriert sich auf seine gegenwärtige Situation. „Wir können nicht verbergen, daß Du zum Vorsteher bestellt wurdest, doch müssen wir vor allem darauf achten, wozu es geschah. Ich glaube nicht zum Herrschen."[535] Wieder kämpft Bernhard hier für die Rücknahme des päpstlichen Machtanspruches, wie er sie bei Eugens Vorgängern ja genugsam kennengelernt hatte, von denen er sich fein distanziert.[536] Natürlich verweist er auch hier auf biblische Grundsätze: Nach 1 Petr 5, 3 und Lukas 22, 25f. schließt er: „So geh also hin und wage es, Dir als Herrscher das

Apostelamt oder als Nachfolger der Apostel die Herrschergewalt anzumaßen! Es ist klar: beides ist Dir untersagt ... Das ist die Lehre der Apostel: Das Herrschen wird verboten, das Dienen geboten ...“[537] Dieses Dienen, eine Form der Imitatio Christi, soll der Papst, der zum Wächter über die Kirche bestimmt ist, durch Ausreuten des Unkrauts auf dem Feld des Herrn vollziehen. „Du sollst die Wölfe bezwingen, doch nicht Zwingherr über die Schafe sein.“[538] Die vielfache Ermahnung Bernhards in diesem Sinn legt nahe, daß er fürchtete, Eugen könne trotz seiner Funktion als geistliches Oberhaupt geneigt sein, Konflikte mit Übeltätern lieber zu vermeiden.

Das bringt Bernhard zurück zur Persönlichkeit des Angesprochenen: „Ich habe einen Spiegel gebracht. Ein schmutziges Antlitz kann sich darin erkennen, Du aber freue dich, daß Deines anders aussieht! Schau aber dennoch auch Du hinein, ob es nicht neben manchen Zügen, in denen Du Dir zu Recht gefallen kannst, etwa auch andere gibt, die Dein Mißfallen erregen müssen.“[539] Sehr geschickt versteht Bernhard die problematischen Züge in Eugens Charakter anzusprechen, indem er sie ihm abspricht: „Bist Du etwa deshalb schon der Höchste, weil Du der höchste Bischof bist? Wisse: Du bist der Geringste, wenn Du Dich für den Höchsten hältst ... Du irrst dich gewaltig, wenn Du Dich so einschätzt! Das darf nicht sein! Nein, Du gehörst nicht zu jenen, die Würden für Tugenden halten!“[540]

Doch rasch ist Bernhard wieder beim Amt, dessen Vorrangstellung er in traditioneller Weise biblisch begründet und dessen Macht er eindrucksvoll zeichnet; nicht zu Unrecht konnte man formulieren, Bernhard predige die „potestas directa zugleich mit deren Entsagung“[541]: „Kannst Du nicht gegebenenfalls auch für einen Bischof den Himmel verschließen, ihn seines Amtes entheben, ja sogar dem Satan übergeben? Dein Vorrecht steht Dir also unverrückbar fest, sowohl, weil Dir die Schlüssel übergeben, als auch, weil Dir die Schafe anvertraut wurden.“[542] Dagegen hatte ein Abt von Cluny, Pontius, noch erklären können, er könne von keinem Lebenden gebannt werden, allein von Petrus im Himmel.[543] Dieser Ausspruch Bernhards zeigt zugleich, wie die Wirkung der Exkommunikation im Mittelalter wirklich eingeschätzt wurde. Sie war deswegen so wirksam, weil der mit diesem Bann belegte unweigerlich in die Hölle kam, wenn er nicht vor seinem Tode davon gelöst worden war; die irdischen Folgen der sozialen Absonderung dagegen waren vergleichsweise harmlos.[544] Bernhard hatte vor dem Amt stets größten Respekt gezeigt: „Es ist unverbrüchlich zu halten, was immer Ihr vorschreibt“, steht in einem Brief an Honorius II.[545] „Nach meinem Urteil ist für mich nichts sicherer, als dem Willen des Herrn Papstes zu gehorchen“,[546] in einem anderen an den Kanzler Haimerich.

Die zeitgenössische Meinung von der auf die Petrusnachfolge gegründeten Bindegewalt des Papstes hat in beeindruckender Prägnanz dann Bern-

hards Sekretär Nikolaus von Clairvaux in einer Sequenz auf die beiden Apostelfürsten formuliert:

> Sic est Christo Petrus mixtus,
> ut quod ligat, liget Christus –
> audi mirabilia.[547]

> So ist Petrus mit Christus vermischt,
> daß, was er bindet, Christus binden wird –
> höre das Wunderbare!

Doch bald kehrt Bernhard wieder zum Kontrast der Situation des sündigen Menschen zurück: „Wische die Schminke dieser flüchtigen Ehre und
den Schimmer eines schlecht gefärbten Ruhmes weg und besinne Dich
nackten Geistes auf Deine Nacktheit, denn nackt kamst Du aus dem Schoß
Deiner Mutter hervor. Oder kamst Du schon mit der Mitra zur Welt? Warst
Du vielleicht schon mit funkelnden Edelsteinen geschmückt, in bunte Seide
gehüllt, mit Federbüschen gekrönt oder mit Edelmetallen bedeckt?" Viele
Einzelheiten dieser Beschreibung lassen sich aus den *Ordines Romani* nachweisen, und eine ähnliche Darstellung kann man im Bericht Sugers von
Saint-Denis über die Begegnung von Papst Innozenz II. und König Lothar in
Lüttich finden (1131), wo Bernhard zugegen war. Suger beschreibt dort, wie
seine Kapläne den Papst „mit reichem und herrlichem Ornat umgaben und
seinem Haupt das Phrygium aufsetzten, einen kaiserlichen Schmuck, um-
zogen wie ein Helm von einem goldenen Reif …"[548] Trotzdem darf der
Papst, so Bernhard, nie sein sündenbelastetes Menschsein vergessen. Es ist
eine der Hauptlehren des Christentums, die Bernhard immer wieder und
auch hier einhämmert: „Von Dir kommt das Böse, das Gute aber von Gott;
daß Dir das klar ist, bezweifle ich nicht."[549] Und Bernhard breitet seine Tu-
gendlehre vor Eugen aus: Das rechte Verhalten in Glück und Unglück, die
Vermeidung von Untugenden wie Geschwätzigkeit, Protektionismus und
Leichtgläubigkeit[550] (ein Fehler, den Bernhard auch bei sich selbst hätte
rügen können).

Das dritte Buch ist dem Bereich gewidmet, der dem Papst untersteht.
Nachdem Bernhard nochmals eindringlich das Verbot zu herrschen erneuert
hat, „denn ich fürchte für Dich kein Gift und kein Schwert mehr als die
Herrschsucht"[551] – er wird gewußt haben, warum er dies wiederholt –, um-
reißt er drei große Themen päpstlicher Aufgaben: ein erstes ist die Heimholung derer, die nicht zur Catholica zählen, seien sie Heiden, Juden oder
Ketzer: „Du mußt Dir deshalb die größtmögliche Mühe geben, daß sich die
Ungläubigen zum Glauben bekehren, die Bekehrten sich nicht von ihm ab-
kehren, daß die Abgefallenen zurückkehren, daß die verkehrt Denkenden
sich wieder zur rechten Ordnung hinkehren, die Verführten zur Wahrheit
umkehren, die Verführer aber durch unwiderlegliche Beweisgründe über-

führt und womöglich gebessert werden, oder andernfalls ihren Einfluß verlieren und damit die Möglichkeit, andere zu Fall zu bringen. Vor allem darfst Du nicht gegenüber dieser übelsten Art der Unverständigen gleichgültig sein, ich meine die Häretiker und Schismatiker. Sie sind nämlich Verführte und Verführer, reißende Hunde und betrügerische Füchse."[552] Daß Bernhard bei den letzteren an die Henricianer und Katharer dachte, ist klar. Bei den Heiden können ihm nur die Muslime und Slaven im Osten gegenwärtig gewesen sein. Die Schismatiker sind für ihn die Angehörigen der orthodoxen Kirchen, die nach katholischer Lehre irrgläubig, seit 1054 exkommuniziert und daher der Hölle verfallen waren. An den verschiedenen Kontakten, die es trotzdem auch auf theologischer Ebene zwischen Lateinern und Byzantinern gab,[553] war Bernhard nicht beteiligt und wohl auch nicht interessiert.

Vor allem aber nimmt Bernhard wieder den Kampf gegen die Ehrgeizigen auf, die nicht der Frömmigkeit wegen nach Rom ziehen, sondern um vom Papst ihre Positionen verbrieft zu bekommen. Es ist das Instrument der Appellationen, durch das der Spruch eines geistlichen Gerichtes bis zur Entscheidung durch den Papst aufgeschoben wurde, ein Rechtsmittel, das man seit Innozenz II. immer häufiger ergriff.[554] Wer die Appellation unterbinden wollte, wurde vom Papst mit einer Strafe von 30 Pfund Gold bedroht, weswegen sie die Bischöfe kaum zu verhindern wagten.[555] Bernhard verurteilt dies – zumal er es selbst mehrfach gebraucht hatte – nicht grundsätzlich, greift aber seine Praxis an. „Berufen darf man nur, wenn ein Urteil vorliegt. Schon vor dem Urteilsspruch dazu zu greifen ist eine Frechheit, wenn nicht ein eindeutiger Beschwerdegrund vorliegt. Die Berufung soll nicht eine Ausflucht, sondern eine Zuflucht ermöglichen. Wie viele Angeklagte kennen wir, die Berufung eingelegt haben, damit sie dadurch in der Zwischenzeit tun könnten, was sie niemals tun durften! Von anderen wissen wir, daß sie sich durch die Rückendeckung einer Berufung ihr Leben lang schwere Vergehen erlauben konnten, zum Beispiel Blutschande oder Ehebruch. Wie kommt Dir das vor, daß eine Einrichtung das Laster in Schutz nimmt, die doch von lasterhaften Menschen im besonderen gefürchtet werden sollte? Wie lange noch läßt Dich das Murren der ganzen Welt kalt, oder merkst Du es nicht? Wie lange willst Du noch schlafen? ... Die Guten werden von den Bösen vor das Berufungsgericht gebracht, damit sie nichts Gutes tun, sondern es unterlassen aus Furcht vor der Stimme Deines Donners. Man legt sogar gegen Bischöfe Berufung ein, damit sie es nicht wagen, unzulässige Ehen aufzulösen oder zu verbieten. Es wird Berufung eingelegt, damit sie sich ja nicht das Recht herausnehmen, Raub, Diebstahl, Sakrilege und ähnliches irgendwie zu bestrafen oder zu behindern. Man legt Berufung ein, damit sie unwürdige und verrufene Personen nicht von heiligen Ämtern oder Pfründen fernhalten oder absetzen können."[556] Bernhard, der einige konkrete Beispiele nennt, ist sich über die ungeheueren Kosten einer Rom-reise im klaren, die oft nur der finanziell besser gestellten Partei die Inter-vention an der Kurie erlaubten. Sein Vorschlag, den Eugen jedoch nicht be-folgte, lautet: alle Fälle, bei denen eine Berufung mißbräuchlich zu sein scheint, sind sogleich an das Erstgericht zurückzuverweisen. Damit hätte der Papst freilich eine bedeutende Einkommensquelle aufgegeben; dies wäre Eugen vielleicht noch zuzutrauen gewesen. Aber auf die Macht, die sich auf diese Weise ausüben ließ, wollte er keineswegs verzichten.

Eng mit diesen Problemen verbunden war der an der Kurie ganz übliche und von den Päpsten geduldete Brauch, von den Appellierenden Beste-chungsgelder zu kassieren, wobei Bernhard aber Eugen bescheinigt, persön-lich ganz selbstlos zu sein.[557] Ähnlich gelagert wie der Fall der Appella-tionen erschien auch das Streben nach Exemtionen. Cîteaux hatte Vergünsti-gungen erst in sehr geringem Maße beansprucht durch die päpstlichen Privi-legien von 1100 und die Bestätigung der *Carta Caritatis* von 1119; 1152 sollte eine weitere Bulle zur Bestätigung der zisterziensischen Normen und Privile-gien dazukommen, die dem Orden auch die Meßfeier trotz gültigen Inter-diktes gestattete.[558] Bernhard kritisiert die Ausnahmeregelungen, durch die sich besonders Klöster, gelegentlich auch Bischöfe aus der bischöflichen bzw. erzbischöflichen Jurisdiktion herauszulösen versuchten, um nur mehr dem Heiligen Stuhl zu unterstehen.[559] Er hielt sich hier, ohne ihn zu nennen, an den Canon XVI des Ersten Laterankonzils (1123): „monachi propriis episcopis cum omni humilitate subiecti existant",[560] „die Mönche sollen ihren Bischöfen in aller Demut unterworfen sein". An Eugen schreibt er: „Es gibt wohl gar keine oder nur wenige unter ihnen, die diese Wunde nicht fühlen oder wenigstens fürchten. Du willst wissen welche? Äbte werden den Bischöfen, Bischöfe den Erzbischöfen, Erzbischöfe ihrem Patriarchen oder Primas entzogen ... Durch ein solches Vorgehen beweist Ihr, daß Ihr zwar die Fülle der Macht, jedoch vielleicht nicht in gleicher Weise die Fülle der Gerechtigkeit besitzt. Ihr handelt so, weil Ihr es könnt, doch ob Ihr es auch sollt, das ist die Frage."[561] „Wie sollte es denn nicht unschicklich von Dir sein, deinen Willen zum Gesetz zu machen, und, da gegen Dich nicht Beru-fung eingelegt werden kann, Deine Macht unter Vernachlässigung vernünf-tiger Gründe auszuüben?"[562] Bernhard ärgert vor allem die Unvernunft dieser Praktik. „Bitte, halte mir nicht die Fruchtbarkeit dieser Exemtionen entgegen! Ihre ganze Fruchtbarkeit besteht darin, daß die Bischöfe dadurch immer mehr von Unmut, die Mönche aber von Übermut erfaßt werden."[563] Bernhard sieht hier gerade für die Klöster Gefahr, die damit auch des bi-schöflichen Schutzes ledig gingen; was die päpstlichen Eingriffe in Bistümer betraf, so hatte er solche z. B. in Italien erlebt – und damals gutgeheißen.[564] Eugen schien ihm für so ein Vorgehen aber noch anfälliger zu sein: „Glaubst Du übrigens, daß es Dir erlaubt ist, den Ortskirchen Glieder auszureißen, die Ordnung durcheinanderzubringen und die Grenzen zu verschieben, die Deine Väter festgelegt haben? Wenn es zur Gerechtigkeit gehört, daß sie jedem sein Recht wahrt, wie kann es sich dann ein Gerechter erlauben, jemandem das Seine zu rauben? Du irrst dich, wenn Du meinst, daß Deine apostolische Vollmacht nicht nur die höchste, sondern auch die einzige von Gott verliehene Gewalt ist." Doch auch durch solche Worte war die Entwicklung des Papsttums genau in diese Richtung nicht mehr aufzuhalten. Für Bernhard waren solche Eingriffe aber Verunstaltungen des Leibes Christi, der Kirche, dessen Urbild im Sinne der platonischen Ideenlehre vom Himmel stammt. Die irdische Hierarchie spiegelt nur die himmlische der Engelschöre, wie der Abt nach dem zum allgemeinen Wissensgut gehörigen Modell des von Gregor dem Großen vermittelten Pseudo-Dionysios Areopagita[565] ausführt. Hat je ein Engel einem Erzengel nicht unterstehen wollen? Also!

Ein anderer Dorn in Bernhards Auge ist der Prunk und die Eleganz, die viele Geistliche in Gewand und Haartracht zeigten, was auch andere Schriftsteller der Zeit verurteilten. Über die, die sich modische Kleider und elegante Haarschnitte genehmigten, sagt er: „Ihrem Äußeren nach geben sie sich als Ritter, dem Erwerb nach als Kleriker, doch in ihren Taten als keines von beidem. Denn sie kämpfen weder wie die Ritter, noch verkündigen sie das Evangelium wie die Kleriker. Zu welchem Stand gehören sie dann? Da sie zu beiden gehören wollen, verraten sie beide und machen beide lächerlich. „Jeder", so heißt es, „wird in seinem Stand auferstehen [Vgl. 1 Cor 15, 23]. Welcher trifft dann für sie zu? Oder werden sie, die außerhalb der standesgemäßen Lebensweise gesündigt haben, dann auch außerhalb der Stände zugrunde gehen? Wenn wir zu Recht vom allweisen Gott glauben, daß er von oben bis unten nichts ohne Ordnung gelassen hat, fürchte ich, daß sie nur dort eingeordnet werden können, wo es keinen Stand mehr, sondern nur noch ewiges Grauen gibt."[566] Eugen hatte diesbezüglich 1148 in Reims selbst entsprechende Verbote erlassen (aus denen Bernhard wörtlich zitiert[567]), aber er kümmerte sich nicht um ihre Durchführung.[568] Für Bernhard – wie die allermeisten seiner Zeitgenossen – gehören Äußeres und Inneres noch ganz eng zusammen. Wer sich so außerhalb seines Standes stellt, der wird beim Endgericht auch keinen Ort der Rettung haben.

Das vierte Buch gehört der Besinnung auf das, was rund um uns ist. Eugen betreffend heißt dies vor allem: auf das Treiben im päpstlichen Palast. Vor allem an die Hausgenossen des Heiligen Vaters stellt Bernhard die an sich selbstverständliche, in concreto jedoch notwendige Forderung vorbildlichen Verhaltens. Die freilich sind Römer, und hier rekurriert Bernhard auf seine persönlichen Erfahrungen: „Was ist seit Generationen so bekannt wie die Frechheit und die Halsstarrigkeit der Römer? Sie sind ein Volk, für das der Frieden das Ungewohnte, der Aufruhr dagegen das Gewohnte ist, ein Volk, das sich grausam und unzugänglich erweist bis zum heutigen Tag und Unterwerfung nicht kennt, außer, es gäbe keine Möglichkeit mehr zum Widerstand."[569] Diese Zeilen sind natürlich vor dem Hintergrund der damaligen Lage Eugens geschrieben: die kommunale Bewegung hatte ihn ja aus Rom vertrieben, und abgesehen von einem kleinen Zwischenspiel im Dezember 1149, das er den Waffen des Normannenkönigs verdankte, vermochte er seine Bischofsstadt nicht in Besitz zu nehmen. Erst am 9. Dezember 1152 konnte er wieder in die Ewige Stadt einziehen, nachdem er ihren Senat und ihre Bevölkerung durch Geldgeschenke bestochen hatte und der neue deutsche Herrscher, Friedrich Barbarossa, einen Romzug angekündigt hatte.[570] So klagt Bernhard auch: „Wen kannst Du mir aus der ganzen riesigen Stadt Rom nennen, der Dich als Papst angenommen hat, ohne daraus Gewinn zu ziehen oder wenigstens zu erhoffen?"[571] Eine leidenschaftliche und ausführliche Beschimpfung der Römer folgt: „Sie sind vor allem klug, um Böses zu tun, Gutes zu tun aber verstehen sie nicht. Sie sind Erde und Himmel verhaßt, denn an beiden haben sie sich vergriffen: Sie sind frevlerisch gegen Gott, ehrfurchtslos gegen das Heilige, aufrührerisch gegeneinander, neidisch gegen die Nachbarn, unmenschlich gegen die Fremden. Sie lieben niemanden, deshalb liebt auch sie niemand..."[572] Es gibt wenig, was Bernhard ihnen nicht vorwirft; sie sind treulos, unverschämt, undankbar usf. Was der Zisterzienser sammelt, war zu seiner Zeit Gegenstand eines eigenen literarischen Genres, der Invektive gegen Rom.[573] Diese meist in Gedichtform gehaltenen Schmähungen basierten freilich auf einer Alltagsrealität, von der alle Welt durch die zahllosen Pilger erfuhr, die oft betrogen und ausgeraubt in die Heimat zurückkehrten.

Bernhard fürchtet auch, Eugen könne dem schlechten Einfluß der prunksüchtigen und goldgierigen Hofbeamten verfallen; er hält dagegen das Vorbild des „Petrus, von dem nicht bekannt ist, daß er einst im Schmuck von Edelsteinen und Seidenstoffen einhergezogen ist, mit Gold bedeckt auf einem Schimmel ritt, daß eine Leibgarde ihn umgab oder lärmende Diener ihn umringten ... In den genannten Punkten bist Du nicht Petrus, sondern Konstantin nachgefolgt. Ich rate Dir, es als zeitbedingt zu dulden, nicht aber als verpflichtend zu verlangen."[574] Der Abt erkennt also, daß eine ihm idealiter vorschwebende Rückkehr in die Zeit der Apostel wenigstens in diesem Punkt – dem äußeren Auftreten des Papstes – kaum durchzusetzen wäre.

Wenn es auch Drachen und Skorpione sind, die der Oberhirte in Rom zu weiden hat, soll er dennoch weitermachen, und zwar, anders als Eugen dies faktisch tat, nicht mit militärischer Gewalt: „Greife sie erst recht an, doch mit dem Wort, nicht mit dem Schwert. Warum willst Du von neuem versuchen, Dir das Schwert anzumaßen, nachdem Dir schon einmal befohlen wurde, es in die Scheide zu stecken?" [vgl. Io 18, 11].[575] Wahrscheinlich erinnerte Bernhard sich an den wenig erbaulichen Tod, den Papst Lucius II.

beim Angriff auf das Kapitol gefunden hatte. Mit geradezu erstaunlicher Zuversicht mahnt er seinen Leser daran, daß ungeachtet aller bisherigen Erfahrungen selbst bei den Römern eine Besserung eintreten könnte, wenn der Papst sich nur intensiv genug bemühe – seine Verpflichtung sei dies jedenfalls und unausweichlich.

Ausführlich, wenn auch vielfach in eher allgemeinen Wendungen, spricht Bernhard sodann über die Mitarbeiter des Papstes. Es sollen keine jungen Männer sein, sondern – wenigstens nach ihrer Sittlichkeit – ältere, keine Stellenjäger und Schmeichler.[576] Die Zögernden und Ablehnenden dagegen, die freilich nach Bernhard ein so langer Tugendkatalog auszeichnen soll, daß man an ihrer Existenz zweifeln muß, kommen für eine Aufnahme in Frage. Bernhard läßt sich hier von der Rhetorik der Vollständigkeit verführen, ein Ideal zu malen, dessen Unerfüllbarkeit ihm klar sein mußte. Zwei solche Männer glaubt der Abt allerdings schon gefunden zu haben: Den päpstlichen Legaten Martin († 1144), wahrscheinlich ein Zisterzienser, und seinen alten Kampfgefährten, Bischof Gottfried von Chartres. Beide zeichneten sich besonders dadurch aus, keine Geschenke anzunehmen.[577] Da kann Eugen nur seufzend sagen – und die Worte, die ihm sein Freund in den Mund legt, kennzeichnen seinen Charakter: Hätte ich doch solche Leute um mich! „Wollte ich irgendwo abirren, würden sie es nicht zulassen, sie würden mich bei überstürzten Taten bremsen oder vom Schlaf aufwecken. Ihre Ehrerbietung und ihr Freimut würde Überheblichkeit bei mir ersticken und Übertreibungen verbessern. Ihre Ausdauer und Stärke würden mir in Unsicherheit Halt geben und mich im Kleinmut aufrichten."[578]

Nach einem kurzen Seitenblick auf die Spannungen, welche innerhalb der Kurie zwischen Kardinaldiakonen, Kardinalpriestern und Kardinalbischöfen herrschten, verläßt Bernhard den Hof, um sich dem päpstlichen Haushalt zuzuwenden. Auch hier rät er sehr vernünftig zu einer Delegation der Aufsicht an einen treuen und klugen Verwalter, der mit allen Vollmachten ausgestattet sein soll. Schlimmstenfalls müsse der Papst sich eben damit trösten, daß auch der Herr einem Judas die Aufsicht über die Gelder anvertraut hatte.[579] Bernhards Ironie trifft voll: „Sonderbar! Die Bischöfe haben mehr als genug Leute zur Hand, denen sie die Seelen anvertrauen wollen, aber für ihr bißchen Vermögen läßt sich kein Treuhänder finden!"[580] Nur eines darf der Papst nicht delegieren: die Aufsicht über die Zucht seiner Bediensteten. Strengstens ist auf Anstand in ihrem Auftreten zu achten, sie sollen ihren Herrn wenn schon nicht lieben, so doch fürchten. Aber wünschenswert wäre ein Mittelweg zwischen Härte und Freundlichkeit. Bernhard endet mit einem Katalog von Epitheta, die den idealen Papst kennzeichnen: Vorbild der Gerechtigkeit, Spiegel der Heiligkeit, Muster der Gottesfurcht usf. Bernhards Papst ist eine ideale Figur, wie sie nie auf dem Thron Petri gesessen hatte oder sitzen sollte: ein Weltbeherrscher, der aber frei von jeder Machtgier sein Regiment nur als Diener seiner Untergebenen führt, der nur in derem Interesse und nicht in dem eines kirchlichen Staates, seines Kirchenstaates, handelt. Der Schluß betont noch einmal die „plenitudo potestatis" des römischen Bischofs, die Bernhard schon früher unterstrichen hatte,[581] das Knie gebeugt vor dem Urheber jenes „einzigartigen Primates" des „Bischofs des Erdkreises".[582] Der Heilige Vater ist „das Licht der Welt, der Priester des Höchsten, der Stellvertreter Christi, der Gesalbte des Herrn ... Wo sich Macht mit Bosheit paart, darfst Du eine Stellung beanspruchen, die das Menschliche überragt. Dein Antlitz zeige sich über den Übeltätern. Den Hauch Deines Zorns soll jeder fürchten, der vor keinem Menschen erschrickt und vor keinem Schwert zittert. Dein Gebet soll fürchten, wer Deine Mahnung mißachtet hat. Wenn Du einem zürnst, soll er glauben, daß Gott ihm zürne, nicht ein Mensch. Wer Dich nicht anhört, soll erschrecken, einst Gott, und zwar als Gegner, anhören zu müssen."[583] Diese Worte, aus dem Geist eines Gregors VII. geschrieben, wirken wie die leitende Maxime so vieler Päpste. Sollte etwa Bonifatius VIII. sie später gelesen haben, wird er seine Freude daran gehabt haben ...

So sehr gerade das vierte Buch auf die praktische, alltägliche Lebensführung gerichtet war, so ganz diesen Dingen enthoben ist das fünfte. Hier ist 'consideratio' im Sinne von Betrachtung, 'contemplatio', gebraucht – es ist das Buch der Betrachtung Gottes, das zum Schauen anregt, Büchern folgend, die das Handeln des Papstes leiten sollten. Freilich weiß Bernhard sehr gut, daß im Unterschied zu jenem die Beschauung, und schon gar die ekstatische Entrückung in die wahre Heimat, das Reich Gottes, nicht lehrbar ist: „Glaubst Du, daß ich über etwas sprechen kann, 'was kein Auge gesehen, kein Ohr gehört hat, und was keinem Menschen in den Sinn gekommen ist' (1 Cor 2, 9)? 'Uns hat es Gott enthüllt durch den Geist' (1 Cor 2, 10), steht in der Schrift. Was über uns ist, wird daher nicht durch Worte gelehrt, sondern durch den Geist geoffenbart. Was aber die Sprache nicht auszudrücken vermag, das kann die Besinnung suchen, das Gebet erflehen, das Leben verdienen und die Reinheit erlangen."[584] Doch schickt Bernhard zunächst in fast scholastischer Manier noch Begriffsdefinitionen voraus: Der bloße Verstand kann zur Einsicht führen, Autoritäten zum Glauben, „die Vermutung, die nichts Gewisses hat, sucht eher die Wahrheit vermittels dessen, was der Wahrheit ähnlich ist, als sie zu begreifen."[585]

Auf diesen drei Wegen beginnt Bernhard mit der Erforschung des himmlischen Jerusalems. Zunächst werden die Engel betrachtet, die sich der Abt in der Tradition der älteren Theologie mit einem ätherischen Leib ausgestattet denkt,[586] um Gott als einzigem die Immaterialität vorzubehalten.[587] Hier schiebt Bernhard eine Erklärung ein, die die Legitimität theologischer Spekulation begründet: „Einige ihrer Namen sind uns ebenfalls vom Hören bekannt ..., selbst wenn das menschliche Gehör nicht alles klar erfaßt ...

Wozu sind uns sonst Namen der himmlischen Geister geoffenbart worden, wenn wir nicht das Recht hätten, Vermutungen über die Träger dieser Namen aufzustellen, ohne gegen den Glauben zu fehlen? Engel, Erzengel, Mächte, Gewalten, Fürstentümer, Herrschaften, Throne, Kerubim und Seraphim, das sind die Namen."[588] Die Lehre von der Hierarchie der neun Engelchöre, die Bernhard hier als Vermutung anführt, geht auf Pseudo-Dionysios Areopagita und Gregor den Großen zurück. Von Bernhard werden den verschiedenen Engelchören bestimmte Dienstleistungen für die Menschen zugeteilt: Die Erzengel z. B. haben nur wichtige Aufgaben, wie Gabriel die Verkündigung an Maria, die Throne ruhen in heiterer Stille und tragen die Gottheit, die Seraphim entflammen alle Himmelsbürger in brennender Liebe ...

„Oh Eugen, wie gut ist es, daß wir hier sind! Doch wieviel besser wird es erst sein, wenn wir einmal ganz dorthin gelangen, wohin ein Teil von uns schon vorgestoßen ist. Im Geist sind wir vorausgeeilt, aber nicht einmal mit diesem ganz, sondern nur mit einem Teil, einem sehr kleinen Teil. Unser Sehnen ist von der Last des Körpers zu Boden gedrückt, unsere Wünsche bleiben am Schmutz der Erde hängen, und nur unsere Besinnung, trocken und armselig, wie sie ist, fliegt uns einstweilen voraus ... Könnte man dort nicht das Herz Gottes schauen?"[589] Bernhard zeigt sich ganz fasziniert von seiner Angelologie und reflektiert lange und in erhabener Sprache die unterschiedlichen Aspekte der Gottheit, die sich in diesen Wesen manifestieren. Ein Engel kann auch im Menschen wohnen – so auch Gott, was Bernhard zu einigen Worten über das Kernthema der Mystik 'Gott in uns' führt.[590]

Diesem Gott nähert sich Bernhard weitgehend in der Sprache der affirmativen Theologie, obwohl er auch die ihm von Dionysius bekannte apophatische andeutet: man kann über ihn Aussagen machen und kann es doch nicht, da er alle Sprache übersteigt. „Wenn Du von Gott aussagen möchtest, daß er gut, groß, selig, weise oder etwas Ähnliches ist, so ist das in diesem Wort enthalten, daß er ist: Er ist ... Und, wenn Du noch hundert ähnliche Aussagen hinzufügst, bist Du noch immer bei seinem Sein. Wenn Du sie nennst, hast Du nichts hinzugefügt, wenn Du sie nicht nennst, hast Du nichts weggenommen ... Was ist Gott? Der, für den die Generationen weder beginnen noch verrinnen und auch nicht ewig bleiben wie er. Was ist Gott? Der, von dem, durch den und in dem alles ist ..."[591] Gott ist der Ursprung des Alls, selbst ohne Anfang.

Was Bernhard hier sagt, ist alles traditionelle Glaubenslehre, aber in hymnischen, beschwingten Formulierungen, deren Wohllaut das gerade Gegenteil jeder scholastischen Abhandlung ist.

> Quaeris, si in ipso omnia, ipse ubi?
> Nihil minus invenio. Quis capiat locus?
> Quaeris ubi non sit?
> Non hoc quidem dixerim: Quis sine Deo locus?[592]

„Du fragst: Wenn in ihm alles (besteht), wo er dann selbst? Nichts kann ich weniger finden. Welcher Raum könnte (ihn) fassen? Du fragst, wo er nicht ist? Auch das könnte ich nicht sagen. Welcher Raum ist ohne Gott? ... Auf die ihm eigene erhabene und unbegreifliche Weise ist er, so wie alles in ihm ist, auch selbst in allem ..."

Aber Bernhard wäre nicht Bernhard, wenn er nicht bei dieser Gelegenheit auf seine Widerlegung der Lehren des Gilbertus Porretanus zurückgriffe und eine Verteidigung der orthodoxen Dogmen unternähme[593] (obschon sie Eugen zweifellos nicht in Frage stellte). Fast möchte man meinen, er versetze sich in die Disputation zu Reims zurück: „Es gibt in Gott nichts außer ihm selbst. 'Was?', wendet man ein, 'leugnest Du, daß Gott eine Gottheit hat?' Nein, aber was er hat, das ist er. 'Und leugnest Du, daß er Gott durch seine Gottheit ist?' Nein, doch ist sie nichts anderes als diejenige, die er selbst ist. Wenn Du aber eine andere gefunden hast, – so wahr mir der dreifaltige Gott helfe – dann erhebe ich mich dagegen mit aller Unerbittlichkeit."[594] Unter Rückgriff auf Boethius und Anselm, aber immer fernab der Trockenheit der Schultheologie, entwickelt der Abt hier lange die rechtgläubige Auffassung vom einen Gott und den drei Personen. Im Hintergrund dieser natürlich Eugen bestens geläufigen Lehre steht immer Bernhards Bemühen, Spekulationen der Anhänger Gilberts zu bekämpfen, deren Konzeptionen der Autor freilich bis ins Absurde überspitzt (Quaternität, doppelter Gott[595]). Obgleich Bernhard bis hierher mit rational-logischer Argumentation versucht, diese Theologoumena einsichtig zu machen, kann er sich bei der Trinitätsproblematik auch nur mehr in Dogmatismus retten: „Sprechen wir also von dreien, doch ohne Einschränkung der Einheit, und sprechen wir von dem Einen, doch ohne Vermengung der Dreiheit! Es handelt sich nämlich nicht um leere Namen, um sinnlose Worte ohne Bedeutung. Fragt nun jemand danach, wie das sein kann? Er soll sich damit begnügen, festzuhalten, daß es so ist! Es ist zwar nicht einsichtig für den Verstand, aber trotzdem nicht zweifelhaft wie eine bloße Vermutung, sondern ist sichere Glaubensüberzeugung. Dies ist etwas Großes und Heiliges (sacramentum hoc magnum) und muß daher angebetet, nicht erforscht werden. Wie kann es eine Vielheit in der Einheit, und zwar in dieser Einheit geben, oder diese Einheit in der Vielheit? Das erforschen zu wollen ist Vermessenheit, es zu glauben Frömmigkeit, es zu wissen das Leben, ja, das ewige Leben."[596]

Die Einheit Gottes führt Bernhard weiter zur Reflexion über die Einheit von göttlicher und menschlicher Natur in Christus. Er sieht darin, daß der Erlöser eins war mit dem Heilenden (Gott) und dem zu Heilenden (Mensch), eine „Pulcherrima ... convenientia (besonders schöne Harmonie)".[597] Es schließt sich eine kleine Christologie an: Im Heiland gibt es drei Elemente: „Neues, Altes und Ewiges. Das Neue ist die Seele, von der wir glauben, sie sei im Augenblick ihrer Eingießung aus dem Nichts geschaffen worden. Das Alte ist das Fleisch, von dem wir wissen, daß es von Adam, dem ersten Menschen her, weitergegeben wurde. Das Ewige ist das Wort, von dem wir mit sicherer Wahrheit bezeugen, daß es aus dem ewigen Vater gezeugt und gleich ewig ist wie er."[598] Da alle diese Aspekte sich auf die Erlösung beziehen, kann Bernhard hier wiederum eine häretische Lehre angreifen, die der Katharer. Sie sprachen Jesus keinen menschlichen, sondern nur einen Scheinleib zu, da sie alles Fleischliche als vom bösen Feind kommend ablehnten, oder sahen in ihm nur einen dem Vater untergeordneten Engel.[599]

Doch wieder findet Bernhard zum Überzeitlichen und schreibt hier den vielleicht tröstlichsten Satz seines ganzen großen Buches: „... solus est Deus qui frustra numquam quaeri potest, nec cum inveniri non potest." „Gott allein ist es, der nie vergeblich gesucht werden kann, auch wenn man ihn nicht finden kann."[600] „Was also ist Gott? Für alles Geschaffene das Ziel, für die Erwählten das Heil, für sich selbst – das weiß (allein) er. Was ist Gott? Allmächtiger Wille, unendlich gütige Kraft, ewiges Licht, unwandelbare Vernunft, höchste Glückseligkeit, die Seelen erschaffend zur Teilnahme an seinem Leben, sie belebend, ihn zu erfahren, sie lockend, nach ihm zu verlangen, sie weitend, ihn aufzunehmen und sie rechtfertigend, um ihn zu verdienen; sie zum Eifer anspornend, zum Fruchtbringen befähigend, zur Gerechtigkeit anleitend, zur Güte erziehend, zur Weisheit führend, zur Tugend stärkend, zum Trost besuchend, zur Erkenntnis erleuchtend, zum ewigen Leben unsterblich machend, zu ihrer Seligkeit erfüllend und sie zu ihrer Geborgenheit umschließend."[601]

Doch Gott ist auch die Strafe der Stolzen und Abtrünnigen. Es ist bemerkenswert, wie sehr der späte Bernhard seine hier ausgebreitete Schilderung der Höllenqualen spiritualisiert hat. Nichts von den Dornen, Gletschern und Peitschen der zeitgenössischen Offenbarungsliteratur und Predigt, nichts von den Kesseln, Flammen und Dämonen der zeitgenössischen Malerei und Plastik, die gerade zu seinen Lebzeiten in seiner Heimat Höhe- oder Tiefpunkte in der Gestaltung der Drohbotschaft hervorbrachten (Conques, Autun usw.).[602] Es sind vielmehr psychische Qualen, die Bernhard den Sündern vor Augen führt: gehemmter Wille, Gewissensbisse, Erinnerungen, Scham vor sich selbst ... „Das ist der zweite Tod, der ständig zuschlägt, doch niemals erschlägt! ... Was geschehen ist, kann nicht ungeschehen gemacht werden ... Was über die Zeit hinausgeht, vergeht nicht mit der Zeit. Auf ewig muß Dich daher das begangene Böse quälen, das Dir auf ewig im Gedächtnis bleibt."[603]

Doch mit dieser erschreckenden Gewißheit will Bernhard sein Werk nicht schließen. Nochmals kehrt er zur Frage nach Gott zurück. Dieser ist die Länge und Breite, Höhe und Tiefe.[604] Dies aber soll keine Unterteilung sein, keine Ausdehnung beschreiben, sondern nur, gemäß unserem be-

schränkten Fassungunsvermögen in diesem irdischen Leib, das Unbegreifliche umschreiben. Ewigkeit, Liebe, Macht und Weisheit sieht Bernhard mit
diesen Begriffen angedeutet, ebenso Staunen, Erbeben, Glühen und Ertragen. Auch auf vier Arten der Beschauung beziehen sich diese Kategorien:
Bewunderung der Größe Gottes, Erschauern vor seinen Gerichten, Erinnerung an seine Wohltaten und Betrachtung der Ewigkeit. Gern würde man
weiterlesen. Aber mit dieser Meditation schließt Bernhard. „Es war bisher
unsere Aufgabe, den zu suchen, den wir noch nicht genug gefunden haben
und der nicht genug gesucht werden kann. Vermutlich aber sucht man ihn
richtiger und findet man ihn leichter, wenn man betet, als wenn man argumentiert. So sei dies das Ende des Buches, nicht aber das Ende des Suchens:
„finis libri, sed non finis quaerendi."[605]
    Ein merkwürdiges, sehr diverse Themen umspannendes Werk ist es, das
der 'homo spiritualis' und 'contemplativus' als Ratgeber[606] dem von seinen
Geschäften überschwemmten Lenker der Christenheit da vorträgt, wohl
ohne Vorbild in der mittellateinischen Literatur (wenn auch nicht ohne Anregungen, z. B. durch die *Regula pastoralis* Gregors des Großen[607]). Ausgehend von der philosophischen Frage der Selbstbesinnung, bietet es konkrete
Modelle für die praktische Organisation eines Verwaltungsapparates und
eines Großhaushaltes, um mit einer so poetischen wie apodiktischen Dogmatik der Gotteslehre zu enden. Die Seiten zur aktuellen Situation des Papstes bilden den Hauptteil. Darüber hat Heer treffend geschrieben: „Bernhard kämpft an zwei Fronten, die langsam zu einer verschmelzen; gegen den
altfeudalen Lebensstil der Kardinäle und der hohen Landeskirchenherren,
der Bischöfe und Erzbischöfe, gegen die althergebrachte Verbindung von
Weltlichem und Geistlichem in dieser herrscherlichen Welt der Kirchenfürsten; er kämpft aber auch gegen den neuen Weltstil der Kurie, gegen jene
Verbindung von Kanonistik, Scholastik und römischem Recht, päpstlicher
Hofverwaltung und Geldwirtschaft, Legatenwesen und sorgfältigem
Ausbau kurialer Machtpositionen – diese Verbindung, der die Zukunft gehört."[608] Tatsächlich war die Geldgier der Kardinäle in der ganzen Christenheit gefürchtet, und Papst Eugen selbst ging so weit, armen Bittstellern ein
Geschenk speziell dafür zu geben, daß sie damit ihrerseits die Kardinäle zu-
friedenstellen konnten[609]. Bernhard hat sich auch nicht gescheut, Kurien-
mitgliedern eindeutige Sätze zu schreiben wie: „Non sacelli multiplicentur,
sed caritas dilatetur",[610] „nicht die Geldbeutel gilt es zu vermehren, sondern
die Liebe zu verbreiten". „Sehr unwürdig ist es, bei einem Priester des
Herrn die Geldbörse des Judas zu finden".[611] War nicht der Legat Jordan
von S. Susanna, ein ehemaliger Kartäuser, ein konkretes und auch Bernhard
bekanntes Beispiel, dessen Geldgier so unverschämt war, daß sich sogar sein
eigener Orden von ihm distanzierte?[612]
    Bernhards Kritik richtete sich nicht nur an Eugen persönlich, der übrigens

nicht auf das Werk reagierte, jedenfalls nicht auf die Bücher I bis III, die ihm nach Fertigstellung zugesandt worden waren.[613] Der Traktat war von seinem Verfasser vielmehr auch für künftige Päpste und andere Leser gedacht;[614] Bernhard vermerkt es daher auch ausdrücklich, wenn ein bestimmter Punkt Eugen nicht betraf, wie etwa die Habgier. Insgesamt war seine Kritik – die Kritik eines sich seiner Heiligkeit bewußten Mannes an einem Kirchenfunktionär, hat man gesagt[615] –, freilich unzeitgemäß, und sie hat keinerlei Einfluß auf seinen Papst oder einen seiner Nachfolger gehabt. Das Ideal, welches der alte Abt vertrat, war das Ideal der Reformbewegung seiner Jugendzeit, wie sein Feind Arnold von Brescia hat er vom Nachfolger Petri im Prinzip – wenn auch in anderer Abstufung und mit anderen Konsequenzen – die Rücknahme der irdischen Machtposition dieser Institution gewollt. Der Papst sollte durch sein Richteramt nicht Macht über die 'temporalia' ausüben, – also genau auf die Errungenschaft der Gregorianischen Reform verzichten.[616] Schon Johannes von Salisbury sollte dann diese Ansätze theoretisch weitertreiben: Der weltliche Fürst ist nur Diener der kirchlichen Amtsträger, der ihnen abnimmt, was ihrer nicht würdig ist – er versieht das Amt des Henkers![617] Und auch faktisch ging die Entwicklung in Rom vielmehr geradewegs auf eine weitere Machtkumulation zu, auf den päpstlichen Weltherrschaftsanspruch eines Innozenz III. (reg. 1198–1216) und Bonifaz VIII. (reg. 1294–1303). Ob Bernhard aus dem Schweigen seines einstigen Mönches auf dem Stuhl Petri geschlossen hat, daß die Zeit seines Einflusses abgelaufen war?

Die Bischofswahl in Auxerre (1151)

Noch einmal hatte Bernhard in eine Bischofswahl einzugreifen: diesmal ging es um Auxerre,[618] wo der mit Bernhard verwandte und befreundete Hugo von Mâcon – er war 1113 mit ihm zusammen Zisterzienser geworden – einem Neffen namens Stephan testamentarisch mehr oder minder die ganzen Güter seiner Diözese vermacht hatte: sieben Kirchen samt Zehnt, Wiesen, Gold, Stallungen.[619] Nachdem der Bischof am 10. Oktober 1151 verstorben war, stieß Stephan, der nur Diakon war, verständlicherweise auf vielfältigen Widerstand, als er sein Erbe antreten wollte. Bernhard unterstützte ihn zunächst, so daß Eugen die Privilegien des jungen Mannes bestätigte. Als dieser jedoch auch in die nun anstehende Bischofswahl einzugreifen versuchte, distanzierte sich der Abt von Clairvaux von ihm und seiner eigenen „praecipitatio scribendi",[620] seinem überhasteten Schreiben – ein treffender Ausdruck für viele seiner Interventionen! Nun bemühte Bernhard sich beim Papst darum, Stephan die Privilegien wieder entziehen zu lassen. „Vera pietas est in avunculum, si super huiusmodi exsisteris impius in nepotem", „die wahre Frömmigkeit gegenüber dem Onkel ist es, wenn

Du Dich hier unfromm gegen seinen Neffen erweist!"[621] Anscheinend hielt er es mittlerweile für möglich, daß Stephan das Testament erschlichen oder sogar gefälscht hatte.[622]

Wie gehabt, schaltete sich jedoch auch hier wieder der lokale Graf, es war Wilhelm von Nevers, ein.[623] Nach mehreren Wahlgängen setzte der Papst Bernhard zusammen mit weiteren Geistlichen als Visitatoren ein, um die Situation durch diese Kommission klären und bereinigen zu lassen. Bernhard wollte die Gelegenheit dazu benützten, wieder einmal einen Ordensbruder auf einen Bischofsstuhl zu bringen, wobei jedoch nicht alle Mitglieder der Kommission mitspielten.[624] Erst beim nächsten Wahlgang, der in Bernhards Gegenwart stattfand[625] und aus dem Alanus, wieder ein ehemaliger Mönch von Clairvaux und Abt eines Klosters aus dieser Linie, als Elekt hervorging, gelang es Bernhard, unterstützt von Eugen, alle noch immer bestehenden Hindernisse zu überwinden. Am 30. November 1152 konnte Alanus in Auxerre einziehen.

Auch die Auseinandersetzungen zwischen Cluniazensern und Zisterziensern beschäftigten den Abt nochmals: schon lange gab es heftigen Streit zwischen der Zisterze Le Miroir, einer 1131 gegründeten Tochter von Cîteaux, und dem Cluniazenserpriorat Gigny, da die grauen Mönche den schwarzen keinen Zehnt zahlen wollten, obgleich sie ihr Kloster auf deren Grund errichtet bzw. Teile davon zur Bewirtschaftung erhalten hatten.[626] In der Tat existierte ja das päpstliche Privileg von 1132, und Eugen III. drohte den Cluniazensern mit der Exkommunikation, wenn sie es nicht beachten wollten. Die Eskalation zerstört wiederum die Illusion von einem durchwegs anständigen Umgang der Religiosen miteinander: Gewaltsam überfielen Mönche und Laien des Priorats Le Miroir, setzten das Kloster in Brand, vernichteten seine Vorräte und vertrieben die Zisterzienser mit Schwert und Keule![627]

Bernhard und Petrus von Cluny, die schon früher diesbezüglich eine allerdings erfolglose Vereinbarung getroffen hatten, verabredeten ein Treffen im Kloster des Benediktinerabtes, das am 8. Juni 1152 stattfand.[628] Doch die Mönche von Gigny verweigerten die auch von Eugen geforderte Wiedergutmachung. Petrus und Bernhard, die mit einander keine Probleme hatten, zumal ersterer, wie sehr er früher auch die Interessen seiner Mönche verteidigt hatte,[629] ein derartig kriminelles Vorgehen keinesfalls decken wollte, vermochten es nicht, sich bei ihren Untergebenen durchzusetzen, und der Streit dauerte noch nach ihrer beider Tod fort.

Ruhelose letzte Jahre (1152/53)

Dauernd von außen in Anspruch genommen, ist es kein Wunder, daß Bernhard sich gelegentlich über die Schar der Boten und Bittsteller beklagte,[630] die sein Kloster, das eigentlich ein stilles Refugium hätte sein sollen, zu einer Anlaufstelle für alle möglichen geistlichen und weltlichen Herren machte, die etwas von dem Abt zu erreichen wünschten. Viele freilich kamen auch, weil sie Bernhard noch vor seinem Tod kennenlernen wollten, wie der Erzbischof von Lund, Eskil († 1181),[631] der deshalb mit großen Kosten „vom Ende der Welt", wie die Franzosen Skandinavien nannten,[632] anreiste. Etwa zu Jahresschluß besuchte auch ein Adeliger Bernhard auf seinem Krankenlager, von dem das wohl nicht unbedingt zu erwarten gewesen war, nämlich Robert von Dreux, gegen den Bernhard drei Jahre zuvor Suger mobilisiert hatte. Er schien sich aber mittlerweile eines Besseren besonnen zu haben oder machte das den Abt wenigstens glauben, so daß Bernhard ihn sogar seinem königlichen Bruder empfahl.[633]

Bernhard diktierte zwar unermüdlich weiterhin Predigten oder Briefe und empfing Gäste, aber eigentlich wartete er nur mehr auf den Tod. 1151 bereits hatte er dem Papst gegenüber formuliert: „Mehr als sonst ist Euer Kind erkrankt, tropfenweise fließt er hin, vielleicht weil er unwürdig ist, auf ein Mal zu sterben und schnell zum Leben einzugehen."[634] Seinem Onkel Andreas, der als Tempelritter in Jerusalem „unter der Sonne für den streitet, der über der Sonne sitzt",[635] schrieb er einen melancholischen Brief, der doch voll Heilsgewißheit vom Lohn nach den irdischen Kämpfen träumt. Bernhard, der stets sehr an seinen männlichen Familienmitgliedern hing, wünscht sich Andreas' Besuch und bittet um Eile, damit dieser ihn noch lebend treffen könne, „'denn ich schwinde dahin' und werde mich, glaube ich, nicht mehr lange auf der Erde halten".[636]

Freilich, die Kanzlei war lebendig wie immer: Brief um Brief ging aus dem stillen Clairvaux in die Welt, eine Mahnung an die Königin Melisinde von Jerusalem, sich ihren Witwenstand tugendsam zu bewahren,[637] ein Trostbrief an die Gräfin Mathilde von Blois wegen Problemen mit ihrem Sohn,[638] Verteidigungsschreiben für den neuen Abt von Saint-Denis, Odo von Deuil, der den Tod eines Menschen verursacht haben sollte, viele Schulden machte und Güter verpfändete.[639] Aber wie viele dieser Schreiben waren nicht sehr weitgehend der Arbeit von Bernhards Sekretären zu verdanken?

Wie fieberhaft der Geschwächte auch noch vor seinem Tod um die Verbreitung seines Ordens besorgt war, zeigt sich am klarsten daran, daß er allein in seinem letzten Jahr nicht weniger als zwanzig seiner Söhne zu Äbten „ordinierte".[640]

Vermittlung in Metz (1153)

Da kam im Frühjahr 1153 der neue Erzbischof von Trier, Hillin von Fallemagne,[641] nach Clairvaux. Seine Versuche, den Krieg zwischen dem Kardinalbischof Stephan von Bar und der Stadt Metz einerseits und dem Herzog Matthäus von Lothringen andererseits zu beenden, waren gescheitert. Der einzige mögliche Vermittler, dem er jetzt noch Chancen gab, war für ihn Bernhard,[642] und dies, obschon der Abt nicht in besonders guten Beziehungen mit dem Ordinarius stand, sondern sich vielmehr schon wiederholt an der Kurie über ihn beschwert hatte.[643] Hillins Fußfall bewog Bernhard, nicht den gewohnten, aber zeitraubenden Weg über Interventionen in Rom zu suchen, sondern persönlich aufzubrechen, da er sich in diesen Tagen ein wenig besser fühlte und sogar wieder, ohne gestützt zu werden, zur Kommunion gehen konnte.[644]

Nach schwierigen Verhandlungen zogen sich die Parteien mit Bernhard auf eine Insel in der Mosel zurück. Gottfried von Auxerre begründet dies damit, weil auch bei dieser Gelegenheit der Andrang der ein Wunder Erflehenden so groß war, daß Bernhard sich nicht für seine politische Aufgabe freimachen konnte.[645] Allerdings waren im Mittelalter für solche Unterhandlungen Treffen auf „neutralem Boden" wie einer Brücke, einem Boot oder einer Insel in der Mitte eines Stromes allgemein üblich.[646] Jedenfalls kam man dort unter Bernhards Vermittlung zu einem wenn auch ungeliebten Friedensschluß. Das Eingreifen des Zisterziensers habe ihn sehr geschädigt, beklagte sich der Kardinalbischof im Sommer bei Kanzler Wibald von Stablo.[647] Der erschöpfte Abt war damals schon längst wieder zu Hause angekommen. Er wird geahnt haben, daß er Clairvaux nicht mehr verlassen sollte, und er wird nicht traurig darob gewesen sein. Im Kloster muß ihn Ende Juli, Anfang August die Nachricht erreicht haben, daß Eugen III. keinen Brief, keinen Traktat mehr von ihm werde annehmen können: den Papst hatte am 8. Juli das Zeitliche gesegnet.[648]

Der Tod (1153)

„spiritus promptus est in carne infirma. Orate Salvatorem, 'qui non vult mortem peccatoris', ut tempestivum iam exitum non differat, sed custodiat": „Mein Geist im schwachen Fleisch ist bereit. Bittet den Heiland, der nicht den Tod des Sünders will, daß er mein Ende – es kommt zeitgerecht – nicht aufschieben, sondern behüten möge."[649] Dies sind Worte aus dem letzten Brief,[650] den Bernhard von Clairvaux absandte. Er diktierte oder schrieb ihn trotz seines Zustandes zur Gänze selbst als Zeichen seiner Zuneigung zum Empfänger, Ernald, Abt von Bonneval.[651] Bernhard schildert hier dem Freund seine Krankheit: Schmerz, Schlaflosigkeit, Hunger ohne die Möglichkeit, feste Nahrung zu sich zu nehmen, geschwollene Beine ... Bernhard mit seiner chronischen Magenentzündung, aus der sich ein Geschwür entwickelt hatte, mit seiner im Alter zusätzlich aufgetretenen Wassersucht,[652] muß sich schon oft dem Tode nahe gefühlt haben, aus Italien hatte er es selbst geschrieben und darum gefleht, im Kreis seiner geliebten Brüder sterben zu dürfen.[653] Nun aber, in Bernhards dreiundsechzigstem Jahr, war der Tod, der sich ihm so oft verfrüht angekündigt hatte, wirklich da.

Bernhard wünschte sich die Erlösung von seinen Schmerzen und von diesem Leib des Todes (Rom 7, 24). Berichte über Mönche in den zisterziensischen und sonstigen Viten,[654] die, von Freude erfüllt, das Zeitliche segneten, sind zwar Topoi der Hagiographie, haben aber alle Wahrscheinlichkeit für sich – diese Menschen waren davon überzeugt, einen guten Kampf gekämpft zu haben und nun als Sieger ins Paradies einzugehen. Vor mehr als zwanzig Jahren hatte Bernhard selbst geschrieben: „Bona mors, et nequaquam abhorrenda, quae vitam, etsi adimit, non perimit. Adimit quidem, sed ad tempus, restituendam in tempore, duraturam sine tempore".[655] „Gut ist der Tod und keineswegs erschrecklich: nimmt er doch das Leben an sich, ohne es wegzunehmen. Er nimmt es an sich, doch nur auf Zeit, um es zur Zeit wiederherzustellen, damit es ohne Zeit dauere."[656] Genau das Gegenteil zur „mors nequaquam horrenda" sollte die Auffassung der kommenden Generationen vom Sterben prägen. Sie konnten sich den Tod gar nicht schrecklich genug ausmalen.[657] Aber viele von Bernhards geistlichen Altersgenossen, etwa Suger,[658] gingen ihren letzten Weg mit einem freudigen Lächeln auf den Lippen.

Bernhards Tod am Morgen des 20. August 1153 war, wie der vieler Kirchenmänner des Mittelalters, ein bewußt öffentlicher Tod.[659] Die Nachricht, daß der große Wundertäter in den letzten Zügen lag, hatte man unter den Nachbarn von Clairvaux verbreitet, und viele waren gekommen, nicht nur Äbte des Ordens, sondern auch Bischöfe.[660] Wahrscheinlich empfahl er ihnen noch den Mönch, den er als Nachfolger für sein Kloster wünschte, und designierte also den Abt der Zisterze Dunes, Robert von Brugge.[661] Demut, Geduld und Liebe soll der Inhalt seiner letzten Ermahnungen an die Umstehenden gewesen sein.[662] Bernhard konnte die Versammelten so in der Tat mit einem vorbildlichen Hinscheiden erbauen – genau das war das Ziel eines öffentlichen Sterbens, so ungefüge uns eine solche Formulierung heute anmuten mag, die wir die spirituelle Kategorie 'aedificatio' nicht mehr kennen.

In den mittelalterlichen Klöstern war auch das Sterben peinlich genau geregelt;[663] der Schall der Holztafel und vier Glockenschläge verkündeten das nahende Ende und riefen die Brüder zusammen. Der Kranke wurde auf den Boden gelegt, auf ein Aschenkreuz und eine Matte – die Bernhards ist bis heute als Reliquie erhalten.[664] Kreuz und Weihwasser sollten ihn vor bösen Geistern beschützen. Der Abt bat seine Mitbrüder nachdrücklich darum, Gott nicht durch Gebete dazu zu bringen, sein Leben noch zu verlängern.[665] Ohne Kampf hauchte er seine Seele unter den Psalmen der Mönche aus. Was seine Umwelt und zweifellos auch er selbst über seinen Tod empfand, drückte Gottfried treffend in der Sprache seines Standes aus: „Ein glücklicher und wirklich heiterer Tag war das für ihn, an dem ihn Christus, der volle Mittag, erleuchtete. Ein Tag, an allen Tagen seines Lebens von ihm mit so vielen Sehnsüchten erwartet, mit Seufzern verlangt, in der Meditation schon vor Augen geführt, mit Gebeten im voraus gefeit (gegen die Angriffe des Bösen). Ein glücklicher Übergang von der Mühsal zur Erfrischung, von der Erwartung zur Belohnung, vom Kampf zum Sieg, vom Tod zum Leben, vom Glauben zum Wissen, von der Pilgerschaft in die Heimat, von der Welt zum Vater!"[666]

Noch einmal zog der thaumaturgische und nun entseelte Körper die Menschenmassen an, die um Linderung ihrer Krankheiten baten oder darauf hofften, durch Berührung mit irgendeinem Gegenstand eine Kontaktreliquie nach Hause mitnehmen zu können. War doch ein toter Heiliger in den Augen der Zeit fast besser als ein lebender, da er in der Regel den Ort seines Wirkens nicht mehr verlassen konnte.[667] Ehe darob das Chaos in der Abtei ausbrechen konnte, bestatteten die Mönche Bernhard nach zwei Tagen der Aufbahrung heimlich in den ersten Morgenstunden vor dem Marienaltar ihrer Kirche. Um Clairvaux nicht zu einem Wallfahrtsort zu machen und den Brüdern die Ruhe zu erhalten, verbot Abt Goswin von Citeaux dem Toten, irgendein Wunder zu wirken.[668]

Wie der Abt selbst es angeordnet hatte, legte man ihn zur letzten Ruhe angetan mit der Kleidung seines Freundes Malachias und mit einer Kapsel voller Reliquien des Apostels Thaddäus auf der Brust.[669] Sie waren ihm aus Jerusalem übersandt worden und sollten ihm die Auferstehung unter dem Schutz dieses mächtigen Heiligen garantieren. Dazu gab man ihm ein Pergament mit ins Grab, das mit einem Vers aus jenem Buch beschrieben war, über das Bernhard meditiert hatte wie über kein anderes: „Ein Myrrhenbüschel ist mein Geliebter, zwischen meinen Brüsten wird er weilen."[670] (Cant 1, 12).

Eine prämonstratensische Chronik der Zeit faßt zusammen, was in der monastischen Welt über alle Differenzen hinaus gefühlt und gedacht wurde: „Venerandae memoriae Bernardus abbas Clarevallensis post claros actus et multarum animarum lucra et innumera fundata monasteria beata fine quiescit"[671]: „Abt Bernhard von Clairvaux verehrungswürdigen Gedächtnisses ging nach hehren Taten und dem Gewinn vieler Seelen und unzähligen Klostergründungen mit einem seligen Ende in die Ruhe ein." Und die *Annalen von Cambrai* bemerken zu 1153: „Eodem anno famosissimus ille Dei cultor Bernardus abbas Clarevallensis nuncupatus, de hoc seculo nequam perrexit ad requiem"[672]: „In ebendiesem Jahr ging jener hochberühmte Gottesverehrer, genannt der Abt von Clairvaux, aus dieser bösen Welt in Ruhe ein." „Dei cultor" wäre vielleicht wirklich die treffendste Bezeichnung, wenn man Bernhard mit einem Wort charakterisieren wollte. „cultor"[673] impliziert ja nicht nur Verehrung, es gilt für jemanden, der sich aktiv um etwas bemüht, etwas verwaltet und hütet. Bernhard gab sich in der Tat mit Leib und Seele hin, um, was immer er für die Sache Gottes ansah, zu bewahren, zu fördern und zu heiligen.

Die Zusammenfassung von Eduard Gibbon skizziert auch heute noch gültig Bernhards Wirken nach außen: „In speech, in writing, in action, Bernard stood high above his rivals and contemporaries; his compositions are not devoid of wit and eloquence; and he seems to have preserved as much reason and humanity as may be reconciled with the character of a saint ... the abbot of Clairvaux became the oracle of Europe, and the founder of one hundred and sixty convents. Princes and pontiffs trembled at the freedom of his apostolic censures ..."[674] Dazu saßen 1153 noch auf zehn französischen Bischofsthronen Zisterzienser, die meisten von ihnen aus Clairvaux, und fünf weitere kleidete der Kardinalspurpur. Etwa siebzig Mönche aus Bernhards Kloster führten den Abtsstab.[675] Aber dies ist nur der leicht sichtbare Teil eines Lebenswerkes. Wie immer man zu den religiösen Überzeugungen stehen mag, aus denen heraus Bernhard lebte – zu lesen, was und wie er über sie schrieb, hat unzählige Menschen mit Freude erfüllt. Wohl kein zweiter geistlicher Autor seiner Zeit wurde mit derartigem Interesse abgeschrieben, verbreitet, nachgeahmt.

Aber die Wirkungs- und Rezeptionsgeschichte der Schriften des Zisterziensers, von denen gerade die ihm fälschlich zugeschriebenen Werke besonders die katholische Spiritualität prägen sollten,[676] wollen wir nicht mehr verfolgen, ebensowenig die Wandlungen des Bildes, das man sich von ihm machte,[677] oder die Richtung weg von seinen Reformidealen, die der Orden und sein Kloster sofort einschlugen (das erste, was die Mönche von Clairvaux unmittelbar nach Bernhards Tod taten, war, eine große Lehensherrschaft zu kaufen[678]).

Lassen wir von den Zeitgenossen dem Abt Isaak, der von 1147 bis 1178 die Zisterze Stella regierte, das letzte, vielleicht enigmatische Wort, eine persönliche Erinnerung an Bernhard: „cunctis et amore terribilis et terrore amabilis",[679] „allen war er schrecklich aus Liebe und lieb aus Schrecken ...". Aber mit der Eloge, der diese Zeile entnommen ist, lesen wir schon einen verklärenden Rückblick. Der Abt des 12. Jahrhunderts und der heilige Bernhard der katholischen Frömmigkeit sind nur mehr bedingt dieselbe Person, hat Bernhard doch schon zu seinen Lebzeiten Elemente des Legendären angezogen, die die Quellen färbten – nicht aber undurchsichtig machten. Ob wir dem Menschen Bernhard ein wenig näher gekommen sind? Der Lebens-, Empfindens- und Denkweise seiner Epoche? Gilt doch auch für den Historiker: Wir sehen nämlich nur durch einen Spiegel in einem dunklen Wort ...

Nachwort zu Quellen und Literatur

„Nemo autem a nobis sententias aut moralitates expectet,
Hystoriam enim . . . non disputantis more, sed disserentis
ordine prosequi intendimus. "[1]

Jede Epoche bedarf der Historiker, die die Berichte vom Leben der Menschen vor vielen Generationen in einer Form präsentieren, die sowohl bemüht ist, die oftmals fremde Mentalität der fernen Zeiten zu vermitteln, als auch die Fragen ihrer jeweiligen eigenen Gegenwart an die Vergangenheit in einer mit dem Weltbild dieser Gegenwart kompatiblen Weise zu beantworten. Deshalb muß Geschichte – stets eine Rekonstruktion mit Unschärfen und keine präzise Abbildung – immer wieder neu geschrieben werden, selbst dort, wo keine bislang unbekannten Quellen entdeckt wurden. Denn es verändern sich die Mentalitäten, Weltbilder, Erklärungsmodelle . . ., also diejenigen Kategorien, innerhalb derer wir a priori alle Zeugnisse der Vergangenheit betrachten, und dies unausweichlicher Weise. Man kann die Tätigkeit der Geschichtsschreiber in einem einfachen Bild mit der von Baumeistern vergleichen, deren Bausteine aus alten Gebäuden stammen, die rekonstruiert werden sollen. Manche dieser Steine zerfallen von einer Generation auf die andere (das sind etwa die Texte, die als Fälschung ausgeschieden werden), andere kommen, neu ausgegraben, hinzu (bisher unpublizierte Texte), einige bekannte haben eine Reinigung hinter sich (neue Ausgaben bekannter Texte). Aber das Gros der Steine bleibt oft über Jahrhunderte dasselbe. Wie diese Materialien nun im einzelnen zusammengesetzt werden, welche Teile des alten und neuen Baues mehr ins Licht treten oder eher im Schatten bleiben, das löst jeder Architekt nach seinen persönlichen Kenntnissen und Vorlieben (Ausbildung, Weltbild) etwas anders – obgleich alle dieselben Regeln der Statik (historische Methode) berücksichtigen müssen und die groben Umrisse der Architektur (gesicherter Faktenbestand im speziellen Fall, allgemeiner historischer Hintergrund) vorgegeben sind. So gleichen die Rekonstruktionsergebnisse einander in der Regel in hauptsächlichen Strukturen und zeigen doch verschiedene zeit- und personenabhängige Stile. In einer neuen Arbeit berühren vielleicht nun vormals unverbundene Räume einander, mögen weitere Fenster, die Einblicke in einst dunkle Zimmer erlauben, dazugekommen sein, die eine oder andere Farbe hat sich geändert.

Inadäquat, ja methodisch unmöglich wäre jeder Versuch, in seiner Totalität das Leben Bernhards (oder irgendeines anderen Menschen) zu rekonstruieren. Trotzdem, viele Biographien sind schon über den Abt von Clairvaux geschrieben worden. Ihre Bausteine bestehen notwendigerweise vor allem aus seinen eigenen Werken und den zeitgenössischen Lebensbeschreibungen. Was die erste Quellengruppe betrifft, sind wir bei Bernhard in der glücklichen Lage, daß die Scheidung von authentischen und apokryphen Werken bereits größtenteils im vergangenen Jahrhundert mit hoher Sicherheit erfolgen konnte und nun durch die Editio critica von Jean Leclercq u. a.[2] praktisch festgeschrieben ist. Zwar erweisen sich die Zuschreibung und Athetesen von Literatur- wie Kunsthistorikern prinzipiell immer wieder als problematisch, da die so gern verwendete Voraussetzung einer engen Stileinheit der Werke oft unhaltbar ist – als ob sich ein Mensch in seinem Denken und Schaffen nicht auch radikal ändern könnte. Das trifft jedoch für Bernhard kaum zu; seine Art zu schreiben variiert nachweislich über Jahrzehnte nur minimal, und bei seinen Werken ist auch die handschriftliche Überlieferung so geartet, daß kaum Fragen offen bleiben.[3] Nur von der *Brevis commentatio in Cantica Canticorum* und vom *Exordium Cistercii* – die beide Leclercq nicht in Bernhards *Opera* aufgenommen hat – wird noch gelegentlich ohne Beweis die Meinung vertreten, sie seien dessen Werk.[4] Der erstgenannte Text dürfte jedoch eher Wilhelm von St. Thierry angehören,[5] der andere sicher nicht Bernhard, sondern einem der vielen litteraten Mönche in Clairvaux.[6] Nicht ganz unbezweifelbar ist die Autorschaft des Hymnus auf Malachias, dessen Überlieferung erstaunlich karg ist.[7] Daß Bernhard keine weitere religiöse Lyrik verfaßt hat, obwohl ihm in Handschriften und Frühdrucken zahlreiche Texte zugeschrieben wurden, ist schon seit Ende des vergangenen Jahrhunderts nachgewiesen.[8] In dem so umfangreichen Corpus der Briefe ist wohl nur Epistola 551 wirklich umstritten.[9] Aus einem Schreiben des Probstes Gerhoh von Reichersberg († 1169), eines Bewunderers des Abtes, an diesen wissen wir zwar, daß unter seinem Namen auch zu seinen Lebzeiten schon von anderen verfaßte Predigten zweifelhaften Inhalts verbreitet wurden,[10] sei es absichtlich von Gegnern, sei es unabsichtlich aufgrund eines Irrtums. Dies war in jener Zeit keine Seltenheit, auch Bernhards Zeitgenossen Alberich von Settefrati und Elisabeth von Schönau klagten über Fälschungen ihrer Schriften.[11] Doch gibt es faktisch keinen in die *Opera* aufgenommenen Text, der anzuzweifeln wäre. Daß selbst das so breit tradierte Werk dieses Zisterziensers jedoch noch gelegentlich Erweiterungen erfahren kann, zeigen Neufunde von Briefen auch in letzter Zeit.[12] Es sei hier jedoch an die wohlbekannte Tatsache erinnert, daß Briefe im Mittelalter sehr oft nur einen Teil der Botschaft enthielten, während das Wichtigste ihre Überbringer als mündliche Botschaften übermittelten, weswegen sie nie als vollständige Quellen beurteilt werden dürfen.

Auch aus Bernhards Korrespondenz erhellt dieser Usus eindeutig.[13] Daß sie die ganze Bandbreite von völligen Autographen bis zu von der Kanzlei nach vorgegebenen Stichworten Bernhards ausgeführten Texten umfassen, ist seit langem bekannt.[14] Schließlich sei noch darauf hingewiesen, daß Bernhards Sekretär Gottfried von Auxerre wohl um 1147 *Declamationes* aus mitstenographierten Predigten Bernhards zusammengestellt hat.[15] Sie werden in der Forschung wohl zu Unrecht kaum herangezogen, hätten sie doch eigentlich als authentische Werke in Bernhards Opera omnia aufgenommen werden müssen. Allerdings wäre hier noch eine eigene Studie erforderlich, die über das von Leclercq[16] Erhobene hinausgeht.

Was Bernhards Lebensbeschreibungen betrifft, so hat die ältere Forschung in der *Vita Ia* eine für die Hagiographie der Zeit ungewöhnlich präzise Quelle gesehen.[17] Schließlich kannten alle Verfasser den Heiligen nicht nur persönlich, sondern hatten teilweise mit ihm ganz vertrauten Umgang. Dieser Meinung ist Bredero mit einer in zahlreichen Publikationen wiederholten Kritik gegenübergetreten,[18] die bisweilen fast an die Hyperkritik erinnert, wie sie seinerzeit Krusch den frühmittelalterlichen Heiligenviten hat angedeihen lassen. Unseres Erachtens hat Bredero wohl darin Recht, daß er behauptet, diese Quelle sei tendenziös und stelle, zumal da mit der Intention der Kanonisierung Bernhards geschrieben, den Heiligen in den Vordergrund. Nur ist dies ein völlig bekanntes und prinzipielles Charakteristikum des Genus Hagiographie der Zeit, das von jedem fachkundigen Historiker ohnehin vorausgesetzt wird. In diesem Rahmen bleibt diese älteste 'Biographie' des Abtes nach wie vor eine vorzügliche Quelle von „fundamentaler Wichtigkeit", wie kürzlich Piazzoni treffend ausgeführt hat.[19] Sie gibt vor allem auch ein gutes Bild davon, was die monastischen und sonstigen Zeitgenossen als so wichtig an Bernhard von Clairvaux empfanden. Leider haben sich auch Leclercq und Köpf von der genannten abwertenden Haltung beeindrucken lassen,[20] so daß die *Vita Ia* bei einigen in Mißkredit gekommen ist. Dies wäre nur dann adäquat, wenn man an sie Erwartungen stellen würde wie an moderne Biographien, was in der Mediävistik ohnehin niemand tut. Daß sich in einer Biographie eher die Mentalität ihres Verfasser spiegelt als die des Helden, ist gewiß immer möglich; davon als Faktum auszugehen, wie Leclercq es tut,[21] erscheint jedoch mangels entsprechender Hinweise in den Quellen als die methodisch wesentlich spekulativere Haltung als jene, dem Autor zu glauben, so lange keine gegenteilige Evidenz auftaucht. Bredero ist in seiner Kritik übrigens noch weitergegangen und hat den Brief Bernhards von seinem Sterbebett (Epistola 310) für unecht erklärt. Bloß hat er keinen stichhaltigen Grund genannt, was das Ziel einer solchen Fälschung gewesen sein sollte. Sowohl das Fehlen eines nachvollziehbaren Fälschungsmotives als auch der Inhalt des Schreibens, seine Überlieferung und Rezeption durch Gottfried von Auxerre lassen

Zweifel an der Authentizität aller Wahrscheinlichkeit als gänzlich unbegründet erscheinen, wie auch andere Bernhardkenner bereits festgestellt haben.[22]

Für die der Vita teilweise zugrunde liegenden *Fragmenta*, die nicht ein homogenes Werk sind, wie bislang angenommen, sondern von Gottfried von Auxerre und einem zweiten Autor stammen, hat die einläßliche Untersuchung Gastaldellis[23] Wesentliches geleistet.

Über die Gesamtheit der zeitgenössischen Quellen wurde bereits von Schmale treffend gesagt, das „Bild des Heiligen ist m.E. mehr, als man wahrhaben will, von den Zufällen der Überlieferung abhängig, von dem überschwenglichen Lob der zisterziensischen Quellen, von der Brief- und Redefreudigkeit Bernhards. Ich möchte einmal überspitzt sagen – und dabei sehe ich von seiner großen religiösen Potenz ab –, sein Leben war geräuschvoller als das der meisten seines Jahrhunderts und für die Nachwelt durch die Sammlung seiner Briefe und den Eifer der zisterziensischen Quellen außergewöhnlich gut bekannt."[24] Da nun bei weitem das Gros der Nachrichten über den Abt von ihm freundlich gesonnenen Autoren stammt und speziell die Vita alles eliminierte, was ihrem Zweck, der Verehrung Bernhards bzw. der Kanonisation, hätte abträglich sein können, muß es für den Historiker ein methodisches Prinzip sein, diejenigen Aussagen, die Bernhard kritisch schildern, hinreichend zu Wort kommen zu lassen, um in etwa einen Ausgleich zu erzielen. Es sind dies die wenigen Passagen in den Bernhard freundlichen Texten, in denen die problematischeren Züge des Menschen unter dem Heiligenbild durchscheinen, die nur selten erhaltenen Stimmen der Gegner Bernhards und die Stellen in seinen eigenen Werken, wo der dominierende Klang von Liebe, Freundschaft, Besorgnis u. ä. unangenehmeren Tönen weicht.[25] Es ist nicht zu sehen, daß diesem Prinzip in der bisherigen Bernhard-Biographik ernsthaft gefolgt worden wäre, obgleich Bernhard selbst in der *Apologie* jenes so gern überlesene Dictum Gregors des Großen zitiert: „Melius est ut scandalum oriatur, quam veritas relinquatur."[26] Letzteres geschieht auch, indem man Informationen verschweigt.

Auch heute muß jede Auseinandersetzung mit dem Leben Bernhards von der zweibändigen Biographie des Abbé Vacandard von 1895 ausgehen, nach wie vor dem eingehendsten Werk zu unserem Thema.[27] Ihm standen, um wenigstens die wichtigsten früheren Forschungen nicht unerwähnt zu lassen, die Anmerkungen von Horstius und dann Mabillon in seiner Edition der Werke Bernhards zur Verfügung sowie die Biographie, die Johannes Pinius für die *Acta Sanctorum* zusammengestellt hatte (ohne freilich die kritische Leistung anderer barocker Hagiographen zu erreichen). Wo Bernhards Weg mit dem eines Papstes zusammentraf, konnte Vacandard die zweite Auflage von Jaffés Regestenwerk heranziehen.[28] Des weiteren benützte er die kurz zuvor erschienene, bislang umfangreichste Bernhard-Biographie in deutscher Sprache, die des protestantischen Kirchenhistorikers Neander in der Bearbeitung von D. Deutsch (1889). Mit Recht konnte man sie noch in der Zwischenkriegszeit die „am besten zu lesen[de]" Beschreibung des Lebens und theologischen Denkens des Abtes nennen;[29] sie zeichnet sich durch eine sonst kaum erreichte mitfühlende Ausgewogenheit der Darstellung aus. Vacandards Werk hat sie jedoch fast völlig aus dem Bewußtsein auch der Bernhard-Spezialisten verdrängt. Freilich kann heute ein Buch, das zum ersten Mal 1813 aufgelegt wurde, bei allem sich in ihm manifestierenden Verständnis für Bernhard wissenschaftlich unmöglich mehr genügen.

Den Detailreichtum der über 1100 Seiten des Opus Vacandards kann das vorliegende Buch verständlicherweise nicht ersetzen; Vollständigkeit erreichte Vacandard zwar nicht, doch nicht viele Stationen von Bernhards Lebensweg lassen sich beibringen, die ihm noch unbekannt waren (so z. B. seine Teilnahme am Konzil von Lagny 1142). Die Biographie des Abbé ist mit Bewunderung und Verehrung für ihren Helden geschrieben, ohne auf die historisch-kritische Methode zu verzichten. Auch wenn man Vacandard nicht immer folgen kann oder er in Details von der Forschung überholt wurde, bleibt man seinem Œuvre, das auch zahlreiche kleinere Aufsätze umfaßt, verpflichtet. Es hat Elemente katholischer pro-domo-Hagiographie in sich, „verrät ... die Grenzen seiner Geschichtsschreibung, die des öftern die der Hagiographie sind",[30] gehört aber in viel größerem Ausmaße der seriösen Geschichtswissenschaft an als dem devotionellen Fach.

Die zum ersten Mal 1935 erschienene Biographie von Williams dürfte die wissenschaftlich brauchbarste in englischer Sprache sein. Obwohl sie Bernhards Leben exakt belegt, ist doch ein apologetischer und devotioneller Zug auch in diesem Werk stellenweise schwer zu übersehen; angesichts der kollektiven Konversion der Söhne Tescelins, um nur ein Beispiel zu bringen, verzichtet Williams auf jede historische Erklärung, sondern meint nur: „The scene is too sacred for comment."[31] Das umfangreichere, aber unkritische Buch von Luddy bringt großteils nur übersetzte Texte.

Erst 1953 erschien zum Bernhard-Jubiläum wieder ein für die Kenntnis seines Lebens grundlegendes Werk, ein Sammelband aus der Feder französischer Autoren, *Bernard de Clairvaux*, der eine außerordentliche Fülle an Detailinformationen vereinigt. Doch sind die chronologischen Ansätze der einzelnen Mitarbeiter nicht immer untereinander stimmig; manche Datierung ist nicht mehr haltbar; manche Bereiche blieben überhaupt ausgeklammert. Eine Biographie bietet der Band nicht, sondern gehört völlig zu den „Bernhard und ..."-Publikationen. Das trifft auch für das im selben Jahr zum ersten Mal gedruckte Bernhard-Buch des bekannten Mediävisten Joseph Calmette zu, das einerseits kenntnisreich und ohne devotionelle Vorbehalte verfaßt ist, andererseits nur über kaum mehr rudimentär zu nennende

Nachweise verfügt und die Sekundärliteratur souverän ignoriert. In den sechziger Jahren erschien dann die nach Vacandard umfangreichste Biographie (fast 800 Seiten), die des zisterziensischen Literaten – „poète égaré dans la politique", sagte sein Freund Bernanos[32] – Vallery-Radot. Wiewohl kein Fachhistoriker, kritisierte dieser hart die von Vacandard und anderen betriebene thematische Zerstückelung des Lebens des Abtes: „L'histoire devient une leçon d'anatomie: nous assistons à la dissection d'un cadavre."[33] Demgemäß ging Vallery-Radot chronologisch präziser vor, doch über den Geist, aus dem heraus dieses Buch geschrieben wurde, könnte man genau das oben zu Vacandard Gesagte wiederholen. Der Autor folgt, breit zitierend und weit abschweifend, dem Leben seines Ordensbruders zwar aufgrund der historischen Quellen, verzichtet aber wie ein mittelalterlicher Hagiograph auf innerweltliche Erklärungen, denn: „Dieu conduit les événements avec un art des coups de théatre qui défie celui des plus grands dramaturges …"[34]

In den letzten 20 Jahren besonders gefördert wurde die einschlägige Forschung durch die minutiösen Kommentare Gastaldellis in der lateinisch-italienischen Ausgabe der Briefe des Abtes, die tel quel in die lateinisch-deutsche übernommen wurden. Derselbe Autor hat auch einige gründliche biographische und quellenkritische Aufsätze veröffentlicht, die wie Vorarbeiten zu einem monumentalen Werk über Bernhard wirken. Auf die Wichtigkeit der international kaum hinreichend rezipierten italienischen Bernhard-Forschung sei bei dieser Gelegenheit ausdrücklich hingewiesen.

Erwartet hätte man eine definitive Bernhard-Biographie vom Herausgeber der Editio critica seiner Werke, Jean Leclercq. Doch ist das „Lebensbild", das dieser neben Gastaldelli wohl beste Bernhard-Kenner unseres Jahrhunderts 1989 publizierte (dt. 1990), bedauerlicherweise mehr eine Erbauungsschrift für fromme Gemüter geworden als eine historische Darstellung.[35] Wiewohl man das nicht von der jüngsten deutschsprachigen Biographie,[36] der des evangelischen Theologen Wendelborn von 1993, sagen kann, bleibt auch sie ob ihrer Kürze und mangels eines wissenschaftlichen Apparats auf dem Niveau eines, wenn auch gut informierten Abrisses.

Die Flut von Publikationen, die zum Jubiläumsjahr 1990 erschienen, hat, soweit ich sehe, zwar viele Zusammenfassungen einzelner Aspekte, aber wenig Neues und keine umfassende Würdigung gebracht. Der Schwerpunkt der Bernhard-Studien liegt, namentlich im Orden selbst, wesentlich deutlicher auf dem theologischen und spirituellen Schriftsteller als auf der historischen Persönlichkeit und ihrer Umgebung. Vor allem ist immer noch, mehr als 100 Jahre nach dem entsprechenden Versuch Vacandards, kein präzises Itinerar des Abtes erarbeitet worden – das dringlichste Desiderat der historischen Bernhard-Forschung.[37] Manche Erhellung ließe sich auch noch durch eine systematische Auswertung der zahlreichen Heiligenleben des 12. Jahrhunderts gewinnen, die zwar Zeitgenossen Bernhards gewidmet sind, diesen aber en passant erwähnen.[38]

Was das Verständnis der historischen Rolle Bernhards in der Mentalitäts- und Geistesgeschichte seiner Epoche betrifft, so meine ich, daß sie noch immer besonders treffend von Friedrich Heer in seinem Buch *Aufgang Europas* charakterisiert wurde. Es ist bedauerlich, daß die mediävistischen Werke dieses Historikers in der jüngeren Fachliteratur so oft nicht berücksichtigt werden, weil sie ob mancher in der Tat irritierender stilistischer Überspitzung und der einen oder anderen unbestreitbaren Fehldeutung nicht Eingang in den Lektürekanon der 'zünftigen' mediävistischen Ausbildung gefunden haben.[39] Jedoch sollte Heers Nachweis, wie sehr Bernhard Anteil an unterschiedlichen Strömungen seiner Zeit gehabt hat, nicht dazu führen, die in dieser Persönlichkeit zweifellos vorhandenen Spannungen zu überzeichnen.

Was schließlich Bernhard von Clairvaux als mittellateinischen Autor angeht, so ist ihm von seiten der Literaturwissenschaft ungeachtet einiger neuerer Einzelstudien noch keineswegs die Aufmerksamkeit zuteil geworden, die seine oft geniale Sprachkunst verdiente. Da ihm Manitius in Band III seines Standardwerks nur einige wenige und unzulängliche Seiten gewidmet hat, pflegt ihn die weitgehend auf Antikenrezeption und profane Dichtung fixierte mittellateinische Philologie nach wie vor zu „übersehen", was zu der grotesken Situation führt, daß der wohl faszinierendste lateinische Prosaiker des 12. Jahrhunderts nicht einmal in Handbuchdarstellungen figuriert.[40] Hier ist noch ein weites Forschungsfeld offen; über das Register s. v. Bernhard/Stil sind einige besonders interessante Stellen zu finden.

Der Plan zur vorliegenden Biographie geht zurück auf die Jahre meiner Tätigkeit als wissenschaftlicher Redakteur des ersten Bandes der lateinisch-deutschen Gesamtausgabe der Werke Bernhards. Es wurde versucht, sein Leben unter stetem Rückgriff auf die allgemeinen Gegebenheiten und speziellen Situationen seiner Zeit so zu schildern, daß auch wesentliche Züge der Mentalität der Epoche plastisch werden.[41] Mein Wunsch wäre, daß das Buch sowohl von einem nicht fachlich vorgebildeten Publikum mit – hoffe ich – Interesse gelesen werden kann, als auch dem Mediävisten eine fundierte Darstellung bietet, zumal es wenigstens einen großen Teil der jüngeren und jüngsten Forschung miteinbezieht und für jede Aussage zu den entsprechenden Quellen oder der wichtigsten bzw. neuesten Sekundärliteratur hinführt. Dabei bin ich im Gegensatz zu den meisten Bernhard-Biographien, deren Darstellung dem Prinzip „Bernhard und ..." oder „Bernhard der ..." (Bernhard und die Häresie, Bernhard und die anderen Orden, Bernhard der Schriftsteller, Bernhard der Theologe usf.) folgen, weitestgehend streng chronologisch vorgegangen. Denn jenes schon seit Gottfried von Auxerre[42] beliebte Procedere führt in typisch theologischer Manier zu Systembildungen, die aus Einzelelementen kohärente „Summen" zu bestimmten Themen (z. B. der Mariologie usw.) bilden, ungeachtet dessen, daß Bernhard nie eine solche anzielte. In einigen wenigen Fällen (Wunder, Kunst, Judentum) schien allerdings ein solches Vorgehen auch mir nicht vermeidbar.

Der Diskussion einzelner fraglicher Positionen der Sekundärliteratur habe ich mich, von wenigen Ausnahmen abgesehen, enthalten; auf die aus devotioneller Sicht beruhenden einzugehen, denen es auch gegen die Quellen um eine Idealisierung Bernhards geht, erübrigt sich ohnehin.[43] Es sei jedoch immerhin vermerkt, daß, wie kaum zu vermeiden, auch in der streng historischen Literatur manche methodisch unhaltbare Schlüsse gezogen[44] oder einfach sachliche Irrtümer verbreitet werden.[45] Daß die vorliegende Arbeit von letzteren ganz frei geblieben sein sollte, kann freilich auch ich nicht hoffen. Kaum ein mittelalterlicher Orden neben den Benediktinern ist so gut erforscht wie der der Zisterzienser; jährlich erscheinen wenigstens etwa 1000 einschlägige Titel, wie ein Blick in den bibliographischen Teil der Zeitschrift *Cîteaux* zeigt; die meisten davon betreffen das Mittelalter. Die speziell auf Bernhard bezogene Literatur umfaßt z. Z. mindestens um die 4500 Titel, zuletzt beträchtlich erweitert durch die Publikationen namentlich von Kongreßakten zum Jubiläum seines 900. Geburtstages im Jahre 1990. Daß es sowohl zeitlich wie nicht zuletzt bibliothekstechnisch unmöglich war, diese gesamte Fülle auch nur durchzusehen, um die devotionellen von den historisch relevanten Titeln zu scheiden, sollte keiner Betonung bedürfen und ist eine Aporie, vor die sich jeder gestellt sieht, der über einen der „Großen" der Geschichte von der Epoche Homers bis zur Gegenwart schreibt. Schmerzlich bewußt ist mir das Fehlen mancher besonders lokalgeschichtlicher Sekundärliteratur, die in deutschsprachigen Bibliotheken nicht erhältlich ist; ohnehin mußten sehr viele Arbeiten über Fernleihe besorgt werden, und einiges blieb auch so unzugänglich.

Alle Übersetzungen der mittelalterlichen Texte habe ich selbst verfaßt, nur einige Passagen aus den in *Werke* I gedruckten Übertragungen wurden direkt übernommen, da ich sie als Redaktor dieses Bandes selbst durchgesehen und gegebenenfalls korrigiert habe. Meist sind aber auch hier Veränderungen mit dem Ziel einer größeren Textnähe eingeführt.

Gern bedanke ich mich zum Schluß bei Ferruccio Gastaldelli dafür, mir bezüglich dreier Fragen der Bernhard-Chronologie seine Ansicht mitgeteilt zu haben, bei Wolfgang Pöckel, einen Blick auf meine Übersetzungen altromanischer Gedichte geworfen zu haben, sowie besonders bei Hildegard Biller, Anja Stiller und Renate Vogeler für das Mitlesen der Korrekturen, ein Dank, der auch Peter Herde gilt, der diese Arbeit in die von ihm geleitete Reihe aufgenommen hat.

Anmerkungen

I. Der junge Mann Bernhard

[1] Nach einer Tradition des 15. Jahrhunderts, PL 185, 1495 D. Es wurden auch ohne große Wahrscheinlichkeit andere Orte diskutiert, vgl. etwa Vangeon, vie 5; Williams, Bernard 1 f.

[2] Wie seit langem ist das Geburtsjahr Bernhards noch heute umstritten; während Gastaldelli, anni 116 ff. 1090 verteidigt, was mit der Ansicht der Mehrzahl der modernen Autoren übereinstimmt, plädiert Bredero, A., Saint Bernard, est il né en 1090 ou en 1091?: Lorcin, M.-Th. u. a. (Hrsg.), Papauté, monachisme et théories politiques, FS M. Pacaut, Lagarenne Colombes 1993, I, 233–245 wieder für das jüngere Datum. Das Problem liegt darin, daß die Quellen (zusammengestellt bei Vacandard, Leben I, 53 Anm. 1) alle das Alter Bernhards ausdrücklich mit ungefähr („circiter") angeben, weswegen die Frage offenbleibt.

Zur Familie Bernhards, den Herrn von Fontaines les Dijon, vgl. ausführlichst Jobin, J., Saint Bernard et sa famille, Poitiers 1891; zuletzt Bouchard, Sword 329 ff.

[3] Vgl. Mitterauer, M., Ahnen und Heilige. Namengebung in der europäischen Geschichte, München 1993, 511.

[4] Gottfried, Fragmenta 3. Schon zu seinen Lebzeiten sollte sich durch ihn sein Name stärker verbreiten, da von Bernhard geheilte Kinder so genannt wurden: ebd. 48.

[5] Gottfried, Fragmenta 2, ed. Lechat 90.

[6] Sinz, Leben 25; vgl. Gastaldelli, testimonianze 18 ff.

[7] Beispiele und Literatur bei Saintyves, marge 54 ff.

[8] Leclercq, Bernhard 10.

[9] Wittmer-Butsch, M. E., Zur Bedeutung von Schlaf und Traum im Mittelalter, Krems 1990, 318.

[10] Auch heutige Mütter träumen, Tiere zu gebären: Stukane, E., Träume in der Schwangerschaft, München 1996.

[11] Gottfried, Fragmenta 3, ed. Lechat 90 f.

[12] Vita Ia 1, 1, 2 = PL 185, 228 AB.

[13] Vgl. DThC IX/1, 760 ff.

[14] Marilier, années 18.

[15] Dinzelbacher, Angst 54.

[16] Schultz, Leben I, 147 ff.

[17] Richard, Châteaux 442 f. Für Details der Sozial- und Wirtschaftsgeschichte sei ein für alle Mal auf Duby, G., La société aux XIe et XIIe siècles dans la région mâconnaise, ND Paris 1988 verwiesen.

[18] Gottfried, Fragmenta 1, ed. Lechat 89.

[19] Ebd.; Vacandard, Leben I, 56 Anm. 1.

[20] Vgl. Vita Ia, 3, 1, 1 = PL 185, 303 D.

[21] Vacandard, Vie I, 7 Anm. 4.

[22] S. unten S. 16.

[23] Verger/Jolivet, Bernardo 39.

[24] Ebd. 89 f.

[25] Richard, Châteaux 440, 446.

[26] Verger/Jolivet, Bernardo 49.

[27] Verger/Jolivet, Bernardo 30.

[28] Cignitti, Aletta.

[29] Gottfried, Fragmenta 4.

[30] Johannes Eremita, Vita IVa 1.

[31] Schultz, Leben I, 149 ff.; Shahar, S., Kindheit im Mittelalter, München 1991, 63–91. Zur Jugend in der Feudalgesellschaft vgl. generell Martin, Mentalités 313 ff.

[32] Fellinger, F., Das Kind in der altfranzösischen Literatur, Göttingen 1908, 107 ff.

[33] Vita Ia 1, 1, 1 = 227 C; Gottfried, Fragmenta 4.

[34] Vita Ia 1, 2, 5.

[35] Schultz, Leben I, 153.

[36] Gottfried, Fragmenta 3, ed. Lechat 91.

[37] De vita sua 1, 4 f.

[38] Schultz, Leben I, 153.

[39] Vita Ia 1, 6, 30. S. unten S. 45.

[40] Vita Ia 1, 2, 5 = 229 C.

[41] Gottfried, Fragmenta ed. cit. 91; Vita Ia 1, 2, 4. Zu den Träumen in den biographischen Zeugnissen über Bernhard vgl. bes. Gastaldelli, testimonianze 75 ff.

[42] Vita Ia 1, 2, 5 = 229 C.

[43] de Jong, M., Kind en klooster in de vroege middeleeuwen, Amsterdam 1986; Quinn, P. A., Better Than The Sons of Kings. Boys and Monks in the Early Middle Ages, New York 1989; Lahaye-Geusen, M., Das Opfer der Kinder, Altenberge 1991; Dubois, J., Oblato: Dizionario degli Istituti di Perfezione 6, 654–666; Weitzel, J., Oblatio puerorum: Brieskorn, N., u. a. (Hrsg.), Vom mittelalterlichen Recht zur neuzeitlichen Rechtswissenschaft, Paderborn 1994, 59–74.

[44] „Diesen Knaben übergebe ich vor Zeugen, damit er unter der Regel verbleibe, so daß es ihm von diesem Tag an nicht erlaubt ist, seinen Nacken aus dem Joch der Regel zu ziehen" („ita ut ab hac die non liceat illi collum de subjugo excutere regulae"), lautete die Formel, mit der dem Kloster Cluny ein Knabe zu schenken war (Valous, monachisme I, 42 f.).

[45] S. u. S. 75 ff.
Leclercq, Monks and Love 8–26 zieht weitreichende Schlüsse für die Mentalitätsunterschiede zwischen Benediktinern und Zisterziensern aus der verschiedenen Herkunft der Ordensmitglieder; sie dürften aber gerade für Cluny weniger zutreffen, da dieses bereits zu Bernhards Zeit (bes. unter Abt Petrus) selbst begonnen hatte, das Oblatenwesen abzubauen; vgl. Valous, monachisme I, 43.

[46] Schultz, Leben I, 152.

47 Gottfried, Fragmenta 5, ed. Lechat 91: „vestibus canonicalibus".
48 Literatur: Sachwörterbuch s. v. Bildung.
49 Marilier, années 25.
50 Gastaldelli: Werke III, 1143, 1203.
51 Gottfried, Fragmenta 4, ed. Lechat 91.
52 Lit.: Dinzelbacher, Wilhelm.
53 Vita Ia 1, 2, 5 = 228 BC.
54 Marilier, années 22.
55 Das Todesdatum der als Selige Verehrten wird unterschiedlich angesetzt: 1106/07 (Vacandard, vie I, 16f.) – 1105/10 (Cignitti, Aletta 825) – 1103/04 (Mariller, années 26) – um 1103 (Leclercq, Bernhard 23) – 1107 (Dal Prà, Cronologia 277) – 1108 (Gastadelli, anni 126) usw.
56 Vita IV, 1, 8.
57 Vita Ia 1, 3, 6 = 230 B.
58 Duby, Wirklichkeit 106f.
59 Vita Ia 1, 3, 6 = 230 B.
60 Vgl. Blaise, Lexicon 735.
61 Vita Ia 1, 3, 7 = 230 D.
62 Ebd. = 231 A.
63 Gottfried, Fragmenta 10; Vita Ia 1, 3, 6 = 230 B.
64 Vita Ia 1, 3, 13 = 234 D.
65 Epistola 42, 23 = VII, 118f.
66 Super Cantica 30, 3, 6 = 1, 213, 30f.
67 Vgl. Vacandard, E., Bérenger: DThC 2/1, 720–722.
68 Epistola ad episcopum Mimatensem, ed. Thomson 136.
69 Apologia, ed. Thomson 111.
70 Vgl. Schubert, E., Fahrendes Volk im Mittelalter, Bielefeld 1995, 88ff.
71 Disputatio 776ff.
72 Die Berengar-Stelle wird natürlich in der Literatur ganz unterschiedlich bewertet; währenddem sie z. B. Vacandard, Vie I, 13 herunterspielt, nimmt sie eine Kennerin der mittellateinischen Dichtung wie Waddell, H., The Wandering Scholars, Harmondsworth 1954, 116 für bare Münze, und selbst Leclercq, Bernhard 17–19 hält sie für aussagekräftig.
73 Brinkmann, H., Geschichte der lateinischen Liebesdichtung im Mittelalter, Halle 1925.
74 Liber decem capitulorum 1, ed. Leotta, R., Roma 1984, 59f.
75 Paden, W., De Monachis rithmos facientibus: Speculum 55, 1980, 669–685.
76 Hasenohr/Zink, Dictionnaire 166ff.
77 Epistola 1, ed. Hicks 12.
78 Vita Ia 1, 3, 6; 3, 1, 1; vgl. Marilier, années 25.
79 1877ff., ed. Hilka 51.
80 Scheuten, Mönchtum 76f.
81 Vita Ia 1, 3, 6.
82 Morris, C., Individualism 200.
83 Dorn, E., Der sündige Heilige in der Legende des Mittelalters, München 1967.
84 Apg 9, 1.

[85] Zák, Norbert 17ff.; Valvekens, Norbert 412–416. Damit ist nicht gesagt, daß sich diese Bekehrung nicht schon lange in Norbert vorbereitet hätte.

[86] Epistola 42, 23 = VII, 119, 1.

[87] Gottfried, Fragmenta 10; vgl. Vita Ia 1, 1, 9.

[88] Vita Ia 1, 3, 6. Vgl. auch Gottfried von Auxerre, Sermo de S. Bernardo 8 = PL 185, 578 A: „luxuria effrenata".

[89] Gottfried, Fragmenta 9, ed. Lechat 93.

[90] Vita Ia 1, 3, 6 = 230 C.

[91] Vita Ia 1, 3, 7; möglicherweise legendär, da häufig schon in den Viten der Altväter, vgl. Tubach, Index nr. 4733 ff.

[92] Gregor I., Dialogi 2, 2, 1–4.

[93] Stellen: SC 260, 138f. Anm. 2f. Lit.: Leclercq, femme 96 Anm. 217.

[94] S. u. S. 25f.

[95] Und oft und oft dargestellt worden. Eine bequeme Zusammenstellung vorwiegend altkirchlicher und mittelalterlicher Aussagen bietet z.B. Ranke-Heinemann, U., Eunuchen für das Himmelreich, Katholische Kirche und Sexualität, Hamburg 1988. Für das Mittelalter Dinzelbacher, Sexualität; Ders., Mittelalterliche Sexualität. Die Quellen, in: Privatisierung der Triebe? Sexualität in der Frühen Neuzeit, hrsg. v. D. Erlach u. a., Frankfurt a. M. 1994, 47–110; zuletzt Bullough, V., Brundage, J., Handbook of Medieval Sexuality, New York 1996; speziell zum Mönchtum: Godfrey, A., Rules and Regulation. Monasticism and Chastity: Lemay, H. R. (Hrsg.), Homo carnalis (Acta 14), Binghamton 1990, 45–57.

[96] Monographien: Köpf, U., Religiöse Erfahrung in der Theologie Bernhards von Clairvaux, Tübingen 1980; Marceau, P. D., Encountering Christ. A Study of the religious Experience of Bernard of Clairvaux and Teresa of Avila, Diss. Grad. Theol. Union 1980; Heller, D. Schriftauslegung und geistliche Erfahrung bei Bernhard von Clairvaux, Würzburg 1990; van Hecke, L., Bernardus van Clairvaux en de religieuze ervaring, Kapellen 1990.

Aufsätze: Miquel, P., Deux témoins de l'expérience de Dieu, Saint Bernard et Pierre le Vénérable: Collectanea Cisterciensia 35, 1973, 108–119; Köpf, U., Wesen und Funktion religiöser Erfahrung. Überlegungen im Anschluß an Bernhard von Clairvaux: Neue Zs. f. systemat. Theologie u. Religionsphilosophie 22, 1980, 150–165; Carlota Rava, E., Il ruolo dell'esperienza nella teologia di S. Bernardo: Lateranum 50, 1984, 160–169; Robertson, D., The Experience of Reading. Bernard of Clairvaux, Sermons on the Song of Songs I: Religion and Literature 19, 1987, 1–20; Köpf, U., Die Rolle der Erfahrung im religiösen Leben nach dem hl. Bernhard, in: Analecta Cisterciensia 46, 1990, 307–320; Bonowitz, B., The Role of Experience in the Spiritual Life: ebd. 321–326; Verdeyen, P., Un théologien de l'expérience: Sources chrétiennes 380, 1992, 557–578; Köpf, U., Ein Modell religiöser Erfahrung in der monastischen Theologie, Bernhard von Clairvaux: Haug, W., Mieth, D. (Hrsg.), Religiöse Erfahrung, München 1992, 109–123; zuletzt McGinn, Growth 185ff. Cf. jedoch schon z.B. Verschelden, G., Het kennisaspect van Bernardus' goedervaring: Sint Bernardus 65–88, etc.

[97] Weigand, R., Liebe und Ehe bei den Dekretisten des 12. Jahrhunderts: Love and Marriage in the 12th Century (Mediaevalia Lovaniensia I/VIII), Leuven 1981, 41–58, 52ff.

⁹⁸ Epistola 174, 7 = VII, 391, 22. Vgl. Epistola 174, 9.

⁹⁹ Vgl. Dinzelbacher, Angst.

¹⁰⁰ Dominica VI post penticosten 2, 1 ff. = V, 210, 2 ff. Vgl. Super Cantica 16, 5, 7.

¹⁰¹ Dominica VI post penticosten 2, 5 = V, 211, 22 f.; 212, 14 f.

¹⁰² Zum Beispiel Grundmann, Bewegungen 489 ff.; Mattoso, espiritualidad 882 ff.; Mantz-van der Meer, zoek 201 ff.; Gesch. Chr. V, 138 ff.; Werner, Religion 36 ff.; Bretel, eremites 75 ff.; L'eremitismo in Occidente nei secoli XI e XII, Milano 1965; Leyser, H., Hermits and the New Monasticism. A Study of Religious Communities in Western Europe, 1000–1150, London 1984.

¹⁰³ Becqet, J., Etienne d'Obazine: DS 4, 1504–1514.

¹⁰⁴ Van Doren, R., Goffredo di Chalard: BS 7, 86 f.

¹⁰⁵ Bienvenu, J.-M., Robert d'Abrissel: DS 13, 704–713.

¹⁰⁶ Rauch, Identität 42 ff.

¹⁰⁷ Vgl. Dinzelbacher, Angst 258 f.

¹⁰⁸ Worstbrock, Gedichten 290 mit Übernahme seiner Konjektur „ubi.".

¹⁰⁹ Wenn Bernhard von den Brüdern abgesondert hauste, dann wegen seiner Krankheit oder wegen des Baubetriebs im Klosters, vgl. unten S. 38 und 175 f.

¹¹⁰ Villaret, école 43.

¹¹¹ Gottfried, Fragmenta 1, ed. Lechat 89.

¹¹² Lit.: Dinzelbacher/Roth, Zisterzienser. Die Gründung von Cîteaux ist oft und oft mit allen Umständen dargestellt worden; vgl. z. B. Auberger, unanimité; Lekai, ci-stercensi; Leclercq, J., Die Intentionen der Gründer des Zisterzienserordens: Cistercienser Chronik 96, 1989, 3–32.

¹¹³ Dinzelbacher, Angst 258 f.

¹¹⁴ Epistola 35 = PL 196, 1627 C.

¹¹⁵ Epistola 21.

¹¹⁶ Vita Ia 1, 3, 8 = 231 BC.

¹¹⁷ De diversis 93, 2 = VI/1, 349, 21 ff.

¹¹⁸ De diversis 22, 5 = VI/1, 173, 12.

¹¹⁹ Gottfried, Fragmenta 14.

¹²⁰ Stellen bei Casey, Athirst 298 ff.; Timmermann, Studien 94 ff.; Van Hecke, Bernardus 101 f.

¹²¹ Super Cantica 14, 4, 6; 30, 3, 6.

¹²² Gottfried, Fragmenta 10.

¹²³ Vgl. Manitius, Geschichte III, 531 ff.

¹²⁴ Miracula S. Mariae Laudunensis 3, 7 = MGH SS 12, 658.

¹²⁵ Vita Ia 1, 3, 9 = 232 A; Gottfried, Fragmenta 10

¹²⁶ Raoul de Cambrai 3013, zit. Scheuten, Mönchtum 35.

¹²⁷ Vgl. Rambo, Understanding 168 f.; Mohr, Konversion 438 f.

¹²⁸ Mohr, Konversion 438.

¹²⁹ Super Cantica 14, 4, 6.

¹³⁰ Rambo, Understanding 160 f.

¹³¹ Vgl. Rambo, Understanding 66 ff.

¹³² Gottfried, Fragmenta 12

¹³³ Rambo, Understanding 53.

¹³⁴ Mohr, Konversion 440.

135 Gastaldelli, testimonianze 36.

136 Grundmann, Adelsbekehrungen; Garreau, état 441 ff.; Wollasch, J., Parenté noble et monachisme réformateur. Observations sur les „conversions" à la vie monastique aux XIe et XIIe siècles: Revue historique 104 (264/1), 1980, 3–24; künftig Dinzelbacher, P., „La vain siècle guerpir". Kollektive Bekehrungen hochmittelalterlicher Adeliger, i. Vorb.

137 Grundmann, Adelsbekehrungen 142ff.; Bewerunge, N., Der Ordenseintritt des Grafen Gottfried: Archiv für mittelrheinische Kirchengeschichte 33, 1981, 63–81.

138 Venuta, G., Amedeo: BS 1, 998 f.

139 Gottfried, Fragmenta 13, ed. Lechat 96.

140 Gottfried, Fragmenta 8.

141 Gottfried, Fragmenta 7, ed. Lechat 92.

142 Maso, B., Zij dorstten niet naar het bloed van hun broeders. De onbloedige strijdwijze in de oorlogvoering in de 11de eeuw: Oorlog in de middeleeuwen, onder redactie van A. J. Brand (Middeleeuwse Studies en Bronnen 8), Hilversum 1989, 89–109.

143 Siehe u. S. 202 ff.

144 Vita Ia 1, 3, 11 f.

145 Gottfried, Fragmenta 16.

146 Vita Ia 1, 3, 15.

147 Gottfried, Fragmenta 15.

148 Vita Ia 1, 3, 13 f.

149 Platelle, Ugo; King, Cîteaux 149ff.

150 De vita sua 1, 9.

151 Vita Ia 1, 3, 15 = 235 D.

152 Vita Ia 1, 3, 16.

II. In Cîteaux und Clairvaux

1 Marilier, années 29.

2 Baker, Crossroads 144, 146.

3 Gastaldelli, anni 119 weist dieses Datum gegenüber dem häufiger zu findenden 1112 nach. So jedoch schon Winandy, J., Les origines de Cîteaux: Revue bénédictine 67, 1957, 49–76, 61.

4 Exordium parvum 17, 11 = Cîteaux Documents 52.

5 Marilier, J., Le vocable „Novum monasterium" dans les premiers documents cisterciens: Cistercienser-Chronik 57, 1950, 81–84; Gastaldelli, testimonianze 33.

6 Vita Ia 1, 4, 19 = 238 A.

7 Vita B. Roberti; Battista, G., Roberto di Molesme: BS 11, 238–245.

8 Schreiber, G., Studien zur Exemptionsgeschichte der Zisterzienser: Zs. f. Rechtsgeschichte KA 4, 1914, 74–116.

9 Vgl. oben Anm. 112.

10 De Gestis 4, 336, 3, ed. Cîteaux, documents 187.

11 Dinzelbacher, Christliche Mystik 49 f., 57 ff.

12 Auberger, unanimité 138 ff.

13 Vita Ia 1, 3, 18 = 237 A.

[14] Auch 1107 oder 1109 werden angegeben; Dimier, Stefano; Standaert, Étienne; Croix Bouton, J. de la, Stephan 20: LexMA 8, 119 f.

[15] Wilhelm, Gesta regumAnglorum 4, 334, 5; Walter, De nugis 1, 24. Vgl. Grießer, B., Walther Map und die Cistercienser: Cistercienser Chronik 36, 1924, 137–141, 164–167.

[16] Auberger, unanimité 327; Zaluska, enluminure 274 f.

[17] Armand, Bernard 22.

[18] Standaert, Étienne 1490 f.; Lackner, Liturgy 7.

[19] Auberger, unanimité 327.

[20] Zaluska, enluminure Pl. XVII ff.

[21] Siehe u. S. 86 f.

[22] Zaluska, enluminure 271 f., Ill. 316.

[23] Vgl. Weidlé, W., Nimbus: LcI 3, 323–332, 324.

[24] Zaluska, enluminure 82. LXXV ff.

[25] Auberger, unanimité 211 ff.

[26] Verger/Jolivet, Bernardo 138.

[27] Armand, Bernard 26, 66; Auberger, unanimité 222.

[28] Auberger, Cisterciens 39.

[29] Vgl. Auberger, unanimité 223.

[30] Exordium Cistercii 2, 6, Cîteaux, documents 114.

[31] William von Malmesbury, De Gestis 4, 337, 7, ed. Cîteaux, documents 180.

[32] Ordericus Vitalis, Historia Ecclesiastica 8, 26, 61, ed. Cîteaux, documents 208.

[33] Caterina, Sette arme spirituali, ed. Foletti, C., Padova 1985, 52.

[34] Verger/Jolivet, Bernardo 33.

[35] Epistola 78, 4 = VII, 204, 5 f.

[36] Epistola 78, 6 = VII, 205, 5 ff.

[37] Vgl. Aubrun, M., Le travail manuel dans les monastères et les communautés religieuses au XIIe s.: Derwich, vie 173–178.

[38] Disputatio 991 ff.

[39] Lackner, Liturgy 30.

[40] Mursell, Theology 174.

[41] In labore messis sermo II, 1.

[42] Kramp, Kirche 47 B.

[43] Rou I, 1708, zit. Scheuten, Mönchtum 30.

[44] LThK 1, 1957, 932; 2, 1958, 843.

[45] Gottfried, témoignage, ed. Leclercq 180.

[46] De diligendo Deo 11, 30.

[47] De Diversis 50, 2, vgl. Linhardt, Mystik 198 ff.

[48] Siehe unten S. 235.

[49] Epistola 2, 3 = VII, 14, 11. Zu Bernhards Askese-Konzeption vgl. Wenisch, Bernhard 64 ff.

[50] Vita Ia 1, 4, 20 = 238 C.

[51] Vita Ia 1, 4, 20.

[52] Vita IVa, 2, 1.

[53] Vita Ia 1, 7, 33 mit der allgemein anerkannten Konjektur von „sanguinem" in „saginem" nach Hüffer, Bernhard 129 Anm. 3.

[54] Super Cantica 30, 3, 6.

[55] Super Cantica 66, 6 = II, 182, 12 ff.

[56] Leisner, Krankheitsgeschichte.

[57] Vita Ia 1, 4, 21 f.

[58] Apologia 9, 21.

[59] Eicher, Gottesfurcht 133 f.

[60] Schmettow, H. V., Schultz-Klinken, K.-R., Erntegeräte: LexMa 3, 2180–2183.

[61] Vita Ia 1, 4, 23 f.

[62] Vita Ia 3, 1, 2 = 305 A, vgl. 3, 7, 22.

[63] Vita Ia 3, 2, 4.

[64] Vgl. z. B. Merk, Anschauungen 211 f.; Zulliger, Bernhard 80 ff.

[65] Regula 58, 19.

[66] Regula 58, 21, ed. Steidle 162.

[67] Walter Map, De nugis 1, 24. Vgl. die beiden Äbte in der genannten, um 1125 entstandenen Handschrift (wie oben S. 377 Anm. 22). Ob damals schon die Novizen ähnlich gekleidet waren, ist ungewiß, vgl. Vallery-Radot, Bernard I, 79 f.

[68] Scheuten, Mönchtum 40.

[69] Scheuten, Mönchtum 56.

[70] Scheuten, Mönchtum 34.

[71] Scheuten, Mönchtum 55.

[72] Vgl. Rüther, A., Tonsur: LexMA 8, 861 f.

[73] Diese Bewegung ist gut erforscht; vgl. zusammenfassend und mit Literaturhinweisen zuletzt etwa Segl, P., Armutsbewegung: LThK 1, 1993, 1012–1014; Vandenbroucke, Spiritualità 82 ff.; Gesch. Chr. 5, pass. Das Standardwerk ist nach wie vor Grundmann, Bewegungen.

[74] Vgl. z. B. Robinson, Papacy 425 ff.

[75] Die Literatur dazu ist unübersehbar; vgl. etwa Gesch. Chr. 5, 1994; allgemein Haverkamp, A., Leben in Gemeinschaften, alte und neue Formen im 12. Jahrhundert: Wieland, Aufbruch 11–44. Hilfreich v. a. White, Ideal; Tellenbach, Kirche; Weisbach, Reform; Verger/Jolivet, Bernardo 9–35.

[76] Schmidlin, Theorien 43.

[77] Ganz anders dagegen dann die Zisterzienser in der Ostkolonisation.

[78] Stellen bei Fuentes Crespo, Vida 516 f.; Cantarella, Bernardo 258 Anm. 98.

[79] Zusammenfassend etwa Blasucci, spiritualità 240 ff.

[80] Siehe u. S. 212 ff.

[81] Lit.: Sachwörterbuch 436; Dinzelbacher/Hogg, Kulturgeschichte.

[82] Siehe u. S. 75 ff., 81 ff.

[83] Siehe u. S. 310 ff.

[84] Zum Beispiel Epistolae 55, 207; 209 etc., vgl. Bredero, Bernhard (1996) 222 ff. Hier besteht freilich eine Tradition zu den Benediktinern; selbst die Cluniazenser bezeichneten sich als Kongregation der Armen (Werner/Erbstößer, Ketzer 57).

[85] Manselli, secolo 165 ff.

[86] Vgl. unten S. 204 ff. und S. 232.

[87] Manselli, secolo 178.

[88] King, Cîteaux 106 ff., dagegen Bredero, Etudes 59, Lekai, Cistercensi 26. Die Frage hängt an der Korrektheit der Datierung der ersten Schenkungsurkunde für La Ferté.

[89] Exordium parvum 17, 4.

[90] Valery-Radot, Bernard I, 84ff.

[91] Louf, Bernard 351.

[92] Fossier, installation 79. Anders Bouchard, Sword 237 f.

[93] Fossier, installation 88.

[94] Van Reeth, dates 34.

[95] Fossier, installation 83, 87.

[96] Auberger, unanimité 94 f.

[97] Vita Ia 1, 5, 25; Fossier, installation 82.

[98] Topographie: Auberger, unanimité 412ff.

[99] Verger/Jolivet, Bernardo 50.

[100] Regula 42, 3; 42, 5; 73, 5. Vgl. Ward, B., The Desert Myth: Dies., Signs and Wonders, Aldershott 1992, XVIII.

[101] Donkin, R., Settlement and Depopulation on Cistercian Estates during the twelfth and the thirteenth Centuries: Bulletin of the Institute of Historical Research 33, 1960, 141–164; Rösener, W., Bauernlegen durch klösterliche Grundherrn im Hochmittelalter: Zs. f. Agrargeschichte und Agrarsoziologie 27, 1979, 60ff.; Bauernlegen: LexMA 1, 1619–1621.

[102] Valery-Radot, Bernard I, 122 Anm. 6 spricht, so weit ich sehe, als einziger davon, daß es schon einige Siedlungen und sogar eine Kapelle vor Ort gegeben hätte (Beleg?).

[103] Guilbert, abbaye 64.

[104] Zuletzt dazu: Paul, débuts.

[105] Homilia in Domenicam tertiam post Octavam, zit. PL 185, 666 B.

[106] Vita Ia 1, 8, 35.

[107] Scheuten, Mönchtum 8

[108] De nugis 1, 24, ed. Latella 124; vgl. Dimier, A., Clarté, paix et joie. Les beaux noms des monastères de Cîteaux en France, Lyon 1943.

[109] Vgl. Fossier, installation 83.

[110] In natali S. Benedicti 4.

[111] Bouchard, Entrepreneurs 102 f.

[112] Higounet, Ch., Le premier siècle de l'économie rurale cistercienne: Istituzioni 345–368, 347.

[113] Vgl. Williams, Bernard 19 ff. Zeichnerischer Rekonstruktionsversuch: Histoire xixx ff.; Rekonstruktionsbeschreibung: Valery-Radot, Bernard I, 140ff.

[114] Scheuten, Mönchtum 18.

[115] De diversis 93, 2 = VI/1, 350, 12 f.

[116] Godet, Guillaume; Lohr, C., Wilhelm v. Champeaux: LThK 10, 1956, 1130 f.

[117] Vita Ia 1, 7, 31 = 246 A.

[118] Ebd.

[119] Abaelard, Epistola 1, 2.

[120] Das ist nicht direkt überliefert, ergibt sich aber aus den Weiheriten, vgl. Puniet, P. de, Das römische Pontifikale, Klosterneuburg 1935, II, 108ff.

[121] Umschrift: SIGNUM.ABBATIS.CLAREVALLIS: Pressouyre/Kinder, Bernard 264. Ein anderes, späteres Siegel mit Abtsfigur gilt heute als Fälschung (ebd. 265), u. a. weil es in der Umschrift die damals unübliche Namensnennung enthält:

SIGILLUM:BERNARDI:ABBATIS:CLAREVALL. Doch hat, was in der neueren Literatur übersehen wird, schon Vacandard, Leben II, 592 darauf hingewiesen, daß Bernhard in Epistola 284 ausdrücklich von seinem Siegel mit seinem Namen spricht.

[122] Das Problem ist immerhin Fossier, installation 90 Anm. in etwa aufgefallen.

[123] Zum Beispiel als Beichtvater seiner Mönche zu fungieren, vgl. etwa Vita Ia 1, 6, 29; Scheuten, Mönchtum 45.

[124] Hofmeister, Mönchtum 226f.

[125] Super quaedam capitula regulae d. Benedicti 4, 10 = PL 170, 533 BC.

[126] Zum Beispiel De praecepto 19, 58; Super Cantica 26, 3.

[127] Vita Ia 4, 6, 34.

[128] Vita Ia 5, 1, 1; vgl. 5, 2, 14f.

[129] Vita Ia 1, 7, 31 = 245 CD.

[130] Pinius, Commentarius 61, PL 185, 670.

[131] Cronologia 279f.

[132] Zum Beispiel Storrs, Bernard 222ff.; Vacandard, Vie I, 64f. (vgl. jedoch hier die Anm. 1); Zerbi, Bernardo 2; Leclercq, Bernhard 45 etc.

[133] Zum Beispiel Wendelborn, Bernhard 33.

[134] So Fossier, installation 90 Anm. 43.

[135] Hofmeister, Mönchtum 226.

[136] Benton, Culture 390.

[137] Sacrorum conciliorum amplissima collectio 20, ed. Mansi, I. D., Venetiis 1775, 723.

[138] Vita Malachiae 3, 6 = III, 315, 3ff.

[139] Regula 58, 24; Niermeyer, Lexicon 358; Scheuten, Mönchtum 33f.; Lynch, Recruitment 431ff.

[140] Vita Ia 1, 5, 25; Vita IVa 2, 2.

[141] Epistola 1, 12.

[142] Vita s. Gerlaci 2, 4, ed. Mulder Bakker 150; Constable, Policy 121.

[143] Scheuten, Mönchtum 47f.

[144] Scheuten, Mönchtum 85.

[145] Vita IVa 2, 3.

[146] Gottfried, Fragmenta 20

[147] Auberger, unanimité 146.

[148] Vita Ia 1, 8, 41 = 251 A.

[149] Vita Ia 1, 6, 28.

[150] In festivitate omnium sanctorum 1, 3.

[151] Vita Ia 1, 6, 28.

[152] Frank, K. S., Angelikos bios, Münster 1964; Bretel, eremites 507ff.

[153] Apologia 10, 24.

[154] In nativitate S. Ioannis Baptistae 1.

[155] Vita Ia 4, 1, 3.

[156] Vita Ia 1, 6, 29.

[157] Vita Ia 1, 4, 20.

[158] Vita Ia 1, 6, 29.

[159] Diers, Bernhard 270ff.

[160] Mikkers, Spiritualität 38ff.; Delfgaauw, Bernard 38ff.

161 Vita Ia 1, 7, 37; vgl. Vacandard, Vie I, 78 f.

162 Vita IVa 2, 5 = 542 D. Zu dieser Krise vgl. Gastaldelli, praedicator 327 ff.

163 Vita IVa 2, 5 = 543 B.

164 In Psalmum Qui habitat 1 = IV, 383, Apparat.

165 In Psalmum Qui habitat 1 = IV, 384, 2 f. Vgl. De diversis 22, 5; De laudibus virginis matris 3, 4 etc.

166 Van Reeth, dates 34.

167 De diversis 42; vgl. Wodtke, F., Die Allegorie des „Inneren Paradieses" bei Bernhard von Clairvaux, Honorius Augustodunensis, Gottfried von Strassburg und in der Deutschen Mystik: Moser, H., u. a. (Hrsg.), Festschrift Josef Quint anläßlich seines 65. Geburtstages überreicht, Bonn 1964, 277–290; Casey, Athirst 287 ff. Vgl. auch Renna, Th., Saint Bernard's Defense of Monks in Historical Perspective, with Emphasis on England: Studia Monastica 29, 1987, 7–17.

168 Gottfried, Fragmenta 18.

169 Vgl. Nikolaus von Clairvaux, Epistola 35; Gastaldelli, praedicator 392 f. Alle Namen von Chormönchen, die sich sozial zuordnen lassen, gehören diesen beiden Gruppen an.

170 Gottfried, Fragmenta 30, ed. Lechat 105.

171 Gottfried, Fragmenta 30; Vita Ia 1, 13, 65.

172 Lazzari, F., Il „contemptus mundi" in S. Bernardo: Ders., Mistica e ideologia tra XI e XIII secolo, Milano 1972, 25–49.

173 Epistola 441 und Gastaldelli, Werke III, 1212 f.

174 Herbert, De miraculis 2, 15 = Konrad von Eberbach, Magnum exordium ?, 15,

175 Vita Ia 1, 13, 61 f.; vgl. 2, 8, 49; Petrus, Epistola 181, ed. Constable 424 (mit der scherzhaften Variante: „in mari uel flumine Cluniacensi piscari").

176 Epistola 411, 2 = VII, 393, 9 ff.

177 Vita Ia 1, 7, 32. Gehört Gottfried, Fragmenta 34 hierher?

178 Über ihre freiwillige Selbstopferung vgl. Bell, R. M., Holy Anorexia, Chicago 1986, 50.

179 Sententiae 3, 88 = VI/2, 134, 16 f. Vgl. Apologia 8, 16.

180 Epistola 208 = VIII, 67, 13.

181 Das Datum wird unterschiedlich zwischen 1116 (z. B. Fossier, installation 91) und 1118 angesetzt.

182 Vita Ia 1, 7, 32 = 246 BC.

183 Vita Ia 1, 8, 38 = 249 D.

184 Vita Ia 1, 8, 39 = 250 A; vgl. 3, 1, 1.

185 Vita Ia 1, 8, 39 = 250 AB.

186 Vita Ia 1, 8, 41, vgl. In Circumcisione Domini 3, 11.

187 Vita Ia 2, 3, 17.

188 Vita Ia 1, 12, 57.

189 Dinzelbacher, P., An der Schwelle zum Jenseits. Sterbevisionen im interkulturellen Vergleich, Freiburg 1989.

190 Gottfried, Fragmenta 34; Vita Ia 1, 12, 58.

191 Benz, E., Die Vision, Stuttgart 1969, 15 ff.

192 Schmidt, H.-J., Troisfontaines: LexMA 8, 1042; Vacandard, Leben I, 142 f.; Auberger, unanimité 103.

[193] Williams, Bernard 43 ff.

[194] Sydow, Zisterzienser 47.

[195] Epistola 21, ed. Barlow, F., London 1939.

[196] Carta caritatis 5, 7. Vgl. Dimier, A., Saint Bernard et ses abbayes-filles: Analecta Cisterciensia 25, 1969, 245–268.

[197] Vgl. Vita Ia 4, 8, 50.

[198] Lekai, Cistercensi 49 ff.

[199] Vita Ia 1, 7, 35 f.

[200] Apologia 1, 1 = III, 82, 3.

[201] In Psalmum Qui habitat 4, 3.

[202] Ebd. 6, 1; In dedicatione ecclesiae 1, 2.

[203] Zit. Szövérffy, Lyrics II, 413 f.

[204] vs. 77 ff., ed. Meyer = ed. Leclercq 79 (dieser liest „tegumen"); vgl. Szövérffy, Lyrics II, 415 ff.

[205] Vita Ia 1, 7, 36.

[206] Vita Ia 1, 5, 25.

[207] Salisbury, J., The Beast Within. Animals in the Middle Ages, New York 1994, 63.

[208] PL 182, 705 B; 706 AB.

[209] S. o. S. 25 ff., 37 ff.

[210] Super Cantica 30, 5, 10 ff. = I, 216, 24.

[211] Disputacio 1097, 180 ff.

[212] Epistola 408.

[213] Siehe u. S. 209 ff.

[214] vs. 85 ff., ed. Meyer = ed. Leclercq 79.

[215] VII, 366 ff. zit. Scheuten, Mönchtum 66, 95; vgl. 98 f.

[216] Viant, Goffredo; Gastaldelli: Werke II, 1147 f.

[217] PL 185, 1461 D.

[218] Gasteldelli, testimonianze 25.

[219] Vita Ia 1, 7, 35 = 247 D.

[220] Cîteaux, documents 55–105. Diese Verfassungsurkunde der Zisterzienser stellt ein Lieblingsthema der einschlägigen Forschung dar, vgl. die laufende Bibliographie in der Zeitschrift Cîteaux.

[221] Bouton, Negotia 180 f.

[222] Zit. Szövérffy, Lyrics II, 414, vgl. Schüppert, Kirchenkritik 125 ff.

[223] Piazzoni, Guglielmo 33; Ders., biographe 5. In der Bernhardliteratur wird in der Regel schon 1118 angenommen.

[224] Nach Piazzoni, Guglielmo 34 wäre Wilhelm erst 1121 Abt geworden. Nach Dimier, Guglielmo 484: 1119. Seine Bemerkung „quem [sc. Bernardum] cum ibi cum quodam abbate altero visitarem." (Vita Ia 1, 7, 33 = 246 C) deutet m. E. klar darauf hin, daß auch er damals bereits Abt war (wie bereits von James, Bernard 38 Anm. 1 erkannt). Dazu erwähnt die Vita Wilhelms (ed. Poncelet 89 f.) seine Freundschaft mit Bernhard erst nach seiner Abtswahl. Bredero, Etudes 101 Anm. 6 erklärt das in allen Handschriften überlieferte „altero" völlig willkürlich zu einer späteren Interpolation; anders dann ders., Bernhard (1996) 109 ff.

[225] Das Geburtsdatum ist nicht sicher zu eruieren, vgl. Piazzoni, Guglielmo 15.

226 Vita Ia 1, 7, 33 = 246 D.
227 Vgl. u. S. 385 Anm. 313.
228 Vgl. Vita Ia 3, 2, 5; Vita IIa 14, 41.
229 Vita Ia 3, 7, 21 = 315 C; vgl. Vita IIa 16, 47.
230 De diversis 41, 6.
231 Vita Ia 1, 7, 33 = 246 D.
232 Niermeyer, Lexicon 466.
233 Super Cantica 85, 4, 11 = II, 314.
234 Burchardus, Subscriptio = PL 185, 266 CD.
235 Gougaud, Dévotions 129 ff.
236 Stephanus de Borbone, De diversis materiis praedicabilibus 1, 20, ed. Lecoy 28.
237 Ebd. 29 Anm. 1.
238 Vita Ia 1, 6, 30 = 244 CD.
239 Ebd. D.
240 Odo von Cluny, Collationes 2, 9 = PL 133, 556 A ff.
241 Exordium Cistercii 18 = Cîteaux documents 132; vgl. Dolberg, L., Die Satzungen der Cistercienser wider das Betreten ihrer Klöster und Kirchen durch Frauen: Studien und Mitteilungen aus dem Benediktiner- und Cisterzienser Orden 15, 1894, 40–44, 244–249.
242 Van Doren, Ombelina.
243 Epistola 3.
244 Vgl. Picasso, Bernardo; Dimier, A., Saint Bernard et le droit en matière de „transitus": Revue Mabillon 43, 1953, 48–82. Übersicht über Bernhards Briefe (Epistolae 406, 413 f., 417 usw.) zu diesem Thema: Auberger, unanimité 39.
245 LexMA 4, 344 f.; Goebel, J., Felony and Misdemeanor, Philadelphia 1976.
246 Für die altfranzösische Terminologie s. Stowell, Relationships.
247 Picasso, Bernardo 189.
248 Vgl. Monge García, estabilidad.
249 Epistola 67.
250 Regula 61, 1 ff.
251 Epistola 67, 2 = VII, 164, 26 f.
252 Gastaldelli: Werke II, 1083.
253 Epistola 68.
254 Pontal, conciles 320 f.
255 Bernard 267, 574.
256 Recueil, ed. Waquet 3; Bernard 227.
257 Bernard 274 f., 291 etc.
258 Vgl. Sachwörterbuch 915 f.
259 PL 185, 977–979 = Waquet I, 1 f.
260 Exordium parvum 14, 5.
261 Jacqueline, Episcopat 51 ff.
262 Nach King, Cîteaux 211 (ohne Beleg) als Mönch in Clairvaux. Doch findet sich diese Angabe nicht in der sonstigen mir zur Verfügung stehenden Literatur.
263 Piazzoni, Guglielmo 35, 143 f.
264 Vita Ia 1, 12, 59 = 259 AB.

[265] Vita, ed. Poncelet 93.

[266] SC 82.

[267] Lc 10, 38; vgl. Solignac, A., Donnat, L., Marthe et Marie: DS 10, 664–673.

[268] Vgl. Epistola 85.

[269] Epistola 86, 2 = VII, 224, 10ff.

[269a] Die Jahreszahlen bei Bernhards Werken geben nur den wahrscheinlichen Entstehungstermin an; eine sichere Datierung ist oft nicht möglich.

[270] Vita Ia 3, 8, 29. Holdsworth, Writings 34f. schlägt 1118/19 vor; die Argumente für die traditionelle Datierung etwa bei Deug-su, Introduzione 4f.

[271] Zu den einzelnen Werken Bernhards wird hier und im folgenden jeweils einiges aus der neueren Literatur zitiert, nicht jedoch die vermittels der Bibliographie von Hendrix, Conspectus (s. unten S. 466) leicht erschließbaren jüngsten Titel.
Chrétien, J.-L., L'humilité chez saint Bernard: Communio 10, 1985, 113–127; Farkasfalvy, D., St Bernard's Spirituality and the Benedictine Rule in The Steps of Humility: Analecta Cisterciensia 36, 1980, 248–262; Pennington, M. B., Saint Bernard's Steps of Humility and Pride. An Introduction: Studia Monastica 22, 1980, 83–92; Pranger, M. B., Description du traité du Bernard de Clairvaux „De gradibus humilitatis et superberiae": Nederlandse Theologisch Tijdschrift 41, 1987, 99–117; Pranger, Bernard 85ff. Zum Konzept der Stufen vgl. Dresser, R. M., Gradation. Rhetoric and Substance in Saint Bernard: Elder, Goad 71–85.

[272] Vgl. Coleman, Memories 177.

[273] Historia pontificalis 12.

[274] Wilhelm, Vita Sugerii 1, 4 = PL 186, 1195 C.

[275] Verger/Jolivet, Bernardo 122; vgl. ausführlich Figuet, Bible.

[276] Vita Ia 1, 4, 24.

[277] Vgl. Gomez, I., Los textos clave de la espiritualidad de Bernardo de Clairvaux: Actas. Congreso internacional sobre San Bernardo e o Cister en Galicia e Portugal, Ourense 1992, 1043–1075.

[278] Vgl. oben S. 36 und Gottfried von Auxerre, Declamationes ex S. Bernardi sermonibus 36, 42ff. = PL 184, 460ff.

[279] Sermo 347.

[280] Deug-su, tractatus.

[281] De gradibus humilitatis 4, 14 = III 27, 8.

[282] Jurgeleit, Augustins; Rigolot, Bernard.

[283] Vgl. Sachwörterbuch 170f.; Moos, Aspekte.

[284] De gradibus humilitatis 10, 29ff.

[285] De gradibus humilitatis 10, 30 = III, 40, 6ff.

[286] Vgl. Rauch, Identität 108f.

[287] Vgl. De civitate Dei 13, 10.

[288] Gottfried von Auxerre, Sermo de S. Bernardo 12 = PL 185, 581 A.

[289] Zum Beispiel Galland von Reigny, Libellus parabolarum bzw. proverbiorum, vgl. Hüffer, Bernhard 216f.; Standaert, M., Galland de Reigny: DS 6, 74f.

[290] De gradibus humilitatis 1, 2.

[291] De gradibus humilitatis 3, 9 = III, 23, 19f.

[292] Dinzelbacher, Christliche Mystik 94ff.

[293] De gradibus humilitatis 3, 6.

[294] Maiorino Tuozzi, conoscenza; Morris, Discovery 64ff.; Gilson, Mystik 110f.; Dinzelbacher, Ego 735ff.; Penco, Senso.

[295] Köpf, Bernhard [1981], 193ff.

[296] Super Cantica 37, 1, 1.

[297] De gradibus humilitatis 5, 18 = III, 29, 20ff.

[298] De gradibus humilitatis 7, 21 = III, 32, 6.

[299] De gradibus humilitatis 6, 19.

[300] De gradibus humilitatis 7, 21 = III, 33, 1ff.

[301] De gradibus humilitatis 9, 24 = III, 35, 4f.

[302] De gradibus humilitatis 9, 26.

[303] De gradibus humilitatis 22, 57.

[304] Siehe u. S. 239.

[305] Zit. Ladner, G., Terms and Ideas of Renewal, in: Benson, Renaissance 1–33, 8 Anm. 41.

[306] De gradibus humilitatis 10, 28 = III, 38, 9.

[307] Vgl. ausführlichst Lubac, esegesi.

[308] Super Cantica 63, 1, 1. Vgl. Farkasfalvy, D., The Role of the Bible in St. Bernard's Spirituality: Analecta Cisterciensia 25, 1969, 3–13.

[309] De gradibus humilitatis 10, 28.

[310] De gradibus humilitatis 10, 36.

[311] De gradibus humilitatis 22, 57 = III, 59, 8f.

[312] De gradibus humilitatis 12, 40.

[313] De diversis 93, 2 = VI/1, 350, 16. Vgl. auch Tatlock, J., Medieval Laughter: Speculum 21, 1946, 289–294; Adolf, H., On medieval laughter: Speculum 22, 1947, 251–253; Schmitz, G., …quod rident homines, plorandum est. Der „Unwert" des Lachens in monastisch geprägten Vorstellungen der Spätantike und des frühen Mittelalters: Quarthal, F., Setzler, W. (Hrsg.), Stadtverfassung, Verfassungsstaat, Pressepolitik, Sigmaringen 1980, 3–15.

[314] De gradibus humilitatis 13, 41 = III, 48, 5ff.

[315] De gradibus humilitatis 13, 41 = III, 48, 11f.

[316] De gradibus humilitatis 14, 42.

[317] De gradibus humilitatis 22, 56 = III, 58, 8f.

[318] Jaqueline, Bernard 429.

[319] Zum Zitiermodus Bernhards und seiner Orientierung an Augustinus vgl. Bauer, J. B., Bibelzitate und Agrapha im mittellateinischen Schrifttum Bernhards von Clairvaux: Mittellateinisches Jahrbuch 27, 1992, 53–63.

[320] De gradibus humilitatis, retractatio = III, 15, 6.

[321] Vgl. Longère, prédication 226ff.; Gastaldelli, praedicator; Evans, Mind 37–137; Evans, G., „Sententiola ad aedificationem". The „Dicta" of St. Anselm and St. Bernard: Revue bénédictine 92, 1982, 159–171.

[322] Vgl. Winkler, G., Einleitung: Werke IV, 249–262; ihre Echtheit wird heute üblicherweise nicht mehr bezweifelt.

[323] Sententiae 2, 99 = VI/2, 43, 10f.

[324] Sententiae 1, 40 = VI/2, 20, 18ff.

[325] Sententiae 2, 106.

[326] In der neuen Übersetzung sowie im Kommentar von Sententiae 1, 26 (Werke

IV, 283, 296) werden die „oboedientiarii" fälschlich zu Konversen erklärt, vgl. jedoch Ecclesiastica officia, ed. Choisselet 458; Gottfried, témoignage ed. Leclercq 185; Koenig, Klosterleben 46.

[327] Sententiae 1, 20; De diversis 82.

[328] Sententiae 3, 53; 3, 77.

[329] Battles, Bernard.

[330] Sententiae 2, 5–9; 20; 25.

[331] Sententiae 2, 12 f.

[332] Sententiae 3, 74; 3, 90.

[333] 3, 92.

[334] Sententiae 3, 91 = VI/2, 141, 13.

[335] Le Goff, J., La naissance du purgatoire, Paris 1981.

[336] Timmermann, Studien, pass. Die Verfasserin schreibt 138 ff. auch eine nur mittelniederländisch erhaltene Parabel vom Streit der vier Töchter Gottes Bernhard zu; sie sieht in ihr eine Bearbeitung von Bernhards erstem Sermo zum Fest Mariae Verkündigung. Zustimmend J. Leclercq: Mittellateinisches Jahrbuch 20, 1985, 291–294, dagegen Gastaldelli, praedicator 417 Anm. 375.

Casey, M., The Story of the King's Son: Cistercian Studies 18, 1983, 16–23; ders., The Story of the Feud between Two Kings: ebd. 192–200; ders., The Story of the King's Son Sitting on His Horse: ebd. 283–288; ders., The Story of Ecclesia Held Captive in Egypt: Cistercian Studies 19, 1984, 248–254; ders., The Story of the Three Daughters of the King: Cistercian Studies 20, 1985, 21–31; ders., Bernhard of Clairvaux. The Story of the Ethiopian Woman Whom the King's Son Took as His Wife: Cistercian Studies 21, 1986, 96–108; Oldoni, M., Bernardo scrittore – le Parabolae: Bernardo cistercense 291–301.

[337] Parabola 4 ist auch unter der Überschrift „Sermo ad Clericos" überliefert (SBO VI/2, 277, Apparat).

[338] Parabolae 1, 5 ff.

[339] Parabolae 2 f.

[340] Parabolae 5.

[341] Parabolae 7.

[342] De diversis 42. Vgl. unten S. 287 Bernhards Kreuzzugspredigt.

[343] Kamlah, W., Apokalypse und Geschichtstheologie. Die mittelalterliche Auslegung der Apokalypse vor Joachim von Fiore, Berlin 1935; Rauh, H. D., Das Bild des Antichrist im Mittelalter, Münster ²1979.

[344] Etwas anders Timmermann, Studien 160 ff.

[345] Parabolae 4, 5 = VI/2, 280, 7 ff.

[346] Parabolae 4, 5 ff. = VI/2, 281, 20 ff.

[347] Parabolae 6 = VI/2, 295, 16 f.

[348] SBO V. Vgl. Leclercq, Recueil II, 203 ff.; III, 137 ff.; IV, 95 ff.; Altermatt, A., Christus pro nobis. Die Christologie Bernhards von Clairvaux in den Sermones per annum: Analecta Cisterciensia 32, 1977, 3–176; ders., Einführung in die Theologie Bernhards von Clairvaux am Beispiel der Christologie in den 'Sermones per annum': Höre 63–95; Stockhill, B., Jalons pour une théologie de la liturgie dans les Sermons sur l'Année liturgique de S. Bernard: Liturgie 30, 1979, 185–223; 33, 1980, 167–185; 43, 1982, 278–298; 45, 1983, 159–172; 46, 1983, 229–250; Emery, P.-Y., La consolation,

dans les „Sermons pour l'année" de Saint Bernard: Collectanea Cisterciensia 52, 1990, 191–203.

349 SBO V, 1–12.

350 SBO VI/1.

351 In natali S. Benedicti 7 = V, 6, 11.

352 Siehe u. S. 294.

353 Vita Ia 4, 8, 51.

354 Dazu existiert eine nicht mehr überschaubare Literatur; vgl. etwa Grégoire, R., Manuale di agiologia, Fabriano 1987; Nahmer, D. v. d., Die lateinische Heiligenvita, Darmstadt 1994; Philippart, G. (Hrsg.), Histoire internationale de la littérature hagiographique latine et vernaculaire en Occident des origines à 1550, Turnhout 1994ff. sowie die Zeitschriften Analecta Bollandiana und Hagiographica.

355 Dazu zuletzt: Picard, A., Boglioni, P., Miracle et thaumaturgie dans la vie de Saint Bernard: Arabeyre, Vies 36–59.

356 Vita Ia 2, 4, 21.

357 Vgl. Lanczkowski, J., Demut: Wörterbuch 103–105.

358 Vita Ia 4, 1, 7 = 325 C.

359 Vita Ia 4, 5, 31.

360 Gottfried, Fragmenta 21: Vita Ia 1, 9, 45; 4, 1, 5.

361 Gottfried, Fragmenta 19; Vita Ia 1, 9, 43 = 253 A; Vita IIa 11, 36. Nach Vacandard, Vie I, 171 Anm. 1 auf etwa 1123 zu datieren.

362 Gottfried, Fragmenta 19, ed. Lechat 99.

363 Vita Ia 1, 14, 68.

364 Lit.: Sachwörterbuch 911 f. Die für Bernhards Zeit und Umgebung klassische Monographie ist Sigal, P.-A., L'homme et le miracle dans la France médiévale (XIe– XIIe siècle), Paris 1985.

365 Vita Ia 1, 10, 49.

366 Vita Ia 4, 7, 40.

367 Gottfried, Fragmenta 31; Vita Ia 1, 11, 51.

368 Vgl. etwa Rubin, M., Corpus Christi, Cambridge 1991.

369 Annales a. a. 1077 = MGH SS 5, 259ff.

370 Johannes Trithemius, Chronicon Hirsaugiense a.a. 1124: Opera historica, Frankfurt a. M. 1601, II, 118.

371 Gottfried, Fragmenta 41, Vita Ia 1, 11, 55.

372 Vita Ia 1, 11, 55 = 257 B.

373 Gastaldelli, testimonianze 53.

374 Vita Ia 4, 4, 23 = 334 B. Vgl. z. B. Epistola 482.

375 Siehe u. S. 159.

376 Vita Ia 4, 6, 36.

377 Flint, V., The Rise of Magic in Early Medieval Europe, Princeton 1991, 243ff. u.ö.

378 Ein beliebiges Beispiel: Vita Eugendi 11 = MGH SS rer. Merov. 3, 158f. Vgl. weiters Engemann, J., Phylakterium: LexMA 6, 2110f.

379 Vita Ia 2, 4, 22.

380 8, 63 = PL 161, 1317 BC (nach Concilium Laodicense 26, 5).

381 Vita Ia 4, 7, 40.

382 Vita Ia 1, 10, 46 f.

383 Vita Ia 1, 11, 56.

384 Vita Ia 2, 4, 22.

385 Diese übliche Datierung wird jetzt von Holdsworth, Writings 28 ff. (mit mich nicht überzeugenden Gründen) abgelehnt.

386 Gottfried, Fragmenta 24, ed. Lechat 102.

387 Grill, Morimond 127 Anm. 49. Vgl. Dimier, A., Le miracle des mouches de Foigny: Cîteaux in de Nederlanden 8, 1957, 57–62.

388 Franz, A., Die kirchlichen Benediktionen im Mittelalter, Freiburg 1909, II, 144 f.

389 Kühnel, H., Die Fliege – Symbol des Teufels und der Sündhaftigkeit: Tauber, W. (Hrsg.), Aspekte der Germanistik. FS H.-F. Rosenfeld, Göppingen 1989, 285–305.

390 Gottfried, Fragmenta 24; Vita Ia 1, 6, 58. S. o. Anm. 387.

391 Eine Arbeit darüber bereite ich vor.

392 Gottfried, Fragmenta 22; Vita Ia 1, 9, 45.

393 Gottfried, Fragmenta 22; Vita Ia 1, 10, 46.

394 Vita 3, 6, 18 = 313 D., s. u. S. 279.

395 De nugis 1, 24, ed. Latella 128.

396 Boswell, Christianity 221 ff.; Russell, K., Aelred, the Gay Abbot of Rievaulx: Studia Mystica 5, 1982, 51–64; McGuire, B. P., Brother and Lover, Aelred of Rievaulx, New York 1994.

397 2 Reg 4, 32 ff.

398 Vgl. Bieler, L., Totenerweckung durch synanáchrosis: Archiv f. Religionswissenschaft 32, 1935, 228–245; Weinreich, O., Zum Wundertypus der synanáchrosis: ebd. 246–264.

399 Die Identifikation ist unsicher, vgl. Berlioz, littérature 227.

400 Io 11, 43.

401 De nugis 1, 24.

402 a. a. 1148 = PL 212, 1038 C f.

403 Vita Ia 1, 13, 61 = 260 BC.

404 Epistola 250, 4 = VIII, 147, 2, vgl. unten S. 336 f.

405 Dimier, Pietro I, 773.

406 Dimier, Pietro I; Bernard 577.

407 Super Cantica 12, 6, 9.

408 Siehe u. S. 362.

409 Grill, Morimond 130 Anm. 65.

410 Gastaldelli: Werke II, 1048 ff.; Grill, Morimond 128 ff.; Teubner-Schoebel, Bernhard 33 ff.

411 Epistola 4, 1 = VII, 24, 19.

412 King, Cîteaux 329 ff.

413 Teubner-Schoebel, Bernhard 36 f.

414 Epistola 6 und 359.

415 Epistola 359 = VIII, 305, 1 f., 14 f.

416 Contra Vigilantium 15.

417 Diers, Bernhard 351 ff.; genereller Constable, G., Opposition to Pilgrimage in the Middle Ages: Studia Gratiana 19, 1976, 123–146.

[418] Epistola 399 = VIII, 379, 18f.

[419] Epistola 4, 1 = VII, 25, 9f.

[420] Epistola 4, 1 = VII 25, 12ff. unter Berücksichtigung der älteren Fassung im Variantenapparat.

[421] Epistola 4, 2f.

[422] Regula 1, 10ff.

[423] Epistola 5.

[424] Epistola 7.

[425] Venuta, G., Adamo di Ebrach: BS 1, 226f.; Grill, L., Abt Adam von Ebrach: Cistercienser-Chronik 75, 1968, 79–87; Geldner, F., Abt Adam von Ebrach: Schneider, Cistercienser 157–163.

[426] Epistola 141, 1 = VII, 338, 14.

[427] King, Cîteaux 335ff.

[428] Epistola 4, 1 bzw. 6, 2.

[429] Epistola 387; vgl. Rassow, Kanzlei 74f.

[430] Epistola 170, 1.

[431] Epistolae 32–34.

[432] Vgl. Diers, Bernhard 25ff. Apologetisch Picasso, Bernardo 191f. Die Standardbiographien (Vacandard, Williams) verschweigen die Angelegenheit.

[433] Epistola 32, 1 = VII, 86, 14f.

[434] Epistola 33, 1.

[435] Epistola 33, 1 = VII, 89, 10f. Vgl. Blaise, Lexicon 314 s. v. dispensatorie 3.

[436] Epistola 34, 1 – VII, 90, 17f.

[437] Holdsworth, Writings 57.

[438] Valvekens, Norbert; Zák, Norbert; Elm, K. (Hrsg.), Norbert von Xanten, Köln 1984; Grauwen, W. M., Norbert, Erzbischof von Magdeburg, Duisburg ²1986.

[439] Laurentius, Gesta episcoporum Virdunensium 32 = MGH SS 10, 512.

[440] Zák, Norbert 67.

[441] Epistola 253, 1, vgl. Holdsworth, Writings 32.

[442] Heriman, De miraculis S. Mariae Laudunensis 3, 7.

[443] Holdsworth, Writings 23, 32.

[444] Epistola 56.

[445] Epistola 8, 4.

[446] Sachwörterbuch 38f.; McGinn, B., Portraying Antichrist in the Middle Ages: Verbeke, Use 1–48; zuletzt Guadalajara Medina, J., Las profecías del anticristo en la edad media, Madrid 1996.

[447] Epistolae 124, 1; 336.

[448] Ava, ed. Schacks 247ff.

[449] Radcke, Anschauungen.

[450] De gradibus humilitatis 3, 10.

[451] Apologia 10, 22 = III, 99, 23f. Vgl. Eph. 5, 13.

[452] Epistola 28, 20, ed. Constable I, 97.

[453] Goetz, Bernard 521ff.

[454] Vita Malachiae praefatio u. unten S. 325.

[455] Seeberg, Lehrbuch III, 267.

[456] Lit.: Sachwörterbuch 506–508; LexMA 6, 243–275. Dazu Schreiner, K., Maria,

München 1994; Iogna-Prat, D., u. a. (Hrsg.), Marie. Le culte de la Vierge dans la société médiévale, Paris 1996.

457 Gastaldelli, praedicator 351.

458 Iterson, A. van, L'ordre de Cîteaux et le cœur de Marie: Collectanea Ordinis Cisterciensium Reformatorum 20, 1958, 291–312, 293 ff.

459 In assumptione 3, 3.

460 Signori, G., „Totius ordinis nostri patrona et advocata". Maria als Haus- und Ordensheilige der Zisterzienser: Opitz, C., u. a. (Hrsg.), Maria in der Welt, Zürich 1993, 253–277.

461 Ebd. 254.

462 Vgl. Pranger, Bernard 145ff.; Polo Carrasco, J., La mediacion de Maria en las Homilias De Laudibus V. Matris de S. Bernardo (Textos sobre la predestinacion de Maria): Scripta Theologica 7, 1975, 531–562; Calabuig, I. (Hrsg.), Respice stellam. Maria in San Bernardo e nella tradizione cistercense, Roma 1993; Riegler, J., Die Bedeutung der marianischen Symbolik in den Ansprachen Bernhards von Clairvaux: Cistercienser Chronik 90, 1983, 12–21; Hänsler, B., Die Marienlehre des hl. Bernhard, Abtes und Kirchenlehrers, Regensburg 1917; Varga, O., Maria, die Mittlerin nach der Lehre des heiligen Bernhard, Abtes von Clairvaux, Diss. Innsbruck 1928; Clemencet, C., La mariologie de S. Bernard, Brignais 1909; oben Anm. 456.

463 Leonardi, Introduzione 4f.

464 De laudibus virginis matris, praef. = IV, 13, 13.

465 In nativitate B. Mariae 4ff.

466 In nativitate B. Mariae 7.

467 De laudibus virginis matris 1, 1 = IV, 14, 5ff.

468 De laudibus virginis matris 1, 8 = IV, 19, 21.

469 De diversis 24, 1.

470 Gottfried, Fragmenta 60.

471 Guldan, E., Eva und Maria, Graz 1966.

472 De laudibus virginis matris 2, 3.

473 De laudibus virginis matris 2, 13.

474 De laudibus virginis matris 2, 17 = IV, 35, 12ff.

475 De laudibus virginis matris 3, 2f.

476 De laudibus virginis matris 3, 7.

477 Vgl. Hanning, R. W., The individual in Twelfth-Century Romance, New Haven 1977; Rychner, J., La narration des sentiments, des pensées et des discours dans quelques œuvres des XIIe et XIIIe siècles, Genf 1990, 158ff., 356ff.

478 De laudibus virginis matris 3, 8 = IV, 41, 16f. Vgl. 4, 8 etc.

479 De laudibus virginis matris 3, 11.

480 De laudibus virginis matris 3, 14 = IV, 45, 26.

481 De laudibus virginis matris 4, 8 = IV, 53, 25ff.

482 De laudibus virginis matris 4, 8 = IV, 54, 14ff.

483 De laudibus virginis matris 4, 9ff. Vgl. Paulsell, Bernard.

484 Siehe o. S. 45.

485 De laudibus virginis matris 1, 7.

486 Gottfried, témoignage, ed. Leclercq 185.

487 Bynum, Jesus 110ff.

488 Lit.: Dinzelbacher, Frauenmystik 67f.

489 Epistola 322, 1.

490 Siehe u. S. 158f.

491 Damrosch, Alia.

492 Super Cantica 12, 9.

493 Die Arbeit von Leclercq, femme ist dezidiert apologetisch und insofern irreführend.

494 Vgl. Gastaldelli, in: Werke II, 1046f.; Hermesdorf, Bernardus 351ff.

495 Duby, France 115; King, Cîteaux 20.

496 Bredero, A., Cluny et Cîteaux au XIIe siècle, Amsterdam 1985, 53 Anm. 6, 54 Anm. 20.

497 Häuser, R., Die Polemik der Cistercienser und Cluniazenser im 12. Jahrhundert, Diss. Frankfurt a. M. 1951; Knowles, D., Cistercians and Cluniacs, Oxford 1955; Cistercians and Cluniacs, tr. O'Sullivan, J. F., Kalamazoo 1977; Schüppert, Kirchenkritik 116ff. und oben Anm. 496, unten 618.

498 Recueil, ed. Waquet 7, nr. v.

499 Vita S. Odonis = PL 133, 73 A; Gasteldelli: Werke II, 1046.

500 Gottfried, Fragmenta 26; Vita Ia 1, 11, 50.

501 Epistola 1, 1 = VII, 2, 4f.

502 Phil 1, 12.

503 Epistola 1, 2 = VII, 2, 12f.

504 Regula 30, 3; 2, 28f.; 23, 5; 28, 1, 3; 71, 9;

505 Prv 23, 14; 27, 61; Hebr 12, 6.

506 Epistola 102, 1.

507 De miraculis 2, 9 = CCCM 83, 112. Ähnliches ist für das ganze Mittelalter bis ins 19. Jahrhundert zu belegen, vgl. Bertaud, E., Discipline: DS 3, 1302–1311. Speziell zu Cîteaux vgl. Ecclesiastica officia 70, 66; 110, 6; Bernhard, Epistola 65, 4.

508 Bühler, Klosterleben 247f.

509 Epistola 1, 2ff. = VII, 3ff.

510 Constable, G., Letters and Letter-collections, Turnhout 1976.

511 Epistola 1, 11 = VII, 9, 15.

512 Epistola 1, 12.

513 Epistola 1, 4 = VII, 4, 17f.

514 Regula 63, 7.

515 Epistola 1, 5 = VII, 5, 11f.

516 Epistola 1, 6.

517 Epistola 1, 8 = VII, 6, 20ff.

518 Vgl. oben S. 372 Anm. 43.

519 Guibert von Nogent, De vita sua 1, 8.

520 Statuta, ed. Canivez 31, nr. 78.

521 Epistola 1, 10 = VII, 8, 16ff.

522 Epistola 1, 12.

523 Zum Beispiel Petrus von Cluny: Torrell/Bouthillier 98f.; 133ff. Vgl. generell Auer, J., Militia Christi: DS 10, 1210–123, bes. 1215ff.; Leclercq, J., „Militare Deo" dans la tradition patristique et monastique: „Militia Christi" e Crociata nei secoli XI–

XIII (Miscellanea del Centro di studi medioevali 30), Milano 1992, 3–20; Zerbi, P.,
La „militia Christi" per i Cisterciensi: ebd. 273–297.

[524] Epistola 1, 13 = VII, 11, 14 f.

[525] Epistola 1, 13 = VII, 11, 23. Werke II, 263 wird so übersetzt, als ob im Text
„mihi", und nicht „tibi" stünde, was den Sinn völlig entstellt.

[526] Epistola 32, 3.

[527] Petrus, Epistola 181.

[528] Vacandard, Vie I, 95; Gastaldelli: Werke II, 1046.

[529] Epistola 313, 5.

[530] Colish, Peter I, 268 ff.

[531] Linhardt, Mystik 137 ff.

[532] Augustinus, Enchiridion 27; 92 f. Vgl. DThC 12/1, 400.

[533] Augustinus, Epistola 186, 7, 23; weitere Stellen bei Seeberg, Lehrbuch II, 542.
Vgl. LexMA 7, 142ff.

[534] Cur Deus homo 1, 24.

[535] In Ascensione 2, 5 = Vita Ia, 129, 21 f.

[536] Epistola 107, 4 f.

[537] Vgl. die Stellen bei Seeberg, Lehrbuch II, 541.

[538] Epistola 107, 6.

[539] Epistola 107, 1.

[540] Epistola 108, 3 = VII, 278, 26 f.

[541] Siehe u. S. 109ff.

[542] In Ascensione 2, 5 f. = V, 129, 24 ff.

[543] Raciti, G., Un discours de saint Bernard retransmis en direct. La recension
prélittéraire du sermon aux abbés: Collectanea Cisterciensia 52, 1990, 89–109.

[544] Sermo ad abbates 1 = V, 289, 14 ff.

[545] Vgl. auch In psalmum Qui habitat 7 und Dinzelbacher, P., Die Jenseitsbrücke
im Mittelalter, Diss. Wien 1973; ders., Kleinschmidt, H., Seelenbrücke und Brük-
kenbau im mittelalterlichen England: Numen 31, 1984, 242–287; Dinzelbacher, P., Il
ponte come luogo sacro nella realtà e nell'immaginario: Luoghi sacri e spazi della san-
tità, a cura di S. Boesch Gajano e L. Scaraffia, Torino 1990, 51–60.

[546] Sermo ad abbates 3.

[547] Zur Datierung, die auf Epistola 18, 5 beruht, vgl. Holdsworth, Writings 39 ff.
Lit.: Rudolph, C., The Scholarship on Bernard of Clairvaux's Apologia: Cîteaux 40,
1989, 69–111.

[548] Vgl. z. B. Constable, diversity; Châtillon, Renaissance; Leclercq, diversification; Gesch. Chr. 5, 136ff.; speziell Constable, G., Cluny – Cîteaux – La Chartreuse.
San Bernardo e la diversità delle forme di vita religiosa nel xii secolo: Studi 93–114.

[549] Anselm von Havelberg, Dialogi 1, 1 = SC 118, 34.

[550] Piazzoni, Guglielmo; Baker, D., „The Whole World a Heremitage". Ascetic
Renewal and the Crisis of Western Monasticism: Meyer, M. A. (Hrsg.), The Culture
of Christendom, London 1993, 207–223.

[551] Amerio, Introduzione 124.

[552] Vgl. oben S. 6.

[553] Grivot, D., Saint Bernard et Pierre le Vénérable: Bulletin de littérature ecclésiastique 93, 1992, 85–99, 98.

554 Penco, Senso 311.
555 Duby, Bernard 46.
556 Lackner, Liturgy 9.
557 Ordericus Vitalis, Historia ecclesiastica 8, 26.
558 Epistola 84 B.
559 Apologia 7, 15.
560 Apologia 8, 18.
561 Holdsworth, Writings 53.
562 Vgl. Bredero, Bernhard (1996) 185 ff.
563 Writings.
564 Codagheno, A., Amadeo: BS 1, 999 ff.
565 Breviarium Cisterciense Lect. 2, Vig. 28. Jan., zit. Holdsworth, Writings 47.
566 Amerio, Introduzione 123.
567 So Amerio, Introduzione 127 ff., 155 f.
568 Epistola 88. Es gibt verschiedene Möglichkeiten, die Entstehung der Apologie zu rekonstruieren, vgl. Bernard 286 f., Werke II, 1095 ff.; Amerio, Introduzione 127 ff.; Rudolph, Things, 203 ff.
569 Epistola 84 B.
570 Apologia 1, 1 = III, 81, 11 ff.
571 Apologia 1, 3 = III, 83, 14 f.
572 Apologia 2, 4 = III, 83, 25 ff.
573 Vgl. oben S. 75 ff.
574 Apologia 3, 6 = III, 87, 1 f.
575 Vgl. oben S. 79.
576 Apologia 4, 7.
577 SBO III, 95 App.
578 Apologia 9, 21; 11, 27.
579 Petrus Venerabilis, Epistolae 28, 161.
580 Valous, monachisme I, 250 f.
581 Morin, D., Rainauld l'érémite et Ives de Chartres: Revue bénédictine 40, 1928, 99–115.
582 Valous, monachisme I, 268.
583 Zimmermann, Ordensleben 377 = II/77 B.
584 Scheuten, Mönchtum 53 f., 57 ff.
585 Apologia 6, 12.
586 Apologia 7, 15 = III, 94, 25, nach Gregor, In Ezechielem I, 7, 5 = PL 76, 842 = CC 142, 85.
587 Jaedicke, Bernhard 504.
588 Apologia 9, 22.
589 Amerio: Opere I, 192 Anm. 2.
590 Apologia 9, 20.
591 Amerio: Opere I, 196 Anm. 2; vgl. jedoch Zimmermann, Ordensleben 69 f.
592 Apologia 9, 21.
593 Apologia 9, 22.
594 Zimmermann, Ordensleben 141 f., 448 f.; Amerio: Opere I, 198 Anm. 1.
595 Apologia 10, 24 = III, 101, 17.

[596] Apologia 10, 25 = III, 102, 8ff.

[597] Apologia 10, 26.

[598] Regula 32; 55.

[599] Apologia 10, 26 = III, 102, 23.

[600] Bei Bernhard z. B. in Super Cantica 25.

[601] Apologia 11, 27 = III, 103, 16ff.

[602] Zum Beispiel Schultz, Leben I, 516f.

[603] Epistola 78, 3 = VII, 203, 11.

[604] Scheuten, Mönchtum 60.

[605] Apologia 12, 28 = III, 104, 11.

[606] Sommerfeldt, Theory 46.

[607] Apologia 12, 28 = III, 105, 14ff.

[608] Kramp, Kirche 314, 317f., 306ff. (die genaue Datierung dieser Objekte ist freilich unsicher).

[609] Gerson, Abbot 245ff.

[610] Vgl. Epistola 243, 4.

[611] Apologia 12, 29 = III, 106, 14ff.

[612] Apologia 12, 29 = III, 106, 24f.

[613] Tetzlaff, I., Romanische Kapitelle in Frankreich, Köln ³1979, nr. 21, 33, 47. Daß solche Darstellungen aus Cluny nicht mehr vorhanden sind, beweist nicht, wie Bredero, toegankelijkheid 319 meint, daß sich die Apologie nicht darauf beziehen könnte. Seine Annahme, solche Kapitelle habe es in Cluny nicht gegeben, ist falsch, da eine Zeichnung von 1814 das Gegenteil beweist: es zeigt den Kampf eines Ritters gegen ein dreiköpfiges Vogelungeheuer (Darling, M., A Sculptural Fragment from Cluny III and the Three-Headed Bird Iconography: Houwen, L. [Hg.], Animals and the Symbolic in Medieval Art and Literature, Groningen 1997, 209–223). Wiewohl fast die gesamte Bauplastik dieses Klosters mit dem Bauwerk zugrunde gegangen ist, wäre es doch sehr unwahrscheinlich, daß ausgerechnet hier die sonst in der burgundischen Romanik so häufigen Tier- und Monsterplastiken gefehlt hätten.

[614] Gerson, Abbot 229ff.

[615] Dinzelbacher, Monstren.

[616] Sachwörterbuch 94; LexMA 1, 2072ff.

[617] Jung, M.-R., Philippe: LexMA 6, 2081f.; Hasenohr/Zink, Dictionnaire 1149.

[618] Bredero, Bernardus 255ff.; Moral, T., San Bernardo de Claraval, Cluny y Pedro el Venerable: Cistercium 42, 1990, 243–250.

[619] Epistola 190, 11.

[620] Talbot, C., The date and author of the „Riposte": Studia Anselmiana 40, 1956, 72–80.

[621] Disputacio 842, 969.

[622] Ebd. 4, 8f.

[623] Ebd. 8ff.

[624] Ebd. 19f., 415f., 792ff.; vgl. oben S. 8f.

[625] Ebd. 384f. „cum Christi" ist entweder in „cum Christo" zu ändern oder eher um „dictis" oder ein ähnliches Wort zu ergänzen.

[626] Ebd. 280ff.

[627] Ebd. 978ff., 1011ff.

628 Ebd. 334 ff.
629 Ebd. 549 ff., 816 ff.
630 Ebd. 472 ff., 500, 615 ff.
631 Ebd. 48, 140, 1246
632 Das beklagte Bernhard selbst Epistola 84 B.
633 Disputacio 420ff.
634 Ebd. 229 f.
635 Ebd. 1012.
636 Ebd. 69, 346.
637 Zitiert nach der Zeilenzählung in der Ausgabe von Leclercq, Recueil II, 75–85.
638 Tractatus 80 ff.
639 Siehe oben S. 54.
640 Tractatus 115 ff.
641 Ebd. 191 ff.
642 Epistola 28.
643 Vgl. meine Rezension von Hufgard, Bernard, in: Mediaevistik 8, 1995, 418 f. Daß aus Bernhards Schriften nichts Konkretes für die praktische künstlerische Tätigkeit der Zisterzienser zu entnehmen ist, bestätigt u. a. Chauvin, plan 334. Zur Kunst des Ordens zur Zeit Bernhards vgl. etwa De Warren, art; Nilgen, Schriftsinn; Saint Bernard; Duby, Bernard; des weiteren die Lit. bei Dinzelbacher/Hogg, Kulturgeschichte 379.
644 Vgl. Leclercq, Recueil IV, 35 ff.
645 Apologia 10, 21; 12, 29.
646 Houben, H., La realtà sociale medievale nello specchio delle fonti commemorative: Quaderni medievali 13, 1982, 82–97; Wollasch, J., Totengedenken im Reformmönchtum: Kottje, R., Maurer, H. (Hrsg.), Monastische Reformen im 9. und 10. Jahrhundert, Sigmaringen 1989, 147–166; ders., Les moines et la mémoire des morts: Iogna-Prat, D., Picard, J.-Ch. (Hrsg.), Religion et culture autour de l'an mil, Paris 1990, 47–54; Iogna-Prat, D., Les morts dans la comptabilité céleste des Cluniens de l'an Mil, ebd. 55–70.
647 Vgl. oben S. 30 und Exordium parvum 15, 9.
648 Oben S. 47.
649 De administratione 34 A (2, 19), ed. Panofsky 78, 20 = Œuvres, ed. Gasparri 152.
650 Zum Beispiel Kramp, Kirche 70 A, 108 B.
651 De consecratione 64 (5 bzw. 10), ed. Binding/Speer 190 = Œuvres, ed. Gasparri 34.
652 Inwieweit Suger von pseudo-dionysischen Konzeptionen geleitet war, was wenigstens seit Simson und Panofsky die Communis Opinio darstellt, wird wieder diskutiert, vgl. De consecratione, ed. Belting/Speer; Markschies, Chr., Gibt es eine „Theologie der gotischen Kathedrale"?, Heidelberg 1995.
653 Suger, De administratione 27 (2, 4), ed. Panofsky 48, 3 = Œuvres, ed. Gasparri 116.
654 Exod 25, 3ff. Vgl. etwa die Argumentation bei Rupert von Deutz, De divinis officiis 23.

[655] Amerio: Opere I, 208 Anm. 1.

[656] Super Cantica 74, 5 = II, 242, 28 f.

[657] In dedictione ecclesiae 2, 2 = V, 376, 15.

[658] Hufgard, Bernard 68 u. ö.

[659] Vgl. Coleman, Memories 182 ff.

[660] De diversis 9, 1 = VI/1, 118, 19 f.

[661] Vgl. Mattoso, espiritualidad 895.

[662] Siehe oben S. 26.

[663] Vgl. Menozzi, D., Les images. L'église et les arts visuels, Paris 1991.

[664] Vgl. Köpf, Erfahrung 179 ff.

[665] Super Cantica 85, 14.

[666] Epistola 398, 3 = VIII, 378, 14 f.

[667] Epistola 281; die übliche Datierung mit 1152 entbehrt jeder Grundlage, da sich die hierfür herangezogene Anmerkung Mabillons (PL 182, 487 Anm. 758) auf Epistola 282 bezieht.

[668] Vgl. oben S. 22. Dieser Punkt wird betont von Rudolph, Things.

[669] Ms. Dijon 173. Zaluska, enluminure 203 f.

[670] Apologia 12, 29.

[671] Zaluska, enluminure Pl. III/4.

[672] Ms. Dijon 135. Zaluska, enluminure 207 ff.

[673] Ebd. Pl. lxi – lxx

[674] Ms. Dijon 12–15. Zaluska, enluminure 192 ff.

[675] Ebd. Pl. xviii – xxii; xxx/54; xliv/78.

[676] Cahn, W., A Defense of the Trinity in the Cîteaux-Bible: Marsyas 11, 1962, 58–62.

[677] Kubach/Bloch, Früh- und Hochromanik 180; Durliat, Kunst Abb. 219–223.

[678] Ms. 458 der Bibliothèque municipale von Troyes; vgl. Cahn, W., Die Bibel in der Romanik, München 1982, 232, 234, 284; King, Cîteaux 220; Pressouyre/Kinder, Bernard 207 f.

[679] Vita 4, 11, ed. Stein, E., Tübingen 1995, 206 ff.

[680] Dinzelbacher, Angst 81 ff., bes. 96, 98.

[681] In psalmum Qui habitat 7, 8 = IV, 417, 22 ff.

[682] Apologia 12, 28.

[683] 3554 ff., zit. Scheuten, Mönchtum 17; 22 f.

[684] Vgl. Rudolph, C., Bernard of Clairvaux's Apologia as Description of Cluny and the Controversy over Monastic Art: Gesta 27, 1988, 125–132.

[685] Bußmann, Burgund 73.

[686] Aubert, Kathedralen 447.

[687] Ebd. 446.

[688] Adam, E., Baukunst des Mittelalters I, Frankfurt a. M. 1963, 134.

[689] Zerbi, Gerardo; unten S. 171 ff.

[690] Wie z. B. Simson, O. v., The Gothic Cathedral, New York 1964, 145, 152 annimmt.

[691] Torrell/Bouthillier, Pierre 51.

[692] Durliat, Kunst 531 ff.

[693] Bernard 501; Bußmann, Burgund 170.

694 Vita Ia 1, 4, 20.
695 Apologia 8, 16 = III, 95, 16.
696 Dimier, Rainardo.
697 Cap. 26 = Cîteaux documents 134.
698 Zaluska, enluminure 81. Vgl. Saint Bernard 35 ff.
699 Zaluska, enluminure 113.
700 Zaluska, enluminure 149 ff.
701 Armand, Bernard, bes. 82 ff.; Hufgard, Bernard 118 ff.
702 Ms. Dijon 129, f. 4 v, Zaluska, enluminure Pl. VII/Ill. 12.
703 Armand, Bernard 85 ff.
704 Simson, O. v., Bernhard von Clairvaux und der 'dolce stil nuovo' der frühgotischen Plastik – ein Versuch über die Beziehungen zwischen Spiritualität und Kunst: Krohm, H., Theuerkauff, Chr. (Hrsg.), Festschrift f. P. Bloch, Mainz 1990, 31–40. Belanglos ist Yánez Neira, D., San Bernardo, „revolucionario" del arte: Cistercium 180, 1990, 65–84.
705 Armand, Bernard 51 ff.
706 Hufgard, Bernard, 96 Anm. 10.
707 Vgl. Vita Ia 2, 7, 51.
708 Grill, Morimond 132.
709 Epistola 59.
710 Epistola 31.
711 Bernard 653.
712 Epistola 312.
713 Epistolae 19 f.
714 Bock, F., Geschichte der liturgischen Gewänder des Mittelalters II, ND Graz 1970, 186 ff.; Kranemann, B., Pallium: LexMA 6, 1643 f.
715 Schmale, Studien 206 f.
716 Benson, R. L., The Bishop-Elect, Princeton 1968, 169 f.
717 Epistola 19 = VII, 70, 1 f.
718 Epistola 20 = VII, 70, 9.
719 Teubner-Schoebel, Bernhard 141 ff.
720 Epistola 13.
721 Teubner-Schoebel, Bernhard 141 ff.
722 Vita Ia 1, 14, 70 = 265 C.
723 Epistola 58.
724 Epistola 75.
725 Vacandard, Leben II, 603 ff.
726 Epistola 75 = VII, 182, 19 ff.
727 Epistola 175; Gastaldelli: Werke II, 1151 f.
728 Gastaldelli: Werke II, 1053. Dimier und Valery-Radot, Bernard I, 305 gehen dagegen von 1125 aus. Nach freundlicher Mitteilung von James Hogg, dem besten Kenner der Ordensgeschichte, sind auch in kartäusischen Quellen dazu keine Angaben zu finden.
729 Chomel, V., Hugo 23: LexMA 5/1, 166 f.
730 Vita Ia 3, 2, 3 = 305 A.
731 Valery-Radot, Bernard I, 307, 311.

[732] Epistola 18.

[733] Vgl. Bell, D., The Carthusian Connection: Cistercian Studies 27, 1992, 51–62.

[734] Vita Ia 3, 2, 4.

[735] Vgl. oben S. 26.

[736] Vgl. oben S. 85.

[737] Mursell, Theology 40 f.

[738] Epistola 149.

[739] Mursell, Theology 75 ff.

[740] Epistolae 11 f.

[741] Epistola 11, 1.

[742] Die Datierungsversuche (vgl. Gastaldelli: Werke II, 1052 f.) sind rein spekulativ. Die Frühdatierung 1116/17 kommt m.E. kaum in Frage, da Bernhard *damals* wohl noch zu wenig bekannt war, als daß Guigo seine Meditationes von sich aus hätte an ihn senden sollen.

[743] Wie unten S. 116 Anm. 412.

[744] Epistola 11, 4 = VII, 55, 22 f.

[745] Epistola 11, 8.

[746] Bur, Suger; ders., Suger: LexMA 8, 292–295; Benton, Culture 387–407; Gerson, Abbot; Kramp, Kirche 35 ff.; Suger, Œuvres, ed. Gasparri vii–liv.

[747] Gerson, Abbot 56.

[748] Suger, De ordinatione, ed. Panofsky 122, 29.

[749] Bur, Suger 142.

[750] Vita Ludovici 27, ed. Waquet 212.

[751] Epistola 78, 3 = VII, 203, 10 f.

[752] Epistola 78, 5 = VII, 204, 13 f.

[753] Nach Hieronymus, Epistolae 84, 3; 112, 13.

[754] Epistola 78, 9 = VII, 207, 10 f. 9.

[755] Hildebert von Lavardin, zit. Lohrmann, Ludwig VI. 134.

[756] Podlech, Abaelard 83 ff., 272 ff.; Gastaldelli: Werke II, 1090; Gerson, Abbot 56 f.; Fassler, Song 201 ff.; McDonald, R., Garlande: Kibler/Zinn, France 383.

[757] Bur, Suger 132 f.

[758] Epistola 78, 11 = VII, 208, 15.

[759] Epistola 78, 11 = VII, 209, 1.

[760] Epistola 78, 10.

[761] Siehe oben S. 33 f.

[762] Kramp, Kirche 181 A.

[763] Raby, History 338.

[764] Dies ist das üblicherweise angenommene Datum, z. B. Spahr, K., Igny: LThK 5, 1960, 617, Frank, K. S., Igny: LThK 5, 1996, 413. Vacandard, Leben I, 480 Anm. 1 plädiert für 1126; Schmidt, H.-J., Igny: LexMA 5, 367 f.: ca. 1127.

[765] Bernard 578.

[766] Leclercq, amour 102 ff.

[767] Bernard 578.

[768] Lekai, Cistercensi 419 ff.

[769] Super Cantica 65, 4 = II, 175, 3 f.; Vgl. Epistolae 79; 538.

[770] Lekai, Cistercensi 423.

[771] Miracula s. Mariae Laudunensis 2, 7.

[772] Vita Ia 2, 5, 29 = 284 D. Vgl. Viard, Goffredo; Fossier, essor 97 f.

[773] Bernard 578.

[774] Bernard 301 f.; Mahn, ordre 243.

[775] Hermann, De miraculis s. Mariae Laudunensis 3, 22.

[776] Epistola 48, 1. Vgl. Gottfried, Fragmenta 32.

[777] Duby, Ritter 181.

[778] Wie oben Anm. 775.

[779] Weiß, Urkunden 108.

[780] Bernhards Auffassung vom Bischofsamt ist ein Lieblingsthema der Forschung, vgl. z. B. Pitsch, W., Das Bischofsideal des hl. Bernhard von Clairvaux, Bottropen 1942; Knotzinger, K., Das Amt des Bischofs nach Bernhard von Clairvaux: Scholastik 38, 1963, 519–535; Renna, T. J., St Bernard's View of the Episcopacy in Historical Perspective, 400–1150: Cistercian Studies 15, 1980, 39–49; Jaqueline, Episcopat 147ff. u. pass.; Winkler, Bernhard; Diers, Bernhard 221ff. etc. Zum historischen Rahmen vgl. generell Benvenuti Papi, Modelli und für Frankreich Guyotjeannin, O., La seigneurie épiscopale dans le royaume de France: Chiesa e mondo 151–191.

[781] Gastaldelli: Werke II, 1068.

[782] Epistola 42, 14 = VII, 111, 14 f.

[783] Epistola 42 = VII, 100, 12 ff.

[784] Epistola 42, 1 = VII, 101, 12 ff.

[785] Epistola 42, 4 = VII, 104, 4.

[786] Epistola 42, 5 = VII 104, 21 ff.

[787] Epistola 42, 7 = VII 106, 8 ff.

[788] Dinzelbacher, P., Die Jenseitsbrücke im Mittelalter, Diss. Wien 1973, 187 ff.

[789] Epistola 42, 10 = VII, 108, 17 ff.

[790] Epistola 42, 12 ff.

[791] Epistola 42, 15 f.

[792] Epistola 42, 21 ff.

[793] Epistola 42, 23 = VII, 119, 6 ff.

[794] Gastaldelli: Werke II, 1070.

[795] Epistola 42, 25.

[796] Epistola 42, 26.

[797] Van Uytfanghe, M., Stylisation biblique et condition humain dans l'hagiographie mérovingienne (Verhandelingen van de Koninklijke Academie van Wetenschappen ... Kl. der Letteren 49/120), Brussel 1987, 78 f.

[798] Epistola 42, 28.

[799] Epistola 42, 29 = VII, 124, 17 f.

[800] Epistola 42, 33 = VII, 127, 22.

[801] Bernard (Saint) 753.

[802] Epistola 42, 33 = VII, 128, 9 f.

[803] Winkler, Bernhard 421.

[804] Epistola 42, 35 = VII, 129, 9. Vgl. Szaboó-Bechstein, B., Libertas ecclesiae: LexMA 5, 1950–1952.

[805] Vgl. Mahn, ordre 73 ff.

[806] Epistola 42, 35 = VII, 129, 12 ff.

[807] Winkler, Bernhard 417.

[808] Siehe unten S. 199ff.

[809] Epistola 42, 36.

[810] Winkler, Bernhard 417.

[811] Heer, Aufgang 195.

[812] Opuscula 22 = PL 145, 463ff.

[813] Delfgaauw, Bernard 151ff.; Said, M.-B., The Doctrine of Grace in Saint Bernard: Cistercian Studies 16, 1981, 15–29; Domínguez Montes, M. A., Relación entre gracia y libertad en san Bernardo, Roma 1991.

[814] De gratia 11.

[815] Kohout-Berghammer, Einleitung 155.

[816] Vgl. Colish, Peter 872 (Reg.).

[817] Kohout-Berghammer, Einleitung 156.

[818] Lit.: LexMA 6, 1860f.

[819] Gilson, Mystik 241f.; Evans, Mind 89ff.

[820] Epistola 52 = VII, 144, 21.

[821] Flahiff, Censorship.

[822] Vgl. Piazzoni, Guglielmo 51–63.

[823] Aubert, A., Geoffrey de Lèves: DHGE 20, 546f.; Janssen, Legaten 18ff.

[824] Epistola 52.

[825] De gratia 1, 2 = III, 166, 19ff.

[826] De gratia 1, 2 = III, 167, 13.

[827] Colish, Peter 363.

[828] De gratia 3, 8.

[829] De gratia 2, 4.

[830] De gratia 3, 6.

[831] De gratia 4, 10.

[832] De gratia 5, 14.

[833] De gratia 5, 15.

[834] Kohout-Berghammer, Einleitung 162 nach De gratia 7, 21ff.

[835] Kohout-Berghammer, Einleitung 162.

[836] De gratia 9, 28ff.

[837] Vgl. McGinn, Growth 168ff., 489.

[838] De gratia 14, 47.

[839] De gratia 10, 33f.

[840] De gratia 9, 31.

[841] De gratia 11, 37f.

[842] De gratia 14, 46 = III, 199, 1ff.

[843] Kohout-Berghammer, Einleitung 163.

[844] Kleineidam, E., De triplici libertate. Anselm von Laon oder Bernhard von Clairvaux?: Cîteaux 11, 1960, 56–62.

[845] Super Cantica 81; zu den Divergenzen vgl. Köpf, Erfahrung 72ff.

[846] Didier, J.-C., La question du baptême des enfants chez saint Bernard et ses contemporaines: Analecta S. Ordinis Cisterciensis 9, 1953, 191–201.

[847] Dinzelbacher, Ego.

[848] Epistola 77, 18 = VII, 198, 19ff.

[849] Epistola 77, 8.

[850] Niermeyer, Lexicon 403, vgl. Blaise, Dictionniare 343.

[851] Epistola 77, 2 = VII, 186, 9 f.

[852] Dinzelbacher, Ego.

[853] Epistola 77, 6.

[854] Weberberger, R., „Limbus puerorum": Recherches de théologie ancienne et médiévale 35, 1968, 83–133, 241–259, bes. 122ff., Scheffczyk, L., Limbus: LThK 6, 1997, 936 f.

[855] Epistola 77, 10ff.

[856] Pot, periodisering 43 ff.

[857] Epistola 77, 17. Vgl. De gradibus humilitatis 6.

[858] Epistola 77, 18 ff.

[859] Gastaldelli: Werke II, 1089.

[860] Vgl. Feiss, Bernardus 358 f.

[861] Zum Beispiel Epistola 77, 5 in fine.

[862] Feiss, Bernardus 355 ff.

[863] Gastaldelli: Werke II, 1087.

[864] Traditionellerweise wird die Synode auf 1128 datiert (so noch Pontal, conciles 300 ff.), doch hat Hiestand, R., Kardinalbischof Matthäus von Albano, das Konzil von Troyes und die Entstehung des Templerordens: Zs. f. Kirchengeschichte 99, 1988, 295–325 das Datum auf 1129 korrigiert, was von der neuesten Literatur zum Templer-Orden (Bulst-Thiele, Influence 57; Barber, Knighthood 9, 14) akzeptiert wird.

[865] Vacandard, Vie I, 227ff.

[866] Schultz, Leben I, 128.

[867] Epistola 21, 1 = VII, 71, 4 ff. Es ist allerdings nicht auszuschließen, daß sich dieses Schreiben auf das Konzil von Reims 1128 bezieht (Teubner-Schoebel, Bernhard 53).

[868] Cardini, cavalieri 86.

[869] Lit.: Barber, Knighthood; Sarnowsky, J., Geistliche Ritterorden: Dinzelbacher/Hogg, Kulturgeschichte 329–348.

[870] Bulst-Thiele, M. L., Sacrae domus militiae templi hierosolymitani magistri, Göttingen 1974, 19–29.

[871] Joscelin von Soissons, zit. Barber, Knighthood 13.

[872] Ponsoye, Bernard 84 f.; Zenker, Mitglieder 32 ff.

[873] Barber, Knighthood 12.

[874] Epistola 39, 4.

[875] Epistola 21, 2 = VII, 71, 23 ff.

[876] Melville, vie 23.

[877] Barber, Knighthood 14.

[878] Duby, Ordnungen 332.

[879] Zit. Gastaldelli: Werke II, 1059 = Ponsoye, Bernard 85.

[880] Davon geht fast die gesamte Sekundärliteratur aus, mit Ausnahme von Demurger, A., Die Templer, München 1991. – Bernhard und die Templer ist ein oft untersuchtes Thema, vgl. etwa Hehl, Krieg 109 ff.; Bulst-Thiele, Influence; Cardini, Bernardo; ders., cavalieri; Cousin, P., Les débuts de l'Ordre des Templiers et Saint Bernard, in: Mélanges Saint Bernard, Dijon 1953, 41–52; Fleckenstein, J., Die Rechtferti-

gung der geistlichen Ritterorden nach der Schrift „De laude novae militiae" Bernhards von Clairvaux: ders., Ordnende und formende Kräfte des Mittelalters, Göttingen 1989, 375–392; I templari e San Bernardo di Chiaravalle, Atti . . ., i. Dr.

881 Gastaldelli: Werke II, 1059.

882 Regula 49, ed. Schnürer, G., Freiburg 1903, 147.

883 Ponsoye, Bernard 87.

884 Charrier, H., Le sens militaire chez Saint Bernard: Saint Bernard et son temps 68–74; Coulton, G. G., Saint Bernard guerrier de Dieu: ebd. 121–129.

885 Beinhauer, M., Ritterliche Tapferkeitsbegriffe in den altfranzösischen Chansons de geste des 12. Jahrhunderts, Diss. Köln 1958.

886 Epistola 78, 1 = VII, 201, 14ff.

887 Suger, De ordinatione, ed. Panofsky 122, 29.

888 Chanson de Roland 126, 1678ff.

889 Culture 152.

890 Lit.: Sachwörterbuch 310f., dazu Poly/Bournazel, Mutation 235ff.; Head, Th., Landes, R. (Hrsg.), The Peace of God, Ithaca 1992.

891 Althoff, G., Nunc fiant Christi milites, qui dudum extiterunt raptores: Saeculum 32, 1981, 317ff.; Flori, J., Croisade et chevalerie: Femmes – Mariages – Lignages, Mélanges G. Duby, Westmael 1992, 157–176; Cardini, cavalieri.

892 Scheuten, Mönchtum 86.

893 Ed. Sclafert, Lettre 287ff.; Leclercq, Recueil II, 98ff. Dazu vgl. bes. Forey, Emergence.

894 Cardini, Bernardo 55 Anm. 111.

895 Ad milites templi Prol = III, 213, 8.

896 Ad milites templi 1, 1 = III, 214, 5ff.

897 Ad milites templi 1, 1 = III, 214, 22ff.

898 547, ed. Schmolke-Hasselmann 68.

899 Ad milites templi 1, 1 = III, 215, 2f.

900 Ad milites templi 1, 1 = III, 215, 8.

901 Ad milites templi 2, 3 = III, 216, 2f. Vgl. Fiori, J., L'essor de la chevalerie, XIe–XIIe s., Genf 1986, 187, 195, 210; Forey, Emergence 183.

902 Schultz, Leben I, 286; 299f.

903 Ad milites templi 3, 4 = III, 217, 2.

904 Ad milites templi 3, 4 = III, 217, 2ff.

905 Vgl. Cavanna, A., Bellum iustum: LexMA 1, 1849–1851; Heer, Kreuzzüge (wie S. 463).

906 Ad milites templi 3, 4 = III, 217, 20f.

907 Ad milites templi 3, 5 = III, 217, 23ff.

908 Ad milites templi 3, 5 = III, 218, 7ff.

909 Ad milites templi 3, 6 = III, 219, 16f.

910 Miccoli, G., Chiesa Gregoriana, Firenze 1960, 125ff.; Vauchez, spiritualité 81ff.; Blasucci, spiritualità 95ff.

911 Ad milites templi 4, 7 = III, 220, 18ff.

912 Ad milites templi 4, 8 = III, 221, 9ff.

913 Wobei die Zahlenangaben selbstverständlich nicht tel quel zu verstehen sind, sondern eine ungeheuer große Menge bedeuten, vgl. In psalmum Qui habitat 7, 10.

[914] Ad milites templi, prol = III, 213, 7.

[915] Siehe oben S. 109 ff. und unten S. 186 ff.

[916] Ad milites templi 5, 9 ff.

[917] Ad milites templi 5, 9 = III, 222, 15.

[918] Sclafert, Lettre 287 ff.

[919] Siehe u. S. 287.

[920] CC 72, 57–161.

[921] Vgl. In Laudibus Virginis Matris 1, 3.

[922] Ad milites templi 7, 13 = III, 225, 22 ff.

[923] Zur mittelalterlichen Genesisexegese vgl. Erffa, H. M. v., Ikonologie der Genesis, Berlin 1989/95.

[924] Ad milites templi 13, 31 = III, 239, 17 ff.

[925] Epistola 175.

[926] Barber, Knighthood 27, 56.

[927] Zit. García-Guijarro Ramos, Papado 79 Anm. 46.

[928] Gesta Dei per Francos 1.

[929] Romero, A., Raimondo di Fitero: BS 11, 11 f. Lit.: LThK 2, 1994, 887.

[930] Teubner-Schoebel, Bernhard 51–59; Weiß, Urkunden 108.

[931] Biographie: Zenker, Mitglieder 142 ff.; Schmale, Studien 93–194; Lit.: LThK 4, 1995, 1150.

[932] Epistolae 14–16, vgl. Gastaldelli: Werke II, 1055.

[933] Bernhardi, Lothar 249 f.; Pontal, conciles 304.

[934] Epistola 48, 1 f.; Hermann, De miraculis S. Mariae Laudunensis 3, 20; vgl. Vacandard, Leben 1, 343; Gastaldelli: Werke II, 1075.

[935] Teubner-Schoebel, Bernhard 255–275; De Warren, Saint-Victor 315; Fassler, Song 197 ff.

[936] Garreau, état 107 ff.

[937] Garreau, état 103.

[938] Teubner-Schoebel, Bernhard 257.

[939] Epistola 46 = VII, 14 f.

[940] Epistola 46.

[941] Epistola 47 = VII, 137, 1 f.

[942] Epistola 45, 2 = VII, 134, 2.

[943] Gottfried, Fragmenta 27; Vita Ia 4, 2, 11.

[944] Suger, Vita Ludovici Grossi 32, ed. Waquet 266.

[945] Teubner-Schoebel, Bernhard 261.

[946] Gastaldelli: Werke II, 1068.

[947] Epistolae 49–51.

[948] Epistola 50 = VII, 142, 13 f.

[949] Epistola 51 = VII, 143, 8.

[950] Siehe unten S. 156 ff.

[951] Epistola 48.

[952] Epistola 48, 2 = VII, 138, 20 ff.

[953] Epistola 48, 3 = VII, 139, 18 ff. Ähnlich Epistola 52.

[954] Sermo 21, 3 = PL 39, 1783 f.; Enarrationes in Psalmos 95, 11 = CC 39, 1350.

[955] Alberich von Trois-Fontaines, Chronica a. a. 1131 = MGH SS 23, 830.

[956] Epistola 66.
[957] Siehe o. S. 33f., 38.
[958] Gastaldelli, testimonianze 28f.

III. Im Kampf gegen Anaklet

[1] Frutaz, A., Gegenpapst: LThK 4, 1969, 583–585.

[2] Maccarrone, M., Vicarius Christi, Roma 1952, 85. Bernhard verwendet „vicarius Christi" statt „vicarius Petri" seit 1147 (Paravicini Bagliani, Trono 27).

[3] Ich folge Haller, Papsttum III, 29ff.; Schmale, Studien (zu modifizieren nach Robinson, Papacy 72f.); Vacandard, vie I, 276ff.; Amann, Innocent II 1951ff.; vgl. auch Williams, Bernard 96ff.; Grotz, Kriterien; Maleczek, Kardinalskollegium.

[4] Schmale, Studien 96 Anm. 12, 127; 97 Anm. 15.

[5] Epistola 54.

[6] Schmale, Studien 100.

[7] Williams, Bernard 99.

[8] Schmale, Studien 42. Seinem Versuch, die diesbezügliche Nachricht umzuinterpretieren, kann ich mit Bernhardi nicht folgen.

[9] Schmale, Studien 51f., 121f.; Robinson, Papacy 66f.

[10] Stroll, M., The Jewish Pope, Leiden 1987.

[11] Für Italien vgl. Dilcher, G., Kommune und Bürgerschaft als politische Idee der mittelalterlichen Stadt: Fetscher, I., Münkler, H. (Hrsg.), Pipers Handbuch der politischen Ideen 2: Mittelalter, München 1993, 311–350.

[12] Robinson, Papacy 68f.

[13] Schmale, Studien 67.

[14] Zum Informations- und Botenwesen vgl. Zulliger, J., Bernhard von Clairvaux und Kommunikation: Cîteaux 44, 1993, 7–35; ders., „Ohne Kommunikation würde Chaos herrschen". Zur Bedeutung von Informationsaustausch, Briefverkehr und Boten bei Bernhard von Clairvaux: Archiv für Kulturgeschichte 78, 1996, 251–276.

[15] Siehe unten S. 222ff.

[16] Vita Ia 2, 1, 1.

[17] Siehe unten S. 191.

[18] Epistola 126, 8.

[19] Jacqueline, Episcopat 72f.

[20] Epistola 126, 13 = VII, 318, 19f.

[21] Die von Schmale, Studien 48ff. hierfür als Belege zitierten Briefe Bernhards stammen jedoch, abgesehen von den gleich zu nennenden, sonst alle aus der Zeit nach dem Schisma.

[22] Siehe oben S. 115.

[23] Epistola 16.

[24] So auch Schmale, Studien 221.

[25] Epistola 311, 3.

[26] Zum Verhältnis Bernhard – Haimerich vgl. Schmale, Studien 130ff.

[27] Epistola 311, 2.

[28] Epistola 311, 3.

[29] Epistola 53.

[30] Epistola 15 = VII, 64, 5f. Vgl. Epistola 20.

[31] Epistola 126, 9.

[32] Schmale, Studien 255 Anm. 6.

[33] Bulst, N., Pontius: LexMA 7, 98.

[34] Vgl. unten S. 228, auch S. 154ff.

[35] Gastaldelli: Werke II, 1119.

[36] Schmale, Studien 164, 264.

[37] Schmale, Studien 39f., anders Maleczek, Kardinalskollegium 33.

[38] Reuter, Anerkennung 405f., 413.

[39] Bernhardi, Lothar 338.

[40] Gastaldelli, praedicator 333.

[41] Pontal, conciles 306f.

[42] Heer, Kreuzzüge 120 (wie S. 463); vgl. Hauck, Kirchengeschichte III, 882f.

[43] Vita Ia 2, 1, 3.

[44] Wendelborn, Bernhard 130.

[45] Gastaldelli, praedicator 337.

[46] Vie I, 292. Voll gläubig dagegen noch Ratisbonne, Geschichte I, 221f.; Storrs, Bernard 529f., etc., aber auch jüngere katholische Autoren, z. B. Jacqueline, schisme 352f.

[47] Ambrosioni, Bernardo 69; vgl. oben S. 127.

[48] Schmale, Studien 223.

[49] Rudolph, Vita Petri 4.

[50] Vgl. Schmale, Studien 269ff.

[51] Siehe oben S. 101ff.

[52] Suger, Vita 32, ed. Waquet 260.

[53] Cusimano/Moorhead, Suger 210 meinen, dieser sei zunächst auf seiten Anaklets gestanden; konträr Schmale, Studien 222f. Bur, Suger 152 äußert sich nicht dazu.

[54] Reuter, Anerkennung 415f.

[55] Vita Ia 2, 1, 3 = 270 D.

[56] Vgl. Gastaldelli, praedicator 331ff.

[57] Petrus von Porto, zit. Hauck, Kirchengeschichte IV, 139 Anm. 8.

[58] Merk, Anschauungen 194f.

[59] Reuter, Anerkennung 416. Ob freilich die Echtheit dieses Schreibens tatsächlich so unzweifelhaft ist, wie der Herausgeber annimmt?

[60] Schmale, Studien 141.

[61] Caspar, Roger; Giunta, F., Roger II.: LexMA 7, 937f., Houben, H., Roger II. von Sizilien, Darmstadt 1997.

[62] Siehe unten S. 196.

[63] Vgl. Schmale, Studien 164 u. ö.

[64] Zit. Schmale, Studien 228 Anm. 28.

[65] Zum Beispiel Ordericus Vitalis, Historia Ecclesiastica 3, 13.

[66] Siehe u. S. 154ff.

[67] Schmale, Studien 240.

[68] Hauck, Kirchengeschichte IV, 140ff.

[69] Hauck, Kirchengeschichte IV, 141 f.

[70] Vgl. Schmale, Studien 277; Valvekens, Norbert 415; Mann, lives 29.

[71] Bejahend, doch ohne Beleg, Dal Prà, Cronologia 291. Ohne Aussage Vacandard, Leben I, 378.

[72] Pontal, conciles 309 ff.

[73] Bur, Suger 152.

[74] Vgl. Vita Ia 2, 1, 5.

[75] Suger, Vita 32; Bur, Suger 152 f.

[76] Vita Ia 2, 1, 4.

[77] LexMA 7, 843 f.

[78] Epistola 92.

[79] Podlech, Abaelard 338f.

[80] Ebd. 489 Anm. 339.

[81] Teulfus, Chronicon Mauriniacense 2 = PL 180, 159 BC = MGH SS 26, 41.

[82] Evans, Mind 75 ff.; Zerbi, Ecclesia 491–510, auch zum Folgenden.

[83] Einzige Quelle ist Abaelard, Epistola 10 an Bernhard.

[84] Wendelborn, Bernhard 79 ff.

[85] Valery-Radot, Bernard II, 117.

[86] Fichtenau, Ketzer 90.

[87] Siehe u. S. 265 f.

[88] Abaelard, Epistola 1, ed. Hicks 28; Podlech, Abaelard 143ff.

[89] Dinzelbacher, Ego.

[90] Epistola 10, ed. Smits 245.

[91] Waddell, Chant 291.

[92] Siehe o. S. 112 ff.

[93] Vita Ia 2, 1, 5 = 271 C.

[94] Epistola 124, 1 = VII, 305, 14.

[95] Epistola 122, 2 = VII, 303, 11 f.

[96] Epistola 123.

[97] Petke, Regesten 163 ff. Zu den Beziehungen Bernhards zum Reich vgl. v. a. Fornasari, Bernardo.

[98] Bernhardi, Lothar 353 ff.

[99] Hauck, Kirchengeschichte IV, 147ff. Lit.: LexMA 6, 27 f.

[100] Kreiker, S., Marschall: LexMA 6, 325; Lit.: Petke, Regesta 167. Natürlich hatte es sich 754 nur um den Strator-Dienst gehandelt, da die Franken noch keine Steigbügel verwendeten.

[101] Epistola 125, 1 = VII, 308, 5 ff.

[102] Boso, Vita Innocentii, zit. Petke, Regesten 165.

[103] Translatio S. Godehardi = MGH SS 12, 641.

[104] Otto von Freising, Chronik 7, 18, ed. Lammers 530.

[105] Vita Ia 2, 1, 5. Vgl. Gastaldelli: Werke II, 1136.

[106] Epistola 150, 2 = VII, 355, 5 f.

[107] Vita Ia 2, 1, 5 = 271 D.

[108] Epistola 109.

[109] Gottfried, Fragmenta 63; Vita Ia 4, 3, 16 f.; Gastaldelli, testimonianze 65 f.

[110] Epistola 110, 2 = VII, 283, 3.

[111] Vita 16, ed. Martène, E., Durand, U., Thesaurus novus anecdotorum III, Paris 1717, 1709–1736, 1723.

[112] Suger, Vita Ludovici Grossi 32, ed. Waquet 264.

[113] Vacandard, vie I, 310.

[114] Vita Ia 2, 1, 6f.

[115] Vgl. u. S. 314f.

[116] Vita b. Davidis Hemmenrodensis 1, ed. Schneider, A.: Analecta S. Ordinis Cisterciensis 11, 1955, 27–44, 33.

[117] Gastaldelli: Werke II, 1104.

[118] Epistola 106, 1f.

[119] Epistola 106, 2 = VII, 266, 23f.

[120] Epistola 523; vgl. Gilson, E., Sub umbris arborum: Medieval Studies 14/15, 1952, 149–151.

[121] Epistola 320; s. u. S. 309f.

[122] Epistola 72–74.

[123] Epistola 72.

[124] Epistola 74.

[125] Sachwörterbuch 613f.; Klopsch, P.: LexMA 6, 1594.

[126] Epistola 73, 2 = VII, 180, 4.

[127] Lit. in der Einleitung von Pezzini, D., tr., Aelredo di Rievaulx, L'amicizia spirituale, Milano 1996.

[128] Vacandard, Leben I, 388f.; Pontal, conciles 311–314.

[129] Suger, Vita Ludovici Grossi 32, ed. Waquet 262ff.; vgl. Kramp, König 245 D.

[130] Droege, G., Bruno 2: LexMA 2, 785.

[131] Epistola 8, 1 = VII, 47, 17f.

[132] Epistola 8, 2 = VII, 48, 13.

[133] Epistola 8, 4 = VII, 49, 23f.

[134] Vacandard, Leben I, 392ff.; Schmale, Studien 230ff.; Gastaldelli: Werke II, 1116ff.; Janssen, Legaten 5ff.

[135] Schmale, Schisma 232 Anm. 58.

[136] Epistola 52.

[137] Epistola 126.

[138] Epistola 126, 4 = VII, 311, 23ff. Der Vorgang wird bisweilen angezweifelt, vgl. Gastaldelli: Werke II, 1117.

[139] Epistola 126, 6f.

[140] Epistola 126, 14 = VII, 319, 12f.

[141] Wenisch, Bernhard 107.

[142] Epistola 126, 8. Ähnlich Epistola 125, 1.

[143] Epistola 126, 10.

[144] Manitius, Geschichte III, 903f.

[145] Epistola 127.

[146] Petrus Venerabilis, Epistola 40, 66.

[147] Die Chronologie und die Ereignisse sind schwierig zu beurteilen, da die Quellen, besonders die Vita Ia 2, 6, 36 nicht deutlich zwischen dieser ersten und der späteren Reise nach Aquitanien unterscheiden und auch die Datierung von Epistola 128 mir nicht so ganz sicher scheint. Ich folge der Communis opinio: Vacandard,

Leben I, 397; Bernard 585; Valery-Radot, Bernard II, 44; Gastaldelli: Werke II, 1121 f.; Wendelborn, Bernhard 136.

[148] Vita Ia 2, 6, 36.

[149] Epistola 128.

[150] Epistola 125, 2.

[151] Vacandard, Leben I, 405 Anm. 5.; 482; Recueil, ed. Mortet-Deschamps 656.

[152] Kirch, Bernhard 57 ff. Nicht bei Vacandard und Bernard.

[153] Bouchard, Entrepreneurs 153; Merk, Anschauungen 219 f.

[154] Schimmelpfennig, Papsttum 179.

[155] Epistola 97 und Gastaldelli: Werke II, 1101.

[156] Vgl. Pfurtscheller, F., Die Privilegien des Zisterzienserordens …, Frankfurt a. M. 1972. Nach Mahn, ordre 104, wäre hier nur von einer Bestätigung zu sprechen. García-Guijarro Ramos, Papado 99 datiert die erste Privilegierung mit 10. 2. 1132. Vgl. Ambrosioni, Bernardo 72 f.

[157] Siehe oben S. 107 f..

[158] Innozenz, Epistola 142.

[159] PL 179, 126 = PL 182, 554 D ff. = Recueil, ed. Waquet n. 4.

[160] Epistola 250; vgl. u. S. 336 ff.

[161] Garciá-Guijaro Ramos, Papado pass.

[162] Lit.: LexMA 5, 1423 f.; Sachwörterbuch 462, dazu: Schneider, Cistercienser 46 ff.; Dimier, Bernard 128 ff.; Lekai, Cistercensi 405–418; Werner, Religion 99 ff.; Bretel, eremites 32 ff.; Deseille, P., Frères cisterciens: DS 5, 1207–1210; Mikkers, E., L'idéal religieux des frères convers dans l'ordre de Cîteaux au 12e et 13e siècle: Collectanea Ordinis Cisterciensium Reformatorum 24, 1962, 113–129.

[163] Scheuten, Mönchtum 18 f., 43.

[164] Scheuten, Mönchtum 25, 42 f.

[165] Statuta von „1134" VIII, ed. Canivez I, 14; Innozenz II., Epistola 83.

[166] Duby, Ordnungen 327, 329.

[167] Haverkamp, A., Tenxwind von Andernach und Hildegard von Bingen. Zwei Weltanschauungen in der Mitte des 12. Jahrhunderts: Fenske, L., u. a. (Hrsg.) Institutionen, Kultur und Gesellschaft im Mittelalter. Festschrift für Josef Fleckenstein, Sigmaringen 1984, 515–548.

[168] Dimier, A., Violences, rixes et homicides chez les Cisterciens: Revue des Sciences religieux 46, 1972, 38–57.

[169] Gastaldelli: Werke II, 1050.

[170] Vgl. allgemein ausführlich Pressouyre, L'espace; für Clairvaux vgl. Arbois, Etudes 310–318.

[171] De diversis 9, 4 = VI/1, 120, 5.

[172] Gastaldelli, praedicator 395 f.

[173] Gastaldelli, praedicator 394; andere wie Schneider, Cistercienser 50 und Auberger, Cisterciens 36 dagegen gehen von nur 300 Konversen aus. Generell skeptisch gegen solche großen Zahlen Dubois, vie 230 f.

[174] Constable, Policy 128 geht von 300 bis 400 aus.

[175] Epistola 96.

[176] De miraculis 1, 29 = PL 185, 1302 B.

[177] Vgl. oben S. 35.

[178] Ordericus, Historia ecclesiastica 13, 13; vgl. Valous, Monachisme II, 72f. Torrell, Bouthillier, Pierre 37ff. möchten die Reform als rein innercluniazensische Entwicklung sehen. Zu der Äbteversammlung 1131: Schreiner, Puritas 89.

[179] Amerio, Introduzione 140.

[180] Constable, Policy.

[181] Schreiner, Puritas 90f.

[182] Dinzelbacher, Ego.

[183] Mahn, ordre 247. Vgl. auch Bredero, A., Comment les institutions de l'ordre de Cluny se sont rapprochées de Cîteaux: Istituzioni 164–202, der jedoch v. a. das 13. Jh. behandelt.

[184] Scheuten, Mönchtum 118.

[185] Epistola 12 = VII, 62, 1ff. Werke II, 365 übersetzt „conscientia" mit Gewissen. Es ist jedoch die hier vorgeschlagene Übersetzung wesentlich sinnvoller, zumal „conscientia" in patristischen Texten vielfach in diesem Sinne belegt ist: Blaise, Dictionnaire 202, 2–3.

[186] Haller, Papsttum III, 37f.

[187] Gregorovius, Geschichte II/1, 184.

[188] Epistola 129, 1. Vgl. Polonio, V., San Bernardo, Genova e Pisa: Zerbi, Italia 69–99.

[189] Epistola 129, 1 = VII, 322, 20.

[190] Epistola 129, 3 = VII, 324, 1f.

[191] Epistola 129, 3 = VII, 324, 16ff.

[192] Epistola 138 = VII, 334, 9.

[193] So Vacandard, Leben I, 409 Anm. 2.

[194] Vita Ia 1, 14, 69.

[195] Vita Ia 2, 4, 27.

[196] Petke, Regesten 210.

[197] Hauck, Kirchengeschichte IV, 155.

[198] Zu diesem in der genauen Deutung umstrittenen und nicht erhaltenen Bild vgl. Frugoni, A., A pictura cepit: Bulletino dell'Istituto Storico Italiano per il Medio Evo 78, 1967, 123–135; Munz, P., Frederick Barbarossa, London 1969, 142f. Anm.; Heinrich der Löwe 144ff.

[199] Bernhardi, Lothar 478.

[200] Mikkers, E., Jean de Ford: DS 8, 516–57.

[201] Johannes, Vita Wulfrici 54, ed. Bell, M., Wulfric of Haselburg, by John, Abbot of Ford, s.l. 1933, 78f.

[202] Gastaldelli: Werke II, 1137ff.; Teubner-Schöbel, Bernhard 145ff.; Vacandard, Leben I, 419ff.; Schmale, Studien 229.

[203] Epistola 151.

[204] Valery-Radot, Bernard II, 60ff.

[205] Epistola 150, 3.

[206] Epistola 150, 4 = VII, 356, 11ff.

[207] Epistola 431.

[208] Hermesdorf, Bernardus 355ff.; Motta, G., La cultura canonistica di San Bernardo: Zerbi, Italia 131–139.

[209] Epistola 151.

²¹⁰ Grotz, Kriterien.

²¹¹ Zum Beispiel Epistolae 94–96.

²¹² PL 182, 315 D ff. = PL 173, 1416f. = Bouquet 15, 335f.

²¹³ Teubner-Schoebel, Bernhard 264ff.; Gastaldelli: Werke II, 1143f.; Vacandard, Leben I, 425ff.

²¹⁴ Epistola 159.

²¹⁵ Epistola 160, 162.

²¹⁶ Epistola 158, 1f. = VII, 365, 7; 20; VII 366, 7; 11.

²¹⁷ Epistolae 156f., 161.

²¹⁸ Pontal, conciles 315ff.

²¹⁹ Teubner-Schoebel, Bernhard 270f.

²²⁰ Kramp, Kirche 178 A.

²²¹ Auch Guido, bei Vacandard, Leben Veit genannt. Über diesen Abt bewahren die Ordensschriftsteller peinliches Schweigen und beschränken seine Herrschaft, falls sie ihn erwähnen, auf einen Monat. Vgl. jedoch unten Anm. 330.

²²² Ordericus Vitalis, Historia Ecclesiastica 8, 26, 78.

²²³ Bouton, Negotia 172.

²²⁴ Vita Ia 2, 6, 32; 36.

²²⁵ Russel, dames 421f.; Gastaldelli: Werke II, 1108ff. Die Gründungsurkunde ist datiert erst mit 28. Juni 1135.

²²⁶ Vita Ia 2, 6, 34; Vacandard, Leben II, 603.

²²⁷ Epistola 116f. Vgl. Leclercq, femme 38ff.

²²⁸ Krahmer, S. M., Interpreting the Letters of Bernard of Clairvaux to Ermengarde, Countess of Brittany: Cistercian Studies 27, 1992, 217–250.

²²⁹ Vacandard, Leben I, 483.

²³⁰ Leclercq, femme 41.

²³¹ Vita Ia 2, 6, 34ff. = 287 C ff.

²³² Vita Ia 2, 6, 35 = 288 C.

²³³ Vgl. LexMA 5, 399f.

²³⁴ Dinzelbacher, P., Heilige oder Hexen?, Zürich 1995.

²³⁵ Vgl. King, Cîteaux 216. In einem merkwürdigen Dokument (Recueil, ed. Mortet-Deschamps 689ff.) beschuldigt sich Herzog Conan III. der Unredlichkeit, da er gestiftetes Gut wieder zurückzog, und teilt mit, Bernhard habe gedroht, die Mönche wieder nach Claivaux abzuziehen. Hier stellt sich v. a. die Frage nach der Echtheit des Dokuments. Zu Nivard vgl. Dimier, Bernard 35.

²³⁶ Vita Ia 2, 6, 36.

²³⁷ Janssen, Legaten 22.

²³⁸ Dies impliziert die sogleich zu zitierende Drohung mit dem göttlichen Richter. Anders Janssen, Legaten 22, ohne Quellenbeleg.

²³⁹ Vita Ia 2, 6, 38 = 290.

²⁴⁰ „pede pulsans", ebd.

²⁴¹ Williams, Bernard 133; Vacandard, Leben I, 438.

²⁴² Baker, D., Popular Piety in the Lodèvois in the Early Twelfth Century. The Case of Pons de Léras: Religious Motivation (Studies in Church History 15), Oxford 1978, 39–47, 43.

²⁴³ Vita Ia 2, 6, 39.

[244] Vita Ia 4, 8, 49 = 349 C.

[245] Vita Ia 2, 6, 39 = 291 A.

[246] LexMA 6, 2178.

[247] Brucher, G., Die sakrale Baukunst Italiens im 11. und 12. Jahrhundert, Köln 1987, 130f.

[248] Epistolae 130; 140.

[249] Robinson, Papacy 449.

[250] Otto von Freising, Chronica 7, 19.

[251] Vita Ia, 4, 3, 14; Gastaldelli, testimonianze 52f.; ders., lettere 269.

[252] Petke, Regesten 272ff.

[253] Chronica 7, 19.

[254] Petke, Regesten 274.

[255] Hüffer, Bernard 217ff. = MGH LdL 3, 240f.

[256] Chronica Regia Coloniensis Rez. I a. a. 1135; S. Petri Erphesf. continuatio Ekkehardi a.a. 1135, zit. Petke, Regesten 273.

[257] Seibert, H., Gerhoh: LThK 4, 1995, 513f.; Sturlese, Philosophie 110ff.; Dempf, Imperium 252ff. Zu Bernhard und Gerhoh kurz Bouton, Chanoines 278–280.

[258] Hüffer, Bernhard 221.

[259] Hüffer, Bernhard 202 Anm. 2.; Steiger, Bernhard 526ff.

[260] Dempf, Imperium 252.

[261] Sturlese, Philosophie 117.

[262] Manitius, Geschichte III, 61.

[263] Hüffer, Bernhard 220f.

[264] Hüffer, Bernhard 216f.

[265] Ed. Hüffer, Bernhard 219; vgl. MGH LdL 3, 214.

[266] Somerville, Council; Bernhardi, Lothar 634ff. Die tatsächliche Dauer wird meist mit 30. 5. bis 6. 6. 1135 angegeben.

[267] Epistola 255 und Gastaldelli: Werke II, 1129f.

[268] Bernhardi, Lothar 634ff.

[269] Zerbi, Milano 43ff.; ders., Consuetudines 62. Oder waren es Vallombrosaner? Vgl. Barni, Milano 360.

[270] Zerbi, Milano 7.

[271] Schmale, Studien 210. Vgl. Gastaldelli: Werke II, 1124ff.; Barni, Milano 358f.; Zerbi, Milano.

[272] LexMA 1, 680; Zerbi, Milano, bes. 3ff. und Reg. s. v.

[273] Zu diesem s. Zerbi, Consuetudines.

[274] Landulf (Ludolf von S. Paulo), Historia Mediolanensis 52 = MGH SS 20, 44. Zum Pallium vgl. Barni, Milano 368f.

[275] Zerbi, Consuetudines 52, 56.

[276] Epistolae 132ff.

[277] Epistola 134 = VII, 330, 19.

[278] Vita Ia 2, 2, 8 = 273 C.

[279] Somerville, Council 106.

[280] De praecepto 19, 57; Epistola 345.

[281] Somerville, Council 107f., 112f.

[282] Bericht, ed. Bernheim 151.

[283] Hauck, Kirchengeschichte III, 882 f.

[284] Bericht, ed. Bernheim 149.

[285] Bernhardi, Lothar 637.

[286] Siehe. u. S. 236 ff.

[287] Epistola 178.

[288] Siehe u. S. 346.

[289] Bericht, ed. Bernheim 150.

[290] Vita Ia 2, 2, 8 = 273 C.

[291] Siehe u. S. 273.

[292] Zerbi, Milano 42 Anm.; ders., Bernardo 55 f.

[293] Landulf, Historia Mediolanensis 63.

[294] Epistola 137. Dieser Brief ist sowohl unter „ad imperatricem" als auch „ad imperatorem" (VII, 333) überliefert; manche der Formulierungen darin passen besser zu dem einen, andere wieder eher zu dem anderen Empfänger. Petke, Regesten 281 plädiert für Lothar. Wir folgen der Lectio difficilior.

[295] Epistola 131 = VII, 327, 8 ff. Vgl. Zerbi, Consuetudines 72 ff.

[296] Zerbi, Consuetudines 73.

[297] Gastaldelli, testimonianze 25 f., 30 u. ö.

[298] Landulf, Historia Mediolanensis 60 = MGH SS 20, 46.

[299] Vita Ia 2, 2, 9.

[300] Robert von Oostervant, Vita 3, 18 = AASS 7. Apr., 1866, 675.

[301] Vita Ia 2, 2, 10 ff.

[302] Dinzelbacher, Angst 51 ff.

[303] Vita Ia 2, 2, 12.

[304] Vita Ia 2, 3, 18.

[305] Vita Ia 2, 4, 21 f.

[306] Vita Ia 2, 3, 20 = 279 D.

[307] Landulf, Historia mediolanensis 61 = MGH SS 20, 46.

[308] Ebd., MGH SS 20, 47. Fliche, concilio 306 Anm. 126, Petke, Regesten 281 und Zerbi, Consuetudines 67 denken dagegen an eine Kommunion nur in Gestalt des Brotes bzw. der Eulogie. Doch bezieht sich Vita Ia 2, 3, 15 nicht auf diese Szene.

[309] Gastaldelli: Werke II, 1126; ders., testimonianze 25.

[310] Landulf, Historia Mediolanensis 60 f.

[311] Zerbi, Milano 81 f., 432 f.; Picasso, fondazioni 153 f.; Barni, Milano 356, 360.

[312] Gottfried von Auxerre, zit. Leclercq, J., Études sur S. Bernard et le texte de ses écrits: Analecta Cisterciensia 9, 1953, 5–247, 163 f.

[313] Zerbi, Milano 43.

[314] Vgl. Viti, Cistercensi 503.

[315] Landulf, Historia Mediolanensis 61.

[316] Siehe u. S. 273.

[317] Epistola 155; vgl. Teubner-Schoebel, Bernhard 157–160.

[318] Landulf, Historia Mediolanensis 60 f.

[319] Epistola 131.

[320] Epistola 314.

[321] Epistola 314.

[322] Landulf, Historia Mediolanensis 63 = MGH SS 20, 47.

[323] Vita Ia 2, 4, 24; 28.

[324] Bernard 588; Gastaldelli: Werke III, 1128 f.

[325] Epistola 254.

[326] Vita Ia 2, 5, 28 = 284 A.

[327] Elias hat diese Komponente nicht berücksichtigt.

[328] Zum Beispiel die Briefe an Emengarde.

[329] Historia ecclesiastica 8, 26, 81–91 = Documents 212. Vgl. Holdsworth, Chr., Orderic and the new monasticism: Greenway, D., u. a. (Hrsg.), Tradition and Change, FS M. Chibnall, Cambridge 1985, 21–34.

[330] Ordericus, Historia Ecclesiastica 8, 26, 79 = Documents 210: „post duos annos"; dagegen Herbert und Konrad: „vix mensis praeterierat unus" (wie Anm. 332). Daß die Ordensschriftsteller die Regierungszeit dieses Abtes möglichst kurz angeben, ist verständlich. F. Gastaldelli (briefliche Mitteilung vom 19. 4. 97) schlägt vor: Demission Hardings: September 1133; Wahl Widos: Oktober 1133; Wahl Rainalds: Januar 1134. Vgl. Marilier, J., Catalogue des Abbés de Cîteaux pour le XIIe siècle: Cistercienser Chronik 55, 1948, 1–11.

Daß Bernhard für Widos Absetzung verantwortlich sei, ist eine haltlose und durch keine Quelle auch nur andeutungsweise nahegelegte Spekulation Brederos, Bernhard (1996), 215 f.

[331] Vacandard, Leben I, 219.

[332] Herbert, De miraculis 2, 24 = PL 185, 1334 A; Exordium magnum 1, 31, ed. Griesser 88.

[333] Epistola 69, 1 = VII, 169, 8.

[334] Epistola 69, 1 = VII, 169, 15 ff.

[335] Vgl. Dinzelbacher, Ego.

[336] Epistola 70. Falls sich Epistola 71, wie Gastaldelli: Werke II, 1084 f. vermutet, auch auf Wido bezieht, dann wäre dies ein weiterer Beweis für die positive Einstellung Bernhards zu diesem.

[337] Vgl. Vita Ia 1, 4, 21; Epistola 86, 1.

[338] Regula 29, 2.

[339] Gastaldelli: Werke II, 1084.

[340] Jakob von Vitry, Sermones feriales, ed. Greven, J., Die Exempla aus den Sermones Feriales, Heidelberg 1914, 36, nr. 54.

[341] Vita Ia 3, 7, 25.

[342] Dimier, Rainardo; King, Cîteaux 22 ff.

[343] Vita Ia 4, 3, 19.

[344] Duby, Bernard pass. geht ohne Begründung von 1134 aus. Es ist allerdings nicht ausgeschlossen, daß die Verlegung des Klosters bereits 1133 begonnen wurde, vgl. Vacandard, Leben I, 492 Anm. 2.

[345] Viard, Goffredo; Dimier, A., Geoffroy 38: DHGE 20, 554–556.

[346] Siehe u. S. 284, 306.

[347] Vita Ia 2, 5, 29.

[348] Armand, A. M., Les Cisterciens et le Renouveau des Techniques, Paris 1944. Vgl. die Descriptio monasterii Clarevallensis = PL 185, 570A–571B (13. Jh.).

[349] Vita Ia 2, 5, 30.

[350] Vita Ia 2, 5, 31; 2, 8, 52.

[351] Venuta, G., Acardo: BS 1, 147; Altermatt, A., Achard: LThK 1, 1993, 111.

[352] Herbert von Sassari, De miraculis 1, 5 = PL 185, 453 C = Konrad von Eberbach, Exordium magnum 3, 22.

[353] Recueil, ed. Mortet-Deschamps 662 Anm. 5.

[354] King, Clairvaux 238 f.; Schneider, Cistercienser 58.

[355] Super Cantica 26, 5, 7.

[356] Histoire de Clairvaux 36, 191 ff.

[357] Epistola 35 = PL 196, 1627 AB.

[358] Lit.: Dinzelbacher/Roth, Zisterzienser. Gute Zusammenfassung etwa von Kinder, T., L'abbaye cistercien: Pressouyre/Kinder, Bernard 77–94; vgl. ders., églises.

[359] Weisbach, Reform 73.

[360] Weisbach, Reform 71 f.

[361] Siehe o. S. 90 ff.

[362] Bauer, eeuw 116.

[363] Vita Ia, 2, 5, 31.

[364] Chauvin, plan 314. Rug, W., Der „Bernhardinische Plan" im Rahmen der Kirchenbaukunst der Zisterzienser im 12. Jahrhundert, Diss. Tübingen 1970 lag mir nicht vor.

[365] Chauvin, plan 336.

[366] Chauvin, plan 337 f.

[367] Dies ist die These von Rudolph, Change.

[368] Kramp, Kirche 11–151.

[369] Siehe o. S. 101 ff.

[370] Sandionysiani conventus epistola encyclica = PL 186, 1207 CD.

[371] Die Literatur folgt hier Vacandard, vie I, 418 f. Gottfried, Fragmenta 37, wo erwähnt wird, daß der kranke Bernhard der Zeremonie nur visionär beiwohnte, scheint zu implizieren, daß der Abt in Clairvaux gewesen wäre, was aber 1138 nicht oder nur gegen Jahresende der Fall war, s. u. S. 199 f.

[372] Vita Ia 2, 5, 31.

[373] Gimpel, J., La révolution industrielle du Moyen Age, Paris 1975.

[374] Regula 66, 7, ed. Steidle 178.

[375] So noch Pranger, Bernard 215 ff.

[376] Recueil, ed. Mortet-Deschamps 431 f.

[377] Recueil, ed. Mortet-Deschamps 675.

[378] Recueil, ed. Mortet-Deschamps 650 ff.

[379] Vgl. v.a. Casey, Athirst; Knotzinger, Hoheslied; Stiegman, Genre; Evans, Mind 107 ff.; Halflants, M.-C., Le Cantique des Cantiques de Saint Bernard: Collectanea Ordinis Cisterciensium Reformatorum 15, 1953, 250–294; Ohly, F., Hohelied-Studien, Wiesbaden 1958, 136 ff.; Herde, R., Das Hohelied in der Literatur des Mittelalters bis zum 12. Jh.: Studi medievali III 8, 1967, 957 ff., bes. 1057 ff.; Blanpain, J., Langage mystique, expression du desir dans les sermons sur les Cantique des Cantiques de Bernard de Clairvaux: Collectanea Cististerciensia 36, 1974, 226–247; 37, 1975, 145–166; Breton, S., Saint Bernard et le Cantique des Cantiques: Collectanea Cisterciensia 47, 1985, 110–118; Dresser, R. M., Non-figural Uses of Scripture in Saint Bernard's Sermons on the Song of Songs: Elder, Goad 179–190; Fassetta, R., Le mariage spirituel dans les Sermons de saint Bernard sur le Cantique des Cantiques: Collectanea Cisterciensia 48, 1986, 155–180, 251–265; Howe, E. T., The Mystical Kiss

and the Canticle of Canticles: American Benedictinie Review 33, 1982, 302–311; Matter, E., 'Eulogium sponsi de sponsa' – canons, monks and the Song-of-Songs: Thomist 49, 1985, 551–574; Paulsell, W. O., Ethical Theology in the Sermons on the Song of Songs: Sommerfeldt, Chimaera 12–22; ders., Virtue in St Bernard's Sermons on The Song of Songs: Saint Bernard of Clairvaux (Cistercian Studies Series 28), 1977, 101–117; Robertson, D., The Experience of Reading. Bernard de Clairvaux, Sermons on the Song of Songs: Religion and Literature 19, 1987, 1–20; Sabersky, D., The Compositional Structure of Bernard's Eighty-fifth Sermon on the Song of Songs: Elder, Goad 86–108; Stock, B., Experience, praxis, work, and planning in Bernard of Clairvaux. Observations on the Sermones in Cantica: Murdoch, J. (Hrsg.), The Cultural Context of Medieval Learning, Boston 1975, 219–268; Twoney, G. S., St Bernard's Doctrine of the Human Person as the Image and Likeness of God in Sermons 80–83 on the Song of Songs: Cistercian Studies 17, 1982, 141–149; Wimsatt, J., St Bernard, The Canticle of Canticles, and Mystical Poetry: Szarmach, P. (Hrsg.), An Introduction to the Medieval Mystics of Europe, Albany 1984, 77–95; Robertson, D., The Experience of Reading. Bernard of Clairvaux 'Sermons on the Song of Songs', I: Religion and Literature 19, 1987, 1–20. S. unten Anm. 400f., 404, 406, 418.

[380] Vita Ia 2, 7, 41 = 291 D.

[381] Vita I a 2, 6, 40 = 291 Bernhard.

[382] Gastaldelli, praedicator 356.

[383] Vita Ia 2, 7, 41.

[384] Siehe u. S. 265ff., 307ff.

[385] Zum Beispiel Super Cantica 26, 1, 2. Daß Bernhard Kryptogramme in den Text eingefügt hätte, wie Deroy, Bernardus 150ff. und Bredero, toegankelijkheid 326f. auf Grund m. E. willkürlicher Herauslösung einzelner Sätze spekulieren, scheint mir unwahrscheinlich, zumal in den Handschriften nichts darauf hindeutet (etwa durch die Zeileneinteilung). Zustimmend dagegen Leclercq, Recueil III, 193f., 205ff.

[386] Super Cantica 16, 3, 3ff.

[387] Stiegman, Genre 79 schlägt wenig befriedigend vor: „monastic literary sermon-series".

[388] Vgl. die Liste bei Matter, Voice 203ff.

[389] Super Cantica 52, 2, 4f.; Knotzinger, Hoheslied 24.

[390] Super Cantica 34; 37; 42; 45.

[391] Super Cantica 7; 19; 53; 77.

[392] Super Cantica 8; 11; 69.

[393] Super Cantica 2; 15; 28; 56.

[394] Super Cantica 21; 43; 45; 48.

[395] Super Cantica 39.

[396] Super Cantica 73; 79.

[397] Super Cantica 58; 62.

[398] Super Cantica 42, 49f.

[399] Super Cantica 9; 61.

[400] Ruh, Geschichte 250; Renna, Th., El Cantar de los Cantares y los primeros cistercienses: Cistercium 45, 1993, 293–306.

[401] Moritz, Th., The Church as Bride in Bernard of Clairvaux's Sermons on the Song of Songs: Cistercian Studies Series 63, 1980, 3–11.

[402] Vernet, A., Genest, J.-F., La bibliothèque de l'abbaye de Clairvaux du XIIe au XVIIIe sciècle , Paris 1979.

[403] Verdeyen, théologie 9ff., 134ff., 202ff., 218ff.; Köpf, Hoheliedauslegung 65f.

[404] Zum Verhältnis Origenes – Bernhard am ausführlichsten Deroy, Bernardus; Brésard, L., Bernard et Origène commentent le Cantique, Forges 1983; ders., Bernard et Origène. Le symbolisme nuptial dans leurs œuvres sur le Cantique des Cantiques: Cîteaux 36, 1985, 129–151; vgl. auch Lubac, Esegesi (1986) II, 238ff.; Verdeyen, théologien 564ff.

[405] Deroy, Bernardus 65ff.

[406] Vgl. Gastaldelli, praedicator 363ff.; Matter, Voice; Astell, Song; Hummel, R., Mystische Modelle im 12. Jahrhundert: 'St. Trudperter Hoheslied', Bernhard von Clairvaux, Wilhelm von Saint-Thierry, Göppingen 1989. Nicht zugänglich war mir Kingma, E., De mooiste onder de vrouwen. Een onderzoek naar religieuze idealen in twaalfde-eeuwse commentaren of het Hooglied, Hilversum 1993.

[407] Lubac, esegesi (1988) I/2, 197ff.

[408] In der folgenden Skizze von Bernhards Liebesmystik folge ich großteils meinen früheren Arbeiten zu diesem Thema.

[409] Heller, Schriftauslegung 170f.

[410] Super Cantica 23, 2, 3 = I, 140, 19f.

[411] Super Cantica 47, 2, 4 = II, 63, 27f.

[412] Vgl. Dinzelbacher, P., Über die Entdeckung der Liebe im Hochmittelalter: Saeculum 32, 1981, 185–208; ders.: Gefühl und Gesellschaft im Mittelalter. Vorschläge zu einer emotionsgeschichtlichen Darstellung des hochmittelalterlichen Umbruchs: Kaiser, G., Müller, J.-D. (Hrsg.), Höfische Literatur, Hofgesellschaft, Höfische Lebensformen um 1200. Düsseldorf 1986, 213–241; ders.: Sozial- und Mentalitätsgeschichte der Liebe im Mittelalter: Müller, U. (Hrsg.), minne ist ein swaerez spil, Göppingen 1986, 75–110; ders.: Pour une histoire de l'amour au Moyen Age: Le Moyen Age 93, 1987, 223–240; ders.: Liebe im Frühmittelalter. Zur Kritik der Kontinuitätstheorie: Zs. für Literaturwissenschaft und Linguistik 19/74, 1989, 12–38; ders.: Liebe: LexMA 5/91991, 1965–1968; ders., Emotionen: Das andere Mittelalter (Ausstellungskatalog), Krems 1992, 101–110; ders., Liebe im Mittelalter: Metis 1995/2, 5–13; Schenkl, M., Bernhard und die Entdeckung der Liebe: Bauer/Fuchs, Bernhard 151–179. – Saouma, B., Le Christ-Epoux chez Bernard de Clairvaux et la Dame dans la „fin 'amors" des troubadours: Studi medievali III 30, 1989, 533–565 ist wenig hilfreich.

[413] Super Cantica 68, 1 = II, 196, 21f.; vgl. 7, 2; Dominica post octavam Epiphaniae 2.

Bernhard hatte allerdings wenigstens einen wenn auch kaum bekannt gewordenen und exzeptionellen Vorläufer: um 1082 schrieb Johannes von Mantua am Hofe der Mathilde von Canossa einen Hohelied-Kommentar, in dem er die Gräfin als „sponsa Dei" anspricht, vgl. Cantelli, S., Il commento al Cantico dei Cantici di Giovanni da Mantova: Studi Medievali III 26, 1985, 101–184.

[414] Super Cantica 23, 9 = I, 144, 30f. nach Is 24, 16. Vgl. 69, 1.

[415] Super Cantica 3, 1 = I, 14, 7ff.

[416] H. Lubac, zit. Gastaldelli, praedicator 322.

[417] Super Cantica 74, 5f.

[418] Knotzinger, Hoheslied 46. Zu Bernhards mystischer Erfahrung im Hohenlied-

kommentar vgl. Deroy, Bernardus 101 ff.; Ruh, Geschichte 274 ff.; Dinzelbacher, Christliche Mystik 109 f.

[419] Super Cantica 31, 7; 32.

[420] Vgl. McGinn, Growth 204 ff.

[421] „dignitas" fehlt in einer Handschriftengruppe.

[422] Super Cantica 83, 3 = II, 299, 27 ff.; vgl. 68, 1.

[423] Vertrag von Konstanz, MGH Const. 1, nr. 144/5.

[424] Super Cantica 83, 4 = II, 301, 9 f.

[425] Super Cantica 79, 1 = II, 272, 5 ff.

[426] Gottfried von Auxerre, Declamationes ex S. Bernardi sermonibus 10 = PL 184, 444 A.

[427] Historia Calamitatum, ed. Monfrin, J., Paris [3]1967, 65, 69 usw. So auch Rupert von Deutz, In Apocalypsim, Prol. = PL 169, 827 ff.

[428] Der Begriff ist in die Diskussion gekommen, Literatur: Sachwörterbuch 706. Vgl. auch Bumke, J., Höfische Kultur, München 1986, 416 ff.

[429] Super Cantica 9, 2 f. = I, 43, 12 f.

[430] Langer, Affekt 44.

[431] Super Cantica 57, 5 = II, 122, 14 f.

[432] Siehe oben S. 374 Anm. 96.

[433] Vgl. Köpf, Schriftauslegung 204.

[434] Ad clericos de conversione 30 = IV, 106, 13 f.

[435] Zum Beispiel Ps 28, 2; 95, 7 – Bar 2, 17 – Mal 1, 6 – Act 12, 23–1Tim 1, 17–1Tim 6, 16 – Apoc 4, 11–7, 12; 14, 7.

[436] De diversis 87 u. ö., vgl. Benke, Unterscheidung 242 ff.

[437] Super Cantica 8, 1, 2 f.

[438] Super Cantica 9, 2, 2 f. = I, 43, 8 ff.

[439] Molin, J.-B., Mutembe, P., Le rituel du marriage en France du XIIe aux XVIe siècle, Paris 1974, 288 ff.

[440] Super Cantica 23, 4, 9.

[441] Vgl. Kohler, Th., Fruitio Dei: DS 5, 1546–1569.

[442] De gradibus humilitatis 21.

[443] Super Cantica 9, 7 = I, 46.

[444] Super Cantica 85, 1 = II, 307.

[445] Super Cantica 85, 12 = II, 315.

[446] Super Cantica 61, 2.

[447] Super Cantica 31, 6; 40, 1; 85, 13 u. pass.

[448] Super Cantica 8, 2 f.

[449] Super Cantica 8, 6.

[450] Super Cantica 9, 7.

[451] Super Cantica 85, 13.

[452] Vgl. z. B. Sabersky, D.: Nam iteratio, affectionis expressio est. Zum Stil Bernhards von Clairvaux: Cîteaux 36, 1985, 5–20.

[453] Gilson, Mystik 213.

[454] Expositio altera in Cantica 1 = PL 180, 507 C. Daß Wilhelm vielleicht eher Bernhard angeregt hat als umgekehrt, ist nicht erweislich.

[455] Astell, song 22.

[456] Super Cantica 53, 3 = II, 97, 24ff.

[457] Super Cantica 16, 1, 1 = I, 89, 21f.

[458] Vita Ia 3, 8, 29.

[459] Super Cantica 67, 2, 3 = II, 190, 8ff.

[460] Dinzelbacher, Christliche Mystik 106ff.

[461] Didier, dévotion 12.

[462] In laudibus virginis matris 1, 1, 1 = IV, 14, 5.

[463] De gradibus humilitatis 3, 6.

[464] Super Cantica 43, 3 = II, 43.

[465] Pressouyre/Kinder, Bernard 294.

[466] Super Cantica 62, 7 = II, 159.

[467] Super Cantica 61, 3; 7; 4.

[468] Dinzelbacher, Frauenmystik 153ff.; ders., Die Gottesbeziehung als Geschlechterbeziehung: Brall, H., u. a. (Hrsg.), Personenbeziehungen in der mittelalterlichen Literatur, Düsseldorf 1994, 3–36; ders., Gottesgeburt.

[469] Epistola 322.

[470] Epistola 322, 1; Dinzelbacher, Blut 425ff.

[471] Dinzelbacher, Christliche Mystik 100, 102, 117ff.; Benke, Unterscheidung 82ff.; Langer, Passio.

[472] In ascensione Domini 3, 3; vgl. In nativitate 3, 3. Dazu Bosch, Dieu; ders., Christ; Delfgaauw, Bernard 132ff.

[473] In ascensione Domini 6, 11 = V, 156, 12ff.

[474] In nativitate B. Mariae 7.

[475] In nativitate B. Mariae 11 = V, 282, 19ff.

[476] Didier, humanité.

[477] Super Cantica 16, 5, 7 = I, 93, 22ff.

[478] Dinzelbacher, P., Judastraditionen, Wien 1977.

[479] Exordium magnum 2, 5.

[480] Super Cantica 75, 4, 9 = II, 252, 27.

[481] Super Cantica 75, 4, 10 = II, 253, 12.

[482] Super Cantica 64, 3, 8. Vgl. Calmette/David, Bernard 147ff.

[483] Super Cantica 72, 3, 6 = II, 229, 17f.

[484] Vgl. o. S. 21f.

[485] Figuet, Bible.

[486] Bauer, B., Bernhards Bibeltext: Werke V, 48–50.

[487] Super Cantica 54, 1, 1 = II, 102, 13.

[488] Epistola 73, 2 = VII, 180, 16. Ähnlich Epistola 66; vgl. auch Vita Ia 3, 3, 7.

[489] Epistola 66 = VII, 162, 10.

[490] Gastaldelli, praedicator 323.

[491] In Septuagesima = IV, 346, 14f.

[492] In psalmum Qui habitat 10, 6.

[493] Vgl. Zulliger, Bernhard 78ff.

[494] Epistolae 17; 18, 5.

[495] Zum Beispiel Super Cantica 54, 4, 8. Von manchen Forschern seit Leclercq, Recueil I, 193ff. wird dies als Fiktion bezeichnet, besonders von Stiegman, Genre 73ff. Warum jedoch hätte Bernhard das tun sollen? Schließlich bediente er sich in

seinen anderen Traktaten auch nicht solcher präsumptiver Stilmittel! Die Argumente pro und contra sind prägnant zusammengefaßt bei Longère, prédication 157. Vgl. auch Calmette/David, Bernard 137 ff., 221 ff.

[496] Epistolae 153 f.; 472, 1.

[497] Epistola 479 = PL 182, 687 f. Vgl. Bouton, Chanoines 285 f.

[498] Epistola 483 = PL 182, 691 f.

[499] Epistola 472, 1 = PL 182, 676 AB.

[500] Leclercq, Opera I, ix–lxvii; ders., Recueil I, 213 ff.; ders., Genèse d'un chef-d'œuvre: Collectanea Cisterciensia 47, 1985, 99–109; Stiegman, Genre 83.

[501] Schellerer, Th., Die beiden altfranzösischen Übersetzungen der Predigten des hl. Bernhard von Clairvaux, Diss. Wien 1937; Henry, A., u. a., Traduction en oil du premier sermon sur le Cantique des Cantiques: Etudes de philologie romane et d'histoire littéraire offertes à J. Horrent, Liège 1980, 175–182; Henry, A., Traduction en oil du troisième sermon sur le Cantique des Cantiques: Medieval French Textual Studies, Festschrift T. Reid, London 1984, 54–64.

[502] Guillioux, P., L'amour de Dieu selon S. Bernard: Revue des sciences religieuses 6, 1926, 499–517; 7, 1927, 52–68; 8, 1928, 69–90; Chatillon, F., Notes pour l'interprétation de la préface du De diligendo Deo de S. Bernard: Revue du Moyen Age Latin 20, 1964, 98–112; Delfgaauw, F., La nature et les degrés de l'amour selon s. Bernard: Analecta S. Ordinis Cisterciensis 9, 1953, 234–252; Mellet, P., Notes sur le désire de Dieu chez saint Bernard, N.-D. de Gérande 1966; Stexhe, G. de, Entre le piège et l'abîme: Qu'est-ce que Dieu? FS D. Coppieters de Gibson, Bruxelles 1985, 414–454; Gilson, Mystik, Casey, Athirst.

[503] So Janssen, Legaten 23 f., was zur von Vacandard, Leben II, 220 Anm. 1 zitierten Urkunde paßt; Pontal, concils 318 datiert dagegen auf 1140. Im Itinerar Bernhards bei Vacandard, Leben II, 608 taucht dieses Konzil nicht auf.

[504] Super Cantica 51, 4.

[505] Farkasfalvy, Einleitung 59.

[506] De diligendo Deo 1, 1 = III, 119, 18 f.

[507] De diligendo Deo 1, 1 = III, 120, 2 f.

[508] De diligendo Deo 2, 4 f.

[509] De diligendo Deo 2, 6 = III, 124, 3 ff.

[510] De diligendo Deo 3, 7–10.

[511] De diligendo Deo 3, 7 = III, 125, 9 f.

[512] Köpf, Wesen 160.

[513] De diligendo Deo 3, 10 = III, 126, 27 ff.

[514] De diligendo Deo 4, 11. Weiteres zu Bernhards Passionsmystik Ruh, Geschichte 230, 238 ff.

[515] De diligendo Deo 5, 14 f.

[516] De diligendo Deo 5, 15 = III, 132, 10 ff.

[517] De diligendo Deo 7, 17 = III, 133, 22 f.

[518] De diligendo Deo 7, 19 = III, 135.

[519] De diligendo Deo 8, 23 ff.

[520] Olsen, Humanism 32.

[521] De diligendo Deo 8, 25.

[522] De diligendo Deo 10, 27 = III, 142, 3 f.

523 De divisione naturae 1, 10, vgl. Linhardt, Mystik 233.

524 De diligendo Deo 10, 28 = III, 143, 15 ff.

525 Epistola 11, 8.

526 De diligendo Deo 10, 27.

527 Super Cantica 23, 16 = I, 149, 20 f.

528 De diligendo Deo 11, 30 ff.

529 Vgl. DThC 3/2, 1898.

530 DS 7, 2312–2337; Penco, G., La „sobria ebrietas" in S. Bernardo: Rivista di ascetica e mistica 38, 1969, 249–255.

531 De diligendo Deo 11, 33 = III, 147, 6 ff.

532 De diligendo Deo 11, 34 = III, 148, 5 f. Vgl. Winkler, G., Bernhard und die Kartäuser. Zur Relativierung des monastischen Asketismus durch die reine Gottesliebe: Analecta Cartusiana 113, 1984, 5–19.

533 Vgl. Farkasfalvy, Einleitung 68 f.

534 SBO 3, 112–115.

535 Wie es Pranger, Bernard tut.

536 De diligendo Deo 7, 22 = III, 137, 26 f.

537 Zum Beispiel De diligendo Deo 7, 18.

538 Dinzelbacher, Christliche Mystik 81 f.

539 De diligendo Deo 10, 27 = III, 142, 13 ff.

540 Vgl. Dinzelbacher, P., Ekstase: LexMA 3, 1772 f.

541 Super Cantica 9, 2, 2 = I, 43, 16 ff.

542 Epistola 139; vgl. Petke, Regesten 296.

543 Epistola 139, 1 = VII, 335, 22 f. Dazu Grabois, A., From „Theological" to „Racial" Antisemitism: Zion 47, 1982, 1–16 (in Hebräisch, mir nicht zugänglich); Herde, P., Abhandlungen zur fränkischen und bayerischen Kirchengeschichte und zu den christlich-jüdischen Beziehungen, Würzburg 1996, 5 ff., 61 ff.

544 Geschichte II/1, 182.

545 Bossong, G., Die Isotopie von Blut und Glaube: Zs. f. französische Sprache und Literatur, Beiheft 14, 1989, 99–110.

546 Zum Beispiel Ad milites Templi 4, 8 = III, 221, 5.

547 Datierung: Petke, Regesten 352.

548 Siehe u. S. 285.

549 Vita Ia 2, 7, 41 f.

550 Regula 67, 2.

551 Otto von Freising, Chronica 7, 19, ed. Lammers 530.

552 D'Alessandro, V., Robert 19: LexMA 7, 892 f.; Petke, Regesten 293 f.

553 Bernhardi, Lothar; Haller, Papsttum III, 43 ff.

554 Bernhardi, Lothar 668 Anm. 2; Petke, Regesten 352. Zerbi, Milano 71 Anm. 149 und LexMA 2, 1808 f. gehen dagegen von einer Stiftung bei der Italienreise 1135 aus.

555 Vgl. oben S. 379 Anm. 101 und Bouchard, Entrepreneurs 101.

556 Petke, Regesten 355.

557 Vita Ia 2, 7, 41 = 292 A.

558 Schmale, Studien 175 Anm. 52.

559 Anselm, Dialogi 3, 8.

560 Gregorovius, Geschichte II/1, 186 f.

561 Annalista Saxo a.a. 1137 = MGH SS 6, 773.

562 Petke, Regesten 368.

563 Super Cantica 26, 14.

564 Siehe u. Anm. 568.

565 Schmale, Studien 170.

566 Bernhardi, Lothar 722, Petke, Regesten 375.

567 Haller, Papsttum III, 44 f.

568 Vgl. Petke, Regesten 378 ff., 390 ff.; Schmale, Studien 169 ff.

569 Dell'Omo, M.-A., Petrus Diaconus: LexMA 6, 1972 f.

570 Petrus, Chronica Monasterii Casinensis 4, 109 = MGH SS 34, 576.

571 Petrus, Chronica Monasterii Casinensis 4, 119.

572 Petrus, Chronica Monasterii Casinensis 4, 122.

573 Petrus, Chronica Monasterii Casinensis 4, 110 ff.; ders., Altercatio.

574 Petke, Regesten 392 f.; Manitius, Geschichte III, 289–292; Hausmann, F.: LThK 10, 1965, 1085 f.; Heinrich der Löwe 558 ff.

575 Petrus Diaconus, Chronica Monasterii Casinensis 4, 127 = MGH SS 34, 842.

576 Petke, Regesten 407 f.; Heinrich der Löwe 151.

577 Vita Ia 2, 7, 42.

578 Datierung nach Gastaldelli: Werke II, 1132 und Petke, Regesten 402 f.

579 Epistola 144, 1 = VII, 344, 6. Vgl. Epistola 145.

580 Epistola 144, 1 = VII, 344, 15 ff.

581 Epistola 505.

582 Epistola 144, 4 = VII, 346, 3 ff.

583 Vita Ia 2, 7, 43, vgl. Bernhardi, Lothar 776.

584 Caspar, Roger 212 ff.

585 Vita Ia 2, 7, 44 = 293 D.

586 Falco von Benevent, Chronicon a.a. 1137.

587 Dal Prà, Cronologia 306.

588 Vita Ia 2, 7, 45.

589 Caspar, Roger 215 ff. Nicht zugänglich war mir Grazia, A. de, Un episodio del contrasto fra S. Bernardo e Ruggero II re di Sicilia 1137–1138, Palermo 1915.

590 Vita Ia 2, 7, 46.

591 Schmale, Studien 62 f.

592 Gottfried, Fragmenta 43; Vita Ia 2, 7, 45.

593 Vita Ia 2, 7, 47.

594 Gottfried, Fragmenta 44; ders., témoignage ed. Leclercq 199.

595 Vgl. Dinzelbacher, Angst 211 ff.

596 Epistola 147, 2 = VII, 351, 4 ff.

597 Epistola 317; Mann, Lives 55 f.; Zenker, Mitglieder 106 f.

598 Cronicon Andrensis monasterii, zit. Schmale, Studien 264 Anm. 21.

599 Gottfried, Fragmenta 44; Vita Ia 2, 7, 47.

600 Epistola 147, 1 = VII, 350, 9; Epistola 317.

601 Vita Ia 4, 1, 1. Eine übliche Vorgehensweise, vgl. Dinzelbacher, P., Die Realpräsenz der Heiligen in ihren Reliquiaren und Gräbern nach mittelalterlichen Quellen: Heiligenverehrung in Geschichte und Gegenwart, hrsg. v. P. Dinzelbacher, D. Bauer, Ostfildern 1990, 115–174.

602 Siehe u. S. 361.

[603] Vita Ia 4, 1, 2.

[604] Zum Folgenden Epistolae 164–170, Teubner-Schoebel, Bernhard 160–172, Gastaldelli, Werke II, 1145–1148, Bouton, Bernard 204–208, Dimier, Outrances 656 ff.

[605] Epistola 164.

[606] Vangeon, vie 28.

[607] Epistola 166, 2.

[608] Epistola 164, 2.

[609] Epistola 164, 5.

[610] Lit.: Schneidmüller, B., Ludwig VII.: LexMA 5, 2183 f.; Kibler/Zinn, France 566; Ehlers, Ludwig VII.; Duby, France 182 ff.

[611] Petrus Venerabilis, Epistola 29.

[612] Epistola 168, 1.

[613] Epistola 166.

[614] Epistola 165 = VII, 376, 4.

[615] Epistola 501.

[616] Epistola 166, 1.

[617] Epistola 166, 2 = VII, 377, 20.

[618] Epistolae 167 f., 501

[619] Vita Ia 1, 14, 69.

[620] Epistola 170, 1 = VII, 383, 17 ff.

[621] Epistolae 164, 166 f., 169.

[622] Epistola 166, 2.

[623] Epistola 168, 2 = VII, 381, 14 f.

[624] In transitu S. Malachiae 2.

[625] In dedicatione ecclesiae 3, 3 = V, 382, 2.

[626] De diversis 34, 6.

[627] Soler i Canals, J., San Bernardo y los jóvenes monjes: Studia monastica 35, 1993, 293–312, 422.

[628] Leclercq, Recueil II, 3 ff.; Bouchard, M.-N., Une lecture monastique du Psaume 90. Les sermons du saint Bernard sur le Psaum „Qui habitat" in Lectio divina: Collectanea Cisterciensia 49, 1987, 156–172.

[629] Super Cantica 24, 1, 1.

[630] Konrad von Eberbach, Magnum exordium cisterciense 3, 3; Datum nach Vacandard, vie II, 55 Anm. 1 und Gastaldelli, testimonianze 56.

[631] Scheuten, Mönchtum 18.

[632] Super Cantica 26, 5, 7.

[633] Platelle, H., La mort précieuse: Revue Mabillon 54, 1982, 151–174.

[634] Daten nach Dimier, Bernard 173 ff.

[635] Super Cantica 26, 2, 3 = I, 171, 27 f.

[636] Super Cantica 26, 2, 4 = I, 172, 8 ff.

[637] Super Cantica 26, 3, 5 = I, 173, 22.

[638] Super Cantica 26, 6, 9 = I, 177, 20 ff.

[639] Super Cantica 26, 3, 5 = I, 173, 27 f.

[640] Und in bezug auf diese Stelle im besonderen Pranger, Bernard 163 ff.

[641] Apologeticus, ed. Thomson 120 ff.

[642] Lit.: LexMA 7, 2188–2194; Kibler/Zinn, France 1918 f.

[643] Lit.: Sachwörterbuch 310 f.; Head, Th., Landes, R. (Hrsg.), The Peace of God, Ithaca 1992.

[644] De vita sua 3, 7, ed. Labande 320.

[645] Rigaudière, A., Kommune II: LexMA 5, 1287–1289; Landes, R., Commune: Kibler/Zinn, France 244 f.

[646] Barthélemy, ordre 113 ff.

[647] PL 179, 468 D f.

[648] Zit. Hallam, France 119.

[649] Gastaldelli: Werke III, 1090.

[650] Teubner-Schoebel, Bernhard 182.

[651] Epistola 432 = PL 179, 497 D.

[652] Teubner-Schoebel, Bernhard 180–184.

[653] Vgl. Teubner-Schoebel, Bernhard 182.

[654] Epistola 318 = VIII, 251, 14 f.

[655] Epistola 449.

[656] Epistola 210.

[657] Vita Ia 1, 14, 67.

[658] Vernet, Lateran; Schmale, F.-J., Lateran II: LexMA 5, 1740 f.

[659] Von Dal Prà, Cronologia 309 ohne Beleg bejaht.

[660] Vacandard, Leben II, 608.

[661] Vita Malachiae 15, 35 mit 16, 37 f.

[662] Vita Malachiae 15, 36.

[663] Paravicini Bagliani, trono 144

[664] Schmale, F.-J., Lateran II: LexMA 5, 1740.

[665] Otto von Freising, Gesta Frederici 2, 30.

[666] Vernet, Lateran 2643.

[667] Chronicon Mauriniacense 3, PL 180, 169 C.

[668] Siehe o. S. 154 ff.

[669] Gastaldelli: Werke II, 1138 f.; III, 1131 f.

[670] Siehe o. S. 196 ff.

[671] Gastaldelli: Werke III, 1093.

[672] Maleczek, Kardinalskollegium 55.

[673] Rühle, Gottesgericht: Handwörterbuch des deutschen Aberglaubens 3, 1931, 972–975; Peuckert, E., Josaphat, Tal: ebd. 4, 1932, 770–774.

[674] Epistola 213 = VIII, 73, 5 ff.

[675] Epistolae 219, 224, 230 ff., 331. Vgl. Maleczek, Kardinalskollegium 57 Anm. 117.

[676] Epistola 184. Dieser Brief wird von Gastaldelli: Werke III, 1063 auf 1140 datiert, von Horn, Studien 37 und 302 auf 1139. Mir scheint ein Termin zwischen der Rückkehr Bernhards aus Italien und dem Laterankonzil wahrscheinlicher, da das Schreiben die sehr guten Beziehungen des Papstes zu Bernhard betont.

[677] Vita Ia 3, 7, 24. Vgl. Teubner-Schoebel, Bernhard 108 ff.

[678] Der Familienname ist nicht gesichert, vgl. Horn, Studien 19 ff.

[679] Vita Ia 2, 8, 48; Robert de Monte, Cronica a. a. 1144 = MGH SS 6, 496.

[680] Calmette/David, Bernard 79.

[681] Epistola 343 = PL 182, 548 AB.

682 Epistola 344 = PL 182, 549 A.
683 Vgl. Bynum, Jesus 62ff., 77ff.
684 Epistola 307, 3.
685 Epistola 345, 2 = VIII, 287, 14ff.
686 Super Cantica 30, 5, 12 = I, 218, 1f.
687 Scheuten, Mönchtum 74.
688 Wilhelm, Vita Sugerii 2, 8 = PL 186, 1200 C.
689 Meditationes 390.
690 Herbert, De miraculis 2, 20 = Konrad von Eberbach, Magnum exordium cisterciense 2, 8.
691 Epistola 411, 2.
692 Dimier, A., Cîteaux et les emplacements malsains: Cîteaux in de Nederlanden 6, 1955, 89–97, 92f.
693 Ebd. 95.
694 Epistolae 245, 259, 258, 260, vgl. Teubner-Schoebel, Bernhard 118–123.
695 Epistola 130 = VII, 325, 17.
696 Epistola 208. Die Datierung von Epistolae 207–208 ist nicht ganz sicher; Bernhardi, Konrad 813 bringt sie mit einer Nachricht Wibalds von Stablo (Epistola 252) zusammen, nach der Bernhard über Otto von Freising im Frühjahr 1150 Empfehlungsbriefe für Roger an Konrad III. gehen ließ.
697 Epistola 209.
698 Epistola 207.
699 Epistola 447.

IV. Wider die neuen Ketzer

1 Mangels Quellen ist die Datierung ganz kontrovers: von den besten Sachkennern vertritt Leclercq (Opera III, 511) 1135/40; Waddell, Bernard 97: „around 1147"; vgl. auch Veroli, revisione; Maître, C., La réforme cistercienne du plain chant, Cîteaux 1994 lag mir nicht vor.
2 Lekai, Cistercensi 305.
3 Waddell, Background.
4 Waddell, Introduzione prologo 802f.
5 Hammerstein, R., Diabolus in musica, Bern 1974, 22ff.
6 Epistola 398, 2 = VIII, 378 6ff. Vgl. Frisque, X., St Bernard and the sung word: Liturgy 27, 1993, 63–83.
7 Prologus in antiphonarium.
8 Waddell, Introduzione prologo 805; Veroli, revisione I, 22.
9 Prologus in antiphonarium.
10 Waddell, Introduzione prologo 806; Kirch, Bernhard 295ff.
11 Lackner, Liturgy 21f., 24; Veroli, revisione II, 90.
12 Epistola 398, 1f.
13 Waddell, Introduzione testi 773.
14 Epistola 398, 3.
15 Officium de S. Victore = III, 501ff.
16 SBO 6/1, 29–37.

[17] Helinand von Froidmont, Chronicon a. a. 1151 = PL 212, 1057 D.

[18] Köster, H., Unbefleckte Empfängnis Mariä: LThK 10, 1965, 467–469.

[19] Dessi, R., Lamy, M., Saint Bernard et les controverses mariales au Moyen Age: Arabeyre, Vies 229–260.

[20] Epistola 174, 1 = VII, 388, 12f.

[21] Siehe u. S. 312f.

[22] Epistola 174, 6.

[23] Epistola 174, 7.

[24] Epistola 174, 9.

[25] Vacandard, Hugues 209.

[26] Cabassut, A., Eadmer: DS 4, 1–5.

[27] Epistola 111; vgl. Picasso: Opere I, 488f. – Im folgenden greife ich teilweise auf meine Formulierungen zurück, die ungekennzeichnet in Vorwort und Anmerkungen zu diesem Traktat in Werke I, 328ff. übernommen wurden. Zu diesem Traktat v. a. Jacqueline, Episcopat 53ff. und zuletzt Schreiner, Puritas.

[28] Anders Winkler, G.: Werke I, 328 (1141/45); Quillet, J., Aspects de la doctrine bernardine de l'obéissance: Brague, Bernard 165–177 (nach 1142).

[29] Dies mit Winkler ebd. als literarische Fiktion zu betrachten, sehe ich keinen Anlaß; die mehrfache ausdrückliche Bezugnahme auf zwei Briefe der beiden in ein existierendes Kloster gehörigen Mönche und die Erwähnung des Abtes spricht dagegen.

[30] Regula 54, 1.

[31] Vgl. oben S. 372 Anm. 43ff.

[32] Vgl. oben S. 75ff.

[33] Vgl. Bouchard, Sword 49 Anm. 8.

[34] Lynch, J. H., The Cistercians and Underage Novices: Cîteaux 24, 1973, 283–297.

[35] Disputacio 240; Ordericus Vitalis, Historia ecclesiastica 6, 10.

[36] Jacquelin, Episcopat 29–33; zustimmend Leclercq, Recueil III, 299.

[37] Epistola 28, vgl. Goodrich, Limits.

[38] Epistola 1, 8 = VII, 6, 22.

[39] Vgl. Kline, Bernard.

[40] Vita Ia, 4, 8, 29 = 320 C.

[41] Winkler, G.: Werke I, 331.

[42] SBO 3, 244–247.

[43] Epistola 111, ed. Constable I, 299.

[44] De praecepto praefatio = III, 254, 15ff.

[45] De praecepto 1, 2 = III, 255, 13ff.

[46] De praecepto 1, 2 = III, 256, 3ff.

[47] De praecepto 2, 4 = III, 256, 27.

[48] Dinzelbacher, Konzept 113ff.

[49] De praecepto 2, 4 = III, 257, 1ff.

[50] De praecepto 2, 4f.; 4, 9.

[51] Vgl. Goodrich, Limits, der m. E. die Differenzen gegenüber den deutlichen Parallelen übergewichtet.

[52] De praecepto 2, 5.

[53] Decretum (PL 161, 57 A); Panormia Prologus 27 (PL 161, 1043), vgl. Jacqueline, B., Yves de Chartres et saint Bernard: Études d'histoire du droit canonique dédiées à G. Le Bras I, Paris 1965, 179–184; ders., Episcopat 29 ff.

[54] De praecepto 3, 6.

[55] De Civitate Dei 1, 21; 26 = CC 47, 23, 27.

[56] De praecepto 3, 7 = III, 258, 22.

[57] De praecepto 4, 9.

[58] Sachwörterbuch 289.

[59] De praecepto 5, 11 = III, 261, 14 f.

[60] De praecepto 6, 12.

[61] Epistola 523.

[62] De praecepto 7, 13.

[63] De praecepto 26 = III, 272, 5 ff.

[64] Super Cantica 71, 1 = II, 215, 2 ff.

[65] Ethica, ed. Luscombe, D. E., Oxford 1971, 4.

[66] Ebd.

[67] De gratia 14, 46 = III, 199, 24.

[68] Epistola 69, 1 = VII, 169, 15 f.

[69] Epistola 69, 1 = VII, 170, 1.

[70] Epistola 77, 8.

[71] De praecepto 11, 26 ff.

[72] De praecepto 12, 30.

[73] De praecepto 13, 32.

[74] De praecepto 14, 35 ff.

[75] In dem monumentalen Werk von Schleusener-Eichholz, G., Das Auge im Mittelalter, München 1985 findet sich weder diese Stelle noch Parallelen.

[76] Ebd. 175 ff.

[77] De praecepto 14, 41.

[78] De praecepto 15, 42 f.

[79] De praecepto 16, 44–51, vgl. Monge Garcías, estabilidad 335 ff.

[80] De praecepto 16, 44 = III, 284, 11 ff.

[81] Siehe u. Register s. v.

[82] Lefèvre, J.-A., Saint Robert de Molesme dans l'opinion monastique du XIIe et du XIIIe siècle: Analecta Bollandiana 74, 1956, 50–83.

[83] Siehe oben S. 46 f.

[84] Vgl. o. S. 209 ff.

[85] Siehe o. S. 75.

[86] Epistolae 4–7 u. 359; vgl. Grill, L., Der hl. Bernhard von Clairvaux und Morimond, die Mutterabtei der österreichischen Zisterzienser: Festschrift zum 800-Jahresgedächtnis des Todes Bernhards von Clairvaux, Wien 1953, 31–116.

[87] Epistola 86; vgl. Piazzoni, Guglielmo 1–11, 33–35.

[88] Epistolae 67, 70, 73, 293, 313, 383, 395 f.

[89] De praecepto 16, 46 = III, 285, 1 ff.

[90] Siehe o. S. 75 ff.

[91] De praecepto 16, 51 = III, 287, 30ff.

[92] De praecepto 17, 52–61.

[93] Vgl. z. B. Angenendt, A., „Mit reinen Händen". Das Motiv der kultischen Reinheit in der abendländischen Askese: Jenal, G. (Hrsg.), Herrschaft, Kirche, Kultur, FS F. Prinz, Stuttgart 1993, 297–316.

[94] Browe, P., Beiträge zur Sexualethik des Mittelalters, Breslau 1932, 80 Anm. 1.

[95] Ebd. 91.

[96] Ebd. 80–113; Brundage, J. A., Law, Sex, and Christian Society in Medieval Europe, Chicago 1987, 81, 109, 214, 400 f.

[97] De praecepto 19, 57.

[98] Dinzelbacher, Ego.

[99] Guilbert, abbaye 65; vgl. Berman, C. H., The Development of Cistercian Economic Practice During the Lifetime of Bernard of Clairvaux: Cîteaux 42, 1991, 303–313.

[100] Epistolae 179 f., 323; Teubner-Schoebel, Bernhard 80–88.

[101] S. o. S. 127 f.

[102] Epistola 180 = VII, 401, 15 f.

[103] Super Cantica 33, 7, 16 = I, 244, 23 ff.

[104] Grübel, I., Die Hierarchie der Teufel, München 1991, 214 f.

[105] Super Cantica 33, 7, 16 = I, 245, 5 ff.

[106] Piazzoni, Guglielmo 157.

[107] Chabannes, Bernardo 159.

[108] Le Goff, intellectuels 50.

[109] Ed. Leclercq, Recueil IV, 349 ff. Vgl. Zerbi, Ecclesia 549–576; Verdeyen, théologie 16 ff.

[110] Piazzoni, Guglielmo 137 ff.

[111] Mit PL 182, 531 B ist zu lesen: praedicantur, statt: praedicatur (so Leclercq).

[112] Leclercq, Recueil IV, 351.

[113] Vgl. oben S. 138 ff.

[114] Leclercq, Recueil IV, 352.

[115] PL 180, 249–282.

[116] Vgl. Sachwörterbuch 137 f.; Le Goff, intellectuels 53 ff.

[117] Leclercq, Recueil IV, 352.

[118] Podlech, Abaelard 338 in Zusammenfassung der Anklagepunkte Wilhelms. Vgl. Brasa Díaz, M., Disidencias de Pedro Abelardo: Rivista española de filosofía medieval 1, 1994.

[119] Epistola 190.

[120] Kolmer, Abaelard 141 ff.

[121] Coulton, Centuries I, 283.

[122] Leclercq, Recueil IV, 353. Vgl. Déchante, J., L'amitié d'Abélard et de Guillaume de Saint-Thierry: Revue d'histoire ecclésiastique 35, 1939, 761–773.

[123] So die übliche Annahme, z. B. bei Podlech, Abaelard 80; skeptisch dazu Piazzoni, Guglielmo 14 f., 29.

[124] Verger/Jolivet, Bernardo 46.

[125] Zerbi, Ecclesia 573.

[126] Benton, Culture 433 Anm. 41.

[127] Epistola 327 = VIII, 263, 5 ff.

[128] Epistola 190.

[129] Gastaldelli: Werke III, 1065.
[130] Siehe u. S. 263.
[131] LThK jeweils s. v.
[132] Brosch, J., Häresie: LThK 5, 1960, 7.
[133] Knowles, Geschichte 335.
[134] Kottje, R., Gottschalk: LThK 4, 1995, 955–957.
[135] Otto von Freising, Gesta 2, 30. Das Todesjahr Arnolds wird unterschiedlich mit 1154, 55 oder 56 angegeben.
[136] Morris, Monarchy 472; Thomas, Summa Theologiae II/II 11, 3, 4.
[137] Borst, Barbaren 351.
[138] Epistola 1, ed. Hicks 20.
[139] Heer, Aufgang 184, 202.
[140] Ebd. 215.
[141] Epistola 250, 4 = VIII, 147, 3.
[142] Epistola 193 = VIII, 44, 18 f.
[143] Luscombe, D., Pierre Abélard et le monachisme: Pierre Abélard 271–278.
[144] Super Cantica 63, 3, 6 = II, 165, 26ff.
[145] Epistola 193 = VIII, 45, 8.
[146] Pontal, conciles 320 f.; Podlech, Abaelard, 129ff.
[147] Gastaldelli: Werke III, 1065, 1071; Borst, Barbaren 88 ff.
[148] Gesta Frederici 1, 50. Vgl. zu Otto und Abaelard Vergani, F., „Sententiam vocum seu nominum non caute theologiae admiscuit". Ottone di Frisinga di fronte ad Abelardo: Aevum 63, 1989, 193–224.
[149] Zerbi, Ecclesia 565, 567.
[150] Little, Bernard.
[151] Vita Ia 1, 14, 71.
[152] Vita Ia 3, 5, 13 = 311 A.
[153] Vita Ia 3, 5, 13. Vielleicht auch zwei Gespräche: Epistola 337.
[154] Vgl. u. S. 241.
[155] Epistola 337, 2.
[156] Podlech, Abaelard 342; ausführlich Kolmer, Abaelard.
[157] So Vita Ia 3, 5, 13.
[158] Vgl. Rassow, Kanzlei 84ff.
[159] Besonders Epistolae 188, 190.
[160] Epistola 190, 5, 12.
[161] Epistola 190.
[162] Leclercq, Recueil IV, 355 f.
[163] Leclercq, Recueil IV, 357.
[164] Vgl. den Apparat zu Epistola 190 = VIII, 26, 33.
[165] Epistola 190, Prol. = VIII, 17, 16.
[166] Epistola 190, 1, 2 = VIII, 18, 25.
[167] Epistola 190, 2, 4 = VIII, 20, 14.
[168] Epistola 190, 3, 8.
[169] Epistola 192.
[170] Epistola 190, 8, 21.
[171] Epistola 190, 5, 11 ff.

172 Winkler, G. B., Bernhard und Abaelard: Weisheit Gottes – Weisheit der Welt I, FS J. Ratzinger, St. Ottilien 1987, 729–738, 736.

173 Epistola 190, 8, 22.

174 Evans, Cur.

175 Epistola 190, 9, 25.

176 Dinzelbacher, Erfahrung.

177 Epistola 190, 8, 21 = VIII, 35, 13f.

178 Epistola 190, 8, 22 = VIII, 36, 9.

179 Epistola 190, 4, 10.

180 Epistola 190, 4, 9 = VIII, 25, 23f.

181 De miraculis 2, 25 = CCCM 83, 145; vgl. Dinzelbacher, Vision 44f.

182 Epistola 410; vielleicht auch 450.

183 Colish, Peter.

184 Gastaldelli, testimonianze 57–61.

185 Le Goff, intellectuels 24ff. Zu Paris in den Tagen Bernhards vgl. Kramp, Kirche 171ff.

186 Vacandard, vie II, 117.

187 Herbert von Torres, De miraculis 2, 17.

188 Vgl. Gasteldelli, testimonianze 57–61.

189 Epistola 337, 2 = PL 182, 541 B.

190 Herbert von Torres, De miraculis 2, 17 = PL 185, 1326 D.

191 Standaert, M., Goffredo di Auxerre: BS VII, 84f.; ders., Geoffroy; Knoch, W., Gottfried v. Clairvaux: LThK 4, 1995, 948; Gastaldelli, testimonianze; ders. anni.

192 Gasteldelli, testimonianze 58.

193 Zit. Gasteldelli, testimonianze 58.

194 Gastaldelli, praedicator 352.

195 Leclercq: SBO 4, 61ff.; Winkler, G., Einleitung: Werke IV, 129–146.

196 Ad clericos de conversione 12, 24, vgl. Super Cantica 64, 3; Epistola 365, 1.

197 Contra Vigilantium 15.

198 Ad clericos de conversione 21, 37f.

199 In festivitate omnium sanctorum 3 = IV, 72, 20.

200 Ad clericos de conversione 2, 3f.

201 Ad clericos de conversione 3, 4 = IV, 75, 8f.

202 In festivitate omnium sanctorum 4. Vgl. Chatillon, F., Inter lepram et lepram discernere chez Saint Bernard: Revue du Moyen Age latin 23, 1967, 117–120; Brody, N., The Disease of the Soul. Leprosy in Medieval Literature, Ithaca 1974; Bériac, F., Histoire des lépreux au Moyen Age, Paris 1988, 87–105.

203 Ad clericos de conversione 4, 5.

204 Vgl. Poque, langage II, 205.

205 Ad clericos de conversione 6, 8.

206 Vgl. seinen Anticlaudianus und De planctu naturae.

207 In festivitate omnium sanctorum 10 = IV, 82, 15ff.

208 Ad clericos de conversione 6, 11 = IV, 85, 3.

209 Ad clericos de conversione 7, 12 = IV, 85, 7.

210 Ad clericos de conversione 8, 16.

[211] Ad clericos de conversione 9, 18f.

[212] Ad clericos de conversione 10, 20.

[213] In festivitate omnium sanctorum 24.

[214] Ad clericos de conversione 13, 25 = IV, 99, 9ff.

[215] Ad clericos de conversione 15, 28 = IV, 103, 14.

[216] Coleman, Memories 169.

[217] Ad clericos de conversione 19, 32 = IV, 109, 12f. Zu Bernhards Kirchenkritik vgl. Steiger, Bernhard 352ff.; Winkler, Kirchenkritik.

[218] Ad clericos de conversione 20, 34–36.

[219] Boswell, Christianity 244ff.

[220] Dronke, P., Abaelardiana II: Archives d'histoire doctrinale et littéraire du Moyen Age 57, 1983, 277–281, 280.

[221] Ad clericos de conversione 8, 13; 8, 16.

[222] Ad clericos de conversione 3, 4 = IV, 75, 3f. (vgl. Blaise, Dictionnaire 752); 6, 8; In festivitate omnium sanctorum 8.

[223] Coleman, Memories 181.

[224] Ad clericos de conversione 3, 4 = IV, 74, 9; vgl. 14, 26 etc.

[225] Siehe o. S. 374 Anm. 96.

[226] Ad clericos de conversione 4, 6 = IV, 78, 3.

[227] Heer, Mittelalter 176.

[228] Ebd. 185.

[229] Gastaldelli, testimonianze 56.

[230] Zit. Schmale, Studien 182.

[231] Es gibt Argumente sowohl für 1140 als auch für 1141, vgl. zusammenfassend Zerbi, questioni pass. Inzwischen sind in teilweise unveröffentlichten Quellen Hinweise gefunden worden, die deutlich für das spätere Datum sprechen: Gastaldelli, testimonianze 60; ders.: Werke III, 1067; Zerbi, Ecclesia 551 Anm. 4.; und v. a. Volpini, R., A proposito dell'anno del concilio di Sens (1141): Aevum 66, 1992. Dazu ist an Historiae Tornacenses 1, 2 = MGH SS 14, 328 zu erinnern, die ebenfalls auf 1141 verweisen.

[232] Nur teilweise von Pontal, conciles 322f. ausgewertet, die bei 1140 bleibt. Zusammenfassend jetzt Tripodi, G., Bernardus contra Abaelardum: Rivista Cistercense 7, 1990, 185–214.

[233] Vgl. dazu die Einleitung von C. Marabelli zu Verger/Jolivet, Bernardo; Santiago-Otero, Fe 121–138; Verger, cloître.

[234] Radding, Ch., Clark, W., Abélard et le bâtisseur de Saint-Denis. Études parallèles d'histoire des disciplines: Annales ESC 43, 1988, 1263–1290.

[235] Grane, Peter 37ff.; Podlech, Abaelard 70ff.

[236] Siehe o. S. 33f.

[237] Schulthess/Imbach, Philosophie 118ff.; Kramp, Kirche 176; Ferruolo, S. C., The Origins of the University. The Schools of Paris and their Critics, 1100–115, Stanford 1985.

[238] Podlech, Abaelard 340; vgl. Gastaldelli: Werke III, 1077f.

[239] Klibansky, Peter 14.

[240] Vgl. oben S. 112f.

[241] Keine Evidenz dafür sieht Little, E. F., Relations between St Bernard and

Abelard before 1139: Saint Bernard of Clairvaux (Cistercian Studies Series 28), Kalamazoo 1977, 155–168.

²⁴² Darf dieser Text als Quelle für Abaelard herangezogen werden? Die Authentizität des gesamten Briefwechsels Abaelard/Heloise, dessen erstes Stück die Historia calamitatum bildet, ist heftig umstritten, ohne daß ein dezesives Argument in Sicht wäre. Darüber zu referieren ist nicht Aufgabe einer Bernhard-Biographie; vgl. zuletzt etwa Vie, ed. Hicks xvii–xxvi; Zerbi, Ecclesia 511–547; Podlech, Abaelard 252ff., 476f.; Dronke, Intellectuals 323–342; Troncarelli, Amor pass. Die Mehrheit der Experten geht z. Z. davon aus, daß die Briefe zwar von Abaelard und Heloise stammen, jedoch von einem der beiden redigiert und in der späteren Überlieferung verändert (interpoliert) wurden. Ich ziehe daher die Historia calamitatum wenig und unter dem Vorbehalt heran, daß es sich um eine (dann allerdings erstaunlich einfühlsame und kenntnisreiche) Schöpfung des 13. Jahrhunderts handeln könnte.

²⁴³ Epistola 1, ed. Hicks 34.

²⁴⁴ Epistola 2, ed. Hicks 44/46.

²⁴⁵ Podlech, Abaelard 53, 129.

²⁴⁶ Abelardo, ed. Cappelleti Truci 91 Anm. 105; Grane, Peter 124; Podlech, Abaelard 130. Borst, Barbaren 354 glaubt nicht an diese Identifikation, doch ist sie möglich, wenn man berücksichtigt, daß Abaelard aus der Perspektive von 1133/35 über die zwanziger Jahre schreibt. Vgl. auch Vie, ed. Hicks xx.

²⁴⁷ Vgl. Stickelbroeck, Mysterium 119.

²⁴⁸ Gesta Frederici 1, 50, ed. Schmale 224.

²⁴⁹ 64, 16, ed. Steidle 174.

²⁵⁰ Epistola 190, 11 = VIII, 26, 25f.

²⁵¹ Epistola 338, 1.

²⁵² Epistola 330; Luscombe, School.

²⁵³ Wilmart, A., Les livres légués par Célestin II à Città di Castello: Revue bénédictine 35, 1923, 98–102.

²⁵⁴ Siehe o. S. 215ff., 222ff. und ausführlicher Dinzelbacher, Ego.

²⁵⁵ Super Cantica 9, 2 = 1, 43, 11.

²⁵⁶ De consideratione 5, 14, 32 = III, 493, 24f.

²⁵⁷ Super Cantica 28, 3, 9 = I, 198, 6f.

²⁵⁸ Epistola 188, 1.

²⁵⁹ Epistola 338, 1 = VIII, 278, 1f.

²⁶⁰ Epistola 190, 8, 20 = VIII, 34, 8.

²⁶¹ Schulthess/Imbach, Philosophie 143.

²⁶² In ascensione Domini 4, 5.

²⁶³ In sollemnitate apostolorum Petri et Pauli 1, 3.

²⁶⁴ Vgl. Laugesen, Middelalderlitteraturen 69–73.

²⁶⁵ Epistola 190, 1 = VIII, 18, 4ff.

²⁶⁶ Epistola 188, 1 = VIII, 11, 7.

²⁶⁷ Epistola 1 (Historia calamitatum), ed. Hicks 8 u. ö.

²⁶⁸ Vgl. Brague, R., L'anthropologie de l'humilité: ders. (Hrsg.), Saint Bernard et la philosophie, Paris 1993, 129–152.

²⁶⁹ Epistola 189, 2 = VIII, 13, 25f.

²⁷⁰ Epistola 190, 11 = VIII, 26, 15; Epistola 193 = VIII, 45, 4.

[271] Epistola 189, 4 = VIII, 14, 20 f.
[272] Epistola 190, 2.
[273] Epistola 190, 23.
[274] Epistolae 330 f.; 333; 337; 338, 2.
[275] Epistola 336.
[276] Epistola 189, 3 = VIII, 14, 6 f.
[277] Heer, Reich; Dinzelbacher, Angst.
[278] Epistola 190, 9, dazu Leclercq, Recueil IV, 277.
[279] Leclercq, Recueil IV, 277.
[280] Vgl. Chenu, teologia 422 f.
[281] Siehe unten S. 242.
[282] Leclercq, Recueil I, 36.
[283] Epistola 190, 22 = VIII, 36, 9 f.
[284] Epistola 193.
[285] Epistola 330 = VIII, 267, 21 f. Anspielung auf Ps 90, 13.
[286] Epistola 331.
[287] Epistola 338, 1.
[288] Epistola 332 = VIII, 271, 9 ff.
[289] Gastaldelli: Werke III, 1172.
[290] Introductio 2 = PL 178, 1035 A.
[291] Epistola 189, 3 = VIII, 14, 11.
[292] Epistola 338, 1 = VIII, 278, 1.
[293] Podlech, Abaelard 347.
[294] Epistola 190, 9 = VIII, 24, 25 f.
[295] Epistola 190, 9 = VIII, 24, 21 ff.
[296] Chenu, teologia 423.
[297] In laudibus virginis matris 4, 11 = IV, 58, 5 f.
[298] Epistola 190, 9, 26 = VIII, 38, 24.
[299] Gregory, T., Anima mundi, Firenze 1955.
[300] Luscombe, School 115–141.
[301] Ed. Klibansky, Peter 6 f.
[302] Epistola 190, 9, 26 = VIII, 38, 16.
[303] Klibansky, Peter 6 f.
[304] Ebd.; Epistola 337, 2.
[305] Gastaldelli: Werke III, 1065.
[306] Epistola 337, 2.
[307] Kolmer, Abaelard 130 f.
[308] Epistola 337, 2.
[309] Epistola 189, 4 = VIII, 14, 26.
[310] Vita Ia 3, 7, 22.
[311] Epistola 186.
[312] Epistola 189, 4 = VIII, 15, 2.
[313] Epistola 189, 4; 191; Otto von Freising, Gesta Frederici 1, 51.
[314] Zenker, Mitglieder 161 ff.
[315] Borst, Barbaren 367.
[316] Frugoni, Arnaldo 20 f.

[317] Vita Ia 3, 5, 15.

[318] Berengar, Apologeticus, ed. Thomson 112.

[319] Heer, Aufgang 204 f.

[320] Das ergibt sich aus der späteren Vorgangsweise gegen Gilbert von Poitiers, den Bernhard „arte simili" wie Abaelard durch eine Vorversammlung verurteilen lassen wollte: Johannes von Salibury, Historia pontificalis 9, ed. Chibnall 19; dazu Kolmer, Abaelard 135 Anm. 52.

[321] Berengar, Apologeticus, ed. Thomson 113 f.

[322] Kolmer, Abaelard 136.

[323] Epistola 189.

[324] Epistola 189 und 337.

[325] Epistola 337, 3.

[326] Borst, Barbaren 369.

[327] Epistola 166; De Consideratione 3, 2, 7; vgl. Zerbi, concilio 68 f.

[328] Vita Ia 3, 5, 14; Jeannin, J., La dernière maladie d'Abélard: Mélanges saint Bernard, Dijon 1954, 109–114.

[329] Epistola 189, 5; 338, 2.

[330] Epistola 189, 2 = VIII, 13, 7 ff.

[331] Epistola 189, 2 = VIII, 13, 22 f.

[332] Epistola 189, 3 = VIII, 14, 8.

[333] Vgl. Gerlach, P., Fuchs: LcI 2, 63–65; Kolmer, L., Ad capiendas vulpes, Bonn 1982.

[334] Epistola 191.

[335] Epistola 337, 4 = PL 182, 543 C.

[336] Epistolae 330–336; 338.

[337] Epistola 193.

[338] Epistola 332.

[339] Epistola 9 = Vie, ed. Hicks 152, vgl. 154.

[340] Zum Beispiel Grane, Peter 145: danach; Podlech, Abaelard 355: davor.

[341] Der Text hat desistere, wo man insistere erwarten würde. Desisto kann hier nur im sonst alexikalischen Sinn: 'Schluß machen' gebraucht sein.

[342] Apologia 3 f. = CCCM 11, 360 f.

[343] Epistola 189.

[344] Borst, Barbaren 361; Podlech, Abaelard 328, 343.

[345] Epistola 194, 3 = VIII, 48, 8 ff.

[346] Ed. Leclercq, Recueil IV, 354.

[347] Borst, Barbaren 371.

[348] Epistola 192.

[349] Otto von Freising, Gesta Frederici 1, 50, ed. Schmale 226 (über Soissons).

[350] Gorce, M.-M., Robert de Melun: DThC 13/2, 2751–2753; Courth, F., Robert 58: LexMA 7, 909.

[351] Sententiae 1, 3, 17, ed. Martin 320.

[352] Ed. Worstbrock, F. J., Ein Planctus auf Petrus Abaelard: Mittellateinisches Jahrbuch 16, 1981, 166–173, 168 f.

[353] Zerbi, Milano 373 ff.

[354] Das üblicherweise angenommene Datum ist 21. 4. 1142; jedoch muß jetzt auch,

wie schon in einigen mittelalterlichen Quellen angegeben, 1143 erwogen werden, vgl. Zerbi, questioni 850; Benton, Culture 472f.

[355] Dialogus inter Philosophum, Judaeum et Christianum, ed. Thomas, R., Stuttgart 1970.

[356] Epistola 98.

[357] De Consideratione 64, 3, 9 = II, 170, 28ff.

[358] Mittelalter 174f.

[359] Dinzelbacher, Ego; von den älteren Arbeiten bes. Gonzáles-Haba, Auctoritas.

[360] Sie ist genauestens erforscht: Baker, Bernardo; Teubner-Schoebel, Bernhard 208–224; Dimier, Outrances 660ff.; Farina/Vona, organizzazione 199ff.

[361] Epistolae 239f., 252, 346f., 353, 360, 520, 525–536. Chronologie: Teubner-Schoebel, Bernhard 222ff.

[362] Zit. Teubner-Schoebel, Bernhard 210 Anm. 329.

[363] Epistola 346.

[364] Baker, Bernardo 130, 144; vgl. Epistola 523.

[365] Vacandard, Leben II, 338f.

[366] Epistola 533.

[367] Epistola 235, 3.

[368] Epistola 236, 1 = VIII, 111, 18.

[369] Epistola 535.

[370] Epistola 239.

[371] Epistola 240, 2 = VIII, 124, 3f.

[372] Epistola 520 = VIII, 482, 14ff.

[373] Vgl. unten S. 309f.

[374] Vacandard, royauté.

[375] Siehe o. S. 204ff.

[376] Benton, Culture 394.

[377] Epistola 343.

[378] Garreau, état 111f.

[379] Hallam, France 48ff.; Evergates, Louis.

[380] De glorioso rege Ludovico 5, ed. Gasparri, Œuevres 164.

[381] Benton, Culture 279.

[382] Hallam, France 49.

[383] Vita Ia 4, 3, 12.

[384] Vita Sugerii 1, 9.

[385] Gastaldelli, Werke III, 1094ff.; Vacandard, Leben II, 192ff.

[386] Teubner-Schoebel, Bernhard 196ff.

[387] Thiel, Thätigkeit 4.

[388] Radulf von Diceto, Abbreviationes Chronicorum, zit. Teubner-Schoebel, Bernhard 201 Anm. 284.

[389] Duby, Ritter 229ff.; McDonald, R., Raoul de Vermandois: Kibler/Zinn, France 781.

[390] Petrus von Cluny, Epistola 96; vgl. Bernard 645.

[391] Vgl. Verger/Jolivet, Bernardo 147.

[392] Vita Ia 2, 8, 52f.

[393] Vita Norberti 15.

[394] Epistola 271.

[395] Hermann von Tournai, Historiae Tornacenses 4, 5 = MGH SS 14, 343.

[396] Epistola 216.

[397] Duby, Ritter 229 f.

[398] Janssen, Legaten 35 ff.; Pontal, conciles 320.

[399] Teubner-Schoebel, Bernhard 88 ff., Gastaldelli: Werke III, 1174 f.

[400] Epistola 339.

[401] Liber miraculorum S. Rictrudis 54 = Bouquet 14, 440 f.

[402] Epistola 339 = VIII, 6 f.

[403] Epistola 218, 3 = VIII, 79, 21 ff.

[404] Epistola 218 = VIII, 78, 17.

[405] Gastaldelli, testimonianze 63; ders.: Werke III, 1166.

[406] Gottfried, Fragmenta 56; Vita Ia 4, 1, 6.

[407] Epistola 315 = VIII, 248, 13 f.

[408] Statuta, ed. Canivez I, 35–37; Petit, F., Bernard et l'Ordre de Prémontré: Bernard 289–307, 299 f.

[409] Philipp, Epistolae 10f. Vgl. Weyns, N., Philippe 4: DS 12, 1297–1302.

[410] Schultz, Leben I, 129.

[411] Vita Ia 4, 3, 12.

[412] Vita Ia 2, 8, 54 f.

[413] Suger, De administratione 32 (2, 11); vgl. Rudolph, Change 28; Suger, ed. Gasparri 217.

[414] Vita Ia 2, 8, 55 = 302 A.

[415] Bur, Suger 167.

[416] Epistola 222, 4.

[417] Epistola 217.

[418] Epistola 219, 3.

[419] Epistola 219, 2 = VIII, 81, 10 ff.

[420] Epistola 219, 1 = VIII, 80, 14 f.

[421] Epistola 219, 2.

[422] Epistola 221, 3; 218, 3.

[423] Epistola 222 f.; 381.

[424] Petrus, Epistola 96.

[425] Chronicon Mauriniacense 3 = Bouquet 12, 87 B; vgl. Teubner-Schoebel, Bernhard 202.

[426] Epistola 222, 2.

[427] Epistola 223, 2.

[428] Epistola 222, 5.

[429] Epistola 223.

[430] Epistola 381.

[431] Epistola 220.

[432] Epistola 221, 1.

[433] Epistola 221, 4.

[434] Epistola 224, 1 = VIII, 91, 14 f.

[435] Epistola 224, 2.

[436] Epistola 222, 3.

[437] Epistola 532.

[438] Epistola 192.

[439] Epistola 358.

[440] Chronicon Mauriniacense 3 = PL 180, 173 D, vgl. o. Anm. 425.

[441] Vacandard, Leben II, 215.

[442] Chauvin, B., Du nouveau autour de l'affiliation de l'abbaye de Fontmorigny à l'ordre de Cîteaux: Revue Mabillon 67, 1995, 33–57.

[443] Frugoni, Arnaldo; Bernhardi, Konrad 731 ff.; Moore, Origins 115 ff.; Baumgärtner, I., Arnold v. Brescia: LThK 1, 1993, 1022; Manselli, R., Arnold 19: LexMA 1, 1005 f. – Es ist möglich, daß diese Vorgänge noch ins Jahr des Konzils von Sens selbst gehören.

[444] Johannes von Salisbury, Historia pontificalis 31.

[445] Epistola 195, 1.

[446] Otto von Freising, Gesta Frederici 2, 30, ed. Schmale 340.

[447] Gastaldelli: Werke III, 1081.

[448] Johannes von Salisbury, Historia pontificalis 31, ed. Chibnall 64.

[449] Amann, É., Patarins: DThC 11/2, 2243–2246; Werner/Erbstößer, Ketzer 87 ff.; Gesch. Chr. 5, 123ff.

[450] Epistola 538.

[451] Vita Ia 6, 6, 22 = 386 BC.

[452] In conversione S. Pauli 3 = IV, 329, 6 ff.

[453] Vgl. oben S. 232 ff.

[454] Hauck, Kirchengeschichte IV, 215.

[455] Vernet, Arnaud 1973 f.

[456] Zerfaß, Streit 182 ff.

[457] Epistola 195, 2.

[458] Frugoni, Arnaldo 29 f.; Zenker, Mitglieder 188 ff.

[459] Neander, Bernhard II, 56 Anm.

[460] Johannes von Salisbury, Historia pontificalis 31.

[461] Epistola 195 = VIII, 49–51.

[462] Epistola 195, 1 = VIII, 49, 6 f.; 15 f.

[463] Epistola 195, 1 = VIII, 50, 14.

[464] Epistola 196.

[465] Siehe unten S. 351.

[466] Epistola 196, 2 = VIII, 52, 16.

[467] Vgl. u. S. 315 f.

[468] Johannes von Salisbury, Historia pontificalis 31, ed. Chibnall 64.

[469] Verger/Jolivet, Bernardo 60.

[470] Piazzoni, Guglielmo 175 ff.

[471] Ed. Leclercq, Recueil IV, 357 ff.

[472] Willhelm von Conches, Dragmaticon, Praef., zit. Flahiff, Censorship 5.

[473] Epistola 228, 2.

[474] Petrus, Epistola 111, ed. Constable I, 280.

[475] Bernt, G., Idung: LexMA 5, 327.

[476] Petrus, Epistola 150, ed. Constable I, 367 ff., vgl. ebd. II, 199.

[477] Epistola 226.

[478] Epistola 225.

[479] Bur, Suger 168 verlegt dieses Treffen auf den 9. Oktober. Ich folge dagegen den Argumenten von Vacandard, Vie II, 199 und Gastaldelli: Werke III, 1101.

[480] Bur, Suger 168.

[481] Gottfried, Fragmenta 55, ed. Lechat 118.

[482] Gastaldelli: Werke III, 1101.

[483] Bur, M., Marie 1.: LexMA 6, 287.

[484] Radulf von Diceto, zit. Vacandard, Leben II, 217 Anm. 2.

[485] Sigebertus, Continuatio Praemonstratensis a.a. 1144; Wilhelm von Nangis, Chronicon; Chronicon Turonense, zit. Teubner-Schoebel, Bernhard 207 Anm. 318.

[486] De consecratione 81 ff.; 98 ff.

[487] Zum Beispiel Hufgard, Bernard 17 ff. etc.

[488] Vgl. oben S. 101 ff.

[489] De consecratione 60, ed. Binding/Speer 188.

[490] Vgl. die Bildteile bei Panofsky, Abbot und Suger, ed. Gasparri.

[491] Gregorovius, Geschichte II/1, 203.

[492] Lit.: Moore, Origins 168 ff.; Kibler/Zinn, France 182 f.; LThK 1, 1993, 340 f.; 5, 1996, 1327–1330; LexMA 5, 1064–1068; Gesch. Chr. 5, 494 ff., usw.

[493] PL 185, 1919 D.

[494] Patschovsky, A., Everwin: LexMA 4, 142; Werner/Erbstößer, Ketzer 261 ff.; Rauch, Identität 86 ff.; Brenon, A., La lettre d'Evervin de Steinfeld à Bernard de Clairvaux de 1143; Heresis 25, 1995, 7–28; am gründlichsten Manselli, secolo 149–164.

[495] Epistola 472, 1 = PL 182, 677 A.

[496] Epistola 472, 2 = PL 182, 677 C.

[497] Kienzle, Tending 37.

[498] Epistola 472, 3 = PL 182, 677 D f.

[499] Grundmann, Bewegungen 23.

[500] Epistola 472, 4 = PL 182, 678 D f.

[501] Siehe oben S. 260.

[502] Vgl. z. B. Hauck, Kirchengeschichte IV, 92 f.

[503] De contemptu mundi 3, 369 ff., ed. Pepin 156 ff.

[504] Super Cantica 63–66.

[505] Wie oben S. 433 Anm. 333.

[506] Super Cantica 65, 2, 5 = II, 175, 3 f.

[507] Super Cantica 65, 2, 8 = II, 177, 6.

[508] Super Cantica 65, 2, 7; 66, 5, 14.

[509] Super Cantica 66, 1, 1 = II, 178, 14.

[510] Super Cantica 66, 2, 3 = II, 180, 2.

[511] Super Cantica 66, 3, 9 = II, 183, 24 f.

[512] Ad clericos de conversione 11, 23 = IV, 96, 6 ff., vgl. ebd. 17, 30.

[513] Super Cantica 83, 1, 1 = II, 298, 14 f.

[514] De diligendo Deo 11, 30 ff.; Super Cantica 24, 2, 6 usw. Die Stellen bei Ries, Leben 51 ff.; Wenisch, Bernhard 71 ff.; Casey, Athirst 234 ff.

[515] Super Cantica 66, 5, 12 = II, 186, 18 f.

[516] Super Cantica 66, 5, 12 = II, 186, 22 ff.

[517] Bartlett, R., Trial by Fire and Water. The Medieval Judical Ordeal, Oxford 1986.

[518] Wie schon Vacandard, Vie II, 212f. Anm. richtig feststellte.

[519] Super Cantica 66, 5, 12 = II, 186, 27f.

[520] Bosworth, L., The Two-Churches Typology in medieval Heresiology: Heresis 24, 1995, 9–20.

[521] Super Cantica 66, 1, 2.

[522] Rauch, anderen 251, 255, 260.

[523] Schmale, Studien 48ff.; Mann, Lives 113–116.

[524] CCCM 42, 313; Hugo von Poitiers, Chronica maior 2, 5; Janssen, Legaten 42 Anm. 24f.

[525] Lit.: LexMA 7, 972–978.

[526] So Gottfried von Viterbo, Panteon 23, 48; von den meisten Historikern akzeptiert, vgl. bes. Bernhardi, Konrad 451; von Horn, Studien 40 und LexMA 5, 2162 apodiktisch abgelehnt, da der Papst damals schon krank war. Dies ist wohl mit Gottfrieds Nachricht nicht unvereinbar! In der gegenwärtigen katholischen Bernhard-Forschung liest man sogar, der Papst sei „ermordet" worden (H. Brem: Werke I, 837 Anm. 106).

[527] Vgl. Gleber, Eugen; Horn, Studien; Laudage, J., Eugen III.: LThK 3, 1995, 981.

[528] Epistola 238, 1 = VIII, 116, 11ff.

[529] Siehe oben S. 209ff.

[530] Epistola 238, 3.

[531] Epistola 238, 4 = VIII, 117, 22f.

[532] Epistola 238, 7 = VIII, 119, 14ff.

[533] Epistola 237, 1 = VIII, 113, 9.

[534] Epistola 237, 2.

[535] Epistola 237, 2f.

[536] Gregor, Dictatus Papae 22.

[537] Gastaldelli: Werke III 1087f.; 1183f.

[538] Epistola 362, 1.

[539] Vita, Epistola Reinaldi, ed. Grießer 22.

[540] Dinzelbacher, Vision 48.

[541] Vita 38, ed. Leclercq 50.

[542] Ebd., ed. Leclercq 51.

[543] Epistola 237, 2.

[544] Horn, Studien 41.

[545] Johannes von Salisbury, Historia pontificalis 22.

[546] Alberich von Trois-Fontaines, Chronica a.a. 1145 = MGH SS 23, 838.

[547] Epistola 508 = VIII, 466, 12. „adorare" ist nicht anders wiederzugeben. Heutige kirchliche Übersetzungen lassen nur „verehren" zu (zum Beispiel Werke III, 951), da „anbeten" für die Beziehung zu Gott reserviert ist. Hätte Bernhard das sagen wollen, so wäre ihm „venerari" oder „revereri" zur Verfügung gestanden.

[548] Epistola 508 = VIII, 466, 15.

[549] Epistola 239 = VIII, 120, 5.

[550] Vita I a 2, 4, 27.

[551] Teubner-Schoebel, Bernhard 323; Horn, Studien 227f.

[552] Hermann von Tournai, Historiae Tornacenses 4, 5 = MGH SS 14, 344.

[553] Epistola 237, 3.

[554] Gleber, Eugen 21; Horn, Studien 176.

[555] Annales Casinenses a. a. 1146 = MGH SS 19, 310.

[556] Gleber, Eugen 23.

[557] Johannes von Salisbury, Historia Pontificalis 31; vgl. Frugoni, Arnaldo 114f.

[558] Epistola 243f. Die Datierung ist nicht gesichert; auch 1146 kommt für das Schreiben nach Rom in Frage, 1144 für das an Konrad. Wendelborn, Bernhard 184f. setzt beide Schreiben 1145 an.

[559] Epistola 243, 1 = VIII, 130, 12.

[560] Diers, Bernhard 198ff.

[561] Epistola 243, 3 = VIII, 131, 26ff.

[562] Struve, T., Die Entwicklung der organologischen Staatsauffassung im Mittelalter, Stuttgart 1978.

[563] Epistola 243, 6.

[564] Frugoni, Arnaldo 32ff.

[565] Dazu etwa Fechner, Tätigkeit 91ff. (apologetisch).

[566] Epistola 244, 3 = VIII, 135, 18.

[567] Epistola 244, 3 = VIII, 135, 23.

[568] Otto von Freising, Gesta 1, 30 zitiert einen solchen Brief, der von mehreren vorausgegangenen Schreiben spricht

[569] Epistola 244, 3 = VIII, 135, 25.

[570] 4, 2, 2.

[571] Vita Ia 2, 4, 25 = 282 C.

[572] Vita Ia 1, 14, 69 = 265 B.

[573] Werner/Erbstößer, Ketzer 233ff.; Manselli, secolo 67ff.; 101ff.; Vernet, Henri; Moore, Origins 82ff.; Merlo, Eretici 27ff.; Fichtenau, Ketzer 60ff.; Segl, P., Heinrich v. Lausanne: LThK 4, 1995, 1391.

[574] So lassen sich die Quellen bei Vacandard, Leben II, 238 Anm. 2 zwanglos verbinden.

[575] Werner/Erbstößer, Ketzer 241.

[576] Fichtenau, Ketzer 58ff.; Werner/Erbstößer, Ketzer 241ff.; Manselli, secolo 379 s. v.; Barone, G., Petrus 18: LexMA 6, 1964f.; Merlo, Eretici 23–26; Paolini, albero 63–66.

[577] Contra Petrobrusianos hereticos = CCCM 10; vgl. Torrell/Bouthillier, Pierre 92ff.

[578] Epistola 241, 1.

[579] Beumer, J., Extra...: LThK 3, 1959, 1320f.; Kern, W., Heilsnotwendigkeit der Kirche: LThK 5, 1995, 1346–1348.

[580] Canon 23.

[581] Epistola 241, 1.

[582] Werner/Erbstößer, Ketzer 239f.

[583] Zit. Paolini, albero 69.

[584] Vgl. Moore, Origins 83.

[585] Epistola 241, 2 = VIII, 126, 16.

[586] Epistola 241, 2 = VIII, 126, 20.
[587] Epistola 241, 2 = VIII, 126, 11.
[588] Epistola 241, 2 = VIII, 126, 19.
[589] Epistola 241, 3.
[590] Vgl. Plöchl, Geschichte II, 434ff.
[591] LThK 2, 1994, 159.
[592] Zum Beispiel Hugo von St. Viktor: Seeberg, Lehrbuch III, 286.
[593] Epistola 241, 3.
[594] Super Cantica 65, 8 = II, 177, 15f.
[595] De consideratione 3, 3 = III, 433, 9ff.
[596] Siehe z. B. oben S. 105f.
[597] Fichtenau, Ketzer 61.
[598] Gottfried, Epistola ad Archenfredum = PL 185, 410ff.
[599] Janssen, Legaten 39ff.; Zenker, Mitglieder 15ff.
[600] Vacandard, Leben II, 244f.
[601] Epistola 241, 1 = VIII, 125, 9f.
[602] Epistola 241, 2 = VIII, 126, 10f.
[603] Vita Ia 3, 6, 17.
[604] Vacandard, Leben II, 244; Janssen, Legaten 47; Gastaldelli: Werke II, 1116; Foulon, J.-H., Le clerc et son image dans la prédication synodale de Geoffroy Babion, archevêque de Bordeaux: Le clerc séculier au moyen âge, Paris 1993, 45–60. Zur Datierung: Bounoure, G., Le dernier voyage de saint Bernard en Aquitaine: Bulletin de la Société Historique et Archéologique du Périgord 115, 1988, 133, zit. Kienzle, Tending 45.
[605] Gottfried, Epistola ad Archenfredum 4.
[606] Vita Ia 3, 6, 17 = 313 C.
[607] Gottfried, Epistola ad Archenfredum 5 = PL 185, 412 B.
[608] Ebd.
[609] Vgl. z. B. Heer, Mittelalter 257ff.
[610] Vacandard, Leben II, 250f.; Gastaldelli: Werke III, 1113; Kienzle, Tending 52ff.
[611] Vita 3, 6, 18 = 313 D.
[612] Vita Ia 3, 6, 19 = 314 AB.
[613] Gottfried, Epistola ad Archenfredum 3, 8ff.; Vita Ia 3, 7, 20.
[614] Vita Ia 7, 17 = Herbert von Torres, De miraculis 2, 16.
[615] Gastaldelli, praedicator 340.
[616] Gottfried, Epistola ad Archenfredum 10.
[617] Vacandard, Vie II, 227. Beleg fehlt.
[618] Epistola 242, 1 = VIII, 128, 16ff.
[619] Epistola 242, 2 = VIII, 129, 7f.
[620] Epistola 242, 2 = VIII, 129, 16ff.
[621] Decretum II, c. 23, q. 4, 38, ed. Friedberg, Ae., Corpus Iuris Canonici I, Lipsiae 1879, 917.
[622] Super Cantica 64, 8.
[623] Vgl. Leclercq, hérésie.
[624] Schreiner, Toleranz 456 (wie unten S. 443 Anm. 85).

625 Anspielung in De consideratione 3, 1, 4 = III, 434.
626 Wendelborn, Bernhard 193.
627 Vacandard, Vie I, 197f.; Bernard 299f.
628 Gastaldelli: Werke III, 1125f.
629 Gastaldelli: Werke III, 1114f.; Schmidt, H.-J., Grandselve: LexMA 4, 1652.
630 Epistola 242.
631 PL 182, 706–713, vgl. Mikkers, E., Pierre de Roye: DS 12, 1664f.
632 Epistola 7 = PL 182, 710 B.
633 Epistola 9 = PL 182, 711 C.
634 Pressouyre/Kinder, Bernard 207f. Vgl. oben S. 93.
635 Nikolaus von Clairvaux, Epistola 39.
636 Vita Ia 4, 3, 15; Vacandard, Leben II, 414f.; Gastaldelli: Werke III, 1142f.
637 Teubner-Schoebel, Bernhard 295.
638 Gastaldelli: Werke III, 1143.
639 PL 182, 717 C – 720 B.
640 Vgl. Kaiser, Bischofsherrschaft 372f.
641 Hermann von Tournai, Historiae Tornacenses 4, 5; Horn, Studien 127ff.; Dimier, A., Saint Bernard et le rétablissement de l'éveché de Tournai: Cîteaux in de Nederlanden 4, 1953, 206–216.
642 Siehe o. S. 273.
643 Ysengrinus 5, 126ff., ed. Mann, J., Leiden 1987; vgl. Berlioz, littérature 213ff.
644 Ebd. 6, 89, vgl. Berlioz, littérature 217ff.
645 Epistola 320f., Teubner-Schoebel, Bernhard 228–233.
646 Epistola 329.

V. Krieg gegen die Heiden, Friede unter den Christen

1 Alphandéry, Chrétienté 194; Schultz, Leben I, 129.
2 Zur Vorgeschichte bes. Rowe, Origins; Ferzoco, Origin; Horn, Studien 99f.
3 Vgl. Riley-Smith, J., Crusading as an act of love: History 65, 1980, 177–193.
4 Cole, Preaching 41.
5 Epistola 247, 1 = VIII, 141, 1.
6 Evergates, Louis 111.
7 Wilhelm, Vita Sugerii 3, 1.
8 Runciman, Geschichte 556.
9 Gesta 1, 36, ed. Schmale 200.
10 Wendelborn, Bernhard 196.
11 Otto von Freising, Gesta 1, 36.
12 Ed. Grosse, R., Überlegungen zum Kreuzzugsaufruf Eugens III. von 1145/46: Francia 18/1, 1991, 85–92; vgl. Cramer, Kreuzpredigt 46ff.; Meyer, Geschichte 98.
13 Katzir, Crusade 8.
14 Otto von Freising, Gesta 1, 36, ed. Schmale 200.
15 Härdelin, Bernhard 118.
16 Bernhard und der 2. Kreuzzug ist ein oft untersuchtes Thema, vgl. etwa Hehl, Krieg 120ff.; Cramer, Kreuzpredigt 34ff.; Gervers, Crusade; Miethke, engagement;

Leclercq, attitude; Wenisch, Bernhard 131 ff.; Kahl, Kreuzzugseschatologie (und die dort zitierten Arbeiten desselben Verfassers); Cardini, F., Bernardo e le crociate: Bernardo cistercense 187–197; Jacqueline, Episcopat 143 (Lit.!) sowie die extensive allgemeine Sekundärliteratur zum 2. Kreuzzug.

[17] Epistolae 52, 57, 64 f., 80, 82, 359, 399, 459. Vgl. oben S. 67.

[18] Vita Ia 3, 7, 22.

[19] Epistolae 64; 399.

[20] Epistola 544.

[21] Vgl. oben S. 65 ff.

[22] Guigo, Meditationes 262; Torrell/Bouthillier, Pierre 88.

[23] Mariani, G., Famiano: BS V, 449 f.

[24] Vgl. Ferzoco, Origin 95 f.

[25] Epistola 245.

[26] Vita Ia 3, 4, 9. Vgl. Bernhardi, Konrad 520 f.

[27] Annales Herbipolenses a. a. 1147.

[28] Epistola 247, 2 = VIII, 141, 16.

[29] Odo von Deul, De Ludovici VII itinere 1 = PL 185, 1207 BC.

[30] Beutler, C., Das Tympanum zu Vézelay: Wallraf-Richartz Jahrbuch 29, 1967, 7–30.

[31] Odo von Deul, De Ludovici VII itinere 1 = PL 185, 1207 BC; Nikolaus von Clairvaux: Bernhard, Epistola 467, 2 = PL 182, 671 D; vgl. Otto von Freising, Gesta 1, 38.

[32] Epistola 247, 2.

[33] Epistola 363 = VIII, 311, 6 f.; vgl. Rassow, Kanzlei 243 ff.

[34] Epistola 458.

[35] Leclercq, Recueil II, 337.

[36] Epistola 467, 2 = PL 182, 672 B.

[37] Vgl. Heer, Reich.

[38] Epistola 363, 2 = VIII, 313, 1 ff.

[39] Epistola 363, 5 = VIII, 315, 7 ff. Vgl. den Brief an die Kölner bei Greven, Kölnfahrt 44–48.

[40] Ed. Spreckelmeyer, Kreuzzugslieder 11, str. 11; 14.

[41] Epistola 458, 4 = VIII, 436, 2 ff.

[42] Vgl. Morris, ordo.

[43] Schimmelpfennig, B., Die Regelmäßigkeit mittelalterlicher Wallfahrt: Österr. Akademie der Wissenschaften, philos.-histor. Kl., Sitzungsberichte 592, 1992, 81–94, 86.

[44] Epistola 458, 2.

[45] Dinzelbacher, Epoche 34 ff.

[46] Kreuzzugslyrik, ed. Schöber 72 f., str. I f.

[47] Ebd. 74 f., str. V ff.

[48] Odo von Deuil, De Ludovici VII itinere 2 = PL 185, 1207 D.

[49] Gastaldelli: Werke III, 1185 f.

[50] Annales S. Iacobi Leodiensis a. a. 1146 = MGH SS 16, 641.

[51] Gesta abbatum Lobbiensium 25 = MGH SS 21, 329.

[52] Lit.: SWB 42, 403; Kibler/Zinn, France 50 f.; 496 f.

[53] Gesta Frederici 1, 39, ed. Schmale 206 f.

[54] Boyle, L., Guglielmo di Norwich: BS 7, 476 f. Die schriftlichen Quellen sind jedoch jünger. Lit.: LexMA 7, 879 f.

[55] Epistola 365, 2.

[56] Epistola 365, 2 = VIII, 322, 6.

[57] Rauch, anderen 238 Anm. 14.

[58] Otto von Freising, Gesta Frederici 1, 40, ed. Schmale 208.

[59] Ebd. 1, 41.

[60] Vgl. Wendelborn, Bernhard 200.

[61] Vacandard, Leben II, 306. Zu Unsicherheit in der Reihenfolge der Orte vgl. Rassow, Kanzlei 264 f. Ein präzises Itinerar Bernhards ist immer noch ein Desiderat.

[62] Pressouyre/Kinder, Bernard 294; zum Datum vgl. Vacandard, Leben II, 306.

[63] Otto von Freising, Gesta 1, 41, ed. Schmale 208. Otto schildert diese Begegnung nach dem Tag von Speyer (27. 12.), die Annales Rodenses a. a. 1146 = MGH SS 16, 718 legen dagegen den früheren Termin nahe; so auch Vacandard, Leben II, 307; Meyer, Geschichte 101 u. a.

[64] Cole, Preaching 43 f.; Vacandard, Vie II, 280 f.; Rassow, Kanzlei 266 f.; Eidelberg, S. (Hrsg.), The Jews and the Crusades. The Hebrew Chronicles of the First and Second Crusade, Wisconsin 1977, 122, zit. Evans, Mind 32.

[65] Gastaldelli: Werke III, 1185 f.; Bernhardi, Konrad 522 ff.

[66] Cole, Preaching 44.

[67] Vacandard, Vie II, 280 f.

[68] Zit. Vacandard, Vie II, 281.

[69] Zit. Rassow, Kanzlei 267.

[70] Vgl. Stemberger, B., Die Juden in Deutschland im Mittelalter bis zur Zeit des Schwarzen Todes: Judentum im Mittelalter, Eisenstadt 1978, 148–174.

[71] Berger, D., The Attitude of St Bernard of Clairvaux toward the Jews: Proceedings of the American Academy for Jewish Research 40, 1972, 89–108; Dahan, G., S. Bernard et les Juifs: Archives juives 23, 1987, 59–64; Schreckenberg, H., Die christlichen Adversus-Judaeos-Texte (11.–13. Jh.), Frankfurt a. M. 1988, 168–178. Vgl. oben S. 420 Anm. 543.

[72] Rauch, anderen 236 ff.

[73] Epistola 241, 2 = VIII, 126, 10.

[74] Super Cantica 14, 1 = I, 76, 14.

[75] Lotter, Konzeption 34 ff.

[76] Lea, Ch. H., Geschichte der Inquisition im Mittelalter I., ND Nördlingen 1987, 239 ff.

[77] DelPlato, Jews.

[78] Gottfried und Theoderich, Vita S. Hildegardis 2, 4.

[79] Epistola 363, 6 = VIII, 316, 4 f.

[80] Epistola 363, 5 = VIII, 317, 3.

[81] Aeneis 6, 853.

[82] Vita Ia, 1, 4, 24 = 241 A; vgl. Vita Ia 3, 3, 7.

[83] De diversis 22, 4 = VI A, 173, 7.

[84] Epistola 363, 6 = VIII, 316, 7.

[85] Schreiner, K., Toleranz: Geschichtliche Grundbegriffe 6, Stuttgart 1990, 445–605, 452 f.

[86] Dahan, G., Les intellectuels chrétiens et les juifs au moyen âge, Paris 1990, 578.

[87] Epistola 363, 6 = VIII, 316, 8 f.

[88] De consideratione 1, 3, 4 = III, 398, 8 ff.

[89] Epistola 365, 2 = VIII, 321, 15 ff.

[90] Epistola 363, 6 = VIII, 316, 15.

[91] Epistola 365, 2 = VIII, 321, 18.

[92] Epistola 363, 6 = VIII, 316, 18 f. Vgl. De consideratione 3, 1, 3; Super Cantica 79, 2, 5 f.

[93] Epistola 363, 7.

[94] Feria IV Hebdomadae sanctae 7 = V 61, 14.

[95] Blaise, dictionnaire 249.

[96] DelPlato, Jews 36.

[97] Tractatus contra Judaeos = PL 189, 551 A. Vgl. Werner, Religion 661 ff.

[98] Epistola 130, ed. Constable I, 328.

[99] Epistola 363, 7.

[100] Rassow, Kanzlei 266.

[101] Vita Ia 6, 1 ff. Vgl. Hüffer, Bernhard 70–103.

[102] Vita Ia 6, 4, 15.

[103] Zit. Bernhardi, Konrad 109.

[104] Vita Ia 1, 8, 39; 3, 1, 1 f.

[105] Vita Ia 3, 1, 2.

[106] Vita Ia 3, 2, 5, vgl. Vita IIa 14, 40 f.

[107] Reiseroute: Vacandard, Leben II, 313 ff.

[108] Vita Ia 4, 5, 31.

[109] Vita Ia 6, 4, 15 = 382 AB.

[110] Wie Casack, H., Konrads III. Entschluß zum Kreuzzug: Mitteilungen des Instituts f. österr. Geschichtsforschung 35, 1914, 278–296 vermutet.

[111] Vgl. z. B. Rousset, P., Recherches sur l'émotivité à l'époque romane: Cahiers de Civilisation Médiévale, 2, 1959, 53–67.

[112] Wibald, Epistola 33, ed. Jaffé 111.

[113] vs. 17275 ff. = MGH Dt. Chron. 1, 392.

[114] Sigebert, Continuatio Praemonstratensis a. a. 1147 = MGH SS 6, 453.

[115] Alphandéry, Chrétienté 166.

[116] Ed. Leclercq, Recueil II, 328.

[117] So in den älteren Bernhard-Biographien, z. B. Ratisbonne, Geschichte II, 170 f. Vgl. Vacandard, Leben II, 88. Noch Williams, Bernard 273 rechnet mit der Möglichkeit einer authentischen Überlieferung.

[118] Raby, History 227.

[119] Vita 35, ed. Leclercq 47.

[120] Vgl. oben S. 5.

[121] Vita IIa, 14, 42; Vita Ia 3, 3, 7.

[122] Vita Ia 3, 4, 9.

[123] Helmold von Bosau, Cronica Slavorum 1, 59.

[124] Alphandéry, Chrétienté 180.

[125] Vgl. Ehbrecht, W., Helmold: LexMA 4, 2124 f.

[126] Cronica Slavorum 1, 59 = MGH SS rer. Germ. i. u. s. 32, 114 f.

[127] Vgl. Manitius, Geschichte III, 496.

[128] Heinrich der Löwe 149.

[129] Scivias 3, 11 etc., vgl. Gouguenheim, sibylle 97 ff.

[130] Spreckelmeyer, Kreuzfahrerlieder 10, str. 3.

[131] De contemptu mundi 1, 1015–1078.

[132] Raby, History 314.

[133] Bounoure, G., L'archevêque, l'hérétique et la comète: Médiévales 14/15, 1988, 113–128; 73–84.

[134] Alphandéry, Chrétienté 171.

[135] Vgl. u. S. 314.

[136] Trudperter Hohes Lied 85, 6 f., ed. Menhardt, H., Leipzig 1934; vgl. allgemein Verbeke, Use; Classen, P., Eschatologische Ideen und Armutsbewegungen im 11. und 12. Jahrhundert; ders., Ausgewählte Aufsätze, Sigmaringen 1983, 307–36.

[137] Vgl. Zum Beispiel Van Meter, D., Eschatology and the Sanctification of the Prince in Twelfth Century Flanders. The Case of Walter of Thérouanne's Vita Karoli comitis Flandriae: Sacris erudiri 35, 1995, 115–131.

[138] Vgl. Kahl, Kreuzzugseschatologie 288.

[139] Die Frage, welche Bedeutung dieser Glaube für den Abt von Clairvaux hatte, wurde zuerst von Radcke, Anschauungen 53 ff. u. pass. in einer Arbeit beantwortet, die zwar zu einer übertriebenen Gewichtung der eschatologischen Komponenten kam, aber trotz der an ihr geübten überspitzten Kritik grundlegend bleibt. Seit kurzem wird dieser Aspekt in Bernhards Denken wieder von Kahl in Zusammenhang mit dem 2. Kreuzzug in den Vordergrund gestellt, aber vorsichtiger: Kahl, Eschatology bes. 36, vgl. ders., Ableitung. Die sonstigen neueren Historiker unterschätzen diese Vorstellung vielleicht, vgl. jedoch Wenisch, Bernhard 99 ff. Forschungsübersicht bei Goetz, Bernard.

[140] Kahl, Eschatology.

[141] Gesta, Prol., ed. Schmale 116.

[142] Gesta Ludovici 16.

[143] Dronke, Intellectuals 229 ff.

[144] Spreckelmeyer, Kreuzzugslieder 10, str. 4 f.; ders., Kreuzzugslied 122.

[145] Dominica in Kalendis Novembris 2, 1 = V, 307, 4 ff.

[146] Vgl. Wenisch, Bernhard 104 ff.

[147] Mégier, Tamquam 204.

[148] Vita Ia 4, 6, 34.

[149] Vacandard, Leben II, 320, 610; Itinerar bei Greven, Kölnfahrt 1 ff.

[150] Greven, Kölnfahrt 15 ff.; 29 f. Die Kölner Predigt dürfte in den Declamationes des Gottfried von Auxerre erhalten sein, vgl. ebd. 22 und unten S. 365.

[151] Vita Ia 4, 3, 14. Vgl. Greven, Kölnfahrt 31 ff.

[152] Vita Ia 6, 6, 21 = 385 B; vgl. Dinzelbacher, Angst.

[153] Zit. Gastaldelli, praedicator 344 f.

[154] Pontal, conciles 328.

[155] Odo von Deuil, De Ludovici VII itinere 1 = PL 185, 1208 C.

[156] Vgl. u. S. 365.

[157] Odo von Deuil, De Ludovici VII itinere 1 = PL 185, 1209 A.

[158] Wilhelm, Vita Sugerii 3, 1.

[159] Epistola 309 = VIII, 229, 11 f.

[160] Kreuzzugslieder, ed. Spreckelmeyer 12, str. 1 f.

[161] Nachdem Bernhard am 25. Februar in Mons und Valenciennes war (Vita Ia 6, 10, 37 f.), muß die Episode in diese Zeit fallen.

[162] Chronicon Laetiense 12 = MGH SS 14, 500.

[163] Vita Ia 4, 3, 15.

[164] Vacandard, Leben II, 611.

[165] Jordan, Investiturstreit 106.

[166] Otto von Freising, Gesta 1, 42, ed. Schmale 210. Da Friedrich am 4. oder 6. April starb, „non multis post diebus" nach Bernhards Besuch, sagt Otto, müßte diese Datierung gelten. Vacandard, Leben II, 319 setzt den Besuch auf Anfang Januar an, da der Ort damit gut in Bernhards Itinerar bei der Rückkehr von seiner Predigtreise paßt. Doch erwähnen die Gefährten, die sonst die ganze Reise minutiös aufzeichneten, Alzei nicht.

[167] Ed. Spreckelmeyer, Kreuzzugslieder 12, str. 4.

[168] Beumann, H. (Hrsg.), Heidenmission und Kreuzzugsgedanke in der deutschen Ostpolitik des Mittelalters, Darmstadt 1963.

[169] Ed. Kahl, Eschatology 43 f. Vgl. Gastaldelli: Werke III, 1218 f.

[170] Mayer, Geschichte 103.

[171] Hauck, Kirchengeschichte IV, 628ff.; Gastaldelli: Werke III, 1218ff.; Kahl, Christianisierungsvorstellungen; Kahl, Eschatology.

[172] Epistola 457 = VIII, 432, 9 ff.

[173] Epistola 457 = VIII, 432, 17ff.

[174] Epistola 457 = VIII, 433, 5 ff.

[175] Epistola 457 = VIII, 433, 13.

[176] Epistola 457 = VIII, 433, 22 f.

[177] Gastaldelli: Werke III, 1219. Im katholischen Standardwerk von Jedin, H. (Hrsg.), Handbuch der Kirchengeschichte III/2, Freiburg 1968, 278 dagegen heißt es, diese Formulierung würde Bernhard nur „zugeschrieben"! – Marini, A., Conversione e morte. Il problema della conversione al Cristianesimo in Bernardo di Clairvaux: Studi storico-religiosi 6, 1982, 345–381 konnte ich nicht einsehen.

[178] Kahl, Christianisierungsvorstellungen 456 f.

[179] Vita Ia 3, 3, 6.

[180] Ed. Kahl, Eschatology 44.

[181] Zit. Haverkamp, Aufbruch 201, Lotter, Konzeption 30.

[182] Annales Magdeburgenses a. a. 1147 = MGH SS 16, 188. Ähnlich u. a. Auctarium Gemblacense a. a. 1148.

[183] Bernhardi, Konrad 562 f. Anm. 1.

[184] Epistola 458, 2 = VIII, 11 f.

[185] Jordan, Investiturstreit 108 f.

[186] Kahl, Ableitung 134 f.; ders., Kreuzzugseschatologie 264; McGinn, Eschatology 181 f.

[187] Epistola 475 = PL 182, 681 f. Vgl. Labuda, G., Matthaeus 2: LexMA 6, 397.

[188] Kreuzzugslieder, ed. Spreckelmeyer 10.

[189] Albert von Aachen, Historia Hierosolymitanae expeditionis 6, 23 = PL 166, 549 A.

190 Leclercq, Attitude 216.

191 Petrus, Epistola 111; vgl. Torrell/Bouthillier, Pierre 97 ff.

192 Zit. Forey, Emergence 185 (Mansi 20, 816).

193 Robinson, Papacy 325, 399.

194 Houben, H., Möglichkeiten und Grenzen religiöser Toleranz im normannisch-staufischen Königreich Sizilien: Deutsches Archiv für Erforschung des Mittelalters 50, 1994, 159–198; Müller, U., Toleranz zwischen Christen und Muslimen im Mittelalter?: Wierlacher, A. (Hrsg.), Kulturthema Toleranz, München 1996, 307–353. Schwinges, R. Chr., Kreuzzugsideologie und Toleranz, Studien zu Wilhelm von Tyrus, Stuttgart 1977 enthält großteils nur, was der Untertitel ankündigt.

195 Eberhard, W., Ansätze zur Bewältigung ideologischer Pluralität im 12. Jahrhundert. Pierre Abélard und Anselm von Havelberg: Historisches Jb. 105, 1985, 353–387.

196 Lit.: Gervers, Crusade.

197 Uitz, Eleonore 223 f. Owen, D. D. R., Eleanor of Aquitaine, Oxford 1996 konnte ich noch nicht einsehen.

198 Johannes von Salisbury, Historia pontificalis 24.

199 Alphandéry, Chrétienté 197.

200 Johannes von Salisbury, Historia pontificalis 25.

201 Mayer, Geschichte 104.

202 Alphandéry, Chrétienté 195.

203 Epistola 361.

204 Johannes von Salisbury, Historia pontificalis 24.

205 Vita Ia 5, 3, 18; De consideratione 4, 5, 14.

206 Bouton, Chanoines 279.

207 Chainet-Demesy, F., Saint Bernard et l'église Saint Pierre de Bar-sur-Aube: Histoire 281–283.

208 So Dal Prà, Cronologia 318 f. ohne Beleg.

209 Eicher, Gottesfurcht 131.

210 Horn, Studien 272 f.

211 Vacandard, Leben II, 330; Gleber, Eugen 58.

212 Lit.: Dreyer, M., Gilbert v. Poitiers: LThK 4, 1995, 648 f.; Courth, F., Gilbert 3: LexMA 4, 1449 f.; Schönberger/Kible, Repertorium 270 ff.; Gross-Diaz, Th., Gilbert of Poitiers: Kibler/Zinn, France 393 f.; Vernet, Gilbert.

213 W. Lammers, in: Otto von Freising, Chronica, Einleitung xxviii.

214 Gottfried, Epistola ad Albinum = PL 185, 589 AB.

215 Otto von Freising, Gesta 1, 53. Zu Gilberts Theologie v. a. Nielsen, Theology; dazu Seeberg, Dogmengeschichte III, 254 ff.; Marenbon, J., Gilbert of Poitiers: Dronke, Philosophy 328–352; Colish, Peter 131 f.; Jacobi, K., Einzelnes – Individuum – Person. Gilbert von Poitiers' Philosophie des Individuellen: Miscellanea mediaevalia 24, 1996, 3–21. Speziell zur Dreifaltigkeitslehre: Stickelbroeck, Mysterium 39 ff.

216 Otto von Freising, Gesta 1, 49, ed. Lammers 222.

217 Johannes von Salisbury, Historia pontificalis 8, ed. Chibnall 15.

218 Vacandard, Leben II, 363.

219 Gottfried von Auxerre, Libellus c. Gilbertum 40.

[220] Cattin, amour 172 Anm. 2.

[221] De consideratione 5, 7, 15 ff.

[222] Dialogus Ratii, ed. Häring 282. Vgl. Häring, N., The Cistercian Everard of Ypres and His Appraisal of the Conflict between St. Bernard and Gilbert of Poitiers: Medieval Studies 17, 1955, 143–172; zur Terminologie Moos, Aspekte 193 ff.

[223] Hugo von Rouen, De fide catholica = PL 192, 1327 BD; vgl. Otto von Freising, Gesta 1, 56; Häring, Bernardo 79 f.; Vacandard, Hugues 207 f.

[224] Gottfried, Epistola ad Albinum 2; vgl. Pontal, conciles 324 f.; Häring, Bernardo 76 f.

[225] Otto von Freising, Gesta 1, 54.

[226] Pinborg, J., Adam 9: LexMA 1, 109 f.

[227] Vita Ia 3, 5, 15 = 321 B.

[228] Otto von Freising, Gesta 1, 49.

[229] Epistola ad Albinum 2.

[230] Häring, Bernardo 75.

[231] Verdeyen, théologie 71 ff.

[232] Libellus 1, 2, ed. Häring 36.

[233] Libellus 62.

[234] Gottfried, Libellus 64–67.

[235] Wieland, G., Symbolische und universale Vernunft: Haverkamp, A. (Hrsg.), Friedrich Barbarossa, Sigmaringen 1992, 533–549, 539.

[236] Vgl. oben S. 144; Teubner-Schoebel, Bernhard 220.

[237] Vgl. Epistola 320 f. Daß Bernhard ihn als Abt empfohlen hat, ist gut möglich; daß er den Mönchen diese Wahl befohlen hätte (so Gastaldelli: Werke III, 1167 f.), geht aus dem Schreiben nicht hervor.

[238] Vacandard, Leben II, 344 f., 348.

[239] Del Re, N., Guglielmo di York: BS 7, 489–492.

[240] Horn, Studien 279 f.; Liber s. Gilberti, Introduction xl ff.

[241] Poulle, B., Savigny: LexMA 7, 1411 f.; Mahn, ordre 30 ff., 48 f.; Pigeon, M., Présence de saint Bernard à Savigny: Collectanea Cisterciensia 52, 1990, 204–212; Swietek, F., The role of Bernard of Clairvaux in the union of Savigny with Cîteaux: Cîteaux 42, 1991, 289–302.

[242] Dimier, M.-A., Serlone: BS 11, 884–887.

[243] Bouchard, Entrepreneurs 191.

[244] Robertus de Monte, Chronica a. a. 1146; King, Cîteaux 23.

[245] Dimier, Bernard 193.

[246] Dimier, M.-A., Stefano d'Obazine: BS 12, 6–8; Barrière, B., L'Abbaye cistercienne d'Obazine, Tulle 1977.

[247] Dobson, R., Sempringham: LexMA 7, 1742 f. (datiert die Reise nach Cîteaux auf 1148); das Folgende nach Giraudot/Bouton, Bernard.

[248] Liber s. Gilberti, Introduction xl.

[249] Liber s. Gilberti 14.

[250] Ebd.

[251] Horn, Studien 280.

[252] Siehe o. S. 42.

[253] Horn, Studien 282 ff.

254 Vacandard, Leben II, 346.

255 Wibald von Stablo, Epistola 87, vgl. Bernhardi, Konrad 691 f.

256 Dinzelbacher, Frauenmystik 251 ff.

257 Hildegard, Epistola 1 = CCCM 91, 3–6; vgl. Vacandard, Vie II, 317 ff.; Russel, Bernard 422ff.

258 Wörterbuch 230 ff.; Schmidt, M., Hildegard: LThK 5, 1996, 105 ff.; Flanagan, S., Hildegard of Bingen, 1098–1179. A Visionary Life, London 1989; Gouguenheim, sibylle.

259 Konrad 691.

260 Epistola 366 = VIII, 324, 1 ff. Hildegard, Epistola 1R = CCCM 91, 6 f.

261 Hildegard, Epistola 1R, app. comp. = CCCM 91, 7; Van Acker, Briefwechsel 167; Werke 3, 1187 f.; Gouguenheim, Sibylle 36 ff.

262 Vita 8, 1, ed. Mulder Bakker 160.

263 Gottfried u. Theoderich, Vita 1, 4.

264 May, J., Die hl. Hildegard von Bingen, Kempten 1911, 70.

265 Vita 1, 4 = CCCM 126, 9.

266 Siehe o. S. 5, 39.

267 Historiae Tornacenses 1, 2 = MGH SS 14, 328 f. Vgl. auch Super Cantica 2, 2.

268 Vacandard, Leben II, 356.

269 Vgl. Pontal, conciles 328 ff.

270 Johannes von Salisbury, Historia pontificalis 8.

271 Vita Ia 3, 5, 15.

272 Gregorovius, Geschichte II/1, 206.

273 Köpf, Bernhard [1995] 249.

274 PL 184, 1079–1096. Der Text wurde nicht in die Opera omnia aufgenommen, da er nur in der 15 Jahre später erfolgten, wenig zuverlässigen Rekonstruktion eines Zuhörers überliefert ist: Leclercq, Recueil I, 14 ff.; 117 ff.

275 Gottfried, Epistola ad Albinum 3; vgl. Evans, G. R., Godescalc of St. Martin and the Trial of Gilbert of Poitiers: Analecta Praemonstratensia 57, 1981, 196–209.

276 Flahiff, Censorship 3.

277 Vgl. oben S. 248.

278 Gottfried, Epistola ad Albinum 3.

279 Otto von Freising, Gesta 1, 59.

280 Siehe o. S. 253 f.

281 Johannes von Salisbury, Historia pontificalis 6 f.

282 Pontal, conciles 330. Daß hier Heinrich mit Kerkerhaft bestraft worden sei, hat schon Vacandard, Vie II, 233 Anm. 2 als unwahrscheinlich erwiesen.

283 Werner/Erbstößer, Ketzer 249ff.; Vernet, F., Éon: DThC 5/1, 134–137; Kolmer, L., Eon: LThK 3, 1995, 700 f.

284 Vita Ia 3, 5, 15, vgl. Nielsen, Theology 30 ff.

285 Historia pontificalis 7, ed. Chibnall 14 f.

286 Vernet, Gilbert 1353.

287 Erwähnt ebd. 1352; nicht erwähnt im Werkverzeichnis bei Nielsen, Theology 40 ff.

288 So ausdrücklich Johannes von Salisbury, Historia pontificalis 8, ed. Chibnall 17; meist wird das Treffen gemäß Gottfried und Otto erst nach der ersten Disputation

angesetzt. Doch scheint Johannes, der sich auf noch lebende Zeugen beruft, die verläßlichere Quelle.

[289] Vita Ia 3, 5, 15; Johannes von Salisbury, Historia pontificalis 8, ed. Chibnall 18.

[290] Nielsen, Theology 33 f. = Enchiridion, ed. Denzinger, 181 f., nr. 389. Vgl. Häring, N., Das sogenannte Glaubensbekenntnis des Reimser Konsistoriums von 1148: Scholastik 40, 1965, 55–90.

[291] Johannes von Salisbury, Historia pontificalis 9.

[292] Otto von Freising, Gesta 1, 61, ed. Lammers 258.

[293] Vgl. etwa Kurze, Klerus 454 f.

[294] Vgl. Robinson, Papacy 107 ff.; Horn, Studien 193 ff.

[295] Vgl. Horn, Studien 199.

[296] Johannes von Salisbury, Historia pontificalis 20, ed. Chibnall 19.

[297] Otto von Freising, Gesta 1, 61.

[298] Gesta 1, 61; vgl. Johannes von Salisbury, Historia pontificalis 9, ed. Chibnall 20: „metu scismatis".

[299] Gottfried, Epistola ad Albinum 4; 6.

[300] Fichtenau, Ketzer 237.

[301] Gottfried, Epistola ad Albinum 6.

[302] Otto von Freising, Gesta 1, 59, ed. Lammers 250.

[303] Gottfried, Epistola ad Albinum 4, ed. Häring 73 f.

[304] Super Cantica 80, 4, 8 = II, 282, 12 ff. zitierend Gilbert, In Boetium de Trinitate 2, 1, 27.

[305] Super Cantica 80, 4, 8 = II, 282, 5.

[306] Super Cantica 80, 4, 9.

[307] Super Cantica 80, 4, 6 = II, 281, 9 f.

[308] Otto von Freising, Gesta 1, 62, ed. Lammers 260.

[309] ed. Häring 271, vgl. ders., Bernardo 89 f.

[310] Chronicon a. a. 1149 = PL 212, 1038 CD. Vgl. Berlioz, littérature 221 ff.

[311] Historia pontificalis 9, ed. Chibnall 20.

[312] Johannes von Salisbury, Historia pontificalis 12.

[313] Vita Ia 2, 8, 50 = 297 D.

[314] Pacaut, évêques 43.

[315] Johannes von Salisbury, Historia Pontificalis 9 ff.

[316] Epistola 257.

[317] Vgl. oben S. 208.

[318] Vita Ia 2, 8, 50.

[319] Mann, Lives 199.

[320] Liber pontificalis, ed. Duchesne 387.

[321] Bernard 609 ohne Quellenangabe. Nicht im Itinerar bei Vacandard, Leben II, 611; Bernhard auch nicht im Itinerar Eugens bei Horn, Studien 290 f. erwähnt.

[322] Minghetti Rondoni, L., San Bernardo alla consecrazione della cattedrale di S. Maria di Vercelli: Zerbi, Italia 141–146. Nicht bei Horn, Studien 291.

[323] Gregorovius, Geschichte II/1, 213.

[324] Historia pontificalis 31, ed. Chibnall 65.

[325] Lit.: Werke I, 449 f., Richter, M., Malachias: LThK 6, 1997, 1232 f.

[326] Vita Malachiae 16, 37 = III, 343, 1 f.; vgl. 70.

[327] Vita Malachiae 16, 38.

[328] Epistolae 341, 356 f.

[329] Vita Malachiae 31, 70 = III, 374, 8 ff.

[330] In transitu S. Malachiae episcopi 1 = V, 418, 2 f. Vgl. auch Epistola 374.

[331] Ebd. 7 = Vita Ia, 421, 27 f.

[332] Vita Ia, 5, 23.

[333] In transitu S. Malachiae episcopi 2, 8, 5 = V, 418, 28; 423, 6; 420, 24.

[334] Vgl. z. B. Holdsworth, Chr., The Reception of St Bernard in England: Elm, Bernhard 161–177, 162, 164 usf.

[335] Polycraticus 7, 23, zit. Cantarella, Bernardo 263 Anm.; dort weitere Beispiele (Bernhard Epistolae 126, 10 f.; 159 etc.).

[336] Vita Malachiae 31, 70 = III, 374, 19 ff.

[337] Vita Malachiae 31, 72 = III, 376, 5 ff.

[338] Vgl. oben S. 202 ff.

[339] Vita Malachiae 31, 75 = III, 378, 9 ff.

[340] Vgl. Platelle, H., La mort précieuse: Revue Mabillon 54, 1982, 151–174; Dinzelbacher, Sterben/Tod: ders., Mentalitätsgeschichte 245; Henriet, P., Mort sainte et temps sacré d'après l'hagiographie monastique des XIe–XIIe s.: Derwich, vie 557–571.

[341] De transitu S. Malachiae 2.

[342] Vita Ia 4, 4, 21.

[343] Vita Ia, 5, 23 = 364 D. Vgl. Waddell, C., The Two St Malachy Offices from Clairvaux: Bernard of Clairvaux. Studies presented to Dom Jean Leclercq, Washington 1973, 123–159.

[344] III, 525 f. Die Frage nach der Authentizität läßt sich allerdings nicht mit Sicherheit klären, vgl. Waddell, Chr.: Opere II, 825–829.

[345] Visio Tnugdali, ed. Wagner, A., Erlangen 1882, 5. Dazu Dinzelbacher, P., Visio Tnugdali: LexMA 8, 1734.

[346] Lit.: Werke I, 449 f.; McGuire, Saint 75 ff.; Dinzelbacher, Konzept.

[347] Die Vita deshalb geradezu als „Bernhards Autobiographie" zu lesen (so McGuire, Saint 80 ff.) ist methodisch inakzeptabel.

[348] McGuire, Saint 88 ff.

[349] Vita Malachiae 3, 7 = III, 315, 19 ff.

[350] Vita Malachiae 9, 22.

[351] Vita Malachiae 9, 23 = III, 333, 10 f.

[352] Vita Malachiae 13, 29.

[353] Vita Malachiae 9, 18.

[354] Vita Malachiae Praef. = III, 307, 3 f.

[355] O'Dwyer, B., Einleitung: Werke I, 438–448.

[356] Vgl. mit weiterer Literatur Dinzelbacher, Konzept 116 ff.

[357] Vgl. Grégoire, manuale 256–274.

[358] Vgl. Jacqueline 177–191 und o. S. 399 Anm. 780.

[359] Maddox, Bernard 98 f.

[360] Dies und das Folgende ausführlicher bei Dinzelbacher, Konzept 109 ff.

[361] Vita Malachiae 25, 54.

[362] Innozenz, Epistolae 2, 3 f.; 3, 3.

[363] Vita Malachiae 18, 42; 29, 66.

364 Vita Malachiae 18, 42; 19, 44 = III, 348, 9 f.; III, 350, 12.

365 Vita Malachiae 13, 30; 18, 42.

366 Vita Malachiae 29, 66 = III, 370, 16 ff.

367 Vita Malachiae 6, 14 = III, 323, 17 f.

368 Vita Malachiae 14, 32; 23, 51 = III, 340, 5; 356, 6 f.

369 Einzelbelege bei Dinzelbacher, Konzept 118 f.

370 Vita Malachiae 1, 3 = III, 312, 18.

371 Vita Malachiae 29, 65 = III, 370, 5 f.

372 Vita Malachiae 5, 11; 10, 21; 28, 63.

373 Zu diesem Unterschied bei den Visionen vgl. Dinzelbacher, Vision.

374 Praef. = III, 307, 12ff.

375 McGinn, Eschatology 170 f.

376 Siehe oben S. 296ff.

377 Vita Malachiae 1, 1; 3, 6.

378 Vita Malachiae 8, 16 = III, 325, 9 ff., vgl. 3, 7.

379 Vita Malachiae 18, 42 = III, 347, 22ff.

380 Vita Malachiae 19, 4; 25, 55.

381 Vita Malachiae 8, 17 = III, 326, 21 ff.

382 Gastaldelli, praedicator 347.

383 Wohl am 7. Dezember 1148; auch der 7. September und 1147 werden genannt, vgl. Vacandard, Leben II, 428 Anm. 1.

384 Vita Malachiae, Praef. und 29, 66.

385 Super Cantica 75, 4, 10 = II, 253, 2 ff.

386 Dimier, M.-A., Umberto: BS 12, 806–808.

387 Epistola 141.

388 In obitu domini Humberti 1 = V, 441, 1 ff.

389 In obitu domini Humberti 5 = V, 444, 16ff.

390 In obitu domini Humberti 6 = V, 445, 18ff.

391 Wilhelm, Vita Sugerii 3, 6; Bur, Suger 290ff.

392 Epistola 376 = VIII, 339.

393 Zum Beispiel Reiner von Lüttich, Triumphus S. Lamberti de castro Bullonio 9 = MGH SS 20, 503 f.

394 Krüger, S., Das kirchliche Turnierverbot im Mittelalter: Fleckenstein, J. (Hrsg.), Das ritterliche Turnier im Mittelalter, Göttingen 1985, 401–422.

395 Epistola 377, 2 = VIII, 341, 24 f.

396 Gastaldelli: Werke III, 1192.

397 Vita Ia 3, 4, 9. Vgl. Glaser, H., Das Scheitern des zweiten Kreuzzugs als heilsgeschichtliches Ereignis: FS M. Spindler, München 1969, 115–142.

398 Annales Herbipolenses a. a. 1147 = MGH SS 16, 3 ff. Weiteres bei Kahl, Kreuzzugseschatologie 275 ff.

399 Willhelm von Saint-Denis, Dialogus 3, ed. Wilmart 86.

400 Kahl, D., Der sog. 'Ludus de Antichristo' (De Finibus Saeculorum) als Zeugnis frühstauferzeitlicher Gegenwartskritik: Mediaevistik 4, 1991, 53–148.

401 Kahl, Kreuzzugseschatologie 290f.

402 Commentarius in Ps. 39, vgl. Dempf, Imperium 259.

403 Constable, G., A Report of a Lost Sermon by St Bernard on the Failure of the

Second Crusade: Studies in Medieval Cistercian History (Cistercian Studies Series 13), Shannon 1971, 49–54, 49.

[404] Vita Ia 3, 4, 10.

[405] Wilhelm, Vita Sugerii 3, 8.

[406] Mégier, Tamquam 217 f.

[407] 249 f., ed. Schmolke-Hasselmann 46.

[408] Kreuzzugsdichtung, ed. Müller 15 ff.

[409] Siehe o. S. 202 ff.

[410] Hermann von Laon, Miracula S. Mariae Laud. 3, 7 = MGH SS 12, 658.

[411] Siehe unten S. 342 f.

[412] Vita Ia 3, 4, 11.

[413] Locatelli, expansion 122.

[414] Constable, G.: Gervers, Crusade xxi; King, Cîteaux 241. Die Tabellen bei Bouchard, Entrepreneurs 67, 73, 123, die allerdings in Zehn-Jahres-Abschnitte aufgeteilt sind, lassen davon nichts erkennen.

[415] King, Cîteaux 241, 341 f.; Fossier, R., Les granges de Clairvaux et la règle cistercienne: Cîteaux in de Nederlanden 6, 1955, 259–266.

[416] Petrus, Epistola 111.

[417] Evans, Mind 56.

[418] Petrus, Epistola 175.

[419] Epistola 386, 2.

[420] Epistola 386, 3.

[421] Super Cantica 62, 1; Dominica in Kalendis Novembris 2, 3; In adventu Domini 1, 5.

[422] Lutz, E., In niun schar insunder geordent gar. Gregorianische Angelologie, Dionysius-Rezeption und volkssprachliche Dichtung des Mittelalters: Zs. für deutsche Philologie 102, 1983, 335–376.

[423] Epistola 386, 3 = PL 182, 591 A.

[424] De consideratione 3, 1, 4 = III, 433, 22 ff.

[425] Lekai, Cistercensi 65 ff.

[426] Zum Folgenden vgl. Bolton, Cistercians.

[427] Epistola 167, ed. Jaffé 285.

[428] Epistola 380. Vgl. Kramp, Kirche 136 f. Daß Bernhard hier einer Eroberung Konstantinopels durch die Kreuzritter zugestimmt hätte, wie Leclercq, attitude 222 und nach ihm Werner, Religion 669 behaupten, geht aus diesem als Quelle genannten Brief keineswegs hervor. Vgl. unten Anm. 437.

[429] Kramp, Kirche 114 A; 122 ff.

[430] Epistola 364.

[431] Epistola 256, 4 = VIII, 164, 26 f.

[432] Epistola 256, 4.

[433] Epistola 256, 1 = VIII, 163, 17. Diese Metapher bei Bernhard ist bereits oft und mit vielen Wiederholungen dargestellt worden u. a. von Stickler, A., Il „gladius" negli atti dei concilii dei RR Pontefici sino a Graziano e Bernardo di Chiaravalle: Salesianum 13, 1951, 414–445; Hoffmann, H., Die beiden Schwerter im hohen Mittelalter: Deutsches Archiv für Erforschung des Mittelalters 20, 1964, 78–114; Zerbi, P., Riflessioni sul simbolo delle due spade in san Bernardo di Clairvaux: Pubblicazioni

della Università Cattolica del Sacro Cuore, Contributi ser. III/10, 1968, 545–562; Turrini, Bernardo (zeigt, daß Bernhard diese Metapher nicht immer in dem selben Sinn verwendet); weiters SBO VIII, 163 Anm.; Werke III, 1131.

[434] Epistola 256, 2.

[435] Wibald von Stablo, Epistola 252.

[436] Wibald von Stablo, Epistola 273.

[437] Haller, Papsttum III, 75 f. Bernhard, schreibt Runciman, Geschichte 590 (und andere ähnlich), „stürzte sich gierig auf Byzanz als die Quelle all seines Mißgeschicks und widmete sich mit seiner ganzen Tatkraft der Aufgabe, der göttlichen Rache an dem schuldbeladenen Kaiserreich Vorschub zu leisten." Dies erhellt keineswegs aus den Quellen. Petrus von Cluny dagegen kritisierte die Griechen heftig in seiner Epistola 162. Vgl. oben Anm. 428.

[438] Zit. Bernhardi, Konrad 821 Anm. 77, vgl. Gleber, Eugen 130; Bolton, Cistercians 135 f., 138.

[439] Bur, Suger 302.

[440] Epistola 521.

[441] Vacandard, Leben II, 527 Anm. 2.

[442] Wilhelm, Vita Sugerii 3, 8; 10.

[443] Epistola 521.

[444] Sigebertus, Continuatio Praemonstratensis a. a. 1150 = MGH SS 6, 455.

[445] Seinen Brief ed. Leclercq, Recueils II, 337.

[446] Epistola 270.

[447] Mursell, Theology 48; Gastaldelli: Werke III, 1123.

[448] Gastaldelli: Werke III, 1156 ff.; Teubner-Schoebel, Bernhard 294 ff.

[449] Epistola 307, 1.

[450] Epistola 307, 1 f.

[451] Epistola 305.

[452] Bernard 642.

[453] Eugen, Epistola 429 = PL 180, 1456 D f.

[454] Vacandard, Leben II, 519.

[455] Vita Ia 4, 3, 13.

[456] Vacandard, Leben II, 520 f.

[457] Sigebertus, Continuatio Aquicinctina a. a. 1151 = MGH SS 6, 406. Dagegen heftig Vacandard, Leben II, 522 Anm. 3. Er nennt jedoch nicht die weiteren bei Gleber, Eugen 162 f. zitierten Quellen.

[458] Chronicon a. a. 1152 = PL 212, 1058 A.

[459] Epistola 224, 4.

[460] Duby, Ritter 219 ff.

[461] Opere 6/2, 148 f.

[462] Epistola 250, 4 = VIII, 147, 2. Vgl. Frachebourd, A., „Je suis la chimère de mon siècle" – le problème action-contemplation au cœur de saint Bernard: Collectanea Ordinis Cisterciensium Reformatorum 16, 1954, 45–52, 128–136, 183–191; Diers, Bernhard 1 ff.

[463] So der Titel eines von J. Spörl herausgegebenen Bandes mit vier Vorträgen, Würzburg 1953. Selbstverständlich wird „saeculum" in keinem mittellateinischen Wörterbuch mit „Jahrhundert" wiedergegeben.

[464] Vgl. Pot, periodisering.

[465] Burckhardt, J., Die Entstehung der modernen Jahrhundertrechnung, Göppingen 1971.

[466] Wie Anm. 462. Bredero, toegankelijkheid 311 vermutet einen Zusammenhang mit der Katastrophe des 2. Kreuzzugs. Vgl. jedoch auch Epistolae 48, 89, 228, 389; Super Cantica 55, 1, 2.

[467] Verger/Jolivet, Bernardo 140.

[468] „rinuncia alla rinuncia stessa": Verger/Jolivet, Bernardo 141.

[469] Mursell, Theology 177.

[470] Ed. Porsia, F., Bari 1976, 232.

[471] Aeneis 6, 288; 7, 785–788.

[472] Etymologiae 12, 3, 36.

[473] Rowland, B., Animals with Human Faces. A Guide to Animal Symbolism, Knoxville [2]1975, 54f.

[474] Mode, H., Fabeltiere und Dämonen, Leipzig [2]1977, 173f.; Strnad, A., Chimäre: LcI 1, 1968, 355; Hünemörder, C., Binding, G., Chimäre: LexMA 2, 1826f.

[475] Epistola 111, ed. Constable 285f. = Bernhard, Epistola 221 = PL 182, 409 BC.

[476] Vgl. Dinzelbacher, Mentalitätsgeschichte 25ff.

[477] Dinzelbacher, Ego.

[478] Epistola 270, 3.

[479] Epistola 266, 2 = VIII, 176, 9f.

[480] Zit. Gastaldelli: Werke III, 1135.

[481] Sandionysiani conventus epistola encyclica = PL 186, 1207ff.

[482] Spätestens Mai/Juni 1152: Gastaldelli: Werke III, 1152.

[483] Benton, J., Nicolas 7: DS 11, 255–259; ders., Culture 45ff., 123ff.; Torrell/Bouthillier, Pierre 154ff.; Bredero, Bernhard (1996), 203ff.

[484] Vacandard, Leben II, 420.

[485] Epistola 7 = PL 196, 1602 C.

[486] Zum Beispiel Epistolae 467–469.

[487] Epistola 468.

[488] Epistola 175, ed. Constable I, 417.

[489] Bredero, Bernhard (1996), 206ff., 323; von einem „Bruch" zu sprechen scheint übertrieben.

[490] Gastaldelli: Werke III, 1151f.

[491] Epistolae 284, 298.

[492] Epistola 298.

[493] Benton, Nicolas 256.

[494] Statuta, ed. Canivez I, 45; Gastaldelli: Werke III, 1140.

[495] Epistola 273 praemissa = PL 182, 478 A.

[496] Epistola 273. Vgl. Constable: Petrus Venerabilis, Letters II, 227f.; Zenker, Mitglieder 21f.

[497] Epistola 306, 1 = VIII, 223, 10ff.

[498] In laudibus virginis matris 4, 9 = IV, 55, 14.

[499] Epistola 306, 2 = VIII, 224, 4f. Eine aufschlußreiche Schilderung der Wahl von Sugers Nachfolger in Saint-Denis gibt ein Beteiligter: Wilhelm, Dialogus 16ff.

[500] Zum Beispiel zwischen Pons von Vézelay und Wilhelm von Nevers: CCCM 42, 313, 315ff., 360f., 419f.

[501] 3, 5, 20.

[502] Farkasfalvy, Einleitung: Werke I, 613, so jedoch bereits Mabillon, Praef. VI: PL 182, 723f. – Lit.: Jacqueline, Episcopat 193–298; Kennan, E. T., The „De consideratione" of Saint Bernard of Clairvaux and the Reform of the Church in the Twelfth Century, Diss. Washington 1966; dies., The De Consideratione of St. Bernard of Clairvaux and the Papacy in the mid-twelfth Century. A Review of Scholarship: Traditio 23, 1967, 73–115; dies., Rhetoric and Style in the De Consideratione: Studies in Medieval Cistercian History 2 (Cisterian Studies Series 24), Kalamazoo 1976, 40–48; Morrison, K., Hermeneutics and Enigma. Bernard of Clairvaux's „De consideratione": Viator 19, 1988, 129–151; Michel, B., La philosophie. Le cas du De consideratione: SC 380, 1992, 579–603; Opere 1, 727–759; Werke I, 621ff.

[503] Epistola 238.

[504] Paul, église 406.

[505] De consideratione Praef. = III, 393, 10ff.

[506] De consideratione 1, 1, 2.

[507] De consideratione 1, 3, 4.

[508] De consideratione 1, 3, 4 = III, 398, 6ff.

[509] De consideratione 1, 4, 5 = III, 398, 16ff.

[510] De consideratione 1, 4, 5 = III, 399, 3f.

[511] Genuardi, L., Il papa Eugenio III e la cultura giuridica in Roma: Meynial, E. (Hrsg.), Mélanges Fitting, Montpellier 1908, II, 385–390.

[512] De consideratione 1, 10, 13 = III, 408, 11ff.

[513] De consideratione 1, 6, 7 = III, 402, 2f.

[514] De consideratione 1, 6, 7 = III, 402, 17f.

[515] Nach Boethius? So Evans, Mind 127.

[516] De consideratione 1, 7, 8 = III, 404, 2ff.

[517] De consideratione 1, 7, 8 = III, 403, 13ff.

[518] Schmidt, M., Discretio bei Hildegard von Bingen als Bildungselement: Analecta Cartusiana 35, 1983, 73–94.

[519] Hanning, R., The individual in twelfth-century romance, New Haven 1977, 29ff.

[520] Ebd. 105ff.

[521] Jacobson, E., The *liste* of Tristan: Amsterdamer Beiträge zur älteren Germanistik 18, 1982, 115–128; Semmler, H., Listmotive in der mittelhochdeutschen Epik, Berlin 1991.

[522] De consideratione 1, 8, 9–11; vgl. Kern, E., Il sistema morale o delle virtù nel pensiero di San Bernardo di Chiaravalle: Rivista storica benedettina 14, 1923, 14–169.

[523] De consideratione 1, 10, 13 = III, 409, 13ff.

[524] Heer, Aufgang 192.

[525] De consideratione 2, 1, 1 = III, 411, 2ff.

[526] De consideratione 2, 1, 1 = III, 411, 9ff.

[527] De consideratione 2, 1, 3.

[528] Vgl. oben S. 328.

[529] Gesta Frederici 1, 66, ed. Schmale 270; vgl. Mégier, Tamquam 218f.

[530] De consideratione 2, 1, 4 = III 413, 16 ff.

[531] Oben S. 170, 219, 337.

[532] De consideratione 2, 2, 5 = III, 414, 7 f.

[533] De consideratione 2, 3, 6 = III, 414, 11 ff.

[534] De consideratione 2, 3, 6 = III, 414, 19 f.

[535] De consideratione 2, 6, 9 = III, 416, 12 f.

[536] De consideratione 1, 9, 12.

[537] De consideratione 2, 6, 11 = III, 418, 9 f.

[538] De consideratione 2, 6, 13 = III, 420, 17 f.

[539] De consideratione 2, 7, 14 = III, 422, 5 ff.

[540] De consideratione 2, 7, 14 = III, 422, 13 ff.

[541] Schmidlin, Theorien 50.

[542] De consideratione 2, 8, 16 = III, 424, 10 ff.

[543] Petrus Venerabilis, Miraculorum libri 2, 12.

[544] Dies ist zu betonen, da die kirchenrechtlichen Darstellungen, auch Vodola, E., Excommunication in the Middle Ages, Berkeley 1986, den in Wirklichkeit zentralen eschatologischen Aspekt oft völlig vernachlässigen.

[545] Epistola 50 = VII, 142, 7 f.

[546] Epistola 52 = VII, 144, 16.

[547] Ed. Benton, Culture 64.

[548] Vita Ludovici grossi 32, ed. Waquet 262 ff.

[549] De consideratione 2, 11, 20 = III, 428, 3.

[550] De consideratione 2, 14, 23.

[551] De consideratione 3, 1, 2 = III, 432, 14 f.

[552] De consideratione 3, 1, 3 = III, 433, 4 ff.

[553] Patlagean, E., Die Beziehungen zwischen Konstantinopel und Rom von der Mitte des 11. bis zum Ende des 12. Jahrhunderts: Gesch. Chr. 5, 372–387.

[554] Morris, Monarchy 211 ff.

[555] Maleczek, Kardinalskollegium 61.

[556] De consideratione 3, 2, 7 f. = III, 436, 2 ff.

[557] De consideratione 3, 3, 13.

[558] Mahn, ordre 137.

[559] Vgl. Epistola 178; Scheuermann, Exemtion, A.: TRE 10, 696–698; Puza, R., Exemtion: LexMA 4, 165 f.

[560] MGH Const 1, 576.

[561] De consideratione 3, 4, 14 = III, 442, 10 ff.

[562] De consideratione 3, 4, 15 = III, 442, 25 ff.

[563] De consideratione 3, 4, 16 = III, 443, 15 ff.

[564] Epistola 131, 2.

[565] DS 3, 264–268; 7, 440–451.

[566] De consideratione 3, 5, 20 = III, 447, 26 ff.

[567] Jacqueline, Episcopat 26 f.

[568] De consideratione 3, 5, 19, vgl. Platelle, H., Le problème du scandale. Les nouvelles modes masculines aux XIe et XIIe siècles: Revue belge de philologie et d'histoire 53, 1975, 1071–1096.

[569] De consideratione 4, 2, 2 = III, 449, 23 ff.

[570] Gleber, Eugen 154 f.

[571] De consideratione 4, 2, 4 = III, 451, 20 f.

[572] De consideratione 4, 2, 4 = III, 452, 2 ff.

[573] Benzinger, J., Invectiva in Romam, Lübeck 1968.

[574] De consideratione 4, 3, 6 = III, 453, 16 ff.

[575] De consideratione 4, 3, 7 = III, 454, 5 f.

[576] De consideratione 4, 4, 9.

[577] De consideratione 4, 5, 13 f.

[578] De consideratione 4, 5, 15 = III, 460, 19 ff.

[579] De consideratione 4, 6, 18 f.

[580] De consideratione 4, 6, 20 = III, 463, 25 f.

[581] Epistola 239. Wohl aus Gratian, Dictum pr. C. 9 q. 3 übernommen (Paravicini Bagliani, trono 115).

[582] Epistola 240, 1 = VIII, 123, 13 f.

[583] De consideratione 4, 7, 23 = III, 466, 11 ff. Vgl. schon Epistola 50 von ca. 1129.

[584] De consideratione 5, 3, 5 = III, 470, 4 ff.

[585] De consideratione 5, 3, 5, = III, 470, 21 f.

[586] Boissard, E., La doctrine des anges chez saint Bernard: Analecta Sacri Ordinis Cisterciensis 9, 1953, 114–135; Lobendanz, G., Die Engel in den Sermones des hl. Bernhard von Clairvaux: Höre 96–125.

[587] Super Cantica 6, 1, 1.

[588] De consideratione 5, 4, 7 = III, 472, 7 ff. Vgl. Super Cantica 19, 2, 2 ff.

[589] De consideratione 5, 4, 9 = III, 473, 22 ff.

[590] De consideratione 5, 5, 12; vgl. In vigilia nativitatis 6, 6.

[591] De consideratione 5, 6, 13 = III, 477, 13 ff.

[592] De consideratione 5, 6, 14 = III, 478, 22 ff.

[593] Dazu Gastaldelli: Opere I, 914 f.

[594] De consideratione 5, 7, 15 = III, 479, 7 ff.

[595] De consideratione 5, 7, 15.

[596] De consideratione 5, 8, 18 = III, 482, 9 ff.

[597] De consideratione 5, 9, 21 = III, 484, 5.

[598] De consideratione 5, 10, 23 = III, 485, 18 ff.

[599] Müller, D., Albigenser – die wahre Kirche?, Gerbrunn 1986, 99 ff.

[600] De consideratione 5, 11, 24 = III, 486, 17 f.

[601] De consideratione 5, 11, 24 = III, 486, 20 ff.

[602] Dinzelbacher, P., Mittelalterliche Visionsliteratur, Darmstadt 1989; ders., Angst 81 ff.

[603] De consideratione 5, 12, 25 = III, 488, 20 ff.

[604] De consideratione 5, 13, 27 ff.

[605] De consideratione 5, 14, 32 = III, 493, 23 ff.

[606] Vgl. Leclercq, conseil.

[607] Miethke, engagement 499.

[608] Heer, Aufgang 191.

[609] De consideratione 3, 3, 13.

[610] Epistola 525 = VIII, 492, 3.

[611] Epistola 525 = VIII, 492, 4 f.

612 Epistola 290; Janssen, Legaten 54ff.

613 De consideratione 4, 1, 1.

614 De consideratione 3, 3, 13.

615 White, Ideal 341.

616 White, Ideal 342.

617 Policraticus 4, 3.

618 Epistola 274–276; 280; 282; Gastaldelli: III, 1141 f.; Teubner-Schoebel, Bernhard 245ff.; Benton, Culture 124ff.

619 Epistola 276, 1.

620 Epistola 274 = VIII, 185, 12; vgl. Epistolae 269, 290.

621 Epistola 276, 2 = VIII, 188, 13f.

622 Epistola 276, 1.

623 Epistola 276, 3.

624 Epistola 280, 3; CCCM 42, 307ff.

625 Epistola 282, 1.

626 Gastaldelli: Werke III, 1146; Teubner-Schoebel, Bernhard 64ff.

627 Eugen III., Epistola 499 = PL 180, 1517f.

628 Bernard 614 ist das Treffen auf Ende März, Anfang April angesetzt, vgl. jedoch Teubner-Schoebel, Bernhard 69. Vgl. auch Constabel: Petrus Venerabilis, Letters II, 266.

629 Teubner-Schoebel, Bernhard 66.

630 Epistola 390, 2.

631 Vacandard, Leben II, 442 Anm. 1; Sibilia, A., Eskillo: BS 5, 91 f.; McGuire, Bernhard. P., Why Scandinavia? Bernard, Eskil and Cistercian Expansion in the North 1140–80: Elder, Goad 251–281; ders., Saint 107ff.

632 Vita Ia 4, 4, 25 = 335 A.

633 Epistola 304.

634 Epistola 270, 3 = VIII, 180, 13ff.

635 Epistola 288, 1 = VIII, 203, 20.

636 Epistola 288, 2 = VIII, 204, 18f. Vgl. Epistola 280, 1 von 1152.

637 Epistola 289.

638 Epistola 300.

639 Epistolae 285ff.

640 Gottfried, Epistola ad Eskilum, ed. Bredero, brouillon 33.

641 Heyen, F.-J., Hillin: LThK 5, 1996, 113.

642 Vita Ia 5, 1, 3; Gottfried von Auxerre, Epistola ad Eskilum, ed. Bredero, brouillon 34ff.

643 Teubner-Schoebel, Bernhard 282–285; Kirch, Bernhard 65ff., 264ff., 273ff.

644 Epistola 446.

645 Vita Ia 5, 1, 4.

646 Schmidt, L., Niemandsland: Antaios 8, 1967, 72ff.

647 Wibald, Epistola 413.

648 Epistola 488 = PL 182, 694f.

649 Epistola 310 = VIII, 230, 15ff.

650 „ipse dictavi, … ut per notam manum agnoscatis affectum." (VIII, 230, 18f.). Entweder wird „dictare" im Sinn von schreiben gebraucht, was bei Bernhard selten,

aber immerhin deutlich belegbar ist (Epistola 307, 1, vgl. Rassow, Kanzlei 70ff.), oder „manus" ist nicht wörtlich zu verstehen, sondern meint wie schon im klassischen Latein den persönlichen Stil (Blaise, Dictionnaire 515, no. 2); vgl. auch Teubner-Schoebel, Bernhard 26f. „dictare" meint jedenfalls, daß dieses Schreiben vollständig von Bernhard formuliert wurde, ohne daß seine Sekretäre wie sonst oft Teile ergänzt hätten, vgl. Leclercq, amour 166.

Der Brief wurde von Bredero, A., Der Brief des hl. Bernhard auf dem Sterbebett: Fälschungen im Mittelalter (MGH Schriften 33, 5), Hannover 1988, 211–224 und ders., Bernhard (1996), 96ff. mit m. E. ganz unzureichenden Argumenten zur Fälschung erklärt. Da sowohl Farkasfalvy, D., The Authenticity of Saint Bernard's Letter from his Deathbed: Analecta Cisterciensia 34, 1987, 263–268 wie auch Gastaldelli: Werke III, 1160–1162 und nochmals Smith, R., Arnold of Bonneval, Bernard of Clairvaux, and Bernard's Epistle 310: Analecta Cisterciensia 49, 1993, 273–318 diese Hypothese widerlegt haben, braucht hier nicht weiter auf sie eingegangen zu werden.

651 Vgl. Oury, G., Recherches sur Ernaud, abbé de Bonneval: Revue Mabillon 59, 1977, 97–127.

652 Leisner, Krankheitsgeschichte.

653 Epistola 144, 2.

654 Zum Beispiel Vita Ia 4, 2, 8.

655 Epistola 42, 12 = VII, 110, 1ff.

656 Vgl. Leclercq, J., La joie de mourir selon S. Bernard de Clairvaux: Taylor, J. (Hrsg.), Dies irae. Death in the Middle Ages, Liverpool 1984, 195–207; ders., Mourir et sourir dans la tradition monastique: Studia monastica 35, 1993, 55–68. Vgl. oben S. 451 Anm. 340.

657 Dinzelbacher, Sterben/Tod; Ders., Angst 135ff.

658 Wilhelm, Vita Sugerii 3, 11.

659 Dinzelbacher, Sterben/Tod.

660 Vita Ia 5, 2, 13.

661 Dimier, Bernard 57; King, Cîteaux 247ff.

662 Vita Ia 5, 2, 9ff.; Vita IIa, 30, 82, vgl. Gottfried, Epistola ad Eskilum, ed. Bredero, brouillon 33.

663 Ecclesiastica officia 94, 1–14.

664 Pressouyre/Kinder, Bernard 204.

665 Vita Ia 5, 3, 18.

666 Vita Ia 5, 2, 13 = 359 B.

667 Dinzelbacher, Realpräsenz 150f.

668 Konrad von Eberbach, Exordium magnum 2, 20; vielleicht legendär.

669 Vita Ia 5, 2, 15; 5, 3, 23; Gottfried, Epistola ad Eskilum, ed. Bredero, brouillon 42.

670 Pressouyre/Kinder, Bernard 294.

671 Sigebertus, Continuatio Praemonstratensis a. a. 1153 = MGH SS 6, 455.

672 MGH SS 16, 525.

673 Blaise, Lexicon 268; Niermeyer, Lexicon 286.

674 The History of the Decline and Fall of the Roman Empire [c. 59], ed. Milman, H. H., Philadelphia s. a., VI, 13. Genau waren es 169 Abteien, die zwischen 1115 und 1153 von Clairvaux aus direkt oder über eine Tochterabtei gegründet worden waren,

fast dreimal so viele wie von Cîteaux aus (Dimier, M.-A., Le monde claravallien à la mort de saint Bernard: Mélanges saint Bernard, Dijon 1953, 248–253; Locatelli, expansion 114). Liste der 68 unmittelbaren Gründungen bei King, Cîteaux 231 f.

[675] Dimier, Bernard 169; Farina/Vona, organizzazione 176; Lipkin, J., The Entrance of the Cistercians into the Church Hierarchy 1098–1227: Elder, E. R., Sommerfeldt, J. (Hrsg.), The Chimaera of His Age, Kalamazoo 1980, 62–75.

[676] Cavallera, F., Bernard (Apocryphes ...): DS 1, 1499–1502.

[677] Zumal hier vor kurzem entsprechende Darstellungen erschienen: Arabeyre, Vies; Elm, Bernhard.

[678] Fossier, essor 109f.; Verger/Jolivet, Bernardo 172. Nur das Jahr 1153 ist bekannt, nicht das genaue Datum.

[679] Sermo 52, 15 = PL 194, 1869 D = SC 339, 234.

Nachwort zu Quellen und Literatur

[1] Otto von Freising, Chronica 2, Prol., ed. Lammers 106.

[2] Leclercqs Text wurde unverändert in die neuen zweisprachigen Ausgaben übernommen, und zwar deutsch: Werke; französisch: Œuvres complètes, Paris 1990ff. (innerhalb der Sources chrétiennes); italienisch: Opere; spanisch: Obras completas, Madrid 1983ff. (innerhalb der Biblioteca de autores cristianos). Vgl. unten S. 465.

[3] Dazu v. a. Leclercq, Recueil pass.

[4] Commentatio: Matter, Voice 124, 131ff.; Exordium: Bredero, Etudes 71f.; ders., toegankelijkheid 320.

[5] Piazzoni, Guglielmo 143 f.

[6] Auberger, unanimité 56f.

[7] Siehe oben S. 451 Anm. 344.

[8] Hauréau, B., Des poèmes latins attribués à Saint Bernard, Paris 1890; Vacandard, E., Les poèmes latins attribués à Saint Bernard: Revue des questions historiques 49, 1891, 218–231; Hashagen, F., St. Bernhard von Clairvaux als Hymnendichter: Neue kirchliche Zs. 13, 1902, 205–219. Ein 1996 von Paravicini Bagliani, trono 219 f. als Werk Bernhards angesprochenes Apologeticum saeculi ist unbekannt.

[9] Gastaldelli: Werke III, 1241–1245. Zu Epistola 310 s. oben S. 460 Anm. 650; Epistola 462 dürfte aus der Kanzlei Bernhards kommen, vgl. Leclercq, Recueil IV, 285ff.

[10] Hüffer, Bernhard 224f. = MGH LdL 3, 239ff.

[11] Dinzelbacher, Revelationes 55f.

[12] Epistolae 549f. wurden erst von Heinzer, F., Zwei unbekannte Briefe Bernhards von Clairvaux in einer Handschrift der Zisterzienserabtei Lichtental: Scriptorium 41, 1987, 97–105 veröffentlicht.

[13] Zum Beispiel Epistolae 109, 167, 169, 362 etc.

[14] Vgl. schon Rassow, Kanzlei.

[15] PL 184, 433–476. Vgl. Greven, Kölnfahrt 15ff.

[16] Recueil I, 16ff.

[17] Die anderen Viten, namentlich die Vita IIa, bringen nur minimale Abweichungen bzw. panegyrische Einschübe und sind eventuell für die Literaturgeschichte der Hagiographie von Interesse, kaum aber für Bernhard selbst. Einige Ergän-

zungen, bei denen allerdings schwer zwischen authentischer Tradition und Legendenbildung zu scheiden ist, bietet die Vita IVa.

[18] Siehe u. S. 471. Auf die offenbar ernst gemeinte Fragestellung desselben Verfassers einzugehen, ob sich eine Zunahme von Bernhards Heiligkeit historisch (!) nachweisen lasse (toegankelijkheid 315 f.), erübrigt sich.

[19] biographe 16. Vgl. Goodrich, reliability.

[20] Vgl. Leclercq, Bernhard 9–12; Köpf, U., Zum Geleit: Bredero, Bernhard
(1996) 9 f.

[21] Look 15–21.

[22] Vgl. oben S. 460 Anm. 650.

[23] Gastaldelli, testimonianze. Ich zitiere den Text jedoch in herkömmlicher Weise
als Gottfried, Fragmenta.

[24] Schmale, Studien 264 f. Anm. 23.

[25] Apologia 7, 15 = III, 94, 25 = Gregor, In Ezechielem I, 7, 5 = PL 76, 842 = CC
142, 85.

[26] Teilweise gesammelt von Dimier, Outrances. Daß dieser fast einzige substan-
tielle Beitrag zu einem kritischen Bernhard-Bild von einem Angehörigen seines eigenen Ordens verfaßt wurde, der dem Heiligen u. a. eine „verve endiabliée" (658) im
Umgang mit Abaelard bescheinigt, ist für die sonstige zisterziensische Sekundärliteratur ausgesprochen atypisch. Ebenso atypisch für die von katholischen Autoren
stammende Beurteilung Bernhards ist seine scharfe Ablehnung durch den Funda-
mentaltheologen P. Eicher, Gottesfurcht 123 ff., der ihm die Anwendung von „hoch-
spiritualisiertem Terror" zur Verwirklichung des Gottesreiches vorwirft und ihn als
Zyniker beurteilt.

[27] Überblicke über die Geschichte der Bernhard-Biographien bieten Fonseca, C.,
La storiografia bernardina da Vacandard a Leclercq: Bernardo cistercense 1–18 und
Bredero, Bernhard (1996) 150 ff. (beide ziemlich unvollständig); einige Charakteri-
stiken auch bei dems., The Conflicting Interpretations of the Relevance of Bernard of
Clairvaux to the History of His Own Time: Cîteaux 31, 1980, 53–81.

[28] Um den ohnehin über 3000 Anmerkungen umfassenden Apparat nicht noch
weiter zu belasten, werden diese älteren Werke (also auch Jaffé) im allgemeinen nicht
mehr zitiert.

[29] Steinen, Bernhard 118.

[30] Gastaldelli: Werke III, 1131.

[31] Williams, Bernard 12.

[32] Zit. Riché, P., Préface: Vallery-Radot, Bernard I, 8.

[33] Vallery-Radot, Bernard I, 9 [sic; die Paginierung 7–9 erscheint doppelt].

[34] Vallery-Radot, Bernard I, 62.

[35] Das gilt auch weitgehend für sein Buch: San Bernardo. La vita, dessen Origi-
naltitel treffender lautete: Saint Bernard mystique.

[36] Ungeachtet des Titels ist das 1993 auf Niederländisch und 1996 auf Deutsch erschiene Buch Brederos keineswegs eine Biographie, sondern nur eine Studie zum im
Untertitel genannten Thema.

[37] Nicht zugänglich war mir Grebenc, M., Itinerar Sv. Bernarda v Letih Anakle-
tove Shizme 1130–1138: Zgodovinski Zbornik 1959, 7–69 und Fusciardi, A., S. Bernardo abate di Chiaravalle, Casamari 1953, das auch über die römische Biblioteca

Universitaria Alessandrina nicht erhältlich war. Diese auch in der italienischen Sekundärliteratur fast nie zitierte Publikation soll ein Itinerar Bernhards enthalten.

[38] Bisher nicht herangezogene Quellen dieses Genus habe ich oben S. 144, 154,
272 und 296 zitiert.

[39] Die späteren Zusammenfassungen sind dagegen aufgrund ihrer verkürzten Darstellung im Detail oft fehlerhaft, z. B. Heer, F., Kreuzzüge – gestern, heute, morgen,
Luzern 1969.

[40] Im Neuen Handbuch der Literaturwissenschaft 7, Wiesbaden 1981, widmet
R. Düchting, Die mittellateinische Literatur, 487–512 Bernhard keine einzige Zeile!

[41] Zum Verhältnis von Biographie und Mentalitätsgeschichte vgl. Martin, Mentalités 455–484.

[42] Vita Ia 3, Prol.

[43] Daß Vacandard davon keineswegs frei ist, sei nur durch einen einzigen Hinweis
belegt: Ohne wie sonst einen Quellennachweis zu bieten, schreibt er in Zusammenhang mit Bernhards Reise nach Paris (1140), dieser „hatte vergebens gesucht, den berühmten Lehrer vom Genovefaberge [Abaelard] der Gefahr einer drohenden Verur-
theilung zu entreißen" (Leben II, 128). Faktisch hatte Bernhard genau das gegenteilige Ziel und hat dies auch erreicht, s. o. S. 231 ff.

[44] So stellt z. B. Schmale, Studien 48–57 den Kreis der Wähler von Papst Innozenz
II. als mit Bernhard befreundet dar. Die einzigen von ihm dafür genannten Quellen
sind Briefe des Abtes an diese Kardinäle. Überprüft man sie auf ihre Datierungen, so
ergibt sich jedoch, daß sie fast alle nach 1130 verfaßt wurden und nichts über etwaige
frühere Kontakte Bernhards mit ihren Empfängern aussagen.

[45] Zum Beispiel die hartnäckige Übersetzung von „saeculum" in Epistola 250 mit
„Jahrhundert", vgl. oben S. 454 Anm. 463.

Bibliographie

Zitierweise

Bernhards Werke werden nach der Ausgabe: S. Bernardi Opera, hrsg. v. Leclercq, J. u. a., Romae 1957 ff. zitiert. Auf sie beziehen sich die nach dem Ist-Gleich-Zeichen stehenden Angaben *mit* römischer Ziffer, z. B. = III, 88, 4 bedeutet Band III, Seite 88, Zeile 4.

Es existiert dazu ein vollständiger Wortindex auf Mikro-fiches: Thesaurus S. Bernardi Clarevallensis, Turnhout 1987.

Die Viten Bernhards werden nach der Edition J. Mabillons in der Patrologia latina von J.-P. Migne, Bd. 185, Paris 1863, 225–550 zitiert. Auf sie beziehen sich die nach dem Ist-Gleich-Zeichen stehenden Angaben *ohne* römische Ziffer mit Buchstaben, z. B. = 241 C bedeutet Spalte 241, Abschnitt C.

Allgemeine Abkürzungen

AASS = Acta Sanctorum, Antwerpen bzw. Paris (Erscheinungsort und Auflage je nach Erscheinungsdatum).

AQ = Ausgewählte Quellen zur deutschen Geschichte des Mittelalters, Darmstadt.

Bernard = Bernard de Clairvaux, ed. Bouton, J. (Commission d'Histoire de l'Ordre de Cîteaux 3), Paris 1953.

Bouquet = Recueil des historiens des Gaules et de la France, ed. Bouquet, M. u. a., Paris 1738 ff.

BS = Bibliotheca Sanctorum, ed. Istituto Giovanni XXIII, Roma.

CC = Corpus Christianorum, Turnhout.

CCCM = Corpus Christianorum, Continuatio Mediaevalis, Turnhout.

CSEL = Corpus Scriptorum Ecclesiasticorum Latinorum, Wien.

DHGE = Dictionnaire d'histoire et géographie ecclésiastique, Paris.

DS = Dictionnaire de spiritualité ascétique et mystique, Paris.

DThC = Dictionnaire de théologie catholique, Paris.

FS = Festschrift.

Gesch. Chr. = Die Geschichte des Christentums. Religion, Politik, Kultur, ed. Mayeur, J.-M., Freiburg.

LcI = Lexikon der christlichen Ikonographie, Freiburg.

LexMA = Lexikon des Mittelalters, München.

LThK = Lexikon für Theologie und Kirche, Freiburg (1., 2. oder 3. Auflage je nach Erscheinungsdatum).

MGH = Monumenta Germaniae Historica, Hannover etc.
ND = Neudruck.
Opere = Opere di San Bernardo, ed. Gastaldelli, F., Milano 1984ff. [Text der SBO mit italienischer Übersetzung].
PL = Patrologiae cursus completus, series latina, ed. Migne, J.-P., Paris.
Sachwörterbuch = Dinzelbacher, P. (Hrsg.), Sachwörterbuch der Mediävistik, Stuttgart 1992.
SBO = S. Bernardi Opera, ed. Leclercq, J., u. a., Romae 1957ff.
SC = Sources chrétiennes, Paris.
SS = Scriptores.
TRE = Theologische Realenzyklopädie, Berlin.
Werke = Bernhard von Clairvaux, Sämtliche Werke, ed. Winkler, G., Innsbruck 1990ff. [Text der SBO mit deutscher Übersetzung].
Wörterbuch = Dinzelbacher, P. (Hrsg.), Wörterbuch der Mystik, Stuttgart 1989.
Zs. = Zeitschrift.

Bibliographien

Janauschek, L., Bibliographia Bernardina (Xenia Bernardina 4), Vindobonae 1891, ND Hildesheim 1959.
Bouton, J., Bibliographie bernardine 1891–1957 (Commission d'histoire de l'ordre de Cîteaux 5), Paris 1958.
Manning, E., Bibliographie bernardine (1957–1970) (La documentation cistercienne 6), Rochefort 1972.
Rochais, H., Manning, E., Bibliographie générale de l'ordre cistercien 1/2: Saint Bernard (La documentation cistercienne 21/h.s.1/2), Rochefort 1979/80.
Altermatt, A., Die Zisterzienser in Geschichte und Gegenwart. Ein Literaturbericht: Cistercienser Chronik 88, 1981, 77–120.
Place, F. de, Bibliographie pratique de spiritualité cistercienne médiévale, Le May sur Evre 1987, 51–88.
Penco, G., S. Bernardo tra due centenari: Benedictina 38, 1991, 19–33.
Hendrix, G., Conspectus bibliographicus Sancti Bernardi ultimi Patrum 1989–1993. Deuxième édition augmentée (Recherches de Théologie ancienne et médiévale, Suppl. 2), Leuven 1995.
Hendrix, G., S. Bernard et son historiographie: Revue d'histoire écclesiastique 90, 1995, 80–103.

Die besten laufenden Bibliographien zu Bernhard von Clairvaux bieten die Zeitschrift Medioevo latino und der Bulletin d'histoire cistercienne (Supplément zur Zeitschrift Cîteaux).

Schönberger, R., Kible, B. (Hrsg.), Repertorium edierter Texte des Mittelalters aus dem Bereich der Philosophie und angrenzender Gebiete, Berlin 1994.
Volpi, V., Dizionario delle opere classiche. Intestazioni uniformi degli autori, elenco delle opere parti componenti, indici degli autori, dei titoli e delle parole chiave della letteratura classica, medievale e bizantina, Torino 1994.

Quellen

N. b.: mit Ausnahme der in den MGH, den SC, dem CC und der PL erschienenen!*

Abaelard und Heloise, Briefe: Abelardo ed Eloisa, Lettere, ed. Cappelletti Truci, N.,
   Torino 1979 – La vie et les epistres Pierres Abaelart et Heloys sa fame, ed. Hicks,
   E., Paris 1991.
Abaelard, Letters IX–XIV, ed. Smits, E. R., Groningen 1983.
Ava: Die Dichtungen der Frau Ava, hrsg. v. Schacks, K., Graz 1986.
Benedikt s. *Regula*.
Berengar von Poitiers: The Satirical Works of Berengar of Poitiers, ed. Thomson,
   R. M.: Medieval Studies 42, 1980, 89–138.
Ein bisher unbekannter Bericht vom Konzil zu Pisa im Jahr 1135, hrsg. v. Bernheim,
   E.: Zs. f. Kirchenrecht 16, 1881, 147–154.
Bernhard von Clairvaux, Opera: S. Bernardi Opera, hrsg. v. Leclercq, J., Rochais,
   H., Romae 1957/77.
Bernhard von Clairvaux, Sämtliche Werke, hrsg. v. Winkler, G., Innsbruck 1990ff.
Bernhard von Cluny, *De contemptu mundi*, ed. Pepin, R., East Lansing 1991.
Capitula: Cîteaux, documents 124–134.
Chanson de Guillaume, ed. Schmolke-Hasselmann, B., München 1983.
Chanson de Roland: Das altfranzösische Rolandslied nach der Oxforder Handschrift,
   hrsg. v. Hilka, A., Halle 1940.
Cîteaux, documents primitifs, ed. de Place, F., u. a., s.l. 1988.
Disputacio: Wilmart, A., Une riposte de l'ancien monachisme au manifeste de saint
   Bernard: Revue bénédictine 46, 1934, 298–344 [zitiert nach der Zeilennumerie-
   rung dieser Edition].
Eberhard von Ypern, *Dialogus Ratii*: A Latin Dialogue on the Doctrine of Gilbert of
   Poitiers, ed. Häring, N.: Medieval Studies 15, 1953, 243–289.
Ecclesiastica officia: Les Ecclesiastica officia cisterciens du XIIème siècle, ed. Chois-
   selet, D., u. a., Reiningue 1989.
Enchiridion symbolorum, ed. Denzinger, H., Umberg, I., Freiburg [26]1947.
Étienne de Bourbon: Anecdotes historiques, légendes et apologues tirés de recueil
   inédit d'Étienne de Bourbon, ed. Lecoy de la Marche, A., Paris 1877.
Exordium Cistercii: Cîteaux, documents 107–135.
Exordium parvum: Cîteaux, documents 21–53.

* Editionen und Seiten- bzw. Spaltenzahlen darin werden i.a. nur angegeben, wo der
Text wörtlich zitiert ist. Die Ausgaben der nicht wörtlich zitierten historischen Quellen
sind zu entnehmen Potthast, A., Bibliotheca historica medii aevi, ND Graz 1954, Repertorium fontium historiae medii aevi, Rom 1962ff. und Bak, J., Mittelalterliche Ge-
schichtsquellen in chronologischer Übersicht, Stuttgart 1987. Für die theologischen bzw.
philosophischen Schriften vgl. das oben S. 466 genannte Repertorium und Dizionario.
   Übersetzungen von Quellen figurieren bei der Sekundärliteratur unter dem
Namen des Übersetzers, da nur die Kommentare herangezogen wurden, während
alle Zitate aus den Originaltexten neu übertragen wurden.

Gottfried von Auxerre, *Fragmenta*: Les fragmenta de vita et miraculis S. Bernardi, ed. Lechat, R.: Analecta Bollandiana 50, 1932, 83–122.

Gottfried von Auxerre, *Libellus, Epistola ad Albinum*, ed. Häring, N., The writings against Gilbert of Poitiers by Geoffrey of Auxerre: Analecta Cisterciensia 22, 1966, 3–83.

Gottfried von Auxerre: Un brouillon de XIIe. s. L'autographe de Geoffroy d'Auxerre, ed. Bredero, A.: Scriptorium 13, 1959, 27–60.

Gottfried von Auxerre: Le témoignage de Geoffroy d'Auxerre sur la vie cistercienne, ed. Leclercq, J.: Studia Anselmiana 31, 1953, 174–201.

Guibert von Nogent, *De vita sua* bzw. *Monodiae*: Guibert de Nogent, Autobiographie, ed. Labande, E.-R., Paris 1981.

Hariulf von Oudenburg, *Gesta contra abbatem s. Medardi Suessionensis*, ed. Müller, E., Der Bericht des Abtes Hariulf von Oudenburg über seine Prozessverhandlungen an der römischen Kurie im Jahre 1141: Neues Archiv d. Gesellschaft f. ältere deutsche Geschichtskunde 48, 1930, 97–115.

Hugo [von Sankt Viktor ?], Brief an die Templer, ed. Sclafert, C., Lettre inédite de Hugues de Saint-Victor aux chevaliers du Temple: Revue d'ascétique et de mystique 35, 1958, 275–299.

Johann von Salisbury, *Historia Pontificalis*, ed. Chibnall, M., John of Salisbury's Memoirs of the Papal Court, London 1956.

Konrad von Eberbach, *Exordium magnum cisterciense*, ed. Griesser, B., Rom 1961.

Kreuzzugsdichtung, ed. Müller, U., Tübingen 1969.

Mittellateinische Kreuzzugslieder, ed. Spreckelmeyer, G., Göppingen 1987.

Die altfranzösische Kreuzzugslyrik des 12. Jahrhunderts, ed. Schöber, S., Wien 1976.

Libellus de diversis ordinibus et professionibus qui sunt in aecclesia, ed. Constable, G., Smith, B., Oxford 1972.

Liber s. Gilberti, ed. Foreville, R., Keir, G., The Book of St. Gilbert, Oxford 1987.

Liber pontificalis, ed. Duchesne, L., Vogel, C., Paris ²1957.

Map, Walter, *De nugis curialium*, ed. Latella, F., Parma 1990.

Nivard von Gent, *Isengrimus*, ed. Mann, J., Leiden 1987.

Otto von Freising, *Chronica sive historia de duabus civitatibus*, ed. Lammers, W. (AQ 16), Darmstadt 1960.

Otto von Freising, *Gesta Frederici*, ed. Schmale, F.-J. (AQ 17), Darmstadt 1965.**

Paganus Bolotinus, *Versus de falsis eremitis qui vagando discurrunt*, ed. Meyer, W., Zwei Gedichte zur Geschichte des Cistercienser Ordens: Nachrichten der Gesellschaft der Wissenschaften zu Göttingen, phil.-hist. Kl. 1908, 377–405; ed. Leclercq, J., Le poème de Payen Bolotin contre les faux ermites: Revue Bénédictine 68, 1958, 52–86.

Petrus [Venerabilis] von Cluny, *Epistolae*, ed. Constable, G., The Letters of Peter the Venerable, Cambridge, Mass. 1967.

Recueil des chartes de l'abbaye de Clairvaux I, ed. Waquet, J., Troyes 1950.

Recueil de textes relatifs à l'histoire de l'architecture et à la condition des architectes

___

** Die hier (und auch von mir) verwendete Kapiteleinteilung differiert von der älterer Ausgaben.

en France au Moyen Age, p. p. Mortet, V., Deschamps, P., ND ed. Pressouyre, L., Paris 1995.

Regula monasteriorum: Die Benediktusregel, ed. Steidle, B., Beuron ³1978 [auch: CSEL 75; SC 181–186].

Robert von Melun, *Sententiae*, ed. Martin, R., Pro Petro Abaelardo: Revue des sciences philosophiques et théologiques 12, 1923, 308–333.

Statuta capitulorum generalium Ordinis Cisterciensis, ed. Canivez, J., Louvain 1933 ff.

Stephanus de Borbone s. Étienne.

Suger, *Vita Ludovici grossi regis*, ed. Waquet, H., Paris ²1964.

Suger, *De consecratione*, ed. Binding, G., Speer, A., Köln 1995.

Suger, Œuvres I, ed. Gasparri, F., Paris 1996.

Szövérffy, J., Secular Latin Lyrics and Minor Poetic Forms of the Middle Ages, Concord NH, 1992/95.

Tractatus abbatis cuiusdam: ed. Leclercq, Recueil II, 69–85.

Vita Christiani de Elemosina, ed. Grießer, B.: Cistercienser Chronik 57, 1950, 12–32, ergänzt durch Leclercq, J.: Analecta Bollandiana 61, 1953, 21–52.

Vita S. Gerlaci, ed. Mulder-Bakker, A. B., Der kluizenaar in de eik. Gerlach van Houthem en zijn verering, Hilversum 1995.

Vita Willelmi de S. Theoderici, ed. Poncelet, A.: Mélanges Godefroid Kurth I, Liège 1908, 85–96.

Wibald von Stablo, Briefe, ed. Jaffé, Ph., Bibliotheca rerum Germanicarum I, Berlin 1864, ND Aalen 1964.

Wilhelm von Saint-Denis, *Dialogus apologeticus*, ed. Wilmart, A.: Revue Mabillon 32, 1942, 80–118.

Wilhelm von Saint-Thierry u. a., *S. Bernardi Vita Prima*: PL 185, 225–466.

Worstbrock, F. J. (Hrsg.), Zu den lateinischen Gedichten der Savignaner Handschrift 45: Archiv für Kulturgeschichte 50, 1968, 289–293.

Sekundärliteratur

In einigen Fällen (Bredero, Vacandard) war es leider unumgänglich, verschiedene Ausgaben desselben Werkes zu benützen. – Zahlreiche weitere Titel zu Spezialfragen sind in den Anmerkungen genannt!

Alphandéry, P., La Chrétienté et l'idée de croisade. Les premiers croisades, Paris 1954.

Amann, E., Innocent II: DThC 7/2, 1950–1961.

Ambrosioni, A., Bernardo e il papato: Bernardo cistercense, 59–80.

Amerio, R., Introduzione [all'Apologia ad Guillelmum abbatem]: Opere I, 121–157.

Arabeyre, P., u. a. (Hrsg.), Vies et légendes de Saint Bernard de Clairvaux, Cîteaux 1993.

Arbois de Jubainville, M.-H. d', Etudes sur l'état intérieur des Abbayes cisterciennes et principalement de Clairvaux, au XIIe et XIIIe siècle, Paris 1858, ND Hildesheim 1976.

Armand, A.-M., S. Bernard et le renouveau de l'iconographie, Paris 1944.

Asselsbergs, W., Een paradox der twaalfde eeuw: Collectanea Ordinis Cisterciensium Reformatorum 11, 1949, 166–181.

Astell, A. W., The Song of Songs in the Middle Ages, Ithaca 1990.

Auberger, J. B., L'unanimité cistercienne primitive. Mythe ou réalité, Achel 1986.

Auberger, J. B., Les Cisterciens à l'époque de Saint Bernard: Bernardo cistercense 19–43.

Aubert, M., Romanische Kathedralen und Klöster in Frankreich, Wiesbaden ²1973.

Baker, D., Crossroads and Crisis in the Religious Life of the Later Eleventh Century: Studies in Church History 16, 1979, 137–148.

Baker, D., San Bernardo e l'elezione di York: Studi 115–180.

Barber, M., The New Knighthood. A History of the Order of the Temple, Cambridge 1994.

Barni, G., Milano verso l'egemonia: Storia di Milano III, Milano 1954, 239–396.

Barthélemy, D., L'ordre seigneurial, XIe–XIIe siècle, Paris 1990.

Battles, F., Bernard of Clairvaux and the Moral Allegorical Tradition: Innovation in Medieval Literature, Pittsburgh (Penn.) 1971, 1–19.

Bauer, D., Fuchs, G. (Hrsg.), Bernhard von Clairvaux und der Beginn der Moderne, Innsbruck 1996.

Bauer, R., u. a., De twaalfde eeuw. Een breuklijn in onze beschaving, Antwerpen 1984.

Benke, Chr., Unterscheidung der Geister bei Bernhard von Clairvaux, Würzburg 1991.

Benson, R. L., u.a. (Hrsg.), Renaissance and Renewal in the Twelfth Century, Cambridge, Mass. 1982, ND Toronto 1991.

Benton, J. F., Culture, Power and Personality in Medieval France, London 1991.

Benton, J., Nicolas de Clairvaux: DS 11, 255–259.

Benvenuti Papi, A., Modelli episcopali post-gregoriani: Brufani, St., Menestò, E. (Hrsg.), Nel segno del santo protettore. Ubaldo, vescovo, taumaturgo, santo, Perugia 1990, 293–32.

Berlioz, J. (Hrsg.), Moines et religieux au Moyen Age, Paris 1994.

Berlioz, J., Saint Bernard dans la littérature satirique, de l'Ysengrimus aux Balivernes des courtisans de Gautier Map: Arabeyre, Vies 211–228.

Berlioz, J., Saint Bernard, le soldat de Dieu: ders., Moines 47–56.

Bernard de Clairvaux, ed. Bouton, J. (Commission d'Histoire de l'Ordre de Cîteaux 3), Paris 1953 [Zitiert: Bernard].

Bernard de Clairvaux. Histoire, mentalités, spiritualité (SC 380), Paris 1992 [Zitiert: SC 380].

Bernard of Clairvaux (Cistercian Studies Series 23), Washington 1973.

Bernardo Cistercense (Atti dei Convegni dell'Accademia Tudertina e del Centro di studi sulla spiritualità medievale NS 3), Spoleto 1990.

Bernhardi, W., Konrad III., Berlin ²1975.

Bernhardi, W., Lothar von Supplinburg, Leipzig 1879.

Blaise, A., Dictionnaire latin-français des auteurs chrétiens, Turnhout ²1986.

Blaise, A., Lexicon latinitatis medii aevi, Turnhout 1975.

Blasucci, A., u. a., La spiritualità del medioevo, Roma 1988.

Bolton, B., The Cistercians and the Aftermath of the Second Crusade: Gervers, Crusade 131–140.

Borst, A., Barbaren, Ketzer und Artisten, München 1988.

Bosch, A. van den, Dieu rendu accessible dans le Christ d'après Saint Bernard: Collectanea Ordinis Cisterciensium Reformatorum 21, 1959, 185–205.

Bosch, A. van den, Le Christ, Dieu devenu amiable d'après Saint Bernard: Collectanea Ordinis Cisterciensium Reformatorum 23, 1961, 42–57.

Boswell, J., Christianity, Social Tolerance, and Homosexuality, Chicago 1980.

Bouchard, C. B., Holy Entrepreneurs. Cistercians, Knights, and Economic Exchange in Twelfth-Century Burgundy, Ithaca 1991.

Bouchard, C. B., Sword, Miter, and Cloister. Nobility and the Church in Burgundy, 980–1198, Ithaca 1987.

Bouton, J. (Hrsg.), Bernard de Clairvaux (Commission d'Histoire de l'Ordre de Cîteaux 3), Paris 1953 [abgekürzt: Bernard].

Bouton, J., Bernard et les Chanoines réguliers: Bernard 263–288.

Bouton, J., Bernard et les monastères bénédictines non clunisiens: Bernard 219–249.

Bouton, J., Negotia ordinis: Bernard 147–182.

Brague, R., (Hrsg.), Saint Bernard et la philosophie, Paris 1993.

Brauneck, I., Bernhard von Clairvaux als Mystiker, Diss. Hamburg, Düsseldorf 1935.

Bredero, A., Bernardus van Clairvaux (1091–1153). Tussen cultus en historie. De ontoegankelijkheid van een hagiografisch levensverhaal, Kampen 1993.

Bredero, A., Bernhard von Clairvaux. Zwischen Kult und Historie. Über seine Vita und ihre historische Auswertung, Stuttgart 1996.

Bredero, A., Christenheid en christendom in de middeleeuwen. Over de verhouding van godsdienst, kerk en samenleving, Kok Agora ²1987.

Bredero, A., De toegankelijkheid van het historisch leven van Sint Bernard: Sacris erudiri 30, 1987, 293–328.

Bredero, A., Der hl. Bernhard von Clairvaux im Mittelalter von der historischen Person zur Kultgestalt: Elm, Bernhard 141–160.

Bredero, A., Études sur la „Vita prima" de Saint Bernard, Rom 1960.

Bredero, A., La vie et la Vita prima: SC 380, 1992, 53–82.

Bredero, A., Saint Bernard in His Relations with Peter the Venerable: Cîteaux 42, 1991, 315–347.

Bretel, P., Les eremites et les moines dans la littérature française du Moyen Age (1150–1250), Paris 1995.

Briva Mirabent, A., San Bernardo y la cultura teologica del siglo XII: Cistercium 39, 1987, 365–380.

Brundage, J. A., St. Bernard and the Jurists: Gervers, Crusade 25–34.

Bühler, J., Klosterleben im Mittelalter, ND Frankfurt a. M. 1989.

Bulst-Thiele, M. L., The Influence of St. Bernard of Clairvaux on the Formation of the Order of the Knights Templar: Gervers, Crusade 57–66.

Bur, M., Suger, abbé de Saint-Denis, régent de France, Paris 1991.

Bußmann, K., Burgund. Kunst, Geschichte, Landschaft, Köln ²1978.

Bynum, C. W., Jesus as Mother. Studies in the Spirituality of the high Middle Ages, Berkeley 1982.

Calmette, J., David, H., Saint Bernard, Paris ²1979.

Cantarella, G., S. Bernardo e l'ecclesiologia: Bernardo cistercense 231–290.

Cardini, F., Bernardo di Clairvaux, Ai cavallieri del Tempio in lode della nuova milizia, Roma 1977.

Cardini, F., I poveri cavalieri del Cristo. Bernardo di Clairvaux e la fondazione dell'Ordine templare, Rimini ²1994.

Casey, M., Athirst for God. Spiritual Desire in Bernard of Clairvaux's Sermons on the Song of Song (Cistercian Studies Series 77), Kalamzoo, Mich. 1988.

Caspar, E., Roger II. (1101–1154), Innsbruck 1904.

Cattin, Y., L'Amour exilé. Saint Anselme et saint Bernard: Collectanea Cisterciensia 52, 1990, 171–190, 257–283.

Chabannes, J., Bernardo di Chiaravalle, mistico e politico, Roma 1988.

Châtillon, J., The Spiritual Renaissance of the End of the Eleventh Century and the Beginning of the Twelfth: American Bendictine Review 36, 1985, 292–317.

Chauvin, B., Le plan bernardin, réalités et problèmes: SC 380, 1992, 307–248.

Chenu, M. D., La teologia nel XII secolo, Milano 1986.

Chiesa, diritto e ordinamento della „societas Christiana" nei secoli XI e XII, Milano 1986.

Chiesa e mondo feudale nei secoli X–XII, Milano 1995.

Cignitti, B., Aletta: BS 1, 825f.

Cole, P. J., The Preaching of the Crusade to the Holy Land, 1095–170, Cambridge, Mass. 1991.

Coleman, J., Ancient and Medieval Memories, Cambridge 1992.

Colish, M. L., Peter Lombard, Leiden 1994.

Constable, G., The diversity of religious life and acceptance of social pluralism in the twelfth century: Beales, D., Best, G. (Hrsg.), History, Society and the Churches. Essays in honour of O. Chadwick, Cambridge 1987, 29–47.

Constabel, G., The Monastic Policy of Peter the Venerable: Pierre 119–142.

Coulton, G. G., Five Centuries of Religion, Cambridge 1923/50.

Cramer, V., Kreuzpredigt und Kreuzzugsgedanke [sic] von Bernhard von Clairvaux bis Humbert von Romans: Das Heilige Land in Vergangenheit und Gegenwart 1 (Palästinahefte des Dt. Vereins vom Hl. Land 17–20), Köln 1939, 43–204.

Cusimano, R. C., Moorhead, R. tr., Suger, The Deeds of Louis the Fat, Washington 1992.

Dal Prà, L., Cronologia della vita di San Bernardo di Clairvaux: Rivista cistercense 1, 1984, 275–328.

Damberger, J. F., Synchronistische Geschichte der Kirche und der Welt im Mittelalter, Regensburg 1853ff.

Damrosch, D., Non Alia Sed Aliter. The Hermeneutics of Gender in Bernard of Clairvaux: Blumenfeld-Kosinski, R., Szell, T. (Hrsg.), Images of Sainthood in Medieval Europe, Ithaca 1991, 181–197.

Davy, M.-M., Bernard de Clairvaux, Paris ND 1990.

De Warren, H.-B., Bernard et l'ordre de Saint-Victor: Bernard 309–326.

De Warren, H.-B., Bernard et les premiers Cisterciens face au problème de l'art: Bernard 487–534.

Delfgaauw, P., Saint Bernard, maître de l'amour divin, Tilburg 1974.

DelPlato, J., On Jews and the Old Testament Precedent for Sacred Art Production. The Views of some Twelfh-Century Abbots: Comitatus 18, 1987, 34–44.

Dempf, A., Sacrum Imperium, München 1929, ND Darmstadt 1973.

Deroy, J. P. Th., Bernardus en Origenes, Haarlem 1963.

Derwich, M. (Hrsg.), La vie quotidienne des moines et chanoines réguliers au Moyen Age et Temps modernes, Wroclaw 1995.

Deug-su, I, Il „tractatus de gradibus humilitatis et superbiae" come momento della mistica bernardina: Studi 327–347.

Deug-su, I, Introduzione [al Liber de gradibus humilitatis et superbiae]: Opere I, 3–35.

Didier, J.-Ch., L'imitation de l'humanité du Christ selon Saint Bernard: Vie Spirituelle, Suppl. 23, 1930, [79]–[94].

Didier, J.-Ch., La dévotion à l'humanité du Christ dans la spiritualité de Saint Bernard: Vie Spirituelle, Suppl. 23, 1930, [1]–[19].

Diers, M., Bernhard von Clairvaux. Elitäre Frömmigkeit und begnadetes Wirken, Münster 1991.

Dimier, A., Saint Bernard, „Pêcheur de Dieu", Paris 1953.

Dimier, M.-A., Guglielmo di Saint-Thierry: BS 7, 484–486.

Dimier, M.-A., Pietro I: BS 10, 772–774.

Dimier, M.-A., Rainardo: BS 11, 29f.

Dimier, M.-A., Outrances et roueries de Saint Bernard: Pierre 655–670.

Dimier, M.-A., Stefano di Cîteaux: BS 11, 1398–1402.

Dinzelbacher, P. (Hrsg.), Europäische Mentalitätsgeschichte, Stuttgart 1993.

Dinzelbacher, P., Angst im Mittelalter, Paderborn 1996.

Dinzelbacher, P., Bauer, D. (Hrsg.), Frauenmystik im Mittelalter, Ostfildern ²1990.

Dinzelbacher, P., Bauer, D. (Hrsg.), Religiöse Frauenbewegung und mystische Frömmigkeit im Mittelalter, Köln 1988.

Dinzelbacher, P., Bernhards Mystik. Eine Skizze: Bauer/Fuchs, Bernhard 180–193.

Dinzelbacher, P., Christliche Mystik im Abendland. Ihre Geschichte von den Anfängen bis zum Ende des Mittelalters, Paderborn 1994.

Dinzelbacher, P., Das Blut Christi in der Religiosität des Mittelalters, in: Kruse, N., Rudolf, U. (Hrsg.), 900 Jahre Heilig-Blut-Verehrung in Weingarten 1094–1994, Sigmaringen 1994, 415–434.

Dinzelbacher, P., Die „Bernhardinische Epoche" als Achsenzeit der europäischen Geschichte: Bauer/Fuchs, Bernhard 9–53.

Dinzelbacher, P., Die Gottesgeburt in der Seele und im Körper. Von der somatischen Konsequenz einer theologischen Metapher, in: Kornbichler, Th., Maaz, W. (Hrsg.), Variationen der Liebe. Historische Psychologie der Geschlechterbeziehung, Tübingen 1995, 94–128.

Dinzelbacher, P., Gefühl und Gesellschaft im Mittelalter. Vorschläge zu einer emotionsgeschichtlichen Darstellung des hochmittelalterlichen Umbruchs: Kaiser, G., Müller, J.-D. (Hrsg.), Höfische Literatur, Hofgesellschaft, Höfische Lebensformen um 1200, Düsseldorf 1986, 213–241.

Dinzelbacher, P., Hogg, J. (Hrsg.), Kulturgeschichte der christlichen Orden, Stuttgart 1997.

Dinzelbacher, P., Mittelalter: Evangelisches Kirchenlexikon 3, 1992, 472–496.

Dinzelbacher, P., Monstren und Dämonen am Kirchenbau: Mittelaltermythen II, i. Dr.

Dinzelbacher, P., Die Realpräsenz der Heiligen in ihren Reliquiaren und Gräbern nach mittelalterlichen Quellen: ders., Bauer, D. (Hrsg.), Heiligenverehrung in Geschichte und Gegenwart, Ostfildern 1990, 115–174.

Dinzelbacher, P., Religiöse Erfahrung: Holl, A. (Hrsg.), Die Ketzer, Hamburg 1994, 432–442.

Dinzelbacher, P., Sexualität und Liebe/Mittelalter: ders., Mentalitätsgeschichte 70–89.

Dinzelbacher, P., Sterben und Tod/Mittelalter: ders., Mentalitätsgeschichte 244–260.

Dinzelbacher, P., Toleranz bei Bernhard von Clairvaux?: Humanistische Bildung 19, 1996, 93–116.

Dinzelbacher, P., Vision und Visionsliteratur im Mittelalter, Stuttgart 1981.

Dinzelbacher, P., Wilhelm von St. Thierry: LexMA 8, i. Dr.

Dinzelbacher, P., Zisterzienser (Mittelalter): Dinzelbacher/Hogg, Kulturgeschichte 349–379.

Dinzelbacher, P., Zum Konzept persönlicher Heiligkeit bei Bernhard von Clairvaux und den frühen Zisterziensern: Schreiner, Spiritualität 101–133.

Dronke, P. (Hrsg.), Twelfth-Century Western Philosophy, Cambridge 1988.

Dronke, P., Intellectuals and Poets in Medieval Europe, Roma 1992.

Dubois, J., La vie réelle dans les monastères du Moyen Age: Collectanea Cisterciensia 49, 1987, 229–245.

Duby, G., Die drei Ordnungen. Das Weltbild des Feudalismus, Frankfurt a. M. 1986.

Duby, G., France in the Middle Ages, 987–1460, Oxford 1991.

Duby, G., Ritter, Frau und Priester, Frankfurt a. M. 1988.

Duby, G., Saint Bernard – l'art cistercien, Paris 1976.

Duby, G., Wirklichkeit und höfischer Traum, Frankfurt a. M. 1990.

Durliat, M., Romanische Kunst, Freiburg 1983.

Ehlers, J. u. a. (Hrsg.), Die französischen Könige des Mittelalters, München 1996.

Ehlers, J., Geschichte Frankreichs im Mittelalter, Stuttgart 1987.

Ehlers, J., Ludwig VII.: ders., Könige 139–154.

Eicher, P., Gottesfurcht und Menschenverachtung. Zur Kulturgeschichte der Demut: Stietencron, H. v. (Hrsg.), Angst und Gewalt, Düsseldorf 1979, 111–136.

Elder, E. R. (Hrsg.), Goad and Nail (Studies in Medieval Cistercian History 10/Cistercian Studies Series 84), Kalamazoo 1985.

Elder, E. R., Sommerfeldt, J. R. (Hrsg.), The Chimaera of His Age (Cistercian Studies Series 63), Kalamazoo 1980.

Elm, K. (Hrsg.), Bernhard von Clairvaux. Rezeption und Wirkung im Mittelalter und in der Neuzeit, Wiesbaden 1994.

Elm, K., La Chiesa, l'Impero e l'Italia al tempo di S. Ubaldo: Brufani, St., Menestò, E. (Hrsg.), Nel segno del santo protettore. Ubaldo, vescovo, taumaturgo, santo, Perugia 1990, 3–22.

Evans, G. R., Cur Deus homo: St Bernard's Theology of the Redemption: Studia Theologica 36, 1982, 27–36.

Evans, G. R., The Mind of St. Bernard of Clairvaux, Oxford 1983.

Evergates, Th., Louis VII and the Counts of Champagne: Gervers, Crusade 109–118.

Eynde, D. van den, Les premiers écrits de Saint Bernard: Leclercq, Recueil III, 343–422.

Farina, F., Vona, I., L'organizzazione dei Cistercensi nell'epoca feudale, Casamari 1988.

Fassler, M., Gothic Song. Victorine Sequences and Augustine Reform in twelfth-century Paris, Cambridge 1993.

Fechner, H., Die politische Tätigkeit des Abtes Bernhard von Clairvaux in seinen Briefen, Bonn 1933.

Feiss, H., Bernardus scholasticus. The Correspondence of Bernard of Clairvaux and Hugh of Saint Victor on Baptism: Cîteaux 42, 1991, 349–378.

Ferzoco, G., The Origin of the Second Crusade: Gervers, Crusade 91–100.

Fichtenau, H., Ketzer und Professoren. Häresie und Vernunftglaube im Hochmittelalter, München 1992.

Figuet, J., La bible de Bernard: SC 380, 237–269.

Flahiff, G., Ecclesiastical Censorship of Books in the Twelfth Century: Medieval Studies 4, 1942, 1–22.

Fliche, A. u. a., Dal primo concilio lateranense all'avvento di Innocenzo III (Storia della Chiesa IX/1), Torino 1974.

Foreville, R. (Hrsg.), Les mutations socio-culturelles au tournant des XIe–XIIe siècles, Paris 1984.

Forey, J., The Emergence of the Military Order in the Twelfth Century: Journal of Ecclesiastical History 36, 1985, 175–195.

Fornasari, G., Bernardo e l'Impero: Bernardo cisterrense 81–108.

Fossier, R., L'installation et les premières années de Clairvaux: Bernard 67–93.

Fossier, R., L'essor économique de Clairvaux: Bernard 95–114.

Frischmuth, G., Die paulinische Konzeption in der Frömmigkeit Bernhards von Clairvaux, Gütersloh 1932.

Frugoni, A., Arnaldo da Brescia nelle fonti del secolo XII, Torino ²1989.

Fuentes Crespo, P., Vida Espiritual Religiosa Según San Bernardo de Claraval, Madrid 1961.

García-Guijarro Ramos, L., Papado, cruzadas y órdenes militares, siglos XI–XIII, Madrid 1995.

Garreau, L., L'état social de la France au temps des croisades, Paris 1899.

Gastaldelli, F., „Optimus praedicator". L'opera oratoria di San Bernardo: Analecta Cisterciensia 51, 1995, 321–418.

Gastaldelli, F., Le tre ultime lettere dell'epistolario di san Bernardo: Analecta Cisterciensia 50, 1994, 251–292.

Gastaldelli, F., [Kommentar zu Bernhards Briefen]: Werke II/III.

Gastaldelli, F., I primi vent'anni di San Bernardo: Analecta Cisterciensia 43, 1987, 111–148.

Gastaldelli, F., Le più antiche testimonianze biografiche su san Bernardo: Analecta Cisterciensia 45, 1989, 3–80.

Gerson, P. L. (Hrsg.), Abbot Suger and Saint-Denis, New York 1986.

Gervers, M. (Hrsg.), The Second Crusade and the Cistercians, New York 1992.

Ghellinck, J. de, L'essor de la littérature latine au XIIe siècle, Bruxelles ²1954.

Gilson, St., Die Mystik des heiligen Bernhard von Clairvaux, Wittlich 1936.

Giraudot, F., Bouton, J., Bernard et les Gilbertins: Bernard 327–338.

Gleber, H., Papst Eugen III. (1145–1153) unter besonderer Berücksichtigung seiner politischen Tätigkeit, Jena 1936.

Godet, P., Guillaume de Champeaux: DThC 6/2, 1976f.

Goetz, H.-W., Bernard et Norbert: eschatologie et rèforme: SC 380, 505–55.

Goetz, H.-W., Eschatologische Vorstellungen und Reformziele bei Bernhard von Clairvaux und Norbert von Xanten: Schreiner, Spiritualität 153–170.

Gonzáles-Haba, M. J., „Auctoritas" y „ratio" en la teologia de San Bernardo: Ciudad de Dios 176, 1963, 542–566.

Goodrich, W. E., The Limits of Friendship. A Disagreement between Saint Bernard and Peter the Venerable on the Role of Charity in Dispensation from the Rule: Cistercian Studies 16, 1981, 81–97.

Goodrich, W. E., The Reliability of the „Vita Prima S. Bernardi": Analecta Cisterciensia 43, 1987, 153–180.

Gougaud, L., Dévotions et pratiques ascétiques du moyen âge, Maredsous 1925.

Gouguenheim, S., La sibylle du Rhin. Hildegard de Bingen, abbesse et prophétesse rhénane, Paris 1996.

Grabois, A., Militia and Malitia. The Bernardine Vision of Chivalry: Gervers, Crusade 49–56.

Grane, L., Peter Abaelard, London 1970.

Grégoire, R., Manuale di agiologia. Introduzione alla letteratura agiografica, Fabriano 1987.

Gregorovius, F., Geschichte der Stadt Rom im Mittelalter, ND München 1978.

Greven, J., Die Kölnfahrt Bernhards von Clairvaux: Annalen des historischen Vereins für den Niederrhein 120, 1932, 1–48.

Grill, L., Morimond, sœur jumelle de Clairvaux: Bernard 116–146.

Grotz, H., Kriterien auf dem Prüfstand. Bernhard von Clairvaux angesichts zweier kanonisch strittiger Wahlen: Aus Kirche und Reich, FS Kempf, Sigmaringen 1983, 237–263.

Grundmann, H., Adelsbekehrungen im Hochmittelalter: ders., Ausgewählte Aufsätze I, Stuttgart 1976, 125–149.

Grundmann, H., Religiöse Bewegungen im Mittelalter, Darmstadt ⁴1977.

Guilbert, S., L'abbaye de Clairvaux et les villes de foires de Champagne: Histoire 63–72.

Hallam, E. M., Capetian France 987–1328, London 1980.

Haller, J., Das Papsttum. Idee und Wirklichkeit, ND Reinbek 1965.

Härdelin, A., Bernhard av Clairvaux – teolog mellan patristik och skolastik: Hallonsten, G., u. a. (Hrsg.), Florilegium patristicum. En festskrift till Per Beskov, Delsbo 1991, 107–122.

Häring, N., San Bernardo e Gilberto vescovo di Poitiers: Studi 75–91.

Hasenohr, G., Zink, M. (Hrsg.), Dictionnaire des lettres françaises. Le Moyen Age, Paris 1992.

Haskins, Chr. H., The Renaissance of the Twelfth-Century, ND Cambridge, Mass., 1976.

Hauck, A., Kirchengeschichte Deutschlands, Berlin ⁶1953.

Haverkamp, A., Aufbruch und Gestaltung, Deutschland 1056–173, München ²1993.

Heer, F., Aufgang Europas. Eine Studie zu den Zusammenhängen zwischen politischer Religiosität, Frömmigkeitsstil und dem Werden Europas im 12. Jahrhundert, Wien 1949.

Heer, F., Die Tragödie des Heiligen Reiches, Wien 1952.

Heer, F., Mittelalter von 1100 bis 1350, Zürich 1961.

Heer, F., Reich und Gottesreich, Diss. Wien 1938.

Hehl, E.-D., Kirche und Krieg im 12. Jahrhundert, Stuttgart 1980.

Heinrich der Löwe und seine Zeit I (Katalog), München 1995.

Heller, D., Schriftauslegung und geistliche Erfahrung bei Bernhard von Clairvaux, Würzburg 1990.

Hermesdorf, B. H. D., Bernardus van Clairvaux als jurist: Annalen van rechtsgeleerdheid en staatswetenschappen 13, 1953, 345–363.

Histoire de Clairvaux. Actes du Colloque Juin 1990, Bar-sur-Aube 1991.

Höre, mein Sohn (Heiligenkreuzer Studienreihe 2), Heiligenkreuz (NÖ) 1982.

Hofmeister, Ph., Mönchtum und Seelsorge bis zum 13. Jahrhundert: Studien u. Mitteilungen zur Geschichte d. Benediktinerordens 65, 1953, 209–273.

Holdsworth, C., The Early Writings of Bernard of Clairvaux: Cîteaux 45, 1994, 21–61.

Holdsworth, C., The Reception of St Bernard in England: Elm, Bernhard 161–178.

Horn, M., Studien zur Geschichte Papst Eugens III., Frankfurt a. M. 1992.

Hüffer, G., Der hl. Bernhard von Clairvaux. Eine Darstellung seines Lebens und Wirkens I [m.n.e.], Münster 1886.

Hufgard, M. K., St Bernard of Clairvaux: a theory of art formulated from his writings and illustrated in 12th-century works of art, Lewiston 1989.

I laici nelle „societas Christiana" dei secoli XI e XII, Milano 1968.

Istituzioni monastiche e istituzioni canonicali in Occidente, Milano 1980.

Jacqueline, B., Bernard et le droit romain: Bernard 429–433.

Jacqueline, B., Bernard et le schisme d'Anaclet II: Bernard 349–354.

Jacqueline, B., Episcopat et Papauté chez saint Bernard de Clairvaux, Saint-Lô 1975.

Jaedicke, H. G., Bernhard von Clairvaux, Versuch eines Persönlichkeitsbildes: Blankenburg, W. (Hrsg.), Kerygma und Melos, FS Mahrenholz, Hannover 1970, 495–511.

Jaeger, J., Klosterleben im Mittelalter. Ein Kulturbild aus der Glanzperiode des Cistercienserordens, Würzburg 1903.

James, B. S., Saint Bernard of Clairvaux, London 1957.

Janssen, W., Die päpstlichen Legaten in Frankreich vom Schisma Anaklets II. bis zum Tode Coelestins III., Köln 1961.

Jordan, K., Investiturstreit und frühe Stauferzeit, München 1973.

Jurgeleit, R., Augustins Einfluß auf das Denken Bernhards von Clairvaux: Höre 55–62.

Kahl, H.-D., Christianisierungsvorstellungen im Kreuzzugsprogramm Bernhards von Clairvaux. Anmerkungen zum geistesgeschichtlichen Kontext des „Wendenkreuzzugs" von 1147: Przeglad Historyczny Warszawa 75, 1984, 453–461.

Kahl, H.-D., Crusade Eschatology as Seen by St. Bernard in the Years 1146 to 1148: Gervers, Crusade 35–48.

Kahl, H.-D., Die Ableitung des Missionskreuzzugs aus sibyllinischer Eschatologie (Zur Bedeutung Bernhards von Clairvaux für die Zwangschristianisierungsprogramme im Ostseeraum): Nowak, Z. H. (Hrsg.), Die Rolle der Ritterorden in der Christianisierung und Kolonisierung des Ostseegebietes, Torun 1983, 129–139.

Kahl, H.-D., Die Kreuzzugseschatologie Bernhards von Clairvaux und ihre missionsgeschichtliche Auswirkung: Bauer/Fuchs, Bernhard 262–315.

Kaiser, R., Bischofsherrschaft zwischen Königtum und Fürstenmacht, Bonn 1981.

Katzir, Y., The Second Crusade and the Redefinition of Ecclesia, Christianitas and Papal Coercive Power: Gervers, Crusade 3–12.

Kibler, W. W., Zinn, G. A. (Hrsg.), Medieval France. An Encyclopedia, New York 1995.

Kienzle, B. M., Tending the Lords vineyard. Cistercians, rhetoric and heresy, 1143–1229, Part I: Heresis 25, 1995, 29–62.

Kinder, T. N., Les églises médiévales de Clairvaux: Histoire 205–229.

King, A. A., Cîteaux and Her Elder Daughters, London 1954.

Kirch, J., St. Bernhard in Lothringen: Historisches Jahrbuch 29, 1908, 43–71; 264–303.

Klibansky, R., Peter Abailard and Bernard of Clairvaux. A Letter by Abailard: Medieval and Renaissance Studies 5, 1961, 1–27.

Kline, F., Saint Bernard and the Rule of Saint Benedict: Cîteaux 42, 1991, 169–183.

Knotzinger, K., Hoheslied und bräutliche Christusliebe bei Bernhard von Clairvaux: Jahrbuch für mystische Theologie 7, 1961, 5–88.

Knowles, M. D., Geschichte der Kirche II. Früh- und Hochmittelalter, Einsiedeln 1971.

Koenig, C., Englisches Klosterleben im 12. Jahrhundert auf Grund der Chronik des Jocelinus de Brakelonda, Jena 1928.

Kohout-Berghammer, B., Einleitung [zu De gratia et libero arbitrio]: Werke I, 153–170.

Kolmer, L., Abaelard und Bernhard von Clairvaux in Sens: Zs. d. Savigny-Stiftung f. Rechtsgeschichte, Kanonist. Abt. 67, 1981, 121–147.

Köpf, U., Bernhard von Clairvaux – ein Mystiker: Schreiner, Spiritualität 15–32.

Köpf, U., Bernhard von Clairvaux, Mystiker und Politiker: Wieland, Aufbruch 239–259.

Köpf, U., Bernhard von Clairvaux: Fries, H., Kretschmar, G. (Hrsg.), Klassiker der Theologie I, München 1981, 181–197.

Köpf, U., Hoheliedauslegung als Quelle einer Theologie der Mystik: Schmidt, M., Bauer, D. (Hrsg.), Grundfragen christlicher Mystik, Stuttgart 1987, 50–72.

Köpf, U., Religiöse Erfahrung in der Theologie Bernhards von Clairvaux, Tübingen 1980.

Köpf, U., Schriftauslegung als Ort der Kreuzestheologie Bernhards von Clairvaux: Bauer/Fuchs, Bernhard 194–213.

Köpf, U., Wesen und Funktion religiöser Erfahrung – Überlegungen im Anschluß an Bernhard von Clairvaux: Neue Zs. f. systematische Theologie und Religionsphilosophie 22, 1980, 150–165.

Kramp, M., Kirche, Kunst und Königsbild. Zum Zusammenhang von Politik und Kirchenbau im capetingischen Frankreich des 12. Jahrhunderts am Beispiel der drei Abteien Saint-Denis, Saint-Germain-des-Prés und Saint-Remi/Reims, Weimar 1995.

Kubach, E., Bloch, P., Früh- und Hochromanik, Baden-Baden 1964.

Kurze, D., Klerus, Ketzer, Kriege und Propheten, Warendorf 1996.

Lackner, B., The Liturgy of Early Cîteaux: Studies in Medieval Cistercian History (Cistercian Studies Series 13), Shannon 1971, 1–34.

L'Europa dei secoli XI e XII fra novità e tradizione, Milano 1989.

Langer, O., Affekt und Ratio. Rationalitätskritische Aspekte in der Mystik Bernhards von Clairvaux: Schreiner, Spiritualität 33–52.

Langer, O., Passio und Compassio. Zur Bedeutung der Passionsmystik bei Bernhard von Clairvaux: Fuchs, G. (Hrsg.), Die dunkle Nacht der Sinne, Düsseldorf 1989, 41–62.

Laporte, M., Guigues I: DS 6, 1169–1175.

Laugesen, A. T., Middelalderlitteraturen, Køpenhavn 1966.

Le Bail, A., Bernard: DS 1, 1454–1499.

Le Goff, J., Das Hochmittelalter, Frankfurt a. M. 1965.

Le Goff, J., Les intellectuels au Moyen Age, Paris ²1985.

Leclercq, J., A Second Look at Saint Bernard, Kalamazoo 1990.

Leclercq, J., Bernhard von Clairvaux, München 1990.

Leclercq, J., Conseil spirituel et conseillers selon S. Bernard: Studia Monastica 25, 1983, 73–91.

Leclercq, J., Diversification et identité dans le monachisme au XIIe siècle: Studia Monastica 28, 1986, 51–74.

Leclercq, J., L'amour des lettres et le désir de Dieu. Initation aux auteurs monastiques du Moyen Age, Paris ³1990.

Leclercq, J., L'attitude spirituelle de Saint Bernard devant la guerre: Collectanea cisterciensia 36, 1974, 195–225.

Leclercq, J., L'hérésie d'après les écrits de S. Bernard de Clairvaux: Lourdaux, W., Verhelst, D. (Hrsg.), The Concept of Heresy in the Middle Ages (Mediaevalia Lovaniensia I/4), Leuven 1983, 13–26.

Leclercq, J., Le femme et les femmes dans l'oeuvre de Saint Bernard, Paris 1982.

Leclercq, J., Le marriage vue par les moines au XIIe siècle, Paris 1983.

Leclercq, J., Monks and Love in Twelfth-Century France, Oxford 1979.

Leclercq, J., Recueil d'études sur Saint Bernard et ses écrits I–V (Storia e Letteratura 92, 104, 114, 167, 182), Roma 1962–92.

Leclercq, J., San Bernardo. La vita, Milano 1989.

Leclercq, J., St Bernard et l'esprit cistercien (Maitres Spirituels 36), s. l. 1975.

Leclercq, J., St. Bernhard und die formative Kommunität: Cistercienser Chronik 95, 1988, 1–15.

Leclercq, J., Toward a Sociological Interpretation of the Various Saint Bernards: Cîteaux 42, 1991, 19–33.

Leisner, J., Um die Krankheitsgeschichte des hl. Bernhard: Cistercienser Chronik 60, 1953, 39–47.

Lekai, L. J., I Cistercensi. Ideali e Realtà, Certosia di Pavia 1989.

Leonardi, C., Introduzione [a In laudibus virginis matris]: Opere II, 4–43.

Ley, H., Geschichte der Aufklärung und des Atheismus II/2, Berlin 1971.

Linhardt, R., Die Mystik des hl. Bernhard von Clairvaux, München 1923.

Little, E., Bernard and Abelard at the Council of Sens, 1140: Bernard of Clairvaux 55–71.

Locatelli, R., L'expansion de l'Ordre cistercien: SC 380, 1992, 103–140.

Lohrmann, D., Ludwig VI.: Ehlers, Könige 127–138.

Longère, J., La prédication médiévale, Paris 1983.

Lotter, F., Die Konzeption des Wendenkreuzzuges, Sigmaringen 1977.

Louf, A., Bernard abbé: SC 380, 1992, 349–379.

Lubac, H. de, Esegesi medievale. I quattro sensi della Scrittura I (Opera omnia 17/ 18), Milano 1986/88.

Lubac, H. de, Esegesi medievale. I quattro sensi della Scrittura II, Roma 1972.

Luddy, A. J., Life and Teaching of St Bernard, Dublin ³1950.

Luscombe, D. E., The School of Peter Abelard, Cambridge 1969.

Lynch, J., Monastic Recruitment in the Eleventh and Twelfth Centuries: American Benedictine Review 26, 1975, 425–447.

Maddux, J., St. Bernard as Hagiographer: Cîteaux 27, 1976, 85–108.

Mahn, J.-B., L'ordre cistercien et son gouvernement, Paris 1945.

Maiorino Tuozzi, A., La „conoscenza di sé" nella scuola cisterciense, Napoli 1976.

Maleczek, W., Das Kardinalskollegium unter Innozenz II. und Anaklet II.: Archivum Historiae Pontificiae 19, 1981, 27–78.

Manitius, M., Geschichte der lateinischen Literatur des Mittelalters, München 1911/31.

Mann, H. K., The Lives of the popes in the Middle Ages IX, London 1914.

Manselli, R., Il secolo XII. Religione popolare ed eresia, Roma 1983.

Mantz-van der Meer, A., Op zoek naar loutering. Oorsprung en ontwikkeling van de enkratitische ascese tot in het begin van der dertiende euuw n. Chr., Hilversum 1989.

Marilier, J., Les premiérs années, les études à Châtillon: Bernard 17–27.

Martin, H., Mentalités médiévales, XIe–XVe s., Paris 1996.

Martin, R., La formation théologique de saint Bernard: Saint Bernard et son temps, 234–240.

Matter, E. A., The Voice of My Beloved. The Song of Songs in Western Medieval Christianity, Philadelphia 1990.

Mattoso, J., La espiritualidad monástica durante la edad media: Historia de la Espiritualidad I, Barcelona 1969, 831–935.

McGinn, B., St Bernard and Eschatology: Bernard of Clairvaux 161–185.

McGinn, B., The Growth of Mysticism From Gregory the Great to the Twelfth Century, London 1994.

McGuire, B. P., The Difficult Saint. Bernard of Clairvaux & His Tradition, Kalamazoo 1991.

McGuire, B. P., Was Bernard a Friend?: Elder, Goad 201–227.

Mégier, E., Tamquam lux post tenebras, oder: Ottos von Freising Weg von der Chronik zu den Gesta Friderici: Mediaevistik 3, 1990, 131–267.

Melville, M., La vie des Templiers, Paris ²1974.

Merk, C. J., Anschauungen über die Lehre und das Leben der Kirche im altfranzösischen Heldenepos, Halle 1914.

Merlo, G. G., Eretici ed eresie medievali, Bologna 1989.

Meyer, H. E., Geschichte der Kreuzzüge, Stuttgart ³1973.

Miethke, J., L'engagement politique, la seconde croisade: SC 380, 1992, 475–504.

Mikkers, E., La spiritualité cistercienne: DS 13, 1988, 738–814.

Mikkers, E., Spiritualität der Zisterzienser: Analecta Cartusiana 35/2, 1983, 32–51.

Mohr, H., Konversion: Cancik, H., u. a. (Hrsg.), Handbuch religionswissenschaftlicher Grundbegriffe III, Stuttgart 1993, 436–445.

Monge García, J., La estabilidad según los primeros cistercienses: Cistercium 30, 1978, 333–346.

Moore, R. I., The Origins of European Dissent, Oxford ²1985.

Moos, P. v., Literatur- und bildungsgeschichtliche Aspekte der Dialogform im lateinischen Mittelalter: Bernt, G. u. a. (Hrsg.), Tradition und Wertung. FS für Franz Brunhölzl zum 65. Geburtstag, Sigmaringen 1989, 165–209.

Morris, C., Equestris Ordo. Chivalry as a Vocation in the Twelfth Century: Religious Motivation (Studies in Church History 15), Oxford 1978, 87–96.

Morris, C., Individualism in Twelfth-Century Religion: Journal of Ecclesiastical History 31, 1980, 195–206.

Morris, C., The Discovery of the Individual 1050–1200, London 1972.

Morris, C., The Papal Monarchy. The Western Church from 1050 to 1250, Oxford 1989.

Morrison, St., The Bernardine Biographers: The Irish Ecclesiastical Record 73, 1950, 344–351, 506–515; 74, 1950, 40–53.

Mursell, G., The Theology of the Carthusian Life in the Writings of St. Bruno and Guigo I, Salzburg 1988.

Neander, A., Der heilige Bernhard und sein Zeitalter. Mit Einleitung und Zusätzen von D. S. M. Deutsch, Gotha 1889.

Nielsen, L. O., Theology and Philosophy in the Twelfth-Century. A Study of Gilbert Porreta's Thinking, Leiden 1982.

Niermeyer, J. F., Mediae latinitatis lexicon minus, Leiden ²1984.

Nilgen, U., Historischer Schriftsinn und ironische Weltbetrachtung. Buchmalerei im frühen Cîteaux und der Stein des Anstoßes: Elm, Bernhard 67–140.

Olsen, G., Twelfth-Century Humanism Reconsidered. The Case of St. Bernard: Studi medievali 31, 1990, 27–53.

Pacaud, M., Les évêques „cisterciens" et l'expansion de l'ordre de Cîteaux en France au XIIe siècle: Bériac, F. (Hrsg.), Les prélats, l'église et la société, XIe–XVe siècles, Bordeaux 1994, 41–47.

Pacaud, M., Saint Bernard et la France: Bernardo cistercense 109–129.

Packard, S. R., Twelfth-Century Europe, Amherst 1973.

Paolini, L., Eretici del Medioevo. L'albero selvatico, Bologna 1989.

Paravicini Bagliani, A., Il trono di Pietro. L'universalità del papato da Alessandro III a Bonifacio VIII, Roma 1996.

Paul, J., L'église et la culture en Occident, Paris 1986.

Paul, J., Le débuts de Clairvaux: Arabeyre, Vies 19–35.

Paulsell, W., Saint Bernard and the Humanity of Monks: American Benedictine Review 32, 1981, 293–303.

Penco, G., Senso dell'uomo e scoperta dell'individuo nel monachesimo dei secoli XI e XII: Benedictina 37, 1990, 285–315.

Petke, W., Die Regesten des Kaiserreiches unter Lothar III. und Konrad III. I (Regesta Imperii IV/1, 1), Köln 1994.

Piazzoni, A. M., Guglielmo di Saint-Thierry: il declino dell'ideale monastico nel secolo XII, Roma 1988.

Piazzoni, A. M., Le premier biographe de Saint Bernard, Guillaume de Saint-Thierry: Arabeyre, Vies 3–18.

Picasso, G., Fondazioni e riforme monastiche di san Bernardo in Italia: Zerbi, Bernardo e l'Italia 147–163.

Picasso, G., S. Bernardo e il „transitus" dei monaci: Studi 181–200.

Pierre Abélard, Pierre le Vénérable (Colloques internationaux du centre national de la recherche scientifique 546), Paris 1975.

Pinius, J., De S. Bernardo … Commentarius: PL 185, 643–944.

Platelle, H., Ugo di Mâcon: BS 12, 768f.

Plöchl, W. M., Geschichte des Kirchenrechts, Wien ²1962.

Podlech, A., Abaelard und Heloisa oder Die Theologie der Liebe, München 1990.

Poly, J.-P., Bournazel, E., La mutation féodale, Xe – XIIe siècle, Paris ²1991.

Ponsoye, P., Saint Bernard et la règle du Temple: Études traditionelles 62, 1961, 81–88.

Pontal, O., Les conciles de la France capétienne jusqu'en 1215, Paris 1995.

Poque, S., Le langage symbolique dans la prédication d'Augustin d'Hippone, Paris 1984.

Pot, J. H. J. van der, De periodisering der geschiedenis, 's-Gravenhage 1951.

Pranger, M., Bernard of Clairvaux and the Shape of Monastic Thought, Leiden 1994.

Pranger, M., Bernardus van Clairvaux, de laatste der Vaders?: Millennium 2, 1988, 41–46.

Pressouyre, L. (Hrsg.), L'espace cistercien, Paris 1994.

Pressouyre, L., Kinder, T. (Hrsg.), Saint Bernard & le monde cistercien, Paris 1990.

Raby, F. J. E., A History of Christian-Latin Poetry from the Beginnings to the Close of the Middle Ages, Oxford ²1953.

Radcke, F., Die eschatologischen Anschauungen Bernhards von Clairvaux, Langensalza 1915.

Rambo, L. R., Understanding Religious Conversion, New Haven 1993.

Rassow, P., Die Kanzlei St. Bernhards von Clairvaux: Studien und Mitteilungen zur Geschichte des Benediktinerordens und seiner Zweige 34, 1913, 63–103, 243–293.

Rauch, J., Christliche Identität und Häresie bei Bernhard von Clairvaux, Diss. Regensburg 1987.

Rauch, J., Die anderen im Menschenbild Bernhards. Juden, Heiden, Ketzer: Bauer/Fuchs, Bernhard 235–261.

Reuter, T., Zur Anerkennung Papst Innozenz' II.: Deutsches Archiv für Erforschung des Mittelalters 39, 1983, 395–416.

Richard, J., Châteaux, châtelains et vassaux en Bourgogne aux XIe et XIIe siècles: Cahiers de Civilisation médiévale 3, 1960, 433–447.

Ries, J., Das geistliche Leben in seinen Entwicklungsstufen nach der Lehre des hl. Bernhard, Freiburg 1906.

Rigolot, I., Bernard de Clairvaux lecteur de saint Augustin: Collectanea Cisterciensia 54, 1992, 132–144.

Robinson, I. S., The Papacy 1073–1198, Cambridge 1990.

Rowe, J. G., The Origins of the Second Crusade: Gervers, Crusade 79–90.

Rudolph, C., „The Things of Greater Importance". Bernard of Clairvaux's Apologia and the medieval attitude toward art, Philadelphia 1990 [dazu Coune, M., „Les choses de plus grande importance …": Analecta Cisterciensia 54, 1992, 364–372].

Rudolph, C., Artistic Change at St-Denis. Abbot Suger's Program and the Early Twelfth-Century Controversy over Art, Princeton 1990.

Ruh, K., Geschichte der abendländischen Mystik I, München 1990.

Runciman, St., Geschichte der Kreuzzüge, ND München 1978.

Russel, E., Bernard de Clairvaux et les dames de son temps: Bernard 411–425.

Saint Bernard et l'Art des Cisterciens [Ausstellungskatalog], Dijon 1953.

Saint Bernard et son temps, Dijon 1928.

Saintyves, P., En marge de la légende dorée. Songes, miracles et survivances. Essai sur la formation de quelques thèmes hagiographiques, Paris 1931.

Santiago-Otero, H., Fe y cultura en la edad media, Madrid 1988.

Scheuten, P., Das Mönchtum in der altfranzösischen Profandichtung, Münster 1919.

Schmale, F.-J., Studien zum Schisma des Jahres 1130, Köln 1961.

Schmidlin, Dr., Die kirchenpolitischen Theorien des 12. Jahrhunderts: Archiv für katholisches Kirchenrecht 84, 1904, 39–55.

Schneider, A. (Hrsg.), Die Cisterzienser, Köln 21977 (31986).

Schnell, R., Abaelards Gesinnungsethik und die Rechtsthematik in Hartmanns Iwein, in: Deutsche Vierteljahresschrift für Literaturwissenschaft und Geistesgeschichte 65, 1991, 15–69.

Schreiner, K. (Hrsg.), Zisterziensische Spiritualität, St. Ottilien 1994.

Schreiner, K., Puritas Regulae, Caritas und Necessitas. Leitbegriffe der Regelauslegung in der monastischen Theologie Bernhards von Clairvaux: ders., Spiritualität 75–100.

Schultz, A., Das höfische Leben zur Zeit der Minnesinger, ND Osnabrück 1965.

Schulthess, P., Imbach, R., Die Philosophie im lateinischen Mittelalter, Zürich 1996.

Schultz, J., Wandlungen der Seele im Hochmittelalter, Breslau 21940.

Schüppert, H., Kirchenkritik in der lateinischen Lyrik des 12. und 13. Jahrhunderts, München 1972.

Seeberg, R., Lehrbuch der Dogmengeschichte, ND Darmstadt 1953.

Seibt, F., Von der Konsolidierung unserer Kultur zur Entfaltung Europas: Schieder, Th. (Hrsg.), Handbuch der europäischen Geschichte II, Stuttgart 1987, 1–174.

Sint Bernardus. Gedenkboek door Monniken van de noord- en zuidnederlandse Cistercienser Abdijen samengesteld, Achel 1953.

Sinz, P. (Übers.), Das Leben des hl. Bernhard von Clairvaux, Düsseldorf 1962.

Sommerfeldt, J., The Social Theory of Bernard of Clairvaux: Studies in Medieval Cistercian History (Cistercian Studies Series 13), Shannon 1971, 35–48.

Somerville, R., The Council of Pisa, 1135. A Re-examination of the Evidence for the Canons: Speculum 45, 1970, 98–114.

Southern, R., Saint Anselm, a Portrait in a Landscape, Cambridge 21991.

Standaert, M., Étienne Harding: DS 4, 1489–1483.

Standaert, M., Geoffroy d'Auxerre: DS 6, 226–229.

Steiger, A., Der hl. Bernhard von Clairvaux. Sein Urteil über die Zeitzustände. Seine geschichtsphilosophische und kirchenpolitische Anschauung: Studien und Mitteilungen zur Geschichte des Benediktinerordens und seiner Zweige 28, 1907, 346–357, 490–506; 29, 1908, 78–102, 421–433, 519–535.

Steinen, W. v. d., Bernhard von Clairvaux, Breslau 1926.

Stickelbroeck, M., Mysterium Venerandum. Der trinitarische Gedanke im Werk des Bernhard von Clairvaux, Münster 1994.

Stiegler, M. A., Dispensation und Dispensationswesen in ihrer geschichtlichen Entwicklung dargestellt vom IX. Jh. bis auf Gratian: Archiv f. katholisches Kirchenrecht 77, 1897, 649–669.

Stiegman, E., The Literary Genre of Bernard of Clairvaux's Sermones super Cantica Canticorum: Studies in Medieval Cistercian History 4, 1980, 68–93.

Storrs, R. S., Bernard of Clairvaux, New York 1893.

Stowell, W., Personal Relationships in Medieval France: Publications of the Modern Language Association of America 28, 1913, 388–416.

Studi su San Bernardo di Chiaravalle nell'ottavo centenario della canonizzazione (Bibliotheca Cisterciensis 6), Roma 1975.

Sturlese, L., Die deutsche Philosophie im Mittelalter, München 1993.

Sydow, J., Mikkers, E., Hertkorn, A.-B., Die Zisterzienser, Stuttgart 1989.

Tellenbach, G., Die westliche Kirche vom 10. bis zum frühen 12. Jahrhundert, Göttingen 1988.

Teubner-Schoebel, S., Bernhard von Clairvaux als Vermittler an der Kurie. Eine Auswertung seiner Briefsammlung, Bonn 1993.

Thiel, J., Die politische Thätigkeit des Abtes Bernhard von Clairvaux, Braunsberg 1885.

Thomas, R., Le Sermon V de saint Bernard pour la Dédicace: Collectanea Cisterciensia 50, 1988, 239–248.

Thomas, R., Vie de Saint Bernard, s.l. [Paris] 1984.

Timmermann, W., Studien zur allegorischen Bildlichkeit in den Parabolae Bernhards von Clairvaux, Frankfurt a. M. 1982.

Torrell, J.-P., Bouthillier, D., Pierre le Vénérable, Chambray 1988.

Troncarelli, F., „Immoderatus amor". Abelardo, Eloisa e Andrea Capellano: Quaderni medievali 34, 1992, 6–58.

Tubach, F. C., Index exemplorum, Helsinki 1969.

Turrini, C., San Bernardo e l'allegoria delle due spade: Rivista cistercense 1, 1984, 5–41.

Uitz, E., Eleonore von Aquitanien: dies. u. a., Herrscherinnen und Nonnen, Berlin 1990, 219–260, 282–286.

Vacandard, E., Bernard (Saint): DThC 2/1, 746–785.

Vacandard, E., Hugues d'Amiens: DThC 7/1, 205–215.

Vacandard, E., Leben des Heiligen Bernhard von Clairvaux, Mainz 1897.

Vacandard, E., Saint Bernard et la royauté française: Revue des questions historiques 49, 1891, 353–409.

Vacandard, E., Vie de Saint Bernard abbé de Clairvaux, Paris 1895.

Vacandard, E., La vie de Saint Bernard et ses critiques: Revue des questions historiques 62, 1879, 198–211.

Vallery-Radot, I., Bernard de Fontaines. Abbé de Clairvaux (Tournai 1963/69), ND Paris 1990.

Valous, G. de, Le monachisme clunisien des origines au XVe siècle, Paris ²1970.

Valvekens, J.-B., Norbert: DS 11, 1981, 412–424.

Van Acker, L., Der Briefwechsel der hl. Hildegard von Bingen: Revue bénédictine 98, 1988, 141–168.

Van Doren, R., Ombelina: BS 9, 1172f.

Van Hecke, L., Bernardus van Clairvaux en de religieuze ervaring, Kapellen 1990.

Van Reeth, B., Les grandes dates de l'histoire de Clairvaux de saint Bernard à la Révolution: Histoire 31–44.

Vandenbroucke, F., La spiritualità del medioevo, Bologna 1991.

Vangeon, P., La vie inhumaine de Saint-Bernard: Bulletin de la Societé Archéologique & Biographique Du Canton de Montbard 2e ser. 1, Juillet 1925, 5–39.

Vauchez, A., La spiritualité du moyen âge occidental, Paris 1975.

Verdeyen, P., La théologie mystique de Guillaume de Saint-Thierry, Paris 1990.

Verdeyen, P., Un théologien de l'expérience: SC 380, 1992, 557–578.

Verbeke, W. u. a. (Hrsg.), The Use and Abuse of Eschatology in the Middle Ages, Leuven 1988.

Verger, J., Jolivet, J., Bernardo e Abelardo. Il chiostro e la scuola, Milano 1989.

Verger, J., Le cloître et les écoles: SC 380, 1992, 458–473.

Verger, J., Saint Bernard vu par Abélard et quelques autres maîtres des écoles urbaines: Histoire de Clairvaux 161–175.

Vernet, F., Arnaud de Bresciai DThC 1/2, 1972–1975.

Vernet, F., Gilbert 3.: DThC 6/2, 1350–1358.

Vernet, F., Henri, hérésiarque: DThC 6/2, 2178–2183.

Vernet, F., Lateran II: DThC 8/2, 2637–2644.

Veroli, C., La revisione musicale bernardiniana e il graduale cisterciense: Analecta Cisterciensia 47, 1991, 1–141; 48, 1992, 3–104.

Verschelden, G., Het kennisaspect van Bernardus' goedervaring: Sint Bernardus 65–88.

Viard, P., Goffredo de La Roche: BS 7, 87f.

Villaret, P., L'école du service de Dieu: Bernard 39–44.

Viti, G., I Cistercensi in Italia: Lekai, Cistercensi 501–587.

Waddell, Chr., Chant cistercien et liturgie: SC 380, 287–306.

Waddell, Chr., Introduzione [ai testi liturgici]: Opera II, 763–775.

Waddell, Chr., Introduzione [al Prologus in antiphonarium]: Opera II, 797–809.

Waddell, Chr., St Bernard and the Cistercian Office at the Abbey of the Paraclete: Elder/Sommerfeldt, Chimaera 76–121.

Waddell, Chr., The Pre-Cistercian Background of Cîteaux and the Cistercian Liturgy: Elder, Goad 109–132.

Walter, J. v., Die Sonderstellung Bernhards von Clairvaux in der Geschichte der Mystik: Theologische FS für G. N. Bonwetsch, Leipzig 1918, 64–71.

Weisbach, W., Religiöse Reform und mittelalterliche Kunst, Einsiedeln 1945.

Wendelborn, G., Bernhard von Clairvaux, Frankfurt a. M. 1993.

Wenisch, E., Bernhard von Clairvaux. Studien zu seinem Weltbild, Diss. Wien 1941.

Werner, E., Erbstößer, M., Ketzer und Heilige. Das religiöse Leben im Hochmittelalter, Berlin 1986.

Werner, E., Religion und Gesellschaft im Mittelalter, Spoleto 1995.

486 Bibliographie

White, H. V., The Gregorian Ideal and St Bernard of Clairvaux: Journal of the History of Ideas 21, 1960, 321–348.

Wieland, G., Abailard. Vernunft und Leidenschaft: ders., Aufbruch 260–272.

Wieland, G. (Hrsg.), Aufbruch – Wandel – Erneuerung. Beiträge zur „Renaissance" des 12. Jahrhunderts, Stuttgart 1995.

Willi, D., Cistercienser Päpste, Kardinäle und Bischöfe: Cistercienser-Chronik 23, 1911, 225–237, 263–272, 294–312, 323–339, 355–370.

Williams, W., Saint Bernard of Clairvaux, Manchester 1935 (^{2}1953).

Winkler, G. B., Bernhard von Clairvaux. Ep 42 de moribus et officio episcoporum: Paarhammer, H., Schmölz, F.-M. (Hrsg.), Uni trinoquo domino. FS K. Berg, Thaur 1989, 415–427.

Winkler, G. B., Kirchenkritik bei Bernhard von Clairvaux: Theologisch-praktische Quartalschrift 126, 1978, 326–335.

Wollasch, J., Mönchtum des Mittelalters zwischen Kirche und Welt, München 1973.

Zák, A., Der hl. Norbert, Wien 1930.

Zaluska, Y., L'enluminure et le Scriptorium de Cîteaux au XIIe siècle, Cîteaux 1989 [recte 1990].

Zenker, B., Die Mitglieder des Kardinalskollegiums von 1130–1159, Diss. Würzburg 1964.

Zerbi, P. (Hrsg.), San Bernardo e l'Italia, Milano 1993.

Zerbi, P., „Consuetudines et libertates ecclesiae sibi commissae adhuc ignorans". Ancora su Robaldo, vescovo di Alba e arcivescovo di Milano († 1145): D'Arenzio, L. (Hrsg.), Sardegna, mediterraneo e atlantico tra medioevo ed età moderna II, Roma s. a. 37–77.

Zerbi, P., 'Ecclesia in hoc mundo posita', Milano 1993.

Zerbi, P., Bernardo di Chiaravalle: BS 3, 1–37.

Zerbi, P., Di alcuni questioni cronologiche riguardanti il concilio di Sens: Cultura e società nell'Italia medievale. Studie per P. Brezzi, Roma 1988, 848–859.

Zerbi, P., Gerardo di Chiaravalle: BS 6, 181–183.

Zerbi, P., San Bernardo di Chiaravalle e il concilio di Sens: Studi 49–73.

Zerbi, P., San Bernardo di Clairvaux e Milano: Ders., Bernardo e l'Italia 51–68.

Zerbi, P., Tra Milano e Cluny. Momenti di vita e cultura ecclesiastica nel secolo XII, Roma ^{2}1991.

Zerfaß, R., Der Streit um die Laienpredigt … im 12. und 13. Jh., Freiburg 1974.

Zimmermann, G., Ordensleben und Lebensstandard. Die Cura corporis in den Ordensvorschriften des abendländischen Hochmittelalters, Münster 1973.

Zulliger, J., Bernhard von Clairvaux als Redner: Medium Aevum Quotidianum 27, 1992, 56–86.

Personen- und Sachregister